Intellectual Property Law Series

– Patent Law
– Design Protection Law
– Copyright Law
– Unfair Competition Prevention
 and Trade Secret Protection Law

부정경쟁방지법

윤태식

박영사

머리말

　　본서는 부정경쟁방지 및 영업비밀 보호에 관한 법률(이하 부정경쟁방지법이라 함)에 관한 해설서이다.

　　저자는 특허법원 판사와 대법원(지식재산권조) 재판연구관을 거쳐 서울중앙지방법원 등에서 지식재산권 전담 합의부 재판장을 맡아 지식재산권 사건을 담당하여 오면서 꾸준히 지식재산권법과 실무를 연구해 왔고 그 경험과 연구 내용을 담아 상급 전문가를 위한 「판례중심 특허법」과 그 개정판인 「특허법 - 특허 소송 실무와 이론 -」, 그리고 「디자인보호보법 - 디자인 소송 실무와 이론 -」, 「저작권법」을 단독으로 집필하고 그 밖에도 지식재산권법 관련 서적을 전문가들과 함께 분담 집필하는 등 연구 성과를 나누어 왔다.

　　저자가 지난 10여 년간 관계기관 실무연수 등에 나가 법관, 변호사, 변리사 등의 전문가들에게 지식재산권 실무와 이론을 해설하였는데 그중 다수의 강의가 상표법과 부정경쟁방지법의 실무와 이론에 관한 해설 강의였다.

　　지식재산권 관련 재판업무를 통해 얻은 지식과 전문가들을 상대로 한 해설 강의 등을 통해 관련 실무와 이론을 장기간 연구하고 정리하다 보니 어느덧 책을 낼 정도로 내용이 쌓이게 되었다. 그동안 재판업무와 여러 전문서적 집필 등을 함께 하는 바람에 부정경쟁방지법 해설서 집필 작업을 중단하였다가 저작권법 해설서에 관한 초고 집필을 어느 정도 정리하면서 집필 작업을 다시 이어갈 수 있었다.

　　지식재산권 관련 실무에서 부정경쟁방지법 분쟁 사건이 차지하는 양적 · 질적 비중이 매우 높아져 재판 실무나 학계에 있는 분들뿐만 아니라 대 · 중 · 소기업 등에서 활동하는 분들까지 법에 따라 규율되는 부정경쟁행위나 영업비밀 침해행위의 내용 등이 무엇인지, 이러한 행위에 대해 어떠한 구제방법이 있는지, 법원은 구체적인 분쟁 사례에 어떠한 내용으로 결론 냈는지 등을 비롯하여 관련 조항의 해석 등 국내 · 외 부정경쟁방지법 관련 실무와 이론을 궁금하게 여기고 이를 연구하는 분들이 늘고 있다.

　　이에 그분들께 조금이라도 도움을 드리고 개인적인 연구 내용을 나누고자 지식재산권법 중 특허법·디자인보호법·저작권법에 관한 해설서에 이어 부정경쟁방지법 해설서인 본서를 펴낸다.

　　본서는 부정경쟁방지법에 관한 이론을 논리적으로 명확하게 설명하고 대법원 판결 등을 분석 정리하여 입문자가 알아야 할 기본적인 내용부터 상급 전문가가 필요로 하는 깊이 있는 내용에 이르기까지 부정경쟁방지법 관련 실무와 이론을 알기 쉬우면서도 빠짐없이 분석하고 정리하였다는 데에 특징이 있다.

　　또한 개정된 지 얼마 되지 않은 부정경쟁방지법 제2조 제1호 (차)목과 (카)목에 관하여 올해 중요한 대법원판결들이 선고되었기에 이 부분에 대한 실무 내용을 소개하고 관련 연구내용을 정리하였다.

　　저자가 오랜 기간 여러 지식재산권법의 실무와 이론을 함께 연구하여 오면서 부정경쟁방지법 내용을 지식재산권법 전체의 통일적 해석 관점에서 논리가 일관되고 명확히 이해되도록 최대한 노력하였다.

　　한편 본서에 실무 태도와는 다른 견해를 제시하거나 실무의 입장 표명이 아직 나오지 않은 쟁점에 대해 저자의 의견을 덧붙여 설명한 부분이 있으나 이는 어디까지나 개인적인 연구 결과로서의 의견이므로 독자들은 이러한 내용이 구체적인 사건에서의 법원의 입장과는 전혀 무관한 것임에 유의하여 주었으면 한다.

　　부정경쟁방지법 실무와 이론을 함께 연구한 서적이 그다지 없는 상황에서 이 책이 부정경쟁방지법에 관심을 가지는 일반인뿐 아니라 기업인, 판사·변호사 등 실무자, 학자 등 부정경쟁방지법을 체계적이고 깊이 있게 연구하는 분들에게 도움이 되고 나아가 우리 지식재산권법 실무와 이론 발전에 이바지할 수 있게 되기를 소망한다.

　　본서에서 법령은 2021. 6. 23. 시행될 예정인 2020. 12. 22. 법률 제17727호로 개정된 부정경쟁방지법의 내용을 미리 반영하고 2020. 12월까지 선고된 주요 대법원판결 등을 분석·정리하였다.

　　본서를 비롯하여 매번 집필하면서 자료 수집이나 집필 및 교정에 이르기까지의 과정을 혼자 힘으로 하다 보니 미진한 부분이 나오면 어쩌나 걱정이 되기도 하고, 저자가 먼저 집필하여 출간한 다른 지식재산권법 서적을 검토하면서 고칠 부분을 새로 발견할 때마다 미안한 마음이 들기도 한다. 과문한 탓이니 너그럽게 이해해 주시기 바라고 부족한 부분은 앞으로 더 나은 내용으로 보답할 것을 약속 드린다.

다수의 전문가가 자신이 맡은 부분을 나누어 쓰는 것이 아니라 한 사람이 책임지고 처음부터 끝까지 일관된 논리를 유지하면서 책을 집필하는 것은 매우 힘든 작업이지만 그만큼 남다른 의미가 있다. 저자는 지식재산권법과 같은 전문 분야는 해당 법률뿐 아니라 관련 지식재산권법을 충분히 이해하여야 개별 논점을 제대로 풀어낼 수 있다고 생각하고 지식재산권법의 주요 관련 법률을 통일적인 관점에서 서로 연계하여 이해하려 노력해 왔는데 다행히 그 노력이 결실을 보아 단독집필서로서 특허법·디자인보호법·저작권법 해설서에 이어 이번에 본서인 부정경쟁방지법 해설서까지 펴내게 되었다.

그동안의 집필 과정은 예상한 대로 험난하고 수없이 중단과 계속을 반복하였지만 수십 년에 걸친 우리나라 지식재산권법에 관한 실무와 이론 내용을 나름 오롯이 연구하고 정리할 수 있었으니 고생한 것 이상의 보람을 느낀다.

어려운 출판계 사정이 이어지고 있음에도 본서 출간에 큰 도움을 주신 박영사 안종만 회장님, 조성호 이사님과 한두희 편집위원께 감사드린다.

이 책이 세상에 나올 수 있도록 옆에서 격려해 주신 부모님께 감사드리고 아울러 사랑하는 가족에게도 진한 미안함과 함께 고마움을 전한다.

모든 이들을 지치고 힘들게 한 코로나19의 전 세계적 확산(Corona Virus Disease-19 Pandemia)은 2021년에 들어서도 여전히 진행 중이다. 코로나 바이러스 확진으로 고통받은 분들의 빠른 회복을 빌고 그동안 국민 건강을 위해 희생하고 애써 주신 의료진, 방역 관계자분들께 깊은 감사의 예를 올린다. 백신과 치료제 개발과 아울러 성숙한 공동체 의식으로 하루빨리 이 어려움을 극복하여 이전의 일상생활로 돌아갈 수 있기를 기원한다.

2021년 1월 1일
윤 태 식

차   례

제1장 부정경쟁영업 및 부정경쟁행위의 의의

제2장 부정경쟁방지법과 지식재산권법 · 민법 등 간 관계

제3장　부정경쟁행위의 유형

제4장   부정경쟁행위 등에 대한 구제

제5장 영업비밀의 의의

제6장　영업비밀 침해행위의 유형

제7장　영업비밀 침해행위에 대한 구제

부정경쟁영업 및 부정경쟁행위의 의의

제1장 부정경쟁영업 및 부정경쟁행위의 의의

제1절 부정경쟁영업 및 부정경쟁행위의 개념

I. 영업의 의의 및 범위

모든 국민은 직업을 선택하고 영업할 권리를 가지는데 그 권리에는 자유로이 경쟁할 권리가 포함되어 있다. 부정경쟁영업(不正競爭營業)이라는 용어는 이러한 자유로운 경쟁영업을 전제로 비로소 성립하는 개념이다.

경쟁영업은 영업상의 경쟁행위를 말하므로 부정경쟁영업이란 영업상의 부정경쟁행위이다.

영업은 시장경제에서 고객획득을 위한 경쟁이나 그와 유사한 관계를 전제로 한다. 영업이라는 용어는 해당 법률의 입법 목적에 따라 각기 다른 의미로 사용되지만 영업상의 부정경쟁행위를 규율하는 「부정경쟁방지 및 영업비밀 보호에 관한 법률」[1](이하 줄여서 '부정경쟁방지법'이라 한다)에서 영업이란 일정한 인적, 물적 시설의 유기적 결합체로서 대가를 받는 것(영리)을 목적으로 하는 경제 활동으로 수입과 지출의 계산에 따라 행해지고 있는 사업을 포함한다.

경제활동으로 대가를 받는 것(영리)을 목적으로 하기 위해서는 동종의 행위를 반복적으로 하고 그러한 의사가 객관적으로 인정되어야 한다. 그리고 그 수입과 지출의 계산에는 국가나 지방공공단체로부터 받는 보조금이 포함된다.

---

1) 2011. 12. 2. 법률 제911호로 제정될 당시 법명은 부정경쟁방지법이었다가 2001. 2. 3. 법률 제6421호로 개정되면서 법명이 부정경쟁방지및영업비밀보호에관한법률로 변경되었다. 그 후 2007. 12. 21. 법률 제8767호로 개정되면서 법명에 띄어쓰기가 적용되어 부정경쟁방지 및 영업비밀보호에 관한 법률로 되었다.

결국 부정경쟁방지법에서 말하는 영업 개념에는 상업, 공업뿐 아니라 광업, 임업, 농업, 수산업2) 및 문화·자선사업, 사립학교의 운영 등이 포함된다.3)

한편, 부정경쟁방지법상 영업 범위에 의사의 의료기관 운영, 변호사의 법률사무소 운영이 포함되는지에 대하여는 견해가 나뉜다.

이에 대하여 의료기관이나 법률사무소의 운영에 영리성이 있더라도, 의사의 의료행위는 국민보건의 보호 증진에 기여함을 주목적으로 하므로 의료행위가 주목적인 의료기관의 개설, 운영행위를 부정경쟁방지법에서 말하는 영업에 해당한다고 보기 어렵고,4) 변호사도 그 영리활동을 엄격히 제한하고 그 직무에 관하여 고도의 공공성과 윤리성을 강조하는 변호사법의 규정에 비추어 볼 때 변호사의 영리활동을 부정경쟁방지법에서의 영업에 해당한다고 보기 어렵다는 견해(소극설)가 있다.

그러나 그와 같은 사유로 의사의 의료행위나 변호사의 영리활동이 상법상의 상행위에 해당하지 않아 의사나 변호사가 상법상의 상인이 아니라고 볼 여지가 있음은 별론으로 하더라도, 부정경쟁방지법의 적용대상이 반드시 상법상의 상행위나 상인으로 한정되지 않아 소극설에 의해 주장되는 사유만으로 앞에서 말한 부정경쟁방지법상의 영업 개념에 해당하지 않는다고 보기 어려우므로, 의사의 의료행위나 변호사의 영리활동은 부정경쟁방지법상 영업범위에 포함된다(적극설).

결국 부정경쟁방지법은 공정하고 자유로운 경쟁을 확보하는 것이 목적이므로, 부정경쟁방지법에서의 영업범위는 직접 영리를 목적으로 하는 활동 외에 거래통념상 경쟁행위의 영역에 있는 의사 등의 자유업, 교육사업 및 공익을 목적으로 하는 사업 활동을 포함한다.

---

2) 다만 이들 일차산업은 자기가 직접 소비하는 것이 아니어야 한다.
3) 비영리단체의 영업활동이 부정경쟁방지법에서의 영업에 해당하는지가 문제된다. 부정경쟁방지법에서 말하는 영업은 거래사회에서 이루어지는 경쟁관계를 전제로 한다. 따라서 비영리단체의 영업활동이라도 (해당 단체가 하는 본래의 비영리적 활동이 아닌) 거래사회에서 경쟁관계라는 관점으로부터 다른 주체가 하는 영업과 별다른 차이가 없는 사업이라면 위 법에서 말하는 영업에 해당한다.
4) 서울고등법원 1983. 6. 10. 선고 83나274 판결(확정).

II. 부정경쟁행위의 의의 및 범위

경쟁행위라고 함은 영업자가 시장에서 일반 수요자나 거래자를 대상으로 자신의 상품 구매를 촉진하기 위한 행위를 말한다.

부정경쟁영업(부정경업)은 영업 중 불법(위법)한 경쟁행위뿐만 아니라 선량한 풍속, 공정한 상거래 관행에 반하는 행위를 포함하는데 그 행위에 대한 평가는 시대에 따라 변화하고 행위자의 주관적인 의사에 좌우되지 않아 상대적·객관적이며 최종적으로 법원이 이를 판단하게 되므로 부정경쟁영업 여부 판단문제는 증거조사에 의한 사실문제 외에 법적인 평가문제나 정책적인 판단문제를 아울러 가지고 있다.

이로 인해 부정경쟁영업을 구성하는 부정경쟁행위의 개념도 다소 추상적으로 정의하는 경향이 있고 공업소유권의 보호를 위한 파리협약 제10조의2 제2항의 "공업상 또는 상업상 공정한 관행에 반하는 모든 경쟁행위는 부정경쟁행위를 구성한다."라는 문언 등을 고려하여 부정경쟁행위의 개념을 신의성실, 형평 및 사회질서에 어긋나는 행위 등이라고 추상적으로 정의하는 견해도 있다.

부정경쟁영업(부정경업)인지 아닌지는 대규모 도매상, 소규모 소매상과 같은 영업 규모의 차이에 영향을 받지 않음은 물론, 이종 영업 간이어서 영업자 대 영업자로 보면 직접 경쟁관계가 인정되지 않더라도 수요자의 관점에서 보아 고객획득을 위한 행위로서 두 영업자 간에 계열관계, 제휴관계, 상품화 사업을 영위하는 협력관계 등이 있다고 혼동시키는 위험성이 있는 상태를 가져오는 행위인지, 영업자 대 수요자의 관계에서 영업자가 표지에 거짓의 사실을 기재하여 수요자에게 혼동을 줄 수 있는 행위인지에 따라 결정된다. 단속규정에 위배되는 영업도 그 사법상의 효력이 곧바로 부정되는 것은 아니어서 부정경쟁방지법에서 보호되는 영업에 해당될 수 있으나, 마약 등의 거래금지제품 등 선량한 풍속 기타 사회질서에 반하는 영업은 부정경쟁방지법에서 보호되는 영업에 해당하지 않는다.5)

이러한 제반 사정 등을 고려할 때 부정경쟁행위라고 함은 공정한 상거래 관행이나 경쟁질서에 반하는 방법으로 경쟁사업자의 법률상 보호할 가치가 있는 이

---

5) 대법원 1976. 2. 24. 선고 73다1238 판결은 약사법에서 금지되어 있는 영업행위에 관련한 이익은 부정경쟁방지법에 의해서 보호를 받을 가치를 인정할 수 없는 부당한 영업상의 이익이라고 하였다.

익을 침해하거나 자유경쟁질서를 훼손할 우려가 있는 행위라고 정의할 수 있다.

제2절   부정경쟁행위의 규제 제도 개관

I. 외국의 부정경쟁행위 규제 제도 개관

자본주의 시장경제질서의 근간은 자유로운 경제활동을 보장하는 데 있으므로 세계 각국은 이를 위해 공정하고 자유로운 경쟁질서를 어지럽히는 행위를 규제한다.

공업소유권의 보호를 위한 파리협약 제10조의2 제2항에는 "공업상 또는 상업상 공정한 관행에 반하는 모든 경쟁행위는 부정경쟁행위를 구성한다."라고 규정하고 있다.

이와 같은 부정경쟁영업을 규제하는 각국의 방법을 입법 연혁으로 살펴본다.

영국은 타인의 상표 · 상호 등 영업상 명칭의 도용, 영업비방 등의 행위를 민법상 불법행위의 특수유형으로 파악하여 판례에 의해 passing off(palming off)6) 를 인정하고 있고, 미국은 이를 계수하여 tort(불법행위), unfair competition(부정 경쟁) 또는 unfair trade practice(불공정한 상거래 관행)로 규제하여 그중 부정경쟁 행위에 대하여 연방 상표법 제1125조에서 거짓의 원산지 호칭, 거짓 표시 및 희석화 방지 등에 관한 규정을 두고, 영업비밀에 대하여 연방법인 영업비밀보호법 (Defend Trade Secrets Act)을 제정하여 영업비밀 침해행위를 제도적으로 금지하고 있다.7) 프랑스는 민법의 불법행위 규정을 기초로 하여 판례에 의해 부정경업을

---

6) 수요자를 기만할 고의를 증명할 증거는 없으나 상표에 대한 오인, 혼동의 우려가 있는 상표권의 침해행위를 말한다(네이버 사전 참조). 사칭통용(詐稱通用)이라 번역하기도 한다.

7) 미국은 우리의 영업비밀에 해당하는 용어인 Trade Secret을 코먼로(common law)로 보호하여 오다가 미국법률협회(American Law Institute)가 각 주의 판례를 분석하여 Trade Secret의 보호에 관한 기본원칙을 기재한 Restatement of the Law of Torts를 1939년에 공표하고 이를 기초로 Restatement of the Law of Unfair Competition을 1995년에 제정하였다. 한편 미국법률가협회(American Bar Association)는 통일영업비밀보호법(The Uniform Trade Secrets Act)을 1979년에 제정하고 1985년에 이를 개정하여 미국의 많은 주에 의해 위 법이 다소 수정되어 실시되어 오고 있다. 그리고 인터넷의 발달과 컴퓨

규제하고 있고, 독일·스위스·일본은 부정경쟁방지법이라는 특별법을 제정하여 부정경쟁행위를 금지하여 오고 있다.

대표적인 예로, 특별법으로 부정경쟁방지법을 두고 있는 독일은 법규위반을 통한 부정경쟁행위를 일반적, 포괄적으로 규정함과 아울러 경쟁자 보호를 위하여 부정한 것으로 간주되는 행위와 부정경쟁행위를 별도의 규정으로 나누어 열거하고 있고,8) 영업비밀에 대하여는 부정경쟁방지법에서 영업비밀을 보호하는 규정을 두었다가 별도로 영업비밀보호법9)을 따로 제정하여 영업비밀 침해행위를 금지하고 있다.

한편 일본은 영업비밀 부정취득행위를 포함하여 부정경쟁방지법 제2조의 정의 규정에 22가지의 부정경쟁행위를 규정하고 있다.10)

터기술의 발달로 외국정부와 기업의 산업스파이에 의한 영업비밀·산업기술 침해사건이 빈번해지자 기술유출을 방지하기 위해 연방 형사법인 산업스파이행위방지법(Economic Espionage Act)이 1996년부터 시행되고 2012년 8월에 제정된 외국 경제스파이 처벌 강화법(Foreign and Economic Espionage Penalty Enhancement Act)이 시행되어 영업비밀 침해에 대한 형사적인 제재 수단을 마련하고 있었는데 그 후 영업비밀 보호에 대한 통일성을 확보하고 그 보호를 강화하기 위하여 연방 민·형사법으로 영업비밀보호법(Defend Trade Secrets Act)을 2016. 5. 11. 제정하여 시행하고 있다. 위 법은 종전의 산업스파이행위방지법(Economic Espionage Act)의 개정도 겸하고 있다.

8) 2019. 4. 19. 개정된 독일 부정경쟁방지법 제3조 제1항은 '부정한 거래행위는 금지된다.'라고 하고, 제3항에서 소비자에 대한 거래상의 행위에 대해서 부속서를 이용하여 위법 행위 30개를 예시하여 열거하고 있으며, 제4항은 '소비자에 대한 거래행위를 판단하는 경우, 평균적 소비자, 또는 거래행위가 특정한 소비자 계층에 사용된 경우 그 계층의 평균적 소비자에 근거해야 한다. 영업자의 예측가능성에 대해서 거래행위 관점에서 정신적 또는 신체적 결함, 나이 또는 경솔함 또는 이러한 것에 근거한 제품 또는 서비스 제공에서 특별한 보호가 필요한 소비자들에 해당되는 소비자 계층의 경제적 행위에 현저한 영향을 주는 거래행위는 해당 계층의 평균적 구성원의 관점에 근거해서 판단되어야 한다.', 제3a조는 ' 누구든지 시장참여자의 이익에서 시장행위를 규제하는 법률을 위반하고 그 법규위반이 소비자, 기타 시장참여자 또는 경쟁자의 이익을 감지할 수 있을 정도로 침해하는 경우 부정한 것으로 간주된다.'라고 규정한다. 한국지식재산연구원 홈페이지 내 해외법령 참조.
9) 법률 명칭은 "영업비밀의 불법적인 취득·사용·공개보호에 관한 지침 (EU) 2016/943의 수용에 관한 법률"이다.
10) 일본의 부정경쟁방지법상 '부정경쟁'의 개념에는 우리의 부정경쟁방지법상 부정경쟁행위 외에 영업비밀 침해행위도 함께 포섭되어 있는 점이 우리 법제와 다르다.

II. 부정경쟁행위 규제 제도 개관

우리나라는 특별법인 부정경쟁방지법[11])을 제정하여 금지되는 일정한 유형의 부정경쟁행위와 영업비밀 침해행위에 관한 규정을 두고 있다.

부정경쟁방지법은 제1조에서 "이 법은 국내에 널리 알려진 타인의 상표·상호 등을 부정하게 사용하는 등의 부정경쟁행위와 타인의 영업비밀을 침해하는 행위를 방지하여 건전한 거래질서를 유지함을 목적으로 한다."라고 규정하고 제2조 제1호 가목에서부터 카목까지 11개의 부정경쟁행위를 열거하고 있다.

즉 부정경쟁방지법 제2조 제1호는 부정경쟁행위를 ① 상품주체 혼동행위(가목), ② 영업주체 혼동행위(나목), ③ 저명표지의 식별력·명성 손상행위(다목), ④ 원산지 오인행위(라목), ⑤ 출처지 오인행위(마목), ⑥ 상품사칭·품질 등 오인행위(바목), ⑦ 상표권자 대리인 등의 상표 무단사용행위(사목), ⑧ 도메인이름에 관한 부정행위(아목), ⑨ 상품형태 모방행위(자목), ⑩ 아이디어 포함 정보의 부정사용행위(차목), ⑪ 성과 등 무단사용행위(카목)로 나누어 열거하고 있다.

그리고 법 제2조 제1호의 부정경쟁행위 정의 규정에 열거되어 있지 않지만, 그 외에 법 「제2장 부정경쟁행위의 금지 등」에 있는 제3조는 국기·국장 등을 사용할 수 없고,[12]) 제3조의2는 자유무역협정에 따라 보호하는 지리적 표시를 사용할 수 없다고 규정하여 조약 등에 기한 금지행위(국기·국장 등, 지리적 표시)를 규정하고 있다.

그리고 법 제2조 제2호는 영업비밀의 정의를, 제3호는 금지되는 영업비밀 침해행위의 유형을 규정하고 있다.

우리 법제는 2013. 7. 30. 법률 제11963호로 개정되기 전의 부정경쟁방지법 시행 당시 부정경쟁방지법이라는 특별법의 체제를 갖추고 있는 점에서 독일, 일

---

11) 1961. 12. 30. 법률 제911호로 「부정경쟁방지법」의 제명으로 제정되었다가 1991. 12. 31. 법률 제4478호로 개정되면서 영업비밀 침해행위 등이 추가되었고 1998. 12. 31. 법률 제5621호로 개정되면서 제명이 「부정경쟁방지및영업비밀보호에관한법률」로 변경되었다가 2008. 12. 26. 법률 제9225호로 개정되면서 제명이 「부정경쟁방지 및 영업비밀보호에 관한 법률」로 되었다.

12) 이는 공업소유권의 보호를 위한 파리협약 제6조의3(국가의 문장 등의 보호)을 실시하기 위해 외국의 국기 등의 상업상의 사용을 금지하는 규정이고 그 보호법익은 외국 국가의 위신, 국민의 명예감정이다.

본 등의 법제와 유사하지만 부정경쟁행위를 일반적으로 규제할 수 있는 일반조항 대신에 일정한 유형의 부정경쟁행위 등을 한정적으로 열거하여 이를 규제하고 있는 점에서 일반조항을 가지고 있는 독일 등의 부정경쟁방지법 규정 형식과는 다르고, 부정경쟁행위를 일반적으로 규제할 수 있는 일반조항 없이 개별적인 부정경쟁행위를 한정적으로 열거하여 규제하는 형식을 취하고 있는 점에서 일본의 부정경쟁방지법의 체제와 유사하였다.

그런데 2013. 7. 30. 법률 제11963호로 개정된 부정경쟁방지법은 부정경쟁행위로서 제2조 제1호 가목부터 자목까지 외에 차목으로 "그 밖에 타인의 상당한 투자나 노력으로 만들어진 성과 등을 공정한 상거래 관행이나 경쟁질서에 반하는 방법으로 자신의 영업을 위하여 무단으로 사용함으로써 타인의 경제적 이익을 침해하는 행위"를 신설하여 부정경쟁행위에 위 가목 내지 자목으로 열거된 것 외에 부정경쟁행위에 관한 보충적 일반조항을 신설하고 있어 이로써 새롭고 다양한 유형의 부정경쟁행위에 적절하게 대응할 수 있게 되었고 이러한 부정경쟁행위에 대한 법적인 포섭범위의 확대에 따라 법원도 종전보다 더 유연하고 탄력적으로 부정경쟁행위 여부를 판단할 수 있게 되었다. 이러한 점을 고려하면 우리 부정경쟁방지법이 독일의 부정경쟁방지법 규정과 다소 유사한 면이 있다.

그리고 2018. 4. 17. 법률 제15580호로 개정된 부정경쟁방지법에서는 기존의 제2조 제1호 차목을 카목으로 옮기고 차목으로 "사업제안, 입찰, 공모 등 거래교섭 또는 거래과정에서 경제적 가치를 가지는 타인의 기술적 또는 영업상의 아이디어가 포함된 정보를 그 제공목적에 위반하여 자신 또는 제3자의 영업상 이익을 위하여 부정하게 사용하거나 타인에게 제공하여 사용하게 하는 행위. 다만, 아이디어를 제공받은 자가 제공받을 당시 이미 그 아이디어를 알고 있었거나 그 아이디어가 동종 업계에서 널리 알려진 경우에는 그러하지 아니하다."라는 조항을 신설하여 거래 과정 등에서의 아이디어 포함 정보의 부정사용행위를 새로운 부정경쟁행위로 추가하였다.

III. 부정경쟁방지법 제정·개정 연혁

부정경쟁방지법은 1961. 12. 30. 법률 제911호로 공포됨으로써 처음 제정 및 시행되고 1986. 12. 31. 법률 제3897호로 전면적으로 개정되었으며 그 후로도 많은 개정이 이루어져 오늘날에 이르고 있다. 특히 1998. 12. 31. 법률 제5621호로 법률 명칭을 부정경쟁방지법에서 부정경쟁방지 및 영업비밀 보호에 관한 법률로 바꾸었다.

그 동안의 부정경쟁방지법의 제정 및 개정의 주요 내용은 아래와 같다.[13)]

① 1961. 12. 30. 법률 제911호로 제정(1962. 1. 1. 시행)

■ 모두 10개의 조문으로 구성되어 부정경쟁행위의 범위를 정하고 고의 또는 과실로 부정경쟁행위를 한 자는 손해배상책임을 지도록 하고 부정경쟁의 목적으로 소정의 부정경쟁행위에 해당한 행위를 경우 등에 벌칙을 정함

② 1986. 12. 31. 법률 제3897호로 전부개정(1987. 1. 1. 시행)

■ 부정경쟁행위에 대한 정의규정을 신설하고 벌금액을 올림
■ 부정경쟁심의위원회를 설치하여 부정경쟁행위방지에 관하여 특허청장의 자문에 응하도록 함
■ 특허청장은 부정경쟁행위 등 이 법에 의한 위반행위를 한 자에 대하여 30일 내의 기간을 정하여 그 행위의 중지 등 시정에 필요한 권고를 할 수 있도록 함
■ 올림픽 마크를 등록 불허의 대상으로 추가하고 이 개정안 시행 당시에 상표에 관한 분쟁이 심판이나 재판에 계속되었을 때에는 종전의 예에 의하도록 함

③ 1991. 12. 31. 법률 제4478호로 일부개정(1992. 12. 15. 시행)

■ 영업비밀 보호에 관한 규정을 신설함. 영업비밀의 부정취득행위 등 영업비밀 침해행위의 유형을 정함

---

13) 아래 부정경쟁방법 제정 및 개정 연혁 내용은 법제처에 의해 제공된 법 제정 및 개정이유 등을 참고하였다. '법률 제○호로 개정'이라는 문구 다음의 괄호안 시행일은 개정 법률 자체의 시행일이므로 부칙에 따라 개별적인 조항의 시행일이 그와 다를 수 있다.

■ 영업비밀 침해행위에 대한 민사 구제수단으로 침해행위 금지·예방청구권, 손해배상청구권 및 신용회복조치청구권 등을 정함

■ 영업비밀의 선의취득자를 구제하기 위하여 특례규정을 두어 선의취득자에 대한 침해행위 금지·예방청구권 등의 행사를 제한함

■ 기업의 임·직원이 그 기업 특유의 생산기술에 관한 영업비밀을 제3자에게 누설하는 행위에 대하여는 3년 이하의 징역 또는 3천만 원 이하의 벌금을 과할 수 있도록 벌칙을 두되, 친고죄로 함

④ 1997. 12. 13. 법률 제5454호로 전부개정(1998. 1. 1. 시행)

■ 정부조직법 개정에 따라 부정경쟁방지법 제17조 중 "서울특별시장·직할시장"을 "특별시장·광역시장"으로 바꿈

⑤ 1998. 12. 31. 법률 제5621호로 일부개정(1999. 1. 1. 시행)

■ 법률 제명을 부정경쟁방지법에서 부정경쟁방지및영업비밀보호에관한법률로 변경함

■ 부정경쟁행위 또는 영업비밀 침해행위로 인한 손해배상을 청구하는 경우 당해 행위를 한 자가 그로 인하여 이익을 받은 때에는 그 이익의 액을 청구인의 손해의 액으로 추정하도록 하는 등 부정경쟁행위 또는 영업비밀 침해행위로 인하여 영업상의 이익을 침해당한 자가 손해배상청구소송을 용이하게 수행할 수 있도록 함(제14조의2)

■ 기업에 유용한 기술상의 영업비밀의 외국에서 사용하거나 외국에서 사용될 것임을 알고 제3자에게 누설한 자를 더 무겁게 처벌할 수 있게 하여 영업비밀의 해외유출을 방지하도록 함(제18조 제1항)

■ 종전에는 기업의 현직 임직원의 부정한 이익을 얻거나 그 기업에 손해를 가할 목적으로 그 기업에 특유한 생산기술에 관한 영업비밀을 제3자에게 누설할 경우에 한하여 처벌하였으나, 개정으로 전직 임직원이 제3자에게 누설한 경우에도 이를 처벌하도록 하고, 그 형량도 상향조정함으로써 영업비밀 침해행위를 방

지할 수 있는 제도적 기반을 확충함(제18조 제2항)

■ 위조 상품의 제조·판매 등 부정경쟁행위를 조사할 수 있는 근거를 마련하고, 그 실효성 확보를 위하여 조사를 거부·방해 또는 기피한 경우에는 과태료를 부과할 수 있도록 함(제20조)

⑥ **1999. 2. 5. 법률 제5814호로 일부개정(1999. 7. 1. 시행)**

■ 표시·광고의공정화에관한법률이 제정·시행됨에 따라 부정경쟁방지법 제15조 중 "독점규제및공정거래에관한법률"을 "독점규제및공정거래에관한법률, 표시·광고의공정화에관한법률"로 변경함

⑦ **2001. 2. 3. 법률 제6421호로 일부개정(2001. 7. 1. 시행)**

■ 상표법조약(Trademark Law Treaty) 가입 추진을 위한 준비 단계로써 부정경쟁행위 유형의 추가 등 조약 가입을 위하여 이행하여야 할 사항을 정하기 위해 개정함

－ 저명상표와의 혼동 외에 비상업적 사용 등 정당한 사유 없이 저명표지의 식별력이나 명성을 해치는 행위를 부정경쟁행위의 유형으로 추가하고, 이러한 손상행위에 대하여는 다른 부정경쟁행위와 달리 고의가 있는 경우에만 손해배상 및 신용회복의 책임을 묻도록 함(법 제2조 제1호 다목, 제5조 단서 및 제6조 단서 신설)

－ 상표권자의 대리인이나 대표자, 또는 대리인이나 대표자이었던 자가 정당한 사유 없이 상표권자의 등록상표와 동일 또는 유사한 상표를 그 상표의 지정상품과 동일 또는 유사한 상품에 사용한 경우를 부정경쟁행위 유형에 추가하여 공업소유권의 보호를 위한 파리협약 제6조의7 제2항의 내용을 이 법에 수용함(법 제2조 제1호 사목 신설)

■ 부정경쟁행위 또는 영업비밀 침해행위로 인한 손해액을 침해자가 양도한 수량에 침해당한 자가 그 물건의 판매로 얻을 수 있는 단위수량당 이익액을 곱한 금액으로 구체화하고, 손해액의 증명이 성질상 극히 곤란한 경우에는 법원이 구술변론 전체의 취지 등에 기초하여 손해액을 인정할 수 있도록 함(법 제14조의2 제

1항 및 제5항 신설)

⑧ 2004. 1. 20. 법률 제7095호로 일부개정(2004. 7. 21. 시행)

■ 상표 등 표지에 대하여 정당한 권한이 있는 자 등에게 판매 · 대여할 목적으로 널리 인식된 타인의 성명 · 상호 · 상표 그 밖의 표지와 동일하거나 유사한 도메인이름을 등록 · 보유 · 이전 또는 사용하는 행위와 타인의 상품의 형태를 모방한 상품을 양도 · 대여하는 등의 행위를 부정경쟁행위에 추가함(법 제2조 제1호 아목 및 자목 신설)

■ 종전에는 영업비밀 침해행위의 처벌대상을 해당 기업의 전 · 현직 임직원으로 하고 보호대상 영업비밀을 기술상의 영업비밀로 한정하였으나, 개정으로 처벌대상을 모든 위반자로 확대하고 보호대상 영업비밀에 경영상 영업비밀을 추가하도록 하며, 영업비밀 침해행위에 대하여 1억 원 이하 또는 5천만 원 이하의 벌금에 처하던 것을 재산상 이득액의 2배 이상 10배 이하의 벌금으로 상향함(법 제18조 제1항 및 제2항)

⑨ 2004. 12. 31. 법률 제7289호로 전부개정(2005. 7. 1. 시행)

■ 의장법의 법률 명칭을 디자인보호법으로 변경함에 따라 부정경쟁방지법 제15조 제1항 중 의장법을 디자인보호법으로 변경함

⑩ 2007. 12. 21. 법률 제8767호로 일부개정(2007. 12. 21. 시행)

■ 영업비밀을 외국으로 유출하는 자에 대한 징역형의 법정형을 최고 7년 이하에서 최고 10년 이하의 징역으로 상향 조정함으로써 영업비밀의 유출방지에 대한 실효성을 강화하고(제18조), 법률의 용어 및 문장을 이해하기 쉽게 전체적으로 수정함

⑪ 2008. 12. 26. 법률 제9225호로 일부개정(2008. 12. 26. 시행)

■종전의 양벌규정은 문언상 영업주가 종업원 등에 대한 관리·감독상 주의의무를 다하였는지 여부에 관계없이 영업주를 처벌하도록 하고 있어 책임주의 원칙에 위배될 소지가 있으므로, 영업주가 종업원 등에 대한 관리·감독상 주의의무를 다한 경우에는 처벌을 면하게 함으로써 양벌규정에도 책임주의 원칙을 적용함(제19조)

⑫ 2009. 3. 25. 법률 제9537호로 일부개정(2009. 3. 25. 시행)

■개발도상국과의 무역장벽 철폐로 위조상품이 대량으로 유입되는 등 악영향에 대비하여 부정경쟁방지 및 영업비밀보호 관련 업무를 강화할 필요가 있으므로 특허청장이 부정경쟁방지 및 영업비밀보호를 위한 연구·교육 및 홍보, 정보관리시스템 구축 및 운영 등의 사업을 할 수 있도록 하고 그 지원업무에 종사하는 자에 대해서도 벌칙을 적용함(제2조의2, 제17조의2 신설)

⑬ 2009. 12. 30. 법률 제9895호로 일부개정(2010. 3. 31. 시행)

■국내기술의 해외유출을 방지하기 위하여 외국에서 사용될 것임을 알면서 기업의 영업비밀을 취득·사용한 자에 대해서도 이를 제3자에게 누설한 자와 동일하게 10년 이하의 징역 또는 그 재산상 이득액의 2배 이상 10배 이하에 상당하는 벌금에 처하도록 함(제18조)

⑭ 2011. 6. 30. 법률 제10810호로 일부개정(2011. 10. 1. 시행)

■대한민국과 유럽연합 및 그 회원국 간의 자유무역협정의 합의사항을 반영하기 위하여 자유무역협정에 따라 보호하는 지리적 표시의 사용 등을 금지하고, 지리적 표시의 침해에 대한 금지예방, 손해배상 등 구제절차를 마련하여 지리적 표시자의 권리를 보호함(제3조의2 신설)
■부정경쟁행위에 대한 조사 등에 관한 업무를 특허청장, 시·도지사 및 시

장·군수·구청장의 공동사무로 조정함(제7조)

⑮ 2011. 12. 2. 법률 제11112호로 일부개정(2012. 3. 15. 시행)

■ 대한민국과 미합중국 간의 자유무역협정 및 대한민국과 미합중국 간의 자유무역협정에 관한 서한교환의 합의사항에 따라 법원으로 하여금 부정경쟁행위 등으로 인한 침해에 관한 소송에서 당사자가 제출한 준비서면 등에 영업비밀이 포함되어 있고 그 영업비밀이 공개되면 당사자의 영업에 지장을 줄 우려가 있는 경우 등에는 당사자의 신청에 따라 결정으로 해당 영업비밀을 알게 된 자에게 소송 수행 외의 목적으로 영업비밀을 사용하는 행위 등을 하지 아니할 것을 명할 수 있는 비밀유지명령제도를 도입하고, 비밀유지명령 신청 및 취소와 관련된 절차 등을 규정함(제14조의4 내지 6)

⑯ 2013. 7. 30. 법률 제11963호로 일부개정(2014. 1. 31. 시행)

■ 기술의 변화 등으로 나타나는 새롭고 다양한 유형의 부정경쟁행위에 적절하게 대응하기 위하여 타인의 상당한 투자나 노력으로 만들어진 성과 등을 공정한 상거래 관행이나 경쟁질서에 반하는 방법으로 자신의 영업을 위하여 무단으로 사용함으로써 타인의 경제적 이익을 침해하는 행위를 부정경쟁행위에 관한 보충적 일반조항으로 신설함(제2조 제1호 차목 신설)
■ 영업비밀을 포함하고 있는 전자문서의 원본 여부를 증명하기 위하여 그 전자문서로부터 고유의 식별값인 전자지문을 추출하여 원본증명기관에 등록하고, 필요한 경우 원본증명기관이 전자지문을 이용하여 그 전자문서가 원본임을 증명하는 영업비밀 원본증명제도를 도입하여 영업비밀 침해 관련 소송 시 영업비밀 보유사실에 대한 증명 부담을 완화할 수 있게 되어 영업비밀 보유자의 권익을 효과적으로 보호할 수 있도록 함(제9조의2부터 제9조의7까지 신설)
■ 위조 상품의 유통을 효과적으로 단속하고 그 불법성과 폐해에 대한 국민의 인식을 제고하기 위하여 위조 상품 신고포상금제도의 근거를 마련함(제16조 신설)
■ 개인이나 비영리기관의 영업비밀을 유출한 자도 형사처벌의 대상으로 포함

하여 벌칙 규정에서의 영업비밀 보유주체를 확대함(제18조)

⒄ 2015. 1. 28. 법률 제13081호로 일부개정(2015. 1. 28. 시행)

■ 비밀유지에 필요한 "상당한 노력"을 "합리적인 노력"으로 하고(제2조 제2호), 원본증명서를 발급받은 자는 전자지문의 등록 당시에 해당 전자문서의 기재 내용대로 정보를 보유한 것으로 추정하는 규정(제9조의3)을 신설함으로써 중소기업의 영업비밀보호를 강화하고 영업비밀 보유자의 증명 곤란을 완화함

⒅ 2016. 1. 27. 법률 제13844호로 일부개정(2016. 1. 27. 시행)

■ 특허청장 등이 관계 공무원에게 사업자의 영업시설 등에 출입하여 조사하게 하거나 조사에 필요한 제품을 수거하여 검사하게 할 수 있도록 하는 요건을, 종전에는 특허청장 등이 부정경쟁행위 등의 확인을 위하여 필요하다고 인정하는 경우로 하여 왔으나, 기업의 자유로운 영업활동을 보장하기 위하여 부정경쟁행위 등의 확인을 위하여 필요한 경우로서 다른 방법으로는 그 행위 여부를 확인하기 곤란한 경우로 변경하여 행사 요건을 엄격히 함(제7조 제1항)
■ 과태료 부과기준 등 규제 관련 규정에 대하여 2015. 1. 1.을 기준으로 3년마다 그 타당성을 검토하여 개선 등의 조치를 하도록 하는 등으로 보완함(제17조의2 신설 등)

⒆ 2016. 2. 29. 법률 제14033호로 일부개정(2016. 9. 1. 시행)

■ 상표법 개정에 따른 조문 변경을 반영하여 제16조 제1항 중 상표법 제2조 제1항 제6호를 상표법 제2조 제1항 제10호로 변경함

⒇ 2017. 1. 17. 법률 제14530호로 일부개정(2017. 7. 18. 시행)

■ 특허청장 및 지방자치단체의 장은 부정경쟁행위 등의 위반행위를 확인하기

위하여 필요한 경우 관계 공무원에게 영업시설 또는 제조시설에 출입하여 관계 서류나 장부·제품 등을 조사·검사하게 할 수 있도록 하고 있는데, 타인이 제작한 상품의 형태를 모방한 상품을 양도·대여·전시하는 행위 등의 부정경쟁행위는 조사·검사의 대상에서 제외되어 있어 행정청의 조사·검사 대상이 되는 부정경쟁행위의 범위에 타인이 제작한 상품의 형태를 모방한 상품을 양도·대여·전시하는 행위 등을 추가함(제7조)

㉑ 2017. 7. 26. 법률 제14839호로 일부개정(2017. 7. 26. 시행)

■ 정부조직법 개정에 따라 제9조의3 제1항 중 중소기업청장을 중소벤처기업부장관으로 변경함

㉒ 2018. 4. 17. 법률 제15580호로 일부개정(2018. 7. 18. 시행)

■ 영세·소상공인 등이 일정기간 노력을 기울인 결과 일반 소비자에게 알려지게 된 매장의 실내·외 장식 등 영업의 종합적 외관을 무단으로 사용하여 영세·소상공인의 영업에 손해를 끼치는 행위를 영업표지 규정의 적용으로 막고자 함(제2조 제1호 나목)

■ 사업제안, 입찰, 공모 등 거래교섭 또는 거래과정에서 경제적 가치를 가지는 중소·벤처기업 또는 개발자 등의 기술적 또는 영업상의 아이디어가 포함된 정보를 취득한 자가 보상 없이 사업화하여 경제적 이익을 얻는 한편 개발한 자는 폐업에 이르는 등 기업의 영업활동에 폐해가 나타나고 있어 이를 부정경쟁행위로 추가하여 중소·벤처기업 및 개발자의 참신한 아이디어를 보호하려 함(제2조 제1호 차목 신설)

㉓ 2019. 1. 8. 법률 제16204호로 일부개정(2019. 7. 9. 시행)

■ 일정한 요건을 갖춘 생산방법, 판매방법 및 영업활동에 유용한 기술상 또는 경영상의 정보가 합리적인 노력에 의하여 비밀로 유지되어야만 영업비밀로 인

정받던 것을, 합리적인 노력이 없더라도 비밀로 유지되었다면 영업비밀로 인정받을 수 있도록 영업비밀의 인정요건을 완화함(제2조 제2호)

■ 영업비밀의 침해행위가 고의적인 것으로 인정되는 경우에는 손해로 인정된 금액의 3배를 넘지 아니하는 범위에서 배상액을 인정할 수 있도록 하되, 영업비밀의 침해행위가 고의적인지 여부를 판단할 때에는 침해자의 우월적 지위 여부, 고의의 정도, 침해행위의 기간 및 횟수, 침해행위로 인하여 침해자가 얻은 경제적 이득의 정도 등을 고려하도록 함(제14조의2 제6항 및 제7항 신설)

■ 부정한 이익을 얻거나 영업비밀 보유자에게 손해를 입힐 목적으로 영업비밀을 지정된 장소 밖으로 무단유출하거나 영업비밀 보유자로부터 영업비밀의 삭제 또는 반환을 요구받고도 이를 계속 보유하는 행위 등도 영업비밀 침해행위로서 처벌하도록 하고, 영업비밀 침해행위에 대한 벌칙을 종전에는 원칙적으로 영업비밀을 외국에서 사용하거나 외국에서 사용될 것임을 알면서도 한 경우에는 10년 이하의 징역 또는 1억원 이하의 벌금, 그 밖의 경우에는 5년 이하의 징역 또는 5천만 원 이하의 벌금으로 하던 것을, 개정으로 각각 15년 이하의 징역 또는 15억 원 이하의 벌금, 10년 이하의 징역 또는 5억 원 이하의 벌금으로 높이는 등 영업비밀 침해행위 등에 대한 벌칙을 강화함(제18조 제1항 및 제2항)

■ 영업비밀 침해행위의 죄를 범할 목적으로 예비 또는 음모한 자에 대한 벌금액을 높임(제18조의3)

24 2020. 10. 20. 법률 제17529호로 일부개정(2021. 4. 21. 시행)

■ 부정경쟁행위 및 영업비밀 침해 관련 국내 산업 및 시장의 정확한 실태를 파악하여 국가차원의 중·장기 기본계획을 수립하고, 체계적으로 세부과제를 추진할 수 있는 법적 기반을 마련함(제2조의2 내지 제2조의4 신설, 제2조의5·제17조 제2항 개정)

■ 부정경쟁행위 등에 대한 조사 진행 중 발명진흥법에 따른 분쟁조정이 계속 중인 경우 조사를 중지할 수 있도록 하고, 분쟁조정이 성립된 경우 조사를 종결할 수 있도록 함(제7조 제3항 및 제4항 신설)

■ 위반행위의 시정권고 유형을 다양화하고, 시정권고를 이행하지 아니한 경

우 위반행위의 내용 및 시정권고 사실 등을 공표할 수 있도록 함(제8조 및 제9조)

　■ 사업제안, 입찰, 공모 등 거래교섭 또는 거래과정에서 경제적 가치를 가지는 타인의 기술적 또는 영업상의 아이디어가 포함된 정보를 그 제공목적에 위반하여 자신 또는 제3자의 영업상 이익을 위하여 부정하게 사용하거나 타인에게 제공하여 사용하게 하는 행위가 고의적인 것으로 인정되는 경우에도 증액손해배상을 적용함(제14조의2 제6항)

㉕ 2020. 12. 22. 법률 제17727호로 일부개정(2021. 6. 23. 시행)

　■ 특허법에 따르면 특허권자가 침해에 대한 손해배상을 청구하는 경우 특허권자의 생산능력 한도에서만 손해배상을 인정하고 있어 침해자의 양도수량이 특허권자의 생산능력을 초과하는 경우 침해자가 그 초과수량만큼의 이익을 부당하게 취하게 되어 오히려 특허의 침해가 이득이 상황이 발생할 수 있었음

　이러한 문제점을 해결하기 위하여 2020. 6. 9. 법률 제17422호로 개정된 특허법은 손해액의 추정 방식을 개정하여 특허권을 침해한 자가 침해행위를 하게 한 물건의 양도수량 중 특허권자 또는 전용실시권자가 생산할 수 있었던 물건의 수량에서 실제 판매한 물건의 수량을 뺀 수량을 넘는 수량 또는 그 침해행위 외의 사유로 판매할 수 없었던 수량이 있는 경우 이들 수량(특허권자 또는 전용실시권자가 그 특허권자의 특허권에 대한 전용실시권의 설정, 통상실시권의 허락 또는 그 전용실시권자의 전용실시권에 대한 통상실시권의 허락을 할 수 있었다고 인정되지 않는 경우에는 해당 수량을 뺀 수량)에 대해서는 특허발명의 실시에 대하여 합리적으로 받을 수 있는 금액까지 손해액으로 할 수 있다고 규정함

　부정경쟁방지법에도 위와 같은 취지의 규정을 도입하여 지식재산 관련 법률로서 법적 안정성과 동일성을 갖출 수 있도록 함

부정경쟁방지법과 지식재산권법 · 민법 등 간 관계

제2장 부정경쟁방지법과 지식재산권법[1) · 민법 등 간 관계

제1절 부정경쟁방지법의 의의와 본질

I. 부정경쟁방지법의 의의

형식적 의미의 부정경쟁방지법은 총 제20조로 구성된 제정법인 부정경쟁방지법(법명 : 부정경쟁방지 및 영업비밀 보호에 관한 법률)을 말한다. 부정경쟁방지법은 사업자의 영업상 이익을 보호하고 이를 통하여 공정한 경쟁을 확보하기 위한 법률로서 국내에 널리 알려진 타인의 상표 · 상호 등을 부정하게 이용하는 등의 부정경쟁행위와 타인의 영업비밀을 침해하는 행위 등을 규제하고 있다.

실질적 의미의 부정경쟁방지법이란 부정경쟁방지법의 의미를 자유시장 경쟁질서에서 경쟁의 자유와 공정을 보장하기 위한 넓은 의미의 경쟁법으로 보고 부정한 경쟁행위를 규제하는 법 조항 일체를 말한다.

---

1) 그 동안 법률 등에서 '지적재산권'이라는 용어를 사용하여 왔으나, 2011. 5. 19 법률 제10629호로 제정된 「지식재산 기본법」에 의하여 '지적재산권'이라는 용어를 '지식재산권'으로 바꾸어 부르게 되었다. 위 법 제3조에서 '지식재산'이란 인간의 창조적 활동 또는 경험 등에 의하여 창출되거나 발견된 지식 · 정보 · 기술, 사상이나 감정의 표현, 영업이나 물건의 표시, 생물의 품종이나 유전자원, 그 밖에 무형적인 것으로서 재산적 가치가 실현될 수 있는 것을 말하고(제1호), '지식재산권'이란 법령 또는 조약 등에 따라 인정되거나 보호되는 지식재산에 관한 권리를 말한다고 규정되어 있으며, 이와 같은 용어변경에 따라 같은 법 부칙에서 「민사소송법」, 「음악산업진흥에 관한 법률」 등에 규정되어 있는 '지적재산권'이라는 용어를 '지식재산권'으로 개정하고 있다. 법률제정에 따라 본서에서도 원칙적으로 종전의 '지적재산권법'이라는 용어 대신 '지식재산권법'이라는 용어를 사용하기로 하되, 그 외 이미 선고된 판결을 언급하거나 그에 대한 분석과 관련된 부분에 대하여는 편의상 종전의 용어를 그대로 사용하기로 한다.

　　여기에는 제정법인 부정경쟁방지법 외에도 일반 법원(法源)으로서 헌법의 직업
선택의 자유, 민법의 신의성실, 권리남용 금지 등의 규정을 비롯하여 부정경쟁방
지법의 보충 규정인 민법의 불법행위 등의 규정, 상법의 총칙(상호 보호 및 경업피지
의무 등)에 관한 규정, 형법의 사기·신용훼손·업무방해 등의 규정, 특허·실용신
안·상표·디자인 등의 보호에 관한 지식재산권법의 규정, 독점규제 및 공정거래
에 관한 법률 중 불공정거래행위에 관한 규정, 대외무역법, 불공정무역행위 조사
및 산업피해구제에 관한 법률, 표시·광고의 공정화에 관한 법률을 비롯하여 전기
용품 및 생활용품 안전관리법, 약사법, 식품위생법, 농약관리법, 축산물 위생관리
법, 의료기사 등에 관한 법률, 농수산물 품질관리법, 제대혈 관리 및 연구에 관한
법률 등의 거짓 표시나 거짓·과장광고 금지에 관한 일부 규정 등이 포함된다.

　　실질적 의미의 부정경쟁방지법을 강학상 부정경쟁영업법(不正競爭營業法)이라
고 부르기도 한다.

II. 부정경쟁방지법의 본질(보호법익)

　　부정경쟁방지법의 본질(보호법익)인 부정경쟁방지법이 보호하고자 하는 것이
무엇인가와 관련하여, 종래에는 영업자의 인격권을 보호하는 것이라는 견해, 영업
자의 영업권 그 자체를 보호하는 것이라는 견해가 있었다. 그러나 이들 견해는 성
명, 상호 등이 인격권, 영업명칭과 밀접한 관련이 있더라도 부정경쟁행위가 반드
시 영업자의 인격권을 침해하려는 의도에서만 이루어지는 것은 아니고 영업권 그
자체를 물권과 같은 절대적인 권리의 하나로 인정할 이론적 근거가 없고 민법이
불법행위의 성립요건으로 권리의 침해만을 요구하고 있지 않다는 등의 비판을 받
아 지지받지 못하였다.

　　그 후 자신의 영업상의 이익이 침해되거나 침해될 우려가 있는 경우에 부정
경쟁방지법상 금지청구권 등이 인정됨을 근거로 부정경쟁방지법의 본질이 영업자
의 이익 외에 특정한 동업자 내지 동업자 전체의 영업상 이익을 보호하는 것이라
는 견해가 나오게 되었으나 이러한 견해도 원산지 허위표시나 상품의 허위 또는
과대광고, 상품질량 등에 대한 오인행위 등의 부정경쟁행위를 금지하는 취지를
제대로 설명하기 어려워 공정한 경쟁질서를 유지하는 데 목적이 있는 부정경쟁방

지법의 취지를 전체적으로 설명하기 어렵다는 의문이 제기되었고, 이에 부정경쟁방지법의 본질이 영업자의 이익을 넘어 거래자와 수요자를 포함한 일반 공중의 이익 내지 공법질서 등을 보호하기 위한 것이라는 견해가 나오게 되었다.

부정경쟁방지법은 민법에 대한 특별법인데 민법은 불법행위에 관해 "고의 또는 과실로 인한 위법행위로 타인에게 손해를 가한 자는 그 손해를 배상할 책임이 있다"라고 규정(제750조)하고 있고 권리침해 외에 법률상 보호할 가치가 있는 이익이 침해되는 경우에도 불법행위가 성립되는 것으로 해석하고 있는 점, 부정경쟁방지법 제1조가 "이 법은 국내에 널리 알려진 타인의 상표·상호 등을 부정하게 사용하는 등의 부정경쟁행위와 타인의 영업비밀을 침해하는 행위를 방지하여 건전한 거래질서를 유지함을 목적으로 한다."라고 하고, 애초에는 부정경쟁방지법에 독일 등과 같은 부정경쟁행위를 일반적으로 규제할 수 있는 일반조항이 규정되어 있지 않았으나 2013. 7. 30. 법률 제11963호로 개정된 부정경쟁방지법은 부정경쟁행위로서 제2조 제1호 가목부터 자목까지 외에 차목[2]으로 "그 밖에 타인의 상당한 투자나 노력으로 만들어진 성과 등을 공정한 상거래 관행이나 경쟁질서에 반하는 방법으로 자신의 영업을 위하여 무단으로 사용함으로써 타인의 경제적 이익을 침해하는 행위"의 보충적 일반규정을 신설한 점, 오늘날 부정경쟁방지법이, 민법의 성격인 국가가 관여를 자제하고 사적자치 내지 개인보호로부터 경제법의 성격인 국가 관여 형태로 발전되어 소비자보호의 측면이 강조되고 상품의 허위 또는 과대광고를 막기 위해 원산지 허위표시나 품질 등에 대한 오인행위 등을 규제하고 있는 점 등을 종합적으로 고려하면, 비록 부정경쟁방지법이 연혁적으로 영업자는 물론 거래자 및 수요자나 그들의 이익을 부정경쟁으로부터 보호하기 위해 제도화되었더라도[3] 영업자, 수요자의 이익(私益)과 아울러 건전한 거래질서에 관한 거래자, 수요자를 포함한 공중의 이익(公益)도 보호하고 있다고 생각한다.[4]

---

2) 2018. 4. 17. 법률 제15580호로 개정된 부정경쟁방지법에서 기존 차목을 카목으로 옮기고 차목에 아이디어 포함 정보의 부정사용행위를 부정경쟁행위로 추가하였다.

3) 2013. 7. 30. 법률 제11963호로 개정되기 전의 부정경쟁방지법에 대하여 송영식 외 6인 공저, 지적소유권법 하, 육법사(2008), 406(김병일 집필부분)은 "일반조항을 갖지 아니하고 있는 우리의 부정경쟁방지법에 있어서는 경쟁자를 개인적으로 보호함을 본질로 하고 공중 보호는 목적이 아니라 할 수 있다."라고 한다.

4) 황의창·황광연, 부정경쟁방지 및 영업비밀보호법(6정판), 세창출판사(2011), 18은 "이 법의 법익은 선사용자의 사적 이익의 보호는 물론 거래자 및 수요자를 포함한 일반 공중의

제2절 부정경쟁방지법과 지식재산권법·민법 등 간 관계

　　지식재산권을 규율하는 지식재산권법에는 부정경쟁방지법 외에도 특허법, 실용신안법, 디자인보호법, 저작권법, 종자산업법, 식물신품종 보호법, 반도체집적회로의 배치설계에 관한 법률, 콘텐츠산업 진흥법, 공간정보산업 진흥법, 수산종자산업육성법, 농수산물 품질관리법, 민·군기술협력사업 촉진법, 소재·부품전문기업 등의 육성에 관한 특별조치법, 산업교육진흥 및 산학연협력촉진에 관한 법률, 음악산업진흥에 관한 법률 등이 있다. 부정경쟁방지법은 특허법(실용신안법), 디자인보호법, 상표법, 저작권법, 농수산물 품질관리법 등에 관련되어 있다.

　　종래 지식재산권법을 각각의 법률의 속성이나 목적에 따라 일응 창작법(creation law, 創作法)과 표지법(marking law, 標識法)으로 나누기도 하였는데 오늘날에는 지식재산권법을 창작법과 표지법으로 간단히 구분할 수 없고 이들 어디에도 명확히 속한다고 분류하기 어려운 지식, 기술, 정보 등도 있어 그와 같은 분류 방법에 대해 회의적인 시각이 있다. 다만 지식재산권법의 종래 구분에 따를 경우 창작법에는 특허법, 실용신안권법, 저작권법, 디자인보호법, 부정경쟁방지법 중 영업비밀보호에 관한 규정 등이 포함되고, 표지법에는 상표법, 부정경쟁방지법 중 표지에 관한 부정경쟁행위를 규율하는 규정 등이 포함된다.

　　이하 부정경쟁방지법과 다른 지식재산권법 및 민법과의 관계에 대하여 살펴본다.

I. 부정경쟁방지법과 특허법·디자인보호법 간 관계

① 부정경쟁방지법 중 영업비밀에 관한 규정과 특허법 간 관계

부정경쟁방지법 중 영업비밀에 관한 규정과 특허법은 기술개발의 성과 등을

포괄적 이익보호, 즉 공공의 이익 보호에도 두어야 할 것으로 본다."라고 한다.

보호한다는 면에서 공통되는 부분이 있다.5)

그러나 부정경쟁방지법 중 영업비밀에 관한 규정은 기술상 또는 경영상 정보 그 자체에 독점적인 전용권을 부여하는 것이 아니라 그 정보에 대한 부정한 누설 등을 금지함으로써 영업비밀로 유지되는 상태 그 자체를 보호하는 법체계인 반면에, 특허법은 출원·공개의 과정을 거쳐 등록된 발명에 독점적인 배타권을 부여하고 그 권리를 일정 기간 보호하는 법체계이다.

그리고 출원 및 등록에 의하여 성립한 특허권에는 독점적으로 사용할 권리가 인정되고 다른 사람이 그 특허권의 보호범위에 속하는 기술을 사용하는 것 등을 금지시킬 수 있는 권리가 인정되는 반면에, 부정경쟁방지법은 영업비밀의 대상을 부정한 수단으로 취득하는 것 등을 금지시킬 뿐이므로 다른 사람이 독자적으로 동일한 영업비밀을 개발하거나 그 영업비밀을 정당한 방법으로 취득하였다면 설령 동일한 영업비밀이라도 그 기술사용을 막을 수 없다.

그뿐만 아니라 특허법은 산업상 이용할 수 있고 신규성, 진보성이 부정되지 아니하는 등의 법정요건을 갖춘 발명을 보호대상으로 함에 비하여, 부정경쟁방지법은 공공연히 알려져 있지 아니하고 독립된 경제적 가치를 가지는 것으로서 비밀로 관리된 생산방법, 판매방법 기타 영업활동에 유용한 기술상 또는 경영상의 정보를 영업비밀로 보호하므로 그 영업비밀의 보호대상은 특허발명의 보호대상보다 훨씬 넓다.6)

이미 공지된 장치를 단순 개량하거나 관련 공정기술의 수준 등이 낮아 특허법상 진보성이 인정되지 않더라도 그와 같은 기술 정보에 경제적 가치와 비밀성 등이 있다면 부정경쟁방지법상 영업비밀로 인정될 수 있다. 비록 개별적으로 각 구성성분이 공지되었지만 그와 같이 공지된 성분의 독특한 결합으로 인해 비밀성과 경제적 가치 등이 인정되는 경우와 같이, 공공영역(public domain)에 놓여 누구

---

5) 그 외에 2011. 12. 2. 법률 제11112호로 개정된 부정경쟁방지법 제14조의4 등에서 영업비밀에 대한 비밀유지명령 제도가 신설되었고 같은날 법률 제11117호로 개정된 특허법 제224조의4 등에서도 같은 내용의 비밀유지명령 제도가 신설되었다.

6) 대법원 2008. 3. 27. 선고 2007다378 판결도 "...영업비밀은...기술상 또는 경영상의 정보를 보호대상으로 하는 점에서 특허와는 그 보호대상이 일치하지 아니하고...이 사건 기술이 특허요건을 갖추었는지는 별론으로 하더라도, 영업비밀로 보호받는 데에는 아무런 지장이 없고,..."라고 하여 특허요건과 영업비밀 보호요건이 서로 다른 별개임을 명백히 하고 있다.

라도 자유로이 사용할 수 있는 정보와 비밀성이 인정된 정보가 서로 결합하여 전체적으로 경쟁상 이익을 제공하고 쉽게 얻을 수 없는 정보가 되었다면 그러한 정보 역시 부정경쟁방지법상 영업비밀로 인정될 수 있다.

어느 발명이 속하는 기술분야에서 통상의 지식을 가진 사람이라면 누구든지 특허발명을 쉽게 실시할 수 있도록 특허출원서에 발명의 설명을 명확하고 상세하게 적어야 하므로[7] 영업비밀이라고 주장하는 기술정보를 포함하고 있는 발명이 특허출원을 통해 공개되었다면 해당 기술정보 부분은 비밀성을 상실한다.[8] 따라서 특허출원되어 공개된 발명에 대하여 영업비밀을 주장하는 자로서는 그 특허출원된 내용 이외의 어떠한 정보가 영업비밀로 관리되고 어떤 면에서 경제성을 가지는지를 구체적으로 특정하여 주장하고 증명하여야 한다.[9][10]

② 부정경쟁방지법 중 표지 등에 관한 규정과 디자인보호법 간의 관계

부정경쟁방지법은 국내에 널리 알려진 타인의 상표 · 상호 등을 부정하게 사용하는 등의 부정경쟁행위와 타인의 영업비밀을 침해하는 행위를 방지하여 건전한 거래질서를 유지함을 목적으로 한다(제1조). 반면에 디자인보호법은 디자인의 보호와 이용을 도모함으로써 물품의 미적 형태에 관한 창작을 장려하여 새로운 형태의 물품이 생산활동 등을 거쳐 사회에 제공되도록 하여 산업발전에 이바지하는 제도이다(디자인보호법 제1조 참조). 따라서 부정경쟁방지법 중 표지 등에 관한 규정과 디자인보호법은 법 규정의 목적에서 구별된다.

원래 상품의 형태는 그 상품이 본래 가지고 있어야 할 기능을 충분히 발휘할

---

7) 특허법 제42조 제2항 내지 제4항에 따라 특허출원서에는 발명의 설명 · 청구범위를 적은 명세서와 필요한 도면 및 요약서를 첨부하여야 하고, 발명의 설명에는 그 발명이 속하는 기술분야에서 통상의 지식을 가진 사람이 그 발명을 쉽게 실시할 수 있도록 명확하고 상세하게 적어야 하며, 특허청구범위에는 발명이 명확하고 간결하게 적혀있어야 한다.
8) 대법원 2012. 4. 17.자 2010마372 결정 참조.
9) 대법원 2004. 9. 23. 선고 2002다60610 판결 참조.
10) 대법원 2008. 7. 10. 선고 2006도4939 판결은 피해자 회사가 보유하고 있는 조영제를 제조하기 위한 중간체 제조기술이 원심 판시의 특허기술들과 생산물의 결정화 방법, 케이크 세척방법, 용매 등에서 상이하다는 이유로 피고인이 유출한 위 중간체 제조기술이 영업비밀에 해당한다고 본 원심판단을 수긍하였다.

수 있도록 하고 나아가 출처표시를 목적으로 선택하는 것은 아니지만, 그것이 거
래계에서 2차적으로 출처표시 기능을 가지게 된 경우에는 그 상품의 형태 자체가
상품의 기술적 기능에 유래하더라도 일정한 요건을 갖춘 경우에 부정경쟁방지법
상의 상품표지로서 보호될 수 있다.

부정경쟁방지법과 특허법 내지 디자인보호법의 영역이 중첩되는 대표적인 예
가 특허권이나 디자인권으로 등록된 상품 등의 형태를 모방하거나 영업비밀 등과
같은 창작성 있는 성과를 무단으로 사용하는 경우이다. 상품의 형태에 대하여 부
정경쟁방지법이 적용되는 경우로는 ① 상품의 형태 등이 사용에 의해 주지·저명
한 상품표지로 인정되고 이러한 상품표지와 동일·유사한 상품을 판매하는 등으
로 인해 타인의 상품과 혼동하게 하는 행위(부정경쟁방지법 제2조 제1호 가목·다
목), ② 타인이 제작한 상품의 형태를 모방한 상품의 판매 등 행위(부정경쟁방지법
제2조 제1호 자목),11) ③ 거래교섭 또는 거래과정에서 경제적 가치를 가지는 타인
의 기술적 또는 영업상의 아이디어가 포함된 정보를 그 제공목적에 위반하여 부
정 사용하는 행위(부정경쟁방지법 제2조 제1호 차목), ④ 그 밖에 타인의 상당한 노
력 등으로 만들어진 성과 등을 경쟁질서에 반하는 방법 등으로 무단 사용하는 행
위(부정경쟁방지법 제2조 제1호 카목)가 있다.

어느 상품의 형태가 다른 상품과 식별되는 독자적인 특징을 가지고 있고 주
지성을 취득한 경우에는 부정경쟁방지법 제2조에 의해 보호될 수 있고 이때 그것
외에 상품형태에 대한 신규성, 진보성 유무(특허법상 고려 사항)나 심미적 가치 유
무(디자인보호법상 고려 사항)는 필요하지 않다. 그리고 상품에 특허법이나 디자인
보호법으로 등록된 권리가 포함되더라도 상품의 형태가 수요자에게 상품의 출처
를 나타내는 표지로 널리 인식된 경우에는 특허법, 디자인보호법과 부정경쟁방지
법에 의해 중첩적으로 보호받을 수 있다.12)13)

---

11) 다만 부정경쟁방지법 제2조 제1호 자목의 경우 순수한 상품형태모방에 대한 보호문제라
기 보다는 혼동초래문제 즉 고전적인 passing off의 문제이다.
12) 상표법상 입체적 형상, 색채 그 밖에 시각적으로 인식할 수 있는 것도 상표로서 등록될
수 있으므로(상표법 제2조 제1항 제2호 참조) 상품의 형태 등은 상표법과도 연관이 있어
표지성 및 주지성 취득 유무에 따라 상표법과 부정경쟁방지법이 경합하여 적용될 수 있음
은 특허법 등의 경우와 같다.
13) 다만 디자인은 물품을 떠나서 분리하여서 존재할 수 없는 일체의 관계에 있으므로 디자인
이 동일·유사하다고 하려면 디자인이 표현된 물품과 디자인의 형태가 동일·유사하여야

II. 부정경쟁방지법과 「산업기술의 유출방지 및 보호에 관한 법률」 간 관계

부정경쟁방지법이 사인(私人) 또는 민간 기업의 재산권으로서 영업비밀을 주로 보호 대상으로 규정하고 있는 탓으로 공공연구기관 등의 불법 기술유출에 대하여 적극적으로 대처하지 못하고 있다는 비판이 나오면서 「산업기술의 유출방지 및 보호에 관한 법률」이 2006. 10. 27. 제정되어 2007. 4. 28.부터 시행되고 있다.

「산업기술의 유출방지 및 보호에 관한 법률」은 산업기술보호위원회의 심의를 거쳐 필요 최소한의 범위에서 국가핵심기술[14]을 지정할 수 있도록 하고, 그와 같이 지정된 국가핵심기술을 해외에 매각하기 위하여 산업기술보호위원회의 승인을 얻거나 신고를 하도록 하며, 승인을 얻지 아니하거나 부정한 방법으로 승인을 얻어 국가핵심기술을 수출한 경우에는 그 국가핵심기술의 수출 중지 또는 금지, 원상회복 등의 조치를 명할 수 있도록 하고, 부정한 방법으로 타인의 산업기술을 취득, 사용, 공개하는 행위를 금지하고, 산업기술에 대한 비밀유지의무가 있는 자가 그 산업기술을 유출, 사용, 공개하거나 제3자가 사용하게 하는 행위를 금지하고, 국가핵심기술 및 국가연구개발사업으로 개발한 산업기술에 대한 유출행위 등이 발생하거나 발생할 우려가 있는 때에는 즉시 그 사실을 지식경제부장관 및 정보수사기관의 장에게 신고하도록 하였으며, 산업기술을 보유한 기업, 연구기관, 대학 등의 임직원 및 이 법에 따른 연구개발 및 분쟁조정 등의 업무를 수행하는 자에 대한 비밀유지의무를 명시하고, 이러한 비밀유지의무를 위반하거나 산업기술을 부정한 방법으로 유출한 자에 대해서는 형사처벌을 하도록 하고 있다.

양 법률은 기술상의 정보를 보호하는 점[15]이나 침해행위의 태양의 점에서는

한다. 디자인의 동일 · 유사에 대한 상세한 내용은 윤태식, 디자인보호법 -디자인 소송 실무와 이론-, 진원사(2016), 299 이하 참조.

14) "국가핵심기술"이라 함은 국내외 시장에서 차지하는 기술적 · 경제적 가치가 높거나 관련 산업의 성장잠재력이 높아 해외로 유출될 경우에 국가의 안전보장 및 국민경제의 발전에 중대한 악영향을 줄 우려가 있는 기술로서 제9조의 규정에 따라 지정된 것을 말한다(산업기술의 유출방지 및 보호에 관한 법률 제2조 제2호).

유사하지만 보호대상, 보호요건, 침해대상에 대한 구제수단 등에서 차이가 있다.

부정경쟁방지법의 보호대상은 비공지성, 경제적 유용성, 비밀관리성을 가진 기술상, 경영상의 정보인 반면, 「산업기술의 유출방지 및 보호에 관한 법률」의 보호 대상은 산업기술, 즉 제품 또는 용역의 개발, 생산, 보급 및 사용에 필요한 제반 방법 내지 기술상의 정보 중에서 관계중앙행정기관의 장이 법령에 따라 지정 또는 고시·공고하는 기술16) 및 같은법 제2조 제2호에 따른 국가핵심기술에 해당하는 것을 말한다.

2013. 7. 30. 법률 제11963호로 개정되기 전의 부정경쟁방지법은 형사 구제수단에 대해 그 '기업'에 유용한 영업비밀을 취득, 사용, 공개하였을 것을 요구하고 있어(제18조 제1항, 제2항) 형사 구제수단을 취할 수 있는 영업비밀 보유자를 기업으로 한정하는 결과가 되었다.17) 이것이 「산업기술의 유출방지 및 보호에 관한 법률」을 제정하도록 한 요인이 되었다. 「산업기술의 유출방지 및 보호에 관한 법률」에서는 사기업뿐만 아니라 공기업은 물론 공공연구소나 대학 등 모든 분야에서의 기술유출에 대해 형사처벌할 수 있는 규정을 두었다.

「산업기술의 유출방지 및 보호에 관한 법률」은 제정 당시 형사 구제 규정만을 두었으나 2011. 7. 25. 법률 제10962호로 개정된 법 제14조의2로 산업기술 침해행위에 대한 금지청구권 등의 민사 구제 조항을 신설하고 법 제15조 제2항으로 산업기술의 유출 및 침해행위가 발생한 경우 기업 등의 요청이 없더라도 지식경제부장관(현 산업통상자원부장관) 및 정보수사기관의 장의 직권으로 기술유출 방지에 필요한 조치를 할 수 있도록 하는 조항을 신설하였다. 그리고 2019. 8. 20. 법률 제16476호로 개정된 「산업기술의 유출방지 및 보호에 관한 법률」은 국가기관, 지방자치단체, 공공기관의 운영에 관한 법률 제2조에 따른 공공기관 및

---

15) 다만 영업비밀의 대상에는 경영상의 정보가 포함되는 반면에 「산업기술의 유출방지 및 보호에 관한 법률」에서는 보호대상이 법이 정한 소정의 산업기술에 제한된다.

16) 고시·공고의 대상기술은 국내에서 개발된 독창적인 기술로서 선진국 수준과 동등 또는 우수하고 산업화가 가능한 기술, 기존제품의 원가절감이나 성능 또는 품질을 현저하게 개선시킬 수 있는 기술, 기술적·경제적 파급효과가 커서 국가기술력 향상과 대외경쟁력 강화에 이바지할 수 있는 기술, 위 세 가지의 산업기술을 응용 또는 활용하는 기술 중 하나이다(제2조 제1호).

17) 2013. 7. 30. 법률 제11963호로 개정된 부정경쟁방지법에서 개인이나 비영리기관의 영업비밀을 유출한 자도 형사처벌의 대상으로 하였다.

그 밖에 대통령령으로 정하는 기관은 국가핵심기술에 관한 정보를 공개해서는 아니 되고, 예외적으로 국가의 안전보장 및 국민경제의 발전에 악영향을 줄 우려가 없는 경우에는 공개할 수 있되 이러한 경우에 국가핵심기술에 관한 정보를 공개하려는 경우에는 정보공개의 신청을 받은 날부터 20일 이내에 서면 또는 전자문서로 이해관계인의 의견을 듣고 산업통상자원부장관 및 관계 부처의 장의 동의를 받은 후 위원회의 심의를 거치도록 하는 규정(제9조의2)을 신설하였다.

　「산업기술의 유출방지 및 보호에 관한 법률」 제36조 제3항, 제14조 제2호는 대상기관의 임·직원 또는 대상기관과의 계약 등에 따라 산업기술에 대한 비밀유지의무가 있는 자가 부정한 이익을 얻거나 그 대상기관에게 손해를 가할 목적으로 유출하거나 그 유출한 산업기술을 사용 또는 공개하거나 제3자로 하여금 사용토록 하면 처벌하도록 규정하고 있다. 위 비밀유지의무의 대상인 산업기술은 제품 또는 용역의 개발·생산·보급 및 사용에 필요한 제반 방법 내지 기술상의 정보 중에서 행정기관의 장이 산업경쟁력 제고나 유출방지 등을 위하여 이법 또는 다른 법률이나 이 법 또는 다른 법률에서 위임한 명령에 따라 지정·고시·공고·인증하는 산업기술보호법 제2조 제1호 각 목에 해당하는 기술을 말하고, 부정경쟁방지 및 영업비밀보호에 관한 법률에서의 영업비밀과 달리 비공지성(비밀성), 비밀유지성(비밀관리성), 경제적 유용성의 요건을 요구하지 않는다. 다만 특허권, 실용신안권이 신규성·진보성 등의 엄격한 요건을 심사하여 등록되는 권리임에 비해 산업기술의 유출방지 및 보호에 관한 법률에서 고시·공고되는 기술은 그러한 엄격한 요건이나 심사를 받지 않고 고시·공고되는 탓에 침해소송 등에서 대상기술의 특정이나 유효성 등에 대해 다툼이 일어나는 경우가 많고 이로 인해 실질적인 권리구제의 실효성이 특허권 등의 등록권리에 비해 상대적으로 낮다는 문제가 있다.

　「산업기술의 유출방지 및 보호에 관한 법률」 제2조 제1호 각 목의 어느 하나의 요건을 갖춘 산업기술은 특별한 사정이 없는 한 비밀유지의무의 대상이 되고, 그 산업기술과 관련하여 특허등록이 이루어져 산업기술의 내용 일부가 공개되었다고 하더라도 그 산업기술이 전부 공개된 것이 아닌 이상 비밀유지의무의 대상에서 제외되는 것은 아니다.[18]

---

18) 대법원 2013. 12. 12. 선고 2013도12266 판결 참조.

III. 부정경쟁방지법과 상표법 간 관계

부정경쟁방지법의 표지 관련 규정과 상표법은 주지상표 등의 진정한 상표(표지)에 대한 신뢰를 보호하여 부정경쟁을 방지하고 건전한 상거래 질서 확립을 통하여 국가 산업발전을 도모하고자 하는 일종의 경쟁법 또는 경업질서법으로서 영업상 혼동초래행위를 막고 공정한 경쟁을 유도하는 기능을 수행하는 점에서 공통된다.

다만 상표법은 선출원에 의한 등록주의를 원칙으로 하여 엄격한 심사를 거쳐 등록된 상표에 독점권·배타권을 부여하고 등록상표와 동일·유사한 상표사용을 금지하는 제도(권리부여형 입법)인 반면에, 부정경쟁방지법 중 표지 관련 규정은 등록된 상표인지와 관계없이 주지·저명하게 된 표지와 혼동이 발생하는 부정경쟁행위를 구체적·개별적으로 파악하고 금지함으로써 주지표지 등이 보호되는 제도(행위규제형 입법)인 점에서 두 법률은 보호방법 및 보호대상에 차이가 있다.19)

또한 상표권의 효력 범위는 당해 상표가 사용되고 있는지나 그것이 얼마나 알려져 있는지와 관계없이 국내 전역에 미치고 상표권의 존속기간은 상표권의 설정등록이 있는 날부터 10년간이되 갱신등록출원절차를 거쳐 그 존속기간을 10년씩 연장시킬 수 있는 반면에, 예를 들어 부정경쟁방지법 제2조 제1호 가목 및 나목이 적용되는 경우 그 보호범위는 주지표지가 시장이익을 형성하고 있는 범위의 지역에 한하여 인정되고 주지표지의 상태가 유지되는 한 보호된다.

---

19) 부정경쟁방지법은 특정한 부정경쟁행위를 금지함으로써 표지사용자가 사실상 독점권을 부여받은 것과 유사한 현상이 발생하는 것이므로, 법에 의해 독점권을 부여하는 상표법과는 보호방법에 차이가 있는 점에 유의한다. 이러한 부정경쟁방지법상의 보호방법은 오히려 저작권의 그것과 유사하여 표지사용자가 서로 영향을 주고받는 관계없이 사용하게 되어 주지표지로 되었다면 이들 표지가 시장에서 동시에 병존할 수 있는 여지가 있다. 그리고 위와 같은 보호방법 등의 차이로 인해 상표법에서는 등록상표와 동일 또는 유사한 상표에 대한 사용 등을 침해행위로 규제하는 반면에, 부정경쟁방지법에서는 주지표지 등과 혼동하게 하는 행위를 침해행위로 규제하고 있고 상표·상품의 동일 또는 유사는 혼동의 위험성을 인정하는 징표 중 하나로 취급하게 된다. 또한 비록 상표법상 보호받지 못하는 상표라고 하더라도 그것이 오랫동안 사용됨으로써 거래자나 일반 수요자들이 어떤 특정인의 상품을 표시하는 것으로서 널리 인식하게 된 경우에는 부정경쟁방지법이 보호하는 상품표지에 해당하게 된다.

상표법에서 상표의 유사에는 상표(표장)의 유사 외에 지정상품의 유사까지 요건으로 규정되어 있는데 부정경쟁방지법 제2조 제1호 가목 내지 다목에서 상품의 유사는 적용 요건이 아니다.

상표법에서 유사 여부와 혼동의 우려는 개념상으로는 구별되지만 매우 밀접한 상호 연관성을 가진다. 어느 상표가 등록상표를 구성하는 부분의 외관, 호칭, 관념 등의 요소 중 어느 하나와 유사하더라도 두 상표를 전체적으로 대비하여 혼동의 우려가 없다면 그 상표가 등록상표와 유사하다고 할 수 없다. 그리고 상표법에서 말하는 혼동은 상품 등의 출처가 동일하다고 오인하게 하는 좁은 의미의 출처 혼동을 말한다.

그러나 부정경쟁방지법에서 표지의 유사는 혼동 여부를 인정하기 위한 유력한 간접사실 중 하나에 불과하여 비록 표지가 유사하더라도 나아가 혼동의 우려가 없다면 위 가목 내지 다목의 부정경쟁행위로 인정되지 않을 수 있다.

상표법과 부정경쟁방지법에서의 유사와 혼동의 관계는 서로 밀접한 관계에 있지만 논리적인 구조에서 작용하는 면에 차이가 있다. 이 부분에 대한 상세한 내용은 「제3장 부정경쟁행위의 유형 제2절 상품주체 혼동행위(가목) Ⅳ. 타인의 상품과 혼동하게 하는 행위 ⑤ 기타 : 혼동의 우려와 상표법 제108조 제1항(제2항) 제1호와의 관계」에서 설명한다.

또한 부정경쟁방지법에서 말하는 혼동 개념은 상표법상에서 주로 문제가 되는 협의의 출처 혼동 외에 광의의 출처 혼동을 포함한다. 즉, 부정경쟁방지법에서 규제발동 요건으로서 혼동이라는 의미는 상품 등의 출처가 동일하다고 오인하게 하는 경우(협의의 출처 혼동)뿐만 아니라 국내에 널리 인식된 타인의 상품표지 등과 동일 · 유사한 표지를 사용함으로써 수요자에게 당해 상품표지 등의 주체와 사용자 간에 자본, 조직 등에 밀접한 관계가 있을 수 있지 않을까라고 잘못 믿게 하는 경우(광의의 출처 혼동)도 포함하며, 타인의 상품과 혼동을 하게 하는 행위에 해당하는지는 상품표지의 주지성과 식별력의 정도, 표지의 유사 정도, 사용태양, 상품의 유사 및 고객층의 중복 등으로 인한 경업 · 경합관계의 존부, 그리고 모방자의 악의(사용의도) 유무 등을 종합하여 판단한다.[20]

상표법과 부정경쟁방지법은 배타적 · 택일적인 관계에 있지 않아 등록상표가

---

20) 대법원 2007. 12. 27. 선고 2005다60208 판결 [상표권 침해금지].

주지성 등의 요건을 갖추고 있다면 표지보유자는 타인에 의해 권원없이 사용되는 행위를 상표법뿐 아니라 부정경쟁방지법을 통해서도 금지시킬 수 있다.

다만 상표등록이 자기 상품을 다른 상품과 식별시킬 목적으로 한 것이 아니고 일반 수요자에게 타인의 상품과 혼동을 일으키게 하거나 영업상의 시설이나 활동과 혼동을 일으키게 하여 이익을 얻을 목적으로 한 것과 같이 형식상 상표권을 취득하는 경우에는 상표의 등록출원 자체가 부정경쟁행위를 목적으로 하는 것이 되고, 비록 권리행사의 외형을 갖추더라도 상표법을 악용하거나 남용하는 것이 되어 상표법에 의한 적법한 권리행사라고 할 수 없다.[21]

관련하여 상표법에 의한 권리행사와 부정경쟁방지법 제15조 제1항 사이의 관계가 문제된다.

부정경쟁방지법 제15조 제1항은 "특허법, 실용신안법, 디자인보호법, 상표법, 농수산물품질관리법에 제2조부터 제6조까지 및 제18조 제3항과 다른 규정이 있으면 그 법에 따른다."라고 규정하고 있다. 부정경쟁방지법 제15조 제1항은 상표법 등과 서로 밀접한 관계에 있으면서도 그들 법과 구체적 입법목적과 규율방법을 달리함으로써 상호 간에 저촉, 충돌의 가능성을 가지고 있는 법 상호 간의 관계를 분명히 함으로써 이러한 저촉, 충돌에 대비하기 위한 것이다.[22] 위 규정의 취지는, 상표법 등에 부정경쟁방지법의 위 규정들과 다른 규정이 있는 경우에 그 법에 의하도록 한 것에 지나지 아니하여 상표법 등 다른 법률에 의하여 보호되는 권리일지라도 그 법에 저촉되지 아니하는 범위 안에서는 부정경쟁방지법을 적용할 수 있다는 데 있다.[23]

따라서 외관상 상표법 등에 의한 권리행사이더라도 그것이 실질적으로 사법상의 일반 원리인 권리남용 또는 신의칙에 위반된 행위일 경우에는 부정경쟁방지법 제15조 제1항에 따른 상표법 우선 원칙이 적용되지 아니한다.[24]

---

21) 대법원 1995. 11. 7. 선고 94도3287 판결 [부정경쟁방지법위반].
22) 헌법재판소 2001. 9. 27. 선고 99헌바77 전원재판부 결정 [구부정경쟁방지법제15조위헌소원].
23) 대법원 1993. 1. 19. 선고 92도2054 판결('사임당가구' 사건), 대법원 1995. 11. 7. 선고 94도3287 판결('에나' 사건), 대법원 1996. 5. 13.자 96마217 결정('재능교육' 사건), 대법원 2000. 5. 12. 선고 98다49142 판결('비제바노' 사건), 대법원 2001. 4. 10. 선고 2000다4487 판결('헬로우 키티' 사건), 대법원 2007. 6. 14. 선고 2006도8958 판결('CAMBRIDGE MEMBERS' 사건), 대법원 2008. 9. 11. 선고 2007마1569 결정('K2' 사건) 등 참조.

예를 들어 상표등록이 자기 상품을 제3자의 상품과 식별시킬 목적으로 한 것이 아니고 국내에 널리 인식되어 사용되고 있는 타인의 상표가 아직 상표등록이 되어 있지 아니함을 알고, 그와 동일·유사한 상표나 상호, 표지 등을 사용하여 일반 수요자에게 타인의 상표와 혼동을 일으키거나 타인의 영업상 시설이나 활동과 혼동을 일으키게 하여 이익을 얻을 목적으로 형식상 상표권을 취득한 것에 불과할 경우에는 상표의 등록출원 자체가 부정경쟁행위를 목적으로 하는 것이고 이는 상표법을 악용하거나 남용한 것이 되어 상표법에 따른 적법한 권리행사라고 볼 수 없다. 이러한 경우에는 부정경쟁방지법 제15조의 적용이 배제되고 오히려 그 상표권 행사가 부정경쟁행위에 해당하여 부정경쟁방지법 제2조, 제4조가 적용되고,[25][26] 나아가 등록상표의 사용이 일정 지역에 널리 알려진 상품표지에 대한

---

24) 대법원 2006. 2. 24.자 2004마101 결정('KGB' 사건), 대법원 2007. 1. 25. 선고 2005다67223 판결('진한커피' 사건).
25) 대법원 1993. 1. 19. 선고 92도2054 판결, 대법원 1995. 11. 7. 선고 94도3287 판결, 대법원 1996. 5. 13.자 96마217 결정, 대법원 2001. 4. 10. 선고 2000다4487 판결, 대법원 2003. 8. 25.자 2002마2311 결정('타이레놀' 사건), 대법원 2004. 2. 26. 선고 2001다51299 판결('Z·P·Z·G' 사건), 대법원 2004. 11. 11. 선고 2002다18152 판결('CASS' 사건), 대법원 2007. 6. 14. 선고 2006도8958 판결, 대법원 2008. 9. 11.자 2007마1569 결정.
반면에, 대법원 1995. 5. 9. 선고 94도3052 판결은 타인의 상호와 혼동을 일으켜 이익을 얻을 목적으로 형식상으로만 서비스표권을 취득하였다고 보기 어렵다는 이유로, 대법원 2007. 6. 15. 선고 2005다48246 판결은 서비스표 출원 자체에 부정한 목적이 있다고 보기 어렵다는 이유로 서비스표 등록이 부정경쟁방지법상의 부정경쟁에 해당하지 않는다고 하였다.
26) 부정경쟁방지법 제15조 제1항의 당초 입법취지는, 상표권은 국가의 심사절차를 거쳐 등록된 권리이므로 무효나 최소 절차를 거치지 않고 직접 부정경쟁방지법에 따른 규제를 받도록 하는 것이 적절하지 않다는 데 있었다.
일본의 구 부정경쟁방지법 제6조에는 상표법에 의한 권리행사라고 인정되는 행위에 대하여는 구 부정경쟁방지법 제1조 제1항 제1호·제2호의 혼동행위(및 구 법 제4조 제1항 내지 3항의 행위)도 부정경쟁행위로 되지 아니한다고 규정되어 있었는데, 일본에서는 상표법과 부정경쟁방지법에 의해 보호되는 이익 간 우열 내지 양 법률의 저촉 여부 등의 여러 문제에 대하여 논란이 있었다가 결국 '상표권이 독점권이고 부정경쟁방지법은 사실상태 이익을 보호하는 것에 지나지 않아 항상 상표권이 우선한다는 주장은 형식논리로서 과거의 것이다'라는 인식하에 양 법익 간 조정을 권리남용은 허용되지 않는다는 일반 원칙에 의해 해결하기로 하고 위 규정은 삭제되었다.
위 규정의 삭제 전 일본 법원 실무도 우리 법원과 유사한 논리로 권리남용 법리를 도입하여 위 규정을 제한적으로 해석하는 태도를 취하고 있었는데, 위와 같은 삭제경위로 인해

부정경쟁행위가 될 수도 있다.[27]

　　한편 상표법이나 부정경쟁방지법이 모두 경쟁법 내지 경업질서법이라는 측면에서 볼 때 부정경쟁방지법의 경업질서 이념이 상표법 중 제34조 제1항 제11호, 제12호, 제119조 제1항 제1호, 제5호, 제99조의 규정에서 부분적으로 찾아볼 수 있기도 하여 상표법과 부정경쟁방지법 간 동조화 현상이 일어나고 있다.

IV. 부정경쟁방지법과 저작권법 간 관계

　　저작권법이 창작법에 속하는 것으로 등록을 효력발생요건으로 하지 않는다는 것을 비롯한 몇 개의 특수사정[28]을 제외한다면, 부정경쟁방지법과 저작권법 간 관계는, 같은 창작법에 속하는 특허법과 부정경쟁방지법 간 관계에서 살펴 본 내용이 참고가 된다.

　　저작물과 표지는 배타적 · 택일적인 관계에 있지 않고, 상표법 내지 부정경쟁방지법상 표지를 구성할 수 있는 도형 등이라도 저작권법에 의하여 보호되는 저작물의 요건을 갖춘 경우에는 저작권법상의 저작물로 보호받을 수 있으며, 그것

　　위 규정 삭제 후에도 권리남용 법리는 민법의 원칙 등에 따라 종전과 같이 여전히 적용되고 있다. 다만 일본에서 위 규정 삭제 후 권리남용 상황까지는 아니더라도 미등록 주지표장이라는 점을 알면서도 그것에 저촉되는 상표를 출원하여 등록받은 경우에 상표권행사를 허용할 것인지에 관하여는, ① 미등록 주지표장임을 알고 상표등록을 받았다면 상표권자가 주지표장 사용자에 대해 등록상표를 행사할 수 없다는 소극설과, ② 주지표장을 알고 있었다는 점을 넘어 권리남용 등의 특별한 사정이 없는 한 상표권자가 그에 저촉되는 등록상표를 적극적으로 사용할 수 있고, 주지표장 사용자로부터 부정경쟁행위 주장을 받더라도 등록상표 사용이라는 항변을 내세워 그 금지청구를 배척할 수 있다는 적극설이 있는데 아직 실무나 학계 의견은 나뉘어 있지만 조금씩 소극설(부정경쟁방지법 우위설) 쪽으로 무게가 기울고 있는 실정이다.
　　그 외의 쟁점으로 부정경쟁방지법에 기한 상호의 등기말소청구는 인정하는 것이 통설, 판례(대법원 2011. 12. 22. 선고 2011다9822 판결)의 태도인데 나아가 부정경쟁방지법에 기한 등록상표의 등록말소청구에 대하여는 금지청구의 방해제거청구의 하나로서 말소(소멸)등록 청구를 인정할 수 있다는 견해도 있으나 이 경우에는 법원과 특허청의 권한분배상의 문제로 무효심판절차를 통해 해결하는 것이 바람직하다.
27) 대법원 2012. 5. 9. 선고 2010도6187 판결('不老' 사건).
28) 저작재산권의 보호기간은 저작권법 제3관에 특별한 규정이 있는 경우를 제외하고는 저작자가 생존하는 동안과 사망한 후 70년간이다. 부정경쟁방지법에는 보호대상에 대해 존속기간이라는 개념이 없다.

이 상품표지 등의 출처표시를 위하여 사용되고 있거나 사용될 수 있다는 사정이 있다고 하여 저작권법에 의한 보호 여부가 달라지지 않는다.[29]

저작권법과 상표법 내지 부정경쟁방지법(특히 표지에 관한 규정)이 서로 중첩되지만 구별됨을 살펴볼 수 있는 사례로 서적 등의 제호 내지 제명과 관련된 법리, 캐릭터의 보호 요건 등을 들 수 있다.

먼저, 제호가 원래 서적에 담긴 저작물의 창작물로서의 명칭이나 그 내용을 직접 또는 함축적으로 나타내는 것이고, 제호·표지 디자인도 저작물의 내용을 효과적으로 전달하기 위한 것으로서 당해 창작물과 분리되기 어려우므로, 제호 또는 제호·표지 디자인을 부정경쟁방지법상의 영업표지라고 볼 수 있으려면 그것이 영업을 표시하는 표지로 사용되어 특정인의 영업임을 연상시킬 정도로 널리 알려져야 한다.[30]

저작권법에서 제호 내지 제명이 저작권으로 보호될 수 있는지에 대해 저작권법은 제13조 제1항에서 "저작자는 그의 저작물의 내용·형식 및 제호의 동일성을 유지할 권리를 가진다."라고 규정하여 저작물의 제호를 저작인격권의 하나인 동

---

29) 대법원 2014. 12. 11. 선고 2012다76829 판결.
30) 대법원 2005. 8. 25. 선고 2005다22770 판결은 피신청인의 '영어공부 절대로 하지 마라' 제호의 사용 태양, 사용 의도, 사용 경위 등에 비추어 피신청인은 신청인의 등록상표인 '영어공부 절대로 하지 마라'를 시리즈물인 서적의 제호의 일부로 사용함으로써 시리즈물인 서적의 출처를 표시하고 있는 것으로 볼 여지가 있다고 하였다.
또한 부정경쟁방지법의 적용을 긍정한 대법원 2015. 1. 29. 선고 2012다13507 판결도 "뮤지컬은 각본·악곡·가사·안무·무대미술 등이 결합되어 음악과 춤이 극의 구성·전개에 긴밀하게 짜 맞추어진 연극저작물의 일종으로서, 제목은 특별한 사정이 없는 한 해당 뮤지컬의 창작물로서의 명칭 또는 내용을 함축적으로 나타내는 것에 그치고 그 자체가 바로 상품이나 영업의 출처를 표시하는 기능을 가진다고 보기는 어렵다(대법원 2007. 1. 25. 선고 2005다67223 판결 등 참조). 그러나 뮤지컬은 제작·공연 등의 영업에 이용되는 저작물이므로, 동일한 제목으로 동일한 각본·악곡·가사·안무·무대미술 등이 이용된 뮤지컬 공연이 회를 거듭하여 계속적으로 이루어지거나 동일한 제목이 이용된 후속 시리즈 뮤지컬이 제작·공연된 경우에는, 공연 기간과 횟수, 관람객의 규모, 광고·홍보의 정도 등 구체적·개별적 사정에 비추어 뮤지컬의 제목이 거래자 또는 수요자에게 해당 뮤지컬의 공연이 갖는 차별적 특징을 표상함으로써 구체적으로 누구인지는 알 수 없다고 하더라도 특정인의 뮤지컬 제작·공연 등의 영업임을 연상시킬 정도로 현저하게 개별화되기에 이르렀다고 보인다면, 뮤지컬의 제목은 단순히 창작물의 내용을 표시하는 명칭에 머무르지 않고 부정경쟁방지 및 영업비밀보호에 관한 법률 제2조 제1호 나목에서 정하는 '타인의 영업임을 표시한 표지'에 해당한다."라고 하였다.

일성유지권의 보호대상으로 하고 있다.31)

나아가 제호의 저작물성에 관하여는 견해가 나뉘어 있는데 대법원은 제호의 저작권 보호 여부에 대해 "제명은 사상 또는 감정의 표명이라고 볼 수 없어 저작물로서 보호받을 수 없다."32)거나 "저작권법에 의하여 보호되는 저작물이라 함은 문학·학술 또는 예술에 속하는 것으로서 사상 또는 감정을 창작적으로 표현한 것을 말하므로, 어문저작물인 서적 중 저작자의 사상 또는 감정을 창작적으로 표현한 부분이라고 볼 수 없는 단순한 서적의 제호나 저작자 또는 출판사의 상호 등은 저작물로서 보호받을 수 없다."33)라는 이유로 제호의 저작물성을 일률적으로 부정하는 취지로 판시하였으나, 그 후 "서적류의 제호는 특별한 사정이 없는 한 해당 저작물의 창작물로서의 명칭 내지는 그 내용을 함축적으로 나타내는 것이며…저작권법에 저촉되지 않는 한은 누구든지 사용할 수 있는 것으로서"라고 하거나34) "시의 제목 '비목(碑木)' 그 자체에는 저작권을 부여할 정도의 창작성이 있다고 볼 수 없어 어문저작물에 해당하지 않는다."라고 판단한 원심을 수긍하는35) 등 비록 결론에서 저작물성을 부정하더라도 논리적으로는 서적 제호의 저작물성 여부에 대하여도 통상의 저작물 창작성 기준에 따라 판단하고 있다.

다음으로, 만화, 텔레비전, 영화, 신문, 잡지 등 대중이 접하는 매체를 통하여 등장하는 인물, 동물 등의 형상과 명칭을 뜻하는 캐릭터의 경우 부정경쟁방지법과 저작권법에서 각각 보호 요건이 다르다.

부정경쟁방지법에서는 캐릭터가 상품화되어 부정경쟁방지법 제2조 제1호 가목에 규정된 '국내에 널리 인식된 타인의 상품임을 표시한 표지'가 되기 위해서는 캐릭터 자체가 국내에 널리 알려진 것만으로는 부족하고, 그 캐릭터에 대한 상품화 사업이 이루어지고 이에 대한 지속적인 선전, 광고 및 품질관리 등으로 그 캐

---

31) 대법원 1989. 10. 24. 선고 89다카12824 판결은 "원저작물을 복제함에 있어 함부로 그 저작물의 내용, 형식, 제호에 변경을 가한 경우에는 원저작자의 동일성유지권을 침해한 경우에 해당한다."라고 하였다.

32) 대법원 1977. 7. 12. 선고 77다90 판결(만화 제명 '또복이' 사건).

33) 대법원 1996. 8. 23. 선고 96다273 판결('운전면허 학과시험 문제집' 및 '운전면허 2주 완성 문제집' 사건).

34) 대법원 2005. 8. 25. 선고 2005다22770 판결(등록상표 겸 서적의 제호 '영어공부 절대로 하지 마라' 사건).

35) 대법원 2017. 10. 12. 선고 2017다233054 판결.

릭터가 이를 상품화할 수 있는 권리를 가진 자의 상품표지이거나 위 상품화권자
와 그로부터 상품화 계약에 따라 캐릭터사용허락을 받은 사용권자 및 재사용권자
등 그 캐릭터에 관한 상품화 사업을 영위하는 집단(group)의 상품표지로서 수요자
들에게 널리 인식되어 있을 것을 요한다.[36)

그러나 저작권법에서는 캐릭터에 그 인물, 동물 등의 생김새, 동작 등의 시각
적 표현에 작성자의 창조적 개성이 드러나 있으면 원저작물과 별개로 저작권법에
따라 보호되는 저작물이 될 수 있고, 이때 캐릭터의 저작물성 여부를 판단하면서
저작물인 만화영화의 캐릭터가 특정분야 또는 일반대중에게 널리 알려진 것이라
거나 고객흡인력을 가졌는지, 그 캐릭터에 관하여 상품화가 이루어졌는지는 저작
물의 저작권법에 따른 보호 여부를 판단하면서 고려할 사항이 아니다.[37)

V. 부정경쟁방지법과 상법 간 관계

상법의 상호에 관한 규정(제18조 내지 제28조)은 부정경쟁방지법의 영업주체
혼동행위 등의 부정경쟁행위와 관련이 있다.

1961. 12. 30. 법률 제911호로 제정된 부정경쟁방지법 제7조는 "제2조 제1
호 및 제2호, 제3조, 전조 제1항 및 제2항과 제8조 제2호의 규정은 특허법, 실용
신안법, 의장법, 상표법 또는 상법 중 상호에 관한 규정에 따라 권리를 행사하는
행위에 대하여는 적용하지 아니한다."라고 규정하였고, 1986. 12. 31. 법률 제
3897호로 전부 개정된 부정경쟁방지법 제9조에서 "특허법, 실용신안법, 의장법,
상표법, 독점규제및공정거래에관한법률, 상법 중 상호에 관한 규정 또는 형법 중
국기·국장에 관한 규정에 제2조 내지 제4조 및 제11조의 규정과 다른 규정이
있는 경우에는 그 법에 의한다."라는 문언 형식으로 변경되었다가, 1991. 12. 31.
법률 제4478호로 개정된 부정경쟁방지법 제15조에서 "특허법, 실용신안법, 의장

---

36) 대법원 2005. 4. 29. 선고 2005도70 판결(만화영화 '탑 블레이드' 캐릭터 사건), 대법원
    2006. 12. 22. 선고 2005도4002 판결('햄토리' 캐릭터 사건), 대법원 2012. 3. 29. 선고
    2010다20044 판결(드라마 '대장금, 주몽' 등 캐릭터 사건).
37) 대법원 2003. 10. 23. 선고 2002도446판결(만화영화 '달마시안' 캐릭터 사건), 대법원
    2005. 4. 29. 선고 2005도70 판결(만화영화 '탑 블레이드' 캐릭터 사건), 대법원 2010. 2.
    11. 선고 2007다63409 판결(게임 '실황야구' 캐릭터 사건).

법, 상표법, 독점규제및공정거래에관한법률 또는 형법 중 국기·국장에 관한 규정에 제2조 내지 제6조, 제10조 내지 제14조 및 제18조 제1항의 규정과 다른 규정이 있는 경우에는 그 법에 의한다."라고 하여 상법 중 상호에 관한 규정 부분이 삭제되었다.

부정경쟁방지법은 상호가 주지의 영업표지인 경우에 그와 동일하거나 유사한 것을 사용하는 행위 등을 부정경쟁행위로 규정하고 있고(제2조 제1호 나목), 이러한 경우 같은법에 기한 상호사용금지 등을 청구할 수 있으며(제4조 참조) 상호사용의 금지를 실효성 있게 하도록 해당 상호의 등기말소청구도 인정된다.[38]

상표법 제23조(주체를 오인시킬 상호의 사용금지)는 누구든지 부정한 목적으로 타인의 영업으로 오인할 수 있는 상호를 사용하지 못한다(제1항)라고 하고 위 규정에 위반하여 상호를 사용하는 자가 있는 경우에 이로 인하여 손해를 받을 염려가 있는 자 또는 상호를 등기한 자는 그 폐지를 청구할 수 있다(제2항)고 규정하고 있다.

그리고 상법에서 상업사용인, 영업양도인, 대리상, 합명회사와 합자회사의 무한책임사원, 주식회사와 유한회사의 이사 등의 경업행위 금지에 관한 규정(상법 제17조, 제41조, 제89조, 제198조, 제269조, 제397조, 제567조)은 부정경쟁방지법의 영업비밀 침해행위 등과 관련이 있다.

예를 들어 영업양도의 경우 양도인이 경업금지의무(상법 제41조)에 반하여 동종 영업을 계속한다면 이는 일반 공중에게 양도 이전의 영업을 계속하고 있다는 오인을 불러일으킬 수 있어 영업양수인에 대한 부정경쟁행위가 될 수 있다. 또한 상업사용인, 무한책임사원, 이사 등의 경업행위나 겸직행위도 영업주나 회사 등에 대하여 부정경쟁행위가 될 수 있다.

---

38) 대구지방법원 2010. 6. 8. 선고 2010가합655 판결(항소기각 및 상고기각 확정)은 "부정경쟁방지법상의 금지 및 예방청구권의 실효성을 담보하기 위하여는 등기가 된 상호일지라도 그 상호의 사용이 부정경쟁행위와 관계되는 경우라면 그 상호의 사용금지를 명할 수 있다고 볼 것이고, 또한 법인등기부상의 상호가 영업주체의 공시적 기능이 있는 점, 법인등기부상의 상호가 말소됨으로써 유사상호 사용금지의 실효성이 확보될 수 있는 점 및 그 말소집행이 용이한 점 등에 비추어 보면 상호 자체를 말소시키는 것이 상호 사용의 금지를 실효성 있게 할 수 있는 간단한 방편이므로 상호말소청구권도 인정함이 타당하다."라고 하면서 "피고는 '대한교직원공제회', '교직원공제회', '교원공제회'라는 문자를 피고의 상호로 사용하여서는 아니된다. 피고는 원고에게 대구지방법원 등기과 2009. 10. 21. 접수 등기번호 029850호로 경료된 법인설립등기의 상호 "대한교직원공제회 주식회사" 중 "대한교직원공제회"부분에 관한 말소등기절차를 이행하라."라고 하였다.

또한 상업사용인 등이 퇴직하면서 부정한 수단으로 영업비밀을 취득하거나 그 취득한 영업비밀을 사용하거나 공개하는 경우에 부정경쟁방지법이 규정하는 영업비밀 침해행위에 해당한다(법 제2조 제3호).

VI. 부정경쟁방지법과 민법 간 관계

① 민법상 불법행위를 이유로 한 침해행위금지·손해배상청구 인정 여부에 관한 다툼

부정경쟁행위는 민사상 불법행위의 특수유형으로 발전해 왔고 부정경쟁방지법은 민법의 특별법이라고 할 수 있어 민법의 규정이 보충적으로 적용되는 관계에 있다. 따라서 침해자가 경쟁자의 법률상 보호할 가치가 있는 이익을 침해하는 행위로 경쟁자에게 손해를 가한 경우 민법상 불법행위에 따라 그 손해를 배상할 책임이 있다(민법 제750조).

다만 민법상의 불법행위가 성립하기 위해서는 손해 발생이 필요하여 오로지 행위자에게 이익만이 있고, 경쟁자 내지 동업자에게 손해가 발생하였다고 보기 어려운 경우에는 민법상의 불법행위가 성립하기 어려웠는데, 부정경쟁방지법은 품질 등 오인행위 등과 같이 반드시 경쟁자 내지 동업자에게 직접적인 손해가 발생하지 않았더라도 행위자가 일정한 기준에 반하는 방법으로 이익을 얻는 행위를 부정경쟁행위라 하여 이를 규제하고 있다.

민법상 불법행위를 이유로 한 일반적인 금지 및 예방청구에 관하여는 이를 인정하는 규정이 없고 해석론으로도 원칙적으로 민법상 불법행위를 이유로 일반적인 금지 및 예방청구를 인정하기 어렵다는 것이 기존 실무 입장이었다. 다만 불법행위에 대한 사후적인 손해배상청구만으로는 구제가 충분하지 않아 부정경쟁방지법은 법에 의해 열거된 부정경쟁행위 등으로 인해 타인의 경제적 이익 등을 침해한 경우 손해배상청구 외에 금지청구를 인정하고 있다.

그런데 2013. 7. 30. 법률 제11963호로 개정된 부정경쟁방지법에서 제2조 제1호 차목으로 "그 밖에 타인의 상당한 투자나 노력으로 만들어진 성과 등을 공정한 상거래 관행이나 경쟁질서에 반하는 방법으로 자신의 영업을 위하여 무단으로 사용함으로써 타인의 경제적 이익을 침해하는 행위"가 신설되기 전의 부정경쟁방지법 시행 당시에, 만일 상대방의 행위가 부정경쟁방지법 등에서 인정하는 개별적인 경제적 이익이나 권리를 침해하는 부정경쟁행위라고 할 수는 없지만 같은 행위에 대해 민법상 불법행위의 요건을 충족한다고 인정할 수 있는지, 그것을 인정할 수 있다면 그러한 민법상 불법행위에 대하여 금지청구 등을 인정할 수 있는지가 문제되었다.

② 민법상 불법행위를 이유로 한 침해행위금지 인정 ─ 대법원 2010. 8. 25.자 2008마1541 결정의 의의

가. 대법원 2010. 8. 25.자 2008마1541 결정 내용

대법원 2010. 8. 25.자 2008마1541 결정에서 대법원은 종전의 견해를 사실상 바꾸어 경쟁자가 상당한 노력과 투자에 의하여 구축한 성과물을 상도덕이나 공정한 경쟁질서에 반하여 자신의 영업을 위하여 무단으로 이용함으로써 경쟁자의 노력과 투자에 편승하여 부당하게 이익을 얻고 경쟁자의 법률상 보호할 가치가 있는 이익을 침해하는 행위에 대해, 민법의 불법행위에 기하여 손해배상청구권 외에 일정 요건 아래에 금지청구권까지 행사할 수 있다는 입장을 취하기에 이르렀다.[39]

■ 대법원 2010. 8. 25.자 2008마1541 결정 요지

▶ 채권자는 장기간 동안 상당한 노력과 투자에 의하여 정보검색, 커뮤니티, 오락 등의 다양한 서비스를 제공하는 국내 최대의 인터넷 포털사이트인 '네이버'(그 도메인이름은 www.naver.com이고, 이하 '네이버'라 한다)를 구축하여 인터넷 사용자들로 하여금 위 서비스 이용 등을 위하여 네이버를 방문하도록 하고, 이와 같이 확보한 방문객에게 배너광고를 노출시키거나 우선순위 검색결과 도출서비스를 제공하는 방법 등으로 광고영업을 해 오고 있음을 알 수 있는바, 채권자의 네이버를 통한 이러한 광고영업의 이익은 법률상 보호할 가치가 있는 이익이다...채무자가 제공한 원심

---

39) 이 결정에 대한 해설로 유영선, "불법행위로서 '부정한 경쟁행위' 및 그에 기한 금지청구권의 성립 요건 등에 관하여", 민사재판의 제문제(제23권), 사법발전재단(2015), 453 이하가 있다.

판시 이 사건 프로그램을 설치한 인터넷 사용자들이 네이버를 방문하면 그 화면에 채권자의 광고 대신 같은 크기의 채무자의 배너광고가 나타나거나(이른바 '대체광고 방식'), 화면의 여백에 채무자의 배너광고가 나타나거나(이른바 '여백광고 방식'), 검색창에 키워드를 입력하면 검색결과 화면의 최상단에 위치한 검색창과 채권자의 키워드광고 사이에 채무자의 키워드광고가 나타나는(이른바 '키워드삽입광고 방식') 등으로, 채무자의 광고가 대체 혹은 삽입된 형태로 나타남을 알 수 있다. 그런데 채무자의 이러한 광고는 위와 같이 인터넷 사용자들이 네이버에서 제공하는 서비스 등을 이용하기 위하여 네이버를 방문할 때 나타나는 것이므로, 이는 결국 네이버가 가지는 신용과 고객흡인력을 무단으로 이용하는 셈이 된다. 뿐만 아니라 그 광고방식도 채권자가 제공하는 광고를 모두 사라지게 하거나(대체광고 방식) 채권자가 제공하는 검색결과의 순위를 뒤로 밀리게 하는(키워드삽입광고 방식) 등의 방법을 사용함으로써 채권자의 영업을 방해하면서 채권자가 얻어야 할 광고영업의 이익을 무단으로 가로채는 것이다.

▸ 경쟁자가 상당한 노력과 투자에 의하여 구축한 성과물을 상도덕이나 공정한 경쟁질서에 반하여 자신의 영업을 위하여 무단으로 이용함으로써 경쟁자의 노력과 투자에 편승하여 부당하게 이익을 얻고 경쟁자의 법률상 보호할 가치가 있는 이익을 침해하는 행위는 부정한 경쟁행위로서 민법상 불법행위에 해당하는바, 위와 같은 무단이용 상태가 계속되어 금전배상을 명하는 것만으로는 피해자 구제의 실효성을 기대하기 어렵고 무단이용의 금지로 인하여 보호되는 피해자의 이익과 그로 인한 가해자의 불이익을 비교 · 교량할 때 피해자의 이익이 더 큰 경우에는 그 행위의 금지 또는 예방을 청구할 수 있다

나. 대법원 2010. 8. 25.자 2008마1541 결정의 의의 및 과제

대법원 2010. 8. 25.자 2008마1541 결정 이전에 금지청구를 인격권 침해에까지 인정한 것으로 대법원 2005. 1. 17.자 2003마1477 결정 [서적발행판매반포 등 금지가처분]이 있다.

위 결정에서 대법원은 "명예는 생명, 신체와 함께 매우 중대한 보호법익이고 인격권으로서의 명예권은 물권의 경우와 마찬가지로 배타성을 가지는 권리라고

할 것이므로 사람의 품성, 덕행, 명성, 신용 등의 인격적 가치에 관하여 사회로부터 받는 객관적인 평가인 명예를 위법하게 침해당한 자는 손해배상(민법 제751조) 또는 명예회복을 위한 처분(민법 제764조)을 구할 수 있는 이외에 인격권으로서 명예권에 기초하여 가해자에 대하여 현재 이루어지고 있는 침해행위를 배제하거나 장래에 생길 침해를 예방하기 위하여 침해행위의 금지를 구할 수도 있다. 그러나 언론·출판 등의 표현행위에 의하여 명예의 침해를 초래하는 경우에는 인격권으로서의 개인의 명예보호와 표현의 자유가 충돌하고 그 조정이 필요하므로 어떠한 경우에 인격권의 침해행위로서 이를 규제할 수 있는지에 관하여는 헌법상 신중한 고려가 필요하다(대법원 2004. 2. 27. 선고 2001다53387 판결 참조)."라고 하였다.

대법원 2010. 8. 25.자 2008마1541 결정 법리의 의미에 대해, 민법상 불법행위를 이유로 한 일반적인 금지 또는 예방청구를 인정하지 않는다는 기존 실무입장을 원칙으로 하면서도, 예외적으로 그 행위자의 무단이용 상태가 계속되어 금전배상을 명하는 것만으로는 피해자 구제의 실효성을 기대하기 어렵고 무단이용의 금지로 인하여 보호되는 피해자의 이익과 그 행위자의 불이익을 비교·교량할 때 피해자의 이익이 더 큰 경우에는 그 행위의 금지 또는 예방청구를 허용할 수 있다는 취지라고 봄이 옳을 것이다.

위 결정 법리는 종합유선방송사업자가 전송한 방송프로그램에 대해 피고가 개별 TV 수상기와 셋톱박스 사이에 피고 소유의 CF 박스를 연결하여 자막광고의 광고영업행위의 금지를 구한 대법원 2014. 5. 29. 선고 2011다31225 판결에서도 인용되고 있다.

더불어 위 2008마1541 결정은 당시 한정열거주의를 취하고 있던 법적 보호의 범위를 크게 넓히는 의미가 있는데, 이러한 법원의 법적 보호 확대 노력이 입법에도 영향을 미쳐 2013. 7. 30. 법률 제11963호로 개정된 부정경쟁방지법은 제2조 제1호에 차목[40]을 신설하여 "그 밖에 타인의 상당한 투자나 노력으로 만들

---

[40] 2018. 4. 17. 법률 제15580호로 개정된 부정경쟁방지 및 영업비밀보호에 관한 법률 제2조 제1호에서 차목으로 "사업제안, 입찰, 공모 등 거래교섭 또는 거래과정에서 경제적 가치를 가지는 타인의 기술적 또는 영업상의 아이디어가 포함된 정보를 그 제공목적에 위반하여 자신 또는 제3자의 영업상 이익을 위하여 부정하게 사용하거나 타인에게 제공하여 사용하게 하는 행위. 다만, 아이디어를 제공받은 자가 제공받을 당시 이미 그 아이디어를 알고 있었거나 그 아이디어가 동종 업계에서 널리 알려진 경우에는 그러하지 아니하다."를 신설함으로써 기존의 차목 규정은 카목으로 조문위치가 변경되었다.

어진 성과 등을 공정한 상거래 관행이나 경쟁질서에 반하는 방법으로 자신의 영업을 위하여 무단으로 사용함으로써 타인의 경제적 이익을 침해하는 행위"를 부정경쟁행위로 규정하였다.

또한 위 2008마1541 결정으로 인해 불법행위로 인한 손해배상방법의 한 태양으로 금전배상청구 외에 원상회복 청구를 할 수 있는지가 또 다른 쟁점이 된다.

위 2008마1541 결정 이전의 주류적인 실무태도는 민법 제763조가 준용하는 제394조가 "다른 의사표시가 없으면 손해는 금전으로 배상한다."라고 규정함으로써 이른바 금전배상의 원칙을 규정하고 있음을 이유로 불법행위에 대한 피해자의 원상회복 청구를 받아들이지 않는다는 입장이지만,[41] 불법행위로 인한 금지청구권을 인정한 위 결정으로 인해 위 금전배상청구와 동일한 이론적 뿌리를 가지고 있는 불법행위로 인한 원상회복 청구도 이익 형량 여하에 따라 인정될 수 있는 논리적 환경이 조성되었다고 생각되기 때문이다.

③ 대법원 2010. 8. 25.자 2008마1541 결정 법리를 인용하여 민법상 불법행위를 이유로 한 손해배상청구를 인정함 — 대법원 2012. 3. 29. 선고 2010다20044 판결

대법원 2010. 8. 25.자 2008마1541 결정 법리는 이후 금지청구 사건을 넘어 민법상 불법행위에 기한 손해배상청구 사건인 대법원 2012. 3. 29. 선고 2010다20044 판결[42])에서도 그대로 적용되고 있다.

대법원 2012. 3. 29. 선고 2010다20044 판결은 위 2008마1541 결정 법리를 인용한 다음, "① 원고 한국방송공사가 방영한 드라마 '겨울연가'와 '황진이' 및 원고 문화방송이 방영한 드라마 '대장금'과 '주몽'은 이들 방송사가 상당한 노력과 투자에 의하여 구축한 성과물로서, 이들 방송사는 각 해당 드라마의 명성과 고객

---

41) 대법원 1997. 3. 28. 선고 96다10638 판결 [토지인도등], 대법원 2008. 11. 13. 선고 2006다22722 판결 [전용사용권말소등] 등 참조.
42) 방송사에 의해 방영된 드라마를 직접적으로 연상하도록 하고 그러한 연상으로부터 생겨나는 수요자들의 제품 구매 욕구에 편승하는 제품을 제조 · 판매하는 행위가 부정한 경쟁행위로서 민법상 불법행위에 해당한다는 이유로 손해배상청구를 인정한 원심판단을 수긍하였다.

흡인력을 이용하여 그에 관한 상품화 사업을 수행할 수 있는 권한을 타인에게 부여하고 대가를 받는 방식 등으로 영업해 오고 있음을 알 수 있는데, 이러한 영업을 통하여 원고 한국방송공사, 문화방송이 얻는 이익은 법률상 보호할 가치가 있는 이익에 해당한다. ② 이 사건 각 드라마가 국내뿐 아니라 해외에서도 인기를 얻어 국내 수요자나 해외 관광객들 사이에서 이와 관련한 상품에 대한 수요가 커지자, 피고 ○○○○는 이 사건 각 드라마를 구축한 원고 한국방송공사, 문화방송으로부터 허락도 받지 아니한 채, 피고 제품을 접한 수요자들로 하여금 이 사건 각 드라마를 직접적으로 연상하도록 하고 그러한 연상으로부터 생겨나는 수요자들의 제품 구매 욕구에 편승하여 피고 제품을 제조·판매하였음이 인정된다. ③ 드라마 관련 상품화 사업을 추진하기 위해서는 그에 관한 권리자로부터 허락을 받는 것이 그 거래사회에서 일반적인 관행인 점 등을 고려할 때, 원고 한국방송공사와 원고 문화방송으로부터 허락을 받지 아니한 피고 ○○○○의 위와 같은 행위는 상도덕이나 공정한 경쟁질서에 반하는 것이다. 이러한 행위는 드라마를 이용한 상품화 사업 분야에서 서로 경쟁자의 관계에 있는 위 원고들의 상당한 노력과 투자에 편승하여 이 사건 각 드라마의 명성과 고객흡인력을 자신의 영업을 위하여 무단으로 이용하여, 앞서 본 바와 같이 법률상 보호할 가치가 있는 위 원고들의 각 해당 드라마에 관한 상품화 사업을 통한 영업상의 이익을 침해하는 것이다."라고 하여, 방송사에 의해 방영된 드라마를 직접 연상케 하고 그러한 연상으로부터 생겨나는 수요자들의 제품 구매 욕구에 편승하는 제품을 제조·판매하는 행위는 부정한 경쟁행위로서 민법상 불법행위에 해당한다는 이유로, 손해배상청구를 인정한 원심판단을 수긍하였다.

④ 대법원 2010. 8. 25.자 2008마1541 결정 법리의 적용 범위 및 한계

한편 대법원 2016. 4. 29. 선고 2013다42953 판결에서는 대법원은 개별 사용자들이 특정한 프로그램[43]을 통하여 포털사이트에서 제공하는 키워드 검색결과

---

43) 위 사건에서 "개별 사용자로 하여금 '네이버·다음·네이트·구글'의 4대 포털사이트가 제공하는 화면에서 원하는 콘텐츠의 추가·삭제·위치변경 및 스킨과 색상을 포함한 전체

화면에 나타나는 광고를 삭제하거나, 다른 포털사이트의 광고가 나오도록 대체시킬 경우 피고의 광고 수익이 감소하는 결과가 발생할 수 있더라도 프로그램을 제공 · 배포한 자가 그러한 행위로 포털사이트의 광고영업 수익에 대응하는 다른 영업적 이익을 얻지 않고 있어 프로그램을 단순히 제공 · 배포한 행위만으로는 포털사이트의 영업을 방해하는 위법행위라고 할 수 없다고 판단하였는데,44) 이 사안은 위 2008마1541 결정의 법리 적용 범위와 한계를 명확히 하는 데 도움이 된다.

한편 불법행위의 상당인과관계 등이 쟁점이 된 사안이 있다.

특허권자의 특허를 기반으로 한 원고 제품을 수입, 판매하는 원고의 제품이 국민건강보험의 요양급여대상으로 결정되고 약제 상한금액이 정해져 약제급여목록표에 등재되었는데, 피고가 원고 제품의 제네릭 의약품인 피고 제품을 국민건강보험의 요양급여대상으로 결정신청하여 피고 제품이 약제급여목록표에 등재되었다가 원고 제품 특허의 진보성을 부정하는 특허법원 판결이 선고되자 피고는 피고 제품의 판매예정시기를 등재 후 즉시로 변경하였고, 보건복지부장관은 원고 제품의 약제 상한금액의 인하(최종 상한금액의 80%로 함) 시행일을 2011. 4. 25. (특허권 존속기간 만료일 다음날)에서 2011. 2. 1.로 변경하였는데 위 진보성 부정 판결이 대법원에서 파기환송되고 그 후 위 특허의 진보성이 부정되지 않는다는 심결이 확정되었다. 원고가 피고의 피고 제품에 대한 요양급여대상 결정신청, 판

디자인의 변경을 가능하게 해 주는 개인화 툴 프로그램"을 말한다.

44) 그 구체적인 논거로서 대법원은 위 사건에서, 포털사이트의 광고영업 수익에 대응하는 다른 영업적 이익을 얻지 않고 있다는 중요한 논거 외에도, 포털사이트에 접속한 개별 사용자들이 거기에서 제공되는 광고 등 콘텐츠를 본래의 형태와 내용 그대로 열람하여야 할 법령상 또는 계약상의 의무를 부담한다고 볼 근거가 없는 이상, 개별 사용자들이 소송에서 문제된 개인화 툴 프로그램을 사용함으로써 피고가 제공한 광고가 차단되거나 다른 사이트의 광고로 대체되는 등으로 포털사이트의 광고효과가 감소되는 불이익이 발생한다고 하더라도, 이는 최종소비자가 각자의 선호에 따라 이용 방식을 변경함으로써 생기는 사실상의 효과일 뿐이므로 위 프로그램을 제공 · 배포한 것만으로 부당한 수단을 사용하여 개별 인터넷 사용자와 피고 사이 또는 광고주들과 피고 사이에 존재하는 계약의 이행을 방해하거나 권리를 침해하는 등의 불법행위가 성립한다고 볼 수도 없다는 점과, 소송에서 문제된 개인화 툴 프로그램과 오토스타일링이 함께 설치되면 개별 사용자의 컴퓨터 검색 화면에서 각 포털사이트가 제공하는 광고가 자동적으로 삭제되면서 화면 최상단에 '시퀀스링크'라는 광고가 나타나지만, 이러한 시퀀스링크 연결 효과는 오토스타일링을 동반 설치한 경우에만 발생하고 단순히 위 프로그램만을 설치한 때에는 발생하지 않으므로 시퀀스링크 연결 효과는 위 프로그램을 제공 · 배포한 행위의 결과가 아니라는 점을 들었다.

매예정시기 변경신청, 제조 및 판매라는 일련의 피고 제품 출시행위는 위법행위로서 불법행위에 해당한다고 주장하면서 피고를 상대로 원고 제품의 약제 상한금액 인하에 대한 손해배상을 청구한 사안에서, 대법원은 피고의 행위가 위법하다거나 피고의 행위와 원고 제품의 상한금액 인하 사이에 상당인과관계가 있다고 볼 수 없다고 하였다.[45]

다음으로 부정경쟁방지법 등을 위반한 상품의 거래가 민법상 매매계약의 유효성 여부에 어느 정도 영향을 주는지의 문제가 있다.

단순히 부정경쟁방지법을 위반한 상품을 거래하였다는 사실만으로 민법상 매매계약의 유효성을 부정하기는 어렵다. 다만 행위태양의 반사회성이 큰 경우, 예컨대 부정한 목적을 가지고 널리 알려진 타인의 상품 등 표시와 동일·유사한 표장을 사용한 상품을 판매하고, 타인으로부터 경고장을 받고 수사기관의 강제수사를 받고도 이를 무시하고 계속적으로 타인의 상품과 혼동을 발생시키는 경우[46]와 같이 경제거래에서 상품의 신용 유지와 경제 질서의 확보를 해치는 반사회성이 현저하게 강한 법률행위에 해당한다면 그 매매계약을 무효라고 볼 수 있다.

영업비방행위와 민법 등 간 관계도 문제된다.[47]

경쟁관계에 있는 자가 허위사실을 들어 다른 영업자의 중요한 자산 중 하나인 영업상 신용 등을 직접적으로 공격하는 영업비방행위는 공정한 경쟁질서를 해치는 위법행위이다. 다만 부정경쟁방지법은 아직 영업비방행위를 부정경쟁행위로 규정하고 있지 않고 민법 제750조의 불법행위, 형법 제313조의 신용훼손죄 등과 같은 일반법의 규율에 맡기고 있다.

VII. 부정경쟁방지법과 「독점규제 및 공정거래에 관한 법률」 간 관계

---

45) 대법원 2020. 11. 26. 선고 2016다260707 판결 및 같은 날 선고 2018다221676 판결.
46) 일본 最高裁判所 2001. 6. 11. 선고 平成12(受)67 판결 참조(의료품의 도매업자가 그 의료품이 진정상품이 아니라는 사정을 알고 이를 매수한 소매업자를 상대로 잔대금지급청구 소송을 제기한 사안).
47) 영업비방행위의 규제와 민법 등의 문제와 관련하여서는 윤태식, 특허법 −특허 소송 실무와 이론− (제2판), 진원사(2017), 830~832 내용을 참고하여 주시기 바란다.

　　부정경쟁방지법은 부정경쟁행위를 방지하여 건전한 거래질서를 유지하고자 함을 취지로 하고, 독점규제 및 공정거래에 관한 법률은 시장지배적 지위의 남용과 과도한 기업결합 및 경제력 집중을 막고 부당한 공동행위와 불공정거래행위를 규제하여 공정하고 자유로운 경쟁질서를 형성·유지하고자 함을 취지로 한다.

　　이들 두 법률은 모두 자유롭고 공정한 경업질서를 유지하고자 하는 데 공통점이 있으나, 부정경쟁방지법은 경쟁의 공정을 유도하여 경쟁의 질을 보호하고자 하는 데 목적이 있고 독점규제 및 공정거래에 관한 법률은 경쟁의 자유를 유도하여 경쟁의 존재를 보호하고자 하는 데 목적이 있다.

　　독점규제 및 공정거래에 관한 법률은 공정한 경쟁을 저해하는 행위를 금지하여 공정하고 자유로운 경쟁을 촉진시키고 그로써 일반 소비자의 이익을 확보하려는 것이므로 공정거래위원회에 의한 배제명령 등의 행정규제가 중심이 됨과 아울러 소비자를 포함한 사익의 침해를 받은 자에게도 금지청구 등의 원고적격을 부여하고 있는데 비해, 부정경쟁방지법은 부정경쟁행위를 금지하여 사업자간 공정한 경쟁을 확보하려는 것이므로 공익에 대한 침해의 정도가 높은 것을 형사처벌의 대상으로 하고 사익 침해에 대하여는 사업자 간 금지청구, 손해배상청구 등의 민사청구에 맡기고 소비자에게 원고적격을 인정하지 않고 있다.

　　두 법률의 관계에 관하여 언급한 판결은 적지만 하나의 사례로서 "피고 회사의 상표 사용이 부정경쟁행위에 해당한다고 보아야 하는 이상, 피고 회사의 해당 상표를 사용한 시계 제품의 생산, 광고, 판매, 투자 등 각종 영업활동은 모두 피고 회사의 부정경쟁행위의 수단으로 이루어진 것이므로, 그와 같은 각종 영업활동이 있었다고 하여 위 상표 사용이 보호할 가치가 있는 점유상태에 이르렀다고 볼 수 없는 것이다. 그러므로 피고 회사에 대하여 이와 같은 부정경쟁행위의 중지와 이에 필요한 조치를 구하는 원고의 이 사건 청구가 권리남용에 해당하거나 피고 회사의 사업활동을 방해하는 것으로서 독점규제 및 공정거래에 관한 법률 제23조 제1항, 같은법 시행령 제36조 제1항 별표 1 제8호의 라목 소정의 불공정거래행위에 해당하지 않는다."라고 한 것이 있다.[48]

---

48) 대법원 2000. 5. 12. 선고 98다49142 판결.

———— 제 3 장

부정경쟁행위의 유형

제3장 부정경쟁행위의 유형

제1절 총설

부정경쟁행위의 의미를 공정한 상거래 관행이나 경쟁질서에 반하는 방법으로 경쟁사업자의 보호할 가치가 있는 이익을 침해하거나 자유경쟁질서를 훼손할 우려가 있는 행위라고 파악하더라도 그 유형은 속성상 매우 다양하다.

이론적으로 부정경쟁방지법상 부정경쟁행위를 ① 행위의 성격에 따라 자신의 영업에 이용하여 자신의 경쟁력을 증대시키는 행위와 타인의 영업을 방해하여 타인의 경쟁력을 감소시키는 행위로, ② 행위의 내용에 따라 고객의 부당획득행위, 경업자의 영업방해행위, 성과 등 무단사용행위, 우월적 지위 획득행위로 나누거나 혹은 혼동초래행위, 영업침해행위, 시장질서 교란행위로, ③ 행위의 대상 내지 피침해이익에 따라 특정한 동업자의 영업이익 침해행위, 전체 동업자 및 시장관계자의 영업이익 침해행위, 경쟁질서 교란행위 등으로 각각 나누기도 한다.

부정경쟁방지법은 경쟁질서에 반하는 방법으로 자기의 경쟁력을 증대시키는 행위를 11개의 부정경쟁행위 유형[법 제2조 제1호 가목 내지 카목]으로 나누어 제한적으로 열거하고 있다. 즉 부정경쟁방지법 제2조 제1호는 부정경쟁행위를 ① 상품주체 혼동행위(가목), ② 영업주체 혼동행위(나목), ③ 저명표지의 식별력·명성 손상행위(다목), ④ 원산지 오인행위(라목), ⑤ 출처지 오인행위(마목), ⑥ 상품사칭·품질 등 오인행위(바목), ⑦ 상표권자 대리인 등의 상표 무단사용행위(사목), ⑧ 도메인이름에 관한 부정행위(아목), ⑨ 상품형태 모방행위(자목), ⑩ 아이디어 포함 정보의 부정사용행위(차목), ⑪ 성과 등 무단사용행위(카목)로 나누어 열거하고 있다.

그리고 법 제2조 제1호의 부정경쟁행위 정의 규정에 열거되어 있지 않지만, 그 외에 법 「제2장 부정경쟁행위의 금지 등」에 있는 제3조는 국기·국장 등을 사용할 수 없고,[1] 제3조의2는 자유무역협정에 따라 보호하는 지리적 표시를 사용할 수 없다고 하여 조약 등에 기한 금지행위(국기·국장 등, 지리적 표시)를 규정하고 있다.

부정경쟁방지법에 열거된 유형은 아직 그 개수가 적고 열거된 유형도 그 성격이 여러 방면에 걸쳐 있어 어느 한쪽으로 명확히 구분하기가 쉽지 않다.[2] 본서는 법조문 순서에 따라 부정경쟁방지법에 열거된 부정경쟁행위와 금지행위 등을 설명하기로 한다.

제2절 상품주체 혼동행위(가목)

부정경쟁방지법 제2조 제1호 가목은 "국내에 널리 인식된 타인의 성명, 상호, 상표, 상품의 용기·포장, 그 밖에 타인의 상품임을 표시한 표지(標識)와 동일하거나 유사한 것을 사용하거나 이러한 것을 사용한 상품을 판매·반포(頒布) 또는 수입·수출하여 타인의 상품과 혼동하게 하는 행위", 즉 상품주체 혼동행위를 부정경쟁행위로 규정한다.

위 규정의 취지는 국내에 널리 알려진 타인의 상품임을 표시한 표지와 동일·유사한 표지를 사용하여 수요자를 혼동케 하고 그 표지에 축적된 타인의 신용에 무임승차하여 고객을 획득하는 행위를 부정경쟁행위로 금지하여 공정한 경업질서의 유지·형성을 꾀하려는 데 있다.

상품주체 혼동행위는 주지의 상품표지 무단사용 등에 따른 혼동행위로서 영업주체 혼동행위와 더불어 사칭통용(詐稱通用, passing-off, palming off)이라고 불리는 전형적인 부정경쟁행위에 속한다.

본 목에 따라 부정경쟁방지법에 의한 금지청구를 인정할 것인지의 판단은 사

---

1) 이는 공업소유권의 보호를 위한 파리협약 제6조의3(국가의 문장 등의 보호)을 실시하기 위해 외국의 국기 등의 상업상의 사용을 금지하는 규정이고 그 보호법익은 외국 국가의 위신, 국민의 명예감정이다.
2) 예를 들면, 행위의 성격(위 ①의 유형)에 따라 분류하는 경우에 영업비밀 침해행위(제2조 제1항 제3호의 가목 내지 바목)는 기본적으로는 타인의 영업을 방해하여 타인의 경쟁력을 감소시키는 행위로 분류되지만 자신의 영업에 이용하여 경쟁력을 증대시키려는 행위의 성격도 가지고 있다.

실심 변론종결 당시를 기준으로 하고 손해배상청구를 인정할 것인지 및 신용회복청구를 인정할 것인지의 판단은 침해행위 당시를 기준으로 한다.

1961. 12. 30. 법률 제911호로 제정된 부정경쟁방지법 제2조 제1호에서 부정경쟁행위중지청구권의 대상으로 "국내에 널리 인식된 타인의 성명, 상호, 상표, 상품의 용기, 포장 기타 타인의 상품임을 표시한 표지와 동일 또는 유사한 것을 사용하거나 이러한 것을 사용한 상품을 판매, 무상반포 또는 수출하여 타인의 상품과 혼동을 일으키게 하는 행위"라고 규정하였다. 그 후 1986. 12. 31. 법률 제3897호로 전부개정된 부정경쟁방지법 제2조 제1호에서 '수출'이 '수입·수출'로 문구 변경되고, 1991. 12. 31. 법률 제4478호로 개정된 부정경쟁방지법에서 내용 그대로 조문의 위치만을 제2조 제1호 가목으로 옮겼다. 2007. 12. 21. 법률 제8767호로 개정된 부정경쟁방지법에서 '포장 기타 타인의 상품' 부분이 '포장, 그 밖에 타인의 상품'으로 변경되고 표지와 반포 다음의 괄호 안에 標識, 頒布의 한자가 추가되어 오늘에 이르고 있다.

상품주체 혼동행위로 인정하기 위해서는 객관적 요건으로 (1) 국내에 널리 인식된(周知性), (2) 타인의 성명, 상호, 상표, 상품의 용기·포장, 그 밖에 타인의 상품임을 표시한 표지(標識) (상품표지), (3) 타인의 상품표지와 동일·유사한 것을 사용하거나 이러한 것을 사용한 상품의 판매·반포(頒布) 또는 수입·수출행위, (4) 타인의 상품과 혼동하게 하는 행위일 것을 요하고, 주관적 요건으로 고의, 즉 부정경쟁행위를 한다는 인식이 있어야 한다. 주관적 요건에서 그 부정경쟁행위를 한다는 인식(고의) 외에 부정경쟁행위자의 악의 또는 부정경쟁행위자의 부정경쟁 목적은 필요로 하지 않는다.

이하 상품주체 혼동행위의 객관적 요건을 조문 내용에 따라 설명한다.

I. 국내에 널리 인식된(周知)

① 「국내에 널리 인식된」의 의미·구별 개념

부정경쟁방지법 제2조 제1호 가목에서 말하는 국내에 널리 인식된이라는 의미는 국내의 모든 지역 혹은 일정한 지역범위 안에서 수요자 또는 거래자들 사이에 널리 인식되고 알려진 것을 말한다.

어느 상품표지가 국내의 일정한 지역범위 안에서 수요자 또는 거래자(이하 수요자라고 한다) 사이에 자타식별 및 출처표시기능을 가지는 특정인의 상품표지라고 널리 인식되고 알려진 경우를 주지표지라 하고, 그와 같이 널리 알려진 객관적인 상태를 주지성(周知性)이라 한다.

가목의 국내에 널리 인식된이라는 의미가 국내 전 지역이 아니라 적어도 국내의 일정 지역범위 안에서 수요자 사이에 널리 인식되고 알려진 것으로 충분하여 각각의 상품표지가 사용되는 지역에서 이들 상품표지가 서로 중첩되지 않는 상태가 있을 수 있고(주지성의 병존), 각 상품표지의 사용지역 전부 또는 일부가 겹쳐 서로 이해충돌이 발생할 수 있다(주지성의 경합).

주지성은 저명성(著名性)과 개념상 구별된다.

저명성은 어느 상품표지가 계속적인 사용, 품질개량, 광고선전 등에 따라 그 상품이 갖는 품질의 우수성이나 명성으로 인하여 '국내 전 지역'에 걸쳐 수요자뿐 아니라 '일반 대중(즉 모든 사람)에게까지 양질감 등 우월적 지위'를 얻고 있는 상태를 말한다. 주지성은 저명성과 비교할 때 '국내의 일정 지역범위'에서 '수요자 또는 거래자들' 사이에 널리 알려지게 된 정도로 충분하고 전국의 일반 대중에까지 널리 알려지거나 양질감 등 우월적 지위라는 요소가 필요하지 않다는 점에서 지명도가 저명성보다 낮다.[3]

관련하여 부정경쟁방지법에서 '국내에 널리 인식된'이라는 문구가 기재된 규정이 여러 곳 있는데 각 규정의 입법 취지 등이 서로 달라 같은 의미로 해석하지 않음에 유의한다. 예를 들면 법 제2조 제1호 가목 및 나목의 국내에 널리 인식된이라는 의미는 적어도 주지성 이상을 취득(즉 저명성도 포함)한 상태를 의미하는 반면에, 법 제2조 제1호 다목에서 말하는 국내에 널리 인식된이라는 의미는 주지성 취득만으로 부족하고 저명성을 취득한 상태를 의미한다(통설, 실무).

---

3) 대법원 1995. 7. 14. 선고 94도399 판결, 대법원 2012. 4. 26. 선고 2011도10469 판결 등은 부정경쟁방지법 제2조 제1호 가목에서 말하는 "국내에 널리 인식된" 것에 해당하려면 단순히 그 표지 등을 이미 사용하고 있다는 정도로는 부족하고 계속적인 사용, 품질개량, 광고 선전 등으로 우월적 지위를 획득할 정도에 이르러야 하나, 국내 전역에 걸쳐 모든 사람에게 주지되어 있음을 요하는 '저명의 정도'에까지 이르러야 하는 것은 아니고 국내의 일정한 지역적 범위 안에서 거래자 또는 수요자들 사이에서 알려지게 된 이른바 '주지의 정도'에 이른 것으로 족하다고 한다.

② 주지성 판단 기준 등

주지성의 지역적 범위는 국내의 모든 지역 또는 일정한 지역이고[4][5] 국내에서 신문, 방송 등으로 소개되어 널리 알려진 경우라면 실제로 국내에서 사용된 적이 없는 외국의 상품표지라도 본 규정에 따라 보호되고, 국내 상품표지도 실제로 사용되고 있는 일정한 지역은 물론 광고 등에 의하여 널리 알려진 지역까지 포함된다.

타인의 상품임을 표시한 표지가 국내에 널리 인식되었는지는 해당 상품표지의 사용기간·방법·태양·사용량·거래범위 등의 상품거래 실정 및 상품표지가 사회통념상 객관적으로 알려진 정도 등을 종합하여 판단한다.[6]

널리 알려져 있는 상태인지 여부인 주지 여부 자체는 사실인정 문제이다.

주지성에서 상품의 표지가 수요자에게 인식되는 정도는 상품의 종류·성질, 거래의 종류·형태 등 거래사정에 따라 다르지만 대체로 그 사용기간, 영업의 규모, 점포의 종류와 범위, 상품 판매액, 선전광고의 종류·방법·빈도 및 비용, 상품표지·상품·영업에 관한 타인의 평가, 언론 보도 등의 정보가 효과적인 판단자료가 된다. 그렇더라도 반드시 그중 어떠한 자료만으로 주지성을 인정하여야 하는 것은 아니다.[7][8]

---

4) 대법원 2012. 5. 9. 선고 2010도6187 판결은 막걸리 상품표지인 '不老'에 대해 대구와 그 인근 지역의 범위에 대해 주지성을 인정하였다.

5) 적어도 경쟁관계에 있는 어느 영업자와 다른 경쟁자의 상품표지가 사용되는 주요 지역 내에서 주지성을 가져야 하고, 침해자(피고)가 실제로 상품표지를 사용하고 있는 지역범위에서 피침해자(원고)의 상품표지에 대한 주지성이 인정된다는 점이 주장·증명되는 것으로 족하다. 그리고 주지성이 국내 전역이 아닌 일정한 지역에 인정되는 경우 판결주문에서 주지성이 인정되는 특정 지역에서 상품표지를 사용하여서는 아니된다고 기재하거나 그러한 지역적 제한을 기재하지 않는 방법이 있는데, 실제 사건에서 주지성이 인정되는 지역범위 자체가 치열하게 다투어지는 경우가 거의 없어서인지 대체로 판결주문에 그러한 지역적 제한을 언급하지 않은 상품표지 사용행위를 금지하는 문구가 기재되고 있다. 후자의 기재 방법이 인정된다면 침해자(피고)가 나중에라도 청구이의 소 등을 통해 그 지역적 범위에 대해 다툴 수 있도록 허용할 필요가 있다.

6) 대법원 2001. 9. 14. 선고 99도691 판결, 대법원 2003. 9. 26. 선고 2001다76861 판결, 대법원 2008. 9. 11. 선고 2007도10562 판결, 대법원 2012. 5. 9. 선고 2010도6187 판결 등 참조.

주지성 인식의 주체는 모든 사람이 아니라 수요자이다. 수요자 사이에 특정인의 상품표지라는 것이 널리 인식되고 알려진 것으로 족하고 그 특정인이 구체적으로 누구인지까지 명확하게 인식할 필요는 없다.

여기서 수요자는 그 상품 등을 거래하거나 거래할 가능성이 있는 상대방 또는(및) 최종 수요자에 이르기까지 유통단계에 관여하거나 관여할 가능성이 있는 거래자를 모두 포함하지만, 반드시 모든 수요자 층이나 일반 대중에까지 널리 알려져야 하는 것은 아니고 그 대상 범위는 상품의 종류, 영업 및 거래의 종류 · 형태 · 성질, 거래대상자 등의 거래 사정에 따라 개별적으로 판단하되 평균적 수요자로서 가지는 통상의 주의력을 기준으로 한다.

상품형태가 주지성을 획득하기 위해서는 다른 유사상품과 비교하여, 수요자의 감각에 강하게 호소하는 독특한 외관을 가져 특정한 영업주체 상품이라는 것을 충분히 인식할 수 있는 정도의 식별력을 갖추고 있어야 하고, 나아가 당해 상품형태가 장기간에 걸쳐 특정한 영업주체 상품으로 계속적 · 독점적 · 배타적으로 사용되거나 단기간이라도 강력한 선전이나 광고가 이루어짐으로써 그 상품형태가 갖는 차별적 특징이 수요자에게 특정 출처의 상품임을 연상시킬 정도로 현저하게 개별화된 정도에 이르러야 한다.9)

이때 영업주체가 상품표지에 대해 스스로 사용하거나 광고하여야 주지성을

---

7) 대법원 2003. 9. 26. 선고 2001다76861 판결은 판단 기준 내지 자료로 색종이를 제조 · 판매하는 동종업자가 소수인지 여부, 시장점유율, 등록상표의 사용기간, 매출액, 판매수량, 선전광고의 종류 · 기간 · 빈도, 동종 거래업계의 객관적인 평가 등을 들고 있다.

8) 주지성을 부정한 사안인 대법원 2014. 8. 28. 선고 2013도10713 판결은 "'○○○○'(이하 '이 사건 표지'라고 한다)은 피해자가 이를 상호로 하여 사업자등록을 마친 1994. 8. 31.경부터 피고인이 '주식회사 ○○○○'을 설립할 무렵까지 자연성 화장품에 관하여 약 15년 동안 사용되어 온 점, 그 매출액이 1996년경 약 7,400만 원에서 2003년경 약 14억 원으로 증가하였고, 2008년경에는 약 25억 원, 2009년경에는 약 21억 원에 달한 점, 여러 차례에 걸친 피해자의 자연성 화장품에 관한 강연, 신문기사나 방송 등에서 이 사건 표지가 소개되기도 한 점을 알 수 있으나, 그와 같은 사정들만으로는 이 사건 표지가 공소사실 기재 범죄일시인 2009. 6. 9.경에 '자연성 화장품'에 관한 상품표지로서 주지성을 취득하였다고 보기는 어렵다(한편 위와 같은 사정들만으로는 이 사건 표지가 '자연성 화장품 판매영업'에 관한 영업표지로서 주지성을 취득하였다고 보기도 어렵다는 점을 부가하여 둔다)."라고 하였다.

9) 대법원 2007. 7. 13. 선고 2006도1157 판결, 대법원 2012. 11. 29. 선고 2011도10978 판결.

취득할 수 있는지가 문제된다.

실무는 상품표지 사용 주체가 상품표지를 스스로 사용하거나 광고한 결과 당해 영업자의 상품표지인 것을 나타내는 표시로 널리 알려지게 된 경우뿐 아니라 제3자(예 : 사용 허락받은 업체, 신문, 잡지 등)에 의해 상품표지로서 사용하거나 광고되어 널리 알려지게 된 경우도 상품표지 사용 주체의 주지성 취득을 인정한다.[10]

본서 저자의 견해는 실무와 주된 취지에서 같고 이에 더하여 그와 같이 널리 알려지게 된 방법이나 경위에 사회질서나 공정한 경쟁질서 위반의 위법 등 특별한 사정이 있어 상품표지의 영업주체에게 주지성을 귀속시키는 것이 부당하다고 평가된다면 예외적으로 상품표지 사용 주체의 주지성 취득을 부정하자는 의견이다.

부정경쟁방지법에 의한 금지청구를 인정할 것인지의 판단은 사실심 변론종결 당시를 기준으로 하고 손해배상청구를 인정할 것인지 및 신용회복청구를 인정할 것인지의 판단은 침해행위 당시를 기준으로 하므로, 주지성 취득 여부의 판단시기도 위 각 사안에 의한 판단 기준시기에 따라 결정한다. 형사사건인 부정경쟁방지법 위반사건에서 주지성 취득 여부는 침해행위 당시를 기준으로 판단한다.[11]

③ 주지성의 승계(원용)

부정경쟁방지법은 상품표지의 사용에 의해 형성된 신용 등 무형의 가치를 무단 이용하려는 행위를 규제하려 하므로 어느 상품표지가 사용되어 널리 알려지게 되고 이것이 영업 일체와 함께 승계되어 있는 한 영업을 승계한 주체가 그 상품표지의 취득과 아울러 종전의 영업주체에 의해 인정된 주지성을 소급하여 이어받는다. 다만 영업을 승계하지 않고 상품표지만을 이전하는 경우에는 주지성이 승계되지 않는다.

따라서 실질적으로 기업주체의 변동이 없는 경우 즉 상속에 의한 개인기업의 승계, 개인기업의 법인으로의 전환, 기존회사의 조직 변경, 흡수합병 등의 경우뿐

---

10) 대법원 1998. 7. 10. 선고 97다41370 판결은 원고가 1973년 소외인과 국내에 ○○○○를 설립하여 제조기술을 이전하고, 원고상표의 사용을 허용하여 그 원고상표가 1983년경에는 국내에 널리 인식된 사실을 인정한 다음, 이러한 경우에도 원고가 그 표지의 보유자로서 부정경쟁방지법 제2조 제1호 가목 및 나목 소정의 '타인'에 해당된다고 판단하였다.
11) 대법원 2008. 9. 11. 선고 2007도10562 판결.

아니라, 영업양도 등과 같이 상품주체의 인격이 변경될 때 주지상품 표지의 이전과 함께 영업 일체 등도 이전된 경우 상품표지의 주지성이 특별한 사정이 없는 한 이전된 영업주체로 승계된다.[12]

어떻게 보면 이는 주지성 자체의 승계 문제라기보다 각 영업자의 영업 내용, 수요자의 인식 등 시장 상황을 종합적으로 고려할 때 당초 영업주체에 의해 인정된 상품표지의 주지성을 영업을 수계한 자에게 계속 누리게 해도 되는지라는 평가의 문제라고 볼 수 있다.

④ 주지성의 악의 취득 등을 인정할 것인지 여부

(1) 본 목의 부정경쟁행위는 부정경쟁행위자의 악의 또는 부정경쟁행위자의 부정경쟁 목적 등 부정경쟁행위자의 주관적 의사를 그 요건으로 하고 있지 아니하다. 관련하여 어느 표지의 주지성 취득 과정에서 부정경쟁의 목적(또는 악의) 등이 있는 경우에 해당 표지가 보호 대상이 되는지가 문제된다.

주지성의 악의 취득 등을 인정할 것인지의 문제는 제3자가 어떤 상품표지가 미등록상태로 사용되고 있는 점을 알거나 부정경쟁의 목적으로 그와 동일한 상품표지를 자신의 영업에 사용한 결과 주지성을 취득하게 된 경우에 제3자의 상품표지로 보호되는지의 문제이다.

먼저 어느 상품표지가 (부정경쟁의 목적 없이) 단순히 미등록상태로 사용되고 있는 점을 알고 사용한 결과 주지성을 취득하게 된 경우에 보호대상이 되는지에 대하여는 「제2장 부정경쟁방지법과 지식재산권법·민법 등 간 관계 제2절 III. 부정경쟁방지법과 상표법 간 관계」 부분(각주 26)에서 설명하였다.

다음으로 상품표지의 주지성을 부정경쟁의 목적으로 취득한 경우에 그 상품표지가 보호의 대상으로 되는지도 여러 견해가 있을 수 있다.

제1설(악의 취득 포함설)은 법 규정에 주지성을 부정경쟁의 목적이나 사회질서 위반 없이 취득하여야 한다고 되어 있지 않아 부정경쟁 목적 등으로 주지성을 취득한 경우라도 보호의 대상이 될 수 있고 그에 따라 설령 문제가 발생하더라도

---

12) 대법원 1996. 5. 31. 선고 96도197 판결(상품표지에 대한 일체의 권한이 양도되고 영업양도인은 폐업하였다).

권리남용의 문제로 해결할 수 있으며 소비자 관점에서 보더라도 주지표지의 출처에 대한 혼동 상태를 배제하기 위하여 부정경쟁 목적 유무 등을 불문하고 그와 같이 형성된 사실 상태를 보호하는 것이 일관성이 있다는 견해이다.

제2설(악의 취득 배제설)은 부정경쟁방지법은 공정한 경업질서의 유지를 목적으로 하는데 부정경쟁 목적하에 주지성을 취득한 경우는 법의 목적에 반하므로 그러한 상품표지는 보호할 필요성이 없고 그러한 경우를 제외하고 주지성을 취득한 상품표지만이 보호대상이 된다는 견해이다.13) 제2설에 의하면 주지성 취득을 다투는 측에서 상대방이 주지성을 악의로 취득하였다는 사실을 주장·증명하여야 하고 여기서 악의라 함은 단순히 타인이 해당 표지를 사용하고 있는 것을 알고 있다는 의미가 아니라 부정경쟁의 목적을 가지고 주지성을 취득함을 인식한다는 적극적인 의미라고 한다.14)

실무 중에 이 쟁점에 관한 직접적인 판시는 아니지만, 자기의 상호를 보통으로 표시하는 방법으로 사용하는 경우라 하더라도 상표권의 설정등록이 있고 난 뒤에 부정경쟁의 목적으로 사용한다면 상품주체·영업주체 혼동행위인 부정경쟁행위에 해당할 수 있다고 한 사례가 있다.15) 이러한 논리 등을 참고한다면 단정하기는 어려우나 상품표지의 주지성을 부정경쟁의 목적으로 취득한 경우에 주지성 취득 또는 그 보호를 부정하는 결과가 될 수 있다.

본서 저자는 이 문제에 관하여 어느 견해로 미리 선을 긋고 획일적으로 결정하는 것보다 구체적인 사안에서 개별적인 사정에 따라 결정하자는 견해이다. 부

---

13) 서울고등법원 1997. 8. 12. 선고 95나36598 판결(대법원에서 일부 파기환송되었으나 본문 쟁점과는 무관함)은 "부정경쟁방지법상의 자신의 영업상 이익이 침해될 우려라 함은 침해가 현실로 일어날 필요는 없으나 객관적으로 침해가능성이 있으면 족한 것으로 주지 상품 표지의 소유자가 일시 영업을 휴지하고 있는 동안 제3자가 동일 또는 유사한 상품 표지 하에서 동종 영업을 개시한 경우에도 부정경쟁행위가 된다 할 것이고 이러한 부정사용을 계속하여 주지성을 획득하더라도 법으로부터 보호될 수 없음은 변함이 없다."라고 하였다.

14) 황의창·황광연, 부정경쟁방지 및 영업비밀보호법(6정판), 세창출판사(2011), 36~37.

15) 부정경쟁방지법 제2조 제1호 나목에 관한 대법원 2005. 5. 27. 선고 2004다60584 판결은 피고들이 오리리 상표에 대한 사용권한이 없음을 잘 알면서도 그 지정상품과 동일한 제품인 화장품을 제조·판매하면서 여전히 "오리리화장품"이라는 명칭을 계속 사용한 것은 순수하게 자신의 상호를 고유의 영업표지로서 표시함에 그치지 않고, 이를 뛰어넘어 자신들의 상품 및 영업을 원고회사의 그것들과 오인·혼동시키려는 부정한 목적에 기인한 것으로서 부정경쟁방지법상의 부정경쟁행위에 해당한다는 원심판단을 수긍하였다.

정경쟁의 목적 그 자체뿐만 아니라 그것이 나타나게 된 동기·경위·정도 및 잘 못된 표시 등의 객관적인 위법상태 등이 주지성 취득에 어느 정도 인과관계가 있 는지 여부 등을 종합적으로 고려하여 결정할 필요가 있다.

(2) 본 목은 선의의 선사용자 행위를 부정경쟁행위에서 배제하는 명문의 규정을 두고 있지 않다.

따라서 상대방의 상품표지가 있음을 알지 못하고 그것을 사용하기 시작하였 거나 부정경쟁 목적이 없는 상태에서 선의로 그 상품표지를 출처 표시로 먼저 사 용하였더라도 선사용자의 표지가 주지성을 획득한 상대방의 상품표지와 혼동할 우려가 있다고 인정되는 이상 본 목 소정의 부정경쟁행위에 해당할 수 있다(이 부 분은 나목도 마찬가지이다).[16]

⑤ 그 밖의 관련 문제

(1) 피침해자로부터 가목에 근거하여 상품표지의 사용금지 등을 청구 받은 사 안에서 부정경쟁행위자가 피침해자의 상품표지는 제3자의 상표권 등을 침해하는 것이니 주지성을 취득할 수 없다는 취지로 다투는 경우가 있다.

미등록 상품표지라도 부정경쟁방지법의 보호를 받을 수 있으므로 주지성 취 득 전에 특정한 상품표지 사용이 제3자의 상표권을 침해한다는 사정만으로 곧바 로 부정경쟁방지법에 의한 보호를 받을 수 없거나 상품표지에 대한 주지성을 취 득할 수 없게 되는 것은 아니다. 따라서 상품표지의 사용 경위, 상표권자와의 관 계 등 사실관계 여하에 따라 원고가 주지성 취득이나 법에 따른 보호를 주장하는 것이 선량한 풍속 기타 사회질서나 신의칙에 위반되거나 권리남용에 해당하여 법 의 보호를 받을 수 있는지를 별도로 판단할 필요가 있다.

(2) 주지성을 취득한 상품표지의 보유자가 일시 영업을 중단하고 있는 동안 제3자가 동일·유사한 상품표지를 사용하여 동종 영업을 개시한 경우에 휴업기간 이나 영업을 중단한 상품표지 보유자의 영업재개 의도, 제3자가 그 상품표지를 채택하게 된 동기·경위, 제3자가 자신의 상품표지로서 주지성을 취득하였는지

---

16) 대법원 2004. 3. 25. 선고 2002다9011 판결 참조. 일본 부정경쟁방지법은 이러한 경우 에 선사용의 경우에 금지청구 등의 배제 규정을 두고 있다(제19조 제1항 제3호).

여부 등을 종합적으로 검토하여 제3자가 영업 중단의 상품표지를 사용한 것이 부정경쟁행위가 되는지를 판단한다.[17]

II. 타인의 성명, 상호, 상표, 상품의 용기·포장 그 밖에 타인의 상품임을 표시한 표지(標識)(상품표지)

1 타인의 의의

여기서 타인은 자타 상품표지 주체의 식별을 전제로 스스로의 판단과 책임으로 상품표지가 사용된 상품을 제조·가공·판매·유통하여 수요자에게 당해 상품표지에 화체된 신용의 주체로 인식되는 자, 즉 해당 상품의 품질 등을 관리하고 판매가격이나 수량 등을 스스로 결정하는 상품표지의 주체를 말한다.

이러한 상품표지의 주체는 부정경쟁방지법의 금지청구권자 또는 손해배상청구권자의 문제와 직접적으로 연결되어 있다.

상품표지의 주체는 표지를 실제로 사용하는 영업주체에 한하지 않고 상품화사업에서 사용허락업무를 하는 회사나 상품표지를 관리하는 회사와 같이 상품표지 사용에 고유하고 정당한 이익을 가지는 자를 포함하며 내·외국인[18]을 불문한다.

또한 상품표지의 주체에는 특정한 표지에 대해 사용계약을 체결한 사용권자나 표지 사용을 허락받은 자 등 상품표지가 갖는 출처식별기능, 품질보증기능 및 고객흡입력을 보유하고 발전시킨다고 하는 공통의 목적을 가지고 활동하는 개인 및 단체를 포함한다.

자신의 상표가 아니라 주문자가 요구하는 상표로 상품을 생산하는 주문자상

---

17) 대법원 1998. 7. 10. 선고 97다41370 판결.
18) 1998. 12. 31. 법률 제5621호로 개정되기 전 부정경쟁방지법 제16조(외국인에 대한 적용 제외)는 "외국인으로서 파리조약 당사국 안에 주소 또는 영업소가 있는 자 외의 자는 제4조(부정경쟁행위의 금지청구권 등) 내지 제6조(부정경쟁행위로 실추된 신용의 회복) 및 제10조(영업비밀 침해행위에 대한 금지청구권 등) 내지 제12조(영업비밀 보유자의 신용회복)의 규정에 의한 청구 등을 할 수 없다."라고 규정하고 있었으나 위 개정으로 인하여 제16조는 삭제되었다. 위 개정 전 부정경쟁방지법 시행 당시 외국인이 부정경쟁행위 금지청구권을 행사할 수 있기 위하여 제16조에 따라 공업소유권의 보호를 위한 파리협약 당사국 안에 주소 또는 영업소를 가질 것이 필요하였다.

표부착생산 방식(이른바 OEM 방식)에서는 상품제조에 대한 품질관리 등 실질적인 통제가 주문자에 의하여 유지되고 제조업자의 생산이 오직 주문자의 주문에 의존하며 생산된 제품 전량이 주문자에게 인도되는 것이 통상이므로 특별한 사정이 없는 한 주문자 측인 상표권자나 상표사용을 허락받은 자를 상품표지의 주체로 본다.[19]

② 상품 및 상품표지의 의의

상품은 시장에서 금전 또는 물건과 독립적으로 거래되는 유체물[20] 외에 경제적 가치가 사회적으로 승인되고 독립하여 거래되는 무체물을 말하며 반드시 일반 소비자에게 제공되는 것으로 한정되지 않는다. 표지란 상품의 출처를 나타내기 위하여 사용하는 표시를 말한다.

상품표지는 개별적·독립적으로 거래되고 특정 상품의 출처를 표시하는(즉, 그 표지를 지닌 상품이 누구로부터 나온 것인가를 알려주는) 식별표지, 즉 특정인의 상품임을 표시한 표지를 의미한다.[21]

선량한 풍속 기타 사회질서에 반하는 물건은 가목의 보호 대상인 상품표지에 해당하지 않고 연극의 공연과 같은 서비스도 영업표지에 해당할 수 있음은 별론으로 하더라도 상품표지에 해당하지 않는다.

상품표지는 수요자가 상품 출처로서의 동일성을 인식하여 특정한 출처로부터 나온 것임을 알 수 있게 하는 것으로 족하고 그 출처의 구체적인 명칭까지 수요

---

19) 대법원 2012. 7. 12. 선고 2012후740 판결 [등록취소(상)] 참조.
20) 토지와 건물인 부동산이 상품에 해당하는지에 대하여 견해가 일치되고 있지 않다. 부동산이 거래의 대상으로 될 수 있어 부동산이라는 이유만으로 상품성이 배제된다고 해석할 것은 아니지만 통상 부동산은 각각의 목적물이 가지는 개성이 서로 달라 동산과 같이 취급하여 상품으로 보기 어려운 사정이 있다. 토지와 건물이더라도 시장에서 유통을 목적으로 생산(택지조성·건축)되고 그 자체로 독립하여 거래되는 유체물인 이상 상품이라고 생각할 수 있지만 이러한 경우에도 토지와 건물이 상품에 해당하기보다는 그것을 수단으로 한 서비스의 제공에 관련된 물건이라고 이해하는 것이 자연스럽다.
21) 가목의 상품표지는 나목의 영업표지와 구별하여야 한다. 대법원 2011. 5. 13. 선고 2010도7234 판결은 무언극인 '비보이를 사랑한 발레리나'와 유사한 것을 사용하여 공연을 진행한 행위가 영업표지의 혼동행위인지는 별론으로 하더라도 상품주체의 혼동행위에는 해당하지 않는다고 하였다.

자에게 정확하게 알려져 있을 필요는 없다.

법문은 상품표지로서 성명, 상호,[22] 상표, 상품의 용기, 포장을 들고 있으나 이는 예시에 불과하다. 따라서 상품표지에는 그 외에 성이나 이름,[23] 아호, 예명, 필명, 단체 유파의 명칭, 종교 단체명, 상호의 약칭, 상품형태, 제호,[24] 문양[25] 등 이 해당할 수 있고, 나아가 냄새, 맛, 소리 또는 동작, 색채 등의 상표나 입체상표, 캐릭터,[26] 도메인이름, 이른바 트레이드 드레스(trade dress[27][28])와 관련하여 상품

---

22) 대법원 1996. 10. 15. 선고 96다24637 판결은 '합동공업사'와 '충주합동레카'는 그 외관, 호칭 및 관념을 일반 수요자의 입장에서 전체적, 객관적으로 관찰할 경우 서로 유사하지 아니하여 영업주체에 대한 오인·혼동의 우려는 없다고 하였다.

23) 대법원 2007. 4. 12. 선고 2006다10439 판결 참조.

24) 대법원 1979. 11. 30.자 79마364 결정은 피신청인이 '독신녀'를 영화화함에 있어서 라디오 방송을 통해 널리 알려진 '혼자사는 여자'라는 제호를 사용하는 행위가 부정경쟁행위라고 하였다.

25) 대법원 2002. 2. 8. 선고 2000다67839 판결(자기그릇 세트에 새겨진 과일문양, 보호 긍정).

26) 캐릭터가 상품화되어 부정경쟁방지법 제2조 제1호 가목에 규정된 국내에 널리 인식된 타인의 상품임을 표시한 표지가 되기 위하여는 캐릭터 자체가 국내에 널리 알려진 것만으로는 부족하고, 그 캐릭터에 대한 상품화 사업이 이루어지고 이에 대한 지속적인 선전, 광고 및 품질관리 등으로 그 캐릭터가 이를 상품화할 수 있는 권리를 가진 자의 상품표지이거나 위 상품화권자와 그로부터 상품화 계약에 따라 캐릭터사용허락을 받은 사용권자 및 재사용권자 등 그 캐릭터에 관한 상품화 사업을 영위하는 집단(group)의 상품표지로서 수요자들에게 널리 인식되어 있을 것을 요한다. 대법원 1996. 9. 6. 선고 96도139 판결은 이러한 법리에 따라 판시한 다음, 제출된 증거만으로는 미키마우스(Mickey Mouse) 캐릭터가 더 월트디즈니 컴퍼니(The Walt Disney Company) 또는 그로부터 미키마우스 캐릭터의 사용을 허락받은 사람이 제조, 판매하는 상품의 표지로서 국내에 널리 인식되었다고 인정하기에 부족하다고 판단한 원심결론을 수긍하고, 대법원 1997. 4. 22. 선고 96도1727 판결도 심슨상표나 톰앤제리 캐릭터가 심슨상표의 권리자인 미국 투엔티스 센츄리 훅크스 필름 코오포레이션사나 톰앤제리 캐릭터의 권리자인 미국 터너 홈 엔터테인먼트사 또는 위 각 회사로부터 또는 위 상표 또는 캐릭터의 사용을 허락받은 사람이 제조·판매하는 상품의 표지로서 국내에 널리 인식되었다고 인정하기에 부족하다는 원심결론을 수긍하였다.
대법원 2005. 2. 18. 선고 2004도3944 판결도 마시마로 캐릭터 자체의 모양을 본뜬 인형이 인기를 끈 사실만 인정될 뿐, 그것이 주식회사 □□□□□의 마시마로 캐릭터에 관한 상품화사업으로 인한 것이라는 점을 인정할 증거가 없다는 원심판단을 수긍하였다. 같은 취지로 판시한 것으로 대법원 2005. 4. 29. 선고 2005도70 판결(탑블레이드 만화영화에 나오는 캐릭터), 대법원 2006. 12. 22. 선고 2005도4002 판결(애니메이션에 나오는 햄토리 캐릭터), 대법원 2012. 3. 29. 선고 2010다20044 판결(드라마인 겨울연가, 황진이, 대장금, 주몽에 나오는 캐릭터) 등이 있다.

27) Trade Dress는 표장 이외에 자타 상품이나 서비스를 식별하게 해주는 기능적이지 않은

의 종합적 이미지 등 그것이 상품표지로서 개별화 기능이 있고 상품의 출처를 나타내는 표지가 될 수 있는 이상 모두 해당할 수 있다.

통상 상품의 용기 · 포장은 표장 자체 외에도 상품포장용기에 표시된 문자, 색상, 사진, 도안 등을 모두 포함한 전체적인 외양에 대해 보호를 구하는 경우가 많다.29)

상품의 포장이나 상품 자체나 서비스를 제공하는 장소 등의 전체적인 인상과 외관(total image and overall appearance)을 의미하고, 그것에는 크기, 모양, 색채 결합, 소재, 도형, 특정한 판매기법 등과 같은 특성이 포함된다, Blue Bell Bio Medical v. Cin Bad, Inc., 864 F.2d 1253 (5th Cir. 1989), John H. Harland Co. v. Clarke Checks, Inc., 711 F.2d 966 (11th Cir. 1983) 등 참조. Trade Dress의 대상은 상품 등의 모양, 색깔 등에서 건물의 내부구조나 외관, 식당 메뉴판의 내용 · 장식 등으로 확대되고 있다.

28) 상품 형상을 보호하려는 미국 연방항소법원 등의 판결에 따라 1988년 개정된 미국 상표법(Lanham Act) 제43조(a)는 거래에서 어떠한 상품이나 서비스 또는 상품 용기에 부착되거나 그것에 관련하여 단어, 용어, 명칭, 기호, 도형 또는 그것들의 결합 등을 사용하여 출처 등에 관하여 오인, 혼동을 일으키는 행위를 불공정경쟁행위로 규정하여 Trade Dress의 보호 근거를 마련하고 있다. 미국 연방대법원은 상품 포장의 형상 또는 서비스를 제공하는 장소와 관련된 Trade Dress(product packaging)가 상표법에서 그 자체로 식별력을 가질 수 있고 그러한 경우에는 나아가 2차적 의미(secondary meaning)를 가지는지를 살펴볼 필요 없이 보호받을 수 있으나[Two Pesos v. Taco Cabana, Inc., 505 U.S. 763 (1992), 레스토랑의 내 · 외부 장식이 쟁점 대상이었음], 상품 디자인과 관련된 Trade Dress(product design)는 그 자체로 식별력을 가질 수 없어 2차적 의미가 인정되어야만 보호받을 수 있다[Wal-Mart Store, Inc. v. Samara Brothers, Inc., 529 U.S. 205 (2000), 여성 의류 상품의 패턴이 쟁점 대상이었음]는 입장을 취하고 있다.

그리고 상품 포장의 형상과 관련된 Trade Dress(product packaging)가 본질적으로 식별력 (inherent distinctiveness)이 있는지는 통상적인 기본 형태나 디자인에 해당하는지, 사용 업계에서 독특하거나 이례적인지, 특정 상품류에 일반적으로 도입된 잘 알려진 장식적 형태의 단순한 개량으로 대중들에게 상품의 장식이나 꾸밈(dress)으로 인식되는지, 함께 기재된 문구와 구별되는 상업적 인상에 해당하는지를 고려하되 어느 Trade Dress가 product packaging인지 product design인지 결정하기 어려운 경우에는 일응 product design으로 보아 2차적 의미를 취득하였음을 증명하도록 하고 있다. Board of Supervisors of LSU v. Smack Apparel, 550 F.3d 465 (5th Cir. 2008)에서 남성 댄서들이 입은 특정 소매와 깃의 복장 형태는 product packaging Trade Dress에 해당한다고 판단하였는데 product packaging에 해당되면 2차적 의미의 취득 여부가 문제되는 것이 아니라 그 표지가 본질적으로 식별력이 있는지에 관한 판단기준이 적용된다.

29) 대법원 1978. 7. 25. 선고 76다847 판결(껌 포장지, 보호 긍정), 대법원 2001. 2. 23. 선고 98다63674 판결(조립완구제품의 포장용기, 보호 부정), 대법원 2001. 9. 14. 선고 99도 691 판결(보디가드 · 제임스딘의 포장용기, 보호 부정), 대법원 2004. 11. 11. 선고 2002다18152 판결(Cass 맥주 용기, 보호 긍정), 대법원 2006. 4. 13. 선고 2003도7827 판결

　여기서의 성명, 상호, 용기, 포장 등은 민법에 따라 보호되는 일반적인 성명이나 상법에 의하여 보호되는 상인의 명칭, 일반적인 용기 포장 등을 말하는 것이 아니고, 상표법상 상표와 같이 상품의 개별화 기능이 있는 상품표지로서의 성명, 상호, 포장 등을 말한다.

　따라서 여기서의 성명은 인격권의 일종인 성명권의 성명과는 다른 개념이다.

　상호는 원래 특정인의 영업을 타인의 영업과 구별시키는 데 사용하는 점에서 영업표지의 역할을 하지만 영업자가 자기의 상품을 상호와 함께 선전하여 광고하거나 상호를 상품에 부착하여 상품의 출처를 나타내면 상품표지의 역할도 하게 된다.

　부정경쟁방지법에서 보호되는 성명, 상호, 상표, 상품의 용기·포장은 주지성을 취득하고 거래계에 공시되는 것으로 충분하고, 반드시 상표법, 디자인보호법, 상법, 법인등기부 등에 의해 등록·등기되어 있어야 하는 것은 아니다.[30] 다만 등록상표, 등기 상호와 같은 영업상 사용되는 표지 역시 부정경쟁방지법상 요건을 충족하면 보호를 받을 수 있으므로 그러한 표지들이 주지성을 인정받으면 상표법, 상법 등과 함께 부정경쟁방지법에 의하여도 중복하여 보호받을 수 있다.

　성명, 상호, 상표의 경우에 식별력이 없거나 식별력이 약한 표지라고 하더라도 사용 결과 그것이 국내에 널리 인식되기에 이른 경우에는 보호하여야 할 상품표지에 해당하지만,[31] 단순한 문자나 숫자의 결합으로 이루어졌거나 상품의 성질

(Roberta Di Camerino 자동차용 제품 포장 용기, 보호 부정).

30) 대법원 1995. 7. 14. 선고 94도399 판결. 대법원 2001. 6. 29. 선고 98도3475 판결은 "구 부정경쟁방지법 제2조 제1호 가목 소정의 행위는 상표권 침해행위와 달라서 반드시 상표법상 등록된 상표와 동일 또는 유사한 상호를 사용하는 것을 요하는 것이 아니고, 등록 여부와 관계없이 사실상 국내에서 널리 인식된 타인의 상표 등과 동일 또는 유사한 것을 사용하거나 이러한 것을 사용한 상품의 판매 등을 하여 타인의 상품과 혼동을 일으키게 하는 일체의 행위를 의미하는 것이다(대법원 1999. 4. 23. 선고 97도322 판결 등 참조)."라고 하였다.

31) 대법원 1993. 4. 23. 선고 93도371 판결(등록상표 미광핸드백, 침해표지 상호 미광보르세따), 대법원 2007. 4. 12. 선고 2006다10439 판결(성명 VERSACE), 대법원 2007. 11. 29. 선고 2007도7110 판결(상호 HYUNDAI), 대법원 2008. 9. 11.자 2007마1569 결정(표장 **K2**) 등 참조. 대법원 1996. 1. 26. 선고 95도1464 판결은 상표가 등록되어 있다는 사실을 알면서도 그 등록상표와 유사한 상호를 사용한 경우 비록 피해자의 승낙을 받았다고 하더라도 부정경쟁의 목적이 인정된다고 하였다(대상표지 상호 주식회사 규수방, 침해표지 상호 인테리어 규수방).

등을 표시한 것에 불과하여 식별력이 없거나 미약한 상표 또는 상품표지가 사용
된 결과 국내에 널리 인식되기에 이른 경우에는 원래 독점시킬 수 없는 표지에
권리를 부여하는 것이므로 그 기준을 엄격하게 적용한다.32) 이때 상표법상 보호
받지 못하거나 등록받지 못하는 상표가 주지성을 취득한 경우 식별력을 취득하는
표장은 실제로 사용한 표장 그 자체에 한하는 것이고 그와 유사한 표장에 대해서
까지 사용에 의한 식별력 취득을 인정할 수 없으며,33) 사용한 표장과 동일성이
인정되는 표장의 사용은 위 식별력 취득에 도움이 되는 요소가 된다.34)

　　이때 「사용한 표장」의 범위와 관련하여, 사용에 따른 식별력 취득은 엄격하
게 인정하여야 함을 이유로 유사한 표장은 물론 그와 동일성 있는 표장에 대하여
도 식별력 취득을 인정할 수 없다는 견해(실질적 동일 비포함설)가 있다. 사용에 따
른 식별력 취득을 엄격하게 인정하여야 한다는 원칙에 이견이 없어 사용한 표장
에 유사한 표장이 포함되지 않는다는 점에 다툼은 없으나 거래사회 통념상 일반
수요자나 거래자가 동일하다고 인식할 수 있는 표장, 즉 실질적 동일성 범위 내의
표장을 포함하자는 것(실질적 동일 포함설)이 타당하다. 실무에서 실질적 동일 포함
설의 취지와 부합하는 사안이 있다.35)

　　상호나 표지 사용이 타인의 상표권의 설정등록 전에 개시되었더라도 부정경
쟁의 목적으로 사용하는 경우에 부정경쟁행위가 될 수 있다. 또한 자기의 상호,
표장 등을 보통으로 표시하는 방법으로 사용하더라도 상표권의 설정등록이 있은
후에 부정경쟁의 목적으로 사용하는 경우에는 부정경쟁행위가 될 수 있다.36)

---

32) 대법원 2008. 9. 11. 선고 2007도10562 판결. 대법원 2003. 8. 19.자 2002마3845 결정
은 "커피추출액과 우유를 혼합한 커피음료에 부착하여 사용한 'Cafe Latte'와 '카페라떼'라
는 표장은 이탈리아식 에스프레소 커피에 우유를 넣은 커피의 보통명칭을 보통으로 사용
하는 방법으로 표시한 표장에 불과하여 비록 채권자가 오랫동안 이를 사용하여 왔다고 하
더라도 식별력을 갖추지 못하였으므로 부정경쟁방지법 제2조 제1호 가목에 정하여진 '타
인의 상품임을 표시한 표지'에 해당하지 아니한다."라고 한 원심을 수긍하였다.
기술적 표장의 경우에 부정경쟁방지법 제2조 제1호의 주지성을 인정한 사안으로 대법원
2012. 5. 9. 선고 2010도6187 판결('不老' 사건) 등이 있다.
33) 대법원 2006. 5. 12. 선고 2005후339 판결, 대법원 2008. 9. 11. 선고 2006도7870 판결
등.
34) 대법원 2008. 9. 11. 선고 2006도7870 판결(표장 **K2**).
35) 대법원 2012. 12. 27. 선고 2012후2951 판결, 대법원 2017. 9. 12. 선고 2015후2174
판결 참조.
36) 대법원 1993. 4. 23. 선고 93도371 판결, 대법원 1996. 1. 26. 선고 95도1464 판결, 대

또한 상표권자 또는 디자인권자 내지 그로부터 승낙을 받은 자가 해당 상표 또는 디자인을 사용하더라도 자신의 상품을 타인의 상품과 식별시킬 목적으로 하지 않고 국내에서 널리 인식되어 사용되고 있는 피해자의 상표, 디자인과 동일 또는 유사한 상표, 디자인을 사용하여 수요자로 하여금 피해자의 상품과 혼동을 하게 하여 피해자의 상표 또는 디자인의 이미지와 고객흡인력에 무상으로 편승하여 이익을 얻을 목적이 있었다고 인정된다면 상표법 또는 디자인보호법에 의한 적법한 권리행사로 인정할 수 없어 부정경쟁방지법 제15조의 적용이 배제되므로 부정경쟁행위가 될 수 있다.[37)

그리고 상품의 용기, 포장 및 형태는 원래는 출처 식별 기능을 하기 위한 것이 아니지만 그 형상 등이 특정의 출처를 표시하는 표지로서 개성이 인정되고 그것이 독점 배타적으로 장기간 사용되어 그 형태 등이 특정 출처의 상품을 연상하기에 이른 경우에는 상품표지성이 인정된다. 아울러 용기, 포장 및 형태의 상품표지성 여부를 판단할 때 당해 상품표지에 혼동을 방지할 필요가 있을 만큼의 신용이 축적되어 있는지, 다른 영업자로 하여금 해당 상품표지를 계속 사용하도록 하는 것이 거래질서에서 신의와 형평에 반하는 것인지 등도 함께 고려할 필요가 있다.

상품의 형태는 본래 상품의 실질적 기능의 발휘, 미관이나 생산효율의 향상 등을 고려하여 적절하게 선택되는 것이기 때문에 특허법, 디자인보호법 등에 의하여 보호되지 않는 한 누구나 자유롭게 모방할 수 있는 것이 원칙이다.

그러나 예외적으로 상품의 형태가 상품의 기능에서 유래하는 필연적인 형태가 아니고 동종 상품이 갖는 형태도 아니어서 상품에 개성을 부여하는 수단이 되고, 장기간 계속적·독점적·배타적으로 사용되거나 단기간이라도 강력한 선전, 광고를 통하여 마치 상표처럼 상품을 개별화하는 작용을 할 정도에 이르면 2차적으로 상품 출처를 표시하는 기능(2차적 의미, secondary meaning)을 취득하게 된다.

이와 같이 어떤 상품의 형태가 장기간의 계속적·독점적·배타적 사용이나

법원 2005. 5. 27. 선고 2004다60584 판결.

37) 대법원 2007. 6. 14. 선고 2006도8958 판결(피해자의 상표는 '캠브리지 멤버스', 'CAMBRIDGE MEMBERS'이고 피고인들의 상표는 '캠브리지 유니버시티', 'UNIVERSITY OF CAMBRIDGE이다), 대법원 2013. 3. 14. 선고 2010도15512 판결(디자인 등록을 받은 문양이 상표로서 사용되었고 피해자인 루이뷔통의 상품과 혼동을 일으키게 하여 이익을 얻을 목적으로 형식상 디자인권을 취득한 경우에 해당하여 사용표장의 사용행위 외에 디자인의 등록출원 자체도 부정경쟁행위를 목적으로 한 것이라고 보았음).

지속적인 선전광고 등에 의하여 그 형태가 갖는 차별적 특징이 거래자 또는 수요자에게 특정한 품질을 가지는 특정 출처의 상품임을 연상시킬 정도로 현저하게 개별화되면 본 목에서 규정하는 '기타 타인의 상품임을 표시한 표지'에 해당되어 부정경쟁방지법에 의한 보호를 받을 수 있다.38) 그리고 이러한 상품의 형태는 특정 출처를 표시하는 표지로서 널리 인식된 경우에 상품표지성을 갖게 되는 것이 보통이므로, 상품표지 해당성은 주지성의 인정과 함께 판단되는 경우가 많다.

한편 상품의 형태가 기술적 기능에 유래하는 필연적 결과인 경우에 이러한 형태도 상품표지로서 부정경쟁방지법에 의하여 보호될 수 있는가에 관하여 ① 상품의 형태가 기술적 기능에 유래하는 기능적인 형태는 그것을 상품표지로 볼 수 없다는 견해(기능적 형태 제외설, 다수설), ② 상품의 형태가 기술적 기능에 유래하는 기능적인 형태라도 주지성을 획득한 이상 보호받을 수 있는 상품표지에 해당한다는 견해(기능적 형태 포함설), ③ 제외설이나 포함설과 같이 어느 한쪽으로만 판단하지 않고 상품형태의 식별력의 강약과 경업자가 취하는 혼동방지조치 등을

---

38) 대법원 1994. 12. 2. 선고 94도1947 판결(완구인 그네·볼링세트의 형태, 보호 부정), 대법원 1996. 11. 26. 선고 96도2295 판결(전자부품사입기·삽입순서제어기의 형태, 보호 부정), 대법원 1996. 11. 27.자 96마365 결정(토너 카트리지의 형태, 보호 부정), 대법원 2001. 10. 12. 선고 2001다44925 판결(원통형 내지 밥통형 모양의 가정용 진공청소기의 형태, 보호 부정), 대법원 2002. 6. 14. 선고 2002다11410 판결(야채절단기의 형태, 보호 부정), 대법원 2002. 10. 25. 선고 2001다59965 판결(공기분사기의 형태, 보호 부정), 대법원 2007. 7. 13. 선고 2006도1157 판결(종이리필 방향제의 형태, 보호 부정), 대법원 2012. 2. 9. 선고 2010도8383 판결(가구제품의 형태, 보호 부정). 반면에 대법원 2003. 11. 27. 선고 2001다83890 판결(거북 완구의 형태, 보호 긍정)은 "이 사건 완구와 같은 유아용 완구 분야에서 동물들을 소재로 삼아 가족관계를 구현한 제품이 흔하기는 하지만, 이 사건 완구에 있어서, ① 테를 위로 접어 올린 형태의 동그란 모자를 쓰고 있으면서 배 부분과 직각을 이루는 머리 부분, ② 다소 커다랗게 형성한 눈과 약간 튀어나온 상태로 다물고 있는 입 부분, ③ 둥그런 형태의 바퀴 4개를 외부로 돌출하여 형성한 다리 부분, ④ 다각형을 방사상으로 배치하여 등 무늬를 표현하면서 바퀴가 있는 쪽을 바퀴의 형태에 맞추어 곡선으로 처리한 등딱지 부분 등이 조합되어 큰 거북의 형태를 이루고 있고, 그와 닮은꼴로 작은 거북의 형태가 구성되어 있는 점은 국내에서 유통되는 완구상품에 통상 있는 형태라거나 그 완구의 성질 내지 기능에서 유래하는 필연적인 형태라고 볼 수 없으며, 여기에다가 원심도 인정하고 있는 바와 같이 원고가 직원 모집 신문광고 등에 이 사건 완구의 형태를 배경 그림으로 표시한 적이 있고, 이 사건 완구는 한국 인더스트리얼 디자이너 협회가 1985.부터 1992.까지 나온 국산품 중에서 선정한 '좋은 디자인 상품'의 하나에 포함된 사실을 아울러 고려하면, 이 사건 완구의 형태에는 다른 완구 제품과 구별되는 특이성이 있다고 할 수 있다."라고 하였다.

함께 고려하여 상품표지 여부를 판단한다는 견해 등이 있다.

관련 대법원판결로 "이 사건 팽이가 탑블레이드 팽이와 그 형태에 있어서 다소 유사한 것은 사실이나, 그 대부분은 팽이라는 상품 본래의 기능을 확보하기 위한 기술적 요청에서 유래한 결과로서 그와 같은 상품의 형태 자체에 대하여 피해회사가 특허권을 취득하였다는 등의 특별한 사정이 없는 한 피해회사에게 그 사용에 대한 독점권이 부여되어 있다고 할 수 없고, 날개부분의 형상도 그와 같은 상품의 형태 자체가 곧바로 특정한 출처의 상품임을 연상시킬 정도로 개별화되어 타인의 상품임을 표시한 표지로서 작용하기에 이르렀다고 보기도 어려워(더구나 이 사건 팽이는 날개의 모양이나 개수에 있어서 탑블레이드 팽이와 차이점이 있다), 이 사건 팽이의 형태가 탑블레이드 팽이와 다소 유사하다는 것만으로 곧 피고인이 이 사건 팽이를 국내에 수입한 행위를 부정경쟁행위에 해당한다고 할 수 없다고 판단한 것은 정당하게 수긍되고"라고 한 사례가 있다.[39)]

이 문제에 대한 본서 저자의 의견은 아래와 같다.

상표법은 "상표등록을 받으려는 상품 또는 그 상품의 포장의 기능을 확보하는 데 꼭 필요한(서비스의 경우에는 그 이용과 목적에 꼭 필요한 경우를 말한다) 입체적 형상, 색채, 색채의 조합, 소리 또는 냄새만으로 된 상표"를 상표등록을 받을 수 없는 상표의 하나로 규정하는 등 상품의 형태에 해당하는 입체적 형상에 대해 비기능성 요건을 요구하고 있으나 부정경쟁방지법에는 그와 대응되는 규정이 존재하지 않는다.

---

39) 대법원 2005. 2. 17. 선고 2004도7967 판결, 상표법 주해 I, 박영사(2018), 794(유영선 집필부분)는 위 판결에 대해 "혼동초래 부정경쟁행위에서도 기능성 원리를 정면으로 인식한 판결로 평가할 수 있다."라고 한다.
관련하여 대법원 2003. 11. 27. 선고 2001다83890 판결은 "이 사건 완구와 같은 유아용 완구 분야에서 동물들을 소재로 삼아 가족관계를 구현한 제품이 흔하기는 하지만, 이 사건 완구에 있어서, ① 테를 위로 접어 올린 형태의 동그란 모자를 쓰고 있으면서 배 부분과 직각을 이루는 머리 부분, ② 다소 커다랗게 형성한 눈과 약간 튀어나온 상태로 다물고 있는 입 부분, ③ 둥그런 형태의 바퀴 4개를 외부로 돌출하여 형성한 다리 부분, ④ 다각형을 방사상으로 배치하여 등 무늬를 표현하면서 바퀴가 있는 쪽을 바퀴의 형태에 맞추어 곡선으로 처리한 등딱지 부분 등이 조합되어 큰 거북의 형태를 이루고 있고, 그와 닮은꼴로 작은 거북의 형태가 구성되어 있는 점은 국내에서 유통되는 완구상품에 통상 있는 형태라거나 그 완구의 성질 내지 기능에서 유래하는 필연적인 형태라고 볼 수 없으며"라고 한 것이 있다.

　　특허(실용신안)제도와의 조화를 도모하고 경쟁자들의 자유롭고 효율적인 경쟁
을 보장하자는 기능성 원리에 비추어 볼 때 상품의 형태가 기술적 기능에 유래하
는 기능적인 형태를 가지는 상품에 상품표지성이 있다고 보기 어려워 부정경쟁방
지법의 보호대상(또는 규제대상)으로 되기 어려울 수 있다.

　　그러나 원칙상 그와 같이 이해하더라도 기능적인 형태의 정도에도 여러 유형
이 있을 수 있고 상표법에서도 식별력을 취득한 입체적 형상 등이 기능적인 것과
기능적이지 않은 것을 포함하는 경우에 전체적으로 식별력 취득을 인정하여 등록
될 수 있다.[40] 또한 부정경쟁방지법은 상표법의 경우[41]와 달리 상표법상 등록될
수 없는 표장이라도 오랫동안 사용됨으로써 수요자들에 의해 특정인의 영업을 표
시하는 것으로 널리 인식하게 된 상품표지와 혼동을 일으킬 우려가 있는 행위를
규제의 대상으로 하고 있을 뿐 아니라 본 목을 적용하기 위해서 상품표지성 외에
주지성 등의 요건을 갖추어야 하므로, 상품형태가 기술적 기능에 유래하였다는
사정만으로 상품표지에 해당하지 않는다고 곧바로 배척하기보다는 그러한 상품형
태를 선택하게 된 경위와 태도, 출처 표시 등으로서의 역할 유무와 정도, 상품형
태가 전체 구성에서 차지하는 비중이나 그 밖의 표지 존재 유무, 거래사회에서 수
요자의 인식 정도 등 여러 사정을 종합적으로 고려하여 일반적인 상품표지성 요
건(특히 상품의 형태가 특정한 출처의 상품임을 연상시키는 정도로 개별화되기에 이르렀

---

40) 다만 이러한 경우에 그 기능적 특징 부분은 상표법 제90조 제1항 제5호(등록상표의 지정
　　상품 또는 그 지정상품 포장의 기능을 확보하는 데 불가결한 형상, 색채, 색채의 조합, 소
　　리 또는 냄새로 된 상표)에 따라 상표권의 효력이 그것에 미치지 아니하고 비기능적인 특
　　징에만 상표권의 효력이 미치게 된다.
41) 구 상표법 제6조 제1항 제3호에 관한 대법원 2014. 10. 15. 선고 2012후3800 판결, 대
　　법원 2015. 10. 15. 선고 2013다84568 판결 등은 "상품 등의 입체적 형상으로 된 상표
　　의 경우, 그 입체적 형상이 당해 지정상품이 거래되는 시장에서 그 상품 등의 통상적ㆍ기
　　본적인 형태에 해당하거나, 거래사회(거래분야)에서 채용할 수 있는 범위 내에서 이를 변
　　형한 형태에 불과하거나 또는 당해 상품 유형에 일반적으로 잘 알려진 장식적 형태를 단
　　순히 도입하여 이루어진 형상으로서 그 상품의 장식 또는 외장(外裝)으로만 인식되는 데
　　에 그칠 뿐, 이례적이거나 독특한 형태상의 특징을 가지고 있는 등으로 수요자가 상품의
　　출처 표시로 인식할 수 있는 정도의 것이 아니라면, 위 규정의 '상품 등의 형상을 보통으
　　로 사용하는 방법으로 표시한 표장만으로 된 상표'에 해당한다."라고 하였다.
　　그리고 상표법에서는 상품의 형태가 기술적 기능에 유래하는 기능적인 형태를 가지는 입
　　체적 상표의 경우에 제33조 제2항의 사용에 따른 식별력을 취득하더라도 제34조 제1항
　　제15호에 따라 상표등록을 받을 수 없다.

는지)을 충족하는지와 같은 방법으로 판단한 다음 상품표지성 유무를 결정하는 것이 옳다.

이 문제와 관련하여 상품형태 등 트레이드 드레스의 요소에 대해 상표법에서는 등록을 위해 비기능성 요건 충족을 요구하는데 부정경쟁방지법에서는 비기능성 요건을 요구하지 않는 것은 모순이라는 견해가 있으나,[42] 앞서 설명한 바와 같이 상품형태를 규율하는 (상표법과는 다른) 부정경쟁방지법의 특유한 속성 등을 고려하지 않은 채 그 주장과 같이 모순이라고 가볍게 단정해서는 안 된다.

그 밖에 부정경쟁방지법상 상품형태의 보호에 관한 자목 규정에 대하여는 「제3장 부정경쟁행위의 유형 제10절 상품형태 모방행위(자목)」에서 설명한다.

③ 도메인이름의 상품(영업) 표지성 여부

도메인이름이 타인의 상품표지 내지 영업표지가 될 수 있는지에 대하여 논란이 있었다. 영업표지는 부정경쟁방지법 제2조 제1호 나목의 요건이지만 가목과 나목이 상품표지와 영업표지를 제외한 나머지 요건에서 별다른 큰 차이가 없어 도메인에 대한 중복 서술을 피하고자 편의상 가목에서 함께 설명한다.

도메인이름이란 인터넷상의 숫자로 된 주소에 해당하는 숫자·문자·기호 또는 이들의 결합을 말한다(법 제2조 제4호).

도메인이름(인터넷 주소)은 원래 인터넷상에 서로 연결되어 존재하는 컴퓨터 및 통신장비가 인식하도록 만들어진 인터넷 프로토콜 주소를 사람들이 인식·기억하기 쉽도록 숫자·문자·기호 또는 이들을 결합하여 만든 것이고, 상품이나 영업의 표지로 사용할 목적으로 만든 것이 아니므로, 특정한 도메인이름으로 웹사이트를 개설하여 제품을 판매하는 영업을 하면서 그 웹사이트에서 취급하는 제품에 독자적인 상표를 부착·사용하고 있는 경우에는 특단의 사정이 없는 한 그 도메인이름이 일반인들을 그 도메인이름으로 운영하는 웹사이트로 유인하는 역할을 하더라도, 도메인이름 자체가 곧바로 상품이나 영업의 출처표시 역할을 한다고 보기 어려웠다.[43]

---

42) 부정경쟁방지법 주해, 박영사(2020), 27.
43) 대법원 2004. 2. 14. 선고 2001다57709 판결.

　　대법원은 "파출박사"라는 한글인터넷도메인이름을 등록하고 이를 자신이 개설한 웹사이트(www.pachulpaksa.com)에 연결되도록 하여 직업정보 제공 등의 서비스를 제공한 사안에서 위 한글인터넷도메인이름이 서비스의 출처표시 역할을 하지 않는다고 하였다.44)45)

---

44) 대법원 2007. 10. 12. 선고 2007다31174 판결은 "이 사건 한글인터넷도메인이름은 최상위도메인이름 등을 입력할 필요 없이 단순히 한글 등의 키워드를 인터넷주소창에 입력하여 원하는 웹사이트에 접속할 수 있도록 만든 인터넷주소로서, 인터넷주소창에 도메인이름을 입력하여 실행하면 그 웹사이트의 주소창에 도메인이름이 표시되는 일반적인 도메인이름과 달리 접속단계에서 피고 개설의 웹사이트에 연결하기 위하여 사용되고 있을 뿐이고 이 사건 한글인터넷도메인이름을 인터넷주소창에 입력하고 실행하여 연결되는 피고 개설의 웹사이트 화면에는 이 사건 한글인터넷도메인이름이 표시되지 아니하는 점, 피고

가 개설한 웹사이트의 화면 좌측 윗부분에는 ''로 된 표장이 별도로 표시되어 피고가 제공하는 직업정보 제공 등 서비스의 출처표시기능을 하고 있는 점 등 기록에 나타난 여러 사정을 고려하여 볼 때, 원심이 인정한 위와 같은 사실만으로는 이 사건 한글인터넷도메인이름이 서비스의 출처표시로 기능하고 있다고 보기 어렵다."라고 하였다.
참고로 이 판결은 아래 2006다51577 판결과 비교할 때 사실관계 등에서 한글인터넷주소의 입력, 실행에 의하여 연결되는 웹사이트에 도메인이름이 전혀 나타나지 않고 별도의 독자적인 서비스표가 사용되고 있었던 점 등이 다르다.

45) 대법원 2011. 8. 25. 선고 2010도7088 판결은 "피고인이 甲의 등록서비스표 ''
또는 ''과 유사한 여러 도메인이름을 사용함으로써 甲의 서비스표권을 침해하였다고 하여 상표법 위반으로 기소된 사안에서, 피고인은 'www.mahamall.com', 'www.mahamall.net', '마하몰.kr', '마하몰.com'이라는 도메인이름과 '마하몰'이라는 한글인터넷도메인이름을 등록하고(이하 이들 도메인이름을 합쳐 '이 사건 각 도메인이름'이라고 한다), 인터넷 사용자가 웹브라우저의 주소창에 이를 입력하면 피고인의 불교정보 포털사이트인 '사찰넷'으로 연결되도록 하는 한편, 위 '사찰넷'에는 피고인의 불교용품 판매사이트인 '사찰몰'로 링크(link)를 해 놓았는데, 이 사건 각 도메인이름은 '사찰넷' 웹사이트에 접속하는 단계에서 웹브라우저의 주소창에 입력하는 순간에만 잠시 나타나 있다가 '사찰넷' 웹사이트로 연결되는 과정에서 사라져버리고, 나아가 '사찰몰' 웹사이트에 접속하기 위해서는 '사찰넷' 홈페이지의 링크 부분을 다시 클릭해야 하며, 이에 따라 '사찰넷'과 '사찰몰' 웹사이트의 주소창에는 각각의 도메인이름인 'www.sachal.net'과 'www.sachalmall.com'이 표시될 뿐 이 사건 각 도메인이름은 나타나지 아니하는 반면, 각 웹사이트의 화면 좌

측 상단에는 ''과 ''로 된 표장이 별도로 표시되어 피고인이 제공하는 불교용품 판매업 등 서비스업의 출처를 표시하는 기능을 하고 있으므로 이 사건 각 도메인이름이 서비스업의 출처표시로 기능하고 있다고 보기 어렵고, 따라서 이 사건 각 도메인이름은 상표법상 서비스표로 사용되었다고 할 수 없어 甲의 서비스표권을 침해하였다고

그런데 도메인이름은 본래 상표법 등이 예정하였던 출처에 관한 표지라고 할 수 없지만, 거래계에서 상품이나 영업의 출처표시 역할을 할 수 있어서 대법원은 부정경쟁방지법상의 상품주체 혼동행위에 해당한다는 이유로 도메인이름의 사용금지 및 등록말소 청구를 인용한 원심판단을 수긍한 사례가 있고,[46] 상표권(구 서비스표권) 침해를 이유로 한 도메인이름의 사용금지 및 등록말소 청구를 인정하였으며,[47] 도메인이름의 등록사용의 경우에 도메인이름의 사용태양 및 그 도메인이름으로 연결되는 웹사이트 화면의 표시 내용 등을 전체적으로 고려하여 거래통념상 상품 출처를 표시하고 자기 업무에 관계된 상품과 타인 업무에 관계된 상품을 구별하는 식별표지로 기능하고 있을 때에는 '상표(서비스) 사용'으로 볼 수 있다고 판시하였다.[48]

결국, 도메인이름의 사용이 상품표지의 사용에 해당하는지는 당해 도메인이름이 사용되고 있는 상황이나 웹사이트에 표시된 홈페이지상의 구성 전체에서 도

할 수 없다."라고 하였다.

[46] 대법원 2005. 10. 28.자 2005다44244, 44251 판결(심리불속행 상고기각), 대법원 2005. 12. 8.자 2005다55442, 55459 판결(심리불속행 상고기각).

[47] 대법원 2007. 10. 11. 선고 2007다11958 판결은 "지정서비스업을 '인터넷상에서 포털사이트운영업, 인터넷상에서의 각종 주제별 커뮤니티사이트제공업' 등으로 하고, ' **jjang0u** '로 이루어진 원고의 이 사건 등록서비스표(등록번호 제127576호)는 기술적 표장에 해당하지 아니하고, 피고들과 인수참가인이 'jjang0u.net'이라는 도메인이름을 등록하고 그 웹사이트에서 게임, 영화, 유틸리티 등의 파일공유를 할 수 있게 하고 유머와 사진 등을 제공하고 거기에 'jjang0u', 'Jjang0u', 'JJANG0U' 등의 표장을 사용하는 행위는 이 사건 등록서비스표권을 침해하는 것에 해당한다."라고 하였다.

[48] 대법원 2008. 9. 25. 선고 2006다51577 판결은 "이 사건 한글인터넷주소(장수온돌)는 영어로 구성된 웹사이트의 도메인이름 대신 기억하기 쉬운 한글을 사용하는 인터넷주소로서 그 특성상 숫자·문자·기호 등의 결합으로 구성되면서 계층적 구조를 가지는 일반적인 도메인이름보다 상품의 출처표시 내지 광고 선전 기능이 더 강한 점, 이 사건 한글인터넷주소로 연결되는 웹사이트의 좌측 상단에는 와 같이 이 사건 한글인터넷주소와 동일한 문자부분 '장수온돌'이 다른 문자에 비하여 돋보이는 글자체로 변형되어 빨간색의 큰 글씨로 횡서된 채로 그 왼쪽의 도형과 결합된 일체로서 표시되어 있을 뿐만 아니라, 그 웹사이트 화면의 중앙에는 상품의 명칭으로 '장수온돌침대Queen, 장수온돌침대Double'이라고 표기되어 있는 점, 서비스표인 위 도형과 문자부분 이외에는 상품 자체의 식별표지로 인식될 만한 다른 표장을 찾아볼 수 없는 점 등의 여러 사정을 종합하여 볼 때 이 사건 한글인터넷주소는 일반 수요자에게 상호라기보다는 주로 상표로서 사용되고 있다고 인식될 것"이라고 하였다.

메인이름이 수행하는 역할 등을 종합하여 신중하게 판단할 필요가 있다.

참고로 인터넷 웹페이지상의 팝업광고 행위가 부정경쟁방지법 제2조 제1호 나목 등의 부정경쟁행위가 될 수 있는지가 문제된다.

위 나목 등에서 영업표지를 사용하는 방법 및 형태 등에 특별한 제한이 없으므로, 포털사이트(도메인이름)가 영업표지에 해당할 수 있고 팝업창 자체의 출처표시 유무, 웹페이지 내에서의 팝업창의 형태 및 구성, 웹페이지의 운영목적과 내용, 팝업창의 출현 과정과 방식 등에 비추어 웹페이지상에 표시된 국내에 널리 인식된 타인의 영업표지를 그 팝업광고의 출처표시로 사용한 것으로 인식되고 이로써 팝업광고의 영업 활동이 타인의 광고영업 활동인 것처럼 혼동하게 하는 경우에는 위 법조에서 정한 부정경쟁행위에 해당한다.[49]

④ 그 밖의 관련 문제

침해라고 주장되는 상품이 주지성을 취득한 상품표지의 상품과 다른 종류의 상품인 경우에도 가목 소정의 부정경쟁행위에 해당하는지의 문제가 있다.

상표법에서는 통상적인 상표 유사 판단에서 상표(표장)가 유사하더라도 상품이 다르다면 유사하지 않다고 판단함이 원칙인데 그 이유는 상표법에서의 혼동 개념은 좁은 의미의 출처의 혼동, 상품 구매 시 상품출처의 동일성에 대한 혼동을 의미하기 때문이다.

그런데 (상표법의 통상적인 상표 유사 판단에서의 혼동 개념과 달리) 부정경쟁방지법상의 혼동 개념에는 좁은 의미의 출처의 혼동, 즉 상품 구매 시 상품출처의 동일성에 대한 혼동 외에 넓은 의미의 출처의 혼동, 즉 상품출처의 동일성에 대한 오인 여부와 무관한 영업자 상호간의 연관관계 등에 대한 오인도 포함한다.

따라서 주지성을 획득한 상품표지와 동일·유사한 상품표지를 사용하여 상품을 생산·판매하는 경우 비록 그 상품이 주지성을 획득한 상품표지의 상품과 다른 상품이라 하더라도, 한 기업이 여러 가지 이질적인 산업분야에 걸쳐 여러 가지 다른 상품을 생산·판매하는 것이 일반화된 현대의 산업구조에 비추어 일반 수요자들로서는 그 상품의 용도 및 판매거래의 상황 등에 따라 당해 상품표지의 소유

---

49) 대법원 2010. 9. 30. 선고 2009도12238 판결.

자나 그와 특수관계에 있는 자에 의하여 그 상품이 생산·판매되는 것으로 인식하여 영업자 상호간의 연관관계 등에 대한 혼동(이른바 광의의 혼동[50])을 일으킬 수 있으므로 이러한 경우에도 가목의 부정경쟁행위에 해당할 수 있다.[51]

III. 타인의 상품표지와 동일·유사한 것을 사용하거나 이러한 것을 사용한 상품의 판매·반포(頒布) 또는 수입·수출행위

① 상품표지의 동일·유사

가. 의의

상품표지는 특정인의 상품임을 표시한 표지를 의미한다. 상품표지의 의의 등에 대하여는 위 「II. 타인의 성명, 상호, 상표, 상품의 용기·포장, 그 밖에 타인의 상품임을 표시한 표지(標識)(상품표지) ① 상품 및 상품표지의 의의」에서 설명하였으므로 중복을 피한다.

동일한 상품표지란 상품표지 자체가 물리적으로 동일한 경우(상품표지의 동일)뿐만 아니라 거래통념상 동일하다고 인정되는 경우(상품표지의 동일성)를 포함하는 개념이다. 부정경쟁방지법 제2조 제1호 가목은 동일·유사를 함께 적용 요건으로 규정하고 있으므로 부정경쟁방지법에서는 상표법에서와 같은 상표의 동일·유사의 개념 차이를 구별할 실익이 적다고 생각할 수 있지만, 기술적 표장 등이 주지성을 취득한 경우에 사용에 의하여 식별력을 취득하는 표장은 실제로 사용한 표장 그 자체에 한하고 그와 유사한 표장에 대해서까지 사용에 의한 식별력 취득을 인정할 수 없으므로 부정경쟁방지법에서도 여전히 상품표지의 동일·유사의 개념 차이를 구별할 실익이 있다.[52] 다만 (상품표지가 아닌) 상품 자체의 동일 또는 유사는 가목 규정의 요건이 아니다.

가목에서 상품표지 중 가장 대표적인 것이 상표이다. 상표법에서 상표의 동일

---

50) 출처에 관한 혼동의 의미에 대하여는 뒤의 「제1절 상품주체 혼동행위(가목) IV. 타인의 상품과 혼동하게 하는 행위」 부분에서 자세히 설명한다.

51) 대법원 2000. 5. 12. 선고 98다49142 판결, 대법원 2001. 4. 10. 선고 2000다4487 판결.

52) 상표의 동일·유사의 구별 실익 등에 관하여 윤태식, "상표법상 상표의 유사 여부 판단에 관한 연구", 사법논집 제59집, 법원도서관(2014), 160 이하 부분 참조.

이란 등록된 상표와 동일한 상표는 물론 거래통념상 식별표지로서 상표의 동일성을 해치지 않을 정도로 변형된 경우도 포함되므로 등록상표에 다른 문자나 도형 등을 부가한 형태로 되어 있다고 하더라도 등록상표가 상표로서의 동일성과 독립성을 유지하고 있는 한 이는 등록상표와 동일성이 인정되는 상표이다.53)

그리고 상표법에서 상표의 유사는 대비되는 두 개의 상표가 서로 동일하다고 평가되지 않더라도 외관·호칭·관념 및 거래실정 등을 비롯한 여러 고려요소들을 대비하여 볼 때 이러한 표장을 동일하거나 유사한 상품에 사용할 경우 거래통념상 상품 출처, 즉 상품의 생산자 또는 판매자에 관하여 오인이나 혼동을 일으킬 염려가 있는 것을 말한다.54)

---

53) 대법원 2011. 1. 27. 선고 2010후1374 판결(확인대상표장 "🐟풍년제과?"이 거래통념상 원고의 선등록서비스표 2 "풍년제과"의 동일성을 해치지 않은 범위 내에 있고, 원심 판시와 같은 확인대상표장의 사용은 원고의 선등록서비스표 2를 서비스표로서 사용하는 행위에 포함된다는 이유로, 피고의 이 사건 심판청구는 원고의 선등록서비스표 2를 대상으로 삼아 피고의 이 사건 등록상표 "풍년제과"와 사이에 권리범위확인을 적극적으로 청구한 경우에 해당하여 부적법하다고 한 사례), 대법원 2014. 3. 27. 선고 2013후2316 판결 (미정의 상표권자인 甲 주식회사가 등록상표 '**미 정**'의 상표권자인 乙 주식회사를 상대로 乙 회사의 확인대상표장 "화미미정"이 甲 회사의 등록상표의 권리범위에 속한다는 이유로 적극적 권리범위확인심판을 청구하였고 특허심판원이 이를 인용한 사안에서, 확인대상표장은 상표로서의 동일성과 독립성을 유지하고 있는 乙 회사의 등록상표에 '화미'라는 부분이 단순히 부가된 것이므로, 확인대상표장은 乙 회사의 등록상표와 동일성 있는 상표에 해당한다고 한 사례), 대법원 2019. 4. 3. 선고 2018후11698 판결(확인대상표장은 영문자 'Reviness'로 구성되어 있고, 피고의 등록상표는 확인대상표장과 동일한 형태의 영문자 'Reviness'와 이를 단순히 음역한 한글 '리바이네스'가 이단으로 병기되어 있는 사안에서 확인대상표장은 피고의 등록상표 중 한글 음역 부분을 생략한 형태로 되어 있으나 한글 '리바이네스'의 결합으로 인하여 새로운 관념이 생겨나지 않고, 일반 수요자나 거래자에게 통상적으로 '리바이네스'로 동일하게 호칭될 것으로 보이므로, 거래통념상 피고의 등록상표와 동일성 있는 상표에 해당한다고 한 사례) 참조.

54) 윤태식, "상표법상 상표의 유사 여부 판단에 관한 연구", 사법논집 제59집, 법원도서관 (2014), 158. 종전의 통설적 견해는 두 상표가 유사하다는 의미를 두 상표가 외관·호칭·관념의 면에서 근사하여 이를 동일·유사한 상품에 사용할 경우 거래통념상 상품출처의 혼동을 일으킬 염려가 있는 것을 말한다고 정의하고 있고 실무(대법원 1976. 6. 8. 선고 75후40 판결, 대법원 1988. 2. 23. 선고 87후118 판결, 대법원 1998. 10. 13. 선고 97후2804 판결, 대법원 2013. 3. 14. 선고 2010도15512 판결) 등도 이에 따르고 있으나, 본서 저자는 위 논문에서 상표법상 상표의 유사 판단은 혼동의 우려를 판단하기 위한 여러 요소들 중 하나에 불과하다고 생각하고 있으므로 상표의 유사 개념을 외관·호칭·관념의 면의 3가지로만 터 잡아 상품 출처의 혼동 우려가 있다고 정의하는 종전 내용이 변경

상품표지가 문자, 도형, 기호, 색채 등 여러 요소로 이루어진 경우에 부정경
쟁방지법 제2조 제1호 가목에 정한 '상품표지의 유사 여부'에 관한 판단은 상품의
출처 등을 표시함에 기여하고 있는 일체의 요소들을 참작하여 그 표지의 외관, 호
칭 및 관념을 거래자 또는 일반 수요자의 입장에서 전체적·이격적으로 관찰하여
비교하는 방법에 의한다.

상표법과 부정경쟁방지법에서 침해 내지 부정경쟁행위 여부를 판단하기 위하
여 상표의 유사 여부가 공통으로 문제되지만, 두 법에서 상표의 유사가 차지하는
역할은 크게 다르다.

상표법에서 상표의 유사 여부는 상품 출처의 혼동(협의의 혼동) 여부를 보다 쉽
게 판단하기 위함이고 상표권 침해 여부 내지 그 권리범위를 판단하는 사실적·
기술적 기준이 된다. 유의할 점은 상표법 제108조 제1항 제1호에서 "타인의 등록
상표와 동일한 상표를 그 지정상품과 유사한 상품에 사용하거나 타인의 등록상표
와 유사한 상표를 그 지정상품과 동일·유사한 상품에 사용하는 행위"를 상표권
또는 전용사용권을 침해한 것으로 본다고 규정하고 있는데 여기서의 유사에는 이
미 혼동가능성 판단이 전제되어 있다는 점이다.[55]

한편, 부정경쟁방지법에서는 법문에 "타인의…표지와 동일하거나 유사한 것을
사용…하여 타인의 상품과 혼동하게 하는 행위"라고 규정하여 상표 등 표지의 유
사는 혼동 초래 여부를 판단하는 유력한 징표가 되고 혼동가능성의 판단을 위한
자료적 사실로서의 의미를 가진다. 또한, 부정경쟁방지법의 혼동을 판단하면서 상
품출처의 혼동(협의의 혼동)뿐만 아니라 해당 상표를 사용하고 있는 기업 간에 업
무상, 경제상 및 조직상 연관관계가 있다는 혼동(광의의 혼동)도 고려하여야 하므
로 혼동 초래 여부를 판단하기 위하여 상표법의 유사 여부 판단 시에 참작될 수
없는 '영업주체의 지리적 위치, 종전의 관계, 표지를 선택한 동기, 표지에 나타난
악의, 영업주체의 대비' 등의 사정도 함께 고려될 수 있다.

따라서 부정경쟁방지법에서는 표지 그 자체의 대비 외에도 표지의 저명성, 표
지 선택의 동기 및 그 사용상황, 표지가 주는 전체적인 인상 등을 함께 고려하여

될 필요가 있어 상표의 유사를 새로 정의하여 제안하고 있다.
55) 자세한 내용은 「제3장 부정경쟁행위의 유형 제2절 상품주체 혼동행위(가목) Ⅳ. 타인의
상품과 혼동하게 하는 행위 ⑤ 기타 : 혼동가능성과 상표법 제108조 제1항(제2항) 제1호
와의 관계」에서 설명한다.

결정한다.56)

결국 부정경쟁방지법에서 혼동 유무를 판단하면서는 상표법의 유사 여부 판단에서의 고려 사항보다 더 넓게, 해당 상품주체의 지리적 위치·종전의 관계, 표지 선택의 동기, 표지에 나타난 악의 내지 부정경쟁의도, 표지에 나타난 기망적인 배열 내지 표시 방법, 영업주체의 대비 등도 고려된다.

그 결과 상표법에서의 상표 자체에 대한 유사 판단과 부정경쟁방지법에서의 상품표지에 대한 혼동 여부 결론이 서로 다를 수 있다. 즉 특정한 상품에 부착된 타인의 상표가 이른바 저명한 상품표지에 해당할 경우에는, 상표 자체와는 유사하다고 보기 어렵더라도 상품표지의 구성이나 관념 등을 비교하여 타인의 저명한 상품표지가 연상되거나 타인의 상품과 밀접한 관련성이 인정되어 타인의 상품과 광의의 혼동이 인정되는 경우에 그 상품표지의 사용이 가목의 부정경쟁행위에 해당할 수 있다.

---

56) 대법원 2004. 11. 11. 선고 2002다18152 판결은 "이 사건 카스용기가 국내에 널리 인식된 상품표지에 해당하는지 여부는 상품의 출처를 표시하는데 기여하고 있는 요소 전부를 실제로 사용되는 상태로 하여 참작하여야 할 것인바, 이 사건 카스용기의 전면(前面)에는 '**Cass**' 상표를 포함하여 문자, 도형, 색채, 바탕 무늬 등이 함께 표시되어 있고, 원심이 적법하게 인정한 사실관계에 나타난 이 사건 카스용기 등을 이용하여 판매하는 맥주제품에 관한 선전광고 및 수상 내역 등을 종합하면, 피고가 이 사건 음료를 이 사건 캡스용기에 담아 판매할 당시인 1999. 6.경 이 사건 카스용기의 전면에서 중심적 식별력을 갖는 '**Cass**' 상표를 포함한 문자, 도형, 색채 등 여러 요소가 결합한 전체적 외양은 일체성을 이루며 국내의 일반 수요자들에게 특정 출처의 상품임을 연상시킬 정도로 개별화되기에 이르러 자타 상품의 식별기능을 가지게 되었다고 보이므로 이 사건 카스용기의 전면에 있는 문자, 도형, 색채 등이 결합한 구성은 일체로서 구 부정경쟁방지법 제2조 제1항 가목에 정한 '타인의 상품임을 표시한 표지'에 해당한다고 봄이 상당하다. 그럼에도 불구하고 원심은 이 사건 카스용기를 '카스상표' 부분과 그 판시와 같은 '이 사건 카스용기의 형태' 부분으로 자의적으로 분리한 다음, 한편으로는 이 사건 카스용기에서 실제 사용되는 표장인 '**Cass**' 그대로가 아니라 위와 같이 원고가 상표등록을 받은 별개의 표장들을 놓고 피고의 'Cap's' 상표와 유사성 여부를 판단하고, 다른 한편으로는, 이 사건 카스용기와 동종의 다른 상품용기를 구분하는 차별적 특징으로 삼기 어려운 일부 구성 요소들을 그 판시와 같이 이 사건 카스용기의 형태로 특정하여 그 상품표지 해당성 여부를 판단하였으므로, 원심의 위와 같은 판단에는 구 부정경쟁방지법 제2조 제1호 가목에 정한 상품표지성이나 상품표지의 유사성 등에 관한 법리를 오해하고 심리를 다하지 아니함으로써 판결 결과에 영향을 미친 위법이 있어 이 점을 지적하는 상고이유의 주장은 이유 있다."라고 하였다.

가목은 법 규정상 상표 등 상품표지의 동일 또는 유사가 요건이지만[57] (예를 들어 상표법 제34조 제1항 제7호와는 달리) 상품의 동일 또는 유사는 요건이 아니므로 이종상품에 대하여도 적용된다.[58]

부정경쟁방지법상 가목이 적용된 경우에 사용상표가 널리 알려진 상품표지와 혼동의 우려가 있다고 인정된 대표적인 논리 구성을 살펴보면 아래와 같다.

1) 대법원 2004. 11. 11. 선고 2002다18152 판결

피고가 1998. 7. 3. Cap's 와 같은 표장으로 상표등록의 출원을 할 당시 Cass 표장 또는 이를 포함한 이 사건 카스용기의 전면에 있는 문자, 도형, 색채 등이 일체로 결합한 구성은 국내에 널리 알려진 상품표지에 해당하는 점, 피고는 그와 같은 표장으로 상표등록을 받아 Cap's 와 같은 형태로 이 사건 캡스용기에 사용하여 온 점 등을 고려하면 피고의 상표등록 출원은 널리 알려진 Cass 표장 또는 이 사건 카스용기의 이미지와 고객흡인력에 무상으로 편승하여 자신의 상품판매를 촉진할 의도에서 행하여진 것으로 보이므로, 피고가 사용하는 상표가 등록상표라고 하더라도 그 사용은 상표권의 남용에 해당하여 상표권자로서 보호받을 수 없다.

2) 대법원 2005. 1. 27. 선고 2004도7824 판결

□□□□ 주식회사가 등록하여 피고인 ○○○○ 주식회사가 이전등록

---

57) 가목에서의 유사 여부를 혼동의 우려 문제와 동일시하여 유사 여부를 별개의 법률요건으로 인정할 필요가 없다는 견해가 있지만, 법 규정상 독립된 별개의 법률요건으로 규정되어 있으므로 유사 여부를 혼동 우려의 문제와 별개의 법률요건으로 봄이 타당하다.

58) 대법원 2007. 12. 27. 선고 2005다60208 판결은 "국내의 수요자들이 그림물감, 포스터칼라 등에 관하여 '알파' 또는 'ALPHA'를 원고가 생산하는 상품임을 표시하는 것으로 인식하게 되었다고 볼 것이어서 부정경쟁방지법의 보호대상이 될 수 있다는 것인바, 그렇다면 피고가 원고의 상품표지와 동일·유사한 '알파' 또는 'ALPHA' 표장을 그래픽테이프, 양면테이프, 토시, 앞치마, 이동펀치, 클립, 포토앨범 등 문구류에 부착하여 사용하는 행위는 적어도 원고와 피고 사이에 자본, 조직 등에 밀접한 관계가 있을 것이라는 오신을 하게 하는 경우로서 원고의 상품과 혼동을 하게 하는 부정경쟁행위에 해당한다고 봄이 상당하고, '알파' 또는 'ALPHA'가 그림물감, 포스터칼라 등에 관한 상품표지로만 국내에 널리 인식되어 있다고 하여 피고의 행위가 미술용품에 한정하여 부정경쟁행위에 해당한다고는 할 수 없다."라고 하였다.

받았던 등록상표는 **Cash**로 구성된 것이지만, 피고인들이 수입한 상품의 용기에 부착, 사용한 상표는 **Cash**(이하 "실사용상표"라고 한다)이고, △△맥주 주식회사의 널리 알려진 상품표지 또한 **Cass**로 구성된 것이므로, 피고인들의 행위가 부정경쟁행위에 해당하는지 여부를 살피기 위해서는 위 두 상품표지를 서로 비교하여야 하는바, 실사용상표와 △△맥주 주식회사의 "**Cass**"를 대비하면, 그 호칭이나 관념이 동일·유사하다고 보기는 어렵지만, 외관에 있어서는 앞의 세 글자는 동일하고, 네 번째 글자는 그 모양에 일부 차이가 있다고 하더라도 전체적으로 특이한 글자체를 동일하게 사용하고 있으며 그 글자체의 색채까지도 동일한 점, 실사용상표의 마지막 글자인 "**h**"는 △△맥주 주식회사의 상표 중 마지막 글자인 "**S**"를 약간 변형한 것으로서 그 외관상의 차이가 크지 않은 점, △△맥주 주식회사의 위 상표가 캔으로 된 맥주용기의 외부에 와 같은 모양으로 널리 부착, 사용되어 왔고, 실사용상표 또한 와 같이 위 △△맥주 주식회사의 용기와 동일한 형상 및 색채와 모양으로 이루어진 용기에 **Cass** 상표가 위치한 곳과 동일한 부분에 같은 크기의 글자체로 부착 사용된 점을 종합하면, 양 상표를 전체적, 이격적으로 관찰하는 경우에 그 외관이 유사하다고 봄이 상당하고, 그에 따라 피고인들이 실사용상표를 그 상품의 용기에 부착 사용한 행위는 △△맥주 주식회사의 상품과 혼동을 일으키는 행위에 해당한다.

나. 상품표지의 유사 여부 판단방법 및 그 판단기준[59]

부정경쟁방지법에서 상품표지가 상표만으로 한정되는 것이 아니므로 상품의 출처표시에 이바지하고 있는 일체의 자료를 고려하여 그 표지가 수요자 또는 거래자에게 주는 인상, 기억, 연상 등을 종합적으로 관찰, 비교하는 이른바 전체적·이격적 관찰에 따라 비교하고, 상품표지가 외관상 또는 관념상 그 구성요소를 분리관찰하는 것이 부자연스럽다고 여겨질 정도로 불가분적으로 결합된 것이 아

---

59) 이에 대한 더욱 상세한 내용은 윤태식, "상표법상 상표의 유사 여부 판단에 관한 연구", 사법논집 제59집, 법원도서관(2014), 151 이하에서 설명하고 있다.

닌 한 수요자의 주의를 끄는 중심적 식별력을 가지는 부분을 분리하여 그 부분을 기준으로 유사 여부를 판단하는 이른바 분리관찰이나 요부관찰도 보완적 수단으로 이루어져야 한다.

상품의 용기나 포장에 상표, 상호 또는 상품명 등 식별력 있는 요소가 표시되어 있는 경우에는 그 부분이 지나치게 작다든가 제품설명서에만 기재되어 있는 등으로 특별히 눈에 띄지 않거나 용기나 포장의 전체 구성에 비추어 현저히 그 비중이 낮다고 보여지는 경우가 아닌 한 그 상표나 상호, 상품명 등의 표기 부분은 상품표지로서의 용기나 포장의 주요 부분으로 보아 그 부분의 유사 여부 등을 중심으로 고려하여 다른 표지와의 유사성 내지 혼동가능성 여부를 판단한다.[60]

다만 상품표지 중 가장 대표적인 것이 상표이므로 아래에서는 대표적으로 상표의 유사 여부 판단에 관하여 설명한다.

1) 상표 유사 판단 방법
상표 유사 판단 방법에는 전체관찰·요부관찰(기능적 관찰)·분리관찰이 있다.

㈎ 전체관찰
상품의 식별표지인 상표는 문자, 도형, 기호, 색채 등으로 결합하여 이루어질 수 있다. 상표가 이러한 여러 구성으로 이루어져 있더라도 전체로서 하나의 식별표지로 일체화된 것이므로 상표의 유사 여부를 판단하면서 원칙적으로 이들 부분을 총괄한 전체로서의 표지가 거래자 및 수요자의 심리에 어떻게 반영되고 인식되느냐 하는 입장에서 판단하여야 한다. 즉 두 상표의 유사 여부는 전체관찰의 결과 두 상표의 상업적 인상(commercial impression) 등의 측면에서 충분히 유사한지에 따라 결정된다. 전체관찰이란 상표 유사 여부 판단에서 두 상표를 전체적으로 관찰하여야 한다는 원칙을 말한다.

전체관찰은 상표 유사 판단 방법에서 가장 기본적이면서도 중요한 원칙으로서 대비되는 상표들 사이에 그중 일부에 유사한 부분이 있더라도 그 부분만으로 분리 인식될 가능성이 희박하거나 두 상표를 전체적으로 관찰할 때 명확히 출처

60) 대법원 1978. 7. 25. 선고 76다847 판결, 대법원 2001. 2. 23. 선고 98다63674 판결, 대법원 2001. 4. 10. 선고 98도2250 판결 참조.

의 혼동(상표 유사 대비에서의 출처 혼동은 주로 좁은 의미의 출처 혼동이 문제된다. 이하 같다)을 피할 수 있는 경우에는 이들 상표가 서로 유사하다고 할 수 없다.[61]

(나) 요부관찰(기능적 관찰)

상품의 출처 표시라는 상표의 기능적인 측면에서 볼 때 하나의 상표를 전체적으로 관찰할 경우에도 상표 중 일정한 특징 내지 부분이 특히 소비자나 수요자의 주의를 끌기 쉽고 그러한 부분이 존재함으로써 비로소 그 상표의 식별기능이 인정되는 경우가 많으며, 그러한 경우에는 전체관찰과 병행하여 상표를 기능적으로 관찰하고 그 중심적인 식별력을 가지는 부분, 즉 요부(要部, dominant portion)를 추출하여 2개의 상표를 대비함으로써 상표의 유사 여부를 판단하는 것이 전체관찰의 적절한 결론을 유도하기 위한 수단으로서 필요하다.

요부관찰이란 이처럼 상표를 이루고 있는 전체 부분(구성)을 기능적으로 관찰하여 그중에서 특히 식별력이 있는 부분을 추출하여 그와 같이 추출된 부분을 중심으로 하여 대비상표들 간 유사 여부를 판단하는 방법을 말한다. 본서 저자는 요부관찰을 기능적 관찰이라는 용어로 대체하여 사용하는 것을 제안하지만 본서에서는 설명의 편의상 요부관찰이라는 용어를 그대로 사용한다.

상표의 구성 부분이 요부인지는 그 부분이 주지, 저명하거나 일반 수요자에게 강한 인상을 주는 부분인지, 전체 상표에서 높은 비중을 차지하는 부분인지 등의 요소를 따져 보되, 여기에 다른 구성 부분과 비교한 상대적인 식별력 수준이나 그와의 결합상태와 정도, 사용상품과의 관계, 거래실정 등까지 종합적으로 고려하여

---

61) 대법원 2002. 11. 26. 선고 2001후3415 판결, 대법원 2006. 8. 25. 선고 2005후2908 판결 등 참조. 참고로 대법원은 과거에는 디자이너의 성명상표의 경우에도 분리관찰이 가능하다고 판시한 적이 있었으나(대법원 1990. 2. 13. 선고 89후1745 판결, 대법원 1992. 8. 14. 선고 92후193 판결, 대법원 1997. 3. 25. 선고 96후313, 320 판결, 대법원 2002. 4. 26. 선고 2001다4057, 4064 판결, 대법원 2002. 7. 26. 선고 2001후3118 판결), 대법원 2009. 4. 9. 선고 2008후4783 판결에서 외국 디자이너의 성명(NICOLE MILLER) 상표의 경우에 전체호칭이 네 음절로 비교적 짧고 위 각 부분이 특별히 식별력이 강한 부분이 아니며 거래자나 수요자에게 성명이 포함된 상표 전체로서 상품의 출처를 인식하는 경향이 있다는 등의 이유를 들어 위 성명상표 중 일부만으로 호칭, 관념할 가능성이 낮다고 보고 있다. 대법원 2005. 11. 25. 선고 2005도6834 판결은 영업표지로서 블루컷과 블루클럽은 전체적으로 유사하지 않다고 하고, 대법원 2011. 1. 13. 선고 2008도4397 판결은 'Lyprinol'과 'Lipfeel'·'리프트머셀'도 전체적으로 유사하지 않다고 하였다.

판단한다.62)63)64)

만일 상표의 구성 부분 전부가 식별력이 없는 경우에는 특별한 사정이 없는 한 상표 전체를 기준으로 유사 여부를 판단한다.

상표 구성 부분 중 식별력이 없거나 미약한 부분은 그 부분만으로 요부가 된

---

62) 대법원 2006. 8. 25. 선고 2005후2908 판결은 출원상표 "JIMMY CHOO"가 선등록상표 "PATTY & JIMMY"와 유사한지 여부가 쟁점인 사안에서 출원상표와 선등록상표의 구성 중 'JIMMY' 부분이 서로 동일하다고 하더라도, 'JIMMY' 부분이 이들 상표에서 차지하는 비중과 다른 구성요소와 결합되어 있는 정도와 위치 및 이들 상표의 전체적인 구성, 형태 및 관념 등에 비추어 볼 때, 그 지정상품인 '트렁크, 핸드백, 지갑, 우산' 등의 거래에서 일반 수요자나 거래자가 이 사건 출원상표와 선등록상표를 모두 'JIMMY' 부분만으로 호칭·관념함으로써 그 지정상품의 출처에 관하여 오인·혼동을 일으킬 염려가 있다고 보기 어렵다고 하였다.

63) 대법원 2017. 2. 9. 선고 2015후1690 판결, "자생초"와 "자 생 한 의 원"의 유사 여부(적극) ; 대법원 2018. 8. 30. 선고 2017후981 판결, "mou"와 "MOU-JON-JON"의 유사 여부(소극) ; 대법원 2018. 9. 13. 선고 2017후2932 판결, "천년구들 돌침대"와 "천년마루"의 유사 여부(소극) ; 대법원 2019. 8. 14. 선고 2018후10848 판결, "Saboo"와 "sobia"의 유사 여부(소극) ; 대법원 2020. 11. 12. 선고 2019도11688 판결(등록상표 코크린, Coclean과 사용상표 코코크린, kokoCLEAN 간 유사 여부, 적극).

64) 대법원 2017. 3. 9. 선고 2015후932 판결[선등록·사용상표 "MONSTERENERGY" 및 선사용상표 "MONSTER"와 등록상표 "롯데 몬스터" 간 유사 여부(소극, 구 상표법 제7조 제1항 제7호, 제11호, 제12호 주장사건에서 등록상표의 출원일 이전에 그 지정상품과 동일·유사한 상품에 관하여 '몬스터' 또는 'MONSTER'를 포함하는 다수의 상표들이 등록되어 있는 사정을 고려하여 '몬스터'나 'MONSTER'가 독립하여 상품의 출처표시기능을 수행하는 요부가 아니라고 함]. 같은 취지에서 대법원 2016. 3. 15. 선고 2016후2447 판결[선등록·사용상표 "MONSTERENERGY" 및 선사용상표 "MONSTER"와 등록상표 "망고몬스터" 간 유사 여부(소극)], 대법원 2018. 6. 15. 선고 2016후1109 판결[출원상표 "DRAGONFLY OPTIS"와 선등록상표 "OPTEASE"의 유사 여부(소극, 출원상표 중 'OPTIS' 부분은 '눈의, 렌즈'라는 의미를 갖는 'OPTIC'에서 맨 끝의 알파벳 'C'가 'S'로 바뀐 정도에 불과하다. 따라서 이 'OPTIS' 부분은 수요자들이 지정상품(의료영상용 카테터)의 성질과 관련된 'OPTIC'을 연상할 것으로 보이므로 식별력이 미약하다고 봄]. 대법원 2019. 8. 14. 선고 2018후10848 판결(등록상표 "Saboo"와 확인대상상표 "sobia"의 유사 여부에서 꽃 도형 부분이 요부여서 유사하다는 원심판단이 잘못이라고 하고, 거래실정을 고려한 양 표장의 외관 및 호칭의 차이에도 불구하고, 나아가 상품의 구체적인 형상과 모양 및 포장의 구체적인 형태 등과 같이 상품에서 쉽게 변경이 가능한 특수하고 한정적인 거래실정을 비중 있게 고려하여 양 표장이 유사하다고 본 원심판단에 법리오해의 잘못이 있다고 함).

다고 할 수 없어 일반 수요자나 거래자들이 그와 같은 식별력이 없거나 미약한 부분만으로 상표를 간략하게 호칭하거나 관념하지 아니한다고 판단되고, 이는 그 부분이 다른 문자 등과 결합하여 있는 경우라도 마찬가지이다.

상표 중 일부가 식별력이 없거나 미약하지는 않지만, 그렇다고 해서 주지·저명하거나 수요자들에게 강한 인상을 주는 부분이 아니고 그 구성 사이에 상대적인 식별력의 우열도 없다면 그중 일부 구성만을 요부로 보기 어려우므로 원칙으로 돌아가 상표 전체를 기준으로 유사 여부를 판단한다.65)

(다) 분리관찰

상표는 원칙적으로 그 구성부분 전체를 유사 판단의 대상으로 삼아야 하나 거래상, 그 구성부분 중 사회통념상 분리될 수 있는 일부분에 의하여 간략하게 호칭, 관념하여 대비상표들 간 유사 여부를 판단할 수 있는데 이를 분리관찰이라 한다. 분리관찰은 주로 문자, 도형 및 기호 등의 결합으로 구성되는 결합상표의 유사 여부 판단에서 사용되는 관찰방법이다.

분리관찰의 개념 내지 범위에 대하여 여러 견해가 있을 수 있으나, 본서 저자는 분리관찰을 ① 상표 구성을 단순히 외관적으로 사회통념상 가분적인 부분이 있는 경우 이 부분을 분리해 내는 것(이를 좁은 의미의 분리관찰이라 한다)66)과 ② 상표 구성에 일응 가분적인 부분이 보이지 않더라도 대비하는 두 상표의 일부분을 대비하여 서로 동일·유사한 부분이 있고 성격상 일련불가분적 결합 내지 자연스러운 결합이 아님을 근거로 상표 전체로부터 동일·유사 부분을 (해당 부분에 대한 요부성 여부 평가 전에) 떼어내는 것(이를 넓은 의미의 분리관찰이라 한다)67) 모두를 포함하여 정의한다.68)

---

65) 대법원 2018. 8. 30. 선고 2017후981 판결(출원상표 "**mou**"와 선등록상표 "**MOU-JON-JON**"의 유사 여부 판단에서 선등록상표의 **MOU** 부분만이 요부여서 유사라는 원심판단이 잘못이라고 함).

66) 대법원 2000. 4. 11. 선고 99후2013 판결, 대법원 2009. 9. 10 선고 2008후5120 판결 등 참조.

67) 대법원 2000. 4. 11. 선고 98후652 판결, 대법원 2007. 2. 22. 선고 2005다39099 판결, 대법원 2011. 7. 14. 선고 2010후2322 판결 등 참조.

68) 본문 내용을 이미 윤태식, "상표법상 상표의 유사 여부 판단에 관한 연구", 사법논집 제59집, 법원도서관(2014), 202 이하의 논문을 통해 제안한 바 있다.

분리관찰은 요부관찰을 하기 위하여 필요한 과정이지만 요부관찰을 하기 위해 반드시 전제되어야 하는 것이 아니다.

분리관찰은 전체관찰을 위한 하나의 보조 수단에 불과한 것이므로 일련적(一連的)으로 구성된 조어나,69) 결합의 결과 전체적으로 새로운 관념을 낳는 경우70) 등에서는 분리관찰이 적절하지 아니하다.

한편 일응 분리관찰을 할 수 있더라도 요부관찰(기능적 관찰)을 한 결과 상표가 해당 일부 구성만으로 분리인식되기 어렵다고 판단될 수 있다.71)

2) 이격적(離隔的) · 객관적 관찰

상표의 유사 여부 판단은 두 개의 상표 자체를 나란히 놓고 대비하는 것이 아니라 때와 장소를 달리하여 두 개의 상표를 대하는 일반 수요자나 거래자가 지정상품의 출처에 관한 오인, 혼동을 일으킬 우려가 있는지의 관점에서 판단한다.72)

따라서 2개의 상표를 대비할 때 반드시 때와 장소를 달리하여 두 개의 상표를 대하는 일반 수요자나 거래자가 상품의 출처에 관한 오인, 혼동을 일으킬 우려가 있는지의 관점에서 이격적 관찰을 하여야 하고 두 개의 같은 시간과 장소에서 나란히 놓고 대조(대비적 관찰)하여서는 안 된다.

---

69) 대법원 2001. 11. 13. 선고 2001후1198 판결[등록상표 "NUTRACEUTICALS"와 인용상표 "NUTRA"의 유사 여부(소극)], 앞서 본 대법원 2011. 7. 14. 선고 2010후2322 판결 참조.
70) 대법원 1999. 11. 23. 선고 99후2044 판결은 'DEEP-SEA'는 '심해의, 원양의' 등의 뜻을 갖는 새로운 관념을 형성하는 단어로 되어 'DEEP'과 'SEA'로 분리관찰 할 수 없다고 한다. 반면에 대법원 2001. 9. 28. 선고 2001후2139 판결은 출원상표 "Evening Flower"와 한글 '이브닝'으로 구성된 인용상표의 유사 여부에서 "Evening Flower"라는 단어가 새로운 관념을 형성하고 있지 않다고 하고 분리관찰을 적용하여 긍정하였다.
71) 대법원 2011. 12. 27. 선고 2010다20778 판결은 피고의 사용표지인 '동부주택 브리앙뜨'는 일반 수요자나 거래자 간에 원고의 등록상표 · 서비스표 "**동부**", 원고의 상품표지 · 영업표지인 '동부'와 공통되는 '동부'나 '동부주택' 부분만으로 분리인식될 가능성은 희박하고, 표지 전체인 '동부주택 브리앙뜨' 또는 구성부분 중 표지 전체에서 차지하는 비중이 더 큰 '브리앙뜨'로 호칭 · 관념될 가능성이 높다고 하여 원고의 등록상표와 상품표지 · 영업표지인 '동부', '동부 센트레빌'과 유사하지 않다고 하였다.
72) 대법원 1989. 12. 12. 선고 88후1335 판결, 대법원 2006. 11. 9. 선고 2006후1964 판결, 대법원 2016. 7. 14. 선고 2015후1348 판결 등.

3) 상표 유사 판단 기준 및 판단 요소

㈎ 일반적인 기준

상표의 유사 여부는 대비되는 두 상표의 외관(appearance, sight), 호칭(sound), 관념(connotation, meaning) 등을 종합하여 전체적·객관적·이격적으로 관찰하여 거래 통념상 상품출처에 관하여 일반 소비자나 거래자로 하여금 오인, 혼동을 가져올 우려가 있는지에 따라 판단하는 것이 원칙이지만, 때로는 상표의 일정한 구성부분이 일반 수요자나 거래자에게 그 상표에 관한 인상을 심어주거나 기억·연상을 하게 하는 등 독립하여 자타 상품의 출처표시기능을 수행할 수 있으므로 전체관찰과 병행하여 상표를 기능적으로 관찰하고 분리관찰 등을 통해 중심적인 식별력을 가지는 부분(요부)을 특정하여 그 외관·호칭·관념 등을 대비하는 것이 적절한 전체관찰을 위해 필요하다.

여기서 상표 유사 판단의 주체는 일반 소비자나 거래자, 즉 상표의 세세한 부분까지 정확하게 관찰하고 기억하지 않는 평균적인 주의력을 가진 일반 수요자를 기준으로 하는데 평균적인 주의력은 해당 상품에 따라 달라질 수 있다(이에 대하여는 IV. 타인의 상품과 혼동하게 하는 행위 ④ 혼동의 판단 주체에서 상세히 설명한다).

대법원이 상표법상 상표의 유사 판단에서 취하고 있는 주류적인 판단기준 법리의 유형을 분석하면 아래와 같이 크게 두 유형으로 정리할 수 있다.

[A-①] 상표의 유사 여부는 그 외관, 호칭 및 관념을 객관적·전체적·이격적으로 관찰하여 그 지정상품의 거래에서 일반 수요자나 거래자가 상표에 대하여 느끼는 직관적 인식을 기준으로 하여 그 상품의 출처에 관하여 오인, 혼동을 일으키게 할 우려가 있는지에 따라 판단하여야 하므로, 대비되는 상표 사이에 유사한 부분이 있다고 하더라도 그 부분만으로 분리 인식될 가능성이 희박하거나 전체적으로 관찰할 때 명확히 출처의 혼동을 피할 수 있는 경우에는 유사상표라고 할 수 없고,73) 다만 반대로 서로 다른 부분이 있어도 그 호칭이나 관념이 유사하여 일반 수요자가 오인, 혼동하기 쉬운 경우에는 유사상표이다.74)

[A-②] 문자와 문자 또는 문자와 도형의 각 구성부분이 결합된 상표의 경우

---

73) 대법원 2006. 8. 25. 선고 2005후2908 판결, 대법원 2008. 4. 24. 선고 2007후4816 판결, 대법원 2009. 4. 9. 선고 2008후4783 판결, 대법원 2012. 8. 30. 선고 2010후1947 판결, 대법원 2013. 1. 24. 선고 2011다76778 판결.
74) 대법원 1995. 5. 26. 선고 95후64 판결 등 참조.

각 구성부분을 분리하여 관찰하는 것이 거래상 자연스럽지 못하다고 여겨질 정도로 불가분하게 결합되어 있다고 인정되지 아니한 때에는 언제나 그 구성부분 전체에 의하여 호칭·관념되는 것이 아니라 독립하여 자타 상품의 출처표시기능을 할 수 있는 구성부분만으로 간략하게 호칭·관념될 수 있고, 하나의 상표에서 그와 같은 호칭·관념이 둘 이상 생기는 경우 비록 하나의 호칭·관념이 타인 상표의 그것과 동일·유사하다고 할 수 없더라도 다른 호칭·관념이 타인 상표의 그것과 동일·유사한 때에는 두 상표는 유사하다.75)

[B-①] 상표의 유사 여부는 그 외관·호칭 및 관념을 객관적·전체적·이격적으로 관찰하여 그 지정상품의 거래에서 일반 수요자나 거래자가 상표에 대하여 느끼는 직관적 인식을 기준으로 하여 그 상품의 출처에 관하여 오인·혼동을 일으키게 할 우려가 있는지에 따라 판단한다.

따라서 대비되는 상표 사이에 유사한 부분이 있다고 하더라도 해당 상품을 둘러싼 일반적인 거래실정, 즉, 시장의 성질, 수요자의 재력이나 지식, 주의의 정도, 전문가인지 여부, 연령, 성별, 해당 상품의 속성과 거래방법, 거래장소, 사후관리 여부, 상표의 현존 및 사용상황, 상표의 주지 정도 및 해당 상품과의 관계, 수요자의 일상 언어생활 등을 종합적, 전체적으로 고려하여 그 부분만으로 분리 인식될 가능성이 희박하거나 전체적으로 관찰할 때 명확히 출처의 혼동을 피할 수 있는 경우에는 유사상표라고 할 수 없다.76)

[B-②] 유사상표의 사용행위에 해당하는지에 대한 판단은 두 상표가 해당 상품에 관한 거래실정을 바탕으로 그 외관·호칭·관념 등에 의하여 거래자나 일반 수요자에게 주는 인상, 기억, 연상 등을 전체적으로 종합할 때, 두 상표를 때와 장소를 달리하여 대하는 거래자나 일반 수요자가 상품 출처에 관하여 오인, 혼동할 우려가 있는지 여부의 관점에서 판단한다.77)

---

75) 대법원 2006. 1. 26. 선고 2003도3906 판결(신사복 등에 사용된 CAMBRIDGE MEMBERS와 셔츠 등에 사용된 UNIVERSITY OF CAMBRIDGE사이에 혼동 긍정), 대법원 2011. 7. 28. 선고 2011후538 판결, 대법원 2012. 2. 23. 선고 2011후1357 판결.

76) 대법원 2011. 12. 27. 선고 2010다20778 판결 참조.

77) 대법원 2015. 10. 15. 선고 2014다216522 판결. 등록서비스표 '**다이소**', '**DAISO**' 와 '**다사소**', '**DASASO**'가 유사하다고 판단한 이유 중 하나로 "원고와 피고들의 각 서비스표가 사용된 서비스업이 생활용품 등 판매점으로 일치하고, 취급하는 상품의 품목과 그 전시 및 판매 방식 등까지 흡사하여 일반 수요자가 양자를 혼동할 가능성은 더욱 높아진

㈏ 유사 판단 요소

유사를 판단하는 기본적인 고려요소는 외관·호칭·관념이다.

외관유사란 대비되는 두 개의 상표의 문자, 기호, 도형, 입체적 형상, 색채 등의 외관상 형상을 시각에 호소하여 관찰한 결과 서로 혼동하기 쉬운 것을 말하고, 호칭유사란 상표의 청각적 요인에 의하여 서로 혼동하기 쉬운 것을 말하며, 관념유사란 상표 구성의 표현 자체로부터 발생하는 의미가 서로 혼동하기 쉬운 것을 말한다.

그 외에 상표 유사 여부를 판단하면서 상표 자체에 관하여 일반적인 거래실정 외에 구체적(개별적) 거래실정을 고려하여야 하는지가 문제되는데[78] 참고할 수 있는 한 상표 자체에 관한 이른바 거래실정을 고려하는 것이 바람직하다.[79]

문제는 상표의 유사 여부 판단 과정에서 혼동의 우려 유무를 결정하기 위해 구체적인 거래실정을 고려할 때 어느 범위까지 고려하여야 하는지 이다.

본서 저자는 ① 상표의 구체적인 사용실정이 거래계에 충분히 알려지고 그 믿음이 거래자나 수요자에게 축적되어 그와 같은 사용실정을 반영하는 것이 거래자나 수요자에게 충분히 수긍될 수 있고, ② 그와 같은 사정이 반영되더라도 수요자나 거래자 보호에 지장이 없다고 판단될 정도로 고정적인 사용실정일 경우(즉, 일시적이고 유동적인 사용에까지 인정할 수 없지만 주지·저명상표만으로 굳이 그 범위를

다."라고 언급한 부분이 있다. 대법원 2016. 8. 24. 선고 2014다19202 판결은 상표권과 사용상표가 유사상표라는 이유를 설명하면서 "피고 회사가 원고로부터 상표권을 양도받은 상표를 부착한 골프의류를 판매하는 매장에서 피고 사용표장을 부착한 골프용품을 함께 판매하는 점 등의 거래실정까지 종합하면"이라는 내용이 있다.

78) 구체적 출처의 혼동에는 상표 자체에 관한 거래실정을 고려하는 것과 상표에 대한 지정상품을 둘러싼 거래실정을 고려하는 것으로 나눌 수 있는데 후자의 경우에 그것들이 허용된다는 데에는 이론이 없다.

79) 일반적 거래실정, 구체적 거래실정이라는 용어는 실무 및 학계에서 통용되고 있는 용어이다. 그런데 윤태식, "상표법상 상표의 유사 여부 판단에 관한 연구", 사법논집 제59집, 법원도서관(2014), 176에서 본서 저자는, 상표의 유사 여부를 판단하면서 당연히 거래실정을 고려하여야 하므로 일반적 출처 혼동 외에 구체적 출처 혼동이라는 개념을 독자적으로 설정할 의미가 그다지 없고, 구체적 출처 혼동이라는 개념은 거래실정을 고려한 출처 혼동의 개념 속으로 포섭되어 버리므로 상표 유사 판단에서 더 이상 독자적으로 존재할 의미가 없다는 의견을 개진한 바 있다. 다만 본서에서는 이해의 편의상 실무 용어를 그대로 사용한다.

제한할 필요는 없다는 취지임)에 인정하자는 의견이다.

② 상품표지의 사용 및 그 표지 사용상품의 판매 등 행위

상품표지의 사용 등 행위는 타인의 주지 상품표지와 동일·유사한 표지를 사용하거나 이러한 것을 사용한 상품을 판매·반포·또는 수입·수출하는 행위를 말한다.

상품표지 「사용」의 의미를 검토하기에 앞서 상표법은 상표의 사용을 상품 또는 상품의 포장에 상표를 표시하는 행위, 상품 또는 상품의 포장에 상표를 표시한 것을 양도 또는 인도하거나 양도 또는 인도할 목적으로 전시·수출 또는 수입하는 행위, 상품에 관한 광고·정가표(定價表)·거래서류, 그 밖의 수단에 상표를 표시하고 전시하거나 널리 알리는 행위의 어느 하나에 해당하는 행위로 정의한다(상표법 제2조 제1항 제11호). 상표법 제1항 제11호 각 목에 따른 상표를 표시하는 행위에는 표장의 형상이나 소리 또는 냄새로 상표를 표시하는 행위(제1호), 전기통신회선을 통하여 제공되는 정보에 전자적 방법으로 표시하는 행위(제2호)의 어느 하나의 방법으로 표시하는 행위가 포함된다(상표법 제2조 제2항).

상표법에서의 혼동은 원칙적으로 좁은 의미의 출처 혼동을 말하므로 그 사용의 의미도 자타상품 식별표지로 사용하는 것을 말한다.

부정경쟁방지법에는 표지 「사용」의 정의에 대하여 상표법과는 달리 아무런 언급이 없는데 그 이유는 부정경쟁방지법에서의 혼동은 좁은 의미의 혼동 외에 넓은 의미의 혼동(상품의 용도 및 판매거래의 상황 등에 따라 당해 상품표지의 소유자나 그와 특수관계에 있는 자에 의하여 그 상품이 생산·판매되는 것으로 인식하여 영업자 상호간의 연관관계 등에 대한 혼동)도 포함하고 거래관계에서 상품표지에 혼동을 불러일으키는 행위라면 표지의 사용 범주에서 제외할 이유가 없어 굳이 혼동을 불러일으키는 수단을 한정할 필요성이 낮기 때문이다. 그렇더라도 상표법에서 규정하는 상표 사용에 관한 정의 규정은 부정경쟁방지법에서의 표지 사용 여부를 판단하는 데 중요한 기준이 된다. 이는 부정경쟁방지법 제2조 제1호 나목 및 다목의 사용에도 마찬가지이다.

「판매」는 영업활동으로서 값을 받고 타인에게 소유권을 이전하는 행위를 말한다.

「반포」란 널리 알리는 행위를 의미한다. 2016. 2. 20. 법률 제14033호로 개정되기 전의 상표법 제2조 제7호 다목에서 상표의 사용행위 중 '...전시 또는 반포하는 행위'라는 문구가 위 개정 상표법에서 '전시하거나 널리 알리는 행위'로 변경되었다. 여기서 반포는 전시, 수출 등 행위 외의 일체의 유통행위 또는 그것에 이바지하는 행위를 말하는 포괄적 개념이라 할 수 있다.

「수입」이란 외국에서 생산된 상품을 국내시장에 반입하는 행위이다.

문제는 정상적인 무역거래에서 수입물품이 보세지역 내에 머물러 있는 경우가 수입에 해당하는지 이다. 이에 대하여는 ① 상품이 국내 통관절차를 마치지 않고 보세창고에 머물러 있는 경우는 아직 국외에 있는 것으로 보아 수입에 해당하지 않고(다만 보세지역 내에 있는 수입물을 부품 또는 원료로 하여 상품을 제조하는 경우는 국내 생산으로 해석한다) 보세구역에 있는 경우에는 관세법 등에 따른 수입신고 수리 시에 수입이 이루어진 것으로 보는 견해(통관설),[80] ② 물품이 일단 국가 영해로 들어온 이상 원칙적으로 수입에 해당한다고 보는 견해(영해설), ③ 국가 영해로 들어와 짐을 풀거나 물품을 하역하는 경우에 수입에 해당한다는 견해(양륙설 내지 하역설)가 있다.

통관설에 의할 경우 부정경쟁방지법 등에서 미수죄 처벌조항이 없어 위조상품 등에 대해 제대로 대응하지 못하게 되는 불합리한 점이 있다는 반론이 있고, 영해설에 대하여는 영해를 단순히 통과하는 경우에까지 수입에 해당한다고 보는

---

80) 관세법위반 등 사건에서 배출가스 또는 소음 변경인증을 받지 않고 자동차를 부정수입하였는지 여부를 관세법에 정한 수입 개념에 따라 판단한 것으로 대법원 2019. 9. 9. 선고 2019도2562 판결이 있다. 위 판결은 "관세법 제2조 제1호는 외국물품을 우리나라에 반입(보세구역을 경유하는 것은 보세구역으로부터 반입하는 것을 말한다)하는 것을 수입의 한 가지 형태로 규정하고 있고, 여기서 반입이란 물품이 사실상 관세법에 의한 구속에서 해제되어 내국물품이 되거나 자유유통 상태에 들어가는 것을 말한다(대법원 2000. 5. 12. 선고 2000도354 판결 등 참조). 그런데 관세법 제2조 제5호 가목은 우리나라에 있는 물품으로서 외국물품이 아닌 것을 '내국물품'으로 규정하면서, '외국물품'에 대해서는 제4호 가목에서 외국으로부터 우리나라에 도착한 물품으로서 제241조 제1항에 따른 수입의 신고(이하 '수입신고'라 한다)가 수리되기 전의 것이라고 규정하고 있다. 따라서 외국으로부터 우리나라에 도착하여 보세구역에서 수입신고 절차를 거치는 수입자동차는 수입신고 수리 시에 사실상 관세법에 의한 구속에서 해제되어 내국물품이 되므로 수입신고 수리 시에 보세구역으로부터 반입되어 수입이 이루어진 것이라고 보아야 한다."라고 한다.

것은 부당하다는 반론이 있다. 통관설은 관세 부과라는 관점 등에서 바라보는 관세법의 수입 개념을 그대로 원용한 것이나 수입 여부의 개념은 개별적인 법의 입법목적에 따라 상대적으로 해석하여야 하고 지식재산에 관한 법률상 이익을 신속히 보호하기 위하여 통관 내지 수입신고 전이라도 적어도 물품을 하역하였다면 수입에 해당한다고 볼 필요가 있다.

「수출」이란 국내에서 외국으로 재화를 팔기 위하여 실어 내는 것을 말하는데 수출자유지역 내에서 수출 목적으로만 상품을 생산하였더라도 국내에서의 사용행위에 해당한다.[81]

여기서의 사용 등의 행위는 어느 상품표지가 상품의 출처를 표시하고 자타상품을 식별하는 기능을 하는 태양으로 사용된다는 것을 말한다. 상품표지를 매개로 하여 상품의 출처 등에 대해 혼동을 일으키는 행위인 이상 상품의 양도(유상·무상) 내지 인도(점유의 이전행위) 행위, 양도 내지 인도를 위한 전시행위 등도 포함되고, 상품표지가 전부·일부 혹은 직접·간접으로 사용된 경우도 모두 포함된다.[82]

부정경쟁방지법 제2조 제1호 가목의 상품주체 혼동행위에 해당하는 표지의 사용은 '상품에 관련된 일체의 사용행위'를, 같은 호 나목의 영업주체 혼동행위에 해당하는 표지의 사용은 '영업에 관련된 일체의 사용행위'를, 비상업적 사용을 그 적용대상에서 제외하고 있는 같은 호 다목의 저명표지의 식별력·명성 손상행위에 해당하는 표지의 사용은 '상업적 사용'을, 각 의미한다.

따라서 도메인이름의 양도에 대한 대가로 금원 등을 요구하는 행위 자체는 도메인이름을 상품 또는 영업임을 표시하는 표지로 사용하는 것이 아니어서 부정경쟁방지법 제2조 제1호 가목·나목의 상품표지·영업표지 혼동행위나 같은 호 다목의 저명표지의 식별력·명성 손상행위에 해당하지 아니한다.[83]

또한 회사와 체인점계약을 체결하면서 회사로부터 공급받은 자재로만 제품을 제조하고 회사의 주지표지를 부착하여 소비자들에게 판매하기로 약정하였음에도 불구하고 그 계약에 위반하여 다른 유통업자로부터 자재를 구입하여 제품을 제조

---

81) 대법원 2002. 5. 10. 선고 2000후143 판결 참조.
82) 상표법 제2조 제1항 제11호에 규정된 '상표의 사용'에 대한 정의 규정도 참고가 된다. 이전행위에 상품(목적물)의 존재가 필요한지 여부가 문제될 수 있으나 상품(목적물)이 존재하지 않는 경우라면 거래상 혼동의 우려가 발생할 가능성은 매우 낮을 것이다.
83) 대법원 2004. 2. 13. 선고 2001다57709 판결.

한 다음 위 회사의 주지표지를 부착하여 소비자들에게 판매한 행위는 회사와 사이의 자재에 관한 독점적 공급특약에 위반한 단순한 채무불이행에 불과하고 가목의 부정경쟁행위에 해당하지 않는다.[84]

Ⅳ. 타인의 상품과 혼동하게 하는 행위

1 출처 혼동의 의미[85]

부정경쟁방지법 제2조 제1호 가목에서 타인의 상품과 혼동하게 하는 행위는 상품의 출처가 동일하다고 오인하게 하는 경우뿐만 아니라, 국내에 널리 인식된 타인의 상호 또는 상품표지와 동일 또는 유사한 표지를 사용함으로써 수요자로 하여금 상품표지의 주체와 사용자 간에 자본, 조직 등에 밀접한 관계가 있다고 오신하게 하는 경우도 포함한다. 이하 출처 혼동의 의미에 대하여 살펴본다.

가. 상품 구매 시 출처 혼동

먼저 출처 혼동이라는 개념은 상표의 유사와는 개념적으로 구별하여야 한다.

관련하여 일부에서 본서 저자의 논문 내용[86]을 소개하면서 본서 저자가 '상표의 유사와 혼동의 개념을 동일한 것으로 보고 있다.'고 서술하고 있으나,[87] 본서 저자가 위 논문에서 두 개념이 동일하다고 설명한 사실이 없다. 오히려 본서 저자는 위 논문에서 상표의 유사와 혼동의 개념을 구별하여 설명하고 있고, 유사와 혼동의 개념이 구체적인 거래실정 내지 수요자의 주의력 등의 일정한 한도 내에서 밀접한 관계에 있고 그것들의 '판단기준'이 실질적으로 다를 바 없다고 기술하고 있을 뿐이다.

통상 출처 혼동이란 타인의 표장과 동일·유사한 표장을 타인의 표장이 부착

---

84) 대법원 2004. 8. 20. 선고 2004도580 판결 참조.
85) 이 부분 내용은 윤태식, "상표법상 상표의 유사 여부 판단에 관한 연구", 사법논집 제59집, 법원도서관(2014), 168 이하 내용을 정리한 것이다.
86) 윤태식, "상표법상 상표의 유사 여부 판단에 관한 연구", 사법논집 제59집, 법원도서관(2014), 168 이하.
87) 상표법 주해 II, 박영사(2019), 219.

된 상품과 동일·유사한 상품에 함께 사용하거나 사용한다고 가정할 경우 상품 구매 시 거래자 또는 수요자에게 상품의 출처에 대하여(동일한 생산자, 판매자에 의하여 생산, 판매되는 것으로) 오인·혼동을 일으키게 할 염려가 있는 것을 말한다. 즉 이러한 출처 혼동은 상품 구매 시(at the point of sale confusion) 상품출처나 그 동일성에 대한 혼동으로서 좁은 의미(협의)의 출처 혼동이라 하고 상표법 제34조 제1항 제7호,[88] 제9호[89] 등 상표법에서 말하는 출처 혼동은 원칙적으로 협의의 출처 혼동을 의미한다.[90]

한편, 두 상품 자체가 서로 동일·유사하지 않아서 상품 제조·판매 등의 직접적인 상품출처(상품출처의 동일성)에 대한 오인, 혼동의 우려가 없더라도(즉, 대비되는 상품출처가 서로 다르다는 것은 인식하더라도) 국내에 널리 인식된 타인의 상품표지 등과 동일·유사한 표지를 사용하거나 타인의 표장이 주는 모티브, 인상, 기억 기타 연상 작용 등에 의하여 거래자 및 수요자로 하여금 상품 구매 시에 이들 표장을 사용하고 있는 기업(영업자) 간에 계열회사관계, 자본관계 내지 그룹관계 등과 같이 업무상·조직상·재정상 또는 계약상의 관계나 어떠한 특별한 연관관계 내지 인적관계가 있거나[91] 표장을 사용하는 두 영업자 간 상표 사용을 허락하는

---

88) 「제33조에도 불구하고 다음 각 호의 어느 하나에 해당하는 상표에 대해서는 상표등록을 받을 수 없다. 7. 선출원에 의한 타인의 등록상표(지리적 표시 단체 표장은 제외한다)와 동일·유사한 상표로서 그 지정상품과 동일·유사한 상품에 사용하는 상표」.

89) 「제33조에도 불구하고 다음 각 호의 어느 하나에 해당하는 상표에 대해서는 상표등록을 받을 수 없다. 9. 타인의 상품을 표시하는 것이라고 수요자간에 널리 인식되어 있는 상표(지리적 표시는 제외한다)와 동일·유사한 상표로서 그 타인의 상품과 동일·유사한 상품에 사용하는 상표」.

90) 대법원 2007. 12. 27. 선고 2005다60208 판결[상표권 침해금지]은 "부정경쟁방지법 제2조 제1호 가목에서 '타인의 상품과 혼동을 하게 하는'이라는 의미는 상품의 출처가 동일하다고 오인하게 하는 경우뿐만 아니라 국내에 널리 인식된 타인의 상품표지와 동일 또는 유사한 표지를 사용함으로써 수요자로 하여금 '당해 상품표지의 주체와 사용자 간에 자본, 조직 등에 밀접한 관계가 있을 수 있지 않을까'라고 오신하게 하는 경우도 포함하며, 타인의 상품과 혼동을 하게 하는 행위에 해당하는 여부는 상품표지의 주지성과 식별력의 정도, 표지의 유사 정도, 사용태양, 상품의 유사 및 고객층의 중복 등으로 인한 경업·경합관계의 존부, 그리고 모방자의 악의(사용의도) 유무 등을 종합하여 판단하여야 한다."라고 하고 있어 협의의 출처의 혼동과 광의의 출처의 혼동의 의미에 대하여 구분하여 설명하고 있다.

91) 대법원 1998. 5. 22. 선고 97다37262 판결, 대법원 2010. 5. 4.자 2010마328 결정 등 참조.

계약이 있다[92]고 오인, 혼동을 불러일으킬 수 있다.[93]

　　이는 실제의 경쟁관계 존재 여부와 무관한 상품출처 상호간의 관계에 대한 오인으로서 넓은 의미(광의)의 출처 혼동이라 하고 상품의 동일·유사를 요건으로 하지 않은 부정경쟁방지법 제2조 제1호 가목 및 나목에서 표지에 관한 출처 혼동이나 상표법 제34조 제1항 제11호,[94] 제12호[95]의 출처 혼동의 경우에는 이러한 광의의 출처 혼동까지 포함하는 의미이다.

　　흔히들 상표법에서의 출처 혼동은 협의의 출처 혼동을 의미하고 부정경쟁방지법에서의 출처 혼동은 광의의 출처 혼동을 의미한다고 단정적으로 설명하고 있는데 이는 정확한 설명이 아니다. 상표법 제34조 제1항 제7호 등과 같이 일부 규정에 대해 부정경쟁방지법과는 달리 그 규정에서의 혼동의 의미가 협의의 출처 혼동이라고 보는 주요 논거는 상표의 유사라는 개념에 표장을 의미하는 상표의 유사 이외에 상품의 유사까지 요건으로 규정되어 있기 때문이다. 따라서 상표법

---

92) 넓은 의미의 출처 혼동 범위에, 상표를 사용하는 두 영업자 간 상표 사용을 허락하는 계약이 있다고 오인·혼동을 일으키는 경우도 포함한다는 견해와 그 출처 혼동의 범위가 너무 넓어진다는 이유로 상표 사용허락 관계까지도 포함하는지에 대하여 견해가 나뉠 수 있으나, 대법원은 넓은 의미의 출처 혼동에 상표 사용 허락에 대한 오인·혼동까지 포함하고 있고(대법원 2005. 3. 11. 선고 2004후1151 판결 참조), 일본 실무[東京高等裁判所 2004. 11. 24. 선고 平成14(ネ)6311 판결]도 이를 포함하고 있다.
　　미국 상표법(Lanham Act) 제43조(a)(1)(A)는 혼동 가능성과 관련하여 다른 사람과의 관계(affiliation, connection, association)에 대한 기망, 상품·서비스·상업적 활동의 출처(origin), 후원(sponsorship), 승인(approval)에 대한 기망을 규정하고 있다.
93) 2014. 6. 11. 법률 제12751호로 상표법을 개정하면서 제7조 제1항 제10호를 기존의 '수요자간에 현저하게 인식되어 있는 타인의 상품이나 영업과 혼동을 일으키게 할 염려가 있는 상표'에서 '수요자 간에 현저하게 인식되어 있는 타인의 상품이나 영업과 혼동을 일으키게 하거나 그 식별력 또는 명성을 손상시킬 염려가 있는 상표'라고 변경하여 저명상표의 식별력·명성 손상방지 규정을 신설하기에 이른다. 위 규정은 2016. 2. 29. 법률 제14033호로 전부 개정된 상표법에서 조문 위치를 제34조 제1항 제11호로 옮겨 현재에 이르고 있다.
　　저명표지의 무단사용 규제와 관련한 설명으로는 「제4절 저명표지의 식별력·명성 손상행위(다목) I. 의의」 부분에서 자세히 설명한다.
94) 「제33조에도 불구하고 다음 각 호의 어느 하나에 해당하는 상표에 대해서는 상표등록을 받을 수 없다. 11. 수요자들에게 현저하게 인식되어 있는 타인의 상품이나 영업과 혼동을 일으키게 하거나 그 식별력 또는 명성을 손상시킬 염려가 있는 상표」.
95) 「제33조에도 불구하고 다음 각 호의 어느 하나에 해당하는 상표에 대해서는 상표등록을 받을 수 없다. 12. 상품의 품질을 오인하게 하거나 수요자를 기만할 염려가 있는 상표」.

규정이더라도 법문에 지정상품의 유사를 규정하고 있지 않은 상표법 제34조 제1항 제11호 등의 출처 혼동은 넓은 의미의 출처 혼동을 말하고 부정경쟁방지법 제2조 제1호 가목 및 나목에서도 상품의 유사가 요건으로 포함되어 있지 않으므로 그 출처 혼동도 광의의 출처 혼동을 의미한다.

또한 출처 혼동에 관한 이러한 분류 외에도 출처의 혼동을 상품 구매 시 ① 상표의 외관·호칭·관념 등의 유사성이 요인이 되어 그 출처에 혼동이 있는 경우(직접혼동), ② 상표 그 자체로부터의 오인, 혼동은 없으나 양 상표 구성에 관한 모티브의 동일성, 상표의 저명성 등이 계기가 되어 출처에 혼동이 생기는 경우(간접혼동), ③ 구매자의 심리에 당해 상품의 출처가 다른 상표권자의 기업과 업무상·계약상·조직상 후원관계 또는 그 밖에 특수한 관계에 있는 것처럼 오인, 혼동이 생기는 경우(광의의 혼동 또는 후원관계의 혼동)로 나누어 설명하는 방법도 있다.

부정경쟁방지법에서의 출처의 혼동 개념은 주지의 상품표지가 가지는 출처표시기능을 통해 축적된 신용을 저해하여 공정한 경업질서를 해하는 행위로서 가목의 적용 범위를 결정짓는 매우 중요한 요소이다.

나. 상품 구매 전·후의 혼동 및 역혼동

앞에서 본 상품 구매 시 혼동(at the point of sale confusion) 개념 외에 광의의 혼동과 관련하여 상품 구매 전·후의 혼동, 역혼동이 있다.

1) 상품 구매 전 혼동

상품 구매 전 혼동(pre-purchase confusion)은 소비자가 실제로 구입하기 전에 소비자의 흥미를 끌어 소비자에게 최초 혼동(initial interest confusion)을 발생하게 하는 것으로 예를 들면 타인의 상표나 그 일부를 도메인이름으로 사용하여 소비자에게 구매 전 최초 혼동을 일으키는 경우를 들 수 있다.

이는 미국 실무에서 발전된 이론인데 도메인이름 내지 인터넷 광고와 관련하여 구매 전 혼동(pre-purchase confusion, initial interest confusion)을 인정한 사안으로 Brookfield Communications v. West Coast Entertainment Corp. 사건,[96] Promatek Industries, Ltd. v. Equitrac Corp. 사건,[97] Playboy Enters., Inc. v.

---

96) 174 F.3d 1036 (9th Cir. 1999).

Netscape Communications Corp. 사건98) 등이 있고 그 이론을 제한적 내지 부정적으로 본 사안으로 Lamparello v. Falwell 사건99) 등이 있다.

위 Promatek Industries, Ltd. v. Equitrac Corp. 사건은 키워드 메타태그(keyword meta-tag)에서의 상표의 보이지 않는 사용에 대해 상표권 침해를 인정한 사례로도 알려져 있다.

한편 Gibson Guitar Corp. v. Paul Reed Smith Guitar, LP 사건100)은 구매전 혼동 개념이 인터넷 도메인이름의 분쟁을 해결하는 데에 사용되는 이론이라고 하면서 나아가 일반적인 상품과 관련하여서는 구입 전 혼동을 인정하기 어렵다는 취지로 설명한다.

미국 실무에서 상품 구매 전 혼동을 미국 상표법상 혼동 개념으로 인정하는 입장은 상품 구매 전 혼동은 상표권자의 신용을 이용하는 것과 같으므로 상품 구매 시 혼동이론의 변형에 불과하여 전통적인 혼동 요소를 다소 변형하여 적용할 수 있음을 논거로 하고, 이에 반하여 부정적인 입장은 설령 상품 구매 전 혼동이 일어나더라도 상품 구매 시에 이르러서 출처 혼동이 일어나지 않는다면 상품 구매 전 혼동이론을 군이 인정할 필요가 없고 상품 구매 전 혼동 이론은 잠재적인 소비자에 대하여 실질적으로 손해를 끼치지 않으며 상품형태에 대해 상품 구매 전 혼동이론을 인정하면 경쟁적 효과를 저해하게 된다는 이유로 그것을 미국 상표법의 상표권 침해의 일반적인 청구원인으로 인정하는 데에 소극적이다.

2) 상품 구매 후 혼동

상품 구매 후 혼동(post-sale confusion)은 소비자가 상품 구매 당시에는 상품의 출처를 혼동하지 아니하였다고 하더라도 구매자로부터 상품을 양수하거나 구매자가 지니고 있는 상품을 본 제3자, 즉 잠재적 소비자가 그 상품에 부착된 상품표지 때문에 출처를 혼동할 우려가 있는 것을 말한다.

실무도 부정경쟁방지법 제2조 제1호 가목 소정의 '타인의 상품과 혼동하게 하는 행위'의 해석과 관련하여, 비록 상품의 품질과 가격, 판매장소, 판매방법이나

---

97) 300 F.3d 808 (7th Cir. 2002).
98) 354 F.3d 1020 (9th Cir. 2004).
99) 420 F.3d 309 (4th Cir. 2005).
100) 423 F.3d 539 (6th Cir. 2005).

광고 등 판매 당시의 구체적 사정 때문에 그 당시 구매자는 상품의 출처를 혼동하지 아니하였다고 하더라도, 구매자로부터 상품을 양수하거나 구매자가 지니고 있는 상품을 본 제3자가 그 상품에 부착된 상품표지 때문에 상품의 출처를 혼동할 우려가 있는 등 일반 수요자의 관점에서 상품의 출처에 관한 혼동의 우려가 있다면 그러한 상품표지를 사용하거나 그 상품표지를 사용한 상품을 판매하는 등의 행위는 부정경쟁방지법 제2조 제1호 가목 소정의 타인의 상품과 혼동하게 하는 행위에 해당한다[101]라고 하여 상품 구매 후 혼동의 개념을 인정하고 있다.[102]

상품 구매 후 혼동은 상표법상 혼동 개념이라고 보기는 어렵고 부정경쟁방지법 등에서 저명표지의 경우에 자주 발생하기 때문에 저명표지의 식별력·명성 손상행위 방지 이론과 연결된다.

3) 역혼동

역혼동(reverse confusion)은 후사용자에 의한 상표선전이 선사용자에 의한 상표의 신용을 압도하게 된 후 소비자들이 구매 시에 선사용자의 상표가 후사용자의 상품과 관련된다고 오인하게 되는 혼동을 의미하는 것으로[103] 후사용자가 선사용자의 신용을 이용하는 것과는 관련이 없다. 우리나라 법제는 미국의 그것과는 달리 상표 사용의 선·후가 법률적인 우위를 정하는 결정적인 요소가 되지 않아[104] 주지표지가 서로 병존하게 된다면 주지표지의 식별력의 강약이 혼동판단

---

101) 대법원 2012. 12. 13. 선고 2011도6797 판결.

102) 미국 법원은 Lois Sportswear, U.S.A., Inc. v. Levi Strauss & Co., 799 F.2d 867(2d Cir. 1986)에서 "it is equally clear that post-sale confusion as to source is actionable under the Lanham Act"라고 하여 구매 후 혼동을 랜햄법상의 출처의 혼동 중 하나로 인정하고 있다.
다만 미국 법원도 구매 후 혼동 여부를 판단하는 고려요소 중 하나로 일반인 내지 잠재적 구매자의 통상의 주의력을 기준으로 한 사안[Hermes Int. v. Leader de Paris Fifth Ave., 219 F.3d 104 (2d Cir. 2000)]과 대상상표를 구입하는 세련된 구입자의 주의력을 기준으로 한 사안[Genera Motors Corp. v. Urban Gorilla, LLC, 500 F.3d 1222 (10th Cir. 2007)]이 있어 이 부분에 관하여는 견해가 나뉘고 있다.

103) 역혼동의 reverse confusion과 대비하여 기존의 혼동이론을 forward confusion라 부르기도 한다.

104) 미국에서는 원칙적으로 상표를 사용하여야 상표권 등록이 되고 그 등록 이전에 먼저 사용한 자가 선사용권을 취득하는 것으로 해석되고 있기 때문에 Sands, Taylor & Wood Co. v. Quaker Oats Co., 978 F.2d 947 (7th Cir. 1992), A & H Sportswear, Inc. v.

에서 주로 고려되어야 할 요소가 되고 이에 더하여 상품표지 사용 경위나 상품이나 영업의 종류·내용, 당사자의 이익 또는 신용훼손 등을 비교 형량하여 어느 표지를 보호하여야 할지를 결정하게 된다.

대법원은 상호에 관한 역혼동과 관련하여, 상호를 먼저 사용한 선사용자의 상호와 동일·유사한 상호를 나중에 사용하는 후사용자의 영업규모가 선사용자의 영업규모보다 크고 그 상호가 주지성을 획득한 경우, 후사용자의 상호사용으로 인하여 마치 선사용자가 후사용자의 명성이나 소비자 신용에 편승하여 선사용자의 상품의 출처가 후사용자인 것처럼 소비자를 기망한다는 오해를 받아 선사용자의 신용이 훼손된 때 등에 있어서는 이를 이른바 역혼동에 의한 피해로 보아 후사용자의 선사용자에 대한 손해배상책임을 인정할 여지가 있다고 보면서도, 상호를 보호하는 상법과 부정경쟁방지법의 입법 취지에 비추어, 선사용자의 영업이 후사용자의 영업과 그 종류가 다른 것이거나 영업의 성질이나 내용, 영업방법, 수요자층 등에서 밀접한 관련이 없는 경우 등에 있어서는 위와 같은 역혼동으로 인한 피해를 인정할 수 없다고 한다.[105]

관련하여 역혼동과 권리남용 간 관계에 대하여 등록상표가 적법하게 출원·등록된 이후에 후속 사용자가 등록상표의 표장과 유사한 상품표지를 등록상표와 유사한 지정상품에 사용한 결과 그 상품표지가 국내의 일반 수요자들 사이에서 특정인의 상품표지나 주지 상품표지로 인식되기에 이르렀더라도 후속 사용자에 대한 상표권 행사가 권리남용에 해당한다고 볼 수 없다.[106]

② 출처 혼동의 판단기준

가. 판단기준의 종류
상품표지의 출처 혼동 여부를 결정하기 위한 판단기준으로 현실(실제)의 출처

Victoria's Secret Stores, 237 F.3d 198 (3rd Cir. 2000), Attrezzi LLC v. Maytag Corp., 436 F.3d 32 (1st Cir. 2006) 등의 사례를 통해 실무상 역혼동 이론이 인정되고 있고 In re Shell Oil Co., 992 F.2d 1204 (Fed. Cir. 1993)와 같이 역혼동 이론을 이유로 출원상표의 등록을 거절한 예도 있다.
105) 대법원 2002. 2. 26. 선고 2001다73879 판결.
106) 대법원 2014. 8. 20. 선고 2012다6059 판결.

혼동, 일반적(추상적) 출처 혼동, 구체적(개별적) 출처 혼동이 있다.

대비되는 각 표지가 부착된 상품이 시장에 유통되는 경우 거래계에서 거래자나 수요자에게 실제로 상품 출처의 혼동이 일어나고 있는 경우에 이를 현실(실제)의 출처 혼동이라 한다.

반면에 대비된 두 개의 표지(상표)가 붙은 상품이 시장에 유통된다고 가정할 때 거래계의 일반적인 경험칙에 비추어 이들 상품의 거래자, 수요자들이 두 상품이 동일한 생산자, 판매자에 의하여 생산, 판매되는 것으로 오인할 염려가 있는 경우인 일반적 출처 혼동(또는 추상적 출처 혼동)과, 대비된 두 상표품이 현실로 시장에서 유통되고 있고 그들 상품에 대한 구체적인 거래실정에 비추어 두 상표품이 어느 일방 상표권자에 의하여 생산, 판매되는 것으로 오인할 염려가 있다고 인정되는 경우인 구체적 출처 혼동으로 나뉜다.

그리고 구체적 출처 혼동이라는 논리 구조는 당해 표지 자체에 관한 거래실정을 고려하는 것과 표지에 대한 상품을 둘러싼 거래실정을 고려하는 것으로 나눌 수 있다.

즉 전자는 당해 표지 자체의 거래실정이 문제되는 것이고, 후자는 예컨대 표지를 구성하는 문자의 일부가 상품과의 관계에서 사용되는 경우가 많아서 그 일부분만으로는 독립적이고 중심적인 식별력을 가지기 어려운지 여부(즉 요부 해당성 여부)를 결정하기 위하여 그 부분에 대한 거래계의 구체적인 사용실태를 고려하는 문제이거나 당해 상품을 둘러싼 개별적인 거래실정이 일반화됨에 따른 영향을 받아 표지 유사 여부가 결정되는 문제이다. 이 둘은 서로 구별하는 것이 바람직하다. 후자에서 말하는 표지(상표)에 대한 상품을 둘러싼 거래실정에 대해 상표법과 부정경쟁방지법에서 이를 모두 고려할 수 있다는 데에 다툼이 없고, 나아가 전자에서 말하는 당해 표지 자체에 관한 거래실정을 고려할 수 있는지에 대하여는 상표법에서는 아직 다른 의견들이 있으나[107] 부정경쟁방지법에서는 이 부분도 고려할 수 있다는 데에 다툼이 없다.

여기에서 출처의 혼동이라 함은 사실관계에 기초한 법률적 평가문제이다.

혼동은 실제로 발생하였을 것을 요하지 아니하고 혼동이 발생할 우려가 있으

---

[107] 상표법에서의 논의는 윤태식, "상표법상 상표의 유사 여부 판단에 관한 연구", 사법논집 제59집, 법원도서관(2014), 168 이하에서 설명하고 있다.

면 족하되 그러한 위험은 추상적인 것이 아니라 개별적인 거래사정 하에서 가능한 한 제반사정을 종합적으로 고려하여 인정되는 구체적인 위험이다. 그리고 그 제반사정에는 상품표지의 저명성이나 식별력의 정도, 주지의 상품표지와의 유사성의 정도, 상품이나 영업의 유사 여부, 수요자의 중복 등 경업관계 여부, 현실의 혼동 발생 여부, 침해자라고 주장된 자가 상품표지를 사용하게 된 경위 및 악의 여부 등의 요소 등(나목의 경우는 영업주체의 규모, 영업내용, 영업방식의 이동 여부 등)이 포함된다.

혼동의 우려는 상품의 동종성과 표지의 주지성, 유사성, 독자성의 강약에 영향을 받는다.

그러므로 상품표지가 서로 유사하여 실제로 혼동이 일어난다는 사정이 있거나 두 영업자가 경쟁관계에 있다는 사정이 있더라도 그러한 사정들만으로 혼동의 우려를 반드시 인정하여야 하는 것은 아니고, 다만 이들 사정은 상품 출처 혼동 우려를 인정하는 유력한 자료 중 하나가 될 수 있다.

나. 출처의 혼동 여부 판단 시 고려요소

일반적(추상적) 출처의 혼동 우려 유무는 상품표지 그 자체의 유사성, 상품의 동종성 정도, 당해 상품의 거래실정 등에 비추어 추상적이고 형식적인 자료에 의하여 획일적으로 판단되고, 구체적(개별적) 출처의 혼동 우려 유무는 상품표지의 표지력 크기, 주지·저명 정도 등의 거래실정까지 고려하여 전체의 결합이 주는 인상이 유사한지 아닌지로 결정한다.

출처의 혼동 여부에서 고려하여야 할 요소로 상표의 유사 여부가 있다.

상품표지 중 상표의 유사 여부는 그 외관·호칭·관념을 객관적·전체적·이격적으로 관찰하여 그 지정상품의 거래에서 일반 수요자나 거래자가 상표에 대하여 느끼는 직관적 인식을 기준으로 하여 그 상품의 출처에 관하여 오인, 혼동을 일으키게 할 우려가 있는지에 따라 판단하므로, 대비되는 상표 사이에 유사한 부분이 있더라도 그 상품을 둘러싼 일반적인 거래실정, 즉, 시장의 성질, 수요자의 재력·지식·연령·성별·주의의 정도, 전문가인지 아닌지, 당해 상품의 속성과 거래방법·거래장소·사후관리 여부, 상표의 현존 및 사용상황, 상표의 주지 정도 및 당해 상품과의 관계, 수요자의 일상 언어생활 등을 종합적, 전체적으로 고려하

여 그 부분만으로 분리 인식될 가능성이 희박하거나 전체적으로 관찰할 때 명확
히 출처의 혼동을 피할 수 있는 경우에는 유사상표라고 할 수 없다. 이러한 법리
는 부정경쟁방지법 제2조 제1호 가목, 나목에서 정한 상품표지, 영업표지에 그대
로 적용된다.

그 외에 상품표지의 주지성과 식별력의 정도, 상품표지의 유사 정도 · 사용태
양, 상품의 유사 및 고객층의 중복 등으로 인한 경업 · 경합관계의 존부, 그리고
모방자의 악의(사용의도) 유무 등을 종합하여 판단한다.[108]

상표법에서 저명상표와의 혼동 여부를 판단하기 위한 고려요소로 타인의 선
사용상표의 저명 정도, 출원상표와 타인의 선사용상표의 각 구성, 사용상품 혹은
영업의 유사 내지 밀접성 정도, 선사용상표권자의 사업 다각화의 정도, 양 상표의
수요자 층의 중복 정도가 있는데,[109] 이들 고려요소는 부정경쟁방지법에서 출처
의 혼동 여부 판단에도 적용할 수 있다.

이때 상표의 외관 · 호칭 · 관념의 면에 따른 상표의 유사는 그 상표를 사용한
상품에 대하여 출처 혼동의 염려를 추측케 하는 핵심적인 요소이지만 전체적으로
볼 때 여러 고려요소 중 하나이므로 위 세 가지 중 어느 하나가 유사하더라도 나
머지 부분이 현저히 다르고 기타 거래실정 등을 고려하여 상품 출처에 오인 · 혼
동을 불러일으킬 우려를 인정하기 어려운 경우도 있다.

참고로 미국 실무에서 상표침해의 기준을 보면 그 침해 판단기준을 상품 출
처에 대한 혼동의 우려(likelihood of confusion[110], Polaroid 테스트)로 보는 점에서
우리 실무와 별다른 차이가 없다.[111] (미국 상표법에는 우리의 부정경쟁방지법에 해당

---

108) 대법원 2001. 4. 10. 선고 98도2250 판결 등 참조.
109) 대법원 2007. 12. 27. 선고 2006후664 판결.
110) A & H Sportswear Inc. v. Victotia's Secret Stores Inc., 166 F.3d 197 (3rd Cir.
    1999) (en banc)은 상표 유사와 관련이 없는 단순한 사실적 혼동의 가능성(possibility
    of confusion)만으로는 충분하지 않다고 한다.
111) 미국의 12개 연방항소법원들은 모두 '혼동의 염려'에 대한 각자의 판단 기준을 가지고 있
    는데, 그중 소위 'Polaroid 테스트'라고 불리는 제2 연방항소법원의 기준이 자주 인용된다.
    Polaroid 테스트는 Polaroid Corp. v. Polarad Electronics Corp. 287 F.2d 492, 495
    (2d Cir. 1961)에서 제시된 것으로, ① 선사용자 상표의 식별력의 강도(the strength of
    the mark), ② 상표의 유사성(the degree of similarity between the two marks), ③ 상
    품의 유사성(the proximity of the products), ④ 선사용자가 후사용자 시장에 진입할 개
    연성(the likelihood that the prior owner will bridge the gap), ⑤ 현실적인 혼동(actual

하는 규정도 포함되어 있다는 점을 염두에 두어야 하지만) 미국 법원은 혼동의 우려를 증명하기 위하여 필요한 심리사항으로 ⓐ 외관, 호칭, 암시에 관한 상표의 유사성, ⓑ 상품 또는 서비스의 유사성, ⓒ 판매유통지역 및 판매유통방법의 유사성, ⓓ 소비자가 기울이는 주의력의 정도 내지 판매조건(충동구매 유발 여부), ⓔ 상표의 식별력의 강약, ⓕ 실제 혼동 여부, ⓖ 피고의 상표 선택 의도, ⓗ 실제 혼동 없이 동시에 사용된 기간, ⓘ 유사한 상품에 부착된 유사한 상표의 수와 성질, ⓙ 상표가 사용된 상품의 다양성 등, ⓚ 상품 라인의 확장 개연성을 들고 있고,112) 다만 이들 요소 어느 하나만으로 혼동의 가능성 여부를 결정하는 것은 아니라는 입장이다.113)

③ 출처 혼동의 판단방법(표지의 유사와의 관계)

부정경쟁방지법 제2조 제1호 가목에서 타인의 상품과 혼동하게 행위는 주지의 상품표지와 동일·유사한 표지에 대한 사용행위 등을 통해 주지의 상품표지라고 오인하거나 그러한 상품과 관련된다고 오인하게 하는 행위를 말한다.

상품표지의 동일·유사에 관련된 판단방법 등은 앞에서 본 바와 같다.

부정경쟁방지법 제2조 제1호 가목의 혼동 우려 판단 시 침해자가 상품의 상표

---

confusion), ⑥ 후사용자의 선의(the reciprocal of defendant's good faith in adopting its own mark), ⑦ 피고 상품의 품질(품질의 유사성)(the quality of the defendant's product), ⑧ 수요자의 소양(the sophistication of the buyers) 등의 8가지 요소를 고려하여 혼동의 우려를 판단하되, 그 이외의 다른 사정들도 고려될 수 있다고 하였다.

112) Polaroid Corp. v. Polarad Electronics Corp., 287 F.2d 492, 495 (2d Cir. 1961) cert. denied, 368 U.S. 820, 82 S.Ct. 36, 7 L.Ed.2d 25 (1961), E. I. DuPont DeNemours & Co., 476 F.2d 1357 (C.C.P.A. 1973), AMF, Inc. v. Sleekcraft Boats, 599 F.2d 341 (9th Cir. 1979), International Kennel Club of Chicago, Inc. v. Mighty Star, Inc., 846 F.2d 1079 (7th Cir. 1988) 등 참조(본문 내용의 ⓐ 내지 ⓚ 요소들 중 ⓐ 내지 ⓖ 의 7개를 열거하고 있는 경우가 많다).

113) Jada Toys, Inc. v. Mattel, Inc., 518 F.3d 628 (9th Cir. 2008)은 상표가 유사하지 않다는 이유로 혼동의 우려가 없다고 판단한 1심 판단이 위법하다고 하면서 AMF, Inc. v. Sleekcraft Boats 사건에서 들고 있는 8가지 고려 요소에 대해 충분히 심리할 것을 요구하고 있다. 참고로 미국 실무는 비록 양 상표가 유사하지 않는 경우라도 그것은 혼동의 우려를 고려하는 여러 요소들 중의 하나에 불과하여 그 밖의 다른 요소들에 의해 상표권 침해가 될 수 있음을 배제하지 않고 있다.

뿐만 아니라 포장지, 내용 등의 상품표지를 사용하여 피해자의 상품과 혼동하게 하였다고 주장한다면, 두 당사자가 사용하는 '상표만'을 비교할 것이 아니라 '사용하는 상표를 포함한 포장지, 내용 등의 상품표지 전체'를 종합적으로 서로 비교하여 과연 사용상품이 피해자의 상품표지로 오인될 우려가 있는지를 결정한다.114)

④ 혼동의 판단 주체

부정경쟁방지법 제2조 제1호 가목의 규정 취지는 거래자 또는 수요자의 상품 출처의 오인 혼동을 방지하여 건전한 거래질서를 유지하고자 함에 있다. 따라서 혼동의 판단은 거래자 또는 수요자를 기준으로 판단한다.115)

상품표지의 유사 여부 판단은 그 상표가 부착된 상품에 관한 일반적인 수요자 및 거래자가 그와 같은 종류의 상품을 구입하거나 거래할 경우에 기울이는 통상의 주의력을 기준으로 하고, 이러한 상품표지의 오인·혼동 가능성은 각 상품의 거래실정을 고려하여 판단하되 그 상품이 그와 관련된 전문가 등에 의하여서만 수요되거나 거래되는 특수한 상품에 해당한다고 볼 특별한 사정이 없는 한 일반 수요자의 평균적인 주의력을 기준으로 판단한다. 이때 일반 수요자는 그 표지가 사용될 상품의 주된 수요계층과 기타 그 상품의 거래실정을 고려하여 평균 수요자의 주의력을 기준으로 하여 판단하며, 그 일반 수요자란 최종 소비자는 물론이고 중간 수요자 또는 그 상품판매를 위한 도·소매상을 포함한다.116)

---

114) 「제2절 상품주체 혼동행위(가목) III. 타인의 상품표지와 동일·유사한 것을 사용하거나 이러한 것을 사용한 상품의 판매·반포(頒布) 또는 수입·수출행위 ① 상품표지의 동일·유사 가. 의의」에서 설명한 대법원 2004. 11. 11. 선고 2002다18152 판결, 대법원 2005. 1. 27. 선고 2004도7824 판결 참조.

115) 대법원 2009. 8. 20. 선고 2007다12974 판결은 주지성 인식 주체에 관한 설시이나 "루미큐브 상품의 주지성을 인식하는 주체는 상품의 종류와 특성에 비추어 보드게임에 관심이 많은 청소년층으로 보이는 점"이라고 하였다. 대법원 2013. 6. 27. 선고 2011다97065 판결은 영업표지의 혼동에 관한 사안이나 "원고 표장들이나 피고 표장들이 사용된 영업은 기업용 소프트웨어 내지 솔루션 제공업에 관한 것으로, 그 수요자들은 일반 개인이나 소규모 소매상 등이 아니라 일정 규모 이상의 기업들로서 그 거래는 통상 입찰·심사·선정 등의 일정한 단계를 거쳐 이루어질 뿐만 아니라, 그 거래를 담당하는 기업 내 실무자들은 전산전문가들로서 상당한 주의를 기울여 거래할 것으로 보인다."라고 하였다.

116) 대법원 1995. 12. 26. 선고 95후1098 판결은 "지정상품인 마모방지제, 녹방지제, 앙금 제거제 등은 자동차정비업체 등에 종사하는 전문가에 의하여서만 수요되거나 거래된다

이때 일반 수요자는 상품표지의 세세한 부분까지 정확하게 관찰하고 기억하지 않는 평균적인 주의력을 가진 일반 수요자이다. 다만 구체적인 상품별로 검토하면 수요자의 통상의 주의력은 해당 수요자의 성별, 연령, 관심 분야 등 뿐 아니라 상품의 종류, 성격, 가격 등에 따라서도 그 정도에 차이가 나게 된다. 예를 들어 백화점에서 고가의 화장품을 구입하는 여성이나 산업용품 등의 전문품을 구입하는 업무담당자의 경우에 기울이는 주의력은 비교적 높고, 문방구에서 저가의 학용품을 구입하는 초등학생이나 수퍼마켓에서 생활용품을 구입하는 일반인, 통신판매나 케이블 방송의 홈쇼핑의 경우에는 상품을 만져보고 오랫동안 고민하는 구입패턴이 아니어서 이러한 경우에 기울이는 주의력은 비교적 낮으며, 같은 유아용품이라도 백화점에서 판매하는 고가의 교육완구의 경우는 구매자가 초등학생이라기보다는 부모인 경우가 대부분이므로 수요자의 주의력이 비교적 높다.

이와 같이 상품의 주된 수요자나 거래자가 달라지거나 시대의 사회경제적 상황의 변동, 상품의 종류, 성질, 특수한 용도, 가격의 고저 등에 따라 일반 수요자들의 범위 및 그 수요자들이 기울이는 주의력의 정도 등에 차이가 있음에 유의하여야 한다. 출처 혼동의 우려가 있는지 여부를 판단함에 있어 이와 같은 거래의 실정을 고려하되 수요자의 평균적인 주의력을 기준으로 해야 한다.117)

다만 대부분 병원에서 의사의 처방에 따라 약사에 의해 투약되고 일반 소비자들은 의사의 처방전 없이는 일반약국에서 구입할 수 없는 전문의약품이라면 거래자 또는 수요자는 약사이므로, 두 약품의 용기와 포장이 누구나 쉽게 구분할 수 있을 정도로 달라 거래단계에서는 혼동의 우려가 없다면 스스로 약품을 선택하지 못하고 의사의 처방에 의하여 제공된 약품을 피동적으로 복용하는 환자들의 처지

고 할 수는 없고 위와 같은 상품들이 일반인들에 의하여서도 직접 수요되거나 거래되는 것이 거래사회의 실정이므로, 위 지정상품들이 모두 자동차정비업체 등에 종사하는 전문가에 의하여서만 수요되거나 거래되고 있는 특수한 상품에 해당한다고 볼 자료가 없는 이상 양 상표 사이에 상품출처의 오인·혼동의 우려가 있는지의 여부는 일반 수요자를 기준으로 하여 판단하여야 한다."라고 하였다. 대법원 1999. 11. 23. 선고 97후2842 판결도 같은 취지이다.

117) 대법원 2016. 8. 24. 선고 2014다19202 판결, "상표의 세세한 부분까지 정확하게 관찰하고 기억하지 않는 평균적인 주의력을 가진 일반 수요자에게는 'M·U'와 'msu', 또는 'M·U·S'와 'msu'는 알파벳 배치순서 등 이격적 관찰로는 쉽게 파악하기 어려운 세부적인 차이가 있을 뿐이다."라고 하였다.

에서 약품의 용기, 포장이 제거된 상태에서 그 약품의 형태나 색상으로서 출처를 구분하기 쉽지 않다는 사정만으로 부정경쟁방지법상의 혼동의 우려가 있다고 보기는 어렵다.[118)]

⑤ 기타 : 혼동의 우려와 상표법 제108조 제1항(제2항) 제1호와의 관계

앞서 본 바와 같이 혼동의 우려 유무는 상표법의 상표나 부정경쟁방지법의 표지의 각 유사 판단에 밀접하게 연관되어 있는데 이때 두 법의 논리적인 판단구조에서 그것이 작용하는 기능(위치)에 차이가 있음에 유의한다.[119)]

일각에서 상표법과 부정경쟁방지법에서의 혼동 개념을 설명하면서 상표법 제108조 제1항 제1호의 요건으로 상표 및 상품의 동일·유사 외에 혼동의 우려(혼동가능성)를 별도로 요구하지 않지만 부정경쟁방지법 제2조 제1호 가목 및 나목은 상표법과 달리 표지의 동일 또는 유사 외에 혼동의 우려를 요구하고 있다고 설명함으로써 침해 등의 성립요건에서 마치 혼동의 우려(혼동 가능성) 유무가 차이나는

---

118) 대법원 1994. 5. 9.자 94마33 결정(대비상품은 모두 향정신성의약품임). 대법원 2015. 10. 15. 선고 2013다84568 판결도 "비록 원·피고 제품들의 형태에 공통되는 부분이 있기는 하지만, 그 형태에 차이점도 존재할 뿐만 아니라, 전문의약품으로서 대부분 병원에서 의사의 처방에 따라 약사에 의하여 투약되고 있는 원·피고 제품들은 각각 그 포장에 기재된 명칭과 문자상표 및 상호 등에 의하여 서로 구별될 수 있다고 봄이 타당하다. 따라서 원·피고 제품들의 형태는 수요자에게 오인·혼동을 일으킬 우려가 있다고 하기 어렵다."라고 한다.
한편 구 상표법 제6조 제1항 제3호에 관한 대법원 2000. 12. 8. 선고 2000후2170 판결은 출원상표의 지정상품들이 약사법 제2조 제13항 소정의 전문의약품에 속한다고 볼 수 있어 그 주 거래자는 의사, 약사 등 특별히 자격을 갖춘 전문가라고 할 수 있으므로, 그들의 영어교육수준에 비추어 보면 출원상표가 위와 같은 뜻을 가진 PNEUMO와 SHIELD의 두 단어가 결합됨으로써 그 지정상품과 관련하여 폐렴예방백신 등의 의미를 직감할 수 있다고 하여 기술적 상표에 해당한다고 하였다.
119) 상표법에서의 혼동가능성의 유무는 특별한 사정이 없는 한 상표의 유사 판단을 위해 논리적인 순서에서 먼저 검토되어야 한다. 반면에 부정경쟁방지법에서 표지의 유사는 혼동가능성 여부를 판단하기 위한 유력한 자료 중 하나가 될 뿐이다. 부정경쟁방지법에서 혼동가능성의 유무는 표지의 유사 여부 외에도 (원칙적으로 상표법의 유사 판단에서 고려되지 않는) 상품표지의 주지성과 식별력의 정도, 표지의 유사 정도, 사용태양, 상품의 유사 및 고객층의 중복 등으로 인한 경영·경합관계의 존부, 모방자의 악의(사용의도) 유무 등을 여러 제반 사정을 종합하여 결정한다.

것으로 서술하고 있어[120] 독자들이 오해하지 않도록 이 부분을 추가 설명한다.

먼저 상표법 제108조 제1항 제1호의 성격을 제대로 이해할 필요가 있다.

상표법 제108조(침해로 보는 행위) 제1항은 제1호 내지 제4호의 어느 하나에 해당하는 행위를 상표권(지리적 표시 단체표장권은 제외) 또는 전용사용권을 침해한 것으로 본다고 규정하고 제1호를 "타인의 등록상표와 동일한 상표를 그 지정상품과 유사한 상품에 사용하거나 타인의 등록상표와 유사한 상표를 그 지정상품과 동일·유사한 상품에 사용하는 행위"라고 규정하고 있는 반면에 제2호는 "타인의 등록상표와 동일·유사한 상표를 그 지정상품과 동일·유사한 상품에 사용하거나 사용하게 할 목적으로 교부·판매·위조·모조 또는 소지하는 행위"라고, 제3호는 "타인의 등록상표를 위조 또는 모조하거나 위조 또는 모조하게 할 목적으로 그 용구를 제작·교부·판매 또는 소지하는 행위"라고, 제4호는 "타인의 등록상표 또는 이와 유사한 상표가 표시된 지정상품과 동일·유사한 상품을 양도 또는 인도하기 위하여 소지하는 행위"를 규정하고 있다.

상표법 제108조 제1항 제1호에 대해서는 상표와 상품이 형식적으로 유사하면 혼동이 생길 가능성이 크다는 경험적 사실을 법적 구성으로 하여 유사영역에까지 상표권의 침해를 의제(간주)하도록 규정함으로써 상표권의 보호범위를 결정한 것이라고 설명되고 있다.[121]

그런데 상표법 제108조의 표제가 '침해로 보는 행위'로 기재되고 문언상 침해 간주 규정의 형식으로 규정되어 있지만 상표법 제108조 제1항 제1호는 본래적인 상표권 침해행위를 말하는 것으로 직접침해행위의 성격을 가지는 조항이고, 제2호 내지 제4호는 상표권이 직접적으로 침해되고 있지 않으나 직접침해로 이어질 가능성이 큰 예비적 행위를 상표권 침해 간주 행위로 규정하고 있어 전형적인 간접침해행위의 성격을 가지는 조항들이다.

이와 같이 상표법 제108조 제1항 제1호와 제2호 내지 제4호는 규정의 성격이 완전히 다르다는 점을 유의하여야 한다.

상표법 제108조 제1항 제1호가 실질적으로 상표권에 대한 직접침해의 성격을 가지는 규정이라고 이해하는 한, 그 상표권 침해를 판단하기 위한 상표의 유사 여

---

120) 부정경쟁방지법 주해, 박영사(2020), 31.
121) 문삼섭, 상표법, 세창출판사(2002), 514.

부 판단기준은 앞서 본 바와 같이 등록단계나 침해단계에서의 상표 유사 판단기준과 차이가 없으므로 대비하는 상표들 간 혼동의 우려(혼동 가능성)가 있어야 비로소 유사상표라고 인정되는 것이 논리적이다. 상표법에서 상표의 유사 여부는 그 상품의 출처에 관하여 오인·혼동을 일으키게 할 우려가 있는지에 따라 판단하고 출처의 오인·혼동의 우려가 없는 경우에는 유사상표라고 할 수 없기 때문이다.

다시 말하면 상표법상 상표권 침해에서의 유사 판단은 출처에 관한 혼동의 우려(혼동 가능성)에 대한 판단과정을 전제로 하거나 그 논리구조 판단을 포함하고 있다.

그런데 부정경쟁방지법에서의 상품표지의 유사와 혼동 판단 구조는 이와 다르다. 즉, 부정경쟁방지법에서는 (해당 상품표지가 상표인지와 관련 없이) 상품표지가 서로 유사하다는 사정이 있더라도 그러한 사정만으로 곧바로 혼동의 우려를 인정하는 것이 아니고, 그러한 사정은 상품 출처 혼동 우려 인정의 여러 유력한 자료 중 하나에 지나지 않아 유사하다는 사정만으로 반드시 혼동의 우려가 있다고 단정할 수 없다. 부정경쟁방지법에서 (상표법상 상표권 침해에서와는 달리) 상품표지의 유사 판단은 혼동의 우려에 대한 판단을 포함하는 것이 아니라 오히려 혼동의 우려 판단을 위한 고려요소 중 하나이므로 부정경쟁방지법에서 혼동의 우려 여부는 표지의 유사 외에도 다른 제반 사정을 종합적으로 고려하여 판단한다.

따라서 이러한 상표법과 부정경쟁방지법의 법 취지와 관련 규정의 속성 차이 등을 깊이 살피지 아니하고 상표법 제108조 제1항 제1호가 간주책임규정으로서 외관상 혼동에 관한 문구가 없다는 점만을 이유로 위 제1호가 혼동의 우려(혼동 가능성) 여부와 상관없이 침해를 간주하는 규정이라고 전제하거나 혼동의 우려(혼동 가능성)가 위 제1호의 성부 요건이 되지 않는다고 해석하여서는 아니 된다.

제3절 영업주체 혼동행위(나목)

I. 의의

부정경쟁방지법 제2조 제1호 나목은 "국내에 널리 인식된 타인의 성명, 상호,

표장(標章), 그 밖에 타인의 영업임을 표시하는 표지(상품 판매·서비스 제공방법 또는 간판·외관·실내장식 등 영업제공 장소의 전체적인 외관을 포함한다122))와 동일하거나 유사한 것을 사용하여 타인의 영업상의 시설 또는 활동과 혼동하게 하는 행위", 즉 영업주체 혼동행위를 부정경쟁행위로 규정하고 있다.

영업주체 혼동행위로 인정되기 위해서는 객관적 요건으로 (1) 국내에 널리 인식된(周知性), (2) 타인의 성명, 상호, 표장, 그 밖에 타인의 영업임을 표시하는 표지(상품 판매·서비스 제공방법 또는 간판·외관·실내장식 등 영업제공 장소의 전체적인 외관을 포함한다) (영업표지), (3) 타인의 영업표지와 동일·유사한 것을 사용하는 행위, (4) 타인의 영업상의 시설 또는 활동과 혼동하게 하는 행위일 것을 요하고, 주관적 요건으로 고의, 즉 부정경쟁행위를 한다는 인식이 있어야 한다. 주관적 요건에서 그 부정경쟁행위를 한다는 인식(고의) 외에 '부정경쟁행위자의 악의' 또는 '부정경쟁행위자의 부정경쟁의 목적' 등은 필요로 하지 않는다.

위 각 요건은 가목의 요건과 비교할 때 주로 상품표지와 영업표지의 차이일 뿐 나머지 내용은 거의 공통되므로 가목의 요건에서 본 내용이 그대로 적용된다.

정당한 권한이 없음을 알면서 주지 영업표지와 동일 또는 유사한 영업표지를 사용하여 타인의 영업상의 시설 또는 활동과 혼동을 일으키게 하는 행위를 한 경우에 본 목의 영업주체 혼동행위로 인한 부정경쟁행위가 성립한다.

본 목에 따라 부정경쟁방지법에 의한 금지청구를 인정할 것인지의 판단은 사실심 변론종결 당시를 기준으로 하고 손해배상청구를 인정할 것인지 및 신용회복청구를 인정할 것인지의 판단은 침해행위 당시를 기준으로 한다.123)

1961. 12. 30. 법률 제911호로 제정된 부정경쟁방지법 제2조 제2호에서 부정경쟁행위중지청구권의 대상으로 "국내에 널리 인식된 타인의 성명, 상호, 표장 기타 타인의 영업임을 표시하는 표지와 동일 또는 유사한 것을 사용하여 타인의 영업상의 시설 또는 활동과 혼동을 일으키게 하는 행위"라고 규정하였다가 1991. 12. 31. 법률 제4478호로 개정된 부정경쟁방지법에서 내용 그대로 조문의 위치

---

122) 2018. 4. 17. 법률 제15580호로 개정되기 전의 부정경쟁방지법 제2조 제1호 나목은 "표지와"라고 기재되어 있었으나 위 개정법에서 "표지(상품 판매·서비스 제공방법 또는 간판·외관·실내장식 등 영업제공 장소의 전체적인 외관을 포함한다)와"로 변경되었다.
123) 대법원 2004. 3. 25. 선고 2002다9011 판결, 대법원 2008. 2. 29. 선고 2006다22043 판결, 대법원 2012. 7. 12. 선고 2010다60622 판결 등 참조.

만을 제2조 제1호 나목으로 옮겼다.

2007. 12. 21. 법률 제8767호로 개정된 부정경쟁방지법에서 '표장 기타 타인의 영업' 부분이 '표장(標章), 그 밖에 타인의 영업'으로 변경되고, 2018. 4. 17. 법률 제15580호로 개정된 부정경쟁방지법에서 '타인의 영업임을 표시하는 표지'를 '타인의 영업임을 표시하는 표지(상품 판매·서비스 제공방법 또는 간판·외관·실내장식 등 영업제공 장소의 전체적인 외관을 포함한다)'로 변경하여 이른바 트레이드 드레스(trade dress)와 관련된 매장의 실내·외 장식 등 영업의 종합적 외관을 영업표지 규정의 적용대상으로 추가하였다.

II. 요건

① 국내에 널리 인식된(周知性)

나목의 '국내에 널리 인식된'의 의미와 내용에 대하여는 앞에서 설명한 상품표지에 관한 부정경쟁방지법 제2조 제1호 가목의 해당 부분 내용과 가 그대로 적용된다.

다만 상품은 생산자를 떠나서 지역에 관계없이 전전 유통되는 것이 보통이므로 상품표지에 대한 주지성 및 혼동 우려 판단의 지역적 범위가 생산 활동지에만 국한될 수 없으나, 영업표지는 특정 영업 시설 및 활동과 밀접한 관계가 있어 식당·제과점·호텔 등과 같이 영업활동이 실제로 이루어지는 지역에 한정되는 경우가 대부분이므로 이러한 사정을 고려하여 영업표지의 경쟁관계 및 혼동 우려를 검토할 필요가 있다.

여기서 국내에 널리 인식된 타인의 영업임을 표시하는 표지는 국내의 전역 또는 일정한 범위 내에서 거래자 또는 수요자들이 그것을 통하여 특정의 영업을 다른 영업으로부터 구별하여 널리 인식하는 경우를 말하는 것으로서 단순히 영업 내용을 서술적으로 표현하거나 통상의 의미로 사용하는 일상용어 등은 포함하지 않으나, 기술적 표장 등 식별력이 없거나 미약한 표지이더라도 그것이 오랫동안 사용됨으로써 거래자 또는 수요자들이 어떤 특정의 영업을 표시하는 것으로 널리 인식하게 된 경우에는 위 법이 보호하는 영업상의 표지가 될 수 있다.

그리고 국내에 널리 인식된 타인의 영업임을 표시하는 표지인지 여부는 그 사용의 기간·방법·태양, 거래범위 등과 거래의 실정 및 사회통념상 객관적으로 널리 알려졌는지가 주요 기준이 된다.

② 타인의 성명, 상호, 표장(標章), 그 밖에 타인의 영업임을 표시하는 표지(標識)(상품 판매·서비스 제공방법 또는 간판·외관·실내장식 등 영업제공 장소의 전체적인 외관을 포함한다) – 영업표지

상품이 아닌 서비스를 업으로 하는 자의 표지를 영업표지라 하는데, 영업주체 혼동행위로 인한 부정경쟁행위에 대하여 정하고 있는 부정경쟁방지법 제2조 제1호 나목은 영업표지가 될 수 있는 표지 형식에 관하여 아무런 제한을 두고 있지 않다.

따라서 여기의 영업표지에는 상표법 제2조 제1호 가목에서 들고 있는 기호, 문자, 도형, 입체적 형상, 색채, 홀로그램, 동작 또는 이들을 결합한 것 이외에 소리 등 영업의 출처를 나타낼 수 있는 모든 표지가 포함된다. 법문상 열거된 타인의 성명, 상호, 표장은 영업표지의 예시에 불과하며, 이른바 트레이드 드레스(trade dress)와 관련하여 영업을 표시하는 슬로건, 캐치프레이즈, 점원의 제복, 매장의 실내·외 장식 등 영업의 종합적 외관도 그것이 일반적인 것이 아니고 특정인의 영업을 나타내는 표지로서 식별력이 있는 이상 모두 이에 포함된다.[124]

2018. 4. 17. 법률 제15580호로 개정된 부정경쟁방지법에서는 이를 더 명확히 하여 제2조 제1호 나목의 "표지와" 문구를 "표지(상품 판매·서비스 제공방법 또는 간판·외관·실내장식 등 영업제공 장소의 전체적인 외관을 포함한다)와"로 개정하였다. 위 개정 전 실무에서는 매장 구성요소들(외부 간판, 메뉴판, 콘반지, 젖소 로고, 아이스크림 콘 진열 형태, 벌집채꿀 진열 형태 등)[125]이나 매장의 표장(브랜드 로고), 간

---

124) 대법원 2004. 7. 9. 선고 2002다56024 판결은 제호는 원래 서적에 담긴 저작물의 창작물로서의 명칭이나 그 내용을 직접 또는 함축적으로 나타내는 것이고, 제호·표지 디자인도 저작물의 내용을 효과적으로 전달하기 위한 것으로서 당해 창작물과 분리되기 어려우므로, 제호 또는 제호·표지 디자인을 영업표지라고 볼 수 있으려면 이를 영업을 표시하는 표지로 독립하여 사용해 왔다는 사실이 인정되어야 한다고 하였다. 대법원 2013. 4. 25. 선고 2012다41410 판결도 같은 취지이다.

125) 서울중앙지방법원 2014. 11. 7. 선고 2014가합524716 판결(위 매장 구성요소들 부분

판, 매장 배치 및 디자인 등의 전체적인 콘셉트126)를 부정경쟁방지법 제2조 제1
호 카목(구 차목)으로 보호한 사례가 있다.

영업을 수행하는 데에 필요한 도구나 물건 등에 표시된 문양·색상 또는 도
안 등은 일반적으로 영업의 출처를 나타내는 역할을 곧바로 가지고 있다고 보기
어렵고,127) 그것이 영업에 독특한 개성을 부여하는 수단으로 사용되고 장기간 계
속적·독점적·배타적으로 사용되거나 지속적인 선전광고 등에 의하여 그 문양·
색상 또는 도안 등이 갖는 차별적 특징이 거래자 또는 수요자뿐만 아니라 일반
공중의 대부분에까지 특정 출처의 영업표지임을 연상시킬 정도로 현저하게 개별
화되고 우월적 지위를 획득할 정도(주지성)에 이른 경우에 비로소 국내에 널리 인
식된 타인의 영업표지에 해당된다.128)

영업방법이 나목의 표지에 해당할 수 있는지에 대해 견해가 나뉜다.

본서 저자는 법문상 본 목의 영업표지가 될 수 있는 표지 형식(대상)에 관하여
별다른 제한이 없는 점, 널리 알려진 영업방법을 부정경쟁방지법 제2조 제1항 제
1호 나목의 표지로 인정하면 영업 자체를 보호하는 것으로 되어 동종의 영업이
복수의 자에 의해 행하여지는 것을 전제로 그 영업자들 간에서 출처를 혼동시키
는 식별표지가 부착되는 행위만을 금지하고자 하는 법의 취지가 훼손될 우려가
있는 점 등을 고려하여, 원칙적으로는 영업방법이 나목의 표지에 해당할 수 있다

에 대하여는 항소 후 취하되었다).

126) 서울고등법원 2016. 5. 12. 선고 2015나2044777 판결(1심인 서울중앙지방법원 2015.
10. 7. 선고 2014가합529490 판결도 인정함, 심리불속행 상고기각 확정).

127) 대법원 2001. 4. 27. 선고 98도2079 판결은 "영어학원에서 광고문구로 사용된 피해자
의 표지 중 '보고 만지는 입체 영어회화' '주니어 영어회화 전문학원', '액티브 랭귀지 티
칭 시스템'은 학원의 성격이나 수강대상, 강의의 내용 등을 나타내는 것으로서 단순히
영업내용을 서술적으로 표현하거나 통상의 의미로 사용하는 일상용어라 할 것이고, 또
한 '주라기 파크, 유니버스, 리빙룸, 키친 클래스 등 5개의 강의실 구성'은 영업을 위한
시설에 불과하여 그 자체로서 피해자의 영업을 다른 영업과 식별할 수 있는 영업상의
표지가 된다고 보기 어려워 부정경쟁방지법의 보호 대상이 되는 영업표지라고 보기 어
렵다."라고 하였다.

128) 대법원 2006. 1. 26. 선고 2004도651 판결. 대법원 2002. 5. 14. 선고 2001다73206
판결은 '춘천옥'에 대해, 대법원 2004. 3. 26. 선고 2003도1230 판결은 '장충동왕족발보
쌈'이라는 영업표지에 대해 나목 소정의 영업표지로 인정하지 않았다. 한편 대법원
2015. 1. 29. 선고 2012다13507 판결은 뮤지컬 'CATS'에 대해 나목 소정의 영업표지로
인정하였다.

고 해석하되 다만 영업방법을 표지로 인정하여 나목에 따라 보호하는 것이 영업
그 자체를 보호하게 되는 결과가 된다면 본 목의 영업표지에 해당하기 어렵다는
의견이다.

다음으로 현저한 지리적 명칭만으로 된 상표라서 상표법상 보호받지 못한다
고 하더라도 그것이 오랫동안 사용됨으로써 거래자나 일반 수요자들이 어떤 특정
인의 영업을 표시하는 것으로 널리 알려진 경우에는 부정경쟁방지법이 보호하는
영업표지(서비스에 한정되지 아니하고, 타인의 성명이나 상호, 표장 기타 타인의 영업임
을 표시하는 일체의 표지를 포함한다)에 해당한다.129) 표장 등이 수요자들에게 널리
인식되는 특정한 영업표지로서 식별력을 갖추어 주지성을 획득하였다면 상표법
제33조 제1항 제3호의 기술적 표장 등에 해당하는지는 부정경쟁방지법상 보호
대상 여부에 영향을 주지 않는다.130)

직업가수의 특징적인 외양과 독특한 행동은 부정경쟁방지법으로 보호되는 영
업표지에 해당하지 않는다.131)

한편 경제적·조직적으로 관계가 있는 기업그룹이 분리된 경우, 기업그룹으
로서 선사용표지의 채택과 등록 및 사용하는 데 중심적인 역할을 담당함으로써
일반 수요자들 사이에 그 선사용표지에 화체된 신용의 주체로 인식됨과 아울러
그 선사용표지를 승계하였다고 인정되는 개별그룹들이 선사용표지의 권리자가 되
고,132) 어느 특정 계열사가 그 기업그룹 표지를 채택하여 사용하는 데 중심적인

---

129) 대법원 1997. 12. 12. 선고 96도2650 판결, 대법원 1999. 4. 23. 선고 97도322 판결, 대법원 2008. 5. 29. 선고 2007도10914 판결, 대법원 2015. 1. 29. 선고 2012다13507 판결 등 참조. 헌법재판소 2015. 2. 26. 선고 2013헌바73 전원재판부 결정 참조.
130) 피해자의 상호 '코리안숯불닭바베큐'와 피고인들의 상호 '코리아닭오리숯불바베큐', '코리아촌닭숯불바베큐' 간 영업표지의 유사성 및 혼동가능성을 인정하였다.
131) 대법원 2009. 1. 30. 선고 2008도5897 판결(가수 외양 모방 공연 사건)은 타인의 외양과 타인의 독특한 행동 그 자체는 단지 무형적이고 가변적인 인상 내지 이미지에 가까운 것이어서, 어떠한 사물을 다른 사물로부터 구별되게 하는 고정적인 징표로서의 기능이 적은 점, 이러한 특징적인 외양과 행동까지 영업표지로 보아 이를 이용한 행위에 대하여 부정경쟁방지법으로 처벌한다면 이는 결과적으로 사람의 특정한 외양 등에 대해서까지 특정인의 독점적인 사용을 사실상 용인하는 것이 되어 어떠한 영업표지에 대하여 들인 많은 노력 및 투자와 그로 인하여 일반인들에게 널리 알려진 성과를 보호하여 무임승차자에 의한 경쟁질서의 왜곡을 막는 데에 그 목적이 있는 부정경쟁방지법의 입법 취지와는 거리가 있다고 하였다.
132) 대법원 2015. 1. 29. 선고 2012후3657 판결.

역할을 담당함으로써 일반 수요자에게 그 기업그룹 표지에 화체된 신용의 주체로 인식됨과 아울러 그 기업그룹 표지를 승계하였다고 인정되지 아니하는 이상, 해당 기업그룹의 계열사들 사이에서 그 기업그룹 표지가 포함된 영업표지를 사용한 행위만으로는 타인의 신용이나 명성에 편승하여 부정하게 이익을 얻는 부정경쟁행위가 성립한다고 보기 어렵다. 이때 그 계열사들 사이에서 기업그룹 표지가 포함된 영업표지를 사용하는 행위가 영업주체 혼동행위에 해당하는지는 기업그룹 표지만이 아닌 영업표지 전체를 서로 비교하여 볼 때 외관·호칭·관념 등의 점에서 유사하여 혼동의 우려가 있는지를 기준으로 판단한다.[133]

상품주체 혼동행위로 인한 부정경쟁행위에 대하여 정하고 있는 같은 호 가목에서 상품표지로 성명, 상호, 상표, 상품의 용기·포장을 예시하고 있는 것과 비교하여 나목은 상품임이 아니라 영업임을 나타내는 차이가 있다. 이에 따라 나목에서 가목의 문언 중 상표가 표장으로 표시되고 영업은 상품과 달리 일정한 형태를 가진 것이 아니어서 용기·포장이 제외되었다. 그렇더라도 가목과 나목은 같은 성격, 취지의 규정이어서 이러한 차이들을 제외하고 가목의 상품표지와 관련된 나머지 내용을 나목의 해석에서 참고할 수 있다.

③ 타인의 영업표지와 동일·유사한 것을 사용하는 행위

영업표지는 타인(특정인)의 영업임을 표시하는 표지를 말하고 그 대상에 성명, 상호나 그 약칭 또는 표장 등에 출처식별 기능이 있는 한 모두 포함된다. 성명, 상호, 표장 등 법에 규정된 것은 예시에 불과하고 영업[134]을 나타내는 표지인 이상 모두 포함된다.

타인의 의미 및 성명, 상호, 표장 등에 대하여 부정경쟁방지법 제2조 제1호 가목에서 설명한 내용이 그대로 적용된다.[135] 그 밖의 타인의 영업임을 표시하는

---

133) 대법원 2016. 1. 28. 선고 2014다24440 판결.
134) '영업'의 의미 및 범위에 대하여는 「제1장 부정경쟁행위의 의의 제1절 부정경쟁행위의 개념」 해당 부분 참조.
135) 상표는 통상적으로 상품표지의 하나이지만 영업표지로서도 기능한다. 상표가 상호보다 저명하게 된 경우 상표의 영업표시기능 강화, 기업 이미지 향상 및 타인에 의한 상표도용 방지에 도움이 되도록 상표와 상호를 일치시키는 경우가 있는데 이를 '상표의 상호화 현상'이라고 부른다. 일본에서 동경통신공업이 「ソニー」로, 早川電器가 「シャープ」로

표지에는 입체표장, 점포외관 내지 내부 인테리어 등의 트레이드 드레스(trade dress), 도메인이름 등이 해당된다.

영업표지의 유사 여부는 동종의 영업에 사용되는 두 개의 영업표지를 외관·호칭·관념 등의 점에서 전체적·객관적·이격적으로 관찰하여 구체적인 거래실정상 일반 수요자나 거래자가 그 영업의 출처에 대한 오인, 혼동의 우려가 있는지에 따라 판단한다.

영업표지 중 대표적인 것이 서비스 또는 서비스의 제공에 관련된 물건을 포함한 상표인데, 상표의 유사 여부는 그 외관·호칭·관념을 객관적·전체적·이격적으로 관찰하여 그 지정상품의 거래에서 일반 수요자나 거래자가 상표에 대하여 느끼는 직관적 인식을 기준으로 하여 그 상품의 출처에 관하여 오인, 혼동을 일으키게 할 우려가 있는지에 따라 판단하므로, 대비되는 상표 사이에 유사한 부분이 있다고 하더라도 당해 상품을 둘러싼 거래실정, 즉, 시장의 성질, 수요자의 재력·지식·연령·성별·주의의 정도, 수요자가 전문가인지 여부, 당해 상품의 속성과 거래방법, 거래장소, 사후관리 여부, 상표의 현존 및 사용상황, 상표의 주지 정도 및 당해 상품과의 관계, 수요자의 일상 언어생활 등을 종합적·전체적으로 고려하여, 거래사회에서 수요자들이 구체적·개별적으로 상품의 품질이나 출처에 관하여 오인·혼동할 염려가 없는 경우에는 유사상표라고 할 수 없다.[136]

상표에 관한 이들 법리는 영업표지에 마찬가지로 적용된다.

식별력이 없거나 미약한 것으로 보이는 문자나 숫자의 결합으로 이루어진 상호나 영업표지가 사용된 결과 국내에 널리 인식되기에 이른 경우에는 원래 독점시킬 수 없는 표지에 권리를 부여하는 것이므로 그 기준은 엄격하게 해석 적용되어야 하고, 이러한 법리는 영업표지의 유사성을 판단함에 있어 그 구성 부분 중 일부가 중심적인 식별력을 가지는 부분(요부)인지를 판단하는 데에도 마찬가지로 적용된다.[137]

상호를 변경하고 우리나라에서도 크라운맥주 주식회사가 「하이트맥주 주식회사」로 상호를 변경한 것은 상품에 표시된 상표가 상호로 발전한 대표적인 예이다.

136) 대법원 2013. 6. 27. 선고 2011다97065 판결은 'ORACLE', '오라클' 등 표장을 사용하는 甲 주식회사가 'uracle⑪', '유라클⑪' 등 표장을 사용하는 乙 주식회사를 상대로 표장 사용금지를 구한 사안에서, 거래실정 등을 종합적·전체적으로 고려할 때 위 표장들은 일반 수요자나 거래자들에게 그 서비스나 영업의 출처에 관하여 오인·혼동을 일으킬 염려가 없다고 판단하였다.

그리고 나목에 규정된 '사용'이라 함은 동일·유사한 영업표지를 자신의 영업을 나타내는 영업표지로 사용함으로써 영업주체의 혼동을 초래하는 것을 말하므로, 그 영업표지를 자신의 영업을 나타내는 형태로 사용하지 아니하고 단지 장식적 또는 수식적으로 사용한 경우에는 위 '사용'에 포함되지 않는다.[138]

영업표지에 대하여는 앞의 「제2절 상품주체 혼동행위(가목) II. 타인의 성명, 상호, 상표, 상품의 용기·포장, 그 밖에 타인의 상품임을 표시한 표지(標識) (상품표지)」의 내용에도 영업표지 관련 내용이 있고, 영업표지의 동일·유사 및 사용의 의미에 대하여는 「제2절 상품주체 혼동행위(가목) III. 타인의 상품표지와 동일·유사한 것을 사용하거나 이러한 것을 사용한 상품의 판매·반포(頒布) 또는 수입·수출행위」 부분으로 돌아가 읽어 주시기를 바란다.

④ 타인의 영업상의 시설 또는 활동과 혼동하게 하는 행위

타인의 영업상의 시설 또는 활동과 혼동을 하게 한다는 것은 영업표지 자체가 동일하다고 오인하게 하는 경우뿐만 아니라 국내에 널리 인식된 타인의 영업표지와 동일·유사한 표지를 사용함으로써 일반 수요자나 거래자로 하여금 당해 영업표지의 주체와 동일·유사한 표지의 사용자 간에 자본, 조직 등에 밀접한 관계가 있다고 잘못 믿게 하는 경우도 포함한다.

즉 여기서 혼동의 의미에는 단지 영업의 주체가 동일한 것으로 오인될 경우뿐

---

137) 대법원 2007. 11. 29. 선고 2007도5588 판결은 "피해자가 이 사건 주지 상호 또는 영업표지인 '컴닥터119' 중 '컴닥터' 부분만으로도 주지성을 획득하였다는 등의 특별한 사정이 없는 한, 영업표지 '컴닥터119' 중 '컴닥터' 부분이 식별력 있는 요부라고 할 수 없으므로, 영업표지 '컴닥터119'와 피고인이 사용한 '컴닥터'가 유사한 상호 또는 영업표지라고 할 수는 없다."라고 하였다.

138) 대법원 2005. 5. 27.자 2003마323 결정은 "국내에 이미 널리 알려진 자신의 영업표지인 '국민카드' 바로 앞에 이를 수식하는 광고문구로서 'Korea First Card'(이하 '이 사건 문구'라고 한다)를 사용하고 있을 뿐, 이를 자신의 영업을 나타내는 표지로서 사용하고 있지는 아니한 사실이 소명되고, 피신청인이 'Korea First Card'에 대하여 서비스표등록을 출원하였다는 사실만으로 피신청인이 이를 영업표지로 사용하였다고 할 수 없어 피신청인의 이 사건 문구 사용행위를 위 법조 소정의 사용이라고 할 수 없을 뿐만 아니라,"라고 하면서 신청인의 카드영업과 피신청인의 카드영업 사이의 오인·혼동이 초래된다고 할 수 없다는 취지의 원심판단을 수긍하였다.

만 아니라 두 영업자의 시설이나 활동 사이에 영업상·조직상·재정상 또는 계약
상 어떤 관계가 있다고 오인되는 경우(광의의 혼동)도 포함한다. 그리고 그와 같이
타인의 영업표지와 혼동을 하게 하는 행위에 해당하는지는 영업표지의 주지성, 식
별력의 정도, 표지의 유사 정도, 영업 실태, 고객층의 중복 등으로 인한 경업·경
합관계의 존부 그리고 모방자의 악의(사용의도) 유무 등을 종합하여 판단한다.[139]

그 외 '혼동하게 하는 행위'에 대하여는 「제2절 상품주체 혼동행위(가목) IV.
타인의 상품과 혼동하게 하는 행위」 부분을 참고하여 주시기 바란다.

제4절 저명표지의 식별력·명성 손상행위(다목)

I. 의의

부정경쟁방지법 제2조 제1호 다목은 "가목 또는 나목의 혼동하게 하는 행위
외에 비상업적 사용 등 대통령령으로 정하는 정당한 사유 없이 국내에 널리 인
식된 타인의 성명, 상호, 상표, 상품의 용기·포장, 그 밖에 타인의 상품 또는 영
업임을 표시한 표지(타인의 영업임을 표시하는 표지에 관하여는 상품 판매·서비스 제
공방법 또는 간판·외관·실내장식 등 영업제공 장소의 전체적인 외관을 포함한다)와 동
일하거나 유사한 것을 사용하거나 이러한 것을 사용한 상품을 판매·반포 또는
수입·수출하여 타인의 표지의 식별력이나 명성을 손상하는 행위"를 부정경쟁행
위로 규정한다.[140]

---

139) 대법원 2007. 4. 27. 선고 2006도8459 판결, 대법원 2009. 4. 23. 선고 2007다4899
판결 참조.
140) 참고로 구 상표법 제7조 제1항 제10호는 "다음 각 호의 어느 하나에 해당하는 상표는
제6조에도 불구하고 상표등록을 받을 수 없다. 10. 수요자간에 현저하게 인식되어 있는
타인의 상품이나 영업과 혼동을 일으키게 할 염려가 있는 상표"라고만 규정되어 있었으
나 저명표지의 식별력을 약화시키는 유사상표의 등록을 막기 위해 2014. 6. 11. 법률
제12751호로 개정된 상표법에서 "수요자 간에 현저하게 인식되어 있는 타인의 상품이
나 영업과 혼동을 일으키게 하거나 그 식별력 또는 명성을 손상시킬 염려가 있는 상표"
로 개정되었다. 즉 개정된 상표법 제7조 제1항 제10호는 저명상표의 식별력·명성 손상
방지조항이다. 위 규정은 공포한 날부터 시행하고(부칙 제1조) 위 법 시행 후 최초로 출

현실의 경쟁관계를 전제로 하는 협의의 혼동이론에 따르면 상품이 전혀 다른 경우에는 출처의 혼동이 발생하지 않는다고 보게 되는데, 식별력이 매우 강한 저명표지의 경우에는 상품에 경쟁관계가 없거나 수요자에게 두 상품의 출처가 다르다고 인식되면서도 한편으로 연상작용 등에 따라 표지 상호 간에 어떠한 연관관계 등이 있는 것은 아닌가라는 생각을 가지게 할 수 있다. 이때 그 상품은 저명표지가 가지는 양질감이나 광고력에 무임승차(free ride)하여 이를 부당히 이용하거나 저명표지의 식별력이나 명성을 손상시키므로 국제적으로 이를 규제하게 되었는데 그 방법 중 하나가 광의의 출처 혼동의 개념을 이용한 규제방법이다.

다만 출처 혼동의 개념을 넓게 인정하더라도 그것만으로는 상표법상 상표등록만을 저지할 수 있을 뿐 상표권 자체의 효력이 (상품이 유사하지 않은) 이종상품에 대해서는 미치지 않아 상표사용 자체를 금지하기 어렵다는 한계가 있다. 그리고 광의의 혼동 우려를 부정경쟁행위의 요건으로 하여 규제하는 기존의 방법에 따르게 되면 높은 지명도로 인해 거꾸로 혼동의 우려를 인정하기 어려울 수 있고 저명표지가 가지는 식별력·명성에 대한 손상행위를 혼동이론으로 금지하기 어려운 경우도 있어 저명표지의 무단사용을 규제할 다른 방법이 필요하게 되었다.

이에 따라 나온 규제방법이 저명표지의 식별력·명성 손상(이른바 희석화) 방지론이다. 이 이론은 상품이나 영업의 차이로 인해 혼동의 가능성이 실질적으로 없는 경우에도 저명표지가 무단으로 사용되고 그와 더불어 그 표지에 있는 고객흡입력이 손상되는 것을 막기 위해 저명표지 소유자가 표지 무단사용자에게 저명표지의 사용금지를 요구할 수 있다는 이론이다.

미국은 연방상표희석화방지법(The Federal Trademark Dilution Act)에서 dilution (희석화) 방지소송의 연방법상 근거를 마련함으로써 저명상표(famous mark)의 소유자가 혼동가능성이나 경쟁관계가 있다는 증명을 할 필요가 없게 되었는데, 미국 연방대법원이 연방상표희석화방지법에서의 희석화는 가능성만이 아니라 현실

원하는 상표등록출원 또는 지정상품의 추가등록 출원부터 적용한다(부칙 제2조). 그 후 2016. 2. 29. 법률 제13848호로 전부개정된 상표법에서 제34조 제1항 제11호로 조문의 위치를 옮기면서 "제33조에도 불구하고 다음 각 호의 어느 하나에 해당하는 상표에 대해서는 상표등록을 받을 수 없다. 11. 수요자들에게 현저하게 인식되어 있는 타인의 상품이나 영업과 혼동을 일으키게 하거나 그 식별력 또는 명성을 손상시킬 염려가 있는 상표"로 규정하였다.

적인 희석화(actual dilution)를 증명하여야 한다고 판단하자,[141] 미국 의회는 위 판
결을 뒤집을 생각으로 2006년의 상표희석방지법 개정(Trademark Dilution Revision
Act)을 통해 희석화 가능성(likelihood to cause dilution)만으로 희석화 방지규정을
적용할 수 있도록 규정을 바꾸었다.

　　미국 상표법 제1125조(Lanham Act Section 43)는 dilution(희석화)을 상표·상호와
저명상표 사이에 그 유사성(similarity)으로 인하여 저명표지의 식별력(distinctiveness)
을 손상(impair)시키는 관계를 말하는 식별력 약화(blurring)에 의한 희석화와 상표·
상호와 저명상표 사이에 그 유사성(similarity)으로 인하여 저명상표의 명성(reputation)
을 손상(harm)시키는 관계를 말하는 명성 손상(tarnishment)으로 나누어 정의하면서
식별력 약화(blurring) 판단의 고려요소로 상대방의 상표·상호와 저명상표 간 유사
성 정도, 저명상표의 내재적 또는 후천적으로 취득한 식별력의 정도, 저명상표 소유
자가 상표를 실질적이고 배타적으로 사용하고 있는 정도, 저명상표의 인식력의 정
도, 상대방의 상표나 상호 사용자가 저명상표와 연관을 시키기 위한 의도가 있었는
지 여부, 상대방의 상표·상호와 저명상표와 사이에 실제 관련성 여부를 명시하고
있다. 다만 명성 손상(tarnishment)의 고려요소는 법문에 명시되어 있지 않다.

　　본 목은 1961. 12. 30. 법률 제911호로 제정된 부정경쟁방지법에서는 규정
되어 있지 않았다가 2001. 2. 3. 법률 제6421호로 개정된 부정경쟁방지법 제2조
제1호 다목에 "가목 또는 나목의 규정에 의한 혼동을 하게 하는 행위 외에 비상
업적 사용 등 대통령령이 정하는 정당한 사유 없이 국내에 널리 인식된 타인의
성명·상호·상표·상품의 용기·포장 그밖에 타인의 상품 또는 영업임을 표시한
표지와 동일하거나 이와 유사한 것을 사용하거나 이러한 것을 사용한 상품을 판
매·반포 또는 수입·수출하여 타인의 표지의 식별력이나 명성을 손상하게 하는
행위"라고 규정하였다.

　　2007. 12. 21. 법률 제8767호로 개정된 부정경쟁방지법에서 '가목 또는 나
목의 규정에 의한 혼동을 하게 하는 행위'를 '가목 또는 나목의 혼동하게 하는 행
위'로 '손상하게 하는 행위'를 '손상하는 행위'로 문구 수정되었다.

　　2018. 4. 17. 법률 제15580호로 개정된 부정경쟁방지법에서 '타인의 영업임
을 표시하는 표지'가 '타인의 영업임을 표시하는 표지(상품 판매·서비스 제공방법 또

---

141) Moseley v. V Secret Catalogue, Inc., 537 U.S. 418 (2003).

는 간판·외관·실내장식 등 영업제공 장소의 전체적인 외관을 포함한다)'로 변경되었다.

II. 요건

① 가목 또는 나목의 혼동하게 하는 행위 외에 비상업적 사용 등 대통령령으로 정하는 정당한 사유가 없을 것

부정경쟁방지법 제2조 제1호 다목은 같은호 가목 및 나목의 혼동행위 외에 비상업적 사용 등 대통령령으로 정하는 정당한 사유 없이 저명표지의 식별력·명성 손상행위를 부정경쟁행위로 규정하고 있다.

비상업적 사용 등 대통령령으로 정하는 정당한 사유와 관련하여, 부정경쟁방지법 시행령 제1조의2는 부정경쟁방지법 제2조 제1호 다목에 정한 "비상업적 사용 등 대통령령으로 정하는 정당한 사유"란 비상업적으로 사용하는 경우(제1호), 뉴스보도 및 뉴스논평에 사용하는 경우(제2호), 타인의 성명, 상호, 상표, 상품의 용기·포장, 그 밖에 타인의 상품 또는 영업임을 표시한 표지(이하 "표지"라 한다)가 국내에 널리 인식되기 전에 그 표지와 동일하거나 유사한 표지를 사용해 온 자(그 승계인을 포함한다)가 이를 부정한 목적 없이 사용하는 경우(제3호), 그 밖에 해당 표지의 사용이 공정한 상거래 관행에 어긋나지 아니한다고 인정되는 경우(제4호)의 어느 하나에 해당하는 경우를 말한다고 규정한다.

본 목에 규정된 사용이란 동일·유사한 상품표지 또는 영업표지를 자신의 영업을 나타내는 상품표지 또는 영업표지로 사용하는 것을 말하므로, 그 표지를 자신의 상품출처나 영업을 나타내는 형태로 사용하지 아니하는 경우에는 위 사용에 포함되지 않는다.[142]

본 목과 가목·나목에서 사용에 관한 범위가 서로 다름에 유의한다. 본 목의 법문에서 '비상업적 사용'을 본 목의 부정경쟁행위에서 제외하고 있으므로 본 목의 부정경쟁행위는 '상업적 사용'(즉 영리적인 사용)에 한정된다. 반면에 부정경쟁방

---

142) 사용에 대한 일반적인 내용에 대하여는 「제2절 상품주체 혼동행위(가목) III. 타인의 상품표지와 동일·유사한 것을 사용하거나 이러한 것을 사용한 상품의 판매·반포(頒布) 또는 수입·수출행위 ② 상품표지의 사용 및 그 표지사용 상품의 판매 등 행위」 부분에서 설명하였다.

지법 제2조 제1호 가목의 상품주체 혼동행위에 해당하는 표지의 사용은 '상품에 관련된 일체의 사용행위'를, 같은 호 나목의 영업주체 혼동행위에 해당하는 표지의 사용은 '영업에 관련된 일체의 사용행위'를 의미한다.

본 목의 부정경쟁행위는 소비자에게 직접적인 손해를 가져오는 다른 부정경쟁행위와 다르므로, 본 목의 부정경쟁행위에 대하여 부정경쟁방지법 제5조(손해배상책임)와 제6조(신용회복)는 고의가 있는 경우에만 손해배상과 신용회복의 책임을 지도록 규정하고 있다.[143]

② 국내에 널리 인식된의 의미와 범위

부정경쟁방지법 제2조 제1호 가목 및 나목의 국내에 널리 인식된이라 함은 주지(周知)를 의미하는데 반하여, 본 목은 혼동의 우려와 관계없이 상표 자체가 손상을 입는 것을 막기 위한 것이므로 본 목의 국내에 널리 인식된이라는 의미는 주지보다 그 지명도가 높은 저명(著名)함이 요구된다.[144]

본 목의 국내에 널리 인식된이라는 법문이 위 가목 및 나목의 국내에 널리 인식된이라는 문구와 동일함에도 지명도에서 차이가 나는 것으로 해석하는 이유는 아래와 같은 입법연혁으로 이해할 수 있다.

본 목은 2001. 2. 3. 법률 제6421호로 개정된 구 「부정경쟁방지및영업비밀보호에관한법률」에서 새로 신설되었다. 위 개정 전에는 가목 및 나목에서와 같이 타인의 주지 상품표지 및 영업표지가 혼동을 요건으로 보호되고 있었는데, 저명표지에 대하여 혼동의 우려를 부정경쟁행위의 요건으로 하는 경우에 상품이나 영업의 태양 등에 따라 무단 사용행위가 있더라도 높은 지명도로 인해 거꾸로 혼동의 우려를 인정하기 어려운 경우가 있고 저명표지가 가지는 식별력·명성의 손상 행위에 대하여 혼동이론으로 규제하기 어려운 경우도 발생하여 독자적으로 저명

---

143) 부정경쟁방지법 제4조에서의 금지청구의 경우는 그러한 제한이 없다. 본 목은 나목 및 다목과 달리 혼동을 요건으로 하지 않고 그 외에 부정경쟁의 목적 여부도 불문하여 저명표지의 보호범위가 너무 확대될 우려가 있으므로 이를 조정하기 위한 의도로 제5조와 제6조의 제한 규정을 둔 것으로 보인다.
144) 대법원 2006. 1. 26. 선고 2004도651 판결, 대법원 2017. 11. 9. 선고 2014다49180 판결 등 참조.

표지를 보호할 필요가 있다는 견해가 나오게 되었다.

이러한 경우에 구체적 타당성을 위해 상표법에서 좁은 의미의 혼동 범위를 넓혀 저명상표를 보호하는 방법도 생각할 수 있지만 상표법에서 이러한 혼동의 범위를 구체적 타당성을 위해 마냥 확대시키는 방법은 법제도에 따른 해석론의 한계를 넘는 것으로 이론적으로 문제가 있다는 비판과 아울러 그와 같이 해석하더라도 저명한 등록상표의 금지적 효력은 통상의 상표권과 같이 등록상표의 지정상품과 동일 · 유사한 상품에 사용되는 상표에 대하여만 인정되고 비유사한 다른 상품에 사용되는 상표에 대해서까지 그 효력이 미치지 않아 여전히 보호의 공백이 있고 국제적으로도 각국이 저명표지를 보호하는 제도를 마련하자 상표법이 아닌 부정경쟁방지법에서 저명표지를 보호하기 위해 혼동을 요건으로 하지 않는 새로운 부정경쟁행위를 추가하는 대신에 널리 알려진 정도를 주지성에서 저명성으로 더욱 엄격히 하여 본 목을 규정하기에 이르렀다.

이에 따라 본 목의 국내에 널리 인식된이라는 문구는, 국내 전역 또는 일정한 지역 범위 안에서 수요자들 사이에 알려지게 된 주지의 정도를 넘어 관계 거래자 외에 일반 공중의 대부분에까지 널리 알려지게 되는 저명의 정도(著名性)를 말한다 (통설, 실무).[145]

여기서 저명표지란 그 표지가 거래자나 일반 수요자에게 널리 알려져 있을 뿐 아니라 그 표지의 상품 또는 영업이 갖는 품질의 우수성이나 명성으로 인하여 일반 대중에게까지 양질감과 우월적 지위를 획득하고 있는 것을 말한다.

따라서 저명표지는 단순히 수요자나 거래자들에게 거래표지로 널리 인식되고 알려진 정도를 의미하는 주지표지와는 개념상 구별된다.[146][147] 즉, 저명표지는

---

145) 대법원 2004. 5. 14. 선고 2002다13782 판결, 대법원 2006. 1. 26. 선고 2004도651 판결, 대법원 2017. 11. 9. 선고 2014다49180 판결.

146) 미국 연방 상표희석화 방지법(the Trademark Dilution Act) 제1125조 (C) (1)항은, 어느 상표가 식별적이고 저명한가를 결정하는 데 있어 대표적으로 고려할 요소로 (A) 상표의 본질적 또는 획득된 식별성, (B) 상표가 상품이나 서비스에 사용된 기간과 정도, (C) 상표에 대한 광고 및 공중성의 기간과 정도, (D) 상표가 사용된 거래 지역의 지리적인 범위, (E) 상표가 사용된 상품이나 서비스를 위한 거래경로, (F) 거래지역이나 거래경로에서 상표권자와 금지명령을 구하려는 이가 사용한 상표의 인식 정도, (G) 제3자가 사용한 동일하거나 유사한 상표의 사용의 성격 및 정도, (H) 상표가 1881. 3. 3.자 법, 1905. 2. 20.자 법 및 주등록에 의하여 등록되었는지 여부를 예시하고 있었다가, 연방 상표희석화 방지법이 2006년 개정되면서 제1125조 (C)의 저명상표 여부의 판단시 고려요소가 (i)

주지표지와 비교하여 더 넓은 대상 범위에서 더 높은 인지도와 오랜 전통이나 명성, 양질감이나 우월적 지위가 구비될 것을 필요로 한다.[148]

다만 저명의 지역적 범위에 대하여, 저명성이 전국에 걸쳐 인정되어야 한다는 견해(제1설)와 저명성이 반드시 전국적으로 인정되어야 할 필요는 없고 주지성과 같이 일부 지역에서도 인정될 수 있다는 견해(제2설)로 나눌 수 있다.

저명성은 인식 정도가 일반 대중에게까지 알려지고 양질감이나 우월적 지위까지 인정되는 점 등 주지성보다 훨씬 그 인식 정도가 넓고 깊으며, 본 목은 가목 및 나목과 같이 혼동을 요건으로 하지 않고 동일·유사 표지를 사용하는 사실만으로 부정경쟁행위로 될 수 있다는 점을 고려할 때 그 지역적 범위가 반드시 지리적으로 전국일 것까지는 요구하지 않더라도 적어도 거래통념상 전국일 필요가 있다.

　　③ 타인의 성명, 상호, 상표, 상품의 용기·포장, 그 밖에 타인의 상품 또는 영업임을 표시한 표지(타인의 영업임을 표시하는 표지에 관하여는 상품 판매·서비스 제공방법 또는 간판·외관·실내장식 등 영업제공 장소의 전체적인 외관을 포함한다)

2018. 4. 17. 법률 제15580호로 개정된 부정경쟁방지법에서 제2조 제1호 다목의 "표지와"를 "표지(타인의 영업임을 표시하는 표지에 관하여는 상품 판매·서비스 제공방법 또는 간판·외관·실내장식 등 영업제공 장소의 전체적인 외관을 포함한다)와"로 하고 개정하였다.

여기서의 표지는 부정경쟁방지법 제2조 제1호 가목 및 나목에서 살펴본 표지의 내용과 같으므로 앞의 해당 부분으로 돌아가 읽어주시기 바란다.

　　그 상표의 광고와 출판의 기간, 범위 및 지역적 범위, 광고나 출판이 소유자 또는 제3자에 의하여 이루어졌는지 여부는 상관없음, (ii) 상표에 따라 제공된 상품이나 서비스의 판매 정도, 양 및 지역적 범위, (iii) 상표가 실제로 인식된 정도, (iv) 상표가 1881. 3. 3.자 법 또는 1905. 2. 20.자 법 또는 주등록으로 등록되었는지 여부로 변경되었다.

147) 본 목의 '국내에 널리 알려진'의 저명 정도는 상표법 제34조 제1항 제11호의 '수요자들에게 현저하게 인식되어 있는'이라는 문구가 의미하는 저명 정도와 같다고 볼 수 있다.

148) 대법원 1984. 1. 24. 선고 83후34 판결 참조.

④ 타인의 상품 또는 영업표지와 동일하거나 유사한 것을 사용하거나 이러한 것을 사용한 상품을 판매·반포 또는 수입·수출하여 타인의 표지의 식별력이나 명성을 손상하는 행위

본 목이 가목 및 나목과 같이 상품 또는 영업표지의 동일·유사를 요건으로 하고 있고 그 판단방법 등에서 서로 차이가 없으나, 표지의 유사성에 관하여, 가목 및 나목에서는 혼동의 우려가 발생할 가능성이 있을 정도로 유사한지가 주로 고려되는 데 비해, 본 목은 혼동의 우려나 혼동가능성 유무보다는 저명표지를 쉽게 떠올려(연상되어) 식별력이나 명성을 약화시키거나 손상케 할 수 있을 정도인지의 관점에서 고려된다는 차이가 있다.

본 목이 저명표지의 식별력·손상행위를 막기 위해 도입된 것이라는 점을 염두에 둔다면 본 목에서 저명표지와의 동일·유사는 혼동가능성 내지 혼동 우려의 관점에서 (가목과 나목의 표지의 동일·유사보다) 탄력적으로 해석할 필요가 있다.149)

이런 사정으로 인해 저명표지인 경우에 가목, 나목 및 본 목에 모두 해당할 수 있고, 가목 또는 나목에 해당하지 않더라도 본 목에 해당할 수 있다.150)

본 목이 가목 및 나목과 구별되는 중요한 요건은 타인의 저명표지의 식별력이나 명성을 손상시켜야 한다는 점이다.

일반적으로 저명표지의 식별력·명성 손상행위의 유형으로는 저명표지가 사용된 상품과 직접적으로 관계가 없는 상품이나 영업에 사용하는 것으로서 직접적인 혼동을 초래하지는 않지만 결국 그 표지가 다양한 출처의 상품에 흔하게 사용됨으로써 저명표지가 가지는 상품표지나 영업표지로서의 출처표시 기능을 손상하

---

149) 상표법 제34조 제1항 제11호는 "수요자들에게 현저하게 인식되어 있는 타인의 상품이나 영업과 혼동을 일으키게 하거나 그 식별력 또는 명성을 손상시킬 염려가 있는 상표"에 대해서는 상표등록을 받을 수 없다고 규정하여 여기에서는 상표의 동일·유사에 대하여는 별도로 언급하고 있지 않다. 위 상표법 조항에서 상품이나 영업과 혼동을 일으킬 우려가 있는 상표라고 함은 상표나 상품 자체를 대비하여서는 타인의 저명상표와 유사 상표라고 할 수 없더라도 상표의 구성이나 관념, 모티브, 아이디어 등을 비교하여 그 상표에서 타인의 저명상표가 쉽게 연상되거나, 타인의 저명상표 또는 상품과 밀접한 관련성 내지 경제적 견련성이 인정되어 상품 또는 영업의 거래자, 수요자에게 상품의 생산자, 취급자, 판매자 등을 잘못 인식케 하는 상표를 말하는 것으로 해석되고 있다.

150) 대법원 2004. 5. 14. 선고 2002다13782 판결.

는 행위 이른바 식별력 약화 내지 식별력 손상(Blurring, 예컨대 저명표장을 사용상품
이 아닌 전혀 다른 상품에 사용하는 행위)과 타인의 저명표지를 낮은 품질의 상품 또
는 사회적 비난 가능성이 큰 불건전한 상품 등에 사용함으로써 소비자들이 그러
한 상품들을 연상하게 되고 저명표지에 대하여 갖는 호감 또는 신뢰(good faith)에
손상을 주는 명성 손상(Tarnishing,151)152) 예컨대 음료에 관한 저명표장을 살충제에 사
용하는 행위)으로 나누어지는데 본 목은 위 두 가지 모두를 포함한다.153)

즉 부정경쟁방지법 소정의 식별력을 손상하게 하는 행위란 특정상품과 관련
하여 사용되는 것으로 널리 알려진 표지를 그 특정상품과 다른 상품에 사용함으
로써 신용 및 고객흡인력을 실추 또는 약화시키는 등 자타상품 식별기능을 훼손

---

151) Deere & Co. v. MTD Prods., Inc., 41 F.3d 39 (2d Cir. 1994) 판결은 "통상
tarnishment는 해당 상표가 조악한 품질에 연관되거나 그 제품에 대해 호감을 주지 않
는 생각을 불러일으킬 수 있는 유해하거나(unwholesome) 불쾌한(unsavory) 내용을 묘
사할 경우에 일어난다."라고 한다.
Starbucks Corp. v. Wolfe's Borough Coffee, Inc., 588 F.3d 97 (2d Cir. 2009)은 양
상표가 '상당히 유사하지 않다'는 사실만으로는 상표의 약화에 의한 상표 희석화를 부정
할 수 없고, 저명상표를 연상시키려는 의도로 유사상표를 사용하였다는 점을 고려하여
blurring이 성립될 수 있다고 판시하면서도, tarnishment 부분은 피고 상표는 원고들 제품
의 명성에 해를 가하는 부정적인 의미로 사용되지 않았다는 등의 이유로 인정하지 않았다.

152) Mattel, Inc. v. Walking Mountain Prods., 353 F.3d 792 (9th Fed. Cir. 2003)는 패러디
(parody)와 tarnishment 간 관계에 대하여 언급하면서 어느 제품이나 그 이미지를 풍자
하는 편집상 또는 예술적 패러디는 미국 헌법에서 보장된 표현 및 출판의 자유(수정헌법
제1조)로 인해 연방상표희석화방지법 하에서 소송 대상이 되지 않는다(not actionable)고
한다.

153) 이에 반하여 본 목의 남용가능성을 고려하여 널리 알려진 표를 손상시키는 경우에만 적
용하고 약화(희석)하는 경우에는 적용하지 않도록 제한하고 있다고 해석하는 견해도 있
다, 황의창·황광연, 부정경쟁방지 및 영업비밀보호법(6정판), 세창출판사(2011), 51.
그러나 희석과 손상을 개념적으로 명확히 구분하는 것은 어려운 일이고 희석이 손상에
포함되는 것으로 이해한다면 본 목에서 그것을 굳이 제외하여야 할 이유가 없다. 2014.
6. 11. 법률 제12751호로 개정된 상표법에서 제7조 제1항 제10호가 "수요자 간에 현저
하게 인식되어 있는 타인의 상품이나 영업과 혼동을 일으키게 하거나 그 식별력 또는
명성을 손상시킬 염려가 있는 상표"라고 바뀌었는데, 법제처는 개정이유에서, 위 개정은
수요자간에 현저하게 인식되어 있는 상표의 희석화 방지조항을 마련하기 위한 것으로
부정경쟁방지법 제2조 제1호 다목에서 규정하고 있는 바와 같이 '식별력이나 명성의 손상'
만 그 대상으로 하고 '식별력이나 명성의 약화'는 제외하는 것이 양법간의 균형에 부합하
는 것으로 보인다고 하면서도 '약화'가 '손상'의 일부분이기도 하다고 설명하고 있어 법제
처 측도 약화(희석)라는 개념을 손상의 개념에서 배제하려 했던 것은 아닌 것으로 보인다.

하는 것, 즉 상품이나 서비스를 식별하게 하고 그 출처를 표시하는 저명표지의 식별력을 감소시키는 것을 말하고, 저명표지의 명성을 손상하게 하는 행위란 어떤 좋은 이미지나 가치를 가진 저명표지를 부정적인 이미지를 가진 상품이나 서비스에 사용함으로써 그 표지의 좋은 이미지나 가치를 훼손하는 행위를 말한다.

부정경쟁방지법 제4조에 비추어 위 손상하는 행위에는 실제로 손상행위가 일어난 것 외에 손상의 가능성이 있는 행위를 포함하지만[154] 단순한 손상의 추상적 위험이 발생하는 행위만으로는 부족하다.[155] 따라서 본 목을 주장하려는 자는, 상대방이 자신의 저명한 표지를 사용하고 있다는 점 외에 그로 인하여 저명표지의 식별력·명성 손상이라는 구체적인 결과가 객관적으로 발생하였거나 발생할 가능성이 있다는 점을 주장·증명할 필요가 있다.

III. 그 밖의 사항

위에서 언급한 것 외에 나머지 부분에 대하여 가목 및 나목에서의 설명 부분이 그대로 적용되고[156] 본 목은 가목 및 나목과는 요건이 달라 중복하여 적용될 수 있다.

제5절 원산지 오인행위(라목)

I. 의의

부정경쟁방지법 제2조 제1호 라목은 "상품이나 그 광고에 의하여 또는 공중이 알 수 있는 방법으로 거래상의 서류 또는 통신에 거짓의 원산지의 표지를 하

---

154) Nabisco, Inc. v. PF Brands, Inc., 191 F.3d 208 (2d Cir. 1999).
155) 서울고등법원 2003. 12. 17. 선고 2002나73700 판결(심리불속행 상고기각 확정) 참조.
156) 다목에서의 표지도 나목과 마찬가지로 출처에 관한 식별력이 인정되는 한 표지 형식에 관하여 제한이 없다. 대법원 2006. 1. 26. 선고 2004도651 판결은 장의버스 외부에 표시된 색채 및 모양이 영업표지로 인정됨을 전제로 그 자체로서 영업표지로서 저명의 정도에 이르렀다고 할 수 없다고 하였다.

거나 이러한 표지를 한 상품을 판매·반포 또는 수입·수출하여 원산지를 오인(誤認)하게 하는 행위"를 부정경쟁행위로 규정한다.

본 목은 상품의 원산지를 나타내는 점에서 특정인의 상품 내지 영업임을 표시하여 상품·영업의 주체와 관련된 가목의 상품표지, 나목의 영업표지와 서로 구별된다.

본 목과 법 제2조 제1호 마목[157]은 넓게 원산지를 오인하는 행위를 규제하고 있다는 점에서 공통되지만 구체적인 행위태양에서 본 목은 거짓의 원산지 표지를 함으로써 오인하게 하는 행위에 적용되고, 마목은 그러한 거짓 표지행위 없이 상품이 생산·제조 또는 가공된 지역 외의 곳에서 생산 또는 가공된 듯이 오인하게 하는 행위에 적용된다는 점에서 구별된다.

본 목은 1961. 12. 30. 법률 제911호로 제정된 부정경쟁방지법 제3조에서 '상품이나 그 광고에 의하여 또는 공중이 알 수 있는 방법으로 거래상의 서류 또는 통신에 허위의 원산지의 표지를 하거나 또는 이러한 표지를 한 상품을 판매, 무상반포 또는 수출하여 원산지의 오인을 일으키게 하는 행위'라고 규정되었다.

1986. 12. 31. 법률 제3897호로 개정된 부정경쟁방지법에서 '상품을 판매, 무상반포 또는 수출하여' 부분이 '상품을 판매·반포 또는 수입·수출하여'로 변경되고, 1991. 12. 31. 법률 제4478호로 개정된 부정경쟁방지법에서 내용 그대로 조문의 위치만을 제2조 제1호 다목으로 옮겼다가 2001. 2. 3. 법률 제6421호로 개정된 부정경쟁방지법에서 조문의 위치를 다시 라목으로 옮겼다. 2007. 12. 21. 법률 제8767호로 개정된 부정경쟁방지법에서 '허위'를 '거짓'으로 바꾸고 '오인'을 '오인(誤認)'으로 변경하여 지금에 이르고 있다.

II. 요건

부정경쟁방지법 제2조 제1호 라목은 "상품이나 그 광고에 의하여 또는 공중이 알 수 있는 방법으로 거래상의 서류 또는 통신에 거짓의 원산지의 표지를 하

---

157) 「상품이나 그 광고에 의하여 또는 공중이 알 수 있는 방법으로 거래상의 서류 또는 통신에 그 상품이 생산·제조 또는 가공된 지역 외의 곳에서 생산 또는 가공된 듯이 오인하게 하는 표지를 하거나 이러한 표지를 한 상품을 판매·반포 또는 수입·수출하는 행위」.

거나 이러한 표지를 한 상품을 판매·반포 또는 수입·수출하여 원산지를 오인(誤認)하게 하는 행위"를 부정경쟁행위로 규정하는데 이를 나누어 설명한다.

① 상품이나 그 광고에 의하여 또는 공중이 알 수 있는 방법

「상품」은 사회통념상의 개념인 동시에 법 목적에 따라 결정하여야 할 상대적인 개념으로, 본 목의 상품에는 경제적인 가치가 사회적으로 승인되고 독립하여 거래의 대상으로 되어 있는 물품을 포함한다. 따라서 상품에는 시장에서 금전 또는 물건과 교환되는 유체물 외에 경제적 가치가 사회적으로 승인되고 독립하여 거래의 대상으로 인정된다면 무체물이라도 포함된다.

「광고」는 일반인에 대해 행해지는 표시 중 영리 목적으로 상품에 대한 정보를 제공하는 행위이다. 여기의 광고에는 상품의 광고로서 행해지는 상업광고를 말하지만 직접적인 상품광고 외에 기업 이미지 광고를 통한 간접적인 상품광고도 포함된다.[158] 그 대상은 도·소매업자, 소비자 등 불특정 거래자이고 그 매체는 신문, 잡지, TV, 인터넷 광고, 실내·옥외 광고물 등으로 제한이 없다.

「공중이 알 수 있는 방법」이라고 함은 불특정인이 그 내용을 알 수 있는 표현 방법을 말하지만 이러한 의미는 위와 같은 광고의 의미와 중복되는 면이 있고 본 목에서 그 용어 자체의 특별한 의미는 없다.

② 거래상의 서류 또는 통신에 거짓의 원산지의 표지를 하거나 이러한 표지를 한 상품의 판매·반포 또는 수입·수출

가. 거래상의 서류 또는 통신의 의의

「거래상의 서류 또는 통신」이란 영업거래에 통상 사용되는 송장, 계산서, 견

---

158) 표시·광고의 공정화에 관한 법률 제2조 제2호는 "'광고'란 사업자 등이 상품 등에 관한 제1호 각 목의 어느 하나에 해당하는 사항을 「신문 등의 진흥에 관한 법률」 제2조 제1호 및 제2호에 따른 신문·인터넷신문, 「잡지 등 정기간행물의 진흥에 관한 법률」 제2조 제1호에 따른 정기간행물, 「방송법」 제2조 제1호에 따른 방송, 「전기통신기본법」 제2조 제1호에 따른 전기통신, 그 밖에 대통령령으로 정하는 방법으로 소비자에게 널리 알리거나 제시하는 것을 말한다."라고 규정하고 있다.

적서, 주문서, 소개장, 추천서 등 일체의 서류와 편지, 전단지, 전보, 팩스 및 e-mail 등 거래상의 표시행위를 포함하는 일체의 통신을 말한다.

나. 원산지의 의의

여기서 「원산지」란 농·광·림·수산물 같은 일차 산업의 천연 산출물을 생산하는 지명뿐 아니라 제조·가공된 이차 산업의 상품을 만들어내는 지명도 포함한다.

「원산지」는 상품이 생산, 제조 또는 가공된 곳으로 어느 생산품의 주산지로 인식되거나 널리 알려진 국가, 지방 및 일정한 지역(장소)을 모두 포함하는 개념으로[159] 지리적 명칭, 행정구획 명칭, 천연의 산출물에 대응하는 지명이나 제조·가공된 상품에 대응하는 지명 모두가 해당될 수 있다. 산지의 범위 또한 당해 상품이 그곳에서 과거에 생산되었거나 현재 생산되고 있는 경우는 물론 일반 수요자 또는 거래자에 의해 그곳에서 생산된다고 인식하는 경우를 모두 포함한다.[160]

본 목에서 원재료의 산지와 제조·가공지가 다른 경우에 원산지를 어떻게 결정하여야 할지 문제된다.

이 경우 원산지 판단기준에 대하여 ① 상품 교역의 주된 요소(즉 상품의 주된 거래요소)가 산출되는 곳을 기준으로 한다는 견해, ② 소비자 등의 거래관계자가 중요하게 생각하는 사용가치가 상품에 부가되는 지역을 기준으로 한다는 견해, ③ 실질적인 변경이 이루어져 새로운 특성을 갖는 제조·가공이 이루어진 곳을 기준으로 한다는 견해 등이 있다.

개별적인 법률에서는 대상 상품의 성격에 따라 원산지의 의미를 달리 규정하고 있는데 이를 검토한다.

먼저 농수산물의 원산지 표시에 관한 법률 제2조 제4호는 "원산지란 농산물이나 수산물이 생산·채취·포획된 국가·지역을 말한다."라고 규정하고, 제6조(거짓 표시 등의 금지) 제3항에서 원산지를 혼동하게 할 우려가 있는 표시 등 필요한 사항은 농림축산식품부와 해양수산부의 공동 부령으로 정한다고 규정하며, 농수산물의 원산지 표시에 관한 법률 시행규칙 제4조에서 그 범위를 별표 5[161]로

---

159) 예를 들면 발포포도주(샴페인), 포도주(라인, 보르도), 시계·초코렛(스위스), 인삼(한국) 등이다.
160) 황의창·황광연, 부정경쟁방지 및 영업비밀보호법(6정판), 세창출판사(2011), 56.
161) 별표 5는 그중 원산지를 혼동하게 할 우려가 있는 표시로 「가. 원산지 표시란에는 원산

규정하고 있다.

그리고 대외무역법 제34조에 따라 수입물품에 대한 원산지 판정 기준 등을 정한 대외무역법시행령 제61조 제1항은 수입 물품의 전부가 하나의 국가에서 채취되거나 생산된 물품(이하 "완전생산물품"이라 한다)인 경우에는 그 국가를 물품의 원산지로 하고, 수입 물품의 생산·제조·가공 과정에 둘 이상의 국가가 관련된 경우에는 최종적으로 실질적 변형을 가하여 그 물품에 본질적 특성을 부여하는 활동(이하 "실질적 변형"이라 한다)을 한 국가를 물품의 원산지로 하며, 수입 물품의 생산·제조·가공 과정에 둘 이상의 국가가 관련된 경우 단순한 가공활동이 된 국가는 원산지로 하지 아니한다고 규정하고, 제2항에서 제1항에 따른 완전생산물품, 실질적 변형, 단순한 가공활동의 기준 등 원산지 판정 기준에 관한 구체적인 사항은 관계 중앙행정기관의 장과 협의하여 산업통상자원부장관이 정하여 고시한다고 규정하고 있다.

이에 따른 규칙인 대외무역관리규정 제85조(수입 물품의 원산지 판정 기준)에서 완전생산물품,162) 실질적 변형,163) 단순한 가공활동164)의 기준 등을, 제86조에

지를 바르게 표시하였으나 포장재·푯말·홍보물 등 다른 곳에 이와 유사한 표시를 하여 원산지를 오인하게 하는 표시 등을 말한다. 나. 가목에 따른 일반적인 예는 다음과 같으며 이와 유사한 사례 또는 그 밖의 방법으로 기망(欺罔)하여 판매하는 행위를 포함한다. 1) 원산지 표시란에는 외국 국가명을 표시하고 인근에 설치된 현수막 등에는 "우리 농산물만 취급", "국산만 취급", "국내산 한우만 취급" 등의 표시·광고를 한 경우 2) 원산지 표시란에는 외국 국가명 또는 "국내산"으로 표시하고 포장재 앞면 등 소비자가 잘 보이는 위치에는 큰 글씨로 "국내생산", "경기특미" 등과 같이 국내 유명 특산물 생산지역명을 표시한 경우 3) 게시판 등에는 "국산 김치만 사용합니다"로 일괄 표시하고 원산지 표시란에는 외국 국가명을 표시하는 경우 4) 원산지 표시란에는 여러 국가명을 표시하고 실제로는 그중 원료의 가격이 낮거나 소비자가 기피하는 국가산만을 판매하는 경우」를 들고 있다.

162) 「① 다음 각 호에 해당되는 물품을 영 제61조 제1항 제1호에 따른 완전생산물품으로 본다. 1. 해당국 영역에서 생산한 광산물, 농산물 및 식물성 생산물 2. 해당국 영역에서 번식, 사육한 산동물과 이들로부터 채취한 물품 3. 해당국 영역에서 수렵, 어로로 채포한 물품 4. 해당국 선박에 의하여 해당국 이외 국가의 영해나 배타적 경제수역이 아닌 곳에서 채포(採捕)한 어획물, 그 밖의 물품 5. 해당국에서 제조, 가공공정 중에 발생한 잔여물 6. 해당국 또는 해당국의 선박에서 제1호부터 제5호까지의 물품을 원재료로 하여 제조·가공한 물품」.

163) 「② 영 제61조 제1항 제2호에서 "실질적 변형"이란 해당국에서의 제조·가공과정을 통하여 원재료의 세번과 상이한 세번(HS 6단위 기준)의 제품을 생산하는 것을 말한다. ③

서 수입원료를 사용한 국내 생산물품 등의 원산지 판정 기준[165] 등을, 제87조에

산업통상자원부장관은 관세율표상에 해당 물품과 그 원재료의 세번이 구분되어 있지 아니함으로 인하여 제조·가공 과정을 통하여 그 물품의 본질적 특성을 부여하는 활동을 가하더라도 세번(HS 6단위 기준)이 변경되지 아니하는 경우에는 관계기관의 의견을 들은 후 해당 물품 생산에서 발생한 부가가치와 주요 공정 등 종합적인 특성을 감안하여 실질적 변형에 대한 기준을 제시할 수 있다. ④ 제2항에도 불구하고 산업통상자원부장관이 별표 9에서 별도로 정하는 물품에 대하여는 부가가치, 주요 부품 또는 주요 공정 등이 해당 물품의 원산지 판정기준이 된다. ⑤ 제4항에 따른 부가가치의 비율은 해당 물품의 제조·생산에 사용된 원료 및 구성품의 원산지별 가격누계가 해당 물품의 수입가격(FOB가격 기준)에서 점하는 비율로 한다. ⑥ 제4항의 주요 부품에 대하여는 다음 각 호의 국가를 원산지로 본다. 1. 해당 주요 부품의 원료 및 구성품의 부가가치생산에 최대로 기여한 국가가 해당 완제품의 부가가치비율 기준 상위 2개국 중 어느 하나에 해당하는 경우는 해당 국가 2. 해당 주요 부품의 원료 및 구성품의 부가가치생산에 최대로 기여한 국가가 해당 완제품의 부가가치비율 기준 상위 2개국 중 어느 하나에 해당하지 아니하는 경우는 해당 완제품을 최종적으로 제조한 국가 ⑦ 제5항 및 제6항에 따라 부가가치의 비율을 산정하는 경우 해당 물품의 제조·생산에 사용된 원료 및 구성품의 가격은 다음 각 호의 어느 하나에서 정하는 가격으로 한다. 1. 해당 제조·생산국에서 외국으로부터 수입조달한 원료 및 구성품의 가격은 각기 수입단위별 FOB가격 2. 해당 제조·생산국에서 국내적으로 공급된 원료 및 구성품의 가격은 각기 구매단위별 공장도가격」. 한편 위 별표 9는 아래와 같다.

품 목 명	원산지판정기준
HS 9006.51 렌즈를 통하여 볼 수 있는 파인더(싱글렌즈 레플렉스)를 갖춘 것 (폭이 35밀리미터 이하의 롤필름용인것에 한하며 특수용도사진기 또는 일회용 사진기는 제외) HS 9006.53 기타(폭이 35밀리미터의 롤필름용인 것에 한하며 특수용도 사진기 또는 일회용 사진기는 제외)	다음 각 호의 기준을 순차적으로 적용한다. 1. 해당 물품에 사용된 원료 및 부품의 부가가치가 완제품 부가가치의 35%이상인 경우 해당 원료 및 부품을 생산 또는 최초로 공급한 국가 2. 제1호의 국가가 없거나 2개국 이상인 경우는 주요부품(셔터, 렌즈, 줌경통, 파인더)이 차지하는 부가가치의 비율이 높은 국가
HS 0102 소	출생국을 원산지로 한다. 다만, 출생국과 사육국이 다른 경우에는 다음 기준에 따른다. 해당 국가에서 6개월 이상 사육된 경우에는 당해 사육국을 원산지로 하고, 6개월 미만 사육된 경우에는 출생국을 원산지로 한다.

HS 0103 돼지	출생국을 원산지로 한다. 다만, 출생국과 사육국이 다른 경우에는 다음 기준에 따른다. 해당 국가에서 2개월 이상 사육된 경우에는 해당 사육국을 원산지로 하고, 2개월 미만 사육된 경우에는 출생국을 원산지로 한다.
소와 돼지 이외의 그 밖의 가축으로서 HS 01류의 것	출생국을 원산지로 한다. 다만, 출생국과 사육국이 다른 경우에는 다음 기준에 따른다. 해당 국가에서 1개월 이상 사육된 경우에는 해당 사육국을 원산지로 하고, 1개월 미만 사육된 경우에는 출생국을 원산지로 한다.

품 목 명		원산지기준(안)
HS 6101-6117 (편직된 의류 및 그 부속품)	1) 제품형태로 편물(knit to shape)되는 물품(부품과 부속품을 포함한다); 6101-6117의 것	편직공정 수행국 (knit shape)
	2) 부품형태로 편물된 부품을 봉제하여 생산되는 물품 ; 6101-6115의 것	봉제공정 수행국
	3)재단(cut to shape)된 부품을 봉제하여 생산되는 물품 ; 6101-6115의 것	봉제공정 수행국
	4) 자수된 편평제품 (손수건, 쇼울, 스카프, 머플러, 만틸라, 베일 및 이와 유사한 물품) ; 6117.10.6117.80의 것	편직공정 수행국. 단, 기포원단의 공장도 가격의 50%를 초과하는 자수공정을 수행할 경우 자수공정 수행국
	5) 그 밖의 편평제품 (손수건, 쇼울, 스카, 머플러, 만틸라, 베일 및 이와 유사한 물품) ; 6117.10.6117.80의 것	편직공정 수행국
	6) 부품형태로 편물된 부품을 봉제하여 생산되는 부속품(넥타이류, 장갑류 및 이와 유사한 물품) ; 6116, 6117.20, 6117.80의 것	부품의 편직공정 수행국 (형태를 갖게 knit된 곳)
	7) 재단된 부품을 봉제하여 생산되는 부속품(넥타이류, 장갑류 및 이와 유사한 물품) ; 6116, 6117.20, 6117.80의 것	봉제공정 수행국

	8) 부품형태로 편물된 부품을 봉제하여 생산된 부품 ; 6117.90의 것	부품 편직공정 수행국
	9) 재단된 부품을 봉제하여 생산되는 부품 ; 6117.90의 것	재단공정 수행국
	10) 자수되었으나 봉제되지 아니한 부품 ; 6101-6117의 것	편직공정 수행국. 단, 기포원단의 공장도 가격의 50%를 초과하는 자수공정을 수행할 경우 자수공정 수행국
	11) 그 밖에 봉제되지 아니한 부품 ; 6101-6107의 것	편직공정 수행국

품 목 명		원산지 기준(안)
HS 6201-6217 (편직을 제외한 의류 및 그 부속품)	1) 부품을 봉제하여 생산되는 물품(6209의 기저귀를 제외한다) ; 6201-6212	봉제공정 수행국
	2) 기저귀 ; 6209의 것	제직공정 수행국
	3) 자수된 편평제품(손수건, 쇼울, 스카프, 머플러, 만틸라, 베일 및 이와 유사한 물품) ; 6213, 6214, 6217.10의 것	제직공정 수행국. 단, 기포원단의 공장도 가격의 50%를 초과하는 자수공정을 수행할 경우 자수공정 수행국
	4) 그 밖의 편평제품(손수건, 쇼울, 스카프, 머플러, 만틸라, 베일 및 이와 유사한 물품) ; 6213, 6214, 6217.10의 것	제직공정 수행국
	5) 부품을 봉제하여 생산된 부속품(넥타이류, 장갑류 및 이와 유사한 물품) ; 6215, 6216, 6217.10의 것	봉제공정 수행국
	6) 봉제된 부품 ; 6217.90의 것	재단공정 수행국
	7) 자수된 부품 ; 6201-6217의 것	제직공정 수행국. 단 기포원단의 공장도 가격의 50%를 초과하는 자수공정을 수행할 경우 자수공정 수행국
	8) 그 밖의 부품 ; 6201-6217의 것	제직공정 수행국
HS 6301-6308 (제품으로 된 방직용 섬유 제품)	1) 부품을 봉제하여 생산되는 물품 ; 6303, 6304, 6306, 6307.20	재단공정 수행국
	2) 자수된 물품 ; 6301-6308의 것 (6301.10 제외)	제직(또는 편직)공정 수행국. 단 기포원단의 공장도 가격의 50%를 초과하는 자수공정을 수행할 경우 자수공정 수행국

	3) 부분품으로 구성된 물품 ; 6308의 것	Set의 본질적 특성을 구성하는 물품 제조국
	4) 그 밖의 제품 ; 6301, 6302, 6305, 6307.10, 6307.90 (6301.10 제외)	제직(또는 편직)공정 수행국
HS 7411.22 구리-니켈 합금으로 만든 것(백동)이나 구리-니켈-아연 합금으로 만든 것(양백)		냉간인발공정(인발, 열처리, 확관) 수행국

164) 「⑧ 다음 각 호의 어느 하나를 영 제61조 제1항 제3호에 규정된 "단순한 가공활동"으로 보며, 단순한 가공활동을 수행하는 국가에는 원산지를 부여하지 아니한다. 1. 운송 또는 보관 목적으로 물품을 양호한 상태로 보존하기 위해 행하는 가공활동 2. 선적 또는 운송을 용이하게 하기 위한 가공활동 3. 판매목적으로 물품의 포장 등과 관련된 활동 4. (삭제) 5. 제조 · 가공결과 HS 6단위가 변경되는 경우라도 다음 각 목의 어느 하나에 해당되는 가공과 이들이 결합되는 가공은 단순한 가공활동의 범위에 포함된다. 가. 통풍 나. 건조 또는 단순가열(볶거나 굽는 것을 포함한다) 다. 냉동, 냉장 라. 손상부위의 제거, 이물질 제거, 세척 마. 기름칠, 녹방지 또는 보호를 위한 도색, 도장 바. 거르기 또는 선별(sifting or screening) 사. 정리(sorting), 분류 또는 등급선정(classifying, or grading) 아. 시험 또는 측정 자. 표시나 라벨의 수정 또는 선명화 차. 가수, 희석, 흡습, 가염, 가당, 전리(ionizing) 카. 각피(husking), 탈각(shelling or unshelling), 씨제거 및 신선 또는 냉장육류의 냉동, 단순 절단 및 단순 혼합 타. 별표 9에서 정한 HS 01류의 가축을 수입하여 해당국에서 도축하는 경우 같은 별표에서 정한 품목별 사육기간 미만의 기간 동안 해당국에서 사육한 가축의 도축(slaughtering) 파. 펴기(spreading out), 압착(crushing) 하. 가목부터 파목까지의 규정에 준하는 가공으로서 산업통상자원부장관이 별도로 판정하는 단순한 가공활동」.

165) 「① 법 제35조에 따른 수입원료를 사용한 국내생산물품 등의 원산지 판정 기준 적용 대상물품은 별표 8에 의한 수입 물품 원산지표시대상물품 중 국내수입 후 제85조 제8항의 단순한 가공활동을 한 물품과 1류~24류(농수산물·식품), 30류(의료용품), 33류(향료 · 화장품), 48류(지와 판지), 49류(서적 · 신문 · 인쇄물), 50류~58류(섬유), 70류(유리), 72류(철강), 87류(8701~8708의 일반차량), 89류(선박)에 해당되지 않는 물품이다. ② 제1항에서 다음 각 호의 어느 하나에 해당하는 경우 우리나라를 원산지로 하는 물품으로 본다. 1. 우리나라에서 제조 · 가공과정을 통해 수입원료의 세번과 상이한 세번(HS 6단위 기준)의 물품을 생산하거나 세번 HS 4단위에 해당하는 물품의 세번이 HS 6단위에서 전혀 분류되지 아니한 물품으로, 해당 물품의 총 제조원가 중 수입원료의 수입가격(CIF가격 기준)을 공제한 금액이 총 제조원가의 51퍼센트 이상인 경우 2. 우리나라에서 제85조제8항의 단순한 가공활동이 아닌 제조·가공과정을 통해 제1호의 세번 변경이 안 된 물품을 최종적으로 생산하고, 해당 물품의 총 제조원가 중 수입원료의 수입가격(CIF가격 기준)을 공제한 금액이 총 제조원가의 85퍼센트 이상인 경우 ③ 제2항에도 불구하고 천일염은 외국산 원재료가 사용되지 않고 제조되어야 우리나라를 원산지로 본다.」(나머지 제4항 이하 생략).

서 원산지 판정 기준의 특례[166)]에 대해 규정하고 있다.

다음으로 관세법 제229조 제1항은 관세법, 조약, 협정 등에 따른 관세의 부과 · 징수, 수출입물품의 통관, 제233조 제3항의 확인요청에 따른 조사 등을 위한 원산지 판단에 대해 해당 물품의 전부를 생산 · 가공 · 제조한 나라, 해당 물품이 2개국 이상에 걸쳐 생산 · 가공 또는 제조된 경우에는 그 물품의 본질적 특성을 부여하기에 충분한 정도의 실질적인 생산 · 가공 · 제조 과정이 최종적으로 수행된 나라를 기준으로 한다고 규정하고 있다.

관세법 제229조 제3항에 따라 「아시아 · 태평양 무역협정」에 따른 특혜관세의 적용을 위한 원산지 확인 기준 등에 관하여 필요한 사항을 규정하기 위하여 「아시아 · 태평양 무역협정 원산지 확인 기준 등에 관한 규칙」이 2011. 8. 4. 기획재정부령 제229호로 제정되고 2018. 6. 12. 기획재정부령 제681호로 개정되어 시행되고 있는데 위 규칙 제4조는 원산지 물품[167)]을, 제5조는 원산지 결정기준[168)]

---

166) 「① 기계 · 기구 · 장치 또는 차량에 사용되는 부속품 · 예비부분품 및 공구로서 기계 등과 함께 수입되어 동시에 판매되고 그 종류 및 수량으로 보아 정상적인 부속품, 예비부분품 및 공구라고 인정되는 물품의 원산지는 해당 기계 · 기구 · 장치 또는 차량의 원산지와 동일한 것으로 본다. ② 포장용품의 원산지는 해당 포장된 내용품의 원산지와 동일한 것으로 본다. 다만, 법령에 따라 포장용품과 내용품을 각각 별개로 구분하여 수입신고하도록 규정된 경우에는 포장용품의 원산지는 내용품의 원산지와 구분하여 결정한다. ③ 촬영된 영화용 필름은 그 영화제작자가 속하는 나라를 원산지로 한다.」

167) 「참가국 중 수출국(이하 "수출참가국"이라 한다)으로부터 직접 운송된 물품으로서 다음 각 호의 어느 하나에 해당하는 물품은 원산지물품으로 한다. 1. 수출참가국에서 완전히 생산되거나 획득된 물품 2. 제5조 제2항 및 제6조에 따라 수출참가국에서 부분적으로 생산되거나 획득된 것으로 인정되는 물품」.

168) 「① 다음 각 호의 어느 하나에 해당하는 물품은 제4조 제1호에 따른 물품으로 본다. 1. 수출참가국의 토양, 수면(水面), 해저에서 추출한 원료 또는 광산물 2. 수출참가국에서 수확한 농산물 3. 수출참가국에서 출생 및 사육된 동물 4. 제3호의 동물로부터 획득한 물품 5. 수출참가국에서 수렵 또는 어로(漁撈)로 획득한 물품 6. 수출참가국 선박이 공해상에서 획득한 어획물과 그 밖의 해산물 7. 수출참가국의 가공선박 내에서 제6호의 물품으로부터 전적으로 가공 · 제조된 물품 8. 수출참가국에서 더 이상 원래 목적으로 사용할 수 없는 중고물품으로부터 회수된 부품 및 원재료 9. 수출참가국에서 회복 또는 수선을 하더라도 더 이상 원래 목적으로 사용할 수 없고, 폐기하거나 부품 또는 원재료를 수선하는 데에만 적합한 중고물품 10. 수출참가국에서 제조공정 중 발생한 폐기물과 부스러기 11. 수출참가국에서 제1호부터 제10호까지의 물품으로부터 전적으로 생산된 물품 ② 다음 각 호의 어느 하나에 해당하는 물품은 수출참가국에서 부분적으로 생산 또는 획득된 물품으로 인정한다. 1. 수출참가국의 영역 내에서 최종 생산된 물품(별표에 규정된 것으로

을, 제6조는 원산지 누적 기준 등에 대해 규정하고 있다.

이러한 내용들을 종합하면 부정경쟁방지법상의 원산지를 판단하면서 해당 상품의 종류와 특성·거래 통념, 해당 물품에 본질적 특성을 부여하기에 충분한 정도의 실질적인 생산·가공·제조 과정이 이루어진 곳 및 상품 교역에서 주된 요소가 행해지거나 산출된 장소와 방법, 그 범위와 정도 등을 종합적으로 고려하여 개별적으로 결정할 필요가 있다.

부정경쟁방지법에서 원산지는 농·광·림·수산물과 같은 천연물의 산지명 외에도 이를 원재료로 하여 상품을 생산, 제조, 가공하는 경우 그 지명 외에 당해 상품의 원재료의 산지도 원산지가 될 수 있고,[169] 원산지가 둘 이상이 있는 경우에 그중 하나만을 표시하더라도 원산지 오인행위에 해당할 수 있으며, 거래통념에 비추어 상품 원료의 원산지가 중요한 의미를 가지는 경우에 그 원료의 원산지를 거짓으로 표시하는 것도 본 목에 포함된다.[170]

한정한다. 이하 이 호에서 같다)의 품목번호(「통일상품명 및 부호체계에 관한 국제협약」에 따른 품목분류표상의 품목번호를 말한다. 이하 이 호에서 같다)가 그 물품의 생산에 사용되는 비원산지 재료(협정 및 이 규칙에 따라 해당 재료의 원산지가 수출참가국으로 인정되지 아니하는 재료를 말한다. 이하 같다)의 품목번호와 다른 경우로서 별표의 품목별 원산지기준을 충족하는 물품 2. 참가국 외의 국가(이하 "비참가국"이라 한다)에서 생산되거나 원산지가 불분명한 원료·부품 또는 제품 가격을 모두 합친 금액이 최종 생산품 또는 획득품의 본선인도가격의 100분의 55 이하이고 수출참가국의 영역 내에서 최종 제조공정이 이루어진 물품 ③ 제2항 제2호에 따른 원료·부품 또는 제품의 가격은 다음 각 호의 구분에 따른다. 1. 비참가국에서 생산된 원료·부품 또는 제품의 가격: 국제적 운송과 관련된 운임과 보험료를 포함하여 수입항 도착까지 발생한 모든 가격 2. 원산지가 불분명한 원료·부품 또는 제품의 가격: 제조공정이 이루어진 수출참가국의 영역에서 해당 물품에 대하여 확인 가능한 최초의 가격 ④ 제2항에도 불구하고 다음 각 호의 작업 또는 공정만을 통하여 최종적으로 생산된 물품은 제4조제2호에 따른 물품으로 인정하지 아니한다. 1. 운송 또는 저장을 위하여 좋은 상태로 물품을 보존하기 위한 작업(환기, 도포, 건조, 냉동, 염장, 이산화황 또는 그 밖의 수용성 용액 처리, 손상부분 제거 및 그 밖의 유사한 작업을 말한다) 2. 먼지 제거, 체질 또는 선별, 분류, 등급화, 조합(물품의 세트 구성을 포함한다), 세척, 도장, 절단 등 단순작업 3. 탁송품의 포장 변경, 분해 및 조립 4. 썰기, 병·휴대용 병·가방·상자 등에 절단·재포장 또는 배치하거나 카드 또는 판지 등에 부착하는 등 단순한 포장 공정 5. 생산품 또는 포장에 마크·라벨 또는 그 밖의 구분 표시 등 부착 6. 단순 혼합 7. 완성품의 구성을 위한 부품의 단순조립 8. 동물의 도살 9. 탈피, 박편(剝片), 탈곡 및 뼈 제거 10. 제1호부터 제9호까지의 작업 또는 공정의 혼합」.

169) 황의창·황광연, 부정경쟁방지 및 영업비밀보호법(6정판), 세창출판사(2011), 56.
170) 대법원 2002. 3. 15. 선고 2001도5033 판결은 "법 제2조 제1호 다목에서 '허위의 원산

다. 거짓의 원산지 표지의 의의

표지를 한다고 함은 표시를 한다는 의미이므로 거짓의 원산지 표지를 하는 행위는 원산지를 허위로 표시하는 것을 말한다.

원산지 표시와 관련하여, 「원산지 표시의 보호 등에 관한 리스본 협정」에는 "원산지 표시는 상품의 품질과 특징이 배타적이고 본질적으로 자연적, 인위적 요소를 포함한 지리적 환경, 즉 토양, 기후, 수질, 그 지역 주민의 다년간 축적된 노하우 등으로부터 비롯되는 상품을 표시하는 한 국가·지역·지방의 지리적 명칭"(제2조 제1항)이라고 한다. 「무역관련 지식재산권에 관한 협정(Agreement on Trade-Related Aspects of Intellectual Property Rights, TRIPs 협정)」에서는 지리적 표시를 "상품의 특정품질, 명성 또는 그 밖의 특성이 본질적으로 지리적 근원에서 비롯되는 경우 회원국의 영토 또는 회원국의 지역 또는 지방을 원산지로 하는 상품임을 명시하는 표시"(제22조 제1항)라고 설명한다.

본 목의 거짓의 원산지 표지행위는 마목의 생산·제조 또는 가공된 지역을 오인하게 하는 행위와 개념상 구별된다.[171)]

본 목의 「거짓」의 원산지 표지라 함은 원산지 표시를 그곳 이외에서 생산된

지의 표시'라고 함은 반드시 완성된 상품의 원산지만에 관한 것은 아니고, 거래통념에 비추어 상품 원료의 원산지가 중요한 의미를 가지는 경우에는 그 원료의 원산지를 허위로 표시하는 것도 이에 포함된다."라고 한다.

171) 대법원 2014. 1. 29. 선고 2013도14586 판결 [농수산물의원산지표시에관한법률위반·양곡관리법위반·상표법위반]은 "공소사실의 요지는, 피고인은 2011. 10.경부터 2012. 10. 22.경까지 경북 안동시에 있는 대원상회 등으로부터 구입한 '경북 예천산'이 아닌 팥, 찹쌀 등 80,000kg 상당(이하 '이 사건 농산물'이라 한다)을 위조된 예천농업협동조합(이하 '예천농협'이라 한다)의 상표가 표시된 포장지에 넣어 포장한 후 마치 원산지가 '경북 예천군'인 것처럼 표시하여 학교급식업체 등에 판매하여 709곳의 학교, 38곳의 병원 등에 유통되게 하는 등 원산지 표시를 거짓으로 하였다는 것이다. 원심은 포장지에 원산지가 국산으로 표시되어 있고, 포장지에 예천농협의 표시가 있다고 하여 원산지를 경북 예천으로 표시한 것이라고 보기는 어렵고, 이 사건 농산물은 국내에서 생산된 농산물이므로 그 원산지를 '국산'으로 표시한 것이 거짓이라고 보기 어렵다."는 이유로 위 공소사실을 무죄로 판단한 원심의 판단을 수긍하였다.
대법원 2015. 4. 9. 선고 2014도14191 판결 [농수산물의원산지표시에관한법률위반]도 "이 사건 제품의 주원료인 홍삼의 원산지를 '국산'이라고 적법하게 표시한 이상, 제품명과 판매자명에 '○○'라는 명칭을 사용하였다고 하여 이를 '원산지를 혼동하게 할 우려가 있는 표시를 하는 행위'라고 하기는 어렵다."라고 하였다.

상품 등에 사용하는 등 직접적인 허위의 원산지 표시행위나 원산지 사칭을 말한다. 따라서 직접적인 거짓(허위)의 원산지 표시행위나 원산지 사칭이 아니라 가공(架空)의 지명을 표시하는 경우나 간접적이거나172) 암시적인173) 원산지 표시를 하는 방법으로 원산지를 오인하게 하는 행위는 본 목에 해당하지 않고 법 제2조 제1호 마목에 해당된다.174)

「거짓의 원산지 표지」라 함은 반드시 완성된 상품의 원산지를 거짓으로 표시하는 것 외에 거래통념에 비추어 상품 원료의 원산지가 중요한 의미를 가지는 경우에는 그 원료의 원산지를 거짓으로 표시하는 행위도 포함한다.175)

라. 상품의 판매 · 반포 또는 수입 · 수출의 의의

'거짓의 원산지 표시를 한 상품을 판매 · 반포 또는 수입 · 수출하여'와 관련하여 상품의 판매, 반포, 수입, 수출의 의미에 대하여는 「제3장 부정경쟁행위의 유형 제1절 상품주체 혼동행위(가목) III. 타인의 상품표지와 동일 · 유사한 것을 사용하거나 이러한 것을 사용한 상품의 판매 · 반포(頒布) 또는 수입 · 수출행위」 부분 설명을 참고하여 주시기 바란다.

---

172) 예를 들어 ○○형, ○○식, ○○풍, ○○스타일 등의 혼동을 일으키는 표시 등을 하여 원산지를 오인하게 하는 행위.

173) 예를 들어 A 원산지를 밝히면서도 그 외 B 원산지로 혼동하게 하는 표시 등을 하여 결국 B 원산지인 것처럼 오인하게 하는 행위 등을 말한다.

174) 이에 대해 거짓의 원산지 표시가 라목에만 해당되는지 아니면 라목과 마목에 동시에 해당되는지에 관하여는 견해의 대립이 있다. 라목과 마목의 관계에 대하여는 마목 부분에서 추가로 설명한다. 대법원 1999. 1. 26. 선고 97도2903 판결은 거짓의 원산지 표시가 라목과 마목에 동시에 해당할 수 있다는 취지로 판시하고 있다.

175) 대법원 2002. 3. 15. 선고 2001도5033 판결 [부정경쟁방지및영업비밀보호에관한법률위반]은 중국산 대마 원사를 수입하여 안동에서 만든 삼베 수의제품에 "신토불이(身土不二)" 등의 표기를 한 것은 일반 수요자나 거래자로 하여금 이 수의가 안동에서 생산된 대마로 만든 삼베 수의인 것처럼 삼베 원사의 원산지를 허위로 표시하여 원산지의 오인을 일으키게 하는 행위에 해당한다고 하였다. 대법원은 위 사건에서 "…중국에서 삼베 원사인 대마를 수입하여 삼베 수의 등 장제용품을 제조 · 판매하여 오면서, …누가 봐도 안동지역에서 생산한 삼베로 만든 수의인 것처럼 원산지를 오인하게 할 우려가 있는 표시를 하여"라는 공소사실이 수의 자체의 허위 원산지 표시를 문제삼는 것이 아니라, 삼베 원사의 원산지에 대한 허위 표시를 문제삼는 것이라고 보았다.

③ 원산지를 오인(誤認)하게 하는 행위

여기서 원산지 오인을 일으킨다고 함은 거래 상대방이 실제로 오인에 이를 것을 요하는 것이 아니라 일반적인 거래자, 즉 평균인의 주의력을 기준으로 거래 통념상 사실과 다르게 이해될 위험이 있음을 의미한다.

거짓의 원산지 표지가 있으면 원산지 오인을 일으킬 가능성이 크지만, 그로 인하여 반드시 원산지 오인이 일어난다고 단정할 수 없으므로 당해 표시로 인해 원산지를 오인하게 하는지는 여러 사정을 고려하여 상품을 전체적으로 판단한다. 만일 상품 중 일부에 지명 표시가 있더라도 상품 전체적으로 관찰할 때 원산지에 대한 오인을 일으킬 염려가 없다면 원산지를 오인하게 하는 행위에 해당하지 않는다.

III. 본 목이 서비스에 유추 적용되는지 여부

본 목은 대상을 상품으로 규정하고 있지만 나아가 본 목이 서비스에 유추 적용되는지를 두고 다툼이 있다.

2016. 2. 29. 법률 제14033호로 전부 개정된 상표법 이전의 구 상표법까지 상품은 상표, 서비스업은 서비스표라고 각각 구분하여 서로 별개의 표장으로 취급하고 있었는데 구 상표법 시행 당시 본 목에 서비스가 포함되지 않는다는 견해와 서비스에도 유추 적용할 수 있다는 견해 등이 있었다.

그런데 2016. 2. 29. 법률 제14033호로 전부 개정된 상표법에서는 상표의 대상이 되는 상품에 지리적 표시가 사용되는 상품의 경우를 제외하고 서비스 또는 서비스의 제공에 관련된 물건을 포함하고 있어서(법 제2조 제1항 제1호) 더는 상표와 구분되는 별개의 서비스표라는 용어가 사용되고 있지 않다.

이러한 상표법의 개정 내용이 부정경쟁방지법의 용어 해석에 미치는 영향에 대하여 부정경쟁방지법에서는 여전히 아무런 언급이 없다. 다만 위와 같은 상표법 개정 전에도 부정경쟁행위에서 상품과 서비스를 구별하여 취급할 이유가 없다는 이유로 서비스에 유추 적용할 수 있다는 견해가 있었는데 상표법의 개정 영향으로 본 목이 서비스의 원산지나 품질, 내용, 용도, 수량 등에 유추 적용할 수 있는 논리가 강화되는 면은 있다.

그러나 한편으로는 본 목을 서비스에 대해 유추 적용할 수 있다고 할 경우에, 법 제18조 제3항 제1호에서 본 목에 따른 부정경쟁행위를 한 자를 3년 이하의 징역 또는 3천만 원 이하의 벌금에 처하도록 규정하고 있어 죄형법정주의 등과의 관계에서 이러한 유추 적용을 허용할 수 있을 것인가의 문제가 있다.

죄형법정주의의 원칙상 형벌법규의 해석은 엄격하여야 하고, 명문의 형벌법규의 의미를 피고인에게 불리한 방향으로 지나치게 확장 해석하거나 유추 해석하는 것은 허용될 수 없기 때문에[176] 본 목을 서비스에 대해 유추 적용할 수 없다는 견해가 있을 수 있다.

한편으로 죄형법정주의의 원칙을 전제로 하여 형벌법규를 문언에 따라 엄격하게 해석·적용하고 피고인에게 불리한 방향으로 지나치게 확장 해석하거나 유추 해석하여서는 아니 되지만, 형벌법규의 해석에서도 법률 문언의 통상적인 의미를 벗어나지 않는 한 그 법률의 입법 취지와 목적, 입법 연혁 등을 고려한 목적론적 해석까지 배제되는 것은 아니어서,[177] 본 목을 서비스에 대해 유추 적용할 수 있다는 주장이 여전히 유지될 수 있다고 반론할 수 있다. 형법에서 복사문서가 문서위조 및 동행사죄의 객체인 문서에 해당하는지에 관한 사례[178]가 반론의 논거가 될 수 있다.

이러한 사정 등을 종합하면 각각의 견해에 나름의 논거가 있기는 하다.

본서 저자는 본 목이 명시적으로 적용대상을 상품으로 규정하고 있는 점, 본 목을 서비스에 유추 적용할 경우에 적용범위가 명확하지 않을 수 있는 점, 죄형법정주의의 원칙상 특별한 사정없이 형법법규의 문언을 확장하거나 유추하여 해석하는 것은 자제하여야 하는 점 등을 고려할 때 본 목을 서비스에 유추 적용함은 신중할 필요가 있지 않을까 한다.

이 부분 논점은 법 제2조 제1호 마목, 바목에서의 해석 등에도 영향을 끼치는 문제이므로 관련 실무 등의 경향이나 법률 개정의 움직임 등을 주의 깊게 살펴볼 필요가 있다.

---

176) 대법원 2013. 7. 26. 선고 2012도4438 판결.
177) 대법원 2003. 1. 10. 선고 2002도2363 판결.
178) 대법원 1989. 9. 12. 선고 87도506 전원합의체판결.

제6절 출처지 오인행위(마목)

I. 의의

부정경쟁방지법 제2조 제1호 마목은 "상품이나 그 광고에 의하여 또는 공중이 알 수 있는 방법으로 거래상의 서류 또는 통신에 그 상품이 생산·제조 또는 가공된 지역 외의 곳에서 생산 또는 가공된 듯이 오인하게 하는 표지를 하거나 이러한 표지를 한 상품을 판매·반포 또는 수입·수출하는 행위"를 부정경쟁행위로 규정한다.

법 제2조 제1호 라목은 원산지의 오인으로 족하지 않고 거짓의 원산지 표시가 있을 것을 요하는데 이때 그 거짓 표시는 직접적인 표시여야 하고 간접적, 암시적 표시는 해당하지 아니한다. 이에 반하여 본 목의 규제대상은 거짓의 원산지 표시행위가 아니라 생산, 제조 또는 가공된 지역 이외의 지역에서 생산 또는 가공된 듯이 오인을 일으키게 하는 행위로서 간접적, 암시적 표시나 가공(架空)의 지명을 사용하여 오인을 시키는 경우를 포함한다.

1961. 12. 30. 법률 제911호로 제정된 부정경쟁방지법 제2조 제4호에서 "상품이나 그 광고에 의하여 또는 공중이 알 수 있는 방법으로 거래상의 서류 또는 통신에 그 상품이 생산, 제조 또는 가공된 국가 이외의 곳에서 생산 또는 가공된 듯이 오인을 일으키게 하는 표지를 하거나 또는 이러한 표지를 한 상품을 판매, 무상반포 또는 수출하는 행위"라고 규정되었다가 1986. 12. 31. 법률 제3897호로 개정된 부정경쟁방지법에서 '생산, 제조 또는 가공된 국가'가 '생산·제조 또는 가공된 지역'으로, '판매, 무상반포 또는 수출'이 '판매·반포 또는 수입·수출'로 각 변경되었다.

1991. 12. 31. 법률 제4478호로 개정된 부정경쟁방지법에서 내용 그대로 조문의 위치를 제2조 제1호 라목으로 옮기고, 2001. 2. 3. 법률 제6421호로 개정된 부정경쟁방지법에서 다시 조문의 위치를 마목으로 옮겼다. 2007. 12. 21. 법률 제8767호로 개정된 부정경쟁방지법에서 '오인을 일으키게 하는 표지'를 '오인하게 하는 표지'로 변경하였다.

II. 요건

부정경쟁방지법 제2조 제1호 마목은 "상품이나 그 광고에 의하여 또는 공중이 알 수 있는 방법으로 거래상의 서류 또는 통신에 그 상품이 생산·제조 또는 가공된 지역 외의 곳에서 생산 또는 가공된 듯이 오인하게 하는 표지를 하거나 이러한 표지를 한 상품을 판매·반포 또는 수입·수출하는 행위"를 부정경쟁행위로 규정하는데 이를 나누어 설명한다.

① 상품이나 그 광고에 의하여 또는 공중이 알 수 있는 방법으로 거래상의 서류 또는 통신일 것

이에 대하여는 「제3장 부정경쟁행위의 유형 제5절 원산지 오인행위(라목) II. 요건 ① 상품이나 그 광고에 의하여 또는 공중이 알 수 있는 방법 ② 거래상의 서류 또는 통신에 거짓의 원산지의 표지를 하거나 이러한 표지를 한 상품을 판매·반포 또는 수입·수출」의 해당 부분에서 설명한 내용이 그대로 적용된다.

② 그 상품이 생산·제조 또는 가공된 지역 외의 곳에서 생산 또는 가공된 듯이 오인하게 하는 표지를 하거나 이러한 표지를 한 상품의 판매·반포 또는 수입·수출행위

가. 생산·제조·가공의 의의

여기서 「생산」이라 함은 제1차적 산업의 원시적 산출을 말하고 농·광·림·수산 등이 그 예이다. 「제조」라 함은 원재료에 노력(기술력)을 더하여 성질이나 용도가 완전히 다른 물건을 만들어내는 것을 말하고 양조, 화학품 제조, 기계 제작 등이 그 예이다. 「가공」이란 원재료나 물건에 노력(기술력)을 더하여 물건의 동일성을 잃지 않을 정도로 변경하는 것을 말하고 조각, 천연석의 연마 등이 그 예이다. 표지를 한다고 함은 표시하는 것을 말한다.

이 부분 내용과 관련하여 두부제품에 사용된 '초당'이라는 표지가 본 목이 정한 상품을 생산, 제조 또는 가공하는 지역의 명칭에 해당하는지가 문제된 사안에서 사용자(피고인)가 두부제품에 '초당'이라는 명칭을 포함하는 표지를 사용하기 이전에 이미 '초당'이라는 명칭이 다른 지방에서 생산되는 두부와는 달리 바닷물을 직접 간수로 사용하여 특별한 맛을 지닌 두부를 생산하는 강릉시 초당마을을 나타내는 지리적 명칭으로서 널리 알려졌을 뿐 두부에 관하여 보통명칭이나 관용표장으로 된 것은 아니라고 하여 '초당'이 본 목의 상품을 생산, 제조 또는 가공하는 지역의 명칭에 해당한다고 한 것이 있다.179)

나. 마목과 라목의 관계
1) 마목의 생산·제조 또는 가공된 지역과 라목의 원산지와의 관계

생산·제조 또는 가공된 지역 즉 생산지·제조지 및 가공지를 합쳐서 강학상 출처지 또는 출소지라고 한다.

생산·제조 또는 가공된 지역, 즉 출처지(또는 출소지)와 관련하여 아래와 같은 문제가 있다.

먼저 본 목의 생산·제조 또는 가공된 지역, 즉 출처지가 라목의 원산지와 동일한 개념인지에 대해 다툼이 있다.

사실적 용어 자체로는 출처지가 원산지보다 넓은 개념으로 이해되고 있으나 법률 규정의 연혁을 고려하면 동일하다고 이해되고 있다. 일본 부정경쟁방지법은 우리 부정경쟁방지법 제2조 제1호의 라목 내지 바목과 거의 동일한 규정을 두고 있었다가 1993년 개정법에서 이들을 모두 하나로 합쳐서 "상품의 원산지, 품질, 내용, 제조방법, 용도 또는 수량에 있어서 오인을 일으키게 하는 표시를 하는 행위 등"으로 개정하였는데, 당시 일본의 입법자는 원산지와 출처지를 동일한 개념으로 파악하고 이들 규정의 관계에 대해 거짓(허위) 표시 여부를 불문하고 원산지 오인행위를 규제대상으로 정리할 의도에서 그와 같이 개정하였다고 설명하고 있다.180) 이러한 사정 등의 영향 때문인지 우리 부정경쟁방지법 라목의 원산지와 본 목의 출처지도 서로 동일한 개념으로 보아야 한다는 견해가 있다.181)

---

179) 대법원 2006. 1. 26. 선고 2004도5124 판결.
180) 一問一答 不正競爭防止法, 經濟産業省經濟産業局知的財産權政策室 편저, 商事法務(2005), 67 참조. 그 결과 지금에는 오히려 일본 부정경쟁방지법의 원산지의 개념에 출처지가 포함되는 것으로 해석되고 있다.
181) 정호열, 부정경쟁방지법론, 삼지원(1993), 212~213. 부정경쟁방지법, 사법연수원(2012), 57.

2) 마목과 라목의 적용범위 관계

다음으로 라목의 원산지와 본 목의 출처지를 동일한 개념으로 이해하더라도 '생산 또는 가공된 듯이 오인하게 하는'이라는 요건의 적용범위와 관련하여 라목과 마목의 규정이 택일적인지 아니면 중첩적인지에 대하여 견해가 나뉠 수 있다. 이는 거짓의 원산지 표지행위는 라목에만 해당되고 거짓의 원산지 표지 이외의 원산지 오인행위는 본 목에 해당하는 것으로 독립하여 구분 적용하는지 아니면 거짓의 원산지 표지가 라목과 본 목에 동시에 해당할 수 있는지의 문제이다.

본 목의 입법 연혁 등을 살펴보면 1961. 12. 30. 법률 제911호로 제정된 부정경쟁방지법 제2조 제3호가 '상품이나 그 광고에 의하여 또는 공중이 알 수 있는 방법으로 거래상의 서류 또는 통신에 허위의 원산지의 표지를 하거나 또는 이러한 표지를 한 상품을 판매, 무상반포 또는 수출하여 원산지의 오인을 일으키게 하는 행위', 제4호가 '상품이나 그 광고에 의하여 또는 공중이 알 수 있는 방법으로 거래상의 서류 또는 통신에 그 상품이 생산, 제조 또는 가공된 국가 이외의 곳에서 생산 또는 가공된 듯이 오인을 일으키게 하는 표지를 하거나 또는 이러한 표지를 한 상품을 판매, 무상반포 또는 수출하는 행위'라고 규정되었다[182]가 1986. 12. 31. 법률 제3897호로 부정경쟁방지법이 전부개정되면서 위 제4호의 '그 상품이 생산, 제조 또는 가공된 국가' 부분이 '그 상품이 생산·제조 또는 가공된 지역'이라고 바뀌게 되었는데, 그로 인해 위 제4호(현행법 마목)의 오인하게 하는 행위가 위 제3호(현행법 라목)의 거짓의 원산지표시행위를 포함할 수 있다는 의견이 나타났다.

이들 규정의 관계에 대하여 아래와 같은 견해를 생각해 볼 수 있다.

먼저 제1설인 택일적용설은 법문 체계상으로 볼 때 서로 택일적 관계에 있다는 견해로서 직접적인 거짓의 원산지 표지로 오인하게 하는 경우에는 라목만을 적용하고, 직접적인 거짓의 원산지 표지가 아닌 간접적·암시적으로 오인하게 하는 경우에는 본 목을 적용하여야 한다고 해석한다.

제2설인 중첩적용설은 직접적인 거짓의 원산지 표지로 오인하게 하는 경우와 간접적·암시적으로 오인하게 하는 경우 모두 본 목을 적용할 수 있다는 견해이다.

---

182) 따라서 제정법에 의하면 제2조 제4호는 국가 단위로만 적용되고 국가 내의 지명 상호간에는 적용되지 않았다.

'생산 또는 가공된 듯이 오인하게 하는'의 적용범위와 관련하여 대법원은 "마목에서 '상품의 생산, 제조, 가공 지역의 오인을 일으킨다'고 함은 거래 상대방이 실제로 오인에 이를 것을 요하는 것이 아니라 일반적인 거래자 즉 평균인의 주의력을 기준으로 거래관념상 사실과 다르게 이해될 위험성이 있음을 뜻하며, 이러한 오인을 일으키는 표지에는 직접적으로 상품에 관하여 허위 표시를 하는 것은 물론, 간접적으로 상품에 관하여 위와 같은 오인을 일으킬만한 암시적인 표시를 하는 것도 포함된다."라고 하여[183] 거짓(허위)의 원산지 표지를 하는 것도 마목에 포함된다고 하였다. 이는 본 목이 라목을 포함하여 거짓의 원산지 표지가 라목과 마목에 중첩적으로 적용될 수 있다는 견해이다(제2설 중첩적용설).

다만 대법원의 입장에 따른다면 라목에 대한 독자적인 존재 의의를 인정하기 어렵게 되므로 법 개정 등을 통해서 이들 규정의 관계를 명확히 정리할 필요가 있다.

다. 오인하게 하는 표지를 하거나 이러한 표지를 한 상품의 판매 · 반포 또는 수입 · 수출행위의 의의

「오인하게 하는 표지」란 앞의 문구인 상품의 생산, 제조, 가공 지역을 오인하게 한다(오인을 일으킨다)는 것을 말하는데 거래 상대방이 실제로 오인에 이를 것을 요하는 것이 아니라, 일반적인 거래자 즉 평균인의 주의력을 기준으로 거래관념상 사실과 다르게 이해될 위험성이 있음을 뜻한다.

이러한 오인을 일으키는 표지의 대상에 대해서는 앞에서 본 견해에 따라 그 범위가 다르다. 즉, 제1설의 택일적용설에 의할 경우에는 거짓의 원산지 표지가 아닌 간접적 · 암시적으로 오인을 불러일으키는 경우에만 해당하고, 제2설의 중첩적용설에 의할 경우에는 직접적으로 상품에 관하여 거짓 표시를 하는 것은 물론, 간접적으로 상품에 관하여 위와 같은 오인을 일으킬만한 암시적인 표시를 하는 것도 포함된다. 실무는 제2설의 중첩적용설을 취하고 있다.[184][185]

---

183) 대법원 1999. 1. 26. 선고 97도2903 판결, 대법원 2006. 1. 26. 선고 2004도5124 판결.
184) 대법원 1999. 1. 26. 선고 97도2903 판결은 외국에서 제조, 디자인되거나, 그 제조방법 내지 디자인방법과 관련하여 외국과의 기술제휴계약 또는 외국의 상표권사용계약 등이 체결된 바 없는 상황에서 청바지에 부착된 "DESIGNED BY ITALY"라는 표지와 티셔츠에 부착된 "TEX U.S.A." "DESIGNED BY U.S.A."라는 표지가 일반 수요자에게 그 표지

오인하게 하는 표지를 한 상품을 판매·반포 또는 수입·수출하는 행위라는 문구 중 상품의 판매, 반포, 수입, 수출의 각 의미에 대하여는 「제3장 부정경쟁행위의 유형 제2절 상품주체 혼동행위(가목) III. 타인의 상품표지와 동일·유사한 것을 사용하거나 이러한 것을 사용한 상품의 판매·반포(頒布) 또는 수입·수출행위」 부분에서 설명하였다.

III. 그 밖의 사항

1 라목·마목과 바목의 적용범위 구별

부정경쟁방지법 제2조 제1호 바목에서 상품의 품질 등에 관하여 오인을 일으키게 하는 행위를 별도로 규율하여, 품질 등을 라목의 원산지나 본 목의 출처지와 별개로 대등하게 나열하고 있는 것을 보면 바목의 품질 등에 원산지 또는 출처지에 관한 것은 포함되지 않는다고 이해된다.

다만 원산지 표지가 상품의 품질표시로 바뀌는 경우가 있는데, 이는 생산지 등의 관념은 전혀 결부되지 않고 그것을 떠나 상품의 종류나 품질만을 연상시키는 경우이므로 바목에 해당한다.

2 자유무역협정에 따라 보호하는 지리적 표시의 사용금지 등

정당한 권원이 없는 자는 대한민국이 외국과 양자간(兩者間) 또는 다자간(多者間)으로 체결하여 발효된 자유무역협정에 따라 보호하는 지리적 표시에 대하여는 제2조 제1호 라목(원산지 오인행위) 및 마목(출처지 오인행위)의 부정경쟁행위 이외에도 지리적 표시에 나타난 장소를 원산지로 하지 아니하는 상품(지리적 표시를 사

가 부착된 의류의 제조 내지 디자인 지역 즉 제조·가공지의 오인을 일으키게 하는 표지에 해당한다고 하였다.

185) 원산지 오인행위와 관련한 사례이나 대법원 2014. 1. 29. 선고 2013도14586 판결은 원산지 표시란에는 국내산으로 바르게 표시한 후 국내 유명 특산물의 생산지역명을 표시한 포장재를 사용한 행위는 원산지를 혼동하게 할 우려가 있는 표시를 하는 행위에 해당한다고 하였다.

용하는 상품과 동일하거나 동일하다고 인식되는 상품으로 한정한다)에 관하여 i) 진정한 원산지 표시 이외에 별도로 지리적 표시를 사용하는 행위(제1호), ii) 지리적 표시를 번역 또는 음역하여 사용하는 행위(제2호), iii) "종류", "유형", "양식" 또는 "모조품" 등의 표현을 수반하여 지리적 표시를 사용하는 행위(제3호)를 할 수 없다(부정경쟁방지법 제3조의2 제1항).

또한, 정당한 권원이 없는 자는 법 제3조의2 제1항의 위 i) 내지 iii)(제1호 내지 제3호)에 해당하는 방식으로 지리적 표시를 사용한 상품을 양도·인도 또는 이를 위하여 전시하거나 수입·수출하는 행위(제1호) 및 법 제2조 제1호 라목(원산지 오인행위) 또는 마목(출처지 오인행위)에 해당하는 방식으로 지리적 표시를 사용한 상품을 인도하거나 이를 위하여 전시하는 행위를 할 수 없다(법 제3조의2 제2항).

다만, 법 제3조의2 제1항의 위 i) 내지 iii)(제1호 내지 제3호)에 해당하는 방식으로 상표를 사용하는 자로서 ⓐ 국내에서 지리적 표시의 보호개시일 이전부터 해당 상표를 사용하고 있을 것(제1호) 및 ⓑ 위 ⓐ에 따라 상표를 사용한 결과 해당 지리적 표시의 보호개시일에 국내 수요자 간에 그 상표가 특정인의 상품을 표시하는 것이라고 인식되어 있을 것(제2호)의 요건을 모두 갖춘 자는 법 제3조의2 제1항에도 불구하고 해당 상표를 그 사용하는 상품에 계속 사용할 수 있다(법 제3조의2 제3항).

③ 본 목이 서비스에 유추 적용되는지 여부

이에 대하여는 「제5절 원산지 오인행위(라목) III. 본 목이 서비스에 적용되는지 여부」에서 설명한 내용을 참고하시기 바란다.

제7절 상품사칭·품질 등 오인행위(바목)

I. 의의

부정경쟁방지법 제2조 제1호 바목은 "타인의 상품을 사칭(詐稱)하거나 상품 또는 그 광고에 상품의 품질, 내용, 제조방법, 용도 또는 수량을 오인하게 하는 선전 또는 표지를 하거나 이러한 방법이나 표지로써 상품을 판매 · 반포 또는 수입 · 수출하는 행위"를 부정경쟁행위로 규정한다.

1961. 12. 30. 법률 제911호로 개정된 부정경쟁방지법 제2조 제4호에서 "타인의 상품을 사칭하거나 상품 또는 그 광고에 상품의 품질, 내용 또는 수량에 오인을 일으키게 하는 선전을 하거나 표지를 하거나 또는 이러한 방법이나 표지로써 상품을 판매, 무상반포 또는 수출하는 행위"라고 규정하였다가 1986. 12. 31. 법률 제3897호로 개정된 부정경쟁방지법에서 '상품의 품질, 내용 또는 수량에 오인을 일으키게 하는 선전을 하거나 표지를 하거나' 부분이 '상품의 품질 · 내용 · 제조방법 · 용도 또는 수량의 오인을 일으키게 하는 선전 또는 표지를 하거나'로 변경되었다.

1991. 12. 31. 법률 제4478호로 개정된 부정경쟁방지법에서 내용 그대로 조문의 위치를 제2조 제1호 마목으로 옮기고, 2001. 2. 3. 법률 제6421호로 개정된 부정경쟁방지법에서 조문의 위치를 다시 제2조 제1호 바목으로 옮겼다. 2007. 12. 21. 법률 제8767호로 개정된 부정경쟁방지법에서 '사칭'을 '사칭(詐稱)'으로, '수량의 오인을 일으키게 하는 선전'을 '수량을 오인하게 하는 선전'으로 변경하여 지금에 이르고 있다.

II. 요건

부정경쟁방지법 제2조 제1호 바목은 "타인의 상품을 사칭(詐稱)하거나 상품 또는 그 광고에 상품의 품질, 내용, 제조방법, 용도 또는 수량을 오인하게 하는 선전 또는 표지를 하거나 이러한 방법이나 표지로써 상품을 판매 · 반포 또는 수입 · 수출하는 행위"를 부정경쟁행위로 규정하는데 이를 나누어 설명한다.

① 타인의 상품 사칭(詐稱)

타인의 상품을 사칭하는 행위는 통상 자신의 상품을 타인의 상품인 것처럼 사칭하는 경우가 많을 것이나 그 외에 타인의 상품을 자기의 상품이나 제3자의 상품으로 거짓으로 속이는 적극적인 경우186)는 물론, 거래상의 신의칙 등에 따른 설명의무에 위반하여 고객의 물음에 진실하지 않게 응답하는 경우 등과 같은 소극적인 경우를 포함한다.

타인의 상품을 자기의 상품인 것처럼 선전하는 내용에 상품의 품질 등을 오인하게 하는 내용도 담겨 있는 경우가 대부분이지만 타인의 상품을 자기의 상품인 것처럼 선전하더라도 자기상품의 품질 등에 관하여 아무런 표시를 하지 않았다면 이는 위 "타인의 상품을 사칭"하는 경우에만 해당하고 후단의 "상품의 품질 등에 오인을 일으키게 하는 선전"을 한 경우에는 해당하지 않는다.187)

② 상품 또는 그 광고에 상품의 품질, 내용, 제조방법, 용도 또는 수량을 오인하게 하는 선전 또는 표지를 하는 행위

「상품 또는 그 광고에 상품의 품질, 내용, 제조방법, 용도 또는 수량을 오인하게 하는 행위」라고 함은 상품의 속성과 성분 등 품질, 급부의 내용, 제조 가공방법, 효능과 사용방법 등의 용도 등에 관하여 일반 소비자에게 오인을 일으키는 허위나 과장된 내용의 표지를 하거나 그러한 표지를 한 상품을 판매하는 등의 행위를 말한다.188)

따라서 단순히 타인이 생산, 판매하는 상품과 동일한 형태의 상품을 제조, 판매하는 행위는 이에 해당하지 않는다.

그중 「상품의 품질을 오인하게 하는 행위」라고 함은 해당 표지에 의하여 그 상품이 본래 가지고 있는 성질과 다른 성질이 있다고 수요자를 오인하게 할 우려가 있음을 말한다.

---

186) 대법원 1989. 6. 27. 선고 87도1565 판결. 대법원 2005. 9. 29. 선고 2005도5623 판결은 제3자가 개발하여 특허출원까지 마친 통합보안시스템 제품인 '사이버디펜스(Cyber Defence)'를 마치 피고인이 대표이사로 있는 회사가 개발한 제품인 것처럼 홍보책자를 제작하게 하고 외국에서 현지 바이어들을 상대로 위 홍보책자를 배포한 것이 타인의 제품을 자기의 제품인 것처럼 사칭한 행위에 해당한다는 원심판단을 수긍하면서 부정경쟁방지법 제2조 제1호 바목 소정의 타인 상품의 사칭에 관한 법리를 오해하는 등의 위법이 없다고 하였다.

187) 대법원 1989. 6. 27. 선고 87도1565 판결.

188) 대법원 1992. 2. 29.자 91마613 결정, 대법원 2012. 6. 28. 선고 2010도14789 판결.

상품의 품질을 오인하게 할 우려가 있다고 보기 위해서는, 해당 표지에 의하여 수요자가 인식하는 상품과 현실로 그 표지가 사용되는 상품과의 사이에 일정한 경제적인 견련관계 내지 부실(不實)관계, 예컨대 양자가 동일계통에 속하는 상품이거나 재료, 용도, 외관, 제법, 판매 등의 점에서 계통을 같이 함으로써 그 상품의 특성에 관하여 거래상 오인을 가져올 정도의 관계가 인정되어야 하고 그 우려가 있는지는 일반 수요자를 표준으로 하여 거래사회 통념에 따라 판단한다.

상품의 품질오인은 직접적으로 중고품을 신품이라고 품질을 과장하거나 허위로 광고하는 경우만이 아니라 간접적으로 전문가로부터 보증을 받았다거나 자체 품질 검사기관이나 연구인력을 갖추고 있다고 허위 광고하는 경우, 영업의 역사나 과거의 수요처, 현재의 판로, 제조에 관계하는 전문인력, 특허청으로부터 등록받은 특허품이라는 표시 등으로도 일어난다.[189]

그리고 본래부터 품질을 보증하는 정부기관의 인증이 아니더라도 전국적인 운동협회 등이 운동용품에 대하여 부여하는 인증은 일반 수요자에게 품질에 대한 실질적인 보증의 효과를 줄 수 있어 그 협회 등의 허락을 받지 아니하고 자신의 운동용품 등의 상품에 그 인증표지를 부착하는 행위는 상품의 품질에 관하여 일반 소비자를 오인하게 할 우려가 있는 행위에 해당한다.[190] 상품의 제조원에 일

---

189) 대법원 2007. 10. 26.자 2005마977 결정 참조. 대법원 1977. 10. 11. 선고 77도1303 판결은 "부정경쟁방지법 제8조 제1호(상품 또는 그 광고에 그 상품의 원산지, 품질, 내용 또는 수량에 관하여 오인을 일으키게 하는 허위의 표지를 한 자) 위반죄는 상품의 품질 등에 관하여 오인을 일으키게 하는 허위의 표시를 함으로써 그 구성요건이 되는 것이고 이를 신품으로 오인될 장소에 진열할 것을 그 요건으로 하고 있는 것은 아니다."라고 한다.

190) 대법원 2007. 10. 26.자 2005마977 결정. 다만 대법원은 위 결정에서 "피신청인은 2004. 5. 19. 국민생활체육전국족구연합회와 사이에 피신청인이 생산하는 상품명 'Patriot'의 족구공을 위 연합회의 '인정구'로 승인하기로 하는 계약을 체결하였고, 피신청인이 생산하는 족구공에는 국민생활체육전국족구연합회(Korea Jokgu Association, KJA)의 표장 및 그 바로 아래에 'KJA APPROVED'라고 인쇄되어 있고, 그 표장과는 떨어진 곳에 있는 상품명 'Patriot' 및 그 아래에는 'OFFICIAL BALL'이라고 인쇄되어 있다는 것인바, 피신청인과 위 연합회 사이의 위 계약에서 '인정구'에 대한 영문표기를 어떻게 할 것인지에 대하여 정하였다는 점에 대한 아무런 소명이 없는 이 사건에서, 설령 위 연합회가 승인한 공의 종류가 인정구와 공인구로 나뉜다고 하더라도 일반적으로 '승인된'이라는 의미의 영문단어 'approved'나 '공식적인'이라는 의미의 영문단어 'official'이 포함된 위와 같은 표기가 피신청인의 족구공의 품질을 오인하게 한다고 보기에는 부족하다."라고 하여 부정경쟁행위 금지청구를 받아들이지 않은 원심을 수긍하였다.

정한 품질에 대한 관념이 화체되어 있고 이를 표시하는 것이 그 상품의 거래사회에서 상품의 품질에 대한 관념 형성에 이바지하는 경우에, 허위로 이러한 제조원을 상품에 표시하거나 그러한 상품을 판매하는 등의 행위는 상품의 품질에 관하여 일반 소비자를 오인하게 할 우려가 있는 행위에 해당한다.191)

품질오인은 그 상품 전부에 대하여 뿐 아니라 일부이더라도 그 일부 재료에 사용되는 품질이 마치 상품 전부의 품질인 것처럼 표시하는 경우에 일어날 수 있다. 이와 같은 과장 및 허위광고로 인하여 소비자나 시장이 부당하게 변동되어 경쟁업자에게 손해를 미칠 우려가 있다면 본 목의 적용을 받는다. 다만 실제로 기술자가 기술지도를 하였고 기술제공계약을 체결하였다면 투자가 없었고 대가 없는 기술제공이라서 관청의 인가를 받지 아니한 채 상품에 기술제휴 표지를 하였더라도 허위표시라고 할 수 없다.192)

「내용의 오인」은 급부 내용에 대한 오인이다. 상품의 원료와 재료, 성분과 함량, 부속품과 여분 등이 직접 대상으로 되고, 넓게는 품질, 제조방법, 용도, 수량 등도 포함된다.

보증의 내용과 기간, 판매 후 서비스의 유무와 기간 등 상품거래 조건도 포함된다. 부정한 할인판매, 경품을 붙인 판매, 기타 사행 조건부 판매 등 이른바 '가격 사기'193)에 해당하는 행위, 정가 또는 시가를 고의적으로 과다하게 책정해 놓고 제대로 이윤을 남기는 가격에 판매하면서도 대폭 할인하는 가격으로 판매한다는 식의 '이중 가격 표시'도 포함될 수 있다.

한편 상품에 ○○유형·양식·type 등의 용어를 사용하여 광고하는 경우에 본 목이 적용되는지가 문제된다.

법문상으로는 부정경쟁방지법 제3조의2 제1항 제3호에서 지리적 표시에 나

---

191) 대법원 2012. 6. 28. 선고 2010도14789 판결 참조.
192) 대법원 1978. 7. 25. 선고 77도3513 판결 [의장법위반] 참조.
193) 가격할인은 상거래상 일반적으로 행해지는 것이므로 그 자체로 위법하다고 볼 수 없으나, 정가를 고의로 올리거나 가공의 정가를 설정한 다음에 마치 대폭적으로 할인을 하는 것처럼 광고하는 경우에는 당해 가격에 대해 특별히 유리한 급부가 행해지는 것으로 오인할 우려가 있고, 정상적으로 영업하면서도 사실과 달리 파산으로 인한 재고정리를 위해 가격을 대폭적으로 할인한다는 광고 역시 그와 같은 표시로 인해 상품의 급부내용에 대해 특별히 유리한 급부가 행해지는 것이라고 오인할 우려가 있어서 본 목이 적용될 수 있다. 행위의 위법 여부에서 당해 상품의 상거래 관행이 중요한 판단기준이 된다.

타난 장소를 원산지로 하지 아니하는 상품(지리적 표시를 사용하는 상품과 동일하거나 동일하다고 인식되는 상품으로 한정한다)에 관하여 "종류", "유형", "양식" 또는 "모조품" 등의 표현을 수반하여 지리적 표시를 사용하는 행위를 금지하고 있는 것 외에 별도로 이러한 표시행위를 명시적으로 금지하는 조항이 없으므로 부정경쟁행위를 제한적으로 열거하고 있는 부정경쟁방지법상 위와 같은 표시행위에 본 목이 적용되지 않는다고 볼 여지가 있으나, 그렇다고 하더라도 위와 같은 표시로 인해 급부의 내용(품질 등)에 대한 오인을 불러일으킬 우려가 있다면 이러한 경우에 본 목이 적용될 수 있다.

「제조방법의 오인」은 상품을 제조하는 방법이나 가공방법의 오인을 말한다. 제조방법이나 가공방법을 오인시키는 것 외에 시설, 공정 등 제조과정 혹은 품질관리 공정에 직접, 간접으로 관계하는 요소에 대한 오인도 포함된다. 제조방법에 대한 오인은 대부분 상품의 품질과 내용에 대한 오인을 일으킬 수 있는데, 법문상 함께 열거되어 이를 구별할 실익은 없다.

「용도의 오인」은 일반 식품에 의약품 효능이 있다는 인상을 심어주는 표지를 사용하는 경우처럼 사용방법의 표시나 효능의 표시에 대한 오인이다.

「수량의 오인」은 상품의 개수, 부피 및 중량에 대한 오인을 말한다.

그 밖에 본 목이 타인의 상품 등이 널리 알려져 있음을 요한다고 규정하고 있지 아니하므로, 타인의 상품 등이 국내에서 널리 알려져 있는지는 본 목의 성부와 관련이 없다.194)

본 목의 행위 태양은 선전 또는 표지를 하는 것이다. 선전이란 품질의 내용 등을 많은 사람이 알고 이해하도록 설명하여 널리 알리는 것을 말한다. 표지를 하는 것이란 표시하는 것과 같은 의미이다.

③ 선전이나 표지를 하는 방법이나 표지로써 상품을 판매·반포 또는 수입·수출하는 행위

규제행위의 대상은 선전이나 표지를 하는 방법이나 표지로써 상품을 판매·반포 또는 수입·수출하는 행위이다.

---

194) 대법원 1995. 11. 7. 선고 94도3287 판결.

선전 또는 표지를 한다는 의미에 대하여는 위 ②에서 설명하였고, 상품의 판매, 반포, 수입, 수출의 각 의미에 대하여는 「제3장 부정경쟁행위의 유형 제2절 상품주체 혼동행위(가목) III. 타인의 상품표지와 동일·유사한 것을 사용하거나 이러한 것을 사용한 상품의 판매·반포(頒布) 또는 수입·수출행위」에서 설명하였다.

III. 본 목이 서비스에 유추 적용되는지 여부

이에 대하여는 「제5절 원산지 오인행위(라목) III. 본 목이 서비스에 적용되는지 여부」에서 설명한 내용을 참고하시기 바란다.

제8절 상표권자 대리인 등의 상표 무단사용행위(사목)

I. 의의

부정경쟁방지법 제2조 제1호 사목은 "다음의 어느 하나의 나라에 등록된 상표 또는 이와 유사한 상표에 관한 권리를 가진 자의 대리인이나 대표자 또는 그 행위일 전 1년 이내에 대리인이나 대표자이었던 자가 정당한 사유 없이 해당 상표를 그 상표의 지정상품과 동일하거나 유사한 상품에 사용하거나 그 상표를 사용한 상품을 판매·반포 또는 수입·수출하는 행위. (1) 공업소유권의 보호를 위한 파리협약(이하 파리협약이라 한다) 당사국, (2) 세계무역기구 회원국, (3) 상표법 조약의 체약국(締約國)"을 부정경쟁행위로 규정한다.

국제 교역이 활발히 이루어짐에 따라 수입국의 대리점이 수입국 내에서의 상표권에 관한 자신의 독점적 지위를 확보함과 동시에 대리점계약 해제나 거래 중단 등에 의하여 선행 투자의 효과를 잃는 것을 우려한 나머지 또는 독자적인 영업을 할 목적으로 외국 상표권자의 동의 없이 거래 상품에 사용한 상표를 사용하는 사례가 빈번히 발생하고 이로 인하여 수요자 사이에 상표권자의 상품과 오인, 혼동을 일으키게 할 우려가 커졌다. 이에 파리협약 당사국, 세계무역기구 회원국, 상표법 조약의 체약국 중 어느 하나의 나라에 등록된 상표와 동일·유사한 상표에 관한 권리를 가진 자의 대리인이나 대표자 또는 그 행위일 전 1년 이내에 대리인이나 대표자이었던 자(이하 '대리인 등'으로 줄여 쓴다)가 신의칙 등에 위반하여 상표를 사용하는 것을 규제하고 공정한 국제 상거래 질서를 확보하기 위하여 본 목이 규정되었다.

파리협약 당사국, 세계무역기구 회원국, 상표법 조약의 체약국 중 어느 하나의 나라에 등록된 상표와 동일·유사한 상표에 관한 권리를 가진 자와 그 대리인 등 사이에 상표의 사용에 관한 계약이 체결되어 있는 경우에는 그 사용에 관한 분쟁은 그와 같이 체결된 계약에 따라 처리될 것이므로, 본 목은 이들 간에 그와 같은 계약이 체결되어 있지 않거나 체결되어 있어도 명확하지 않은 경우에 적용된다.

우리나라가 1980. 5. 4. 가입한 공업소유권의 보호를 위한 파리협약 제6조의7(소유권자의 허가를 받지 아니한 대리인 또는 대표자 명의의 등록에 관한 규정)을 국내 입법화하여195) 부정경쟁방지법이 2001. 2. 3. 법률 제6421호로 개정되면서 본 목이 새로 신설되었다. 2001년 규정 신설 시에는 문언이 "사. 공업소유권의보

---

195) 상표법에서는 1980. 12. 31. 법률 제3326호로 개정되면서 제16조(거절사정 및 거절이유의 통지) 제1항 제4호("조약당사국 영역 내에서 등록된 상표 또는 이와 유사한 상표로서 그 상표에 관한 권리를 가진 자의 대리인이나 대표자 또는 상표등록출원일전 1년 내에 대리인이나 대표자였던 자가 권리자의 승낙을 받지 아니하는 등 정당한 이유없이 그 상표의 상품과 동일 또는 유사한 상품을 지정상품으로 상품등록출원을 한 것이라는 이유로 권리자로부터 이의신청이 있을 때"로 도입되었다. 그 후 1990. 1. 13. 법률 제4210호로 전부개정된 상표법 제23조 제1항 제3호("조약당사국에 등록된 상표 또는 이와 유사한 상표로서 그 상표에 관한 권리를 가진 자의 대리인이나 대표자 또는 상표등록출원일전 1년 이내에 대리인이나 대표자이었던 자가 상표에 관한 권리를 가진 자의 동의를 받지 아니하는 등 정당한 이유없이 그 상표의 지정상품과 동일 또는 유사한 상품을 지정상품으로 상표등록출원을 한 경우. 다만, 그 권리자로부터 상표등록이의신청이 있는 경우에 한한다.")로 변경되었고, 2001. 2. 3. 법률 제6416호로 개정된 상표법 제23조 제1항 제3호에서 단서가 "다만, 그 권리자로부터 상표등록이의신청이 있거나 제22조 제3항의 규정에 의한 정보제공이 있는 경우에 한한다."라고 변경되었다. 2016. 2. 29. 법률 제14033호로 전부개정된 상표법 제34조(상표등록을 받을 수 없는 상표) 제1항 제21호("조약당사국에 등록된 상표와 동일·유사한 상표로서 그 등록된 상표에 관한 권리를 가진 자와의 동업·고용 등 계약관계나 업무상 거래관계 또는 그 밖의 관계에 있거나 있었던 자가 그 상표에 관한 권리를 가진 자의 동의를 받지 아니하고 그 상표의 지정상품과 동일·유사한 상품을 지정상품으로 하여 등록출원한 상표")로 변경되어 현재에 이르고 있다.

호를위한파리협약(이하 '파리협약'이라 한다) 당사국, 세계무역기구 회원국 또는 상표법조약의 체약국에 등록된 상표 또는 이와 유사한 상표에 관한 권리를 가진 자의 대리인이나 대표자 또는 그 행위를 한 날부터 1년 이전에 대리인이나 대표자이었던 자가 정당한 사유 없이 당해 상표를 그 상표의 지정상품과 동일하거나 이와 유사한 상품에 사용하거나 그 상표를 사용한 상품을 판매·반포 또는 수입·수출하는 행위"라고 규정하고 있었는데 2007. 12. 21. 법률 제8767호로 개정된 부정경쟁방지법에서 실질적 내용 변경 없이 조문의 형식을 바꾸어 "다음의 어느 하나의 나라에 등록된 상표 또는 이와 유사한 상표에 관한 권리를 가진 자의 대리인이나 대표자 또는 그 행위를 한 날부터 1년 이전에 대리인이나 대표자이었던 자가 정당한 사유 없이 해당 상표를 그 상표의 지정상품과 동일하거나 유사한 상품에 사용하거나 그 상표를 사용한 상품을 판매·반포 또는 수입·수출하는 행위. (1) 공업소유권의 보호를 위한 파리협약(이하 '파리협약'이라 한다) 당사국 (2) 세계무역기구 회원국 (3) 상표법 조약의 체약국(締約國)"으로 수정하였다.

2011. 12. 2. 법률 제11112호로 개정된 부정경쟁방지법에서 '그 행위를 한 날부터 1년 이전에'를 '그 행위일 전 1년 이내에'로 변경하여 지금에 이르고 있다.

II. 요건

법 제2조 제1호 사목의 부정경쟁행위에 해당하기 위한 요건을 설명한다.

① 「공업소유권의 보호를 위한 파리협약」 당사국, 세계무역기구 회원국, 「상표법 조약」의 체약국(締約國)의 어느 하나의 나라에 등록된 상표 또는 이와 유사한 상표에 관한 권리를 가진 자의 대리인이나 대표자 또는 그 행위일 전 1년 이내에 대리인이나 대표자이었던 자

가. 「공업소유권의 보호를 위한 파리협약」 당사국, 세계무역기구 회원국, 「상표법 조약」의 체약국(締約國)의 어느 하나의 나라에 등록된 상표 또는 이와 유사한 상표에 관한 권리를 가진 자

여기서 말하는 상표는 공업소유권의 보호를 위한 파리협약 당사국, 세계무역

기구 회원국, 상표법 조약의 체약국(締約國)의 어느 하나의 나라에 등록된 상표 또는 이와 유사한 상표이다.

속지주의에 따라 상표권은 등록된 국가에만 그 효력이 미치는 것이 원칙이지만, 본 목은 그 효력의 범위를 확대하여 국제적인 부정경쟁을 방지하고자 규정되었기에 공업소유권의 보호를 위한 파리협약 당사국 등의 나라에 등록된 상표 또는 그와 유사한 상표를 대상으로 한다. 즉 본 목은 외국의 상표에 관한 권리를 가지는 자가 상표에 관하여 가지는 신뢰를 보호하려는 데 있다.

그런데 법문에서 상표권자가 아니라 등록된 상표에 관한 권리를 가진 자라고 규정하고 있어 상표권자에 한정되지 않는다고 해석할 여지가 있는 등 그 문구의 의미가 명확하지 않다.

다수설에 따르면, 위 규정의 근거가 된 파리협약 제6조의7[196])의 취지와 권리 인정의 근거를 달리하는 조약당사국 간의 거래의 형평(상호주의 원칙) 및 본 목의 입법취지 등을 고려할 때, 여기서 「등록된 상표에 관한 권리를 가진 자」라고 함은 당사국의 상표법에 의하여 상표에 관하여 배타적 권리를 가진 자를 의미하고 구체적으로 상표권자 또는 상표소유권자에 상응하는 자로서 등록주의 국가의 등록된 상표권자 외에 미국과 같은 사용주의 국가에서 사용으로 인하여 상표권이 인정되고 있는 상표사용자(배타적 권리가 인정되는 선사용자)를 포함하는 것으로 보되,[197][198]

---

196) "제6조의7(소유권자의 허가를 받지 않은 대리인 또는 대표자 명의의 등록에 관한 규정) 1. 일 동맹국에서 상표에 관한 권리를 가진 자의 대리인 또는 대표자가 그 상표에 관한 권리를 가진 자의 허락을 얻지 아니하고 1 또는 2 이상의 동맹국에서 자기의 명의로 그 상표의 등록을 출원한 경우에는 그 상표에 관한 권리를 가진 자는 등록에 대하여 이의신청 또는 등록의 취소 또는 그 국가의 법령이 허용하는 경우에는 등록을 자기에게 이전할 것을 청구할 수 있다. 다만 그 대리인 또는 대표자가 그 행위를 정당화하는 경우에는 예외로 한다. 2. 상표에 관한 권리를 가진 자는 위 1항의 규정에 따를 것을 조건으로 그가 허락을 하지 않는 경우에 그 대리인 또는 대표자가 그의 상표를 사용할 것을 저지할 권리를 가진다. 3. 상표에 관한 권리를 가진 자가 본 조에 정하는 권리를 행사할 수 있는 적절한 기간은 국내법령으로 정할 수 있다."

197) ① 특허법원 2001. 11. 30. 선고 2001허2269 판결(상고취하 확정)은 "상표법 제23조 제1항 제3호는 조약 당사국에 등록된 상표 또는 이와 유사한 상표로서 그 상표에 관한 권리를 가진 자의 대리인이거나 대표자 또는 상표등록출원일 전 1년 이내에 대리인이거나 대표자이었던 자가 상표에 관한 권리를 가진 자의 동의를 받지 아니하는 등 정당한 이유 없이 그 상표의 지정상품과 동일 또는 유사한 상품을 지정상품으로 상표등록출원을 한 경우를 상표등록의 거절사정 이유로서 열거하는 한편, 같은 법 제73조 제1항 제7

상표에 관한 질권자라든가 전용사용권자나 통상사용권자는 배제된다.[199]

호에서는 위 등록거절사정 이유에 해당하는 상표가 등록된 경우에 그 상표에 관한 권리를 가진 자가 당해 상표등록일부터 5년 이내에 취소심판을 청구한 경우에는 그 상표등록을 취소하도록 규정하고 있는바, 위 조항들은 우리나라가 1980. 5. 4. 가입한 공업소유권보호를위한파리협약 제6조의 7 소유권자의 허가를 받지 아니한 대리인 또는 대표자 명의의 등록에 관한 규정을 취소심판청구의 행사기간 등을 명시하여 국내 입법화한 규정(1980. 12. 31. 법률 제3326호로 상표법 일부개정시 제16조 제1항 제4호로 신설)이므로 그 해석에 있어서는 위와 같은 입법배경과 그 근거가 된 조약의 문언 등을 참고로 하여야 할 것이다. 위 상표법의 규정은 어느 체약국에서 등록 또는 사용으로 인하여 상표권이 인정되고 있는 상표에 대하여는 비록 그것이 다른 체약국에서 그와 같은 지위를 가지고 있지 않더라도 일정한 요건하에 등록국에서와 같은 보호를 부여한다는 취지의 규정으로서, 일반적인 상표권의 보호에 관한 속지주의 원칙에 대한 예외 규정이라고 할 것이므로 그 요건에 해당되는지 여부는 조약의 문언을 참고로 엄격하게 해석하여야 할 것인바, 위 규정에서 말하는 상표에 관한 권리를 가진 자의 대리인이나 대표자는 위 조약의 문언이 의미하는 바대로 그 상표의 등록권리자 내지 소유권자와 대리인 또는 대표자의 관계에 있는 자(the agent or representative of the person who is the proprietor of a mark)를 의미하는 것일 뿐이라고 봄이 타당하다. 따라서 이와 같은 위 상표법 규정의 입법배경 및 입법취지 등에 비추어 볼 때, 여기서 말하는 '대리인 또는 대표자'라 함은 대리점, 특약점, 위탁판매업자, 총대리점 등 널리 해외에 있는 수입선(輸入先)인 상표소유권자의 상품을 수입하여 판매, 광고하는 자를 가리킨다고 할 것이고(대법원 1996. 2. 13. 선고 95후1241 판결 참조), 그 상표소유권자가 국내에서 등록한 상표에 대한 통상사용권만을 가진 자는 특단의 사정이 없는 한 위 규정에서 말하는 '대리인 또는 대표자'에 해당하지 않는다고 해석하여야 할 것이다."라고 하였다.

② 특허법원 2008. 6. 4. 선고 2008허7027 판결(상고취하 확정)은 "구 상표법 제23조 제1항 제3호에서 말하는 '상표에 관한 권리를 가진 자'라 함은, 위 조항에 해당하는 파리조약 제6조의7에 '표장의 소유자(Proprietor of a mark, titulaire d'une marque)'라고 규정되어 있어 상표에 관하여 조약 당사국의 상표법에 의하여 배타적 권리를 가지는 자를 의미한다고 할 것이다. 그런데 배타적 권리를 취득하는 근거로 선사용을 요구하는 국가도 있고, 선등록을 요구하는 국가도 있다. 이처럼 법제(권리인정의 근거)를 달리하는 조약 당사국간의 형평성, 파리조약 내지 위 조항의 입법취지 등을 고려할 때, '상표에 관하여 권리를 가진 자'에는 등록주의 국가의 등록된 상표권자와 사용주의 국가의 선사용권자가 모두 포함된다고 보아야 한다."라고 하였다.

198) 정태호, "개정 상표법 제34조 제1항 제21호의 적용요건에 관한 고찰", 사법 38호, 사법발전재단(2016), 549~551. 참고로 상표법 제34조 제1항 제21호는 "제33조에도 불구하고 다음 각 호의 어느 하나에 해당하는 상표에 대해서는 상표등록을 받을 수 없다...21. 조약당사국에 등록된 상표와 동일·유사한 상표로서 그 등록된 상표에 관한 권리를 가진 자와의 동업·고용 등 계약관계나 업무상 거래관계 또는 그 밖의 관계에 있거나 있었던 자가 그 상표에 관한 권리를 가진 자의 동의를 받지 아니하고 그 상표의 지정상품과 동일·유사한 상품을 지정상품으로 하여 등록출원한 상표"라고 규정하고 있다.

본 목과 같은 성격의 일본 부정경쟁방지법 제2조 제1항 제15호는 '상표에 관한 권리(상표권에 상당한 권리에 한한다)'라고 규정하고 있는데 그와 같은 괄호 안 내용을 부기하게 된 이유는 상표에 관한 권리라고만 하면 그 범위가 너무 넓어져 상표에 관한 질권 등까지 포함하게 되기 때문에 이를 제한하기 위해서였다고 한다.200)

앞서 본 바와 같은 부정경쟁방지법의 등록된 상표에 관한 권리라는 문구의 의미에 대한 다수설의 해석은, 일본 부정경쟁방지법의 상표에 관한 권리에 '상표권에 상당한 권리에 한한다'와 같은 한정 문구가 없음에도, 마치 그러한 문구가 있는 것과 마찬가지로 해석하자는 것이어서 논리 자체로는 매끄럽지 않지만, 본 목의 입법취지 및 파리협약의 관련 규정 등의 내용을 고려할 때 결론적으로 그와 같은 내용과 다른 해석을 하기는 어려워 보인다. 본 목이 신설된 2001. 2. 3. 법률 제6421호로 개정된 부정경쟁방지법의 개정 이유에도 상표법조약(Trademark Law Treaty) 가입 추진을 위한 준비단계로서 부정경쟁행위 유형의 추가 등 위 조약 가입을 위하여 이행하여야 할 사항을 정하기 위하여 개정한다고 되어 있다. 다만 다수설과 같은 내용으로 해석하려거든 법 개정을 통해 문언을 명확히 할 필요가 있다.

등록된 상표와 유사한 상표의 의미 · 판단방법 · 판단기준에 대하여는 본서 「제3장 부정경쟁행위의 유형 제2절 상품주체 혼동행위(가목) III. 타인의 상품표지와 동일 · 유사한 것을 사용하거나 이러한 것을 사용한 상품의 판매 · 반포(頒布) 또는 수입 · 수출행위 ① 상품표지의 동일 · 유사」에서 설명하였다.

권리자 상표의 주지 여부는 본 목의 적용 여부와 무관하지만 본 목이 적용되는 권리자의 상표가 주지성 · 저명성을 취득하기에 이른 경우에는 부정경쟁방지법 제2조 제1호 가목 내지 다목에 개별적으로 또는 중첩적으로 적용될 수 있다.

나. 대리인 또는 대표자
1) 상표에 관한 권리를 가진 자의 대리인 또는 대표자
본 목에서 등록된 상표 또는 이와 유사한 상표에 관한 권리를 가진 자의 대리

---

199) 정태호, "개정 상표법 제34조 제1항 제21호의 적용요건에 관한 고찰", 사법 38호, 사법발전재단(2016), 550~551 참조.
200) 小野昌延 편저, 新 · 注解 不正競爭防止法(第3版) 上卷, 靑林書院(2012), 808(茶園成樹 집필 부분).

인이나 대표자라고 함은 동맹국 등의 등록상표 또는 그와 유사한 상표에 관한 권리자를 위하여 국내에서 상품을 거래하거나 취급하는 자를 의미한다.

　본 목의 취지가 외국의 상표에 관한 권리를 가지는 자의 신뢰를 보호하기 위한 것이라는 점을 고려하면, 여기서 대리인 또는 대표자는 법률상의 대리권이나 대표권이 있는지나 상표에 관한 권리자와의 사이에 특정한 상품에 대해 포괄적인 대리점 관계를 맺고 있는지는 요건이 아니고 상표에 관한 권리자의 이익에 관한 일반적인 신뢰나 충실의무를 부담하는 요인이 있는 자로 족하다. 따라서 명시적인 계약조항이 없는 경우에도 다른 자와 구별되는 신의칙상의 의무를 인정할 수 있다면 여기의 대리인이나 대표자에 해당할 수 있다.

　따라서 위 대리인 또는 대표자는 조약 당사국에 등록된 상표에 관한 권리를 가진 자로부터 단순히 해당 상품을 수입하여 판매·광고하는 자가 아니라 위 권리자와 사이에 형성된 계속적 계약관계나 특별한 신뢰관계에 기하여 상품을 수입하여 판매·광고하는 자를 의미한다.

　구체적으로 위 대리인 또는 대표자에는 대리점, 특약점, 위탁판매업자, 총대리점 등 해외 수입처인 상표권자의 상품을 수입하여 판매, 광고하는 자를 가리키고,201) 여기에는 상표에 관한 권리를 가진 자와 직접 대리점계약을 체결한 계약당사자뿐만 아니라 계약당사자인 대리점 등인 개인 또는 법인이 그 소유와 경영을 실질적으로 지배하고 있는 자회사 등이 포함된다.202)

　그리고 상표권자와 상표 및 비밀유지 약정을 체결하고 상표권자의 상품을 국내에 수입하여 판매, 광고하는 회사는 그 대리인의 지위에 있지만, 그 회사의 대표이사는 상표권자의 대리인 또는 대표자 지위를 함께 가진다고 볼 수 없다.203) 또한 상표권자에 의해 등록된 상표의 통상사용권만을 가지는 자 역시 특별한 사정이 없는 한 본 목에서 말하는 대리인 또는 대표자에 해당하지 않는다.204)

201) 대법원 1996. 2. 13. 선고 95후1241 판결, 대법원 2013. 2. 28. 선고 2011후1289 판결.
202) 대법원 2003. 4. 8. 선고 2001후2146 판결은 자회사가 대리점계약 당사자의 실질적인 지배를 받고 있다는 이유만으로 자회사가 구 상표법 제23조 제1항 제3호 소정의 '대리인'으로 되는 것은 아니라고 하면서도 해당 사건에서는 대리점계약 당사자인 모회사와 자회사와의 관계 및 영업형태, 상표사용계약의 체결 경위 등을 종합하여 자회사를 구 상표법 제23조 제1항 제3호 소정의 상표에 관한 권리를 가진 자의 대리인으로 인정하였다.
203) 대법원 2002. 8. 23. 선고 2000후2057 판결.
204) 특허법원 2001. 11. 30. 선고 2001허2269 판결(상고취하 확정)은 상표에 관한 권리자

그 외에 계약에 따라 대리점 등으로 된 자와 상표등록을 한 자가 서로 다른 경우에도 양자의 관계 및 영업형태, 대리점 등 계약의 체결 경위 및 이후의 경과, 등록상표의 등록경위 등 제반 사정에 비추어 상표등록 명의자를 대리점 등 계약의 명의자와 달리한 것이 본 목의 적용을 회피하기 위한 편의적, 형식적인 것에 불과하다고 인정되는 때에는 본 목을 적용함에 있어 양자는 실질적으로 동일인으로 보아 그 상표등록 명의자 역시 위 규정에서 말하는 대리인이나 대표자에 해당한다.205)

2) 그 행위일 전 1년 이내에 대리인이나 대표자이었던 자

다음으로, 그 행위일 전 1년 이내에 대리인이나 대표자이었던 자도 본 목의 대상으로 되어 있다.

속지주의에 따라 상표권은 등록된 국가에만 그 효력이 미치는 것이 원칙이지만, 본 목은 그 효력의 범위를 확대하여 국제적인 부정경쟁을 방지하고자 규정되었기에 공업소유권의 보호를 위한 파리협약 당사국 등의 나라에 등록된 상표에 관하여 해당 권리를 가진 자와 대리인 또는 대표자의 관계에서 신뢰관계의 파괴를 방지하고자 과거의 대리인 또는 대표자로 있던 자의 행위를 규제하는 한편, 대리인 또는 대표자의 관계가 종료된 이후에도 과도하게 장기간 그들의 사업활동을 구속하는 것이 가혹하다는 취지에서 그 행위일 전 1년 이내라는 제한을 두었다.

이와 같이 속지주의 원칙의 예외 규정인 본 목은 그 요건을 해석함에 있어 함부로 원칙을 훼손하여서는 아니 되는 엄격성이 요구된다는 점 등을 고려할 때 본 목에서 말하는 '그 행위일'은 부정경쟁행위가 행해진 날을 의미한다.206) 결국 대리인 등의 관계가 종료된 후 1년까지의 무단사용행위만이 부정경쟁행위로 된다.

의 대리인이나 대표자는 파리협약의 문언이 의미하는 바대로 그 상표의 등록권리자 내지 소유권자와 대리인 또는 대표의 관계에 있는 자(the agent or representative of the person who is the proprietor of a mark)를 의미하는 것일 뿐이라고 하고, 국내에서 등록한 상표에 대하여 통상사용권만을 가진 자는 특단의 사정이 없는 한 위 규정에서 말하는 '대리인 또는 대표자'에 해당하지 않는다고 하였다.
205) 대법원 2013. 2. 28. 선고 2011후1289 판결.
206) 서울고등법원 2011. 10. 27.자 2011라1080 결정 [가처분이의] (재항고취하 확정) 참조. 위 판결에 적용된 법은 2011. 12. 2. 법률 제1112호로 개정되기 전의 부정경쟁방지법 제2조 사목으로 당시는 "...그 행위를 한 날부터 1년 이전에 대리인이나 대표자이었던 자.."라고 규정되어 있었다.

② 정당한 사유 없이 해당 상표를 그 상표의 지정상품과 동일하거나 유사한 상품에 사용하거나 그 상표를 사용한 상품을 판매 · 반포 또는 수입 · 수출하는 행위

가. 정당한 사유가 없을 것

대리인 등의 해당 상표 사용행위에 정당한 사유가 있다면 부정경쟁행위로 되지 않는다.

여기서 정당한 사유의 대표적인 것으로는 상표에 관한 권리자의 상표 출원 및 그 사용에 대한 동의를 예로 들 수 있다.

상표에 관한 권리를 가진 자가 대리인 등의 상표 출원에 명시적으로 동의한 경우 외에 묵시적으로 동의한 경우 등도 포함한다. 상표에 관한 권리자의 동의가 없는 경우에는 상표에 관한 권리를 가진 자가 우리나라에서의 권리행사에 관심이 없었다는 사정만으로는 부족하고 우리나라에서 그 권리를 포기하였거나 권리를 취득할 의사가 없는 것으로 믿게 한 경우와 같이 대리인 등이 해당 상표 또는 이와 유사한 상표를 출원하여도 공정한 국제거래질서를 해치지 아니하는 것으로 볼 수 있는 경우 등의 사정이 있어야 한다.[207)]

그리고 대리인 등이 사용하는 상표가 상표에 관한 권리자의 상품표지로서 수요자에게 인식되어 있는 경우에는 대리인 등의 상표사용을 허용할 필요성이 없으므로 대리인 측에 그 상표로 인해 독자적인 신용이 형성되어 있어 그러한 상표를 사용할 필요성이나 그와 같이 사용하는 것이 사회적으로 시인될 수 있는 이익이 인정되어야 위 정당한 사유에 해당한다.

대리인 등이 상표에 관한 권리자로부터 대리권이나 대표권을 부여받기 이전부터 자신의 것으로서 선의로 그 상표를 사용하고 있었다는 사정이 법문에서 말하는 정당한 사유에 해당하는지 다툼의 여지가 있으나, 대리인 등이 상표에 관한 권리자 사이에 특별한 신뢰관계가 형성된 이상 그 이전에 선의로 사용하고 있었다는 사정만으로 곧바로 위 정당한 사유에 해당한다고 보기는 어렵다.

---

207) 대법원 2016. 7. 27. 선고 2016후717,724,732,748,755,762,779,786 판결에서 구 상표법 제23조 제1항 제3호에서 정한 '정당한 이유'가 있는 경우의 의미에 관한 판시내용 참조.

나. 해당 상표를 그 상표의 지정상품과 동일하거나 유사한 상품에 사용하거
나 그 상표를 사용한 상품을 판매·반포 또는 수입·수출하는 행위

해당 상표를 그 상표의 지정상품과 동일하거나 유사한 상품에 사용하는 행위
와 그 상표를 사용한 상품을 판매·반포 또는 수입·수출하는 행위에 대한 설명
은 「제3장 제2절 상품주체 혼동행위(가목) III. 타인의 상품표지와 동일·유사한
것을 사용하거나 이러한 것을 사용한 상품의 판매·반포(頒布) 또는 수입·수출행
위」 부분에서 설명한 내용과 별다른 차이가 없으므로 중복을 피한다.

③ 기타 : 상표법 제34조 제1항 제21호 규정

본 목의 성격과 유사하게 2016. 2. 29. 법률 제14033호로 개정되기 전 구
상표법 제23조(상표등록거절결정 및 거절이유통지) 제1항 제3호는 "심사관은 상표등
록출원이 다음 각 호의 어느 하나에 해당하는 경우에는 그 상표등록출원에 대하
여 상표등록거절결정을 하여야 한다. 3. 조약당사국에 등록된 상표 또는 이와 유
사한 상표로서 그 상표에 관한 권리를 가진 자의 대리인이나 대표자 또는 상표등
록출원일 전 1년 이내에 대리인이나 대표자이었던 자가 상표에 관한 권리를 가진
자의 동의를 받지 아니하는 등 정당한 이유없이 그 상표의 지정상품과 동일하거
나 이와 유사한 상품을 지정상품으로 상표등록출원을 한 경우. 다만, 그 권리자로
부터 상표등록이의신청이 있거나 제22조 제3항의 규정에 의한 정보제공이 있는
경우에 한한다."라고 규정하고 있었다.

이로 인하여 구 상표법 제23조 제1항 제3호에 위반하는 경우 상표등록거절
사유에 해당하면서 상표등록이의신청의 대상이 되지만 구 상표법 제71조의 상표
등록무효사유에는 해당하지 않아 이를 놓쳐 등록이 된 경우에는 등록무효심판을
제기하여 상표등록을 무효로 돌릴 수 없었다.

이에 반대하는 의견 등을 고려하여 위 개정 상표법에서 조문 위치를 상표등
록을 받을 수 없는 사유인 상표법 제34조 제1항 제21호로 옮기면서 내용을 다소
바꾸어 "제33조에도 불구하고 다음 각 호의 어느 하나에 해당하는 상표에 대해서
는 상표등록을 받을 수 없다. 21. 조약당사국에 등록된 상표와 동일·유사한 상표

로서 그 등록된 상표에 관한 권리를 가진 자와의 동업·고용 등 계약관계나 업무상 거래관계 또는 그 밖의 관계에 있거나 있었던 자가 그 상표에 관한 권리를 가진 자의 동의를 받지 아니하고 그 상표의 지정상품과 동일·유사한 상품을 지정상품으로 하여 등록출원한 상표"라고 규정하고 있다. 그리고 상표법 제34조 제1항 제21호에 위반한 경우에 상표등록거절사유(상표법 제54조 제3호) 및 이의신청사유(상표법 제60조)가 됨은 물론 상표등록무효사유(상표법 제117조 제1항 제1호)에도 해당하도록 규정하여 위 제21호에 위반하여 등록된 후에도 등록무효심판을 제기하여 그 등록을 무효로 할 수 있게 되었다.

제9절 도메인이름에 관한 부정행위(아목)

I. 의의

부정경쟁방지법 제2조 제1호 아목은 "정당한 권원이 없는 자가 (1) 상표 등 표지에 대하여 정당한 권원이 있는 자 또는 제3자에게 판매하거나 대여할 목적, (2) 정당한 권원이 있는 자의 도메인이름의 등록 및 사용을 방해할 목적, (3) 그 밖에 상업적 이익을 얻을 목적의 어느 하나의 목적으로 국내에 널리 인식된 타인의 성명, 상호, 상표, 그 밖의 표지와 동일하거나 유사한 도메인이름을 등록·보유·이전 또는 사용하는 행위"를 부정경쟁행위로 규정한다.

본 목은 타인 표지의 인지도와 신용에 편승하여 부정한 이익을 얻을 목적이나 타인에게 손해를 가할 목적으로 타인 표지와 동일·유사한 도메인이름을 등록하여 보유하는 것을 방지하고자 하는 취지에서 규정되었다. 따라서 도메인이름을 등록하여 보유하기만 하고 그 도메인이름을 사용한 웹사이트를 개설하지 아니하여 어떤 표지를 사용하였다고 할 수 없는 경우에도 위 조항에서 정하는 부정경쟁행위에 해당할 수 있다.

2004. 1. 20. 법률 제7095호로 개정된 부정경쟁방지법에서 제2조 제1호 아목을 신설하여 "정당한 권원이 없는 자가 다음 어느 하나의 목적으로 국내에 널리 인식된 타인의 성명·상호·상표 그 밖의 표지와 동일하거나 유사한 도메인이름을 등

록·보유·이전 또는 사용하는 행위. (1) 상표 등 표지에 대하여 정당한 권원이 있는 자 또는 제3자에게 판매하거나 대여할 목적 (2) 정당한 권원이 있는 자의 도메인이름의 등록 및 사용을 방해할 목적 (3) 그 밖의 상업적 이익을 얻을 목적"으로 규정하였다가 2007. 12. 21. 법률 제8767호로 개정된 부정경쟁방지법에서 '다음'이 '다음의'로, '(3) 그 밖의'가 '(3) 그 밖에'로 문구 수정이 이루어져 지금에 이르고 있다.

II. 요건

본 목의 부정경쟁행위에 해당하기 위한 요건은 ① 정당한 권원이 없는 자가 (1) 상표 등 표지에 대하여 정당한 권원이 있는 자 또는 제3자에게 판매하거나 대여할 목적, (2) 정당한 권원이 있는 자의 도메인이름의 등록 및 사용을 방해할 목적, (3) 그 밖에 상업적 이익을 얻을 목적의 어느 하나의 목적으로 ② 국내에 널리 인식된 타인의 성명, 상호, 상표, 그 밖의 표지와 동일하거나 유사한 도메인이름을 등록·보유·이전 또는 사용하는 행위이다.

① 정당한 권원이 없는 자가 (1) 상표 등 표지에 대하여 정당한 권원이 있는 자 또는 제3자에게 판매하거나 대여할 목적, (2) 정당한 권원이 있는 자의 도메인이름의 등록 및 사용을 방해할 목적, (3) 그 밖에 상업적 이익을 얻을 목적의 어느 하나의 목적이 있을 것

본 목의 위 (1), (2)의 「정당한 권원」이라 함은 어떤 법률적 또는 사실적 행위를 하는 것을 정당화하는 법률상 원인을 말한다. 법률상 원인이 되는 권원은 상표권, 그 전용사용권이나 통상사용권 등이다.

정당한 권원 및 위와 같이 열거된 목적(부정한 목적)의 의미에 관하여는 인터넷주소자원에 관한 법률 제12조와 관련한 정당한 권원의 의미를 참고할 필요가 있는데 이에 대하여는 아래의 「III. 그 밖의 사항 ③ 인터넷주소자원에 관한 법률 제12조 적용 요건」에서 설명한다.

본 목의 위 (3)의 그 밖에 상업적 이익을 얻을 목적이라 함은 위 (1) 상표 등 표지에 대하여 정당한 권원이 있는 자 또는 제3자에게 판매하거나 대여할 목적,

또는 위 (2) 정당한 권원이 있는 자의 도메인이름의 등록 및 사용을 방해할 목적 외에, 공서양속 내지는 신의성실의 원칙에 반하는 형태로 자신이 적극적으로 이익을 얻거나 타인에게 재산상 손해나 신용 훼손 등 유형무형의 손해를 일으킴으로써 반사적으로 이익을 얻고자 하는 목적을 의미하는 것으로 해석된다.208)

② 국내에 널리 인식된 타인의 성명, 상호, 상표, 그 밖의 표지와 동일하거나 유사한 도메인이름을 등록 · 보유 · 이전 또는 사용하는 행위를 할 것

여기서 '국내에 널리 인식된'의 의미는 주지의 정도를 의미하는데, '국내에 널리 인식된', '타인의 성명, 상호, 상표, 그 밖의 표지' 및 '그와 동일 · 유사'는 「제3장 부정경쟁행위의 유형 제2절 상품주체 혼동행위(가목) I. 국내에 널리 인식된(周知) II. 타인의 성명, 상호, 상표, 상품의 용기 · 포장, 그 밖에 타인의 상품임을 표시한 표지(標識) (상품표지) III. 타인의 상품표지와 동일 · 유사한 것을 사용하거나 이러한 것을 사용한 상품의 판매 · 반포(頒布) 또는 수입 · 수출행위」에서 설명한 내용이 그대로 적용된다.

그리고 「도메인이름」이란 인터넷상의 숫자로 된 주소에 해당하는 숫자 · 문자 · 기호 또는 이들의 결합을 말한다(법 제2조 제4호).

타인의 표지와 도메인이름의 유사성 판단에서 도메인이름 가운데 식별력을 갖는 부분을 중심으로 표지 그 자체를 대비함은 물론 그 이외에 당해 도메인이름을 타인의 표지로 오인하는 데 이바지하는 일체의 요소들을 참작하여 두 표지의 외관, 호칭 또는 관념에 기초한 인상, 기억, 연상 등에 따라 전체적 · 이격적으로 관찰 · 비교하여 유사한 것으로 받아들일 우려가 있는지 아닌지를 판단한다.209)

---

208) 서울중앙지방법원 2007. 8. 30. 선고 2006가합53066 판결(미항소 확정), 서울중앙지방법원 2007. 11. 21. 선고 2007가합31803 판결(미항소 확정) 참조.

209) 서울중앙지방법원 2007. 8. 30. 선고 2006가합53066 판결(미항소 확정)은 "원고의 도메인이름의 사용과 이를 이용해서 개설한 웹사이트의 운영 실태에 비추어 보면, 이 사건 도메인이름(myspce.com)이 피고의 영업표지(myspace.com) 중 'a' 철자만이 생략된 형태로 되어 있어 인터넷 이용자들이 피고의 도메인이름을 입력하려다가 오타가 발생하면 원고의 웹사이트로 유인되고, 원고의 웹사이트가 피고의 표지를 검색메뉴로 사용하거나 링크되어 있는 다른 웹사이트들을 통해 피고의 인터넷서비스와 유사한 서비스를 제공함

위에서 「보유」란 등록된 도메인이름을 가지고 있어 도메인이름을 사용할 수 있는 상태를 유지하는 것을 말하고, 「이전」이라고 함은 도메인이름에 대한 권리자의 지위를 타인으로 변경하는 것을 말하며 「사용」은 등록된 도메인이름으로 인터넷에서 웹사이트를 개설하여 자기가 관리하는 컴퓨터 등 정보시스템의 식별기호로 이용하는 등 도메인이름의 등록·보유 후에 이를 실제로 이용하는 것을 의미한다.

III. 그 밖의 사항

① 부정경쟁방지법상 도메인이름의 등록이전청구 가부(소극)

주지표지 등의 보유자는 본 목에 따른 부정경쟁행위에 대해 도메인이름의 사용을 금지할 수 있다. 다만 부정경쟁행위 금지의 효과로서 부정경쟁방지법은 제4조 제2항 제3호에서 등록말소 외에 등록이전을 규정하고 있지 않고 같은항 제4호의 '그 밖에 부정경쟁행위의 금지 또는 예방을 위하여 필요한 조치'에 등록이전의 요구가 포함된다고 보기도 어렵다.

따라서 주지표지 등의 보유자가 부정경쟁행위자를 상대로 하여 도메인이름의 등록말소 외에 등록말소를 갈음하여 도메인이름의 등록이전청구권을 가지는 것은 아니다.

그 반면에 인터넷주소자원에 관한 법률 제12조는 정당한 권원이 있는 자의 도메인이름 등록을 방해하거나 그로부터 부당한 이득을 얻는 등 부정한 목적으로 도메인이름을 등록·보유 또는 사용한 자가 있으면 정당한 권원이 있는 자가 법원에 그 도메인이름의 등록말소 또는 등록이전을 청구할 수 있다고 규정한다.

② 국제인터넷주소관리기구의 통일 도메인이름 분쟁해결방침의 구속력(소극)

으로써 피고의 웹사이트와 실질적으로 동일한 기능을 하므로 인터넷 이용자들이 원고의 웹사이트를 피고의 웹사이트로 오인할 가능성이 크다. 따라서 이 사건 도메인이름은 피고의 영업표지와 유사하다."라고 하였다.

도메인이름 등록기관과 도메인이름 등록인 사이에 합의된 등록약관의 내용으로 국제인터넷주소관리기구(ICANN)에 의해 작성된 통일 도메인이름 분쟁해결방침을 넣는 경우가 많은데 그렇더라도 국제인터넷주소관리기구(ICANN)에 의해 작성된 통일 도메인이름 분쟁해결방침은 도메인이름 등록인과 상표에 관한 권리를 가진 자 사이에 도메인이름을 둘러싸고 분쟁이 발생한 경우 그 등록의 유지·취소·이전 등에 관한 판단을 신속히 내려 등록행정의 적정성을 향상시키기 위한 등록기관의 행정절차에 관한 규정에 불과하고, 특별한 사정이 없는 한 도메인이름 등록인과 상표에 관한 권리를 가진 자 사이에서는 위 분쟁해결방침이 상표 등에 관한 권리와 도메인이름의 등록·사용 등에 관한 실체적 권리관계를 규율하는 구속력을 가지는 것이 아니므로, 상표에 관한 권리를 가진 자에게 통일 도메인이름 분쟁해결방침에 의해 정해진 요건에 의하여 도메인이름 등록인에게 도메인이름의 사용금지를 직접 청구할 수 있는 실체적 권리가 있는 것은 아니다.

따라서 도메인이름에 관한 소송을 심리·판단하는 법원은 통일 도메인이름 분쟁해결방침에 의할 것이 아니라 당해 사건에 적용 가능한 법률에 의하여 당해 사건을 심리·판단한다.210)

③ 인터넷주소자원에 관한 법률 제12조 적용 요건

인터넷주소자원에 관한 법률(이하 '인터넷주소자원법'이라 한다) 제12조는 정당한 권원이 있는 자의 도메인이름 등록을 방해하거나 그로부터 부당한 이득을 얻

---

210) 대법원 2008. 2. 1. 선고 2004다72457 판결. 위 판결은 "이 사건 소는 피고가 세계지적재산권기구 중재조정센터에 의무적 행정절차의 개시를 신청함에 따라, 그 중재조정센터 담당 행정패널이 분쟁해결방침에 의하여 원고에게 이 사건 각 도메인이름을 피고에게 이전할 것을 명하는 내용의 결정을 하자, 원고가 그 결정의 집행을 보류시키기 위하여 제기한 것인바, 도메인이름 등록기관의 등록행정절차에 관한 규정인 분쟁해결방침은 원고와 ○○시스템 사이에서 이루어진 합의에 따라 의무적 행정절차에서 적용될 수 있음은 별론으로 하고, 의무적 행정절차를 벗어나서 원, 피고 사이의 실체적 권리관계를 규율하는 구속력이 있다고 할 수 없으므로, 원고의 이 사건 각 도메인이름의 등록·사용 등이 분쟁해결방침의 등록취소·이전 등의 요건을 충족하는지 여부는 이 사건의 심리·판단 대상이 될 수 없고, 피고가 자신의 상표 등에 관한 권리에 터 잡아 원고를 상대로 이 사건 각 도메인이름의 사용금지를 청구할 수 있는 법률요건을 충족하는지 여부가 이 사건의 심리·판단의 대상이라고 할 것이다."라고 하였다.

는 등 부정한 목적으로 도메인이름을 등록·보유 또는 사용한 자가 있으면 정당한 권원이 있는 자가 법원에 그 도메인이름의 등록말소 또는 등록이전을 청구할 수 있도록 규정한다.

위 규정의 취지는, 원칙적으로 도메인이름은 선착순으로 자유롭게 등록할 수 있지만 그 중복등록이 불가능함을 악용하여 부정한 목적으로 도메인이름을 선점하는 사이버스쿼팅(Cyber-Squatting) 행위를 규제함으로써 정당한 권원이 있는 자의 도메인이름 등록 및 사용을 보장하고 인터넷 사용자들의 도메인이름에 대한 혼란을 방지하려는 데에 있다.211)

이때 도메인이름의 등록말소 또는 등록이전을 청구하는 이에게 '정당한 권원'이 있다고 하려면, 그 도메인이름과 동일 또는 유사한 성명, 상호, 상표 그 밖의 표지(이하 '대상표지'라고 한다)를 타인이 도메인이름으로 등록하기 전에 국내 또는 국외에서 이미 등록하였거나 상당 기간 사용해 오고 있는 등으로 그 도메인이름과 사이에 밀접한 연관관계를 형성하는 한편, 그 도메인이름을 대가의 지불 없이 말소하게 하거나 이전을 받는 것이 정의 관념에 비추어 합당하다고 인정할 수 있을 만큼 직접적 관련성이 있고 그에 대한 보호의 필요성도 충분하다는 사정이 존재하여야 한다.

그리고 인터넷 공간에서 사용되는 도메인이름의 속성과 위에서 본 인터넷주소자원법 제12조의 입법 취지, 인터넷주소자원법 제4조가 종전에는 '대한민국의 국가코드에 따르는 도메인이름 등의 인터넷주소자원'만을 위 법의 적용대상으로 규정하고 있었는데 2009. 6. 9. 법률 제9782호로 개정되면서 그 적용대상을 '대한민국에서 등록·보유 또는 사용되는 도메인이름 등 인터넷주소자원'으로 확대한 점, 이와는 달리 부정경쟁방지법은 제2조 제1호 아목에서 정당한 권원이 없는 자가 '국내에 널리 인식된' 타인의 성명, 상호, 상표, 그 밖의 표지와 동일하거나 유사한 도메인이름을 등록·보유·이전 또는 사용하는 행위를 부정경쟁행위로 한정하여 규정하고 있는 점 등을 고려하면, 인터넷주소자원법 제12조에서 도메인이름에 대한 정당한 권원을 인정하기 위해 그 대상표지가 반드시 국내에서 널리 인식되어 있음은 요건이 아니다.212)

그리고 도메인이름을 등록·보유 또는 사용한 이에게 인터넷주소자원법 제12

---

211) 대법원 2013. 4. 26. 선고 2011다64836 판결.
212) 대법원 2013. 9. 12. 선고 2011다57661 판결.

조에서 규정한 '부정한 목적'이 있는지 여부는, 정당한 권원이 있는 자의 대상표지에 관한 인식도 또는 창작성의 정도, 도메인이름과 대상표지의 동일·유사성의 정도, 도메인이름을 등록·보유 또는 사용한 자가 대상표지를 알고 있었는지 여부, 도메인이름을 판매·대여하여 경제적 이익을 얻고자 한 전력이 있는지 여부, 도메인이름에 의한 웹사이트의 개설 및 그 웹사이트의 실질적인 운영 여부, 그 웹사이트상의 상품 또는 서비스업 등과 대상표지가 사용된 상품 또는 서비스업 등과의 동일·유사성 내지는 경제적 견련관계 유무, 대상표지에 화체되어 있는 신용과 고객흡인력으로 인하여 인터넷 사용자들이 그 웹사이트로 유인되고 있는지 여부, 그 밖에 도메인이름의 등록·보유 또는 사용을 둘러싼 제반 사정 등을 종합적으로 고려하여 판단한다.[213)

제10절   상품형태 모방행위(자목)

I. 의의

① 자목 규정 및 연혁

부정경쟁방지법 제2조 제1호 자목은 타인이 제작한 상품의 형태(형상·모양·

---

213) 대법원 2013. 4. 26. 선고 2011다64836 판결, 대법원 2013. 9. 12. 선고 2011다57661 판결. 대법원 2017. 6. 29. 선고 2016다216199 판결은 "이 사건 도메인이름과 대상표지와의 유사성, 이 사건 도메인이름의 등록 경위, 원고와 피고와의 관계 등의 판시 사실관계에 의하면, 피고가 원고의 국내에이전트가 된 후 원고의 제품을 소개하기 위하여 이 사건 도메인이름을 등록하여 사용하였으나 그 후 그 에이전트 계약이 종료되어 원고와는 경쟁업체가 되었음에도 이 사건 도메인이름을 피고의 웹사이트 주소로 계속 사용하면서 원고를 해외 거래처라고 지칭함으로써 인터넷 사용자들에게 피고가 아직도 원고의 한국 공식대리점이라는 인상을 주어 혼동을 초래하고 그로 인하여 원고의 대리점 관리 및 판매 실적에도 영향을 미치는 등의 판시 사정들이 인정되며, 이러한 사정들을 종합하면 이 사건 도메인이름의 보유 및 사용에 관하여 피고에게 인터넷주소법 제12조의 '부정한 목적'을 인정할 수 있고, 피고가 이전에 이 사건 도메인이름을 판매·대여하여 경제적 이익을 얻고자 한 적이 없었다 하더라도 마찬가지라고 보아야 한다."고 한 원심판단을 수긍하였다.

색채·광택 또는 이들을 결합한 것을 말하며, 시제품 또는 상품소개서상의 형태를 포함한다. 이하 같다)를 모방한 상품을 양도·대여 또는 이를 위한 전시를 하거나 수입·수출하는 행위를 부정경쟁행위로 규정하되 다만, (1) 상품의 시제품 제작 등 상품의 형태가 갖추어진 날부터 3년이 지난 상품의 형태를 모방한 상품을 양도·대여 또는 이를 위한 전시를 하거나 수입·수출하는 행위, (2) 타인이 제작한 상품과 동종의 상품(동종의 상품이 없는 경우에는 그 상품과 기능 및 효용이 동일하거나 유사한 상품을 말한다)이 통상적으로 가지는 형태를 모방한 상품을 양도·대여 또는 이를 위한 전시를 하거나 수입·수출하는 행위의 어느 하나에 해당하는 행위를 부정경쟁행위로부터 제외하고 있다.

2004. 1. 20. 법률 제7095호로 개정된 부정경쟁방지법에서 제2조 제1호 아목과 함께 자목을 신설하여 "타인이 제작한 상품의 형태(형상·모양·색채·광택 또는 이들을 결합한 것을 말하며, 시제품 또는 상품소개서상의 형태를 포함한다. 이하 같다)를 모방한 상품을 양도·대여 또는 이를 위한 전시를 하거나 수입·수출하는 행위. 다만, 다음 어느 하나에 해당하는 행위를 제외한다. (1) 상품의 시제품 제작 등 상품의 형태가 갖추어진 날부터 3년이 경과된 상품의 형태를 모방한 상품을 양도·대여 또는 이를 위한 전시를 하거나 수입·수출하는 행위 (2) 타인이 제작한 상품과 동종의 상품(동종의 상품이 없는 경우에는 그 상품과 기능 및 효용이 동일 또는 유사한 상품을 말한다)이 통상적으로 갖는 형태를 모방한 상품을 양도·대여 또는 이를 위한 전시를 하거나 수입·수출하는 행위"로 규정하였다가 2007. 12. 21. 법률 제8767호로 개정된 부정경쟁방지법에서 '동일 또는 유사한'이 '동일하거나 유사한'으로 문구 수정이 이루어져 지금에 이르고 있다.

② 규정 취지

원래 상품의 형태는 신규성 및 창작비용이성 요건을 충족하는 경우에 디자인보호법에 의하여 등록되어 디자인권으로 보호되고[214] 상품의 출처표시기능을 하

---

214) 이 부분 내용은 윤태식, 디자인보호법 −디자인 소송 실무와 이론−, 진원사(2016), 159~259(「제4장 디자인등록 요건 제2절 신규성 제3절 창작비용이성」 부분)에서 자세히 설명한다.

면 상표법상 입체상표로 보호되며, 상품의 출처표시로 널리 알려져 주지·저명성을 구비하면 부정경쟁방지법상의 가목, 다목에 의해 보호되고, 상품의 형태가 기능과 분리되어 창작적인 형태를 띠면 응용미술저작물로 저작권법에 따라 보호받을 수 있다.[215]

다만 디자인등록을 위해서는 시간이 필요한데 제품의 판매 주기(라이프 사이클)는 점점 짧아지는 경향에 있고, 앞서 본 등록요건을 갖추지 못한 경우 즉, 창작비용이성의 요건을 충족하지 못하여 디자인보호법에 의하여 등록되지 못하거나 주지표지에 이르지 못하여 부정경쟁방지법의 보호를 받지 못하거나 창작성을 인정받지 못하여 저작권법의 보호를 받지 못한 경우 등에는, 비록 신규한 상품형태로 인해 상품시장에서 우월한 지위에 서더라도 지식재산권법에 따른 보호를 받기가 어려웠다.

이에 권리로 등록되기 이전이라든가 그와 같은 권리로 등록받기 위한 창작성 등의 보호요건을 충족하지 못하더라도 큰 비용, 시간과 노력을 들여 개발한 신규한 상품형태를 보호할 필요가 있다는 의견이 나오게 되었다.

본 목은 창작적 성과보다는 상품개발을 위하여 자본, 노력 등을 투자한 시장 선행자의 이익을 보호하기 위하여 이른바 데드카피(dead copy)와 같이 그대로 베끼는 것이나 그에 준하는 상품의 (기능면이 아니라) 형태면에서의 복제행위를 막기 위해 입법되었고 특히 본 목은 소상공인이나 중소기업에 의해 개발, 판매되고 있는 상품형태에 대하여 활용도가 높다.

II. 요건

본 목이 적용되기 위한 적극적 요건으로, 타인이 제작한 상품의 형태(형상·모양·색채·광택 또는 이들을 결합한 것을 말하며, 시제품 또는 상품소개서상의 형태를 포함한다. 이하 같다)를 모방한 상품을 양도·대여 또는 이를 위한 전시를 하거나 수입·수출하는 행위일 것이 필요하다.

그리고 본 목이 적용되기 위한 소극적 요건으로, 상품의 시제품 제작 등 상품의 형태가 갖추어진 날부터 3년이 지난 상품의 형태를 모방한 상품을 양도·대여

---

215) 이 부분 내용은 윤태식, 저작권법, 박영사(2020), 11~14에서 설명한다.

또는 이를 위한 전시를 하거나 수입·수출하는 행위이거나 타인이 제작한 상품과 동종의 상품(동종의 상품이 없는 경우에는 그 상품과 기능 및 효용이 동일하거나 유사한 상품을 말한다)이 통상적으로 가지는 형태를 모방한 상품을 양도·대여 또는 이를 위한 전시를 하거나 수입·수출하는 행위가 아닐 것이 필요하다.

이하 이들 요건을 순차로 설명한다.

1 타인이 제작한 상품의 형태(형상·모양·색채·광택 또는 이들을 결합한 것을 말하며, 시제품 또는 상품소개서상의 형태를 포함한다)를 모방한 상품을 양도·대여 또는 이를 위한 전시를 하거나 수입·수출하는 행위일 것

가. 타인 제작

부정경쟁방지법 제2조 제1호 자목은 창작적 성과보다는 상품개발에 자본·노력을 투자한 시장선행자의 이익을 보호하기 위하여 이른바 그대로 베끼는 것(dead copy)이나 그에 준하는 행위를 금지하는 데 취지가 있으므로, 본 목에서 규정하고 있는 「타인」이란 상품의 형태를 창작한 자가 아니라 상품을 개발하고 상품화하는 데에 노력과 비용을 투자하거나 모험을 감수한 자를 말한다.

따라서 시장선행자로서 먼저 상품화하였다거나 시장선행자로부터 독점판매권을 수여받아 영업하고 있고 상품형태 모방으로 인해 영업상 이익이 침해되었음을 주장·증명하면 본 목의 청구 주체가 될 수 있다.[216]

---

[216] 서울고등법원 2010. 8. 19. 선고 2009나88091 판결(미상고 확정) 등 참조.
　서울중앙지방법원 2016. 4. 22. 선고 2015나54119 판결(상고취하 확정)은 "부정경쟁방지법 제5조에서 손해배상청구권자로 규정하는 '타인'은 부정경쟁행위로 인하여 자신의 영업상 이익이 침해되는 자를 의미하므로 반드시 부정경쟁방지법 제2조 제1항 자목에서 부정경쟁행위의 대상으로 규정된 '타인'과 동일인일 필요는 없고, 부정경쟁행위로 인하여 부정경쟁방지법 제2조 소정의 '타인' 이외에 제3자의 영업상 이익도 침해되는 경우라면 그 제3자 역시 부정경쟁방지법 제5조에 따라 손해배상을 청구할 수 있다."고 하여 독점판매권을 수여받은 자 이외에 영업상 이익을 침해받은 자도 청구주체가 될 수 있다고 하였다.
　한편 부정경쟁방지법 주해, 박영사(2020), 162~163(박성호 집필부분)은 상품형태 모방행위의 규제를 신설한 취지에 비추어 볼 때 청구주체를 상품을 스스로 개발한 자에 한정하고, 독점적 판매권자는 채권자대위권을 활용하여 보호받을 수 있다고 설명한다.

상품개발에 자본·노력을 투자한 자가 다수라면 그 모두가 본 목의 청구 주체가 될 수 있지만 그들 내부 상호간에는 법문에서 말하는 타인에 해당하지 않아 그중 일방의 상품판매행위를 본 목의 부정경쟁행위에 해당한다고 보기 어렵다.

나. 상품의 형태

여기에서 「상품」이란 법 제2조 제1호 가목에서 본 바와 같이 시장에서 금전 또는 물건과 독립적으로 거래의 대상이 되는 유체물 외에 경제적 가치가 사회적으로 승인되고 독립하여 거래의 대상으로 인정되는 무체물도 포함되며 반드시 일반 소비자에게 제공하는 것으로 한정되지 않는다.

「상품의 형태」라고 함은 일반적으로 상품 자체의 형상·모양·색채·광택 또는 이들을 결합한 전체적인 외관[217]을 말하고 시제품 또는 상품소개서상의 형태를 포함한다.

상품의 형태는 2차원이든 3차원이든 어떠한 물리적인 형태를 가진 물건의 외관으로 구체적으로 나타나 수요자 등에 의해 인식될 수 있어야 한다.

따라서 본 목의 보호대상인 상품의 형태를 갖추었다고 하려면, 수요자가 그 상품의 외관 자체로 특정한 상품임을 인식할 수 있는 형태적 특이성이 있을 뿐 아니라 정형화된 것이어야 한다.[218]

상품의 내부구조도 수요자 등에 의해 외부에서 인식될 수 있고 구입할 때 주목을 받는 부분이라면 상품형태에 포함된다.

---

217) 대법원 2016. 10. 27. 선고 2015다240454 판결 참조. 일본 부정경쟁방지법 제2조 제4항은 "이 법률에서 '상품의 형태'라 함은 수요자가 통상의 용법에 따른 사용에서 지각에 의하여 인식할 수 있는 상품의 외부 및 내부의 형상 및 그 형상에 결합한 모양, 색채, 광택 및 질감(質感)을 말한다."라고 규정하고 있다. 우리 부정경쟁방지법에 '질감'(재료가 본래 가지고 있는 성질의 차이로부터 오는 인상이나 촉감)은 규정되어 있지 않으나 외관상 인식할 수 있는 질감이라면 굳이 상품형태의 요소로부터 배제할 이유는 없다.

218) 대법원 2016. 10. 27. 선고 2015다240454 판결은 아이스크림의 상품형태 해당 여부와 관련된 사안에서, "사회통념으로 볼 때 그 상품들 사이에 일관된 정형성이 없다면 비록 상품의 형태를 구성하는 아이디어나 착상 또는 특징적 모양이나 기능 등의 동일성이 있다고 하더라도 이를 '상품의 형태'를 모방한 부정경쟁행위의 보호대상에 해당한다고 할 수 없다."라고 하면서 투명한 컵 또는 콘에 담긴 소프트 아이스크림 위에 벌집채꿀('벌집 그대로의 상태인 꿀'을 말한다)을 올린 모습을 한 원고 제품은 개별 제품마다 상품형태가 달라져서 일정한 상품형태를 항상 가지고 있다고 보기 어려워 부정경쟁방지법 제2조 제1호 자목의 보호대상이 되지 않는다고 하였다.

또한 당해 상품의 용기·포장이 당연히 상품형태에 포함되는 것은 아니지만 상품의 용기·포장이 상품 자체와 일체로 되어있어 용기·포장의 모방을 상품 자체의 모방과 실질적으로 동일시할 수 있는 경우에는 상품형태에 포함된다.[219] 이때 용기·포장이 단순히 상품 자체와 물리적으로 쉽게 분리할 수 있는지 여부의 관점보다는 상품 자체와 얼마나 기능적으로 일체화되어 있는가의 관점에서 판단한다.

이러한 논리는 상품의 부품인 경우에도 적용되어 상품의 부품이라도 그것이 상품형태의 특징을 가지고 있어 독립하여 거래의 대상이거나 그러한 부품의 모방이 전체로서의 상품형태의 모방과 실질적으로 동일시할 수 있는 경우에는 본 목의 상품형태에 포함될 수 있다. 같은 논리로 물품의 일부[220]나 물품의 조합에 대하여도 상품형태로 보호될 수 있다.

그러나 구체적인 상품의 형태를 떠난 상품의 아이디어나 상품의 기능을 실현하기 위한 구성이나 추상적인 특징은 상품의 형태에 해당하지 않는다.

다. 모방

본 목에서 「모방」이라 함은 타인의 상품형태에 의거(依據)하여 이와 실질적으로 동일한 형태의 상품을 만들어 내는 것을 말하고, 형태에 변경이 있는 경우 실질적으로 동일한 형태의 상품에 해당하는지는 당해 변경의 내용·정도, 그 착상의 난이도, 변경에 의한 형태적 효과 등을 종합적으로 고려하여 판단한다.[221][222]

---

219) 대법원 2008. 10. 17.자 2006마342 결정은 "이 사건 포장은 종이로 만든 직육면체 상자 형상으로서 그 안에 마가렛트 상품이 2개씩 포장된 봉지들이 여러 개 담긴 채 봉해져 일체로서 전시·판매되고 있어 포장을 뜯지 않으면 그 내용물이 실제로 외관에 나타나지 않음을 알 수 있다. 그렇다면 이 사건 포장은 마가렛트 상품 자체와 일체로 되어 있어 이 사건 포장을 모방하는 것이 실질적으로 마가렛트 상품 자체를 모방하는 것과 동일시된다고 할 것이므로, 이 사건 포장은 구 부정경쟁방지법 제2조 제1호 자목에서 정하는 상품의 형태에 포함된다고 봄이 상당하다."라고 하였다.

220) 서울고등법원 2012. 2. 2. 선고 2011나69529 판결(미상고 확정)은 액체형 화장품은 제품의 용기가 제품 자체와 사실상 일체로 되어있어 용기의 모방을 제품 자체의 모방과 실질적으로 동일시할 수 있는 경우에 해당하므로 위 용기에 표시된 표장 역시 상품의 형태에 포함된다고 하면서 내용물 성분이 표시된 피고 표장을 부착한 피고 재품을 양도하는 등의 행위가 자목의 부정경쟁행위에 해당한다고 판단하였다.

221) 대법원 2008. 10. 17.자 2006마342 결정. 대법원 2012. 3. 29. 선고 2010다20044 판결 등 참조. 대법원 2008. 10. 17.자 2006마342 결정에서 대법원은 종이로 만든 직육

모방의 범위에서 반드시 상품형태의 전체를 모방해야 한다거나 타인의 상품형태가 독창적일 것은 요건이 아니다.

여기서 의거라 함은 타인의 상품형태에 근거하여 상품을 만든다고 인식하는 상태를 의미한다. 의거 여부는 원고 상품에의 접근성, 원고 상품의 선전광고 횟수·범위, 원고 상품의 제작 및 유통 과정, 원고 상품과 피고 상품 간 동일 정도, 피고의 시장조사 및 상품 개발 및 제조능력 등의 제반 사정을 종합하여 판단한다.

따라서 그 상품형태가 이미 존재하더라도 (증명이 쉽지 않음은 별론으로 하더라도) 그와 무관하게 독자적으로 창작되었다면 타인의 상품형태에 의거한 것이 아니므로 비록 상품형태가 동일하더라도 본 목의 모방에 해당하지 않는다.

그리고 실질적 동일의 의미와 범위는 본 목의 입법취지에 따라 결정한다.

즉 본 목의 취지가 타인에 의해 제작된 상품의 형태를 그대로 복제함에 따라 타인이 당해 상품의 형태에 투하한 자본과 노력에 무임승차하는 행위를 금지하는 데에 있으므로 전체적으로 상품의 형태 중 자본과 노력을 투자한 중요한 부분이 실질적으로 동일한지 여부에 따라 판단한다. 설령 타인의 상품형태에 다소 변경을 가하였더라도 전체적으로 관찰할 때 자본이나 노력에 무임승차하는 것이라고 평가될 수 있을 정도라면 타인의 상품형태와 실질적으로 동일한 범위 내라고 평가할 수 있다. 이때 상품형태에 가해진 변경이 사소하여 실질적으로 동일한 형태의 상품에 해당하는지는 당해 변경의 내용·정도, 그 착상의 난이도, 변경에 의한 형태적 효과 등을 종합적으로 고려하되,223) 당해 상품의 거래자 및 수요자의 관

면체 상자 형상으로 그 안에 마가렛트 상품이 2개씩 포장된 봉지들이 여러 개 담긴 채 봉해져 일체로서 전시·판매되고 있어 포장을 뜯지 않으면 그 내용물이 실제로 외관에 나타나지 않는 경우 그 포장은 마가렛트 상품 자체와 일체로 되어 있어 포장을 모방하는 것이 실질적으로 마가렛트 상품 자체를 모방하는 것과 동일시되므로, 그 포장이 구 부정경쟁방지법 제2조 제1호 자목에서 정하는 "상품의 형태"에 포함된다고 하면서도 구체적인 사안에서 그 신청인의 포장과 피신청인의 포장이 실질적으로 동일한 형태가 아니라고 하였다.

222) 참고로 일본 부정경쟁방지법 제2조 제5항은 "이 법률에서 '모방하는'이라 함은 타인의 상품의 형태에 의거하여 이와 실질적으로 동일한 형태의 상품을 만들어 내는 것을 말한다."라고 명시하고 있다.

223) 대법원 2008. 10. 17. 선고 2006마342 결정, 대법원 2012. 3. 29. 선고 2010다20044 판결, 대법원 2014. 3. 27. 선고 2013다212066 판결, 서울고등법원 2009. 12. 22.자 2009라1496 결정(미재항고 확정).

점에서 판단한다.

실질적 동일 여부를 판단할 때의 관찰방법과 관련하여, 부정경쟁방지법 제2조 제1호 가목 및 나목은 이격적 관찰에 의하지만, 본 목의 경우는 혼동의 우려(가능성)가 아니라 타인의 상품형태를 모방하였는지의 관점에서 판단하므로 타인의 상품 및 모방되었다고 주장되는 상품을 나란히 두고 비교하는 대비적 관찰의 방법에 의한다.

참고로 대비적 관찰은 디자인보호법에서의 디자인 유사 여부 판단을 위해 사용되는 관찰방법이나 디자인 유사 여부 판단은 창작적 요소 내지 요부 관찰에 의해 창작의 폭을 결정하는 반면에 본 목에서 보호되는 것은 상품형태로서 전체적으로 보아 타인의 상품형태를 모방(도용)했는지 여부의 관점에서 판단한다.

따라서 본 목의 대비적 관찰은 디자인의 유사 판단 방법과 같이 창작적인 요소를 기준으로 하지 않으므로 상품의 형태가 반드시 독창적이거나 생각해 내기 어려운 형태이어야 할 필요는 없다.

라. 모방한 상품을 양도 · 대여 또는 이를 위한 전시를 하거나 수입 · 수출하는 행위

모방한 상품을 양도 · 대여 또는 이를 위한 전시를 하거나 수입 · 수출하는 행위이어야 한다.

「양도」는 물건을 타인에게 이전하는 것을, 「대여」는 타인에게 물건을 빌려주는 것을 말한다.

「수입」, 「수출」에 대하여는 이미 「제3장 부정경쟁행위의 유형 제2절 상품주체 혼동행위(가목) III. 타인의 상품표지와 동일 · 유사한 것을 사용하거나 이러한 것을 사용한 상품의 판매 · 반포(頒布) 또는 수입 · 수출행위 ② 상품표지의 사용 및 그 표지사용 상품의 판매 등 행위」 부분에서 자세히 설명하였다.

「수출」이란 국내에서 외국으로 재화를 팔기 위하여 실어 내는 것을 말하는데, 상표에 관한 사안에서 수출자유지역 내에서 수출 목적으로만 상품을 생산하였더라도 국내에서의 실시행위에 해당한다고 본 사례가 있다.[224]

부정경쟁방지법은 본 목의 행위 태양에서 위 행위 태양 외에 타인의 상품형

---

224) 대법원 2002. 5. 10. 선고 2000후143 판결 참조.

태를 모방하는 것 자체, 즉 제조행위나 생산행위는 명시하지 않고 있다.

그 이유는 제조나 생산의 모방행위 자체를 본 목의 부정경쟁행위의 대상으로 한다면 시험연구를 위한 모방행위까지 규제의 대상으로 되어 부당하므로 모방행위 자체는 부정경쟁행위로 하지 않고 모방한 상품을 양도하는 등의 행위를 부정경쟁행위의 대상으로 규율하였다고 생각된다. 따라서 제조나 생산이 본 목의 부정경쟁행위의 하나로 명시되어 있지 않아 그 행위 자체에 대해 금지청구를 할 수는 없다. 그러나 설령 시험연구를 목적으로 모방행위를 하였더라도 제조·생산된 모방품이 그 후 양도되어 유통될 것이 예상된다면, 본 목에 의해 금지되는 양도행위 등에 대한 예방조치로서 제조나 생산을 금지청구의 대상으로 할 수는 있다.

② 상품의 시제품 제작 등 상품의 형태가 갖추어진 날부터 3년이 지난 상품의 형태를 모방한 상품을 양도·대여 또는 이를 위한 전시를 하거나 수입·수출하는 행위가 아닐 것 또는 타인이 제작한 상품과 동종의 상품(동종의 상품이 없는 경우에는 그 상품과 기능 및 효용이 동일하거나 유사한 상품을 말한다)이 통상적으로 가지는 형태를 모방한 상품을 양도·대여 또는 이를 위한 전시를 하거나 수입·수출하는 행위가 아닐 것

가. 상품의 시제품 제작 등 상품의 형태가 갖추어진 날부터 3년이 지난 상품의 형태를 모방한 상품 또는 타인이 제작한 상품과 동종의 상품이 통상적으로 가지는 형태를 모방한 상품

본 목에 따른 상품형태의 보호는 상품의 시제품 제작 등 상품의 형태가 갖추어진 날부터 3년이 경과된 상품이나 동종의 상품(동종의 상품이 없는 경우에는 그 상품과 기능 및 효용이 동일 또는 유사한 상품을 말함)이 통상적으로 가지는 형태에 대하여는 미치지 아니한다. 즉 상품형태의 보호는 그 보호기간이 3년이라는 점에서 다른 표지보호와는 다른 특징을 갖고 있다. 위 보호기간 3년은 국내 또는 국외를 구분하지 않고 상품의 형태가 갖추어진 날부터 기산된다.[225]

여기서 동종의 상품이 통상적으로 가지는 형태란 동종의 상품 분야에서 일반적으로 채택되는 형태로서 상품의 기능·효용을 달성하거나 그 상품 분야에서 경

---

225) 서울고등법원 2011. 3. 23. 선고 2010다42886 판결(미상고 확정).

쟁하기 위하여 채용이 불가피한 형태 또는 동종의 상품이라면 흔히 가지는 개성이 없는 형태 등을 말한다.[226]

통상적으로 가지는 형태에는 상품을 전체적으로 보아 동종의 상품 등이 이미 가지고 있는 형태이거나 특징이 없는 흔한 형태 또는 동종의 상품 등이 그 기능 및 효용을 발휘하기 위하여 불가피하게 채택할 수밖에 없는 형태로서 특정한 영업자에게 독점시킬 수 없는 형태를 포함하되,[227] 상품의 일부분이 아니라 전체적으로 관찰하여 판단한다.

법에서 위 내용을 단서 조항으로 규정하고 있으므로 모방하였다고 주장되는 자(피고)가 위 소극적 요건사실을 주장·증명하여야 한다.

부정경쟁방지법 제4조에 의한 금지청구를 인정할 것인지의 판단은 사실심 변론종결 당시를 기준으로 하고, 법 제5조에 의한 손해배상청구를 인정할 것인지의 판단은 침해행위 당시를 기준으로 한다.[228]

한편, 위 소극적 요건을 갖추지 못한 행위, 예컨대 상품의 시제품 제작 등 상품의 형태가 갖추어진 날부터 3년이 지난 상품의 형태를 모방한 상품을 양도·대여 또는 이를 위한 전시를 하거나 수입·수출하는 행위는 본 목에 해당하지 않아 법 제4조에 따른 금지청구권의 대상이 될 수 없지만,[229] 이를 부정경쟁방지법 제2조 제1호 카목 위반의 부정경쟁행위나 민법상 불법행위에 해당한다고 주장하여 금지청구권 등을 행사할 수 있을까.

---

226) 대법원 2017. 1. 25. 선고 2015다216758 판결.
227) 서울중앙지방법원 2013. 9. 6. 선고 2012가합40610 판결(항소기각, 심리불속행 상고기각 확정)은 "부정경쟁방지법 제2조 제1호 자목 단서 (2)에서 규정하는 '상품이 통상적으로 가지는 형태'라 함은 그 형태가 시장에서 사실상 표준이 되어 있는 형태 또는 그 형태를 가지지 않는 한 상품으로 성립하지 않는 형태(기능에서 유래하는 형태)를 의미한다고 할 것이다. 또한, 상품형태는 그 형태의 일부분이 모여서 전체적으로 하나의 형태를 구성하게 되는 것이므로, 동종 상품에 사용되는 통상적인 형태의 일부분을 개별적으로 모방하였다 하더라도, 그 일부분이 전체적으로 결합되어 이루게 되는 형태가 동종 상품이 통상적으로 가지는 형태가 아니라면, 위 부정경쟁방지법 제2조 제1호 자목 단서 (2)에 해당한다고 하기 어렵다."라고 한다.
228) 대법원 2018. 6. 28. 선고 2018다215893 판결, 대법원 2009. 6. 25. 선고 2009다22037 판결.
229) 상품의 형태가 갖추어진 날로부터 3년이라는 기간이 변론종결 시 경과하여 금지청구가 인정되지 않더라도, 원고는 3년이 지나기 전의 기간 동안 발생한 부정경쟁행위에 기한 손해에 대해 손해배상청구를 할 수 있다.

이에 대해 1심·2심 법원은 부정경쟁방지법 제2조 제1호 카목은 가목 내지 차목에 규정하고 있는 행위유형과는 다른, 종래의 지식재산권 관련 제도 내에서는 예상할 수 없어 기존 법률로는 미처 포섭할 수 없었던 유형의 행위로서 가목 내지 차목의 부정경쟁행위에 준하는 것으로 평가할 수 있는 행위에 관해서만 보충적으로 적용되는 규정이고, 만일 본 목 단서 (1)에서 정한 3년의 보호기간 이후의 모방행위에 대해 카목으로 규율할 수 있다면 본 목의 존재근거가 상실하게 되거나 자목의 기간 제한의 취지를 잠탈하는 결과를 초래한다는 점 등을 이유로, 특별한 사정이 없는 한, 본 목 단서 (1)에서 정한 3년의 상품형태 보호기간 이후의 모방행위는 위 규정의 취지상 자유로운 이용이 허용된 상품형태의 모방행위에 해당하여 부정경쟁방지법 제2조 제1호 카목이나 민법상 불법행위에 해당하지 않는다고 한 사례230)가 다수이나 그 외의 경우에 적용가능성을 완전히 배제할 수는 없다.231)

나. 모방한 상품을 양도·대여 또는 이를 위한 전시를 하거나 수입·수출하는 행위

이에 대하여는 앞의 「1 타인이 제작한 상품의 형태(형상·모양·색채·광택 또는 이들을 결합한 것을 말하며, 시제품 또는 상품소개서상의 형태를 포함한다)를 모방한 상품을 양도·대여 또는 이를 위한 전시를 하거나 수입·수출하는 행위일 것 라. 모방한 상품을 양도·대여 또는 이를 위한 전시를 하거나 수입·수출하는 행위」에서 설명하였으니 중복을 피한다.

---

230) 서울고등법원 2017. 6. 29. 선고 2016나2080770 판결(상고이유서 미제출 등으로 상고기각 확정). 서울중앙지방법원 2015. 4. 10. 선고 2013가합556587, 2014가합546662(병합) 판결(미항소 확정), 서울중앙지방법원 2015. 9. 23. 선고 2015가합519087 판결(항소심 계속 중 화해권고결정으로 확정), 서울중앙지방법원 2018. 4. 27. 선고 2016가합565810 판결(미항소 확정) 등 참조.

231) 이 문제와 직접적으로 관련된 것은 아니지만, 등록디자인이 무효로 되었음에도 본 목이 적용된 사례로, 서울중앙지방법원 2018. 5. 4. 선고 2017가합502502 판결(미항소 확정)은 피고의 상품판매행위가 부정경쟁방지법 제2조 제1호 자목에 해당한다는 이유로 제기한 손해배상청구사건에서 별도의 등록무효심판절차에서 원고의 디자인권이 출원 전에 공지된 선행디자인에 의해 무효로 되었지만 무효의 원인이 된 그 선행디자인이 원고 자신에 의해 창작되어 공지된 디자인이라는 사정을 고려하고 상품형태를 모방한 것으로 인정하여 부정경쟁방지법 제2조 제1호 자목을 적용하였다.

III. 적용 범위 및 금지·손해배상 청구 주체

① 적용 범위

본 목이 부정경쟁행위로 규제하고 있는 것은 모방한 상품을 양도·대여 또는 이를 위한 전시를 하거나 수입·수출하는 행위이고, 앞에서 설명한 바와 같이 제조·생산은 법문에 규정되어 있지 않아 본 목에 따른 규제 대상이 아니다. 타인이 제작한 상품의 형태를 모방한 상품을 구입하거나 구입한 모방상품을 사용하는 행위 역시 본 목의 규제 대상이 아니다.

② 금지·손해배상 청구 주체

본 목의 상품형태 모방행위에서 금지·손해배상을 청구할 수 있는 자는 형태모방의 대상으로 된 상품을 스스로 개발·상품화하여 시장에 내놓은 사업자 또는 그로부터 사용권이나 독점적 판매권을 부여받아 적극적으로 판매망의 개척과 확보를 위해 노력하여 보호하여야 할 영업상 이익이 있는 경우 등과 같이 그 상품의 사용에 관하여 고유하고 정당한 이익을 가지는 자에게 인정된다.

따라서 상품의 사용에 관하여 고유하고 정당한 이익을 가지지 않는 단순한 수입업자나 유통업자는 본 목에 기한 금지·손해배상 청구의 행사 주체가 되기 어렵다.

상품을 시제품으로 제작하거나 시장에 출시하기 전에 이미 알려진 쉽게 채용할 수 있는 형태를 모방하여 상품을 제조·판매한 자도 스스로 비용, 노력을 투하하여 상품을 개발하여 시장에 내놓은 사업자라고 할 수 없어 본 목에 기한 금지·손해배상 청구의 행사 주체가 될 수 없다.232)

---

232) 서울중앙지방법원 2017. 2. 17. 선고 2016가합503638 판결(항소기각 미상고 확정)은 피고제품이 원고제품의 상품형태와 실질적으로 동일하고 원고제품의 상품형태에 근거하여 판매된 사실은 인정하면서도, 원고제품이 출시 이전에 판매된 선행제품들과 실질적으로 동일하고 선행제품들의 상품형태에 근거하여 그 형태를 모방한 상품이어서 원고가 스스로 비용과 노력을 투자하여 원고제품을 개발하고 상품화한 사람이라고 할 수 없다

제11절 아이디어 포함 정보의 부정사용행위(차목)

I. 의의

① 차목 규정

부정경쟁방지법 제2조 제1호 차목은 "사업제안, 입찰, 공모 등 거래교섭 또는 거래과정에서 경제적 가치를 가지는 타인의 기술적 또는 영업상의 아이디어가 포함된 정보를 그 제공목적에 위반하여 자신 또는 제3자의 영업상 이익을 위하여 부정하게 사용하거나 타인에게 제공하여 사용하게 하는 행위. 다만, 아이디어를 제공받은 자가 제공받을 당시 이미 그 아이디어를 알고 있었거나 그 아이디어가 동종 업계에서 널리 알려진 경우에는 그러하지 아니하다."라고 하여 아이디어 포함 정보의 부정사용행위를 부정경쟁행위로 규정하고 있다.

② 규정 취지

본 목은 2018. 4. 17. 법률 제15580호로 개정된 부정경쟁방지법에서 신설되었다.[233)]

중소·벤처기업 또는 개발자 등이 보유하는 경제적 가치 있는 아이디어를 거래상담, 입찰, 공모전 등을 통하여 알게 된 상대방이 대가에 관한 약정이나 대가를 지급하지 않고 이를 사업화하여 경제적 이익을 얻는 반면에 보상을 받지 못한 개발자는 폐업에 이르는 등으로 폐해가 발생하는 일이 종종 있다. 이때 개발자 등이 보유하던 아이디어가 특허 등의 등록에 의한 보호를 받기 위한 구체적 요건을

는 이유로 부정경쟁방지법 제5조에 따라 손해배상을 청구할 수 있는 자에 해당하지 않는다고 하였다.

233) 본 목 내용의 신설로 인해서 구법상의 차목에 규정된 성과 등 무단사용행위에 관한 조문은 신설된 카목으로 되었다.

구비하지 못한 경우 개발자 등이 손해배상청구나 사용금지청구를 행사하기 어려웠다. 이러한 문제를 해결하기 위해 개정 부정경쟁방지법에서는 신의성실의 의무가 존재하는 거래과정에서 사업제안, 입찰, 공모전 등을 통해 상대방의 기술적 또는 영업상의 아이디어를 부정하게 사용하거나 타인에게 제공해 사용하게 하는 것을 새로운 부정경쟁행위 유형으로 규정하였다.234)

본 목은 민법 제750조에 이론적 근거를 두고 있다. 다만 민법 제750조만으로는 아이디어 등이 포함된 정보의 부정사용행위에 따른 손해를 청구하기 위한 요건이 명확하지 않고 위법행위임을 증명하기도 어려워 그 적용이 쉽지 않다. 본 목은 민법상 불법행위보다는 요건과 증명책임을 완화하여 엄격한 특허요건 등의 지식재산권 등록요건을 갖추지 못하였지만 신의칙이 적용되는 거래관계에서 알게 된 경제적 가치를 가지는 기술적 또는 영업상 아이디어가 포함된 정보를 보유자의 동의 없이 무단으로 사용하는 행위를 부정경쟁행위의 한 유형으로 포섭한 데 의의가 있다.

본 목은 우리나라 부정경쟁방지법의 독자적 내용으로 외국의 부정경쟁방지법에서 유사한 규정을 찾을 수 없는 독특한 규정으로 이해되고 있다.235)

한편 본 목의 입법 제안이유에 따르면 아이디어 사용에 관한 의사의 합치가 있기 전에 알게 된 중소·벤처기업 등 개발자의 참신한 아이디어를 임의로 사업화하여 경제적 이익을 얻는 이른바 아이디어 탈취의 폐해를 방지하기 위한 것으로236) 통상 본 목을 "아이디어·기술 탈취행위"로 설명하고 있다.

그러나 본서 저자는 본 목의 규정 문언 등을 실질적으로 고려할 때 본 목을 아래 카목의 "성과 등 무단사용행위"와 동종 범주 내에 속하는 부정경쟁행위의 특수한 형태로 파악하여 이를 "아이디어 포함 정보의 부정사용행위"라고 제목을 붙여 설명하려 한다.

한편 2020. 10. 20. 법률 제17529호로 개정된 부정경쟁방지법은 본 목에 따른 부정경쟁행위가 고의적인 것으로 인정되는 경우에는 제5조에도 불구하고 제1항

---

234) 부정경쟁방지법 일부 개정법률안(대안)에 관한 산업통상자원중소벤처기업위원회 위원회 제출안, 특허청 보도자료(2018. 7. 17.) 참조.

235) 최호진, "개정 부정경쟁방지법 (차)목 및 (카)목의 해석·적용에 관한 고찰", 인권과 정의 vol. 476 (2018. 9.), 9.

236) 국회 산업통상자원중소벤처기업위원회 제안 이유(의안번호 2012752) 참조.

부터 제5항까지의 규정에 따라 손해로 인정된 금액의 3배를 넘지 아니하는 범위에서 배상액을 정할 수 있다고 하여 종전에 영업비밀 침해행위에만 인정하던 증액손해배상제도를 본 목에도 확대 적용하였다. 다만 이 개정규정은 이 법 시행(2021. 4. 21.) 이후 본 목에 해당하는 행위가 발생하는 경우부터 적용한다(부칙 제2조).

II. 요건

본 목은 "사업제안, 입찰, 공모 등 거래교섭 또는 거래과정에서 경제적 가치를 가지는 타인의 기술적 또는 영업상의 아이디어가 포함된 정보를 그 제공목적에 위반하여 자신 또는 제3자의 영업상 이익을 위하여 부정하게 사용하거나 타인에게 제공하여 사용하게 하는 행위. 다만, 아이디어를 제공받은 자가 제공받을 당시 이미 그 아이디어를 알고 있었거나 그 아이디어가 동종 업계에서 널리 알려진 경우에는 그러하지 아니하다."라고 규정한다.

① 사업제안, 입찰, 공모 등 거래교섭 또는 거래과정에서 경제적 가치를 가지는 타인의 기술적 또는 영업상의 아이디어가 포함된 정보일 것

종래에 타인의 기술적 또는 영업상 아이디어가 포함된 정보에 관하여 계약상의 책임이나 민법상의 일반불법행위 책임을 인정하기 위해서는, 당사자 간에 체결된 계약 내용에 관한 해석에 근거하여 계약의 대상에 아이디어가 포함된 정보가 있는지, 정보를 제공받은 자가 그 정보를 권원 없이 사용하지 않기로 하는 명시적 또는 묵시적 약정이 있는지, 정보를 제공받은 자가 제공자를 위해 그러한 정보를 보호할 의무 또는 비밀유지에 관한 신의칙 의무가 있는지, 당사자간에 관련 계약이 체결되지 않는다면 상대방이 해당 정보를 보유, 사용하는 것이 위법으로 되는지 등의 쟁점에서 정보 제공자가 자신에게 유리한 사실을 하나하나 주장하고 이를 증명할 필요가 있었다.

그러나 실제로 문제가 발생하여 법률관계를 검토해 보면, 계약이 제대로 체결되어 있지 않거나 계약이 체결되었더라도 계약 내용이 부실하게 작성되어 있어 상대방에게 계약상 민사책임이나 민법상 일반불법행위책임을 지운다는 것이 쉽지 않았다.

　본 목은 이러한 상황을 고려하여 상대방이 사업제안, 입찰, 공모 등 거래교섭 또는 거래과정에서 경제적 가치를 가지는 기술적 또는 영업상의 아이디어가 포함된 정보를 취득하고 이를 부정하게 사용하는 행위 등을 부정경쟁행위의 하나로 규정하고 있다.

　규정 문언만을 보면 해당 정보가 '거래교섭 또는 거래과정에서 경제적 가치를 가지는...정보'라고 기재되어 있어 다소 명확하지 아니하나 이 부분은 '사업제안, 입찰, 공모 등 거래교섭 또는 거래과정에서 취득한, 경제적 가치를 가지는...정보'로 이해함이 자연스럽다.237)

　본 목은 당사자 사이에 신의성실의 의무가 존재하는 상황을 전제로 하고 있다. 위 '사업제안, 입찰, 공모 등 거래교섭 또는 거래과정에서'라는 내용은 당사자 간에 신의성실의 의무가 존재한다고 인정되는 관계를 예시한 것이다.

　따라서 이러한 신의성실의 의무를 전제로 한 상황이 없이 한쪽 당사자가 일방적으로 유용한 정보를 교부하는 경우 등에는 특별한 사정이 없는 한 본 목이 적용되기 어렵다.

　보호되는 아이디어가 포함된 정보에서 아이디어는 기술적인 아이디어뿐 아니라 마케팅 전략, 광고방법 등 영업상 아이디어를 포함한다.

　법문에서 단순히 아이디어라고 하지 않고 '아이디어가 포함된 정보'라고 한 것은 추상적인 아이디어 그 자체는 본 목의 대상으로 하지 않겠다는 뜻을 에둘러 표현한 것이 아닐까 생각한다. 그렇다면 본 목의 기술적 또는 영업상의 아이디어가 포함된 정보는 사업 활동에 실제로 활용할 수 있을 정도로 도움이 되는 실질적인 의미의 기술적 또는 영업상 아이디어가 포함된 정보로서 적어도 다른 정보와 구별될 수 있고 어떤 내용에 관한 정보인지 특정하고 알 수 있을 정도의 구체적인 내용이어야 한다.

---

237) 참고로 류재현, 2018. 6. 16.자 법률신문 오피니언(인터넷판 입력 : 2018. 6. 15. 오후 2:23:04)에는 산업통상자원중소벤처기업위원회 소관위에서 '… 거래과정에서 취득한 / 경제적 가치를 가지는 … 아이디어를 … 부정하게 사용'으로 쓰는 것이 맞다는 지적이 있어 문구를 조정하기로 의결되었음에도 위원회의 대안 마련 과정에서 수정되지 않았고 이후 심사 과정에서도 이러한 문제점이 발견되지 못한 채 개정이 완료되었다는 취지의 내용이 실려 있다.

본 목의 취지가 특허제도 등의 보호 한계에 따른 사각지대를 보완하기 위한 것이고 대세적 권리인 재산권을 인정해 주려는 것은 아니어서 기술적 또는 영업상 아이디어가 포함된 정보는 경제적 가치를 가지는 것으로 충분하고 특허법에서와 같은 신규성, 진보성을 비롯한 특허요건 등이나 독창성을 충족할 정도일 것을 요구하지 않는다.

그렇더라도 기술적 또는 영업상 아이디어라면 모두 본 목의 대상이 되는 것이 아니라 단서 조항에 따라 어느 정도 구체적인 정보를 제공받은 자가 제공받을 당시 그 아이디어를 알고 있지 않고 동종 업계에서 널리 알려지지 않은 것이어야 한다.

여기서 「경제적 가치」는 정보의 보유자가 그 정보의 사용을 통해 경쟁자에 대하여 경쟁상의 이익을 얻을 수 있거나 그 정보의 취득이나 개발을 위해 상당한 비용이나 노력이 필요함을 말한다.

그리고 경제적 가치를 가지는 타인의 기술적 또는 영업상의 아이디어가 포함된 정보에 해당하는지는 아이디어 정보의 보유자가 그 정보의 사용을 통해 경쟁자에 대하여 경쟁상의 이익을 얻을 수 있거나 그 정보의 취득이나 개발을 위해 상당한 비용이나 노력이 필요한 경우인지 등에 따라 구체적 · 개별적으로 판단한다.[238]

② 그 제공목적에 위반하여 자신 또는 제3자의 영업상 이익을 위하여 부정하게 사용하거나 타인에게 제공하여 사용하게 하는 행위

거래교섭 또는 거래과정에서 취득한 정보를 제공목적에 위반하여 자신 또는 제3자의 영업상 이익을 위하여 부정하게 사용하거나 자신이 사용하지 않더라도 타인에게 제공하여 사용하게 하는 행위가 부정경쟁행위로 된다.

여기서 정보의 「사용」이라 함은 아이디어가 포함된 정보 본래의 사용 목적에 따라 이를 상품의 생산 · 판매 등의 영업활동에 이용하거나 연구 · 개발사업 등에 활용하는 등으로 영업활동에 직접적 또는 간접적으로 사용하는 행위로서 구체적으로 특정할 수 있는 행위를 말한다.

아이디어가 포함된 정보를 전부 사용하는 경우뿐만 아니라 일부를 바꾸어 사용하였더라도 변경된 정보가 원 정보에 의하여 작성되고 실질적으로 원 정보를

---

238) 대법원 2020. 7. 23. 선고 2020다220607 판결.

사용하는 것으로 판단되는 경우에는 원 정보의 사용행위로 된다. 결국 원 정보를 개량 내지 변경하더라도(반드시 실질적 동일 범위 내로 한정할 필요는 없다)[239] 바뀐 내용이 그 분야에서 통상의 지식을 가진 사람이 보통으로 채용하는 정도의 구성의 부가·삭제·변경에 지나지 않고 그로 인해 원 정보의 기능이나 효과와 대비하여 특별한 차이를 일으키지 아니하는 등 전체적으로 새로운 창작에 이바지한 것으로 평가할 수 없는 경우에는 원 정보의 사용행위에 해당할 수 있다.

거래교섭 또는 거래과정에서 제공받은 아이디어 정보를 그 제공목적에 위반하여 부정하게 사용하거나 타인에게 제공하여 사용하게 하는 행위에 해당하기 위해서는 당사자간 거래교섭 또는 거래과정의 구체적인 내용과 성격, 거래교섭 또는 거래과정에서 드러난 신의성실의무 내지 보호의무의 정도, 해당 정보의 내용 및 경제적 가치, 아이디어 정보의 제공이 이루어진 동기와 경위, 아이디어 정보의 제공으로 달성하려는 목적, 아이디어 정보제공에 대한 정당한 대가의 지급 여부,[240] 행위태양의 반사회성 정도, 제3자가 해당 정보를 사용하게 된 경위 등의 제반 정황 등을 종합적으로 고려하여 그 아이디어 정보사용 등의 행위가 아이디어 정보 제공자와의 거래교섭 또는 거래과정에서 발생한 신뢰관계 등을 위반한다고 평가할 수 있어야 한다.[241]

---

239) 본서 저자의 의견은 굳이 실질적 동일이라는 논리적인 틀(요건)을 새로 만들어내는 것보다는 제출된 증거를 종합하여 실질적으로 원 정보를 사용한 것인지의 관점에서 판단하자는 의미에서 '반드시 실질적 동일 범위 내로 한정할 필요는 없다'라고 설명한 것이지 넓게 인정하자는 취지가 아니다.

240) 제작비를 지급하지 않고 광고용역 결과물을 무단으로 사용한 행위와 관련하여 대법원 2020. 7. 23. 선고 2020다220607 판결은 원심이 "피고는 원고와의 계약을 통해 원고로부터 피고의 신제품 명칭 및 광고에 사용할 광고용역 결과물을 제공받았는데 광고용역 결과물 중 '써프라이드'라는 네이밍과 콘티의 구성방식·구체적 설정 등은 부정경쟁방지법 제2조 제1호 차목의 경제적 가치를 가지는 원고의 아이디어가 포함된 정보이고, 같은 호 카목의 원고의 상당한 투자나 노력으로 만들어진 성과이다. 계약에 따르면 피고는 원고에게 광고용역 결과물의 제작비 전액을 지급하여야 이에 대한 제반 권리를 취득하는데 피고는 원고에게 제작비를 지급하지 않은 채 원고의 이의제기에도 불구하고 광고용역 결과물 중 위 정보나 성과를 피고의 영업상 이익을 위하여 신제품 명칭과 광고에 무단으로 사용하였고, 그 사용 행위가 원심 변론종결일에도 계속되고 있다. 이러한 피고의 행위는 부정경쟁방지법 제2조 제1호 차목 및 카목의 부정경쟁행위에 해당한다."는 판단을 수긍하였다.

241) 대법원 2020. 7. 23. 선고 2020다220607 판결.

③ 아이디어를 제공받은 자가 제공받을 당시 이미 그 아이디어를 알고 있었거나 그 아이디어가 동종 업계에서 널리 알려진 경우가 아닐 것

본 목은 악의적인 특정 상대방과의 관계에서만 문제되고 아이디어 보유자(제공자)에게 대세적 권리를 부여하는 것은 아니므로 그 상대방이 정보를 보유하는 과정에서 아이디어 보유자의 노력에 무임승차하였는지가 중요하다.

특허법상 신규성 등의 특허요건을 충족하지 않더라도 해당 아이디어를 모르는 상태에서 동일한 아이디어를 개발하는 데 투여했을 시간과 비용만큼의 실질적인 무임승차가 인정된다면 이러한 아이디어가 포함된 정보는 보호되어야 한다. 따라서 아이디어 제공 당시 특허로서 구체성이 미비했거나 사후적으로 검색하여 유사한 정보를 찾아낼 가능성이 있더라도 상대방이 여전히 아이디어를 제공받을 당시 몰랐거나 쉽게 알기 어려운 아이디어를 제공받아 신의성실 의무에 위반하여 사용함으로써 아이디어 제공자의 노력에 무임승차하였다고 인정된다면 본 목이 적용될 수 있다.242) 반면에 아이디어를 제공받기 전에 해당 아이디어를 독자적으로 창작하였거나 공개된 자료를 통해 아이디어를 알고 있었다거나 그 아이디어가 동종업계에서 널리 알려진 경우에는 아이디어 제공자의 노력에 무임승차하였다고 보기 어려워 본 목이 적용될 수 없다.

이는 항변사유에 해당하므로 아이디어 보유자에 의해 부정경쟁행위를 하였다고 주장되는 자(피고)가 이러한 소극적 요건을 주장·증명하여야 한다.

④ 적용 시기 관련

2018. 4. 17. 법률 제155580호로 개정되어 2018. 7. 18.부터 시행되는 부정경쟁방지법의 부칙에는 "이 법은 공포 후 3개월이 경과한 날부터 시행한다."라고 규정되어 있을 뿐이고 본 목의 적용과 관련한 경과조치에 대해서는 아무런 내용이 없다.

---

242) 박성준, "아이디어 탈취 금지를 위한 부정경쟁방지법 개정 배경과 주요내용", 2018. 7. 16.자 대한변협신문(제697호) 8면 참조.

한편 2018. 4. 17. 법률 제155580호로 개정되기 전의 부정경쟁방지법(2013. 7. 30. 법률 제11963호로 개정되어 2014. 1. 31.부터 시행된 것) 제2조 제1호 구 차목(현재 카목)이 신설될 당시에도 부칙에 아무런 경과조치 규정이 없었다.

실무에서 학원 소속 강사가 독립하여 인근에 별개의 학원을 설립하고 학생들을 유인하였더라도 위 구 차목(현재 카목의 성과 등 무단사용행위) 신설의 부정경쟁방지법 시행 전에 별개의 학원이 설립된 이상 위 개정 법률이 적용될 수 없어 법 제2조 제1호 구 차목(현재 카목)에서 정한 부정경쟁행위에 해당하지 않는다는 원심을 수긍한 사례가 있다.243)

이에 따르면 본 목도 원칙적으로 그 시행일인 2018. 7. 18.부터 이루어진 부정경쟁행위에만 적용되어야 할 것으로 보인다.244)

다만 아이디어 정보제공이 본 목 규정의 시행일 전에 이루어졌어도 본 목의 부정경쟁행위에 해당하는 행위가 그 시행일 이후에도 계속되고 있다면 해당 행위에 대해서는 본 목이 적용될 수 있다.245)

제12절 성과 등 무단사용행위(카목)

I. 의의

① 카목 규정

부정경쟁방지법 제2조 제1호 카목은 "그 밖에 타인의 상당한 투자나 노력으

---

243) 대법원 2016. 10. 27. 선고 2015다221903(본소), 2015다221910(반소) 판결.
244) 특허법원 2020. 1. 17. 선고 2019나1302 판결(미상고 확정)은 2018. 4. 17. 법률 제15580호로 개정된 부정경쟁방지법 제2조 제1항 차목은 2018. 7. 18.부터 시행되는 조항으로, 해당 사건 소제기일(2017. 5. 12) 이후부터 위 법률 시행일(2018. 7. 18.) 전날까지의 피고 제품의 제조·판매행위에 대하여는 부정경쟁방지법 제2조 제1항 차목이 적용되지 않고, 위 개정된 부정경쟁방지법 시행일 다음날부터 이 법원 변론종결일까지 피고가 피고 제품을 제조·판매한 행위에 대하여는 부정경쟁방지법 제2조 제1항 차목이 적용될 수 있다는 취지로 판단하였다.
245) 대법원 2020. 7. 23. 선고 2020다220607 판결.

로 만들어진 성과 등을 공정한 상거래 관행이나 경쟁질서에 반하는 방법으로 자신의 영업을 위하여 무단으로 사용함으로써 타인의 경제적 이익을 침해하는 행위"를 부정경쟁행위로 규정하고 있다.

② 규정 취지

본 목은 2013. 7. 30. 법률 제11963호로 부정경쟁방지법을 개정하면서 차목으로 신설되었다가 2018. 4. 17. 법률 제15580호로 개정된 부정경쟁방지법에서 카목으로 이전되었다.

본 목이 신설되기 전의 개정 전 부정경쟁방지법은 부정경쟁행위에 대하여 한정열거주의를 취하고 있어 부정경쟁행위 전반을 규제할 수 없는 문제가 있었다.[246] 본 목은 구 부정경쟁방지법의 적용 범위에 포함되지 않았던 새로운 유형의 부정경쟁행위에 관한 규정을 신설함으로써, 새로이 등장하는 경제적 가치를 지닌 무형의 성과를 보호하고, 입법자가 부정경쟁행위의 모든 행위를 규정하지 못한 점을 보완하여 법원이 새로운 유형의 부정경쟁행위를 좀 더 명확하게 판단할 수 있도록 함으로써 변화하는 거래관념을 적시에 반영하여 부정경쟁행위를 규율하기 위한 보충적 일반조항이다.[247]

본 목의 신설은 아래 대법원 결정 및 판결이 큰 역할을 하였다.

대법원 2010. 8. 25.자 2008마1541 결정에서 대법원은, "경쟁자가 상당한

---

246) 민법 제750조의 불법행위를 적용한 사안으로 서울중앙지방법원 2007. 6. 21. 선고 2007가합16095 판결(미항소 확정)이 있다. 위 법원은 "원고가 사진 촬영, 환자들에 대한 상담내용을 작성한 것은 원고의 연구, 노력에 따른 성과이고, 또한 이와 같이 촬영, 작성된 사진, 상담내용을 홈페이지에 게시하여 운영하는 것은 원고 병원 운영의 일환으로서 경제적 가치 있는 활동이므로, 원고가 인터넷에 공개한 사진들과 상담내용이 비록 저작물성이 인정되지 않아 저작권법상의 보호를 받지 못한다고 하더라도 이는 당연히 법적 보호의 가치가 있는 이익에 해당하고, 피고가 영리의 목적으로 피고와 영업상 경쟁관계에 있는 원고가 노동력과 비용을 들이고, 전문지식을 사용하여 환자의 동의를 받아 촬영하고 작성한 원고의 사진들과 상담내용을 무단으로 도용해서 사용한 것은 공정하고 자유로운 경쟁원리에 의해 성립하는 거래사회에 있어서 현저하게 불공정한 수단을 사용함으로써 사회적으로 허용되는 한도를 넘어 원고의 법적으로 보호할 가치 있는 영업활동상의 신용 등의 무형의 이익을 위법하게 침해하는 것으로서 평가할 수 있으므로 피고의 위와 같은 행위는 민법 제750조의 불법행위를 구성한다."라고 하였다.

247) 대법원 2020. 3. 26.자 2019마6525 결정.

노력과 투자에 의하여 구축한 성과물을 상도덕이나 공정한 경쟁질서에 반하여 자신의 영업을 위하여 무단으로 이용함으로써 경쟁자의 노력과 투자에 편승하여 부당하게 이익을 얻고 경쟁자의 법률상 보호할 가치가 있는 이익을 침해하는 행위는 부정한 경쟁행위로서 민법상 불법행위에 해당하는바, 위와 같은 무단이용 상태가 계속되어 금전배상을 명하는 것만으로는 피해자 구제의 실효성을 기대하기 어렵고 무단이용의 금지로 인하여 보호되는 피해자의 이익과 그로 인한 가해자의 불이익을 비교·교량할 때 피해자의 이익이 더 큰 경우에는 그 행위의 금지 또는 예방을 청구할 수 있다"고 하면서, 갑 회사가 인터넷 사이트를 이용한 광고시스템 프로그램을 인터넷 사용자들에게 제공하여 이를 설치한 인터넷 사용자들이 을 회사가 운영하는 인터넷 포털사이트를 방문하면 그 화면에 을 회사가 제공하는 광고 대신 갑 회사의 광고가 대체 혹은 삽입된 형태로 나타나게 하는 광고행위는 위 인터넷 포털사이트가 가지는 신용과 고객흡인력을 무단으로 이용하는 셈이 될 뿐만 아니라 을 회사의 영업을 방해하면서 을 회사가 얻어야 할 광고영업의 이익을 무단으로 가로채는 부정한 경쟁행위로서 민법상 불법행위에 해당하고, 한편 갑 회사의 위와 같은 광고행위가 일회적인 것이 아니라 계속적으로 반복되며, 갑 회사에게 금전배상을 명하는 것만으로는 을 회사 구제의 실효성을 기대하기 어렵고, 갑 회사의 위와 같은 광고행위를 금지함으로써 보호되는 을 회사의 이익이 그로 인한 갑 회사의 영업의 자유에 대한 손실보다 더 크므로, 을 회사는 갑 회사에 대하여 위 인터넷 포털사이트에 접속한 인터넷 사용자들의 모니터에서 위 프로그램을 이용한 광고행위를 하는 것의 금지 또는 예방을 청구할 피보전권리와 보전의 필요성이 소명되었다고 본 원심결정이 정당하다고 하였다.

그리고 대법원 2012. 3. 29. 선고 2010다20044 판결에서도 대법원은, 갑 주식회사가 자신이 운영하는 홈페이지에서 한국방송공사와 을 방송사가 방영한 "겨울연가", "황진이", "대장금", "주몽" 등 제호 하에 위 드라마가 연상되는 의상, 소품, 모습, 배경 등으로 꾸민 "HELLO KITTY" 제품을 제조·판매한 사안에서, 제반 사정에 비추어 갑 회사가 드라마를 이용한 상품화 사업 분야에서 경쟁자 관계에 있는 한국방송공사 등의 상당한 노력과 투자에 편승하여 각 드라마의 명성과 고객흡인력을 자신의 영업을 위하여 무단으로 이용하여 법률상 보호할 가치가 있는 한국방송공사 등의 해당 드라마에 관한 상품화 사업을 통한 영업상 이익을 침해하였다고 보아, 갑 회사의 제조·판매 행위는 부정한 경쟁행위로서 민법상 불법행위에 해당한다고 하였다.

본 목의 신설 이전에 대법원은 부정경쟁행위에 관하여 한정열거주의를 취하는 부정경쟁방지법의 한계를 극복하기 위해 민법상 불법행위 규정을 탄력적으로 적용하였다. 그러다가 위와 같은 대법원의 판시내용이 그대로 개정 부정경쟁방지법에서 신설된 본 목(구 차목)의 부정경쟁행위로 도입되었는데 본 목은 부정경쟁행위에 관한 보충적 일반규정이라는 성격을 가지는 점에 특징이 있다. 위 법리가 부정경쟁방지법에 본 목으로 포섭된 후에 실무에서 점포 매장 이미지 등 사안에서 본 목(구 차목)을 적용한 사례가 있다.[248]

③ 적용 범위

본 목은 가목 내지 차목의 적용 범위에 포함되지 않았던 새로운 유형의 부정경쟁행위에 관한 규정을 신설한 것이다. 이는 새로이 등장하는 경제적 가치를 지닌 무형의 성과를 보호하고 입법자가 부정경쟁행위의 모든 행위를 규정하지 못한 점을 보완하여 법원이 새로운 유형의 부정경쟁행위를 좀 더 명확하게 판단할 수 있도록 함으로써 변화하는 거래관념을 적시에 반영하여 부정경쟁행위를 규율하기 위한 보충적 일반조항이다.[249]

본 목은 그 보호대상인 '성과 등'의 유형에 제한을 두고 있지 않으므로 유형물뿐만 아니라 무형물도 이에 포함되고 종래 지식재산권법에 따라 보호받기 어려웠던 새로운 형태의 결과물도 포함될 수 있다.[250]

본 목이 보충적 일반조항의 성격이기는 하지만, 가목 내지 차목과 카목의 각

---

248) 카목에 대해 원고 매장 구성요소들(외부 간판, 메뉴판, 콘반지, 젖소 로고, 아이스크림 콘 진열 형태, 벌집채꿀 진열 형태 등)에 대해 인정한 것으로 서울중앙지방법원 2014. 11. 7. 선고 2014가합524716 판결(위 매장 구성요소들 부분에 대하여는 항소 후 취하되었다), 단팥빵 매장의 표장(브랜드 로고), 간판, 매장 배치 및 디자인 등의 전체적인 콘셉트에 대해 인정한 것으로 서울고등법원 2016. 5. 12. 선고 2015나2044777 판결(1심인 서울중앙지방법원 2015. 10. 7. 선고 2014가합529490 판결도 인정함, 심리불속행 상고기각 확정)이 있다.
249) 대법원 2020. 3. 26. 선고 2016다276467 판결.
250) 대법원 2020. 3. 26. 선고 2016다276467 판결.

규정은 별개의 요건으로서 구체적인 사안에 따라 적용 여부를 독립적으로 검토할 필요가 있다.

따라서 가목부터 차목까지에 해당하거나 해당하지 않는 행위에 대해 카목에 따른 부정경쟁행위가 병행하거나 보충적으로 인정될 수 있다. 다만 구체적이고 한정적인 사안에서 가목 내지 차목에서 정하고 있는 부정경쟁행위로 인정되기 위한 요건을 갖추지 못한 행위에 대하여 본 목에 의한 부정경쟁행위를 적용하는 데에는 각 목 규정의 입법취지가 손상되지 않도록 통일적인 관점에서 신중하게 적용 여부를 결정할 필요가 있다.

예컨대 상품의 시제품 제작 등 상품의 형태가 갖추어진 날부터 3년이 지난 상품의 형태를 모방한 상품을 양도·대여 또는 이를 위한 전시를 하거나 수입·수출하는 행위는 부정경쟁방지법 제2호 제1호 자목에 해당하지 않는데 만일 3년이 지났다고 하여 카목을 적용할 수 있다면 자목의 입법취지가 손상될 우려가 있고 이에 카목의 입법취지를 더하여 고려할 때 이러한 경우에는 카목에도 해당하지 않는다고 해석한다.251)252)

한편 일부 2심 법원에서 본 목을 적용할 수 있는 요건으로 타인의 성과 모방이나 이용행위에 공정한 거래질서 및 자유로운 경쟁질서에 비추어 정당화될 수 없는 '특별한 사정'253)이 있어야 함을 요구하고 있기도 하다. 그러나 대법원은 본

---

251) 서울고등법원 2017. 6. 29. 선고 2016나2080770 판결(상고이유서 미제출 등으로 상고기각 확정). 서울중앙지방법원 2015. 4. 10. 선고 2013가합556587, 2014가합546662 (병합) 판결(미항소 확정), 서울중앙지방법원 2015. 9. 23. 선고 2015가합519087 판결(항소심 계속 중 화해권고결정으로 확정), 서울중앙지방법원 2018. 4. 27. 선고 2016가합565810 판결(미항소 확정) 등 참조. 다만 이 부분 쟁점과 관련하여 대법원이 명시적으로 판단한 사안은 아직 없다.

252) 대법원 2017. 11. 9. 선고 2014다49180 판결에서 대법원은, 원고 영상물과 피고 영상물 1이 유사하지 않다고 하여 저작권침해 주장이 받아들여지지 아니한 경우에 구법에서의 차목(현행법 카목) 규정에 의한 주장도 받아들이지 아니한 원심판단을 수긍한 적이 있다.

253) 서울고등법원 2016. 11. 24. 선고 2015나2049789 판결(상고기각 확정)은 "타인의 성과 모방이나 이용행위에 공정한 거래질서 및 자유로운 경쟁질서에 비추어 정당화될 수 없는 '특별한 사정'이 있는 경우로서 그 지적 성과물의 이용행위를 보호해 주지 않으면 그 지적 성과물의 창출자에게 인센티브의 부족이 발생함이 명백한 경우 등"이라고 하면서 원고들이 공동으로 실시한 원심 판시 당선자 예측조사 결과(이하 '이 사건 예측조사 결과'라 한다)는 원고들의 상당한 투자나 노력으로 만들어진 성과에 해당한다고 판단한 다음, 피고가 원고들의 사전 동의 없이 이 사건 예측조사결과를 무단으로 방송하여 이용한

목의 적용과 관련하여 위 2심 법원이 설시한 내용과 같은 '특별한 사정'이 있을 것을 본 목의 적용요건으로 명시하고 있지 않을 뿐만 아니라 해당 설시와 같은 논리구조를 채택하고 있지도 않다.[254]

대법원은 법 조항에 따라 '성과 등' 등의 문언 해당 여부를 판단하면서 종래 지식재산권법에 의해 보호받는 결과물이거나 그에 따라 보호받기 어려웠던 새로운 형태의 결과물이더라도 그 결과물이 갖게 된 명성이나 경제적 가치, 결과물에 화체된 고객흡인력, 해당 사업 분야에서 결과물이 차지하는 비중과 경쟁력 등을 종합적으로 고려하여 본 목의 적용여부를 결정한다는 논리를 취하고 있는 것으로 보인다.[255] 특히 본 목이 불법행위의 성격을 가지고 있는 점을 고려할 때 그 성과 등이 법률상 보호할 가치가 있는 이익에 해당하는지가 중요한 판단기준이 된

행위는 원고들의 상당한 투자나 노력으로 만들어진 성과 등을 공정한 상거래 관행이나 경쟁질서에 반하는 방법으로 피고의 영업을 위하여 무단으로 사용함으로써 원고들의 경제적 이익을 침해하는 행위로서 구 부정경쟁방지법 제2조 제1호 차목의 부정경쟁행위에 해당한다고 판단하였다.

서울고등법원 2017. 1. 12. 선고 2015나2063761 판결(파기환송)은 특별한 사정을 "지적 성과물의 이용행위를 보호해 주지 않으면 그 지적 성과물을 창출하거나 고객흡인력 있는 정보를 획득한 타인에 대한 인센티브가 부족하게 될 것임이 명백한 경우 등"이라고 설명하고 있고, 구체적으로 "타인의 성과 모방이나 이용행위의 경과, 이용자의 목적 또는 의도, 이용의 방법이나 정도, 이용까지의 시간적 간격, 타인의 성과물의 취득 경위, 이용행위의 결과(선행자의 사업이 괴멸적인 영향을 받는 경우 등) 등을 종합적으로 고려하여 거래 관행상 현저히 불공정하다고 볼 수 있는 경우로서, 절취 등 부정한 수단에 의하여 타인의 성과나 아이디어를 취득하거나 선행자와의 계약상 의무나 신의칙에 현저히 반하는 양태의 모방, 건전한 경쟁을 목적으로 하는 성과물의 이용이 아니라 의도적으로 경쟁자의 영업을 방해하거나 경쟁지역에서 염가로 판매하거나 오로지 손해를 줄 목적으로 성과물을 이용하는 경우, 타인의 성과를 토대로 하여 모방자 자신의 창작적 요소를 가미하는 이른바 예속적 모방이 아닌 타인의 성과를 대부분 그대로 가져오면서 모방자의 창작적 요소가 거의 가미되지 않은 직접적 모방에 해당하는 경우 등에는 예외적으로 타인의 성과 모방이나 이용행위에 공정한 거래질서 및 자유로운 경쟁질서에 비추어 정당화될 수 없는 '특별한 사정'이 있는 것으로 보아 민법상 불법행위 또는 구 부정경쟁방지법 제2조 제1호 차목에서 규정하는 부정경쟁행위에 해당한다."라고 한다(원심은 원고 게임물과 피고 게임물 사이에 게임 저작물의 실질적 유사성을 부정하고 원고의 성과물 무단 사용으로 인한 부정경쟁행위 또는 불법행위에 관하여도 소극적으로 판단하였는데, 대법원은 그 상고심인 2017다212095호에서 원고 게임물과 피고 게임물 사이에 게임 저작물의 실질적 유사성이 인정된다고 하여 파기환송하였다).

254) 대법원 2020. 3. 26. 선고 2016다276467 판결 등.
255) 대법원 2020. 3. 26. 선고 2016다276467 판결.

다(뒤의 '공정한 상거래 관행이나 경쟁질서에 반하는 방법' 등의 요건도 충족하여야 함은 물론이다).

II. 요건

본 목은 「그 밖에 타인의 상당한 투자나 노력으로 만들어진 성과 등을 공정한 상거래 관행이나 경쟁질서에 반하는 방법으로 자신의 영업을 위하여 무단으로 사용함으로써 타인의 경제적 이익을 침해하는 행위」를 부정경쟁행위로 규정하고 있다.

1 그 밖에 타인의 상당한 투자나 노력으로 만들어진 성과 등일 것

본 목에서는 다른 규정과는 달리 '그 밖에...침해하는 행위'라는 문구를 명시하여 보충적 일반조항임을 나타내고 있다. 보충적 일반조항이란 가목 내지 차목으로 보호받을 수 없는 경우에만 적용하겠다는 의미라기보다는 사안에 따라 가목 내지 차목 외에 카목으로도 보호받을 수 있음을 의미한다.[256]

여기의 「타인」이란 자신의 성과를 무단으로 사용하는 행위에 대해 보호를 주장할 수 있는 자를 말하는데, 반드시 경쟁자에 한정할 필요는 없고 해당 성과를 통해 경제적인 경쟁관계에 서는 것으로 충분하며 경제적 이익을 누릴 수 있는 주체라면 타인에 해당한다.

「타인의 상당한 투자나 노력으로 만들어진 성과 등」이란 이익의 발생을 목표로 투자를 하거나 성과물을 얻기 위하여 자본이나 시간 등을 투입하여 얻은 결과물을 말한다.[257]

---

256) 대법원 2020. 7. 23. 선고 2020다220607 판결 참조. 위 판결은 문제가 된 광고용역 결과물 중 '써프라이드'라는 네이밍과 콘티의 구성방식·구체적 설정 등은 부정경쟁방지법 제2조 제1호 차목의 경제적 가치를 가지는 원고의 아이디어가 포함된 정보이고, 같은 호 카목의 원고의 상당한 투자나 노력으로 만들어진 성과임을 전제로 차목과 카목 적용을 모두 인정한 원심판단을 수긍하고 있다.

257) 지식재산제도의 실효성 제고를 위한 법제도 기초연구- 부정경쟁방지 및 영업비밀보호에 관한 법률 조문별 해설서- 특허청, 한국지식재산연구원(2014), 174.

본 목은 그 보호대상인 성과 등의 유형에 별다른 제한을 두고 있지 않다. 따라서 위 성과 등에는 유형물[258]뿐만 아니라 무형물이 포함되고, 종래 지식재산권법에 의해 보호받기 어려웠던 새로운 형태의 결과물도 포함될 수 있다. 성과 등에 해당하는지를 판단할 때에는 위와 같은 결과물이 갖게 된 명성이나 경제적 가치, 결과물에 화체된 고객흡인력, 해당 사업 분야에서 결과물이 차지하는 비중과 경쟁력 등을 종합적으로 고려한다.[259]

위 성과 등을 전부 사용하는 경우뿐만 아니라 일부를 바꾸더라도(반드시 실질적 동일 범위 내로 한정할 필요는 없다)[260] 바뀐 내용이 그 분야에서 통상의 지식을 가진 사람이 보통으로 채용하는 정도의 구성의 부가·삭제·변경에 지나지 않고 그로 인해 위 성과 등의 기능이나 효과와 대비하여 특별한 차이를 일으키지 아니하는 등 전체적으로 새로운 창작에 이바지한 것으로 평가할 수 없는 경우에는 위 성과 등의 사용행위에 해당할 수 있다.

그리고 위 성과 등이 상당한 투자나 노력으로 만들어진 것인지는 보유자가 투입한 투자나 노력의 내용과 정도를 그 성과 등이 속한 산업분야의 관행이나 실태에 비추어 구체적, 개별적으로 판단하되, 성과 등을 무단으로 사용함으로써 침해된 경제적 이익이 누구나 자유롭게 이용할 수 있는 공공영역(public domain)에 속하지 않고 법률상 보호할 가치가 있는 이익에 해당한다고 평가할 수 있어야 한다.[261][262]

---

258) 최호진, "개정 부정경쟁방지법 (차)목 및 (카)목의 해석·적용에 관한 고찰", 인권과 정의 vol. 476 (2018. 9.), 24에서 성과는 그 자체로 무형적 가치를 가지는 정보(아이디어도 포함)를 의미하며, 유체물에 화체된 경우에는 유체물 자체의 가치를 넘어서 기술, 형태, 표장 등 별도의 무형적 가치가 인정되어야 한다고 한다.

259) 대법원 2020. 3. 26.자 2019마6525 결정, 대법원 2020. 7. 9. 선고 2017다217847 판결.

260) 본서 저자의 의견은 굳이 실질적 동일이라는 논리적인 틀(요건)을 새로 만들어내는 것보다는 제출된 증거를 종합하여 실질적으로 위 성과 등을 사용한 것인지의 관점에서 판단하자는 의미에서 '반드시 실질적 동일 범위 내로 한정할 필요는 없다'라고 설명한 것이지 넓게 인정하자는 취지가 아니다.

261) 대법원 2020. 3. 26.자 2019마6525 결정(유명아이돌 그룹 특별 부록 사건), 대법원은 "채권자는 △△△△△(○○○)이라는 이름의 그룹을 결성하기로 하고, 구성원을 선발하여 전속계약을 체결한 후, 훈련을 통해 구성원들의 능력을 향상시켰다. 채권자는 이 사건 전속계약에 따라 △△△△△(○○○)의 음악, 공연, 방송, 출연 등을 기획하고, 음원, 영상 등의 콘텐츠를 제작·유통시키는 등 △△△△△(○○○)의 활동에 상당한 투자와 노력을 하였다. 그로 인해 △△△△△(○○○)과 관련하여 쌓인 명성·신용·고객흡인력이 상당

② 공정한 상거래 관행이나 경쟁질서에 반하는 방법으로 자신의 영업을 위하여 무단으로 사용하였을 것

공정한 상거래 관행이나 경쟁질서에 반하는 방법에 해당하는지는 행위 태양의 위법성을 말하는 것인데 이를 일률적으로 판단할 수는 없고, 상거래를 포함한 통상의 거래관행이나 당해 성과 등의 성격, 내용 등과 사용자의 영업 간 관계, 당해 성과 등의 취득 경위, 사용 의도와 동기, 사용자의 이용 경위·태양, 그 사용 결과,

---

한 수준에 이르렀다. 이는 '상당한 투자나 노력으로 만들어진 성과 등'으로 평가할 수 있고, 누구나 자유롭게 이용할 수 있는 공공영역에 속한다고 볼 수 없으므로, 타인이 무단으로 위의 표지를 사용하면 채권자의 경제적 이익을 침해하게 된다."라고 하였다.

262) 대법원 2020. 3. 26. 선고 2016다276467 판결(골프코스 이미지 사건), 대법원은 이 사건 골프장의 골프코스 자체는 설계자의 저작물에 해당하나, 골프코스를 실제로 골프장 부지에 조성함으로써 외부로 표현되는 지형, 경관, 조경요소, 설치물 등이 결합된 이 사건 골프장의 종합적인 '이미지'는 골프코스 설계와는 별개로 골프장을 조성·운영하는 원고들의 상당한 투자나 노력으로 만들어진 성과에 해당한다고 한 원심판단을 수긍하였다.
대법원 2020. 7. 9. 선고 2017다217847 판결은 피고들이, 널리 알려진 원고들의 에르메스(HERMÈS) 버킨(Birkin) 백과 캘리(Kelly) 백의 형태(이하 이 사건 상품표지라 한다)와 동일한 가방 형태의 제품에 피고들에 의해 창작된 눈알 모양의 도안을 부착하여 판매하는 행위에 대해, 이 사건 상품표지는 국내에서 계속적·독점적·배타적으로 사용되어 옴으로써 전면부와 측면부의 모양, 손잡이와 핸드백 몸체 덮개의 형태, 벨트 모양의 가죽 끈과 링 모양의 고정구 등이 함께 어우러진 차별적 특징으로 일반 수요자들 사이에 특정의 상품 출처로서의 식별력을 갖추게 되어 공공영역(public domain)에 속하는 것으로 보기 어렵고, '법률상 보호할 가치가 있는 이익'에 해당한다고 평가할 수 있어 상당한 투자나 노력으로 만든 성과 등에 해당한다는 취지로 판시하였다.
대법원 2020. 7. 23. 선고 2020다220607 판결에서 원심이 "피고는 원고와의 계약을 통해 원고로부터 피고의 신제품 명칭 및 광고에 사용할 광고용역 결과물을 제공받았는데 광고용역 결과물 중 '써프라이드'라는 네이밍과 콘티의 구성방식·구체적 설정 등은 부정경쟁방지법 제2조 제1호 차목의 경제적 가치를 가지는 원고의 아이디어가 포함된 정보이고, 같은 호 카목의 원고의 상당한 투자나 노력으로 만들어진 성과이다. 계약에 따르면 피고는 원고에게 광고용역 결과물의 제작비 전액을 지급하여야 이에 대한 제반 권리를 취득하는데 피고는 원고에게 제작비를 지급하지 않은 채 원고의 이의제기에도 불구하고 광고용역 결과물 중 위 정보나 성과를 피고의 영업상 이익을 위하여 신제품 명칭과 광고에 무단으로 사용하였고, 그 사용 행위가 원심 변론종결일에도 계속되고 있다. 이러한 피고의 행위는 부정경쟁방지법 제2조 제1호 차목 및 카목의 부정경쟁행위에 해당한다."는 판단을 수긍하였다.

경제적 이익의 침해 여부 및 정도 등을 종합하여 개별적, 구체적으로 판단한다.263)
「무단」이란 성과 등의 귀속 주체의 허락이 없음을 뜻하고, 「영업을 위하여
사용」이란 성과 등의 본래 목적에 따라 이를 상품의 생산·판매 등의 영업활동에
이용하거나 연구·개발사업 등에 활용하는 등으로 영업활동에 직접 또는 간접적
으로 이용하는 행위로서 구체적으로 특정이 가능한 행위를 말한다. 영업을 위하
여 사용한 이상 그로 인해 이익을 얻었는지는 그 해당 여부 판단에 아무런 영향

---

263) 관련하여 공정한 상거래 관행이나 경쟁질서에 반하는 방법에 해당한다고 본 사례로 서
울중앙지방법원 2015. 1. 16. 선고 2014가합529797 판결(항소심에서 강제조정으로 종
결), 서울중앙지방법원 2015. 5. 14.자 2014카합1141 결정(미항고 확정), 서울중앙지방
법원 2015. 7. 10. 선고 2014가합529490 판결[항소심은 서울고등법원 2016. 5. 12. 선
고 2015나2044777 판결(심리불속행 상고기각으로 확정됨, 매장의 간판, 내부 인테리어
등을 포함한 원고 영업의 종합적 이미지를 무단 사용한 사안)], 대법원 2017. 6. 15. 선
고 2017다200139 판결(원심은 서울고등법원 2016. 11. 24. 선고 2015나2049789 판
결, 한국방송공사와 지상파방송사업자인 갑 방송사 및 을 방송사가 공동으로 실시한 '전
국동시지방선거 개표방송을 위한 당선자 예측조사 결과'를 종합편성 방송채널사용사업
자인 병 방송사가 사전 동의 없이 무단으로 방송한 사안) 등이 있다.
반면에 공정한 상거래 관행이나 경쟁질서에 반하는 방법에 해당하지 않는다고 본 사례
로 대구지방법원 2014. 7. 8. 선고 2013가합11243 판결(미항소 확정), 서울서부지방법
원 2014. 7. 24. 선고 2013가합32048 판결(항소취하간주 확정), 서울중앙지방법원
2014. 9. 5. 선고 2013가합556624 판결(미항소 확정), 서울고등법원 2015. 1. 30. 선고
2014나2006129 판결(미상고 확정), 서울고등법원 2015. 9. 10. 선고 2014나2052436
판결(상고기각되었으나 구법상의 차목 관련 부분은 상고되지 아니하였다) 등이 있다.
그리고 대법원 2017. 11. 9. 선고 2014다49180 판결은 "리얼리티 방송 프로그램에 속
하는 원고 영상물과 달리 피고 영상물 1은 성인 대상 코미디 프로그램으로서 그 장르가
다를 뿐만 아니라, 피고가 비록 원고 영상물의 기본적인 모티브나 일부 구성을 차용하여
피고 영상물 1을 제작하였지만 피고 자신의 독자적인 아이디어를 바탕으로 비용과 노력
을 들여 원고 영상물에 존재하지 아니하는 다양한 창작적 요소를 담아 영상물을 제작한
이상, 피고의 이러한 행위가 위와 같은 불법행위에 해당한다고 보기 어렵다."라고 하여
"피고가 원고 영상물의 일부 소재, 장면, 아이디어 등을 사용한 피고 영상물 1을 제작하
여 이를 방송하거나 전송한 것이 부정한 경쟁행위로서 일반 불법행위를 구성하지 아니
한다."고 한 원심판단을 수긍하였다. 대법원 2020. 6. 25. 선고 2019다282449 판결은,
대법원 2020. 3. 26. 선고 2016다276467 판결 등의 법리를 재확인하면서, 원고가 제출
한 증거만으로는 원고가 루프박스 하부판에 크로스바가 매립될 수 있는 홈을 파서 크로
스바를 장착하는 밀착형 루프박스를 최초로 개발하였다거나 또는 크로스바가 루프박스
바닥면에 매립되도록 하는 아이디어가 구 부정경쟁방지법 제2조 제1호 차목의 '타인의
상당한 투자나 노력으로 만들어진 성과'에 해당한다고 볼 수 없다는 원심판단을 이유설
시에 일부 적절하지 않은 부분이 있다면서도 그 결론을 수긍하였다.

이 없다.

공정한 상거래 관행이나 경쟁질서에 반하는 방법으로 자신의 영업을 위하여 무단으로 사용한 경우에 해당하기 위해서는 권리자와 침해자가 경쟁 관계에 있거나 가까운 장래에 경쟁관계에 놓일 가능성이 있는지, 권리자가 주장하는 성과 등이 포함된 산업분야의 상거래 관행이나 경쟁질서의 내용과 그 내용이 공정한지, 위와 같은 성과 등이 침해자의 상품이나 서비스에 의해 시장에서 대체될 수 있는지, 수요자나 거래자들에게 성과 등이 어느 정도 알려졌는지,[264] 수요자나 거래자들의 혼동가능성이 있는지 등을 종합적으로 고려한다.[265]

대법원은, 엔터테인먼트 사업을 하는 채권자 회사가 자신의 허락 없이 소속 유명 아이돌 그룹의 구성원들에 관한 화보집 등을 제작하여 위 잡지 특별판의 특별 부록으로 판매하려는 채무자 회사를 상대로 그 행위가 본 목에서 정한 부정경쟁행위에 해당한다며 위 특별 부록의 제작·배포 등의 금지 등을 구하는 가처분 신청을 인용하면서, 아래와 같이 아이돌 그룹과 관련하여 쌓인 신용 등이 상당한

---

[264] 널리 알려진 타인의 상품표지를 사용하기 위해서는 계약 등을 통해 제휴나 협업을 하거나 대가를 지급하는 것이 공정한 상거래 관행에 부합한다.

[265] 대법원 2020. 3. 26. 선고 2016다276467 판결은 원고들과 경쟁관계에 있는 피고 등이 원고 주식회사 ○○○, 주식회사 △△△△△, 주식회사 □□□□□의 허락을 받지 않고 골프장의 모습을 거의 그대로 재현한 스크린골프 시뮬레이션 시스템용 3D 골프코스 영상을 제작, 사용한 행위는 위 원고들의 성과 등을 공정한 상거래 관행이나 경쟁질서에 반하는 방법으로 피고의 영업을 위하여 무단으로 사용함으로써 위 원고들의 경제적 이익을 침해하는 행위라고 한 원심판단을 수긍하였다.
대법원 2020. 7. 9. 선고 2017다217847 판결은 피고들이 널리 알려진 원고들의 에르메스(HERMÈS) 버킨(Birkin) 백과 캘리(Kelly) 백의 형태(이하 이 사건 상품표지라 한다)와 동일한 가방 형태의 제품에 피고들에 의해 창작된 눈알 모양의 도안을 부착하여 판매하는 행위에 대하여, 피고들이 사용한 슬로건 "Fake for Fun"을 볼 때 이 사건 상품표지와 유사한 형태를 사용하여 이 사건 상품표지의 주지성과 인지도에 편승하려는 피고들의 의도를 추단할 수 있는 점, 타인의 동의 없이 수요자들에게 널리 알려진 타인의 상품표지에 스스로 창작한 도안을 부착하여 상업적으로 판매하는 행위가 공정한 경쟁질서에 부합하는 행위라고 보기 어려운 점, 핸드백을 비롯한 패션잡화 분야에서 수요자들에게 널리 알려진 타인의 상품표지를 사용하기 위해서는 계약 등을 통해 제휴나 협업을 하는 것이 공정한 상거래 관행에 부합하는 점 등을 고려할 때 피고들이 이 사건 상품표지를 무단으로 사용하는 행위는 공정한 상거래 관행이나 경쟁질서에 반하는 방법으로 자신의 영업을 위하여 무단으로 사용함으로써 타인의 경제적 이익을 침해하는 행위라고 할 수 있다고 설시함으로써 카목에 해당하지 않는다는 취지의 원심판결을 파기하였다.

투자나 노력으로 만들어진 성과 등에 해당하여 채권자 회사의 허락 없이 아이돌 그룹의 사진 등을 이용한 책자를 제작·판매하는 행위가 본 목의 공정한 상거래 관행이나 경쟁질서에 반하는 방법으로 자신의 영업을 위하여 무단으로 사용하는 행위에 해당한다고 하였다.[266]

채권자는 △△△△△(○○○)이라는 이름의 그룹을 결성하기로 하고, 구성원을 선발하여 전속계약을 체결한 후, 훈련을 통해 구성원들의 능력을 향상시켰다. 채권자는 이 사건 전속계약에 따라 △△△△△(○○○)의 음악, 공연, 방송, 출연 등을 기획하고, 음원, 영상 등의 콘텐츠를 제작·유통시키는 등 △△△△△(○○○)의 활동에 상당한 투자와 노력을 하였다. 그로 인해 △△△△△(○○○)과 관련하여 쌓인 명성·신용·고객흡인력이 상당한 수준에 이르렀다. 이는 '상당한 투자나 노력으로 만들어진 성과 등'으로 평가할 수 있고, 누구나 자유롭게 이용할 수 있는 공공영역에 속한다고 볼 수 없으므로, 타인이 무단으로 위의 표지를 사용하면 채권자의 경제적 이익을 침해하게 된다.

연예인의 이름과 사진 등을 상품이나 광고 등에 사용하기 위해서는 연예인이나 그 소속사의 허락을 받거나 일정한 대가를 지급하는 것이 엔터테인먼트 산업분야의 상거래 관행인 점을 감안해 보면, 통상적인 정보제공의 범위를 넘어 특정 연예인에 대한 특집 기사나 사진을 대량으로 수록한 별도의 책자나 DVD 등을 제작하면서 연예인이나 소속사의 허락을 받지 않거나 대가를 지급하지 않는다면, 상거래 관행이나 공정한 거래질서에 반한다고 볼 수 있다. 채무자가 발매한 이 사건 특별 부록은 채권자가 발행하는 △△△△△(○○○)의 화보집과 관계에서 상대적으로 가격이 낮은 편이고 수요자도 일부 중복되며, 위 화보집의 수요를 대체할 가능성이 충분하므로, 채권자와의 관계에서 경쟁관계를 인정할 수 있다.

따라서 채무자가 이 사건 특별 부록을 제작·판매하는 행위는 공정한 상거래 관행이나 경쟁질서에 반하는 방법으로 자신의 영업을 위하여 채권자의 성과 등을 무단으로 사용하는 행위에 해당한다.

---

266) 대법원 2020. 3. 26.자 2019마6525 결정(유명아이돌 그룹 특별 부록 사건).

한편 연예인, 운동선수 등의 초상이나 성명 등을 상업적으로 이용하는 행위와 관련하여 이를 인격권과는 독립된 별도의 재산권으로 인정하자는 논의가 있고 관련하여 미국의 판례법에서 인정되는 이른바 퍼블리시티권(the right of publicity)을 도입하자는 의견이 있다.

이른바 퍼블리시티권은 인격권으로서의 성명권, 초상권이 아니라 개인의 성명, 초상 등의 동일성을 상업적으로 이용하고 통제할 수 있는 배타적인 권리로 인정되고 있다. 퍼블리시티권의 인정 여부에 대해, 대법원은 아직까지 명시적인 판단을 하고 있지 않고 1심·2심 법원의 견해도 일치하고 있지 않지만, 대체로 1심·2심 법원은 물권법정주의의 원칙에 따라 인격권과는 독립된 배타적인 재산권으로서 이른바 퍼블리시티권을 새로 인정하자는 데에는 소극적인 태도를 보이고 있다.267)

위 판시 내용은 연예인의 사진 등을 연예인이나 소속사의 허락을 받지 않고 상업적으로 이용하는 행위가 상거래 관행이나 공정한 거래질서에 반하여 부정경쟁행위에 해당할 수 있다는 취지이다.

③ 타인의 경제적 이익을 침해하는 행위일 것

「경제적 이익」은 재산적 손해를 의미하므로 정신적인 손해만 발생한 경우에는 부정경쟁행위에 해당한다고 할 수 없으나,268) 직접적으로 경제적 이익이 침해되지 않았다고 하더라도 침해자의 행위로 인하여 타인의 명성, 신용, 고객흡인력 등과 같은 무형적 이익이 훼손되었다면 이로써 경제적 이익의 침해는 충분히 예

---

267) 퍼블리시티권에 관한 내용은 윤태식, 저작권법, 박영사(2020), 431~435에서 자세히 설명하고 있다.

268) 인터넷 포탈 운영자에 의해 제공되는 '검색 이용자들이 연예인의 성명 등과 상품이 결합한 키워드나 그 성명만을 키워드로 입력하면 쇼핑 사이트에 미리 대가를 지급한 광고주들의 웹페이지를 검색결과로 나타내는 서비스'가 연예인의 퍼블리시티권, 성명권을 침해하여 부정경쟁방지법 제2조 제1호 카목이 적용되어야 한다는 주장에 대해 서울고등법원 2015. 1. 30. 선고 2014나2006129 판결(미상고 확정)은 퍼블리시티권을 인정할 수 없고 성명권은 인격권으로 파악되므로 피고들이 원고들의 경제적 이익을 침해하였다고 할 수 없다고 하였다.
한편, 연예인의 이름과 사진 등을 상품에 무단 사용하여 그 상품 등을 제작, 판매하거나 광고에 무단 사용하는 행위는 타인의 경제적 이익을 침해하는 행위로서 카목의 부정경쟁행위에 해당한다.

견될 수 있으므로 이러한 경우에도 경제적 이익의 침해가 인정된다.[269]

타인의 경제적 이익에 대한 침해는 타인이 그 성과 등을 이용하여 사업활동을 수행하고 있는 경우에 입는 직접적 침해, 제3자에게 성과 등을 사용하여 사업활동을 할 수 있는 권한을 부여하고 대가를 받는 경우에 입을 수 있는 간접적 침해[270] 및 침해행위로 인해 고객상실이나 광고수입 감소가 예상되는 등의 잠재적 침해[271]도 법률상 보호할 가치가 있는 경제적 이익인 이상 이에 해당된다.

한편 타인의 성과물에 제3자의 권리를 침해하는 부분이 있는 경우에 타인이 주장하는 피침해이익이 법률상 보호가치 있는 이익에 해당하는지가 문제된다.

실무는 "원고가 이미지 제작 과정에서 해외 유명인의 허락 없이 얼굴 사진을 사용함으로써 해외 유명인에 대한 관계에서 초상권 등 침해의 불법행위책임을 지는 것과 피고에 대한 관계에서 원고의 영업상 이익이 침해되었다는 이유로 손해배상을 청구하는 것은 별개의 문제이다." 등의 이유로 타인의 성과물에 제3자의 권리를 침해하는 부분이 있더라도 법률상 보호가치 있는 이익에 해당할 수 있다는 입장이다.[272]

④ 적용 시기 관련

2013. 7. 30. 법률 제11963호로 개정되어 2014. 1. 31.부터 시행된 구 부정경쟁방지법의 부칙에는 "이 법은 공포 후 6개월이 경과한 날부터 시행한다."라고 규정되어 있을 뿐이고 본 목(구 차목)의 적용과 관련한 경과조치에 대해서는 아무

---

269) 최정열 · 이규호, 부정경쟁방지법, 진원사(2015), 210.
270) 대법원 2012. 3. 29. 선고 2010다20044 판결 참조.
271) 서울중앙지방법원 2015. 1. 16. 선고 2014가합509007 판결(미항소 확정)은 "원고와 경쟁관계에 있는 피고가 이 사건 표장을 사용하여 이 사건 게시물을 작성, 게시함으로써 이 사건 표장의 인지도 등을 이용하는 행위는 공정한 상거래 관행이나 경쟁질서에 반하여 자신의 영업을 위하여 원고의 성과 등을 무단으로 사용함으로써 부당하게 광고효과라는 이익을 얻음과 동시에 원고에게 잠재적 고객 상실이라는 손해를 입게 하는 부정경쟁행위에 해당한다."라고 하고, 서울중앙지방법원 2015. 5. 14.자 2014카합1141 결정(미항고 확정)은 "채무자의 위와 같은 행위로 인하여 인터넷 이용자들이 채권자 사이트 대신 채무자 사이트를 방문하게 됨으로써 채권자 사이트를 통한 광고 수입이 감소하는 등 경제적 이익이 침해될 개연성도 충분하다고 보인다."라고 하였다.
272) 대법원 2020. 2. 13. 선고 2015다225967판결.

런 내용이 없었다.

한편 2018. 4. 17. 법률 제155580호로 개정된 부정경쟁방지법(시행일 2018. 7. 18.)에서 신설된 제2조 제1호 차목의 적용시기와 관련하여 개정 부정경쟁방지법의 부칙에는 "이 법은 공포 후 3개월이 경과한 날부터 시행한다."라고 규정되어 있을 뿐이고 차목의 적용과 관련한 경과조치에 대해서는 아무런 내용이 없다.

실무에서 학원 소속 강사가 독립하여 인근에 별개의 학원을 설립하고 학생들을 유인하였더라도 본 목(구 차목의 성과 등 무단사용행위) 신설의 법 시행 전에 별개의 학원이 설립된 이상 위 개정 법률이 적용될 수 없어 법 제2조 제1호 본 목(구 차목)에서 정한 부정경쟁행위에 해당하지 않는다고 본 사례가 있다.[273]

이러한 해석에 따르면 본 목은 원칙적으로 그 시행일인 2014. 1. 31.부터 이루어진 부정경쟁행위에만 적용되어야 할 것으로 보인다.

관련하여 2018. 4. 17. 법률 제155580호로 개정된 부정경쟁방지법에서 신설된 제2조 제1호 차목(아이디어 포함 정보의 부정사용행위)의 적용범위와 관련된 사안이나, 차목의 아이디어 포함 정보의 제공이 차목 규정의 시행일 전에 이루어졌어도 차목의 부정경쟁행위에 해당하는 행위가 그 시행일 이후에도 계속되고 있다면 해당 행위에 대해서는 차목이 적용될 수 있다고 한 사례는 본 목의 해석에도 참고가 된다.[274]

III. 관련 참고판결

본 목에 관한 실무태도를 이해하는 데 도움이 되는 몇 개의 판결을 소개한다.

(1) 서울고등법원 2016. 1. 28. 선고 2015나2012671 판결(상고장 각하명령

---

273) 대법원 2016. 10. 27. 선고 2015다221903(본소), 2015다221910(반소) 판결.
274) 대법원 2020. 7. 23. 선고 2020다220607 판결. 특허법원 2020. 1. 17. 선고 2019나1302 판결(미상고 확정)은 2018. 4. 17. 법률 제15580호로 개정된 부정경쟁방지법 제2조 제1항 차목은 2018. 7. 18.부터 시행되는 조항으로, 해당 사건 소제기일(2017. 5. 12) 이후부터 위 법률 시행일(2018. 7. 18.) 전날까지의 피고 제품의 제조·판매행위에 대하여는 부정경쟁방지법 제2조 제1항 차목이 적용되지 않고, 위 개정된 부정경쟁방지법 시행일 다음날부터 이 법원 변론종결일까지 피고가 피고 제품을 제조·판매한 행위에 대하여는 부정경쟁방지법 제2조 제1항 차목이 적용될 수 있다는 취지로 판단하였다.

확정)은 부정경쟁방지법 제2조 제1호 카목의 부정경쟁행위 판단 기준에 관하여 아래와 같이 판시하였다.

> 구 부정경쟁방지법 제2조 제1호 차목이 정한 부정경쟁행위에 해당하는지 판단함에 있어서, ① 보호되어야 한다고 주장하는 성과 등(이하 '보호주장 성과 등'이라고 한다)이 '상당한 투자나 노력'으로 만들어진 것인지 살펴본 다음, ② 특허법, 실용신안법, 디자인보호법, 상표법, 부정경쟁방지법, 저작권법 등 제반 지식재산권 관련 법률과 민법 제750조의 불법행위 규정을 비롯하여 시장의 경쟁과 거래질서를 규율하는 전체 법체계 내에서 보호주장 성과 등을 이용함으로써 침해되었다는 경제적 이익이 '법률상 보호할 가치가 있는 이익'에 해당한다고 볼 수 있는지, 아니면 위와 같은 전체 법체계의 해석 결과 보호주장 성과 등이 누구나 자유롭게 이를 이용할 수 있는 이른바 공공영역(公共領域, public domain)에 속해 있는 것이어서 이를 무단으로 이용하더라도 '법률상 보호할 가치가 있는 이익'을 침해한 것으로 볼 수는 없는지를 독자적으로 규명해 보고, 또한 ③ 그러한 침해가 현재 우리나라 시장에 형성되어 있는 관행과 질서 체계에 의할 때 '공정한 상거래 관행이나 경쟁질서에 반하는 방법'이라고 평가되는 경쟁자의 행위에서 비롯되었는지도 살펴보아야 할 것이다.
> 즉, 보호주장 성과 등이, 시장의 경쟁과 거래질서를 규율하는 전체 법체계에 의할 때 공공영역에 속하는 것으로 취급되어 이에 대해서는 더 이상 법적 보호를 하여서는 아니 되는 성질의 것인지, 아니면 위와 같은 구 부정경쟁방지법 제2조 제1호 차목 신설 전의 지식재산권 관련 법률들의 체계 등에서 각각의 특유한 요건을 충족시키지 못하여 그러한 법률들에 규정된 권리 등에 의해서는 보호받을 수 없었지만 이는 단지 법적 보호의 공백으로서 이러한 공백을 메우기 위한 민법 제750조의 불법행위 규정 등을 해석·적용해 보면 '법률상 보호할 가치가 있는 이익'으로서 법적 보호가 주어져야 하는 성질의 것인지를 규명하여, 구 부정경쟁방지법 제2조 제1호 차목(현재 카목)이 정한 부정경쟁행위에 해당하는지를 판단해야 한다.[275]

---

[275] 이어 "피고 제품을 생산·판매하는 행위는, 공정한 상거래 관행이나 경쟁질서에 반하는 방법으로 '원고들의 상당한 투자나 노력으로 만들어진 성과 등'에 해당하는 버킨 백 형태 또는 켈리 백 형태를 피고의 영업을 위하여 무단으로 사용함으로써 법률상 보호할

(2) 서울고등법원 2016. 5. 12. 선고 2015나2044777 판결(심리불속행 상고기각 확정)은 트레이드 드레스(trade dress)와 관련하여 영업의 종합적 이미지가 카목에 의한 보호대상이 되는지와 관련하여 아래와 같이 판단하였다.

> 부정경쟁방지법의 개정 이유 등에 비추어 볼 때, 구 부정경쟁방지법 제2조 제1호 차목의 보호 대상인 '타인의 상당한 투자나 노력으로 만들어진 성과'에는 새로운 기술과 같은 기술적인 성과 이외에도 특정 영업을 구성하는 영업소 건물의 형태와 외관, 내부 디자인, 장식, 표지판 등 '영업의 종합적 이미지'의 경우 그 개별 요소들로서는 구 부정경쟁방지법 제2조 제1호 가목 내지 자목을 비롯하여 디자인보호법, 상표법 등 지식재산권 관련 법률의 개별 규정에 의해서는 보호받지 못한다고 하더라도, 그 개별 요소들의 전체 혹은 결합된 이미지는 특별한 사정이 없는 한 구 부정경쟁방지법 제2조 제1호 차목(현재 카목)이 규정하고 있는 '해당 사업자의 상당한 노력과 투자에 의하여 구축된 성과물'에 해당한다고 볼 수 있으므로, 경쟁자가 이를 공정한 상거래 관행이나 경쟁질서에 반하는 방법으로 자신의 영업을 위하여 무단으로 사용함으로써 타인의 경제적 이익을 침해하는 행위는 구 부정경쟁방지법 제2조 제1호 차목이 규정한 부정경쟁행위에 해당한다고 봄이 타당하다.[276)]

가치가 있는 원고들의 경제적 이익을 침해하는 행위로서, 구 부정경쟁방지법 제2조 제1호 차목이 정한 부정경쟁행위[위 차목의 시행일인 2014. 1. 31. 이전의 행위는 민법상 불법행위]에 해당한다."라고 하였다.

본문판결의 법리와 같은 내용으로 판시한 것으로 서울고등법원 2016. 3. 31. 선고 2015나2049390 판결(심리불속행 상고기각 확정)이 있다. 위 판결은 "피고 흡입기는 원고 흡입기와 그 형태에서 뚜렷한 차이가 있어 서로 유사하다고 할 수가 없고, 수요자들이 그 출처에 관하여 혼동을 할 염려가 있다고 할 수도 없으므로, 피고들이 피고 제품에 피고 흡입기를 사용하는 것을 두고 원고 흡입기 형태를 이용하는 행위에 해당한다고 할 수가 없다."라고 하여 구 부정경쟁방지법 제2조 제1호 차목이 적용되어야 한다는 주장을 배척하였다.

276) 위 사건의 항소심 판결에는 언급되어 있지 않지만, 그 1심인 서울중앙지방법원 2015. 7. 10. 선고 2014가합529490 판결은 "상행위를 의미하는 '트레이드(Trade)'와 전체적인 외관, 외양을 의미하는 '드레스(Dress)'를 조합한 용어인 '트레이드 드레스(Trade Dress)'는, 어문상으로는 상행위와 관련된 상품 등의 외관, 외양을 의미하는데, 여기에는 상품이나 서비스의 출처를 표시하는 문자나 기호 또는 도형들과는 달리, 상품이나 서비스의

제13절 조약 등에 기한 금지행위위반(국기·국장 등, 지리적 표시)

I. 국기·국장 등의 무단사용행위

부정경쟁방지법 제3조(국기·국장 등의 사용 금지)는 공업소유권의 보호를 위한 파리협약 당사국, 세계무역기구 회원국 또는 「상표법 조약」 체약국의 국기·국장(國章), 그 밖의 휘장이나 국제기구의 표지와 동일하거나 유사한 것은 상표로 사용할 수 없다. 다만, 해당 국가 또는 국제기구의 허락을 받은 경우에는 그러하지 아니하다(제1항), 공업소유권의 보호를 위한 파리협약 당사국, 세계무역기구 회원국 또는 「상표법 조약」 체약국 정부의 감독용 또는 증명용 표지와 동일하거나 유사

포장, 색채의 조합 및 도안을 포함하는 '상품이나 서비스의 전체적인 이미지'가 포함되고, 영업소의 형태와 외관, 내부 디자인, 장식, 표지판, 근로자의 작업복 등 '영업의 종합적인 이미지' 또한 포함될 수 있다. 비록 우리나라의 경우 트레이드 드레스를 독자적으로 보호하는 규정은 존재하지 않지만, 구 부정경쟁방지법 제2조 제1호 차목의 도입 취지와 트레이드 드레스의 의미 등을 종합적으로 고찰해 볼 때, 특정 영업을 구성하는 영업소의 형태와 외관, 내부 디자인, 장식, 표지판 등이 각각 개별 요소들로서는 구 부정경쟁방지법 제2조 제1호 가목 내지 자목을 비롯하여 디자인보호법, 상표법 등 지식재산권 관련 법률의 개별 규정에 의해서는 보호받지 못한다고 하더라도, 그 개별 요소들이 그 전체 혹은 결합되어 ① 본질적으로 식별력이 있거나(inherently distinctive), 2차적 의미(secondary meaning, 사용에 의한 식별력)를 획득하고, ② 비기능적(non-functional)이며, ③ 트레이드 드레스에 의하여 침해자의 상품 출처에 관하여 소비자에게 혼동의 가능성(likelihood of confusion)을 야기하여야 한다는 요건을 모두 충족함으로써 상품이나 서비스의 전체적인 이미지로서의 트레이드 드레스로 평가될 수 있다면, 이는 특별한 사정이 없는 한 구 부정경쟁방지법 제2조 제1호 차목이 규정하고 있는 '해당 사업자의 상당한 노력과 투자에 의하여 구축된 성과물'에 해당한다고 볼 수 있고, 따라서 경쟁자가 이를 공정한 상거래 관행이나 경쟁질서에 반하는 방법으로 자신의 영업을 위하여 무단으로 사용하는 행위는 구 부정경쟁방지법 제2조 제1호 차목이 정한 부정경쟁행위에 해당한다."고 하였다. 서울중앙지방법원 2014. 11. 27. 선고 2014가합524716 판결(항소기각되었으나 위 설시부분에 대하여는 언급이 없었음, 상고기각 확정)에서도 같은 취지로 판단하였다.

한 것은 상표로 사용할 수 없다. 다만, 해당 정부의 허락을 받은 경우에는 그러하지 아니하다(제2항)라고 규정한다.

본 조는 국기·국장 등이 상징하는 국가 등의 존엄성을 유지하고 국제적인 신의를 보호할 필요가 있고 일반 수요자로 하여금 이들 국가 또는 국제기구와 상표 사용자가 어떠한 특수한 관계에 있는 것처럼 오인·혼동하지 않도록 하기 위한 것이다. 또한 감독용 또는 증명용 표지가 가지는 품질보증 기능을 유지하기 위한 것이다.

1961. 12. 30. 제정된 부정경쟁방지법 제6조는 「① 국기, 국장, 군기, 훈장, 포장, 기장 또는 국제기구 등의 표지는 이를 상표로 사용하거나 또는 이를 상표로 한 상품을 판매, 무상반포 또는 수출할 수 없다. ② 외국의 문장, 기장 기타의 휘장으로서 상공부장관이 지정하는 것과 동일 또는 유사한 것은 그 국가의 당해관청의 허가를 받지 아니하면 이를 상표로 사용하거나 또는 이를 상표로 사용한 상품을 판매 또는 무상반포할 수 없다. ③ 전항의 문장, 기장 기타의 휘장은 그 국가의 당해관청의 허가를 받지 아니하면 상품의 원산지의 오인을 일으키게 하는 방법에 의하여 거래상 이를 사용하거나 또는 이를 사용한 상품을 판매 또는 무상반포할 수 없다. ④ 외국정부기관의 감독용 또는 증명용의 인장 또는 기호로서 상공부장관이 지정하는 것과 동일 또는 유사한 것은 그 국가의 당해관청의 허가를 받지 아니하면 이와 동일 또는 유사한 상표로서 사용하거나 또는 이것을 사용한 상품을 판매 또는 무상반포할 수 없다.」라고 규정하였다.

1986. 12. 31. 법률 제3897호로 전부개정된 부정경쟁방지법 제3조로 「① 공업소유권의 보호를 위한 파리협약(이하 "파리조약"이라 한다) 당사국의 국기·국장 기타의 휘장이나 국제기구의 표지와 동일 또는 유사한 것은 상표로 사용할 수 없다. 다만, 당해 국가 또는 국제기구의 허락을 받은 경우에는 그러하지 아니하다. ② 파리조약 당사국의 정부의 감독용 또는 증명용 표지와 동일 또는 유사한 것은 상표로 사용할 수 없다. 다만, 당해국의 정부의 허락을 받은 경우에는 그러하지 아니하다.」라고 조문의 위치와 내용을 변경하였다.

1988. 12. 31. 법률 제5621호로 개정된 부정경쟁방지법 제3조는 종전의 "공업소유권의 보호를 위한 파리협약 당사국" 부분을 "공업소유권의 보호를 위한 파리협약 당사국 또는 세계무역기구가입국"으로 바꾸었다가 2001. 2. 3. 법률 제

6421호로 개정된 부정경쟁방지법 제3조는 위 부분을 "파리협약 당사국, 세계무역기구 회원국 또는 상표법조약 체약국"으로 변경하였다. 2007. 12. 21. 법률 제8767호로 개정된 부정경쟁방지법 제3조는 '상표법 조약'을 '「상표법 조약」'으로 '국장'을 '국장(國章)'으로, '기타의'를 '그 밖의'로, '당해 국가'를 '해당 국가'로, '당해 국의 정부'를 '해당 정부'로 하는 문구 수정이 이루어져 지금에 이르고 있다.

국장은 어느 나라를 상징하는 공식적인 표장이고, 휘장이란 국가나 단체 등을 상징하는 징표를 말한다. 감독용 표지란 해당 정부가 산업 · 재정 · 무역 또는 경찰상의 견지에서 감독상의 필요에 따라 특정 상품에 붙이는 특정한 표지를 말하고, 증명용 표지란 관할관청이 특정 물품의 수량 · 산지 · 품질 · 재료 · 효능 등을 증명하기 위하여 그 물품에 붙이는 표지를 말한다.

국기, 국장, 그 밖의 휘장이나 국제기구의 표지, 감독용 또는 증명용 표지와 동일하거나 유사한지는 다소 탄력적으로 판단한다. 체약국 등의 국기, 국장 등 국제기구의 표지 등과의 유사성 판단은 그것을 연상시킬 수 있을 정도면 인정되고 상표의 일부에 체약국 등의 국기, 국장 등이 포함된 경우에도 유사하다고 인정된다.

부정경쟁방지법은 법 제3조 위반행위에 대하여 법 제4조 내지 제6조에서 부정경쟁행위 등의 금지청구권, 손해배상청구권, 신용회복청구권을 적용한다는 규정은 두고 있지 않으나, 법 제7조에서 법 제3조를 위반한 행위를 확인하기 위하여 필요한 경우 조사 등을 할 수 있도록 하고 법 제8조 제1항에서 제3조 위반행위의 중지, 표지 등의 제거나 수정, 향후 재발 방지, 그 밖에 시정에 필요한 권고를 할 수 있다고 규정하며, 법 제18조 제3항에서 벌칙에 관한 규정을 두고 있다.

II. 자유무역협정에 따라 보호되는 지리적 표시의 무단사용 행위

부정경쟁방지법 제3조의2(자유무역협정에 따라 보호하는 지리적 표시의 사용금지 등)는 제1항에서 "정당한 권원이 없는 자는 대한민국이 외국과 양자간(兩者間) 또는 다자간(多者間)으로 체결하여 발효된 자유무역협정에 따라 보호하는 지리적 표시(이하 이 조에서 '지리적 표시'라 한다)에 대하여는 제2조 제1호 라목 및 마목의 부정경쟁행위 이외에도 지리적 표시에 나타난 장소를 원산지로 하지 아니하는 상품(지리적 표시를 사용하는 상품과 동일하거나 동일하다고 인식되는 상품으로 한정한다)에 관하여 1. 진정한 원산지 표시 이외에 별도로 지리적 표시를 사용하는 행위, 2. 지리적 표시를 번역 또는 음역하여 사용하는 행위, 3. '종류', '유형', '양식' 또는 '모조품' 등의 표현을 수반하여 지리적 표시를 사용하는 행위를 할 수 없다."라고 규정한다.

본 조는 2011. 6. 30. 법률 제10810호로 개정된 부정경쟁방지법에서 신설되었다.

법 제3조의2 제1항은 우리나라와 유럽연합 및 그 회원국 간의 자유무역협정의 합의 사항을 반영한 것으로서 협정에 의하여 보호되는 지리적 표시를 권원 없이 사용할 수 없도록 하였다.

자유무역협정에 따라 보호되는 지리적 표시에 대한 오인·혼동행위 외에 당해 지리적 표시에 나타난 장소를 원산지로 하지 아니하는 상품에 대해 진정한 원산지 표시 이외에 별도로 지리적 표시를 사용하는 행위, 지리적 표시를 번역 또는 음역하여 사용하는 행위 및 "종류", "유형", "양식" 또는 "모조품" 등의 표현을 수반하여 지리적 표시를 사용하는 행위를 할 수 없도록 하였다.

제1항은 원산지 표시의 진정 여부와는 관계가 없어서 설령 원산지 표시가 진정한 것이더라도 그와는 별도의 지리적 표시를 사용하는 행위를 규제하여 진정한 지리적 표시가 가지는 신뢰와 명성의 훼손을 방지하고 있다. 다만 제1항에서 지리적 표시 사용행위는 진정한 지리적 표시가 목적으로 하는 상품과 동일하거나 동일하다고 인식되는 상품으로 한정하고 있으므로 진정한 지리적 표시가 목적으로 하는 상품과 유사한 상품에 사용하는 행위는 제1항에 의해 금지되지 않는다.

그리고 부정경쟁방지법 제3조의2 제2항에서 정당한 권원이 없는 자는 제3조의2 제1항 각 호에 해당하는 방식으로 지리적 표시를 사용한 상품을 양도·인도 또는 이를 위하여 전시하거나 수입·수출하는 행위(제1호), 제2조 제1호 라목 또는 마목에 해당하는 방식으로 지리적 표시를 사용한 상품을 인도하거나 이를 위하여 전시하는 행위(제2호)를 할 수 없다고 규정하여 진정하지 않은 지리적 표시나 원산지 표시를 사용한 상품의 양도, 이전 등을 금지하고 있다.

부정경쟁방지법 제3조의2 제3항은 제1항 각 호에 해당하는 방식으로 상표를 사용하는 자로서 국내에서 지리적 표시의 보호개시일 이전부터 해당 상표를 사용하고 있을 것(제1호), 위 제1호에 따라 상표를 사용한 결과 해당 지리적 표시의 보호개시일에 국내 수요자 간에 그 상표가 특정인의 상품을 표시하는 것이라고 인식되어 있을 것(제2호)의 요건을 모두 갖춘 자는 제1항에도 불구하고 해당 상표를 그 사용하는 상품에 계속 사용할 수 있다."라고 규정한다. 이는 선사용 상표의 보호를 지리적 표시 보호의 예외로서 규정하였다.

부정경쟁방지법은 법 제3조의2 제1항 또는 제2항을 위반하는 행위에 대해 법 제4조 내지 제6조에서 부정경쟁행위 등의 금지청구권, 손해배상청구권, 신용회복청구권을 인정하고 법 제8조 제1항에서 제3조 위반 행위의 중지, 표지 등의 제거나 수정, 향후 재발 방지, 그 밖에 시정에 필요한 권고를 할 수 있다고 규정하고, 법 제7조에서 법 제3조를 위반한 행위를 확인하기 위하여 필요한 경우 조사 등을 할 수 있도록 하며, 법 제8조 제1항에서 제3조 위반 행위의 중지, 표지 등의 제거나 수정, 향후 재발 방지, 그 밖에 시정에 필요한 권고를 할 수 있다고 규정한다.

반면에 부정경쟁방지법 제3조의2 위반행위에 대해 법 제18조 제3항의 벌칙 대상으로 규정되어 있지 아니하다.

제 4 장

부정경쟁행위 등에 대한 구제

제4장 부정경쟁행위 등에 대한 구제

제1절 총설

부정경쟁방지법은 ① 민사 구제수단으로서 제2조 제1호에 열거된 부정경쟁행위에 해당하는 행위를 하거나 제3조의2를 위반한 자에 대한 금지 또는 예방청구, 부정경쟁행위 등을 조성한 물건의 폐기, 부정경쟁행위 등에 제공된 설비의 제거청구, 부정경쟁행위 등의 대상이 된 도메인이름의 등록말소청구, 부정경쟁행위 등의 금지 또는 예방을 위하여 필요한 조치청구(제4조), 손해배상청구(제5조), 신용회복청구(제6조)를 두고, 보칙으로 손해배상을 청구하는 경우의 손해액 추정 등의 규정(제14조의2), 상대방 당사자에 대한 손해액 산정에 필요한 자료 제출 명령(제14조의3), 상대방 당사자 등에 대한 영업비밀에 대한 비밀유지명령(제14조의4 내지 6), 법원의 특허청에 대한 부정경쟁행위 등 조사기록의 송부 요구(제14조의7)에 관한 규정을 두고 있고, ② 형사 구제수단으로서 제2조 제1호 및 제3조를 위반한 행위자에 대한 벌칙(제18조 제3항), 비밀유지명령 위반에 대한 벌칙(제18조의4), 양벌규정(제19조)을 두고 있고, ③ 행정 구제수단으로서 법 제2조 제1호(아목과 카목은 제외)의 부정경쟁행위나 제3조, 제3조의2 제1항 또는 제2항을 위반한 행위를 확인하기 위해 특허청장 등이 관계 공무원에게 관계서류나 장부·제품 등을 조사, 검사하게 할 수 있도록 하는 규정(제7조), 법 제2조 제1호(아목과 카목은 제외)의 부정경쟁행위나 제3조, 제3조의2 제1항 또는 제2항을 위반한 행위가 있다고 인정될 경우 특허청장 등이 위반 행위자에게 부정경쟁행위 중지, 표지 제거 또는 폐기 등의 시정에 필요한 권고를 할 수 있도록 하고(제8조 제1항), 특허청장, 시·도지사 또는 시장·군수·구청장은 위반행위를 한 자가 법 제8조 제1항에 따른 시정권고를 이행하지 아니한 때에는 위반행위의 내용 및 시정권고 사실 등을 공표할 수 있도록 하며(법 제8조 제2항), 이에 따른 공표의 절차 및 방법 등에 관하여 필요한 사항은 대통령령으로 정하는 규정(법 제8조 제3항), 특허청장 등이 위 시정권고 및 공표를 하기 위하여 당사자의 의견을 청취하거나(제9조) 제7조, 제8조에 따른 업무를 수행하기 위한 전문단체의 지원을 받을 수 있도록 한 규정(제17조 제3항), 신고포상금 지급 규정(제16조), 과태료(제20조) 등을 두고 있다.

제2절 부정경쟁행위 등에 대한 민사 구제

부정경쟁방지법은 제2조 제1호에 열거된 부정경쟁행위나 제3조의2 제1항 또는 제2항을 위반하는 행위에 의하여 자신의 영업상의 이익이 침해되었거나 침해될 우려가 있다고 인정되는 영업자가 그 행위자를 상대로 금지 또는 예방청구, 부정경쟁행위 등을 조성한 물건의 폐기, 부정경쟁행위 등에 제공된 설비의 제거청구, 부정경쟁행위 등의 대상이 된 도메인이름의 등록말소청구, 부정경쟁행위 등의 금지 또는 예방을 위하여 필요한 조치청구를 할 수 있다(제4조)고 규정한다.

부정경쟁방지법은 제2조 제1호에 열거된 부정경쟁행위나 제3조의2 제1항 또는 제2항을 위반한 행위(제2조 제1호 다목의 경우에는 고의에 의한 부정경쟁행위만을 말한다)로 타인의 영업상 이익을 침해하여 손해를 입힌 자에게 손해배상청구(제5조)를 인정하고, 같은 행위로 타인의 영업상의 신용을 실추시킨 자에게 손해배상을 갈음하거나 손해배상과 함께 신용회복청구(제6조)를 인정하며, 보칙으로 손해배상을 청구하는 경우의 손해액 추정 등(제14조의2), 상대방 당사자에 대한 손해액 산정에 필요한 자료 제출 명령(제14조의3), 위 제2조 제1호에 열거된 부정경쟁행위나 제3조의2 제1항 또는 제2항을 위반하는 행위로 인한 영업상 이익의 침해에 관한 소송에서 그 당사자가 보유한 영업비밀에 대하여 다른 당사자(법인인 경우에는 그 대표자) 등에 대한 비밀유지명령(제14조의4 내지 6), 법원의 특허청에 대한 부정경쟁행위 등 조사기록의 송부 요구(제14조의7)에 관한 규정을 두고 있다.

부정경쟁행위 금지에 관한 민사소송은 특허권, 실용신안권, 디자인권, 상표권, 품종보호권을 제외한 지식재산권과 국제거래에 관한 소에 해당하여 민사소송법 제2조 내지 제23조의 재판적 규정에 따라 피고의 보통재판적(제2조), 의무이행지의 특별재판적(제8조), 불법행위지의 특별재판적(제18조) 등이 있는 곳의 관할법원에 소를 제기할 수 있고, 이에 더하여 2015. 12. 1. 법률 제13521호로 개정된 민사소송법 제24조 제1항에 따라 위 각 관할법원 소재지를 관할하는 고등법원이 있는 곳의 지방법원(다만 서울고등법원이 있는 곳의 지방법원은 서울중앙지방법원으로 한정)에도 소를 제기할 수 있다.[1]

I. 부정경쟁행위 금지가처분에서 피보전권리와 보전의 필요성

민사집행법 제300조(가처분의 목적)는 제1항에서 "다툼의 대상에 관한 가처분은 현상이 바뀌면 당사자가 권리를 실행하지 못하거나 이를 실행하는 것이 매우 곤란할 염려가 있을 경우에 한다.", 제2항에서 "가처분은 다툼이 있는 권리관계에 대하여 임시의 지위를 정하기 위하여도 할 수 있다. 이 경우 가처분은 특히 계속하는 권리관계에 끼칠 현저한 손해를 피하거나 급박한 위험을 막기 위하여, 또는 그 밖의 필요한 이유가 있을 경우에 하여야 한다."라고 규정한다.[2]

가처분이 인정되기 위하여는 피보전권리와 보전의 필요성이 있어야 한다.

① 피보전권리

가처분에서 피보전권리는 권리관계가 현존하고 그것에 다툼이 있는 경우에 인정된다.

부정경쟁방지 관련 가처분 사건에서도 부정경쟁행위나 제3조의2 제1항 또는

---

1) 그 외 국제재판관할권 및 준거법 등의 문제에 대하여는 윤태식, 특허법 –특허 소송 실무와 이론- (제2판), 진원사(2017), 1033~1088, 윤태식, 저작권법, 박영사(2020), 640~650의 해당 내용을 참조하여 주시기 바란다.
2) 민사집행법 제300조 제1항은 다툼의 대상에 관한 가처분으로 이전등록청구권이나 말소등록청구권 등을 피보전권리로 하게 되고, 민사집행법 제300조 제2항은 임시 지위를 정하기 위한 가처분으로 침해금지청구권 등을 피보전권리로 하게 된다. 지식재산권법 실무에서 주로 논의되는 부분은 후자의 가처분이다. 이때에는 종국 판결에 의한 의무확정이 아닌 만큼 일반 가처분 단계에서 사용중지나 사용금지청구를 받아들여 침해행위 조성물에 대한 채무자의 점유를 풀고 집행관에게 점유를 이전하도록 할 수 있지만 나아가 가처분이라는 속성상 표장의 제거나 폐기까지 인정하는 경우는 그다지 많지 않다.

제2항을 위반하는 행위로 영업상의 이익이 침해되거나 침해될 우려가 있는 경우에 피보전권리가 인정된다.

　　어느 행위가 부정경쟁방지법상 부정경쟁행위에 해당하지 않지만 민법상 불법행위에 해당하는 경우에 그 행위의 금지 또는 예방을 청구할 수 있는지가 문제된다. 민법상 불법행위를 이유로 한 일반적인 금지 또는 예방청구는 인정되지 않음이 원칙이지만, 그 행위자의 무단이용 상태가 계속되어 금전배상을 명하는 것만으로는 피해자 구제의 실효성을 기대하기 어렵고 무단이용의 금지로 인하여 보호되는 피해자의 이익과 그 행위자의 불이익을 비교·교량할 때 피해자의 이익이 더 큰 경우에는 예외적으로 그 행위의 금지 또는 예방청구를 받아들일 수 있다.[3]

　　부정경쟁방지법상 피보전권리가 될 수 있는 부정경쟁행위 등에 대하여는 본서 「제3장 부정경쟁행위의 유형」 부분에서 이미 설명하였다.

② 보전의 필요성

　　보전처분에서는 피보전권리 외에도 보전의 필요성의 존재에 관한 소명이 있어야 하고, 이 두 요건은 서로 별개의 독립된 요건이기 때문에 그 심리에서도 서로 독립적으로 주장하고 심리되어야 한다.

　　민사집행법 제300조 제2항에 정한 임시의 지위를 정하는 가처분은 그 다툼 있는 권리관계가 본안소송에 의하여 확정되기까지 사이에 가처분권리자가 현재의 현저한 손해를 피하거나 급박한 위험을 막기 위하여 또는 기타 필요한 이유가 있을 경우에 한하여 응급적·잠정적 처분으로 허용되는 것으로서, 본안판결 전에 채권자[4]에게 만족을 주는 경우도 있어 채무자의 고통이 크다고 볼 수 있으므로 그 필요성의 인정에는 신중을 기해야 하고, 더욱이 보전처분에 의하여 제거되어야 할 상태가 채권자에 의하여 오랫동안 방임되어 온 때에는 보전처분을 구할 필요성이 인정되기 어렵다.

　　부정경쟁행위 금지가처분사건에서 보전의 필요성 여부도 원칙적으로는 통상

---

3) 대법원 2010. 8. 25.자 2008마1541 결정 등 참조. 이에 대하여는 본서 「제2장 부정경쟁방지법과 지식재산권법·민법 등 간 관계 제2절 부정경쟁방지법과 지식재산권법·민법 등 간 관계 Ⅵ. 부정경쟁방지법과 민법 간 관계」 부분에서 설명하였다.
4) 가처분 실무에서 신청인을 채권자, 피신청인을 채무자라고 부르고 있다.

의 가처분의 인용여부에서 논의되어 온 바와 같은 당사자 쌍방의 이해득실관계(채권자 및 채무자가 입게 될 손해, 채무자가 부정경쟁행위를 알게 된 시점 및 고의성 여부, 채무자의 사업 규모 내지 현황 및 표지의 실제 사용 여부 등), 채권자의 본안소송에서의 승소 가능성 여부, 공공복리에 미칠 영향 기타 제반 사정을 고려하여 합목적적으로 판단한다. 다만 지식재산권 침해금지가처분사건에 포함되는 부정경쟁행위 금지가처분은 부정경쟁행위의 금지라는 부작위의무를 발생시키는 만족적 가처분으로 그 부작위의무는 많은 비용을 투입한 가처분 채무자의 영업행위 자체를 금지하는 것으로 인해 그 사업 자체에 치명적인 손해가 발생할 수 있어 여러 요소를 종합적으로 고려하여 보전의 필요성 유무를 신중하게 결정하여야 하고 이러한 점 때문에 지식재산권 침해금지 사건의 하나인 부정경쟁방지 관련 가처분사건이 통상의 가처분사건보다 상대적으로 높은 보전의 필요성이 요구되는 경향이 있다.

실무는 채무자가 채권자의 상품표지 또는 영업표지를 사용하여 판매 또는 사업을 하면서 가처분신청 내용에 대하여 다투고 있다면 그와 같은 부정경쟁행위가 계속될 것으로 예상하고 그러한 부정경쟁행위로 인해 채권자의 영업상 신용이나 명성 등이 침해될 우려가 있고 그 피해를 회복하는 것이 매우 어렵다고 판단한다면 보전의 필요성을 인정하여 왔다.

그런데 최근 실무는 지식재산권 재판이라는 속성을 염두에 두더라도 지식재산권 침해금지사건에서 금지가처분의 인용결정에 대해 다소 엄격해지는 경향에 있다.

지식재산권 침해금지 사건에서 보전의 필요성에 관한 실무의 태도를 보면, 가처분신청 인용결정에 따라 권리의 침해가 중단되었더라도 가처분 채무자가 그 가처분의 적법 여부에 대하여 다투고 있는 이상 권리침해의 중단이라는 사정만으로 종래의 가처분이 보전의 필요성을 잃지 않는다고 한 것[5]이 있지만, 등록상표와 침해상표가 서로 유사한 상표이고 채권자의 주장과 같이 채무자로부터 침해상표가 부착된 상품을 이미 구매한 일부 도·소매상이 채무자의 위 통보 이후에도 그 재고상품을 전시·판매하였더라도 그러한 사정만으로는 채무자가 스스로 침해상표를 여전히 사용함으로써 채권자의 등록상표의 상표권을 침해하고 있다고 보기 어렵다고 한 것,[6] 채권자의 상표권에 기한 상표사용금지 신청의 피보전권리는 있

---

5) 대법원 2007. 1. 25. 선고 2005다11626 판결.
6) 대법원 2007. 7. 2.자 2005마944 결정. 위 결정은 나아가 신청인의 주장을 피신청인의

지만, 채권자가 국내에서 그의 상표를 지정상품에 실제 사용하여 영업활동을 한 바가 없고, 채권자가 제조한 샴푸가 국내에 수입되고 있다거나 앞으로 수입될 전망이 있다고 할 수 없으므로 본안판결 이전에 시급히 가처분으로 채무자의 샴푸 제품 제조판매를 금지하여야 할 보전의 필요성이 없다고 한 것[7] 등이 있다.

미국의 실무를 보면 특허권에서 종래에는 특허 유효성 및 특허침해행위의 존재가 인정되면 법원이 원칙적으로 금지명령을 허용하여야 하고 특별한 사정도 없이 이것을 받아들이지 않으면 재량권을 남용한 것으로 실무를 운용하여 왔으나, 미국 연방대법원이 선고한 eBay Inc. v. MercExchange L.L.C.[8] 사건에서 종래 실무 태도에 따른 원심의 가처분인용을 파기하면서 형평법상의 요건(회복할 수 없는 손해가 발생할 것, 코먼로 상의 구제수단으로는 손해 전보가 충분하지 않을 것, 당사자 쌍방이 입을 불이익의 균형을 고려할 것, 금지명령에 의하여 공익을 해치지 않을 것)에 대하여 치밀한 심리를 한 후 결정할 것을 요구하고 있고, 연방항소법원은 Robert Bosch LLC v. Pylon Mfg. Corp.[9] 사건에 이르러 원고가 승소개연성을 증명하면 원고에게 회복할 수 없는 손해가 발생하는 것으로 추정하는 기존의 원칙(presumption of irreparable harm)을 포기하기에 이르렀다.[10]

③ 그 밖의 사항

가압류나 가처분 등 보전처분은, 비록 법원의 재판에 따라 집행하는 것이지만

상표권 침해 우려에 대한 것으로 선해하더라도 피신청인이 가까운 장래에 침해상표를 자동차용광택제에 사용할 개연성이 높다고 보기 어려워 이 사건 가처분 신청은 그 피보전권리가 인정되기 어려우며, 나아가 위와 같은 여러 사정을 합목적적으로 고려해 볼 때 그 보전의 필요성도 인정되지 않는다고 한 원심결정을 수긍하였다.

7) 대법원 1980. 12. 9. 선고 80다829 판결.
8) 547 U.S. 388, 391 (2006).
9) 659 F.3d 1142 (Fed. Cir. 2011).
10) "eBay jettisoned the presumption of irreparable harm as it applies to determining the appropriateness of injunctive relief.", 이러한 경향에 따라 연방항소법원도 2012. 10. 12. 선고한 Apple Inc. v. Samsung Electronics Co., Ltd. (2012-1507) 사건에서 회복할 수 없는 손해가 발생한다는 점이 증명되기 위하여는 금지명령이 없으면 특허권자가 회복할 수 없는 손해를 입는다는 점과 주장된 손해가 주장된 침해와 충분하고도 강한 인과관계가 있다는 점이 모두 특허권자에 의해 증명되어야 한다고 하였다.

그 실체상 청구권이 있는지 여부는 별도의 본안소송에 맡기고 단지 소명으로 채권자의 책임 아래에 하는 절차이므로, 그 집행 후에 집행채권자가 본안소송에서 패소확정되었다면 그 보전처분의 집행으로 인하여 채무자가 입은 손해에 대하여는 집행채권자에게 고의 또는 과실이 있다고 사실상 추정되고, 특별한 반증이 있는 경우에 한하여 집행채권자의 고의·과실의 추정이 번복될 수 있다.[11]

가처분 집행 후 본안소송에서 패소확정된 경우에 특별한 반증에 해당한다고 인정되어 채권자의 고의·과실의 추정이 번복되는 사안이 없는 것은 아니지만[12] 가처분 집행 후 본안소송에서 패소확정된 경우에 집행채권자의 고의·과실의 추정을 번복하기는 쉽지 않다고 이해되고 있다.[13]

II. 부정경쟁행위의 금지청구 등(법 제4조)

① 규정 연혁

---

11) 대법원 2007. 4. 26. 선고 2005다31033 판결 등.
12) 대법원 2000. 11. 28. 선고 2000다33058 판결. 이 부분 쟁점과 관련한 판시 부분은 "피고가 원고를 상대로 유사상표사용금지 등의 가처분을 신청한 경위, 그 가처분신청에 따라 법원이 가처분결정을 한 경위, 피고가 그 가처분집행을 한 경위, 그 본안소송이 진행된 경위 및 결과 등에 관한 사실과 그밖에 기록에 나타난 모든 사정을 종합하여 보면, 위 가처분사건의 3회에 걸친 심문절차에서, 피고는 원고가 사용하는 원심 판시 상표가 피고의 원심 판시 각 등록상표와 유사한 것으로서 원고는 피고의 각 상표권을 침해하고 있다는 등의 주장을 하고, 원고는 피고의 위 각 등록상표는 상표법 제6조 제1항 제3호 소정의 이른바 기술적(記述的) 상표로서 무효이므로 원고가 사용하는 상표가 피고의 각 상표권을 침해하는 것이 아니라는 등의 주장을 하면서, 각자 그 소명자료를 충분히 제출하여, 위 가처분법원은 이러한 주장·소명 아래 위 가처분결정을 한 것이며, 피고가 그 본안소송에서 패소한 이유는, 원고의 위 상표 중 다툼이 되었던 부분은 피고의 위 각 등록상표의 지정상품인 커피류 제품에 사용할 경우 상품의 품질과 가공방법을 보통으로 사용하는 방법으로 표시한 것이 되므로 상표법 제51조 제2호에 의하여 피고의 위 각 등록상표의 효력은 원고의 위 상표에는 미치지 아니한다는 원고의 주장이 항소심과 상고심에서 받아들여졌기 때문이고, 그 제1심에서는 원고의 위 주장이 배척되어 피고승소판결이 선고되기도 하였음을 알 수 있는바, 그렇다면 이 사건에 있어서는 일반적인 경우와는 달리 이러한 특별한 사정이 있어 피고가 원고를 상대로 위 가처분을 신청할 피보전권리가 없음을 알았거나 과실로 그러한 권리가 있다고 믿고 그 가처분을 신청하여 집행에까지 이르른 것으로 볼 수는 없다."이다.
13) 대법원 2002. 9. 24. 선고 2000다46184 판결 등.

부정경쟁방지법 제4조는 부정경쟁행위 등의 금지청구권 등을 규정하고 있다. 먼저 이 조항에 대한 규정 연혁을 살펴본다.

1961. 12. 30. 법률 제911호로 제정된 부정경쟁방지법 제2조는 "다음 각호의 1에 해당하는 행위를 하는 자가 있을 때에는 이로 인하여 영업상의 이익이 침해될 우려가 있는 자는 그 행위의 중지를 청구할 수 있다."라고 하여 부정경쟁행위중지청구권을 규정하였다가 1986. 12. 31. 법률 제3897호로 전부 개정된 부정경쟁방지법 제4조(부정경쟁행위의 중지청구 등) 제1항으로 "제2조 각호의 1에 해당하는 행위로 인하여 자신의 영업상의 이익이 침해될 우려가 있다고 인정하는 자는 법원에 그 행위의 중지를 청구할 수 있다."라고 규정하였다.

1991. 12. 31. 법률 제4478호로 개정된 부정경쟁방지법 제4조의 표제를 "부정경쟁행위의 금지청구권 등"으로 바꾸고 "① 부정경쟁행위로 인하여 자신의 영업상의 이익이 침해되거나 침해될 우려가 있다고 인정하는 자는 부정경쟁행위를 하거나 하고자 하는 자에 대하여 법원에 그 행위의 금지 또는 예방을 청구할 수 있다. ② 제1항의 규정에 의한 청구를 할 때에는 그 부정경쟁행위를 조성한 물건의 폐기, 부정경쟁행위에 제공된 설비의 제거 기타 부정경쟁행위의 금지 또는 예방을 위하여 필요한 조치를 함께 청구할 수 있다."라고 규정하였다.

2001. 2. 3. 법률 제6412호로 개정된 부정경쟁방지법에서 제4조 제1항 중 "침해될 우려가 있다고 인정하는 자"를 "침해될 우려가 있는 자"로 변경하고, 2004. 1. 20. 법률 제7095호로 개정된 부정경쟁방지법에서 제4조 제2항 중 "부정경쟁행위에 제공된 설비의 제거 기타 부정경쟁행위의 금지 또는 예방을 위하여 필요한 조치를" 부분을 "부정경쟁행위에 제공된 설비의 제거, 부정경쟁행위의 대상이 된 도메인이름의 등록말소 그 밖에 부정경쟁행위의 금지 또는 예방을 위하여 필요한 조치를"로 변경하였다. 2007. 12. 21. 법률 제8767호로 개정된 부정경쟁방지법은 제4조 제2항의 조치를 제1호 내지 제4호로 나누어 규정하고 2011. 6. 30. 법률 제10810호로 개정된 부정경쟁방지법은 「대한민국과 유럽연합 및 그 회원국 간의 자유무역협정」의 합의사항을 반영하기 위하여 자유무역협정에 따라 보호하는 지리적 표시의 사용 등을 금지하고, 지리적 표시의 침해에 대한 금지예방, 손해배상 등에 관한 내용을 추가하여 지금에 이르고 있다.

2 부정경쟁행위의 금지 또는 예방청구(법 제4조 제1항)

가. 의의

부정경쟁행위에 대해 손해배상을 청구할 수 있지만 이는 손해가 발생한 이후의 간접적인 구제수단이다. 부정경쟁행위에 대한 가장 직접적이고 유효한 구제수단은 실제로 이루어지고 있거나 이루어질 것이 확실히 예상되는 부정경쟁행위 그 자체를 금지시키는 것이다.

부정경쟁방지법이 정한 부정경쟁행위나 같은법 제3조의2 제1항 또는 제2항을 위반하는 행위(이하 이를 포함하여 부정경쟁행위라고 한다)로 자신의 영업상의 이익이 침해되거나 침해될 우려가 있는 자는 부정경쟁행위나 제3조의2 제1항 또는 제2항을 위반하는 행위를 하거나 하려는 자에 대하여 법원에 그 행위의 금지 또는 예방을 청구할 수 있다(법 제4조 제1항).

금지청구는 부정경쟁행위자의 악의 또는 부정경쟁행위자의 부정경쟁 목적 등 부정경쟁행위자의 주관적 의사를 그 요건으로 하고 있지 아니할뿐더러[14] 손해배상청구에서와 달리 부정경쟁행위자의 고의나 과실도 필요로 하지 않는다. 이렇듯 금지청구를 행사함에 있어 침해에 대한 고의·과실의 주관적 요건은 필요하지 않지만 부정경쟁행위 자체는 위법하여야 하므로 부정경쟁행위의 구성요건을 충족하더라도 소정의 요건을 충족한 병행수입상품의 경우에는 위법성이 조각되어 금지청구권이 인정되지 않는다.

나. 금지청구권자

부정경쟁행위의 금지청구권자는 상대방의 부정경쟁행위로 인하여 자신의 영업[15]상의 이익이 침해되거나 침해될 우려가 있는 자이다.

여기서 영업상 이익이란 영업자가 영업활동을 하면서 향유하는 고유하고 정당한 이익이자 침해 대상으로서의 이익, 즉 영업상의 신용 및 고객흡인력을 의미하는 것으로 단순히 계산상의 이익을 의미하는 것이 아니다.[16] 또한 부정경쟁방

---

14) 대법원 2004. 3. 25. 선고 2002다9011 판결.
15) '영업'의 의미에 대하여는 「제1장 부정경쟁행위의 의의 제1절 부정경쟁행위의 개념」 참조.

지법의 취지에 비추어 이익의 개념을 지나치게 엄격히 해석하지 않고 탄력적으로 해석한다. 영업상 이익의 침해는 반드시 법률상 이익의 침해에 한정되지 않는다. 실무는 거래처 상실, 매상 감소, 영업상 신용이나 명성의 훼손,17) 혼동의 위험18) 등의 경우에 영업상 이익이 침해되었다고 본다. 단순한 단속규정에 위배되는 영업도 그 사법상의 효력이 곧바로 부정되는 것은 아니어서 그러한 사정만으로 영업상 이익을 부정할 수 없으나, 강행법규 등 법률상 금지된 영업행위이거나 마약 등의 거래금지제품 등 선량한 풍속 기타 사회질서에 반하는 영업행위에 관련한 이익은 부정경쟁방지법상 보호의 대상인 영업상 이익에 해당하지 않는다.19)

이때 영업상 이익에 대한 침해는 현실로 일어날 필요는 없으나 침해에 대한 우려가 있거나 사회통념상 영업상의 이익이 침해될 개연성이 높다고 인식되는 사정이 객관적으로 있어야 하고 막연히 손해가 발생할 것이라는 추상적 염려가 있다는 사정만으로는 부족하다.

부정경쟁방지법 제4조와 제5조에서 부정경쟁행위의 금지청구권자로 '자신의 영업상의 이익이 침해되거나 침해될 우려가 있는 자'로 규정하고 있을 뿐 그 주체를 표지 보유자나 상품 제작자로 한정하고 있지 않아서 여기서 영업상 이익이 침해되거나 침해될 우려가 있는 자에는 표지 보유자뿐 아니라 그 사용권자 등 그 표지 사용에 관하여 고유하고 정당한 이익이 있는 자,20) 그룹 명칭의 경우 계열

---

16) 대법원 1976. 2. 24. 선고 73다1238 판결은 약국의 영업주로서의 행위는 개설자인 소외인이 하고 있고 원고는 계산상인 면에서(경제적인 면에서) 그 약국 경영에 참여하고 있다면 약국의 의약품의 영업에 관련되는 이익의 침해를 주장하고 그 보호를 받기 위해서 소구를 함에 있어서 약국의 영업주이고 경영명의자인 소외인이 당사자가 되어야 한다고 하였다.

17) 대법원 1980. 12. 9. 선고 80다829 판결은 부정경쟁방지법 제2조 제1, 2호와 관련하여 영업상의 이익을 침해할 우려가 있다고 함은 타인의 상표 및 용기와 유사한 것을 사용함으로써 신용 및 고객흡인력을 실추 또는 희석화시켜 타인에게 영업상의 손실을 가져 오게 하는 경우를 포함한다고 하였다.

18) 상세한 내용은 상품주체 혼동행위에 대하여「제3장 부정경쟁행위의 유형 제2절 상품주체 혼동행위(가목) IV. 타인의 상품과 혼동하게 하는 행위」, 영업주체 혼동행위에 대하여는「제3장 부정경쟁행위의 유형 제3절 영업주체 혼동행위(나목) ④ 타인의 영업상의 시설 또는 활동과 혼동하게 하는 행위」부분 참조.

19) 대법원 1976. 2. 24. 선고 73다1238 판결 참조. 약사법에서 금지되어 있는 영업행위에 관련한 이익은 부정경쟁방지법에 의해서 보호를 받을 가치를 인정할 수 없는 부당한 영업상의 이익이라고 하였다.

사 중 한 회사, 프랜차이즈에서 그 가맹본부와 가맹점, 상품화권자와 그 사용자, 상품의 제조회사와 그 하청업체 등이 포함될 수 있다. 프랜차이즈에서 가맹본부에게 금지청구권 등을 인정하는 데에는 별다른 문제가 없으나 가맹점주에게 금지청구권 등을 인정할 수 있는지는 그에게 고유하고 정당한 영업상 이익의 침해(매출이나 고객의 감소, 시장 지역 축소 등)가 발생하였는지에 따라 달라질 수 있다. 이러한 논리는 위 상품화권자와 그 사용자, 상품의 제조회사와 그 하청업체의 관계에 적용될 수 있다.

그러나 여기의 영업상 이익이 침해되거나 침해될 우려가 있는 자에, 영업의 주체인 회사와 별도로 단순히 디자인권을 공유하는 자,21) 영업에 관한 특유한 노력에 따른 독점적 이익을 가지지 않은 단순한 수입업자나 수입대리점 관계인이나 단순한 라이선스만을 받은 자는 특별한 사정이 없는 한 포함되지 않는다(이 부분은 뒤에서 자세히 설명함).

부정경쟁방지법 제2조 제1호 라목의 원산지 오인행위, 마목의 출처지(생산지, 제조지, 가공지를 말한다) 오인행위, 바목의 품질 등 오인행위의 경우는 원산지 등에서 영업활동을 하는 영업자 또는 그 수입판매자 등 허위표시의 사용자와 경쟁관계에 있는 사업자가 금지청구권자로 된다.

---

20) 대법원 1997. 2. 5.자 96마364 결정은 "신청인 회사(주식회사 △△△산업)는 이 사건 상표 등의 사용을 개시할 당시부터 이 사건 상표 등의 소유자인 신청외 ○○○로부터 그 사용승낙을 받아 이를 사용한 것이고, 그 설립목적에 따라 이 사건 상표 등과 위 체인점영업에 대한 전국적인 광고선전을 하여 왔을 뿐만 아니라 위 ○○○나 위 주식회사 △△△ 의 지사의 지위에 있었지만 서울·인천·경기지역에 있어서는 독립적인 성격을 가진 체인점영업을 하여 왔으며, 1992. 6.경부터는 전국적으로 체인점영업을 위한 독자적인 지사를 개설하기까지 하였다는 것이므로, 신청인 회사의 이 사건 상표 등에 대한 주지노력의 효과인 주지성이 이 사건 상표 등의 소유자인 위 ○○○나 위 주식회사 △△△ 등에게 귀속된다고 하더라도, 신청인 회사도 이 사건 상표 등의 사용에 관하여 고유하고 정당한 이익을 가지고 있다고 보아야 할 것이어서, 이 사건 상표 등과 동일 또는 유사한 표지의 사용으로 부정경쟁행위를 하거나 하고자 하는 자에 대하여 그 행위의 금지나 예방을 청구할 수 있다."라고 하였다. 판결문에, 신청인 회사는 위 ○○○와 주요 영업대리점주들과 상호출자하여 설립된 회사인데 위 ○○○는 신청인 회사에 대해 로열티를 받지 않고 이 사건 상표 등에 대하여 포괄적인 사용을 승낙하고, 일부 상표에 관하여는 대한민국 전역 내지 일부 권역을 대상지역으로 한 통상사용권을 설정하여 주고 그 기간 이후에도 이 사건 상표 등의 사용을 계속 용인하였다는 사실인정이 기재되어 있다.

21) 대법원 1978. 7. 25. 선고 76다847 판결 참조.

    또한 부정경쟁방지법 제2조 제1호 자목의 상품형태 모방행위의 경우는 형태
모방의 대상으로 된 상품의 형태를 스스로 개발한 자[22]뿐 아니라 상품개발을 한
자와 사이에 독점적 판매권한이 포함된 전용실시권 설정계약을 체결한 자 등은
금지청구권자가 될 수 있으나,[23] 단순히 상품형태의 아이디어를 제안하였다거나
설계도면을 작성하였거나 자금을 제공하였다는 사정만으로 곧바로 상품을 개발한
자에 해당하지 않아 금지청구를 할 수 있는 자에 해당하지 않는다.

    독점적 통상사용권자, 통상사용권자, 독점적 판매권자가 부정경쟁방지법 제5
조에서 말하는 영업상 이익이 침해되거나 침해될 우려가 있는 자에 해당하는지가
문제된다.

    먼저 독점적 통상사용권자가 그 독점적 지위에 근거하여 시장에서 이익을 얻
고 있거나 자신의 노력에 의하여 주지성 등의 고객흡인력을 축적하였다면 그 이
익은 보호할 가치가 있어 표지 사용에 대한 고유하고 정당한 이익을 가진 자로
인정할 수 있으므로 부정경쟁방지법 제5조에서 말하는 영업상 이익이 침해되거나
침해될 우려가 있는 자에 해당한다.[24]

---

22) 2인 이상이 공동으로 상품을 개발한 경우에 이들 모두가 상품을 개발한 자에 해당할 수
    있다. 따라서 이와 같이 공동으로 상품을 개발한 자들 상호간에는 금지청구를 인정할 수
    없을 것이다.
23) 서울중앙지방법원 2018. 5. 4. 선고 2017가합502502 판결(항소기각 확정)은 상품 디자
    인권자와 사이에 독점판매권한이 포함된 전용실시권 설정계약을 체결하고 해당 상품을
    판매하는 독점적 판매권자가 부정경쟁방지법 제5조에서 말하는 부정경쟁행위로 인하여
    영업상의 이익이 침해되거나 침해될 우려가 있는 자에 해당한다고 하였다.
24) 서울고등법원 2008. 6. 17. 선고 2008나40436 판결(미상고 확정)은 표지의 소유자로부
    터 독점적 사용권을 부여받은 경우는 표지의 사용에 관하여 고유하고 정당한 이익을 가지
    는 자이지만 단지 상표권자 또는 표지에 관한 권리를 가진 자로부터 완제품을 공급받아
    이를 독점 판매할 수 있는 권한만 가진 경우, 그 상품에 관한 상표나 표지가 완제품의 독
    점 판매자의 상품임을 나타내는 것이라고 할 수 없어 독자적으로 부정경쟁행위에 대한 손
    해배상청구권을 갖는다고 할 수 없다고 하였다. 위 판결은 완제품의 독점 판매자가 독자
    적으로 부정경쟁행위에 대한 손해배상청구권을 갖는다고 할 수 있으려면 적어도 전용사
    용권과 유사한 정도로 독점적 통상사용권을 갖고 있다고 평가할 수 있어야 한다고 설시하
    였는데, 이는 전용사용권자나 독점적 통상사용권자가 가지는 것과 유사한 뭔가의 고유하
    고 정당한 이익을 가지고 있어야 함을 설명하려 한 것으로 선해할 수 있다. 위 판결의 사
    안은, 해당 제품에 관한 상표나 표지가 원고의 상품임을 나타낸다고 할 수 없고, □□□□
    인터내셔널 리미티드로부터 완제품을 공급받아 용기와 포장만 바꾸어 해당 제품을 판
    매할 권한만 가진 원고가 □□□□ 인터내셔널 리미티드와 체결된 독점총판계약에 기하

다음으로 통상사용권자나 독점적 판매권자가 부정경쟁방지법 제5조에서 말하는 영업상 이익이 침해된 자, 즉 고유하고 정당한 이익을 가지는 자에 해당하는지는 좀 더 세심한 검토가 필요하다.

일각에서 대법원 1997. 2. 5.자 96마364 결정을 근거로 실무가 통상사용권자가 고유하고 정당한 이익을 가진 자로 인정하고 있다고 주장하는 견해가 있다.

그런데 위 96마364 결정의 사실관계를 검토하면 해당 회사가 상표권자 등으로부터 표지에 대한 사용승낙을 받아 독립적인 성격을 가진 체인점을 영위하고 전국적으로 체인점영업을 위한 독자적인 지사까지 개설한 사정이 있는 등 독립적 성격의 지역별 영업대리점을 영위하고 있음을 들어 표지 사용에 대해 고유하고 정당한 이익이 있다는 사안으로서 실질적으로 통상사용권의 범위 이상의 독점적인 권한까지 묵시적으로 수여받았다고 볼 수 있는 경우에 해당하므로 섣불리 위 주장과 같이 단정할 수 없다.

또한 실무에서 독점적 판매권자가 여기의 고유하고 정당한 이익을 가지는 자에 포함되는지에 관하여, 표지에 관한 권리를 가진 자로부터 완제품을 공급받아 이를 독점 판매할 수 있는 권한만 가진 경우에는 손해배상청구권자가 될 수 없다고 한 사례25)가 있고 그 반대취지로 국내의 독점적인 수입·판매대리점업자를 부정경쟁방지법의 금지청구권의 주체로 인정한 사례26)가 있다.

여 가지는 권리는 완제품의 독점 판매자가 공급자에 대하여 가지는 계약상 권리에 불과하여 설사 통상사용권자라고 볼 여지가 있다 해도 전용사용권에 유사할 정도의 독점적 통상사용권자라고 할 수도 없으므로, 원고는 피고 ○○○에 대하여 부정경쟁행위로 인한 손해배상을 구할 지위에 있지 아니하다."라고 하였다.

25) 서울고등법원 2008. 6. 17. 선고 2008나40436 판결(미상고 확정).

26) 서울지방법원 1998. 5. 29. 선고 97가합32678 판결(일부 항소기각 되어 상고심에서 대법원 2002. 9. 24. 선고 99다42322 판결로 파기환송되었으나 영업표지와 관련된 쟁점과는 무관함). 위 사안의 사실관계에 관한 판결이유를 보면, "원고는 국내에서 유일하게 원고 버어베리스와 독점적인 수입·판매대리점 계약을 체결하여 원고 버어베리스로부터 그 상호, 표장 등을 사용할 수 있는 권한을 부여받은 다음 상품을 공급받아, 전국적으로 면세점에 17개, 일반 백화점 등에 35개의 매장을 개설하여 원고 버어베리스의 제품을 판매하여 왔고, 그 동안 대대적인 광고, 판촉활동을 전개함으로써 특허청에서 발행한 '외국 상표자료집'이나 '주로 도용되는 국내·외 상표집'에 원고 버어베리스의 표지가 가장 자두 도용되는 외국의 저명상표 중의 하나로 기재되어 원고 버버베시리스의 제품은 위와 같은 전국적인 매장을 통한 꾸준한 판매로 국내에서는 고급 브랜드로서의 이미지를 형성하여 왔다."라는 내용이 있다. 즉 위 사안에서 원고는 독점적인 판매권자로서 영업에 관한 고유하

이 문제에 관하여 본서 저자는 통상사용권자 또는 독점적 판매권자가 표지 사용에 대해 고유하고 정당한 이익을 가져 부정경쟁방지법상 금지청구의 주체로 될 수 있는지는 그 자체만으로 일률적으로 말할 수 없고 사실관계에 따라 결정할 문제로 본다.

즉, 통상사용권자나 독점적 판매권자라도 상품의 인지도 내지 고객흡인력 제고 및 매출 증가 노력, 판매망의 개척 및 확보 노력 등 상표보유자와 구별되는 나름의 특유한 신용축적 등의 기여도가 인정된다면 그로 인해 가지게 되는 이익은 고유하고 정당한 이익에 해당하여 법률상 보호할 가치가 있는 이익이 되므로 이러한 이익이 침해된다면 부정경쟁방지법 제5조의 영업상 이익이 침해되거나 침해될 우려가 있는 자라 할 수 있다.[27]

고 정당한 이익이 인정되기에 충분한 사정이 있었다.

서울중앙지방법원 2016. 6. 15. 선고 2015가합531872 판결(항소심에서 조정성립으로 종국)은, 원고는 □□ △△ ○○○○○(이하 '△△사'라 한다)의 한국 현지 법인으로 △△사가 생산하는 침대(이하 '△△침대'라 한다)를 국내에 독점 판매하고 있는 자이고, 🖤 과 "△△침대"(이하 '이 사건 표지들'이라 한다)는 △△침대에 관한 상품표지 및 영업표지로서 국내에 널리 인식되어 있었으며, 피고는 '▽▽▽▽ ◁◁◁'라는 상호로 가구판매업을 하면서 △△침대를 병행수입하여 판매하였는데, 2014. 1.경부터 2014. 6.경까지 자신이 운영하는 피고 매장의 외부 간판에 이 사건 표지들과 "대구·경북총판"이라는 문구를 사용한 사안이었는데, 위 법원은 △△침대를 국내에 독점 판매하는 원고는 이 사건 표지들의 사용에 관한 고유하고 정당한 이익을 가지고 있는 자로서 피고를 상대로 직접 손해배상을 청구할 수 있는 자에 해당한다고 하였다.

서울중앙지방법원 2019. 5. 30. 선고 2018가합504499 판결(항소심에서 별도의 판단없이 금지청구 등이 인용되고, 대법원에서 심리불속행 상고기각 판결로 확정됨)은 □□□ 및 원고(주식회사 ○○무역, □□□은 원고의 대표자)는 2003년경부터 △△△△유한공사로부터 이 사건 상품인 연태고량주(烟台古酿酒)에 대한 독점적 판매권을 보장받고 이 사건 술병세트에 담긴 이 사건 상품을 독점적으로 수입, 판매해 온 사실, 이 사건 상품은 별지 3 원고의 상품 술병세트와 같이 500㎖, 250㎖, 125㎖ 3가지 용량으로 디자인된 술병(이하 '이 사건 술병세트'라 한다)에 담아 판매되고 있는데, 원고와 △△△△유한공사는 이 사건 상품의 수입 초기부터 이 사건 술병세트와 같은 모양의 술병은 한국 내에서만 유통하기로 합의한 사실, □□□과 원고가 이 사건 상품을 수입, 판매해 온 이래로 이 사건 상품은 연간 3, 400억 원 정도 규모로 추산되는 중국음식점에서의 고량주 판매시장에서 2015년 116억 원, 2016년 152억 원, 2017년 198억 원의 매출을 올리고 있는 사실 등을 인정한 다음 원고는 이 사건 술병세트와 같은 상품 표지의 사용에 고유하고 정당한 이익이 있어, 원고는 이 사건 술병세트와 유사한 별지 2 각 술병 디자인으로 이 사건 경쟁상품을 수입, 판매하는 피고의 부정경쟁행위에 대하여 부정경쟁방지법 제4조 제1항에 따라, 부정행위의 금지 및 예방조치를 구할 수 있다고 하였다.

반대로 통상사용권자나 독점적 판매권자라도 별다른 스스로의 판매 노력 없이 단순히 상품 전달 등의 유통만 담당하는 정도의 역할만 하고 있다면 그들에게 고유하고 정당한 이익이 있다고 보기 어려워 그들이 가지는 이익이 침해되더라도 통상사용권자나 독점적 판매권자를 부정경쟁방지법 제5조의 영업상 이익이 침해되거나 침해될 우려가 있는 자에 해당한다고 보기 어렵다.

결국 여기서 영업상 이익이 침해된 자라고 인정될 수 있는 고유하고 정당한 이익을 가지는 자라고 하기 위하여는 적어도 매출액 증가나 시장 확대 등과 관련하여 자신의 독자적 노력에 터 잡은 고유한 영업 이익을 형성하는 등 표지 보유자와 구별되는 나름의 신용축적 기여도 등의 영업활동이 인정될 필요가 있다. 앞에서 개별적으로 서술한, 영업에 관한 독점적 이익을 가지지 않은 단순한 수입업자나 수입대리점 관계인이나 단순한 라이선스만을 받은 자는, 여기의 영업상 이익이 침해된 자에 포함되지 않는다고 설명한 것은 이와 같은 맥락으로 이해할 수 있다.

그런데 이러한 결론만을 놓고 본다면, 부정경쟁방지법에서는 독점적 판매권자나 독점적 사용권자에게 금지청구 행사를 허용할 수 있는 반면에, 특허법 등에서는 통상실시권자는 물론 독점적 통상실시권자에게도 금지청구권이 인정되지 않아[28] 일응 양 법률 간에 금지청구의 허용 여부에서 차이가 생긴다는 의문을 가질 수 있다.[29]

---

27) 서울중앙지방법원 2018. 5. 4. 선고 2017가합502502 판결(미항소 확정).

28) 대법원 2007. 1. 25. 선고 2005다11626 판결이 "저작권법은 특허법이 전용실시권제도를 둔 것과는 달리 침해정지청구권을 행사할 수 있는 이용권을 부여하는 제도를 마련하고 있지 아니하여…"라고 판시하여 저작권법과는 달리, 특허법에서 독점적 통상실시권자에게 침해금지청구의 대위 행사를 인정하지 않겠다는 문언으로 이해할 여지가 있다. 다만 서울중앙지방법원 2005. 5. 19. 선고 2004가합56061(본소), 2004가합78573(반소) 판결(미항소 확정)에서 독점적 통상사용권의 경우에 예외적으로 채권자대위권을 인정한 사례가 있다. 이에 관한 내용은 윤태식, 특허법 -특허 소송 실무와 이론- (제2판), 진원사(2017), 1025~1026에서 설명한다.

29) 한편, 독점적 통상사용권자가 그 독점적 지위에 기하여 시장에서 이익을 얻고 있는 경우에 그 이익은 법적으로 보호할 가치가 있다거나 그 독점적 통상사용권자에 대한 적극적 채권침해를 이유로 침해자에 대하여 고유의 손해배상청구는 인정된다. 이에 관한 참고판결로는 대법원 2006. 9. 8. 선고 2004다55230 판결(독점적 판매권자의 손해배상청구를 인정한 사안), 대법원 2011. 6. 9. 선고 2009다52304, 52311 판결(이용허락계약에 따라 독점적 사용권을 부여받은 회사가 손해배상청구를 할 수 있음을 전제로 채권침해의 위법성이 인정된다고 보기 어렵다는 이유로 손해배상청구를 배척한 사안) 등이 있다.

그러나 설령 결과적으로 그와 같이 되더라도 상표법에서 통상사용권자 등에
게 금지청구권을 허용하지 않는 것은 권리부여형 입법에서 통상사용권의 성격이
채권이라는 한계에 따른 법리적인 결과이고 부정경쟁방지법에서 금지청구가 허용
되기 위하여 영업상 이익 침해의 문제 이전에 각 행위규제의 요건(예컨대 가목, 나
목의 경우는 상품이나 영업의 주지성 등의 요건, 자목의 경우는 상품형태 모방의 요건)을
모두 충족하여야 하므로, 양 법률에서 금지청구의 결론이 다를 수 있음을 들어 논
리상 부당하다고 볼 것은 아니다.

부정경쟁행위의 금지를 청구할 수 있는 자는 자신의 이름으로 실제로 영업하
는 자(영업자)를 말하므로 당해 영업을 누구의 계산으로 하는지와는 무관하고,[30)]
따라서 영업명의의 수탁자나 행정청에 신고된 명의상의 영업주라고 하여도 그와
같은 사정만으로 곧바로 금지청구권자로 되는 것이 아니다.

영업양도가 있거나 영업 일체를 사실상 승계하여 표지의 주지성까지 승계한
것으로 평가되는 양수인은 그 금지청구권도 인정(승계)되나,[31)] 영업과 독립하여
금지청구권만의 승계는 허용되지 않는다.

우리나라에서 영업을 하지 않고 그 상품이 수입도 되지 아니하였더라도 외국
상품 또는 영업표시로서 국내에서 주지성을 취득한 경우에는 주지표지의 보유자
에게 금지청구권이 인정된다.

법문상 일반적인 소비자, 소비자단체 및 사업자단체에는 금지청구권이 인정
되지 않는다.[32)]

다. 금지청구의 상대방

금지청구권의 행사를 받을 상대방은 부정경쟁방지법 제2조 제1호의 부정경
쟁행위나 제3조의2 제1항 또는 제2항을 위반하는 행위로 타인의 영업상의 이익
을 침해하고 있거나 침해할 우려가 있는 자이고, 예를 들면 상품생산업자, 하청업
자, 판매업자(도매상, 소매상) 등이다.

---

30) 대법원 1976. 2. 24. 선고 73다1238 판결 참조.
31) 대법원 1996. 5. 31. 선고 96도197 판결.
32) 다만 사업자단체라도 실제로 제품을 판매하여 영업을 하고 있고 그 판매제품과 관련하여
    서라면 영업자로서 금지를 청구할 수 있을 것이다. 독일 부정경쟁방지법은 소정의 요건을
    갖춘 일반적인 소비자보호단체, 상공회의소에도 금지청구권 등을 인정하고 있다.

앞에서 본 바와 같이, 예컨대 부정경쟁방지법 제2조 제1호 가목 및 나목의 부정경쟁행위에서는 부정경쟁행위자의 악의 또는 부정경쟁의 목적 등 부정경쟁행위자의 주관적 의사를 그 요건으로 하고 있지 아니할뿐더러 (다목과 달리) 선의의 선사용자의 행위를 부정경쟁행위에서 배제하는 명문의 규정이 없으므로, 가령 원고가 그 상호에 관한 주지성을 획득하기 이전부터 피고가 원고 상호의 존재를 알지 못한 채 또는 부정경쟁의 목적이 없는 상태에서 원고 상호를 표장으로 사용하더라도 원고의 상호가 주지성을 획득한 상품 및 영업표지가 되고 피고의 사용표지가 주지된 원고의 상호와 혼동될 위험이 존재한다고 인정되는 한 피고의 위와 같은 행위는 부정경쟁방지법 제2조 제1호 가목 및 나목의 부정경쟁행위를 구성한다.[33]

한편 주지성의 악의 취득 등을 인정할 것인지는 「제3장 부정경쟁행위의 유형 제2절 상품주체 혼동행위(가목) I. 국내에 널리 인식된(周知) ④ 주지성의 악의 취득 등을 인정할 것인지 여부」에서 이미 설명하였다.

부정경쟁행위를 하는 회사의 대표이사나 직원 등 개인이 회사와 함께 금지청구의 대상이 될 수 있는지에 대해 금지청구가 실효성을 거두려면 그 법인, 사용자뿐 아니라 실제 행위자도 상대방으로 인정하여야 한다는 견해도 있으나, 법인 대표이사 등의 개인은 표지 등을 사용하여 스스로 상품을 판매하거나 독립적인 영업을 하는 영업자가 아니므로, 법인과 별개로 독자적인 부정경쟁행위를 하였다는 특별한 사정이 없는 한 부정경쟁행위를 한 법인 외에 대표이사 등의 개인은 원칙적으로 그 법인과 함께 금지청구의 대상이 될 수 없다.[34]

반면에 손해배상청구의 대상은 법인 외에 대표이사 등의 개인도 대상이 될

---

33) 대법원 2004. 3. 25. 선고 2002다9011 판결 참조.
34) 대법원 1978. 7. 25. 선고 76다847 판결은 이 사안에서 영업상의 이익이 침해될 우려있는 자는 그 영업의 주체인 회사라 볼 것이고 회사 대표이사가 회사와 공동의장권리자라고 하더라도 그와 같은 사유만으로는 위 법조 소정의 영업상의 이익이 침해될 우려있는 자라고 볼 수 없다고 하여 회사 대표이사에게 부정경쟁행위중지청구를 인정하지 않았다. 또한 대법원 2013. 6. 27. 선고 2011다50165 판결은 "주식회사의 대표이사가 업무집행과 관련하여 정당한 권한 없이 직원으로 하여금 타인의 부동산을 지배·관리하게 하는 등으로 소유자의 사용수익권을 침해하고 있는 경우, 부동산의 점유자는 회사일 뿐이고 대표이사 개인은 독자적인 점유자는 아니기 때문에 부동산에 대한 인도청구 등의 상대방은 될 수 없다고 하더라도…"라고 한 바 있다.

수 있다. 즉 부정경쟁행위를 이유로 법인에 대하여 손해배상을 청구하는 근거는 민법 제35조 제1항에 기하여 이사 기타 대표자가 그 직무에 관하여 침해행위를 한 경우, 상법 제389조 제3항, 제210조에 기하여 법인의 대표기관이 직무집행에 관하여 또는 업무집행으로 인하여 타인에게 손해를 가한 경우, 민법 제756조 제1항에 기하여 법인의 대표기관 이외의 피용자가 사무집행에 관하여 침해행위를 한 경우 등인데 이들 경우에 그 행위자도 법인과 함께 공동피고로 하여 손해배상청구의 대상이 된다.[35]

라. 금지청구 행사요건

금지청구권을 행사하기 위하여는 부정경쟁행위나 제3조의2 제1항 또는 제2항을 위반하는 행위가 있을 것 외에 그로 인해 영업상의 이익이 침해되었거나 침해될 우려가 있어야 한다.

한편 어느 경우에 침해에 대한 우려가 있다고 인정할 수 있을지에 대하여 이는 구체적이고 개별적인 사실관계 내용에 따라 결정될 것이나, 침해의 준비행위가 있는 경우나 침해의 준비행위가 아니더라도 침해 발생의 가능성이 객관적으로 추인되는 경우, 일시적으로 문제의 표지를 사용하고 있지 않더라도 채무자가 이전에 해당 표지를 사용한 사실이 있고 해당 표지의 사용행위가 부정경쟁행위에 해당하지 않는다고 계속 다투고 있는 경우, 파산절차개시결정이 있고 표지를 사용하고 있지 않더라도 장차 표지를 사용하여 영업을 재개할 가능성이 있는 경우 등이라면 특별한 사정이 없는 한 영업상의 이익이 침해될 우려가 있다고 볼 수 있는 반면에, 폐업 등으로 인해 더는 영업할 의사나 징후가 없다고 보이는 경우에는 침해의 우려가 있다고 보기 어렵다.

다음으로 부정경쟁방지법 제4조에 따른 금지청구에서 영업상의 이익이 침해되거나 침해될 우려가 있는지 유무 및 금지청구를 인정할 것인지의 판단기준 시는 사실심의 변론종결 시를 기준으로 판단하지만,[36] 손해배상청구(제5조) 및 신용회복청구(제6조)를 인정할 것인지는 침해행위 시를 기준으로 판단한다.[37] 따라서

---

35) 대법원 2011. 7. 28. 선고 2010다103017 판결 참조.

36) 대법원 2004. 3. 25. 선고 2002다9011 판결, 대법원 2011. 12. 22. 선고 2011다9822 판결, 대법원 2013. 6. 27. 선고 2011다97065 판결 등 참조.

37) 대법원 2008. 2. 29. 선고 2006다22043 판결, 대법원 2009. 6. 25. 선고 2009다22037

소송 제기 시에 금지청구권이 발생하더라도 소송계속 중에 제2조 제1호 가목, 나목에서 요건으로 하는 주지성이 상실되었다거나 제2조 제1호 자목 단서의 상품의 시제품 제작 등 상품의 형태가 갖추어진 날부터 3년이 지난 경우 등에는 해당 목에 따른 금지청구가 인정되지 않는다.

마. 금지청구의 내용

금지청구의 내용이 되는 행위 유형은 부정경쟁행위자가 제조, 판매하는 특정 상품에 표지를 부착하거나 이를 판매하는 행위, 용기, 포장, 광고에 상표를 부착하는 행위의 금지라는 부작위를 명하는 것이 원칙이다.

금지의 대상이 되는 부정경쟁행위는 부정경쟁행위자의 실제 부정경쟁행위를 구체적·개별적·사실적으로 기재하는 방법으로 특정하여야 한다.[38]

예를 들면, "피고(채무자)는 별지 도면과 같은 모양의 ○○장치를 생산, 판매, 반포, 수입 또는 수출하여서는 아니된다. 피고(채무자)는 피고(채무자) 경영의 공장, 사무실, 창고 및 그 이외의 장소에 보관 또는 사용하고 있는 위 기재 상품 및 그 포장용기, 선전광고물 기타 인쇄물을 폐기하라.", "피고(채무자)는 별지목록 기재 표장(별지 목록에는 실제로 사용하거나 사용할 우려가 있는 표장이 표시되어야 하고 등록상표를 그대로 표시해서는 아니 된다)을 ○○○ 상품 또는 그 포장에 표시하거나, ○○○ 상품 또는 그 포장에 별지 목록 기재 표장을 표시한 것을 양도 또는 인도하거나 그 목적으로 전시, 수출 또는 수입하거나, ○○○ 상품에 관한 광고, 정가표, 거래서류, 간판 또는 표찰에 별지 목록 기재 표장을 표시하고 전시 또는

판결 등 참조, 대법원 2010. 10. 14. 선고 2010다53440 판결 등 참조.

38) 표지사용에 관한 부정경쟁행위 금지청구에 있어서 청구취지를 '피고는 별지 목록 기재 표장을 사용하여서는 아니 된다'라고 기재한 경우가 있다. 그런데 이때 금지를 구하는 것은 피고의 별지 목록 기재 표장의 사용인데, 여기서 '사용'이란 상표법 제2조 제1항 제11호 소정의 '상표의 사용'이라는 법률용어이므로, 집행단계에서 문제된 피고의 구체적 행위가 상표법 제2조 제1항 제11호 소정의 상표의 '사용'에 해당하는지를 판단할 필요가 있게 된다. 이러한 기재방법은 집행단계에서 집행기관이 판단할 수 없는 용어가 포함되어 있기 때문에 적절하지 않다. 통상 지식재산권법 관련 침해형태는 개별 법률에서의 실시, 사용 등에 관한 정의규정(예를 들면 상표법 제2조 제1항 제11호, 특허법 제2조 제3호, 실용신안법 제2조 제3호, 디자인보호법 제2조 제6호, 반도체집적회로의 배치설계에 관한 법률 제2조 제4호, 종자산업법 제2조 제9호, 식물신품종 보호법 제2조 제7호 등)이 있다면 이를 참작하여 침해행위를 구체적·개별적·사실적으로 특정한다.

배포하는 행위를 하여서는 아니 된다." 등이다.39) 이 경우에 청구취지(주문)에 '권리범위에 속하는', '침해하는' 등의 법률용어나 '동일', '유사', '기타', '등',40) '일체'와 같은 불명확 내지 추상적 용어를 사용하는 것은 집행을 어렵게 하므로 피해야 한다.41)

부정경쟁행위 금지가처분에서의 신청취지 내지 주문의 예를 들면 아래와 같다.42)

① 상품주체 혼동행위

> 1. 채무자는 별지 1 목록 표시 표장을 별지 2 목록 기재 제품, 그 포장지, 포장용기, 선전광고물에 표시하거나, 별지 1 목록 표시 표장이 표시된 별지 2 목록 기재 제품, 그 포장지, 포장용기, 선전광고물을 생산, 판매, 반포, 수입, 수출, 전시하여서는 아니 된다.
> 2. 채무자는 그 본점, 지점, 사무소, 공장, 창고 영업소, 매장에 보관 중인 별지 1

---

39) 금지가처분의 기재방법으로 상품주체혼동행위의 경우, "채무자는 별지 1 목록 표시 표장을 별지 2 목록 기재 제품, 그 포장지, 포장용기, 선전광고물에 표시하거나, 별지 1 목록 표시 표장이 표시된 별지 2 목록 기재 제품, 그 포장지, 포장용기, 선전광고물을 생산, 판매, 반포, 수입, 수출, 전시하여서는 아니된다. 채무자는 그 본점, 지점, 사무소, 공장, 창고 영업소, 매장에 보관 중인 별지 1 목록 표시표장이 표시된 별지 2 목록 기재 제품 및 그 반제품(위의 완성품의 구조를 구비하고 있는 것으로 아직 완성에 이르지 않은 물건), 포장지, 포장용기, 선전광고물에 대한 점유를 풀고, 이를 채권자가 위임하는 집행관으로 하여금 보관하게 하여야 한다. 집행관은 채무자가 위 제품과 그 반제품, 포장지, 포장용기, 선전광고물을 보관하고 있던 장소에서 이를 보관하는 경우 그 보관의 취지를 보관장소에 적당한 방법으로 공시하여야 한다. 집행관은 채무자의 신청이 있으면 별지 2 목록 기재 제품 및 그 반제품, 포장지, 포장용기, 선전광고물로부터 별지 1 목록 표시 표장을 말소하고 위 물건을 채무자에게 반환하여야 한다."의 기재형식이 있다.
40) 이는 보관 장소를 특정하는 경우에도 마찬가지로 '그 밖의 장소'라는 추상적 표현을 사용하는 것은 부적절하다.
41) 대법원 2007. 12. 27. 선고 2005다60208 판결 [상표권 침해금지]은 "'알파' 또는 'ALPHA' 표장을 제외한 '알파 또는 ALPHA를 포함하는 표장'에 관하여 보면, '알파' 또는 'ALPHA' 는 그 자체로는 간단하고 흔히 있는 표장이나 사용에 의하여 식별력을 취득한 표장으로서 다른 구성요소를 부가하는 경우에는 사안에 따라 원고의 상품표지와 유사하다고 볼 수 있는 경우도 있고 그렇지 아니한 경우도 있을 수 있으며, 금지를 구하고 있는 범위 또한 명확하다고 볼 수도 없으므로, 위 부분의 금지청구는 허용되지 않는다."라고 하였다.
42) 법원실무제요 민사집행 [V], 사법연수원(2020), 454~456 참조.

목록 표시표장이 표시된 별지 2 목록 기재 제품 및 그 반제품(위의 완성품의 구조를 구비하고 있는 것으로 아직 완성에 이르지 않은 물건), 포장지, 포장용기, 선전광고물에 대한 점유를 풀고, 이를 채권자가 위임하는 집행관으로 하여금 보관하게 하여야 한다.

3. 집행관은 채무자가 위 제품과 그 반제품, 포장지, 포장용기, 선전광고물을 보관하고 있던 장소에서 이를 보관하는 경우 그 보관의 취지를 보관장소에 적당한 방법으로 공시하여야 한다.

4. 집행관은 채무자의 신청이 있으면 별지 2 목록 기재 제품 및 그 반제품, 포장지, 포장용기, 선전광고물로부터 별지 1 목록 표시 표장을 말소하고 위 물건을 채무자에게 반환하여야 한다.

② 영업주체 혼동행위

채무자는 자신의 ○○ 영업과 관련하여 별지 목록 표시 표장을 그 사무소 본점 및 지점, 영업소, 매장의 외부 간판, 현수막, 포스터, 가격표, 영수증, 종업원 배지 및 유니폼, 쇼핑백, 홈페이지를 비롯한 웹사이트, 이메일, 전단지, 잡지 광고면, 포장지 및 명함에 표시하여서는 아니 된다.

③ 도메인이름 부정사용행위

채무자는 별지 기재 도메인이름을 인터넷 웹사이트 주소(URL)로 사용하여서는 아니 된다.

④ 품질 등 오인행위

채무자는 자신이 판매하는 ○○ 제품을 인터넷 웹사이트, 일간신문 등 간행물, 라디오 및 텔레비전 등 방송매체를 통하여 광고함에 있어 별지 목록 기재 광고문구를 사용하여서는 아니 된다.

⑤ **상품형태 모방행위**

> 1. 채무자는 20 . . . 까지 별지 표시 제품을 생산, 양도, 판매, 대여, 수입,
> 수출하거나 이를 위한 청약, 전시 및 광고를 하여서는 아니 된다.
> 2. 채무자는 그 본점, 지점, 사무소, 공장, 창고, 영업소, 매장에 보관 중인 별지
> 표시 제품 및 그 반제품에 대한 점유를 풀고, 이를 채권자가 위임하는 집행관으로
> 하여금 보관하게 하여야 한다(보관 기한은 20 . . . 까지로 한다).

③ 부정경쟁행위의 금지 또는 예방을 위하여 필요한 조치(법 제4조 제2항)

금지청구를 할 때에는 부정경쟁행위나 제3조의2 제1항 또는 제2항을 위반하는 행위를 조성한 물건(예: 침해물[43], 라벨)의 폐기, 부정경쟁행위나 제3조의2 제1항 또는 제2항을 위반하는 행위에 제공된 설비(예: 주지의 상품표지를 위조하는데 사용한 인쇄기구,[44] 간판,[45] 광고물)의 제거,[46] 부정경쟁행위나 제3조의2 제1항 또는 제2항을 위반하는 행위의 대상이 된 도메인이름의 등록말소, 그 밖에 부정경쟁행위나 제3조의2 제1항 또는 제2항을 위반하는 행위의 금지 또는 예방을 위하여 필요한 조치(예: 담보의 제공, 승소판결의 광고, 거래처에 대한 통지)를 청구할 수 있다(법 제4조 제2항).

위 폐기 등 조치청구권은 금지청구권에 부수하는 권리로서 금지청구권과 독립하여 행사할 수 없다. 침해행위를 조성한 물품의 폐기와 침해행위에 제공된 설

---

43) 침해금지사건에서 표장이 표시된 간판, 광고물 이외에 상품의 폐기를 명하는 경우가 있는데, 특허권과 달리 표지사용금지와 관련한 부정경쟁방지법 사건에서는 특별한 사정이 없는 한 상품의 폐기까지 청구하는 것은 지나치므로 상품에 표시된 침해표지를 제거(말소)하라는 청구로 변경하도록 함이 바람직하다.

44) 부정경쟁행위에 직접적, 전용적으로 제공된 것에 한하고 다른 용도에도 사용할 수 있는 범용 설비제품에 대하여는 제거를 구할 수 없다.

45) 다만 위법표지가 간판에 사용되는 경우에 그 표지의 말소로 충분하다면 간판 자체의 철거 폐기 청구는 허용되지 않는다.

46) 다만 그 제조설비가 부정경쟁행위에만 사용되지 아니하고 다른 제품을 생산하는 데에도 사용되는 경우에는 폐기(금지소송의 경우) 내지 점유해제(금지가처분의 경우)를 명하여서는 아니 된다.

비의 제거는 재판과정에서 그 현존 여부와 소유권이나 처분권한의 유무를 확인한
다음에 명한다.47) 위 폐기, 설비의 제거 등을 명하는 것은 상대방에게 회복할 수
없는 불이익이 초래될 수 있어서 구체적인 사안에 따라 위 폐기 등 조치청구권을
인정하지 않을 경우에 권리자 등이 입을 불이익과 그것을 인정할 경우에 상대방
측이 입을 불이익을 형량하여 신중하게 인정 여부 및 그 범위를 결정할 필요가
있다.48) 침해의 예방에 필요한 행위에는 부작위에 대한 보증으로서 담보를 제공
하게 하거나 공탁을 하거나 점유의 인도를 청구하는 등의 행위가 포함된다.

　　타인의 주지표장과 동일·유사한 상호가 상품표지로 사용된다면 부정경쟁방
지법 제2조 제1호 가목의 부정경쟁행위에 해당할 수 있고,49) 이때 위 침해금지청
구에는 등기상호의 말소등기까지 포함되는데,50) 법인등기의 상호 전체에 대한 말
소등기를 명하거나 법인등기의 상호 중 문제가 되는 일부의 말소를 명한다.51)52)

---

47) 영업비밀에 관한 사안이지만 대법원 1996. 12. 23. 선고 96다16605 판결은 영업비밀을
　　취득한 자가 그 영업비밀을 자신의 노트에 기재한 행위 자체는 영업비밀 침해행위에 해당
　　하지 아니하나, 그 노트에 기재된 영업비밀을 이용하여 영업비밀 침해행위를 하고 있다면
　　그 노트는 폐기를 명할 수 있는 '침해행위를 조성한 물건'에 해당한다고 하고, 아울러 위
　　노트의 폐기는 그 현존 여부를 밝힌 다음 그 소유자나 처분권한이 있는 자에게 명하여야
　　한다고 하였다.
48) 대법원 1998. 4. 12. 선고 87다카90 판결.
49) 대법원 1993. 4. 23. 선고 93도371 판결, 대법원 2005. 5. 27. 선고 2004다60584 판결
　　은 자기의 상호를 보통으로 표시하는 방법으로 사용하더라도 상표권 설정등록 후 부정경
　　쟁의 목적으로 사용하는 경우 상표권의 효력이 미친다고 하였고, 대법원 1996. 1. 26. 선
　　고 95도1464 판결은 상표가 등록되어 있다는 사실을 잘 알면서도 그 등록상표와 유사한
　　상호를 간판에 표시하고 사용한 것이라면 비록 피해 회사가 상표를 등록하기 전부터 유사
　　한 상호를 사용하여 온 제3자의 승낙을 받아 이를 사용한 것이라고 하더라도 부정경쟁의
　　목적이 인정될 수 있다고 하였다.
50) 대법원 2000. 9. 22. 선고 2000다21000 판결은 "부정경쟁방지법 제4조 제1항에 의한 부
　　정경쟁행위 금지청구권 행사로서 유사 상호의 사용 금지뿐만 아니라, 그 상호가 등기된
　　경우에는 상호의 사용 금지를 실효성 있게 하기 위하여 그 상호등기의 말소청구도 할 수
　　있다."라고 하였다.
51) 예로서, 피고는 원고에게 서울중앙지방법원이 비치·관리하는 피고의 법인등기(등기번호
　　111111, 등록번호 22222-333333 '주식회사 ○○□□' 중 '□□' 부분의 말소등기절차를
　　이행하라, 피고는 원고에게 서울중앙지방법원 상업등기소 2009. 7. 13.자로 마친 상호변
　　경등기 중 피고의 상호에서 '△△' 부분의 말소등기절차를 이행하라, 피고는 원고에게 피
　　고의 법인등기(등기번호 제12345호) 중 서울중앙지방법원 상업등기소 2010. 3. 26. 접수
　　로 마친 피고 회사의 목적 및 상호변경등기의 상호 "주식회사 ○○□□" 가운데 "○○"
　　부분의 말소등기절차를 이행하라 등을 들 수 있다. 부정경쟁방지법에 기한 상호말소청구

'폐기'와 관련하여 실무상 청구취지에는 완제품 외에 반제품의 폐기도 함께 기재되는 것이 통상이다.

통상 실무는 '반제품'의 개념을 대상 제품이 시장에서 유통할 가치가 있는 물품이라는 기준에서 볼 때 완성되지 않았다는 의미일 뿐이고 적어도 완성품의 구조를 구비하고 있는 것으로 보고 있는데 이러한 경우 반제품은 부정경쟁방지법 제4조 제2항의 '침해행위를 조성하는 물건'으로서 폐기의 대상에 포함된다. 법원에서 판결 주문에 반제품에 대한 금지청구를 인정할 경우에 용어에 대한 혼선을 피하기 위해 반제품(위의 완성품의 구조를 구비하고 있는 것으로 아직 완성에 이르지 않은 물품)이라는 문구를 기재함이 바람직하다.

이러한 부작위의무이행은 간접강제 등에 의하고,53) 결과물의 폐기, 제거 등

사건인 대구지방법원 2011. 1. 6. 선고 2010나4760 판결(상고기각, 확정)은 "피고는 원고에게 대구지방법원 등기과 2009. 10. 21. 접수 등기번호 029850호로 마친 법인설립등기의 상호 '△△△△△△△ 주식회사' 중 '△△△△△△△' 부분에 관한 상호변경등기의 말소등기절차를 이행하라."라고 하였다.

52) 나아가 부정경쟁방지법에 기한 등록상표의 등록말소청구에 대하여는 금지청구의 방해제거청구의 하나로서 등록상표의 포기를 이유로 한 말소(소멸)등록청구를 인정할 수 있다는 견해(적극설)도 있으나 법원과 특허청의 권한분배상의 문제로 무효심판절차를 통해 해결하는 것이 바람직하다는 견해(소극설)가 바람직하다.

53) 대법원 1996. 4. 12. 선고 93다40614 판결 [허위비방광고행위금지등·손해배상(기)등]은 비방광고로 인한 인격권침해사건에서 "부작위채무를 명하는 판결의 실효성 있는 집행을 보장하기 위하여는 부작위채무에 관한 소송절차의 변론종결 당시에서 보아 채무명의가 성립하더라도 채무자가 이를 단기간 내에 위반할 개연성이 있고, 또한 그 판결절차에서 민사소송법 제693조에 의하여 명할 적정한 배상액을 산정할 수 있는 경우에는 위의 부작위채무에 관한 판결절차에서도 위 법조에 의하여 장차 채무자가 그 채무를 불이행할 경우에 일정한 배상을 할 것을 명할 수 있다"라고 하였다.
한편 서울고등법원 2011. 7. 20. 선고 2010나97688 판결 [저작권 등 침해정지 및 예방](상고취하 확정)은 본안재판절차와 강제집행절차는 준별되는 절차로서 각각의 절차를 규율하는 법률도 별도의 단행법으로 되어 있고, 만일 위와 같은 공백기간을 없애야 할 필요성이라는 관점에서 본다면, 예를 들어 금전지급을 명하는 본안판결에서 부동산이나 채권의 압류명령 등도 함께 할 수 있다는 결론에 이르게 될 것이나, 이렇게 하여서는 양 절차의 구별은 무너지게 되고 여러 문제점들이 발생한다는 이유로 간접강제를 할 수 없다고 판단하였다.
그러나 대법원 2014. 5. 29. 선고 2011다31225 판결 [방송방해금지등]은 "부작위채무에 관한 집행권원 성립을 위한 판결절차에서 장차 채무자가 그 채무를 불이행할 경우에 대비하여 간접강제를 하는 것은 부작위채무에 관한 소송절차의 변론종결 당시에서 보아 부작위채무를 명하는 집행권원이 성립하더라도 채무자가 이를 단기간 내에 위반할 개연성이

은 독립된 처분이 아니라 부수적인 처분으로 작위의무이행이므로 채무자의 비용으로 제3자의 대체집행에 의하여 담보된다.

금지청구의 부대청구로서 작위를 청구하는 경우에 그에 드는 비용을 누가 부담할 것인가가 문제인데, 불법행위에 기한 침해와 달리 고의·과실을 요하지 않는 침해행위까지 침해자에게 비용을 부담하게 하는 것은 가혹한 것이 아닌가 하는 의문은 있지만 소유권에 기한 방해배제청구와 마찬가지로 침해자에게 부담하게 한다는 견해가 유력하다.

④ 그 밖의 사항

실무에서 금지 또는 예방청구 등과 관련하여 문제되고 있는 내용을 설명한다.

가. 민법상 불법행위에 근거한 금지청구의 가부

그동안 상대방의 부정경쟁행위가 상표법상 침해행위나 부정경쟁방지법에서 정한 부정경쟁행위에 해당하는 것은 아니지만 민법상의 불법행위에 해당한다고 인정될 수 있는지 및 인정될 경우 민법상 불법행위에 근거한 금지청구를 인정할 것인가의 문제가 논의되어 왔는데, 이러한 문제에 대하여 앞의 「제2장 부정경쟁방지법과 지식재산권법·민법 등 간 관계 제2절 부정경쟁방지법과 지식재산권법·민법 등 간 관계 Ⅵ. 부정경쟁방지법과 민법 간 관계」에서 살펴본 바와 같이 대법원 2010. 8. 25.자 2008마1541 결정 및 대법원 2012. 3. 29. 선고 2010다20044 판결에 이르러 예외적으로 일정한 요건 하에 민법상 불법행위에 근거한 금지 및 손해배상청구를 인정하고 있다.

있고, 또한 그 판결절차에서 민사집행법 제261조에 의하여 명할 적정한 배상액을 산정할 수 있는 경우라야 한다."라고 하여 부작위채무에 관한 판결절차에서 간접강제를 인정하면서 나아가 간접강제를 명하기 위한 요건도 밝히고 있다. 한편 대법원 2012. 3. 29. 선고 2009다92883 판결 [골프회원권분양예약무효확인등]은 "당사자 사이에 일정한 행위를 하지 않기로 하는 부작위 약정을 체결하였는데 채무자가 이러한 의무를 위반한 경우, 채권자는 채무자를 상대로 부작위의무의 이행을 소구할 수 있고, 부작위를 명하는 확정판결을 받아 이를 집행권원으로 하여 대체집행 또는 간접강제 결정을 받는 등으로 부작위의무 위반 상태를 중지시키거나 그 위반 결과를 제거할 수 있다."라고 한다.

나. 금지청구에서 불법행위지의 특별재판적 인정 여부

침해금지청구소송에서 침해행위가 행하여지는 피고의 보통재판적 소재지 이외에 불법행위지의 특별재판적을 인정할 수 있는지가 문제된다.

이에 대하여는 침해금지청구는 침해자의 고의·과실을 요하지 아니하는 등 불법행위와 성격이 다르므로 인정하지 않는 견해(소극설)도 있으나, 민사소송법 제18조에 "불법행위에 관한 소"라고 규정되어 있을 뿐이고 "불법행위로 인한 손해배상의 소"라고 규정되어 있지 아니한 점, 토지관할은 당사자의 이해 조정을 위한 일단의 기준을 정한 것으로서 침해금지 등을 구하는 소에서 불법행위지인 피고의 침해행위 장소나 원고의 손해발생지에 대하여 특별재판적을 인정하여도 응소하는 피고에게 특별한 불이익이 없는 점 등에 비추어 침해금지청구소송에서 불법행위지의 특별재판적을 인정해도 될 것으로 생각한다(적극설).54)

다. 금지기간 특정과 관련된 문제

원고가 청구취지에 금지기간을 기재하지 않는 등의 연유로 판결에서 금지기간을 설정하지 않은 경우 이를 영구적인 금지를 인정하는 것으로 해석할 것인가.

사안에 따라 법원이 금지기간을 구체적으로 설정하기 어려운 사건이 있을 수 있고, 이러한 경우 법원이 무리하게 금지기간을 설정하는 것보다는 금지기간 설정을 유보하여 두고 판결이 선고된 이후의 사정변경에 따라 금지를 구할 이익이 소멸되었다는 이유로 당사자로 하여금 그 집행력의 배제를 구하기 위하여 청구이의의 소 등을 제기하도록 하는 방법이 있다.

이와 같이 판결 주문에 금지기간을 특정하지 않는 경우 그 금지명령은 주문의 문언상 영구적 금지명령으로 해석할 수밖에 없고, 그와 같은 금지명령의 집행력을 배제하기 위하여 청구권의 소멸 등을 이유로 한 청구이의의 소 등을 제기하여야 하며, 청구이의의 소 등을 통하여 집행력을 배제하기 전까지 그 금지명령이 계속 효력이 있다는 것이 전제가 된다.

한편으로 법원은 사건을 심리한 결과 인정하는 당사자 사이의 법률관계를, 특

---

54) 일본 最高裁判所 2004. 4. 8.자 平成15(許)44 결정은 일본 부정경쟁방지법 제3조 제1항에 기하여 부정경쟁에 의한 금지를 구하는 소 및 금지청구권의 부존재확인을 구하는 소가 모두 일본 민사소송법 제5조 제9호 소정의 '불법행위에 관한 소'에 해당한다고 판단하고 있다.

히 기판력과 집행력의 범위에 의문이 없도록 명확하게 나타내야 하므로, 사실심 변론종결 당시에 이미 그 법률관계의 종기(終期)가 확정되어 있다면 법률관계와 집행력의 시적 한계를 의미하는 그 종기도 함께 표시하여야 하는데 저작권 등과 같이 법률로 그 존속기간이 정해져 있는 권리를 근거로 부작위명령을 구하는 사건에서 그러한 권리의 존속기간은 원고가 주장하는 권리에 관하여 해당 법률을 적용함으로써 얻어지는 결론일 뿐이므로 심리 결과 그 법률관계의 확정적인 종기가 밝혀진다면 주문에 이를 표시하는 것이 바람직하다는 견해가 있다.[55]

관련하여 대법원은 영업비밀 금지청구 사건에서 금지기간에 대해, '영업비밀 보호기간의 종기를 확정할 수 없는 경우에는 침해행위 금지의 기간을 정하지 않을 수 있다. 금지기간을 정하지 않는다고 해서 영구히 금지하는 것은 아니고, 금지명령을 받은 당사자는 나중에 영업비밀 보호기간이 지났다는 사정을 주장·증명하여 가처분 이의나 취소, 청구이의의 소 등을 통해 다툴 수 있다.'[56]라고 하여 금지기간 설정 여부 및 불복방법 등을 설명하고 있다.

영업비밀 금지청구 사건에서 금지기간 설정과 관련된 법리는 부정경쟁행위 금지청구 사건에서도 참고할 수 있다.

III. 손해배상청구(법 제5조, 법 제14조의2, 3, 7)

① 일반사항

고의 또는 과실에 의한 부정경쟁행위로 영업상 이익을 침해받은 자는 영업상 이익을 침해한 자를 상대로 민법상 불법행위에 기한 손해배상청구를 할 수 있다(민법 제750조[57]).

민법상 불법행위에 따른 손해배상청구를 인정받기 위하여 피침해자는 ① 침

---

55) 서울고등법원 2012. 7. 25. 선고 2011나70802 판결 [저작권침해금지 등](상고기각 확정), 서울고등법원 2012. 10. 24. 선고 2011나96415 판결 [음반판매금지 등](미상고 확정) 참고.
56) 대법원 2019. 3. 14.자 2018마7100 결정.
57) "고의 또는 과실로 인한 위법행위로 타인에게 손해를 가한 자는 그 손해를 배상할 책임이 있다."

해자의 고의[58] 또는 과실, ② 부정경쟁행위의 존재(위법성),[59] ③ 책임능력, ④ 손해에 대해 이를 모두 주장·증명하여야 하고, 이때 ④ 손해에는 구체적으로 ㉮ 손해의 발생, ㉯ 부정경쟁행위와 손해 발생 사이의 인과관계, ㉰ 손해액(재산상 손해로서 적극적 손해,[60] 소극적 손해[61] 및 비재산적 손해)이라는 구체적인 요건이 있는데 이들 요건까지 모두 주장·증명하여야 한다.[62]

　　부정경쟁방지법 제5조(부정경쟁행위 등에 대한 손해배상책임)는 "고의 또는 과실에 의한 부정경쟁행위나 제3조의2 제1항 또는 제2항을 위반한 행위(제2조 제1호 다목의 경우에는 고의에 의한 부정경쟁행위만을 말한다)로 타인의 영업상 이익을 침해하여 손해를 입힌 자는 그 손해를 배상할 책임을 진다."라고 규정한다.[63] 그런데 일반불법행위에 비해 부정경쟁행위의 경우에는 앞서 본 손해배상청구를 인정받기 위한 요건들 중 특히 침해자의 고의·과실, 부정경쟁행위와 손해 발생 사이의 인

---

58) 여기서 고의란 자신의 행위가 부정경쟁행위에 해당함을 인식하고 이를 인용하는 심리상태이고, 과실이란 이러한 사정을 부주의로 인해 인식하지 못하는 심리상태를 말한다.

59) 통상 부정경쟁의 사실이 있으면 위법성이 추정되므로 피고가 위법성조각사유를 주장·증명한다. 예컨대 상표권자나 전용사용권자가 정당하게 유통시킨 상품을 재판매하거나(권리 소진의 원칙, 병행수입 등) 판매할 목적으로 상표를 사용하는 행위 또는 상표권의 효력이 제한되는 범위(식별력 없는 부분, 자신의 상호로서 사용 등) 내에서 상표를 사용하는 행위에는 위법성이 없다.

60) 부정경쟁행위를 확인하고 제지하는 데 필요한 비용.

61) 부정경쟁행위가 없었더라면 얻을 수 있었을 이익의 상실.

62) 이 경우 통상 손해액의 계산방법으로 "매출감소액(감소한 판매수량 × 피침해자 제품의 가격) × 피침해자의 이익률"로 하거나 "감소한 판매수량(침해가 없었더라면 판매할 수 있었을 판매량 − 실제 판매량) × 피침해자 제품의 단위수량당 이익액"이 된다.

63) 규정 연혁을 보면, 1961. 12. 30. 법률 제911호로 제정된 부정경쟁방지법 제3조 제1항은 "① 고의 또는 과실로 인하여 전조 각호의 1에 해당하는 행위를 한 자는 이로 인하여 영업상이익의 침해를 받은 자에 대하여 손해배상의 책임을 진다."라고 규정하고, 1986. 12. 31. 법률 제3897호로 개정된 부정경쟁방지법에서 제4조 제2항으로 옮겨 "제2조 각호의 1에 해당하는 행위로 인하여 자신의 영업상의 이익이 침해된 자는 법원에 손해배상청구를 할 수 있다."라고 규정하였다가 1991. 12. 31. 법률 제4478호로 개정된 부정경쟁방지법에서 제5조로 옮겨 "고의 또는 과실에 의한 부정경쟁행위로 타인의 영업상 이익을 침해하여 손해를 가한 자는 그 손해를 배상할 책임을 진다."라고 규정하였다가 2001. 2. 3. 법률 제6421호로 개정된 부정경쟁방지법 제5조에서 "다만, 제2조제1호 다목의 경우에는 고의에 의한 부정경쟁행위에 한한다."라는 단서 조항이 추가 신설되었다. 2007. 12. 21. 법률 제8767호로 개정된 부정경쟁방지법은 종전의 단서 내용을 괄호안으로 넣었고 2011. 6. 30. 법률 제10810호로 개정된 부정경쟁방지법은 "제3조의2 제1항 또는 제2항을 위반한 행위"를 대상에 추가하여 지금에 이르고 있다.

과관계, 손해액을 증명하기가 쉽지 않다.

부정경쟁방지법은 공정한 경쟁질서를 유지하면서도 영업의 자유를 해치지 아니하기 위해 귀책사유가 있는 경우에 한하여 손해배상책임을 지는 사법상의 대원칙인 과실책임주의를 취하고 있으면서 매출액 감소와 같은 소극적 손해에 대한 증명의 어려움을 고려하여 별도로 부정경쟁행위와 손해 발생 사이의 인과관계, 손해액의 산정에 관하여 보칙(제14조의2)64) 및 자료의 제출(제14조의3), 기록의 송부 요구(제14조의7) 등의 규정을 두고 있다.65)

부정경쟁행위로 인한 손해배상청구에서는 침해금지 등 청구와 달리 침해자의 고의 또는 과실을 필요로 하고(민법상의 불법행위 책임과 같음) 그 증명책임은 청구자가 부담하는 것이 원칙이다.

고의와 관련하여, 상표법 제222조에 의한 등록상표임을 표시한 타인의 상표권 또는 전용사용권을 침해한 자는 그 침해행위에 대하여 그 상표가 이미 등록된 사실을 알았던 것으로 추정한다(상표법 제112조).

한편 과실과 관련하여, 특허권, 실용신안권, 디자인권을 침해한 자는 그 침해행위에 대하여 과실이 있는 것으로 추정되는데(특허법 제130조, 실용신안법 제30조, 디자인보호법 제116조 제1항 본문), 상표법에는 이러한 내용의 규정이 없다.

하지만 실무는 상표권의 존재 및 그 내용은 상표공보 또는 상표등록원부 등에 의하여 공시되어 일반 공중도 통상의 주의를 기울이면 이를 알 수 있고, 업으로서 상표를 사용하는 사업자에게 해당 사업 분야에서 상표권의 침해에 대한 주의의무를 부과하는 것이 부당하다고 할 수 없다는 등의 이유로 타인의 상표권을 침해한 자도 그 침해행위에 대하여 과실이 있다고 추정된다는 입장이다.66) 이러

64) 법 제14조의2는 1998. 12. 31. 법률 제5621호로 개정된 부정경쟁방지법에서 신설될 당시 지금의 법 제2항 내지 제4항과 같은 내용을 규정하고, 2001. 2. 3. 법률 제6421호로 개정된 부정경쟁방지법에서 현행법 제1항과 제5항과 같은 내용을 규정하였다. 2019. 1. 8. 법률 제16204호로 개정된 부정경쟁방지법에서 제6항, 제7항이 추가되고, 2020. 12. 22. 법률 제17727호로 개정된 부정경쟁방지법에서 제1항을 개정하여 침해물건의 양도수량 중 피침해자가 판매할 수 없다고 인정된 수량에 대하여 합리적인 사용료 상당액을 손해로 청구할 수 있도록 하였다.
65) 상표권자와 사용권자 간, 상표권자와 사용권자·사용권자의 동업자간의 권리침해 성부에 관하여는 대법원 2013. 11. 28. 선고 2011다73793 판결 참조.
66) 대법원 2013. 7. 25. 선고 2013다21666 판결.

한 경우에 타인의 상표권을 침해한 자에게 과실추정을 번복하여 과실이 없다고 하기 위해서는 상표권의 존재를 알지 못하였다는 점을 정당화할 수 있는 사정이 있다거나 자신이 사용하는 상표가 등록상표의 권리범위에 속하지 아니한다고 믿은 점을 정당화할 수 있는 사정이 있다는 것을 주장·증명하여야 하지만 이러한 법리를 적용할 경우 실제로 과실추정이 번복되는 경우는 거의 없다.

그러나 특허권 등에 관한 과실 추정 법리를 같은 상표권에 그대로 적용함은 어느 정도 수긍할 여지가 있더라도 나아가 부정경쟁방지법 중 표지에 관한 내용까지 그대로 적용하기는 어렵다.

왜냐하면 특허법, 상표법, 디자인보호법에서 인정되는 권리는 국가에 의해 심사를 받아 등록되어 공시되고 전용권이 인정되는 반면에 부정경쟁방지법은 원칙적으로 등록을 필요로 하지 않은 상품표지나 영업표지 등을 대상으로 하고 부정경쟁행위는 그 유형이 다양하고 개개의 부정경쟁행위의 대상이 공시하기에도 적절하지 않기 때문이다.

이러한 사정을 고려한다면 그 대상 표지가 상표권이 아닌 한 부정경쟁행위에 대한 고의·과실의 증명책임은 원칙으로 돌아가 부정경쟁행위로 인하여 영업상 이익이 침해되었다고 주장하는 자에게 있다고 보아야 한다. 이때 과실 유무는 구체적 사례에서의 일반인의 주의능력을 기준으로 하되 행위자가 전문가에 의한 판단에 따라 권리범위 속부 등의 판단을 한 경우에는 그 전문가로서의 주의능력이나 판단을 아울러 고려하면서 구체적 상황에 따른 행위자의 조사의무 정도 등을 종합하여 판단한다.

특허법 제130조와 같은 과실 추정 규정이 부정경쟁방지법의 모든 상품표지 사안에 그대로 적용되기 어렵다는 점을 고려한다면 부정경쟁방지법의 상품표지 관련 사건에서는 (특허 등 사건에서 과실 추정 번복이 거의 부정되는 것과 달리 그보다는) 사건의 구체적인 사실관계 여하에 따라 행위자가 과실책임에서 벗어날 수 있는 여지가 생긴다.

손해배상청구에서 영업상 이익의 침해 의미와 손해배상청구의 당사자에 관한 내용은 앞서 본 금지청구의 설명 부분을 참고하여 주시기 바란다.

다음으로 손해배상청구에서 손해 등에 관한 주장·증명책임에 대하여 살펴보기 전에 먼저 상표권의 관련 내용을 먼저 설명한다.

특허권과 달리 상표권은 상표 그 자체에 당연히 상품가치가 존재하는 것이 아니고 상품의 출처를 나타내는 회사 등의 영업상의 신용 등과 관련하여 비로소 일정한 가치가 발생한다. 거래상의 오랜 상표 사용의 결과 고객흡인력이 축적됨으로써 실질적으로 그 상표가 보호할 가치가 있게 된다. 따라서 영업상의 손해를 인정받기 위하여 단순히 원고가 상표권자라고 주장하는 것 외에 자신이 업으로 등록상표를 사용하고 있다는 사실(즉 상표사용에 따른 영업상의 신용 내지 고객흡인력이 축적되어 있다는 의미)을 주장·증명할 필요가 있다.

실무도 구 상표법 제67조 제2항, 제5항(현행 상표법 제110조 제3항, 제6항에 대응됨)은 같은 조 제1항과 마찬가지로 불법행위에 기한 손해배상청구에서 손해에 관한 피해자의 주장·증명책임을 경감하는 취지의 규정이고, 손해의 발생이 없는 것이 분명한 경우까지 침해자에게 손해배상의무를 인정하는 취지는 아니라 할 것이므로, 상표권 침해행위로 인하여 영업상의 이익이 침해되었음을 이유로 위 규정에 따라 영업상 손해의 배상을 구하는 상표권자로서는 스스로 업으로 등록상표를 사용하고 있음을 주장·증명할 필요가 있다고 하고,67) 상표권자가 침해자와 동종의 영업을 하고 있는 것을 증명한 경우라면 특별한 사정이 없는 한 상표권 침해에 의하여 영업상의 손해를 입었음이 사실상 추정된다고 하며,68) 피고의 판매행위 기간 원고가 대한민국 내에서 위 상표를 사용하여 제품을 생산·판매하는 등의 영업활동을 하지 않은 이상 그에 따른 영업상 손해도 없다고 한다.69)

앞서 본 논리는 부정경쟁방지법상 표지 등에 관한 영업상 이익이 침해되는 경우에도 그대로 적용할 수 있다.

부정경쟁방지법 제14조의2 제1항, 제2항, 제3항, 제5항은 불법행위에 기한 손해배상청구에 있어서 손해에 관한 영업상 이익을 침해받은 자의 주장·증명책임을 경감하는 취지의 규정이고, 손해의 발생이 없는 것이 분명한 경우까지 부정경쟁행위자에게 손해배상의무를 인정하는 취지는 아니므로70) 부정경쟁행위에도

---

67) 대법원 2009. 10. 29. 선고 2007다22514, 22521 판결.
68) 대법원 1997. 9. 12. 선고 96다43119 판결, 대법원 2002. 10. 11. 선고 2002다33175 판결.
69) 대법원 2004. 7. 22. 선고 2003다62910 판결.
70) 서울고등법원 2002. 5. 1. 선고 2001나14377 판결(미상고 확정) [구 부정경쟁방지법 제14조의2 제1항(현행 제2항과 동일)에 관한 사안인데, 상표법에 관한 대법원 1997. 9. 12. 선고 96다43119 판결 법리를 인용하고 있다].

불구하고 피침해자에게 손해 발생이 없다는 점이 밝혀지면 부정경쟁행위자는 그 손해배상책임을 면할 수 있고,71) 위와 같이 피침해자에게 손해의 발생이 인정되지 아니하는 경우에는 민법 제750조에 기한 손해배상청구권 역시 인정될 수 없다.72) 다만, 위와 같은 손해의 발생에 관한 주장·증명의 정도는 손해 발생의 염려 내지 개연성의 존재를 주장·증명하는 것으로 족하고, 따라서 피침해자가 부정경쟁행위자와 동종의 영업을 하고 있는 것을 증명한 경우라면 특별한 사정이 없는 한 부정경쟁행위에 의하여 영업상의 손해를 입었음이 사실상 추정된다.73)

---

71) 상표법에 관한 사안으로 대법원 1997. 9. 12. 선고 96다43119 판결은 "상표법 제67조 제1항의 규정은 상표권자 등이 상표권 등의 침해로 인하여 입은 손해의 배상을 청구하는 경우에 그 손해의 액을 증명하는 것이 곤란한 점을 감안하여 권리를 침해한 자가 그 침해행위에 의하여 이익을 받은 때에는 그 이익의 액을 상표권자 등이 입은 손해의 액으로 추정하는 것일 뿐이고, 상표권 등의 침해가 있는 경우에 그로 인한 손해의 발생까지를 추정하는 취지라고 볼 수 없으므로, 상표권자가 위 규정의 적용을 받기 위하여는 스스로 업으로 등록상표를 사용하고 있고 또한 그 상표권에 대한 침해행위에 의하여 실제로 영업상의 손해를 입은 것을 주장·증명할 필요가 있으나, 위 규정의 취지에 비추어 보면, 위와 같은 손해의 발생에 관한 주장·증명의 정도에 있어서는 손해 발생의 염려 내지 개연성의 존재를 주장·증명하는 것으로 족하다고 보아야 하고, 따라서 상표권자가 침해자와 동종의 영업을 하고 있는 것을 증명한 경우라면 특별한 사정이 없는 한 상표권 침해에 의하여 영업상의 손해를 입었음이 사실상 추정된다고 볼 수 있다."라고 하였다.
그리고 대법원 2002. 10. 11. 선고 2002다33175 판결, 대법원 2004. 7. 22. 선고 2003다62910 판결은 "구 상표법(2001. 2. 3. 법률 제6414호로 개정되기 전의 것, 이하 '법'이라 한다) 제67조 제2항은 같은 조 제1항과 마찬가지로 불법행위에 기한 손해배상청구에 있어서 손해에 관한 피해자의 주장·증명책임을 경감하는 취지의 규정이고 손해의 발생이 없는 것이 분명한 경우까지 침해자에게 손해배상의무를 인정하는 취지는 아니라 할 것이므로, 법 제67조 제2항의 규정에 의하여 상표권자 등이 상표권 등을 침해한 자에 대하여 침해에 의하여 받은 손해의 배상을 청구하는 경우에 상표권자 등은 손해의 발생사실에 관하여 구체적으로 주장·증명할 필요는 없고, 권리침해의 사실과 통상 받을 수 있는 금액을 주장·증명하면 족하다고 할 것이지만, 침해자도 손해의 발생이 있을 수 없다는 것을 주장·증명하여 손해배상책임을 면할 수 있는 것이라고 해석하는 것이 상당하다."라고 하였다.
72) 대법원 2004. 7. 22. 선고 2003다62910 판결, 대법원 2008. 11. 13. 선고 2006다22722 판결.
73) 대법원 1997. 9. 12. 선고 96다43119 판결. 한편 특허법원 2018. 12. 7. 선고 2017나2523 판결(심리불속행 상고기각 확정)은 원고가 상표에 관한 상표권을 경락받아 소외 회사로부터 그 상표의 주지성을 승계받았음을 전제로 한 손해배상청구에 대해 "영업활동 자체는 이전되지 아니하고 주지성 있는 영업표지만 이전되고, 양수인이 그 상표에 기초한 영업을 영위하고 있지 않다면 적어도 그 기간 동안에는 특별한 사정이 없는 한 그 양수인

관련하여 부정경쟁행위가 아닌 영업비밀 침해행위에서 영업비밀을 부정취득한 자는 취득한 영업비밀을 실제 사용하였는지에 관계없이 부정취득행위 그 자체만으로 영업비밀의 경제적 가치를 해침으로써 영업비밀 보유자의 영업상 이익을 침해하여 손해를 입힌다고 본다.[74]

손해배상액의 산정에 있어 손익상계가 허용되기 위해서는 손해배상책임의 원인이 되는 행위로 인하여 부정경쟁행위자가 새로운 이득을 얻었고, 그 이득과 손해배상책임의 원인인 행위 사이에 상당인과관계가 있어야 한다.[75]

부정경쟁행위에 의해 영업상 신용에 대한 피해를 입은 때에는 신용회복청구를 할 수 있다.

부정경쟁행위에 대한 손해배상청구에서 그 성질에 반하지 않는 한 불법행위에 관한 민법의 규정들이 보충적으로 적용된다(청구권경합설).

타인의 불법행위로 인하여 재산권이 침해된 경우에는 특별한 사정이 없는 한 그 재산적 손해배상에 따라 정신적 고통도 회복되고 재산적 손해배상만으로는 회복할 수 없는 정신적 손해가 있어야 하는데,[76] 이러한 정신적 손해는 특별한 사

이 종전 양도인이 취득한 주지성의 승계를 이유로 부정경쟁방지법에 기한 손해배상청구를 할 수 없다."라고 한다.

74) 대법원 2011. 7. 14. 선고 2009다12528 판결.

75) 대법원 2013. 2. 14. 선고 2010다91985 판결은 "피고가 전용사용권자인 ○○○○ 등으로부터 원고의 상표 사용에 대한 승낙을 받아 줄 의무를 이행하지 아니한 상태에서 원고가 이 사건 업무협약 체결에 의하여 상표사용권을 취득하였다고 믿고 제조한 상품에 이 사건 상표를 부착한 후 다수 거래처에 납품하여 그 납품대금을 수령하는 이익을 얻은 사실이 있다 하더라도, 그 이득은 이 사건 상표에 화체된 신용 및 고객흡인력과 원고의 노력 및 비용이 투입된 상품의 제조·납품행위로 인하여 생긴 것일 뿐 이 사건 상표의 적법한 사용권을 원고에게 부여한 바 없는 이 사건 업무협약과 상당인과관계가 있다고 볼 수 없으므로, 그 납품대금 상당의 이득을 피고가 원고에게 배상하여야 할 손해액에서 공제할 수 없다."라고 한다.

76) 대법원 2003. 7. 25. 선고 2003다22912 판결. 대법원 2007. 12. 13. 선고 2007다18959 판결은 "손해의 발생이 인정되는데도 증명곤란 등의 이유로 그 손해액의 확정이 불가능하여 그 배상을 받을 수 없는 경우에 이러한 사정을 위자료의 증액사유로 참작할 수는 있다고 할 것이나, 이러한 위자료의 보완적 기능은 재산적 손해의 발생이 인정되는데도 손해액의 확정이 불가능하여 그 손해 전보를 받을 수 없게 됨으로써 피해회복이 충분히 이루어지지 않는 경우에 이를 참작하여 위자료액을 증액함으로써 손해 전보의 불균형을 어느 정도 보완하고자 하는 것이므로, 함부로 그 보완적 기능을 확장하여 재산상 손해액의 확정이 가능함에도 불구하고 편의한 방법으로 위자료의 명목 아래 사실상 재산적 손해의 전

정으로 인한 손해로서 가해자가 그러한 사정을 알았거나 알 수 있었을 경우에 한하여 그 손해에 대한 위자료를 청구할 수 있다.

법인이 입은 무형의 손해에 대한 배상청구가 인정되는 경우도 있다.

민법 제751조 제1항은 불법행위로 인한 재산 이외의 손해에 대한 배상책임을 규정하고 있고, 재산 이외의 손해는 정신상의 고통만을 의미하는 것이 아니라 그 외에 수량적으로 산정할 수 없으나 사회통념상 금전평가가 가능한 무형의 손해도 포함되므로, 법인의 명예나 신용을 훼손한 자는 그 법인에게 재산 이외의 손해에 대하여도 배상할 책임이 있다.

법인의 명예나 신용을 훼손하는 행위에는 법인의 목적사업 수행에 영향을 미칠 정도로 법인의 사회적 평가를 저하시키는 일체의 행위가 포함되므로, 이에는 구체적인 사실을 적시하거나 의견을 표명하는 행위 등뿐만이 아니라, 고급 이미지의 의류로서 명성과 신용을 얻고 있는 타인의 의류와 유사한 디자인의 의류를 제조하여 이를 저가로 유통시키는 방법 등으로 타인인 법인의 신용을 훼손하는 행위도 포함된다.[77]

민사소송에서의 처분권주의와 관련하여, 선행판결이나 약정에 따른 의무 위반을 원인으로 하는 금지청구 및 손해배상청구는 부정경쟁방지법상 영업비밀침해를 원인으로 하는 금지청구 및 손해배상청구와는 그 요건과 증명책임을 달리하는 전혀 별개의 소송물이어서, 원고와 피고가 비록 영업비밀성에 관한 공방을 하였다고 하더라도 위 선행판결이나 약정에 따른 의무 위반을 원인으로 하는 금지 및 손해배상청구에 부정경쟁방지법상 영업비밀침해를 원인으로 하는 청구가 포함되어 있다고 할 수 없다.[78]

한편 2019. 1. 8. 법률 제16204호로 개정된 부정경쟁방지법은 제14조의2 제6항 및 제7항을 신설하여 증액손해배상제도를 영업비밀 침해행위에만 적용하였다가 2020. 10. 20. 법률 제17529호로 개정된 부정경쟁방지법에서 법 제2조

보를 꾀하는 것과 같은 일은 허용될 수 없다(대법원 1984. 11. 13. 선고 84다카722 판결, 대법원 2004. 11. 12. 선고 2002다53865 판결 등 참조).”라고 하며, 대법원 2014. 1. 16. 선고 2011다108057 판결도 같은 취지이다.

77) 대법원 2008. 10. 9. 선고 2006다53146 판결. 그 외 관련하여 대법원 1988. 6. 14. 선고 87다카1450 판결, 대법원 2005. 11. 10. 선고 2005다37710 판결 등 참조.

78) 대법원 2020. 1. 30. 선고 2015다49422 판결.

제1호의 부정경쟁쟁행위 중 차목의 부정경쟁행위에 대하여도 적용하도록 하였다. 법 제14조의2 제6항 및 제7항의 개정규정은 개정법 시행(2021. 4. 21.) 후 법 제2조 제1호 차목에 해당하는 행위가 발생하는 경우부터 적용한다(부칙 제2조).

② 부정경쟁행위자의 판매량에 그 이익률을 곱함(법 제14조의2 제1항)

가. 의의 및 규정 취지

부정경쟁방지법 제14조의2 제1항은 "부정경쟁행위, 제3조의2 제1항이나 제2항을 위반한 행위 또는 영업비밀 침해행위로 영업상의 이익을 침해당한 자가 제5조 또는 제11조에 따른 손해배상을 청구하는 경우 영업상의 이익을 침해한 자가 그 부정경쟁행위, 제3조의2 제1항이나 제2항을 위반한 행위 또는 영업비밀 침해행위(이하 이 항에서 "부정경쟁행위 등 침해행위"라고 한다)를 하게 한 물건을 양도하였을 때에는 다음 각 호에 해당하는 금액의 합계액을 손해액으로 할 수 있다.

1. 그 물건의 양도수량(영업상의 이익을 침해당한 자가 그 부정경쟁행위 등 침해행위 외의 사유로 판매할 수 없었던 사정이 있는 경우에는 그 부정경쟁행위 등 침해행위 외의 사유로 판매할 수 없었던 수량을 뺀 수량) 중 영업상의 이익을 침해당한 자가 생산할 수 있었던 물건의 수량에서 실제 판매한 물건의 수량을 뺀 수량을 넘지 아니하는 수량에 영업상의 이익을 침해당한 자가 그 부정경쟁행위 등 침해행위가 없었다면 판매할 수 있었던 물건의 단위수량당 이익액을 곱한 금액

2. 그 물건의 양도수량 중 영업상의 이익을 침해당한 자가 생산할 수 있었던 물건의 수량에서 실제 판매한 물건의 수량을 뺀 수량을 넘는 수량 또는 그 부정경쟁행위 등 침해행위 외의 사유로 판매할 수 없었던 수량이 있는 경우 이들 수량에 대해서는 영업상의 이익을 침해당한 자가 부정경쟁행위 등 침해행위가 없었으면 합리적으로 받을 수 있는 금액"이라고 규정한다.

종전에는 제1항이 "부정경쟁행위, 제3조의2 제1항이나 제2항을 위반한 행위 또는 영업비밀 침해행위로 영업상의 이익을 침해당한 자가 제5조 또는 제11조에 따른 손해배상을 청구하는 경우 영업상의 이익을 침해한 자가 부정경쟁행위, 제3조의2 제1항이나 제2항을 위반한 행위 또는 영업비밀 침해행위를 하게 한 물건을 양도하였을 때에는 제1호의 수량에 제2호의 단위수량당 이익액을 곱한 금액을

영업상의 이익을 침해당한 자의 손해액으로 할 수 있다. 이 경우 손해액은 영업상의 이익을 침해당한 자가 생산할 수 있었던 물건의 수량에서 실제 판매한 물건의 수량을 뺀 수량에 단위수량당 이익액을 곱한 금액을 한도로 한다. 다만, 영업상의 이익을 침해당한 자가 부정경쟁행위, 제3조의2 제1항이나 제2항을 위반한 행위 또는 영업비밀 침해행위 외의 사유로 판매할 수 없었던 사정이 있는 경우에는 그 부정경쟁행위, 제3조의2 제1항이나 제2항을 위반한 행위 또는 영업비밀 침해행위 외의 사유로 판매할 수 없었던 수량에 따른 금액을 빼야 한다. 1. 물건의 양도수량, 2. 영업상의 이익을 침해당한 자가 그 부정경쟁행위, 제3조의2 제1항이나 제2항을 위반한 행위 또는 영업비밀 침해행위가 없었다면 판매할 수 있었던 물건의 단위수량당 이익액"이라고 규정하고 있었다. 이에 따라 구 부정경쟁방지법에서는 뒤에서 설명하는 바와 같이 당시 시행되던 제14조의2 제1항 단서가 적용되어 침해물건의 양도수량 중 피침해자가 판매할 수 없다고 인정된 수량에 대하여 같은 조 제3항의 사용료 상당액을 손해로 청구할 수 있는지가 문제였다.

　　그런데 2020. 12. 22. 법률 제17727호로 개정된 부정경쟁방지법에서 부정경쟁행위 등 침해행위가 없었다면 판매할 수 있었던 물건 수량에 대해서도 영업상의 이익을 침해당한 자가 부정경쟁행위 등 침해행위가 없었으면 합리적으로 받을 수 있는 금액을 손해액으로 인정하도록 규정하였다. 법 제14조의2 제1항의 개정규정은 개정 부정경쟁방지법 시행(2021. 6. 23.) 후 최초로 손해배상이 청구된 경우부터 적용한다(부칙 제2조).

나. 제14조의2 제1항 제1호

　　법 제14조의2 제1항 제1호는 부정경쟁행위, 제3조의2 제1항이나 제2항을 위반한 행위 또는 영업비밀 침해행위로 영업상의 이익을 침해한 자가 그 침해행위를 하게 한 물건을 양도(판매 또는 무상제공)한 때에는 침해행위를 한 자의 물건 양도수량을 그 침해로 인하여 감소한 피침해자의 판매수량으로 볼 수 있다는 전제에서, 침해행위를 한 자가 그 침해행위를 하게 한 물건을 양도한 때에는 그 물건의 양도수량에 피침해자가 그 행위가 없었다면 판매할 수 있었던 물건의 단위수량당 이익액을 곱한 금액을 피침해자의 손해액으로 할 수 있다는 규정이다.

　　위 제1항 제1호의 규정은 앞서 본 민법상 손해배상청구가 인정되기 위한 「④

손해 ㉮ 손해의 발생, ㉯ 부정경쟁행위와 손해 발생과의 인과관계, ㉰ 손해액」 중 ㉯, ㉰에 대한 특례이므로 손해의 발생과 관련하여서는 손해를 입었다고 주장하는 영업자가 타인에 의해 침해되었다고 주장하는 표지를 사용하여 동종의 영업 또는 상품판매 등을 하고 있다는 사실을 주장·증명할 필요가 있다.79)

위 제1항 제1호의 규정이 없을 때에도 대법원은 "상표권자가 상표법 제67조 제1항80)에 의하여 상표권을 침해한 자에 대하여 손해배상을 청구하는 경우에, 침해자가 받은 이익의 액은 침해 제품의 총 판매액에 그 순이익률을 곱하거나 또는 그 제조판매수량에 그 제품 1개당 순이익액을 곱하는 등의 방법으로 산출함이 원칙이지만, 통상 상표권의 침해에 있어서 침해자는 상표권자와 동종의 영업을 영위하면서 한편으로 그 상표에 화체된 상표권자의 신용에 무상으로 편승하는 입장이어서, 위와 같은 신용을 획득하기 위하여 상표권자가 투여한 자본과 노력 등을 고려할 때, 특별한 사정이 없는 한 침해자의 위 순이익률은 상표권자의 해당 상표품 판매에 있어서의 순이익률보다는 작지 않다고 추인할 수 있으므로, 침해자의 판매액에 상표권자의 위 순이익률을 곱하는 방법으로도 침해자가 받은 이익의 액을 산출할 수 있고, 위와 같이 산출된 이익의 액은 침해자의 순이익액으로서, 그 중 상품의 품질, 기술, 디자인, 상표 이외의 신용, 판매정책, 선전 등으로 인하여 상표의 사용과 무관하게 얻은 이익이 있다는 특별한 사정이 없는 이상 그것이 상표권자가 상표권 침해로 인하여 입은 손해액으로 추정된다고 보아야 한다."고 판시함으로써,81) 부정경쟁방지법 제14조의2 제1항 제1호와 유사한 방법으로 손해액을 추정하는 것을 허용하여 왔다.

이러한 손해액 추정 방식은, 침해자의 판매수량이 침해로 인한 피해자의 매출액 감소로 추인할 수 있는 정도의 사정이 존재하는 상황, 즉 비교적 시장구조가 단순하고 침해자가 1인이며 피침해자의 물건과 침해자의 물건 이외에 대체물건이 없어 상호 경쟁관계에 있는 경우(two-supplier market)에서 더욱 합리성을

---

79) 상표권 침해행위와 관련하여 닭고기 등의 계육판매 판매와 닭고기의 양념 등 부자재 판매는 동종의 영업이 아니라는 취지로 대법원 2003. 8. 19. 선고 2003다4921 판결이 있다.
80) 당시 판결이유 중 상표법 제67조 제1항은 2001. 2. 3. 법률 제6414호로 개정되기 전의 상표법 제67조 제1항을 말하는데 위 규정은 위 개정 상표법 제67조 제2항에 상응하고 2016. 2. 29. 법률 제14033호로 전부개정된 상표법 제110조 제2항에 상응한다.
81) 대법원 1997. 9. 12. 선고 96다43119 판결.

띄게 된다.

　다만, 침해자의 양도수량이 피침해자가 그 물건을 생산할 수 있는 능력을 초과하는 경우 그 초과부분에 대하여서까지 양도할 수 있었다고 보는 것은 적절하지 아니하는 관점에서, 법 제14조의2 제1항 제1호는 위 방법에 의한 손해액에 대해 피침해자가 생산할 수 있었던 물건의 수량에서 실제 판매한 물건의 수량을 뺀 수량에 단위수량당 이익액을 곱한 금액을 한도로 하고 있다. 여기서 생산 능력은 원칙적으로 권리자의 침해 당시의 현실적인 생산능력 뿐만 아니라 장래 및 잠재적인 생산능력을 포함하는 것으로 보는데 그 생산능력에 대한 증명책임은 피침해자에게 있다.

　한편, 제14조의2 제1항 제1호는 "그 물건의 양도수량(영업상의 이익을 침해당한 자가 그 부정경쟁행위 등 침해행위 외의 사유로 판매할 수 없었던 사정이 있는 경우에는 그 부정경쟁행위 등 침해행위 외의 사유로 판매할 수 없었던 수량을 뺀 수량)"이라고 규정하고 있다.

　침해자의 탁월한 영업능력, 대체품의 존재, 침해물건에 표장 이외의 기술적 내지 디자인 요소, 수요자의 다른 구매 동기 등의 피침해자의 양도수량 전부를 그가 판매할 수 없다는 사정은 인과관계를 부정하는 요소로서 그에 상당한 수량에 상응한 액은 손해액에서 공제되어야 할 것이지만, 피침해자가 당해 부정경쟁행위, 제3조의2 제1항이나 제2항을 위반한 행위 또는 영업비밀 침해행위(이하 침해행위라고 한다) 외의 사유로 판매할 수 없었던 사정이 있는 때에는 당해 침해행위 외의 사유로 판매할 수 없었던 수량에 따른 금액을 빼야 한다는 감액형식을 취함으로써, 그와 같은 사정의 증명책임을 사실상 침해자에게 전환시키고 있다.

　따라서 피침해자는 침해자의 양도수량과 자신의 물건 단위수량당 이익액만을 증명하면 침해자는 손해배상액의 감액을 주장하기 위하여 그러한 사정으로 인하여 피침해자에 의해 판매될 수 없었던 수량에 의한 금액에 관해서까지 주장과 증명을 할 필요가 있다.[82)]

　그리고 여기서 말하는 단위수량당 이익액은 (침해기간에서) 침해가 없었다면 피침해자에 의해 판매될 수 있었을 것으로 보이는 물건의 단위당 판매가액에서 그 증가되는 물건의 판매를 위하여 추가로 지출하였을 것으로 보이는 물건 단위

---

82) 대법원 2006. 10. 13. 선고 2005다36830 판결 참조.

당 비용을 공제한 금액(한계이익)을 말한다.[83)]

　여기서 '영업상의 이익을 침해당한 자가 그 침해행위가 없었다면 판매할 수 있었던 물건의 단위수량당 이익액'이라 함은 침해자의 침해행위가 없다면 피침해자가 물건을 판매하여 얻었을 것으로 생각되는 이익액을 말하는데 그중 '그 침해행위가 없었다면 판매할 수 있었을 물건'이 침해품과 동일(동종)의 것이어야 하는가라는 문제가 있다.

　참고로 부정경쟁방지법 제14조의2 제1항 제1호와 같은 규정인 특허법 제128조 제2항의 해석을 두고 제1설(다수설)은 특허법 제128조 제2항을 종전의 일실이익개념을 전제로 하면서 그 증명을 쉽게 하도록 하는 전제에서 두어진 규정으로 보고 위 '그 침해행위가 없었다면 판매할 수 있었을 물건'에 대해 침해품과 기능상 대체가능성이 있는 물건으로 특허권자가 판매할 능력이 있는 것을 말하고, 대체가능성이란 완전한 대체성은 필요하지 않고 조금이라도 침해품의 수요를 끌어올릴 수 있다면 그 요건을 충족한다는 견해,[84)] 제2설은 특허법 제128조 제2항을 배타적 독점권이라는 특허권의 본질에 따라 침해품과 권리자 제품이 시장에서 보완관계에 있는 것으로 간주하는 전제에서 두어진 규정으로 보고, 위 '판매할 수 있었을 물건'이란 당해 특허발명의 실시품으로 침해품과 시장에서 배타적인 관계에 서는 물건이어야 한다는 견해[85)] 등으로 나뉘어 있다.

---

83) 대법원 2006. 10. 13. 선고 2005다36830 판결 참조. 위 판결에는 '원고가 이 사건 등록의장의 대상물품인 천정흡음판을 제조·판매하면서 구매자로부터 천정흡음판의 설치공사까지도 수급받는 것이 일반적이었다고 하더라도 천정흡음판의 설치공사대금을 가리켜 천정흡음판의 판매가액이라고는 할 수 없을 것이어서, 설령 이 사건 등록의장의 의장권자인 원고가 피고의 의장권 침해행위가 없었더라면 천정흡음판을 더 판매할 수 있었고 그에 따라 천정흡음판의 설치공사까지 더 수급받았을 것으로 보인다고 하더라도 그 증가하는 공사에 따른 노무이익까지 포함하여 구 의장법 제64조 제1항의 단위수량당 이익액으로 볼 수는 없다.'라는 내용도 있는데 이는 '상품의 판매에 연관된 용역의 제공 문제'와 관련이 있다.
84) 이 견해에 의하면 부정경쟁방지법 제14조의2 제1항 단서의 '판매할 수 없었던 사정'을 침해행위와 일실이익의 발생 간에 인과관계에 대한 사유에 대해 인정하지만 그 인과관계에 일절 관련없는 사정(예를 들면 새로운 법적 규제에 의한 판매 금지 등)은 추정복멸의 사유로 인정하지 않는다.
85) 이 견해에 의하면 침해행위와 일실이익 발생 간에 존재하는 인과관계가 의제되는 것으로 이해하기 때문에 부정경쟁방지법 제14조의2 제1항 단서의 '판매할 수 없었던 사정'이란 권리자가 시장기회를 상실하였다고 평가할 수 없는 사정(예를 들면 침해품이 성질상 한정된 기간 내에서만 소비되는 경우, 법적인 규제 등으로 판매를 할 수 없게 된 경우 등)에

그런데 부정경쟁방지법은 특허법과는 달리 배타적 독점권이라는 개념을 인정하거나 설정하고 있지 않기 때문에 표지 등과 관련된 부정경쟁행위를 막을 목적으로 한 부정경쟁방지법에 따른 손해에 대해 특허법 제128조 제2항에서의 위 논리를 그대로 적용하기는 어려울 것이다.

다만 그렇더라도 이러한 문제는 침해행위가 없었다면 침해품을 판매할 수 있었을 것인지의 인과관계 여부의 문제로 보아 소송에서 이를 고려할 수 있을 것이다. 관련하여 상표에 관한 전용사용권 침해행위와 관련하여 관련된 사안으로, 상표 전용사용권자가 닭고기 등을 주로 판매하였을 뿐 닭고기의 양념 등 부자재를 판매한 것이 아니어서 비록 주식회사 ○○○○○식품이 닭고기의 양념 등 부자재를 판매하였지만 닭고기 등에 관한 전용사용권을 침해하는 행위가 없었다면 전용사용권자가 같은 종류 또는 경합하는 양념 등의 부자재를 판매할 수 있었다고 인정되지 아니하므로 주식회사 ○○○○○식품이 전용사용권을 침해하여 양념 등의 부자재를 판매함으로써 얻은 이익액을 가지고 전용사용권자가 받은 손해액으로 추정할 수 없다[86)]고 한 것이 있다.

다. 제14조의2 제1항 제2호

구 부정경쟁방지법에서 제14조의2 제1항 단서가 적용되어 침해물건의 양도수량 중 피침해자가 판매할 수 없다고 인정된 수량에 대하여 같은 조 제3항의 사용료 상당액을 손해로 청구할 수 있는지가 문제였다.

이에 대해 제1설(적극설)은 구 부정경쟁방지법 제14조의2 제1항 단서에 의해 공제된 수량의 물건도 허락을 받지 않은 점에 변함이 없고 같은 조 제3항은 최소한도의 법정손해액을 규정한 것이므로 위 제1항 단서에 의해 공제된 수량에 대해서도 위 제3항을 적용하여 배상액을 산정하는 것이 타당하고, 인과관계가 전혀 인정되지 않은 경우에 위 제3항을 인정하는 것이라면 인과관계가 일부 인정되지 않아 위 제1항에서 배척된 경우에도 인정되지 않은 부분에 대하여 위 제3항의 배상을 부정할 이유가 없다는 이유로 위 제1항에서 인정되지 않은 부분에 대해 위

한하여 좁게 인정한다.

86) 상표의 전용사용권 침해행위와 관련하여 대법원 2003. 8. 19. 선고 2003다4921 판결 참조. 위 사안은 동종 영업인지 여부가 쟁점이었으나 손해액 추정에 대해 인과관계 여부의 관점에서 볼 여지도 있어 보인다.

제3항을 적용할 수 있다는 견해이다.

반면에 제2설(소극설)은 구 부정경쟁방지법 제14조의2 제1항은 부정경쟁행위에 해당하는 생산능력이 없었음을 전제로 일실이익을 산정하는 것인 반면에 같은 조 제3항은 부정경쟁행위의 대상이 된 상품 등에 사용된 상표 등 표지의 사용에 대하여 통상 받을 수 있는 금액에 상당하는 사용료 상당액을 손해로 하는 것이므로 각각 전제를 달리하는 별개의 손해산정방법이라고 하여야 하고 같은 조 제1항 단서 공제 후의 수량에 기하여 위 제1항 본문에 의하여 산출된 금액이 피침해자의 전체 일실이익이므로 피침해자에 의해 판매될 수 없었던 수량 만큼에 대해서까지 위 제3항에 의해 사용료 상당액을 청구할 수 있다고 한다면 피침해자가 침해행위에 대한 손해배상으로서 본래 청구할 수 있는 일실이익의 범위를 넘어 손해를 전보받는 것을 인정하는 것이 되어 부당하다는 이유로 이러한 경우에 인정되지 않은 부분에 대해 위 제3항을 적용할 수 없다는 견해이다.

대륙법계 손해배상 제도를 기본으로 하고 있는 우리 민사법 체계를 고려할 때 법 해석만으로 제1설을 적용하기가 쉽지 않으나 영업상의 이익이 침해되는 자를 두텁게 보호하기 위한 정책적인 면을 중요시한다면 제1설을 긍정적으로 고려할 필요가 있었는데, 2020. 6. 9. 법률 제17422호로 개정된 특허법에서 제128조 제2항을 아래와 같이 개정하고 제3항[87]을 삭제함으로써 특허권을 침해한 자가 침해행위를 하게 한 물건의 양도수량 중 특허권자 또는 전용실시권자가 생산할 수 있었던 물건의 수량에서 실제 판매한 물건의 수량을 뺀 수량을 넘는 수량 또는 그 침해행위 외의 사유로 판매할 수 없었던 수량이 있는 경우 이들 수량(특허권자 또는 전용실시권자가 그 특허권자의 특허권에 대한 전용실시권의 설정, 통상실시권의 허락 또는 그 전용실시권자의 전용실시권에 대한 통상실시권의 허락을 할 수 있었다고 인정되지 않는 경우에는 해당 수량을 뺀 수량)에 대해서는 특허발명의 실시에 대하여 합리적으로 받을 수 있는 금액까지 손해액으로 할 수 있다고 규정하였다.

---

[87] "제2항에 따라 손해액을 산정하는 경우 손해액은 특허권자 또는 전용실시권자가 생산할 수 있었던 물건의 수량에서 실제 판매한 물건의 수량을 뺀 수량에 단위수량당 이익액을 곱한 금액을 한도로 한다. 다만, 특허권자 또는 전용실시권자가 침해행위 외의 사유로 판매할 수 없었던 사정이 있으면 그 침해행위 외의 사유로 판매할 수 없었던 수량에 따른 금액을 빼야 한다."

특허법 제128조 제2항

제1항에 따라 손해배상을 청구하는 경우 그 권리를 침해한 자가 그 침해행위를 하게 한 물건을 양도하였을 때에는 다음 각 호에 해당하는 금액의 합계액을 특허권자 또는 전용실시권자가 입은 손해액으로 할 수 있다.

1. 그 물건의 양도수량(특허권자 또는 전용실시권자가 그 침해행위 외의 사유로 판매할 수 없었던 사정이 있는 경우에는 그 침해행위 외의 사유로 판매할 수 없었던 수량을 뺀 수량) 중 특허권자 또는 전용실시권자가 생산할 수 있었던 물건의 수량에서 실제 판매한 물건의 수량을 뺀 수량을 넘지 않는 수량에 특허권자 또는 전용실시권자가 그 침해행위가 없었다면 판매할 수 있었던 물건의 단위수량당 이익액을 곱한 금액

2. 그 물건의 양도수량 중 특허권자 또는 전용실시권자가 생산할 수 있었던 물건의 수량에서 실제 판매한 물건의 수량을 뺀 수량을 넘는 수량 또는 그 침해행위 외의 사유로 판매할 수 없었던 수량이 있는 경우 이들 수량(특허권자 또는 전용실시권자가 그 특허권자의 특허권에 대한 전용실시권의 설정, 통상실시권의 허락 또는 그 전용실시권자의 전용실시권에 대한 통상실시권의 허락을 할 수 있었다고 인정되지 않는 경우에는 해당 수량을 뺀 수량)에 대해서는 특허발명의 실시에 대하여 합리적으로 받을 수 있는 금액

당초 이러한 규정은 특허법 이외에 다른 지식재산권법에 도입하지 않았다가 2020. 12. 22. 법률 제17727호로 개정된 부정경쟁방지법 제14조의2 제1항 제2호 등을 신설하는 등 앞서 본 바와 같은 내용으로 개정하고,[88] 상표법, 디자인보호법도 같은 취지로 개정하여 침해물건의 양도수량 중 피침해자가 판매할 수 없다고 인정된 수량에 대하여도 합리적으로 받을 수 있는 금액을 손해액으로 인정할 수 있도록 하였다.

이에 따라 종전에는 손해배상액을 영업상 이익을 침해당한 자가 자신의 생산능력범위에 단위당 이익액을 곱한 금액만을 손해액으로 청구할 수 있었던 데 비해 이제는 손해액으로 자신의 생산능력범위에 단위당 이익액을 곱한 금액에다가 생산능력범위를 넘는 수량에 대하여도 합리적 실시료율을 곱한 금액을 더 한 합계액을 손해액으로 청구할 수 있게 되었다.

---

88) 위 개정 규정은 공포 후 6개월이 경과한 날(시행일 2021. 6. 23.)부터 시행하고, 개정법 시행 후 최초로 손해배상이 청구된 경우부터 적용한다(법 부칙 제1조, 제2조).

법 제14조의2 제3항에 사용료 상당액을 인정하는 규정이 있음에도 법 제14 조의 제1항 제2호는 사용료 상당액에 관해 제3항을 준용한다고 규정하고 있지 않다. 법 제14조의 2 제3항은 사용료 상당액이 '통상 받을 수 있는 금액'을 기준 으로 규정하는데 피침해자를 두텁게 보호하기 위해 법 제14조의2 제1항 제2호는 '합리적으로 받을 수 있는 금액'으로 규정하고 있기 때문에 굳이 법 제14조의2 제 3항을 준용하는 형식을 취하지 않은 것으로 보인다.

관련하여 미국 연방항소법원은 특허권자가 일실이익의 산정에 포함되지 않는 침해매출에 대해서는 합리적인 로열티(사용료)에 따른 인정액을 받을 수 있다고 보고, 손해배상액이 증명될 수 있는 범위 내에서 실제 손해로서의 일실이익과 나 머지에 대한 합리적인 로열티(사용료)가 모두 손해액으로 될 수 있다고 본다.[89)90)]

일본의 경우 일본 특허법 제102조 제1항은 특허침해가 없었다면 특허권자가 판매할 수 있었던 일실이익을 특허침해로 인한 손해배상으로 추정하면서도 특허 권자의 실시능력을 넘거나 침해행위 외의 판매할 수 없는 사정이 있는 부분은 손 해배상이 인정되지 않도록 규정되어 있었고, 이와 관련하여 침해제품의 양도수량 중 권리자가 판매할 수 없다고 인정된 수량에 대하여 실시료 상당액을 손해로 청 구할 수 있는지에 대해 여러 견해가 있었다. 일본은 2019년 특허법 제10조 제1 항을 개정하여 종래 실시능력을 넘거나 침해행위 외의 판매할 수 없는 사정에 해 당하여 손해액으로부터 공제된 판매수량에 대하여도 실시료 상당액만큼의 손해배 상청구를 할 수 있도록 개정하면서 같은조 제4항에서 실시료 상당액에 의한 손해 배상액의 산정에서 특허권침해가 있었음을 전제로 교섭한 경우에 결정될 금액을 고려할 수 있다는 취지의 규정도 명기하였다. 다만 일본은 이러한 특허법 규정을 실용신안법, 의장법, 상표법에 도입하여 같은 취지로 개정하였으나 부정경쟁방지 법에는 그와 같은 규정을 도입하고 있지 않다.

개정된 부정경쟁방지법과 같은 산정방식은 주요 선진국에서 인정되는 방식이 나 개정된 손해액 산정방식과 3배 배상을 모두 명문화한 국가는 우리나라가 유일 하다.

---

89) Status Indus, Inc. v. Mor-Flo Indus, Inc., 883 F.2d 1573, 1577 (Fed. Cir. 1989).

90) 다만, 위 사안은 특허권자가 일실이익의 산정에 포함시켰으나 인과관계 부정 등으로 인해 인정되지 않은 부분에 대해 추가로 실시료 상당액을 청구할 수 있는지에 관하여 직접적으 로 판단한 것은 아닌 것으로 보인다.

이로써 침해자가 판매한 모든 침해품에 대해서 손해액을 산정할 수 있게 되고, 고의 침해인 경우 최대 3배까지 손해배상책임이 부과되므로 특히 악의 내지 고의로 이루어지는 부정경쟁행위 등 침해행위로부터 영업상 이익을 보호할 수 있는 효과가 클 것으로 기대된다.

라. 그 밖의 사항
1) 제14조의2 제1항 본문과 제2항의 관계
부정경쟁방지법 제14조의2 제1항 본문은 같은 조 제2항에서와 같이 '손해의 액으로 추정한다'라고 하지 않고 '손해액으로 할 수 있다'라고 규정하고 있다.

부정경쟁방지법 제14조의2 제2항은 손해액에 대해 법률상의 사실추정을 하여 권리자의 증명 곤란을 구제하면서도 침해자측으로 하여금 추정의 기초로 된 사실을 반증을 들어 번복시키는 데 성공하면 추정규정 자체가 적용되지 않게 하도록 설정된 것으로 그것으로써 두 당사자의 균형을 꾀하고 있다. 반면에 부정경쟁방지법 제14조의2 제1항은 권리자가 일정한 사실을 증명한 때에는 일응 그것을 권리자의 손해로 하고 감액사유는 원칙적으로 침해자측으로 하여금 증명하도록 하여 침해자가 그 증명에 성공한 경우에 한하여 손해액을 감액시키는 방법으로 양 당사자의 균형을 꾀하고 있다.

손해액의 주장·증명방법으로서 부정경쟁방지법 제14조의2 제1항과 제2항은 선택적 관계에 있다.

피침해자가 부정경쟁방지법 제14조의2 제1항에 의하여 손해액을 청구하여 그에 따라 손해액을 산정하는 경우에 침해자로서는 같은 항 단서에 따른 손해액의 감액을 주장할 수 있으나, 같은 항에 의하여 산정된 손해액이 같은 조 제2항이나 제3항에 의하여 산정된 손해액보다 과다하다는 사정을 들어 같은 조 제2항이나 제3항에 의하여 산정된 손해액으로 감액할 것을 주장하여 다투는 것은 허용되지 아니한다.91)

2) 제14조의2 제1항과 제5항의 관계
원고가 손해배상청구 소송에서 부정경쟁방지법 제14조의2 제1항에 따른 손

---

91) 대법원 2009. 8. 20. 선고 2007다12975 판결.

해액을 주장하였다면 법원으로서는 먼저 원고에 의해 주장된 그 규정에 기하여 손해액을 인정할 수 있는지부터 심리하여야 하고 같은 조 제5항에 기하여 손해액을 인정하고자 하는 경우에도 위 제1항에 기한 손해액에 관한 심리를 거쳐 그 손해액의 증명이 극히 곤란하다는 점이 인정되어야 한다.92)

③ 부정경쟁행위자의 이익액을 피침해자의 손해액으로 추정(법 제14조의2 제2항)

가. 의의 및 규정 취지

부정경쟁방지법 제14조의2 제2항은 "부정경쟁행위, 제3조의2 제1항이나 제2항을 위반한 행위 또는 영업비밀 침해행위로 영업상의 이익을 침해당한 자가 제5조 또는 제11조에 따른 손해배상을 청구하는 경우 영업상의 이익을 침해한 자가 그 침해행위에 의하여 이익을 받은 것이 있으면 그 이익액을 영업상의 이익을 침해당한 자의 손해액으로 추정한다."라고 규정한다.

본 항은 민법 제750조 기한 손해배상청구에 대한 특례규정으로 부정경쟁행위와 상당인과관계가 있는 손해액(A 사실)의 증명 대신에 그것보다 증명이 용이한 부정경쟁행위자가 얻은 이익액(B 사실)을 증명하는 것에 의해 A 사실이 증명된 것으로 추정하는 법률상의 사실추정 규정이다.

본 항의 규정은 앞서 본 민법상 손해배상청구가 인정되기 위한 「④ 손해 ㉮ 손해의 발생, ㉯ 부정경쟁행위와 손해 발생과의 인과관계, ㉰ 손해액」에서 ㉯93) 및 ㉰에 대한 특례를 규정한 것이다. 따라서 본 항 적용의 전제로서 피침해자는 부정경쟁행위로 인하여 실제로 영업상의 손해를 입게 되었다는 사실을 주장·증명할 필요가 있다.94)

본 항은 손해의 발생을 추정하는 것은 아니어서 영업상 이익을 침해당한 자

---

92) 대법원 2014. 5. 29. 선고 2013다208098 판결 참조.
93) 대법원 1992. 2. 25. 선고 91다23776 판결은 "구 상표법 제37조 제2항에 의하면 상표권자가 상표권 침해자에 대하여 손해배상을 청구하는 경우 그 자가 침해행위에 의하여 이익을 받았을 때에는 그 이익의 액은 상표권자가 받은 손해액으로 추정되므로 상표권자는 상표권을 침해한 자가 취득한 이익을 증명하면 되고 그 밖에 침해행위와 손해의 발생 간의 인과관계에 대하여는 이를 증명할 필요 없이 손해배상을 청구할 수 있다."라고 한다.
94) 대법원 1997. 9. 12. 선고 96다43119 판결.

가 위 규정의 적용을 받기 위해서는 스스로 업으로 상품표지나 영업표지를 사용
하고 있고 또한 그 상품표지 등에 대한 부정경쟁행위로 영업상의 손해를 입은 것
을 주장·증명할 필요가 있으나, 이때 손해의 발생에 관한 주장·증명의 정도에
서 손해 발생의 염려 내지 개연성의 존재를 주장·증명하는 것으로 충분하고, 따
라서 영업상의 이익을 침해당한 자가 부정경쟁행위자와 동종의 영업을 하고 있는
것을 증명한 경우라면 특별한 사정이 없는 한 그 부정경쟁행위에 의하여 영업상
의 손해를 입었음이 사실상 추정된다고 볼 수 있다.95)

   본 항은 법률 규정에 반증의 제출을 허용하지 아니하는 간주규정이 아니라
반증에 의하여 추정을 번복시킬 수 있는 추정규정에 해당한다. 따라서 부정경쟁
행위자가 얻은 이익이 자신의 특별한 노력 또는 재능에 의하여 확대된 경우에도
일응 손해액으로 추정되지만 피침해자 등이 실제로 입은 손해를 초과하는 것을
침해자가 증명한 경우96)나 부정경쟁행위자가 얻은 이익 중 일부 또는 전부가 부
정경쟁행위가 아닌 다른 요소에 의해 발생되었음을 증명한 경우97)에는 위 추정이
전부 또는 일부 복멸되어 청구액이 감면되는 경우가 있고 반대로 피침해자가 실
제로 입은 손해가 부정경쟁행위자가 받은 이익을 초과하고 이를 증명한다면 실제
입은 손해액의 배상을 청구할 수 있다.

   부정경쟁방지법 제14조의2 제2항은 같은 조 제1항과 마찬가지로 부정경쟁행
위에 기한 손해배상청구에 있어서 손해에 관한 피해자의 주장·증명책임을 경감
하는 취지의 규정이고, 손해의 발생이 없는 것이 분명한 경우까지 부정경쟁행위
자에게 손해배상의무를 인정하는 취지는 아니므로 부정경쟁행위에도 불구하고 당
해 상품표지의 주체 등에게 손해의 발생이 없다는 점이 밝혀지면 부정경쟁행위자

---

95) 상표권 침해에 관련한 대법원 1997. 9. 12. 선고 96다43119 판결 참조. 상표권 침해행위
   와 관련하여 닭고기 등의 계육판매 판매와 닭고기의 양념 등 부자재 판매는 동종의 영업
   이 아니라는 취지로 대법원 2003. 8. 19. 선고 2003다4921 판결이 있다.
96) 대법원 2008. 3. 27. 선고 2005다75002 판결, 대법원 1997. 9. 12. 선고 96다43119 판결.
97) 예를 들면 침해자의 제품의 일부만이 침해에 해당하는 경우, 침해품이 복수의 권리를 침
   해하는 경우, 침해자의 이익 중 일부가 침해자의 자본, 영업능력, 선전광고, 상품의 품질,
   제조기술, 다른 상표, 디자인, 캐릭터 등의 여러 요인에 의하여 발생된 경우, 상표권을 침
   해하지 않으면서 상표권자의 제품과 시장에서 경합하는 경합제품의 존재 등이다. 그 외
   부정경쟁방지법 제14조의2 제1항에서의 '상표권자의 생산능력', '침해행위 외의 사유로 판
   매할 수 없었던 사정'도 추정복멸 사유에 포함된다.

는 그 손해배상책임을 면할 수 있다.98)

나. 이익의 의미 및 산정방법

본 항의 '이익'의 개념에 대해, 종래에는 판매액과 구입액(제조원가)의 차액이라는 견해(총이익 내지 조이익설), 총이익으로부터 판매를 위한 영업경비 내지 일반관리비(인건비, 부동산 임료, 광고선전비, 운송비, 보관비 등)를 제외한 순이익이라는 견해(순이익설)가 있었다.

일반적으로 민법상 일실이익으로 보는 것이 순이익이므로 후자라고 해석되나 이렇게 되면 계산이 복잡하게 되어 손해액의 증명을 쉽게 하도록 한 법의 취지에 어긋난다. 그러므로 기본적으로 순이익설에 의거하여 피침해자가 순이익액을 증명하기 위해 경비 등을 주장·증명하여야 하지만 그것이 쉽지 않은 경우에는 피침해자가 총이익액을 주장·증명하고 이에 대해 부정경쟁행위자가 감액요소를 주장·증명하지 않으면 증명된 총이익을 피침해자의 손해액으로 인정할 수 있다는 견해가 있었다.

그런데 그 후 순이익설에 대해 부정경쟁행위자의 판매액으로부터 제조원가나 인건비, 판매비 등의 변동비를 넘어서 피침해자가 새로이 추가 지출할 필요가 없는 부동산 임료 등의 고정비용까지 공제 대상으로 하는 것은 의문이라는 전제에서, 피침해자가 N개의 제품을 판매하고 있고 부정경쟁행위가 없으면 M개까지 판매할 수 있었다고 할 경우에 판매액으로부터 피침해자(또는 침해자 내지 부정경쟁행위자99))가 N+M개까지의 제품의 제조에 필요한 비용(한계비용)만을 공제하여야 한다는 견해(한계이익설)가 나오게 된다.

한계이익설에 의하면 피침해자가 새로운 상품을 위해 추가 투자나 종업원의 추가 고용 등을 요하지 않고 종전 그대로의 상태에서 제조, 판매할 수 있는 수량

---

98) 대법원 2004. 7. 22. 선고 2003다62910 판결, 대법원 2008. 11. 13. 선고 2006다22722 판결.

99) 일본에서는 학설상으로는 침해자 입장에서의 한계이익설이 먼저 주장되었으나 실무에서는 대부분 피침해자 입장에서의 한계이익설(예를 들면 피고 판매수량이 원고에게 새로운 투자나 인건비의 증가를 필요로 하지 않고 종전 그대로의 상태로 제조 판매할 수 있는 수량 범위 내에 있다고 인정된다면 원고 상품 판매액으로부터 매입가격 등의 판매를 위한 변동비만을 공제한 판매이익을 인정하고 피고상품의 개발비용, 인건비, 일반관리비 등은 공제 대상으로 인정하지 않은 경우)을 취하고 있다.

범위 내에서라면 피침해자의 일실이익은 실시품의 판매액으로부터 재료가격이나
포장비용 등의 판매를 위한 변동비용만을 공제한 액수라고 보아 예를 들어 피침
해자(또는 침해자 내지 부정경쟁행위자)에 의해 지출된 침해물품의 제조를 위한 금형
비용 등 개발비용, 판매액의 다과에 상관없이 발생하는 판매비, 인건비 등 일반관
리비, 설비 등의 감가상각비 등을 공제하지 않는 것으로 보게 된다. 대법원도 "상
표권자 혹은 전용사용권자로서는 침해자가 상표권 침해행위로 인하여 얻은 수익
에서 상표권 침해로 인하여 추가로 들어간 비용을 공제한 금액……을 손해액으로
삼아……청구할 수 있다."100)라고 하여 한계이익설을 취한 듯한 사례가 있다.

한편, 손해액 산정과 관련(특허권 포함)하여 실무태도를 보면, 권리자의 영업이
익률을 침해기간 동안의 침해자의 영업이익률과 같은 정도로 인정하고 이를 침해
제품 판매금액에 곱한 금액을 손해배상액으로 인정한 경우[서울고등법원 1996. 8.
28. 선고 95나9060 판결(상고기각 확정)], 침해자의 매출총액에 침해자의 영업이익률
을 곱하여 계산한 금액을 손해배상액으로 인정한 경우[서울중앙지방법원 2009. 10.
7. 선고 2007가합33960 판결(항소심에서 조정성립)], 침해자의 매출총이익×침해제품
관련 매출액/매출총액 - 매출에 따라 발생하는 비용(판매 및 일반관리비 - 고정비용)×
침해제품 관련 매출액/매출총액으로 계산한 금액을 손해배상액으로 인정한 경우
[서울중앙지방법원 2004. 2. 13. 선고 2002가합30683 판결(항소취하 확정)], 침해자의
판매액에 제품이 속하는 업종의 국세청 발표 표준소득률 중 일반률을 곱한 금액
을 손해배상액으로 인정한 경우[서울고등법원 2005. 3. 16. 선고 2004나53922 판결
(미상고 확정)], 침해제품에 대한 판매가격 합계액에다가 국세청 발표 표준소득률
[=(1 - 국세청 고시 단순경비율)]을 속한 금액을 곱한 액수를 손해배상액으로 인정한
경우[수원지방법원 2012. 5. 24. 선고 2010가합17614 판결(항소 및 상고기각 확정)], 침
해제품 매출총액 - 침해제품 관련 주요 경비[(매입비용 + 임차료 + 인건비) - (침해제품
매출액×기준경비율)]로 계산한 금액을 손해배상액으로 인정한 경우[서울고등법원
2005. 12. 7. 선고 2003나38858 판결(상고기각 확정)], 순매출액에서 제조원가와 판매
관리비를 공제한 영업이익에 상각한 연구개발비 중 1/2을 공제한 액을 피고의 이
익액으로 산정한 경우[서울중앙지방법원 2004. 5. 21. 선고 2002가합71707 판결(항소
심에서 강제조정 성립)] 등이 있다.

---

100) 대법원 2008. 3. 27. 선고 2005다75002 판결.

다. 그 밖의 사항

1) 제14조의2 제2항과 제3항의 관계

부정경쟁방지법 제14조의2 제2항에 대해 추정의 일부 복멸을 인정한다는 입장에서 보면 피침해자가 받은 손해와 상당인과관계가 인정되지 않은 금액이 부정경쟁행위에 의하여 부정경쟁행위자가 얻은 이익으로부터 공제되는 경우에 추정이 복멸된(공제된) 금액 내지 그에 상당하는 수량에 대해 같은 조 제3항에 의해 산정된 손해액 내지 합리적으로 받을 수 있는 금액을 청구할 수 있는지가 문제된다.

앞의 같은 조 제1항 부분에서 설명한 것과 같이[101] 예컨대 권리자의 생산능력을 초과하여 판매된 침해품 등에 대하여 합리적으로 받을 수 있는 금액을 손해액으로 인정할 수 있도록 법이 개정되었는데 개정법의 취지를 고려하면 피침해자가 받은 손해와 상당인과관계가 인정되지 않아 추정이 일부 복멸된 수량에 대하여 개별적인 사안에 따라 이를 유추 적용하여 제1항 제2호와 같이 합리적으로 받을 수 있는 금액을 손해액으로 인정할 수 있다고 본다.

2) 일부 내지 복수의 영업상 침해가 있는 경우의 손해액 산정

물건의 일부가 저작재산권의 침해에 관계된 경우에 있어서는 침해자가 그 물건을 제작·판매함으로써 얻은 이익 전체를 침해행위에 의한 이익이라고 할 수는 없고, 침해자가 그 물건을 제작·판매함으로써 얻은 전체 이익에 대한 당해 침해행위에 관계된 부분의 기여율(기여도)을 산정하여 그에 따라 침해행위에 의한 이익액을 산출하여야 할 것이고, 그러한 기여율은 침해자가 얻은 전체 이익에 대한 침해에 관계된 부분의 불가결성, 중요성, 가격비율, 양적 비율 등을 참작하여 종합적으로 평가할 수밖에 없다.[102] 참고로 물건의 일부가 영업비밀 침해에 관계된 경우에 있어서 침해자가 그 물건을 제작·판매함으로써 얻은 전체 이익에 대한 영업비밀의 기여율은 전체 물건에서 영업비밀의 침해에 관계된 부분이 필수적 구성인지 여부, 그 기술적·경제적 가치, 전체 구성 내지 가격에서 차지하는 비율

---

101) 이 부분에 대하여는 앞의 ②️ 침해자의 판매량에 부정경쟁행위자의 이익률을 곱함(제14조의2 제1항) 다. 제14조의2 제1항 제2호」에서 설명하였다.

102) 저작재산권의 침해와 관련된 서안으로 대법원 2004. 6. 11. 선고 2002다18244 판결 참조.

등을 종합적으로 고려하여 정한다.[103]

이러한 논리는 부정경쟁행위의 복수의 영업상 이익 침해에도 준용될 수 있다.

먼저, 부정경쟁행위 물품 등에 사용된 표지의 침해품이, 전체 물품의 일부에 관계된 경우(예컨대 어느 표지가 부착된 제품과 다른 표지가 부착된 제품이 함께 하나의 패키지로 구성되어 판매되고 있는 경우)에 생각해 볼 수 있는 침해액 산정방법은 여러 개가 있다.

제1설로 부정경쟁행위가 물품 일부에 관계된 경우 부정경쟁방지법 제14조의 2 제1항에서는 침해품의 양도수량에 피침해자의 단위 수량당 이익액을 곱한 액에 다가 증명된 침해품 전체 대비 표지 사용 등의 가치(기여율)를 반영시켜 손해액을 산정하고, 같은 조 제2항에서는 부정경쟁행위자의 이익액에 물품 전체 대비 표지 사용의 가치(기여율)를 반영시켜 손해액을 산정하는 방법을 생각해 볼 수 있다.

제2설로 표지가 물품 일부에 관계되더라도 그 표지 사용부분이 전체 물품에서 차지하는 비중이 높거나 수요자의 구매 욕구를 불러일으키는 경우라면 전체 물품의 수량을 기준으로 손해액을 산정하되 제14조의2 제1항에서 그 표지 사용부분이 전체 물품에서 차지하는 비중이나 그 이외의 물품이 수요자의 구매 욕구를 불러일으키는 경우 등에는 같은항 단서의 '영업상의 이익을 침해당한 자가 부정경쟁행위 외의 사유로 판매할 수 없었던 사정'을 이유로 감액을 하는 것으로 충분하고, 제14조의2 제2항에서는 일단 물품의 판매이익 전체를 피침해자의 손해액으로 추정하되 부정경쟁행위자로 하여금 표지 사용부분이 부정경쟁행위자 이익 발생에 기여한 기여율을 주장, 증명하도록 하여 그것이 인정될 경우에 그 한도에서 추정 일부를 복멸하는 방법도 생각해 볼 수 있다.

결과적인 면에서 큰 차이는 없을 것이나, 법 규정 문언상으로는 제2설에 따르는 것이 논리적이라고 생각한다.[104]

다음으로, 피침해자의 복수의 상품표지가 하나의 물품에 경합하여 실시되고 있는 경우가 있는데 이러한 경우에 각 표지마다 손해배상을 청구할 수 있다. 이때 해당 표지가 그 물품에서 차지하는 비중이 다를 수 있고 부정경쟁행위자의 이익

---

103) 대법원 2019. 9. 10. 선고 2017다34981 판결.
104) 저작재산권에 관한 대법원 2004. 6. 11. 선고 2002다18244 판결은 제1설의 견해에 선 원심판단을 수긍한 것으로 이해된다.

중에 부정경쟁행위자의 자본, 영업능력, 선전광고, 상품의 품질, 제조기술, 캐릭터 등 각종의 요인이 포함된다고 인정되는 경우가 있다. 이러한 경우들에도 앞서 본 논리를 그대로 적용할 수 있다.

이러한 부정경쟁행위의 기여 부분 및 정도에 관한 사실인정이나 비율을 정하는 것은 형평의 원칙에 비추어 현저히 불합리하다고 인정되지 아니하는 한 사실심의 전권사항에 속한다.[105]

④ 사용료 상당액의 손해액 주장(법 제14조의2 제3항, 제4항)

가. 부정경쟁방지법 제14조의2 제3항

부정경쟁방지법 제14조의2 제3항은 "부정경쟁행위, 제3조의2 제1항이나 제2항을 위반한 행위 또는 영업비밀 침해행위로 영업상의 이익을 침해당한 자는 제5조 또는 제11조에 따른 손해배상을 청구하는 경우 부정경쟁행위 또는 제3조의2 제1항이나 제2항을 위반한 행위의 대상이 된 상품 등에 사용된 상표 등 표지의 사용 또는 영업비밀 침해행위의 대상이 된 영업비밀의 사용에 대하여 통상 받을 수 있는 금액에 상당하는 금액을 자기의 손해액으로 하여 손해배상을 청구할 수 있다."라고 규정한다.

본 항은 부정경쟁행위로 영업상의 이익을 침해당하여 손해가 발생하였음을 전제로 그 부정경쟁행위의 대상이 된 물품 등에 사용된 상표 등 표지의 사용에 대하여 통상 받을 수 있는 금액에 상당하는 금액을 배상받을 수 있게 한 규정으로서, 손해가 발생함을 전제로 손해액에 대한 증명책임을 감경하는 규정(추정규정설[106])이다.

본 항에 따른 손해배상을 청구하는 경우에 피침해자는 손해의 발생사실에 관하여 '구체적으로' 증명할 필요가 없고[107] 영업상 이익의 침해 사실과 통상 받을

---

105) 영업비밀 침해행위에 관한 대법원 2019. 9. 10. 선고 2017다34981 판결 참조.
106) 이에 대해 손해액뿐 아니라 손해발생도 의제한 것으로 보는 견해(간주규정설)도 있다.
107) 본서 저자는 여기서 '구체적으로' 증명할 필요가 없다고 함은 손해의 발생 사실 자체는 주장·증명할 필요가 있되 손해의 발생에 관한 주장·증명의 정도에서 손해 발생의 염려 내지 개연성의 존재를 주장·증명하는 것으로 족하다는 취지로 이해하고 있다. 한편 간주규정설에 따라 손해의 발생 자체는 주장·증명할 필요가 없다는 견해도 있다.

수 있는 금액을 주장·증명하면 된다.108) 반대로 부정경쟁행위자는 손해발생이 없었음을 주장·증명하여 손해배상 책임을 면할 수 있다.109)

여기서 사용에 의해 통상 받을 수 있는 이익에 상당하는 금액이란 통상사용권을 설정할 경우 받을 수 있는 사용료 상당액으로 표지 내지 영업비밀 보유자가 제3자와 사이에 사용허락계약을 체결하고 사용료를 받았다면 그 계약 내용을 침해자에게도 유추 적용하는 것이 현저하게 불합리하다는 특별한 사정이 없는 한 그 사용허락계약에서 정한 사용료를 참작하여 금액을 산정한다.

사용에 의해 통상 받을 수 있는 이익에 상당하는 금액이란 통상사용권을 설정할 경우 받을 수 있는 사용료에 상당하고, 현실적으로 사용허락계약이 체결되어 있지 않을 경우는 만약 그 표지 및 영업비밀의 사용에 대해서 침해 당시 사용허락계약이 체결되었다면 받을 수 있는 사용료 상당액이다.110) 그리고 사용료 상당액을 산정하는 기준 시점은 변론종결 시이다.111)

---

108) 상표권에 관한 대법원 2002. 10. 11. 선고 2002다33175 판결 참조.

109) 대법원 2002. 10. 11. 선고 2002다33175 판결 참조. 일본 最高裁判所 1997. 3. 11. 선고 平成6(オ)1102 판결은 "상표권은 상표의 출처식별기능을 통하여 상표권자의 업무상의 신용을 보호함과 동시에 상품의 유통 질서를 유지하는 것에 의해 일반 수요자의 보호를 도모하는 것에 그 본질이 있고 특허권이나 실용신안권 등과 같이 그 자체가 재산적 가치를 갖는 것은 아니다. 따라서 등록상표에 유사한 표장을 제3자가 그 제조 판매한 상품에 상표로서 부착하여 사용한 경우라도 당해 등록상표에 고객 흡인력이 전혀 인정되지 않고, 등록상표에 유사한 표장을 사용한 것이 제3자의 상품의 매상에 전혀 기여하지 아니한 것이 분명한 경우에는 얻을 수 있는 이익으로서의 사용료 상당액의 손해도 생기지 아니하는 것이라고 해야 할 것이다."라고 한다.

110) 대법원 2003. 3. 11. 선고 2000다48272 판결은 특허권침해에 관한 사안인데 통상실시료율에 대해 연간매출액에 위 3%를 곱한 금액이 피고들이 배상할 손해액이라고 한 원심판단을 수긍하였다.

111) 특허권에 관한 대법원 2006. 4. 27. 선고 2003다15006 판결 참조. 위 판결은 "구 특허법 제128조 제3항에 의하여 특허발명의 실시에 대하여 통상 받을 수 있는 금액에 상당하는 액을 결정함에 있어서는, 특허발명의 객관적인 기술적 가치, 해당 특허발명에 대한 제3자와의 실시계약 내용, 해당 침해자와의 과거의 실시계약 내용, 해당 기술분야에서 같은 종류의 특허발명이 얻을 수 있는 실시료, 특허발명의 잔여 보호기간, 특허권자의 특허발명 이용 형태, 특허발명과 유사한 대체기술의 존재 여부, 침해자가 특허침해로 얻은 이익 등 변론종결시까지 변론과정에서 나타난 여러 가지 사정을 모두 고려하여 객관적, 합리적인 금액으로 결정하여야 하고, 특히 해당 특허발명에 대하여 특허권자가 제3자와 사이에 특허권 실시계약을 맺고 실시료를 받은 바 있다면 그 계약 내용을 침해자에게도 유추 적용하는 것이 현저하게 불합리하다는 특별한 사정이 없는 한 그 실시계약

그 밖에 법 제14조의2 제1항에서 침해물건의 양도수량 중 피침해자가 판매할 수 없다고 인정된 수량에 대하여 합리적으로 받을 수 있는 금액을 손해액으로 인정할 수 있는지와 관련된 법 개정 내용, 법 제14조의2 제2항에서 피침해자가 받은 손해와 상당인과관계가 인정되지 않은 금액이 부정경쟁행위에 의하여 부정경쟁행위자가 얻은 이익으로부터 공제되는 경우에 추정이 복멸된(공제된) 금액 내지 그에 상당하는 수량에 대해 합리적으로 받을 수 있는 금액을 손해액으로 할 수 있는지와 관련된 내용은 각각 앞의 각 해당 부분에서 설명하였다.

나. 부정경쟁방지법 제14조의2 제4항

부정경쟁방지법 제14조의2 제4항은 "부정경쟁행위, 제3조의2 제1항이나 제2항을 위반한 행위 또는 영업비밀 침해행위로 인한 손해액이 제3항에 따른 금액을 초과하면 그 초과액에 대하여도 손해배상을 청구할 수 있다. 이 경우 그 영업상의 이익을 침해한 자에게 고의 또는 중대한 과실이 없으면 법원은 손해배상 금액을 산정할 때 이를 고려할 수 있다."라고 규정한다.

이는 실손해배상 원칙을 확인하는 주의적 규정으로 위 조항이 없더라도 영업상 이익을 침해받은 자는 민법이나 부정경쟁방지법 제14조의2 제1항 등의 다른 규정에 의한 손해배상청구를 할 수 있다.

5 손해액 증명 극히 곤란 시 상당한 손해액 인정(법 제14조의2 제5항)

부정경쟁방지법 제14조의2 제5항은 "법원은 부정경쟁행위, 제3조의2 제1항이나 제2항을 위반한 행위 또는 영업비밀 침해행위에 관한 소송에서 손해가 발생된 것은 인정되나 그 손해액을 증명하기 위하여 필요한 사실을 증명하는 것이 해당 사실의 성질상 극히 곤란한 경우에는 제1항부터 제4항까지의 규정에도 불구하고 변론 전체의 취지와 증거조사의 결과에 기초하여 상당한 손해액을 인정할 수 있다."라고 규정한다.

본 항은, 대상이 무체재산권이고 침해자 측의 영업활동을 통하여 발생한 손해

에서 정한 실시료를 참작하여 위 금액을 산정하여야 하며, 그 유추 적용이 현저하게 불합리하다는 사정에 대한 증명책임은 그러한 사정을 주장하는 자에게 있다."라고 하였다.

의 범위나 손해액을 증명하기 위한 자료가 침해자의 영역에 있기 때문에 손해액의 증명이 매우 곤란함을 덜어주기 위한 위하여 손해가 발생됨을 전제로 손해액을 쉽게 인정할 수 있도록 하기 위하여 규정된 조항이다. 따라서 본 규정이 적용되기 위하여는 우선적으로 손해의 발생사실이 주장·증명되어야 한다.

'손해액을 증명하기 위하여 필요한 사실을 증명하는 것이 해당 사실의 성질상 극히 곤란한 경우'란 침해행위에 따른 손해액을 증명할 수 있는 계산자료의 존재가 인정됨에도 권리자 측에서 그 해당 사실을 증명하는 것이 사실의 성질상 극히 곤란한 경우를 말하고 여기서 사실은 직접사실뿐 아니라 간접사실도 포함된다.[112]

구체적으로 침해물건의 침해기간, 양도수량, 판매단가, 제조원가, 판매경비, 이익률, 기여율, 권리자와 침해자가 취급하는 상품 및 영업의 동종성, 침해행위로 인해 권리자가 어쩔 수 없이 판매가를 인하하게 된 경우 그 손해액 등의 직접사실을 비롯하여 침해자가 해당 표지를 사용하게 된 배경, 그동안 침해자가 보여준 태도와 권리침해의 고의성, 손해가 발생한 이후의 정황, 기타 변론에 나타난 제반 사정 등의 모든 간접사실이 포함된다.

상당한 손해액을 인정함에 있어서 각각의 계산요소에 대한 증명도가 다소 경감될 수 있지만 그와 같은 인정을 뒷받침할 만한 합리적인 이유가 있어야 한다.

이와 관련하여 참고가 될 사안은 아래와 같다.

　　㉠ 이 사건 피고 장비와 같은 반도체 제조장비의 성능은 하드웨어를 어떻게 설계하느냐에 달려 있고, 하드웨어를 제어하는 소프트웨어는 하드웨어의 설계 방식에 따라 달라지고, 이 사건 피고 장비의 제조원가는 그중

---

112) 상표권에 관한 사안이나 대법원 2005. 1. 13. 선고 2002다67642 판결은 "피고의 이익금액인 265,752,000원{265,752상자 × (8,000원 − 7,000원)}에는 이 사건 등록상표권의 침해행위에 의하여 얻은 이익과 무관한 정상적인 영업이익 및 피고가 종래부터 구축한 영업망이나 경영수완에 의한 이익 등의 기여요인에 의한 이익이 포함되어 있기 때문에 그 이익 전부를 곧바로 침해행위에 의하여 얻은 것이라고 할 수 없지만, 달리 침해행위에 의하여 얻은 이익액을 인정할 증거가 없고, 한편, 이 사건 등록상표의 통상 사용료를 산정할 자료도 없어, 결국 피고의 이 사건 등록상표권의 침해행위로 인한 손해액을 증명하기 위하여 필요한 사실을 증명하는 것이 해당 사실의 성질상 극히 곤란한 경우에 해당"한다고 하였다.

하드웨어의 부품이 차지하는 비율이 84%, 소프트웨어를 비롯한 나머지 부분이 16%를 차지하므로, 인건비, 기타 경비 등을 고려하면 결국 이 사건 피고 장비의 제조원가에서 소프트웨어가 차지하는 비율은 약 10% 정도에 불과하다고 보인다. ⓒ 이 사건 피고 장비 중 레이저 드릴링 장비에 설치되는 소프트웨어는 레이저 시퀀스, 레이저 MMI, 핸들러 시퀀스, 핸들러 MMI, 비전의 5개 프로그램으로 구성되어 있고, 이들 각각은 별개의 실행파일의 형태로 실행되며, 이 사건 기술파일은 주로 레이저 시퀀스와 레이저 MMI에 관련되어 있으나, 위 레이저 시퀀스와 레이저 MMI 프로그램은 레이저 제어 및 가공 기술과 관련된 것으로서 레이저 드릴링 장비에서 가장 핵심적인 부분이므로, 전체 소프트웨어에서 차지하는 실질적인 비율은 7/10 정도라고 봄이 타당하다. ⓒ 피고들이 레이저 드릴링 장비에 사용하였다고 자인하는 20개 파일은 작동을 위해서는 추가로 114개의 파일이 필요하므로 피고 ○○○ 등은 이 사건 기술파일 중 134개 파일을 위 레이저 드릴링 장비에 사용하였다고 봄이 타당하다. ② 피고 ○○○ 등은 위 레이저 드릴링 장비 및 레이저 스크라이빙 장비 구동을 위한 프로그램 제작 시 이 사건 기술파일 전체를 열람·참조한 사실은 앞서 본 바와 같고, 이로 인하여 위 각 장비에 적용되는 프로그램 제작 시 소요되는 시행착오, 실험 등의 시간이 상당히 줄어들었던 것으로 보이므로, 그 개발 시간 단축으로 인하여 절감한 비용도 피고 □□□□□의 위 각 장비 판매로 인한 손해액 산정에 고려하여야 할 것인바, 원고의 이 사건 기술파일 개발에 소요된 시간, 투입된 비용, 피고들의 위 장비 개발에 소요된 시간 등을 두루 종합하면, 이 사건 기술파일 중 위 각 장비에 실제 적용된 파일 외의 나머지 파일의 기여 비율은 30% 정도로 봄이 타당하다.

피고들의 영업비밀 침해행위가 이 사건 피고 장비의 제작·판매에 의하여 얻은 이익에 기여한 비율(기여율)은 3%[= 이 사건 피고 장비에서의 소프트웨어 제조원가 비율 1/10 × 이 사건 피고 장비의 전체 소프트웨어에서 레이저 제어 프로그램이 차지하는 실질적 비율 7/10 × 이 사건 기술파일 중 실제 사용한 파일의 비율 134/401 × (1 + 이 사건 기술파일 중 실제 사용한 파일을 제외한 나머지 파일이 기여 비율 3/10)] 정도로 봄이 타당하다.[113]

113) 서울고등법원 2017. 6. 1. 선고 2014나4592 판결(상고기각 확정)

⑥ 증액손해배상 제도의 도입(법 제14조의2 제6항·제7항)

2019. 1. 8. 법률 제16204호로 개정된 부정경쟁방지법은 제14조의2 제6항 및 제7항을 신설하여 증액손해배상제도를 도입하였으나 영업비밀 침해행위에만 적용하다가 2020. 10. 20. 법률 제17529호로 개정된 부정경쟁방지법에서 법 제 2조 제1호의 부정경쟁행위 중 차목의 부정경쟁행위에 대하여도 적용하였다.

즉, 부정경쟁방지법 제14조의2 제6항은 "법원은 법 제2조 제1호 차목의 행위 가 고의적인 것으로 인정되는 경우에는 제5조에도 불구하고 제1항부터 제5항까 지의 규정에 따라 손해로 인정된 금액의 3배를 넘지 아니하는 범위에서 배상액을 정할 수 있다."라고 하고, 제7항은 "제6항에 따른 배상액을 판단할 때에는 다음 각 호의 사항을 고려하여야 한다. 1. 침해행위를 한 자의 우월적 지위 여부, 2. 고 의 또는 손해 발생의 우려를 인식한 정도, 3. 침해행위로 인하여 영업비밀 보유자 가 입은 피해규모, 4. 침해행위로 인하여 침해한 자가 얻은 경제적 이익, 5. 침해 행위의 기간·횟수 등, 6. 침해행위에 따른 벌금, 7. 침해행위를 한 자의 재산상 태, 8. 침해행위를 한 자의 피해구제 노력의 정도"라고 규정한다.[114]

본 조항은 법 제14조의2 제1항 내지 제5항에 기한 손해배상청구가 인정됨을 전제로, 제6항에 열거된 각 호의 고려요소와 그 밖의 제반사정을 종합적으로 고 려하여, 각 조항에 따라 산정된 손해액의 3배 이하에서 배상액을 정할 수 있도록 한 규정이다.

여기서 고의란 일정한 결과가 발생하리라는 것을 알면서 감히 이를 행하는 심리상태로서 객관적으로 위법이라고 평가되는 일정한 결과의 발생이라는 사실의 인식이 있으면 되고 그 외에 그것이 위법한 것으로 평가된다는 것까지 인식하는 것(위법성 인식)을 필요로 하는 것은 아니다.[115]

법 제14조의2 제6항 및 제7항의 개정규정은 개정법 시행(2021. 4. 21.) 후 법 제2조 제1호 차목에 해당하는 행위가 발생하는 경우부터 적용한다(부칙 제2조).

---

114) 법 제2조 제1호 차목의 행위에 대하여는 제7항 중 '침해행위'는 '부정경쟁행위'로, '영업 비밀 보유자가 입은'은 '부정경쟁행위로 입은'으로 바꾸어 이해할 필요가 있다.
115) 대법원 2002. 7. 12. 선고 2001다46440 판결.

관련하여 2018. 4. 17. 법률 제155580호로 개정된 부정경쟁방지법에서 신설된 제2조 제1호 차목(아이디어 포함 정보의 부정사용행위)의 적용범위와 관련된 사안이나, 차목의 아이디어 포함 정보의 제공이 차목 규정의 시행일 전에 이루어졌어도 차목의 부정경쟁행위에 해당하는 행위가 그 시행일 이후에도 계속되고 있다면 해당 행위에 대해서는 차목이 적용될 수 있다고 한 사례가 있다.[116]

⑦ 자료의 제출(법 제14조의3) 및 기록의 송부 등(법 제14조의7)에 관한 규정

가. 자료의 제출(법 제14조의3)

부정경쟁방지법 제14조의3(자료의 제출)은 "법원은 부정경쟁행위, 제3조의2 제1항이나 제2항을 위반한 행위 또는 영업비밀 침해행위로 인한 영업상 이익의 침해에 관한 소송에서 당사자의 신청에 의하여 상대방 당사자에 대하여 해당 침해행위로 인한 손해액을 산정하는 데에 필요한 자료의 제출을 명할 수 있다. 다만, 그 자료의 소지자가 자료의 제출을 거절할 정당한 이유가 있는 경우에는 그러하지 아니하다."라고 규정한다.

본 조는 1998. 12. 31. 법률 제5621호로 개정된 부정경쟁방지법에서 "법원은 부정경쟁행위 또는 영업비밀 침해행위로 인한 영업상 이익의 침해에 관한 소송에 있어서 당사자의 신청에 의하여 상대방 당사자에 대하여 당해 침해행위로 인한 손해의 액을 산정하는 데에 필요한 자료의 제출을 명할 수 있다. 다만, 그 자료의 소지자가 자료의 제출을 거절할 정당한 이유가 있는 때에는 그러하지 아니하다."라고 규정되었다가, 2007. 12. 21. 법률 제8767호로 개정된 부정경쟁방지법에서 "또는"이 "나"로, "소송에 있어서"가 "소송에서"로, "당해"가 "해당"으로, "손해의 액"이 "손해액"으로 바꾸는 문구 수정이 있었고 2011. 6. 30. 법률 제

---

116) 대법원 2020. 7. 23. 선고 2020다220607 판결. 특허법원 2020. 1. 17. 선고 2019나1302 판결(미상고 확정)은 2018. 4. 17. 법률 제15580호로 개정된 부정경쟁방지법 제2조 제1항 차목은 2018. 7. 18.부터 시행되는 조항으로, 해당 사건 소제기일(2017. 5. 12) 이후부터 위 법률 시행일(2018. 7. 18.) 전날까지의 피고 제품의 제조·판매행위에 대하여는 부정경쟁방지법 제2조 제1항 차목이 적용되지 않고, 위 개정된 부정경쟁방지법 시행일 다음날부터 이 법원 변론종결일까지 피고가 피고 제품을 제조·판매한 행위에 대하여는 부정경쟁방지법 제2조 제1항 차목이 적용될 수 있다는 취지로 판단하였다.

10810호로 개정된 부정경쟁방지법에서 "부정경쟁행위나 영업비밀 침해행위로 인한 영업상 이익의 침해에 관한 소송에서"가 "부정경쟁행위, 제3조의2제1항이나 제2항을 위반한 행위 또는 영업비밀 침해행위로 인한 영업상 이익의 침해에 관한 소송에서"로 변경되어 지금에 이르고 있다.

법 제14조의3은 손해액의 증명부담을 덜어주기 위한 규정으로 통상 권리자가 본 규정에 따라 침해자의 장부 등에 의한 판매수량, 이익액 등을 증명할 수 있을 것이나 법문에서 자료 제출명령의 신청자를 '당사자'로 기재하고 있으므로 침해자도 권리자의 판매수량, 이익액 등의 자료에 대해 자료제출명령을 신청할 수 있다.

본 규정은 민사소송법 제344조 내지 제351조의 문서제출명령에 따른 문서제출의무를 보충하는 특칙으로서 본 규정에 의한 문서제출신청 방식(민사소송법 제345조), 문서를 특정하기 위한 문서목록의 제출(민사소송법 제346조), 제출신청의 허가여부에 대한 재판 및 불복신청(민사소송법 제347조, 제348조), 문서를 제출하지 아니하는 경우의 효과 및 제재, 문서사용을 방해한 경우의 효과(민사소송법 제349조, 제350조, 제351조)에 대하여는 민사소송법의 규정이 적용된다.[117]

---

117) 2002. 1. 26. 법률 제6626호로 전부개정되기 전의 민사소송법 제320조는 "당사자가 문서제출명령에 응하지 아니하는 때에는 법원은 문서에 관한 상대방의 주장을 진실한 것으로 인정할 수 있다."라고 규정하고 있었다가 위 개정 민사소송법에서 조문의 위치를 제349조로 옮기고 "당사자가 제347조 제1항·제2항 및 제4항의 규정에 의한 명령에 따르지 아니한 때에는 법원은 문서의 기재에 대한 상대방의 주장을 진실한 것으로 인정할 수 있다."라고 개정하였다.
구 민사소송법 제320조의 해석과 관련하여 대법원 2007. 9. 21. 선고 2006다9446 판결은 "당사자가 법원으로부터 문서제출명령을 받았음에도 불구하고 그 명령에 따르지 아니한 때에는 법원은 상대방의 그 문서에 관한 주장 즉, 문서의 성질, 내용, 성립의 진정 등에 관한 주장을 진실한 것으로 인정할 수 있음은 별론으로 하고, 그 문서들에 의하여 증명하려고 하는 상대방의 주장사실이 바로 증명되었다고 볼 수는 없으며, 그 주장사실의 인정 여부는 법원의 자유심증에 의하는 것이다."라고 하였는데 개정 민사소송법 제349조도 그와 별다른 차이가 없는 것으로 이해되고 있다. 한편 특허법 제132조 제4항은 자료의 기재에 대한 상대방의 주장을 진실한 것으로 인정할 수 있다고 되어 있어 민사소송법의 문서제출명령제출에 관한 규정과 차이가 없으나 제132조 제5항에서 "제4항에 해당하는 경우 자료의 제출을 신청한 당사자가 자료의 기재에 관하여 구체적으로 주장하기에 현저히 곤란한 사정이 있고 자료로 증명할 사실을 다른 증거로 증명하는 것을 기대하기도 어려운 때에는 법원은 그 당사자가 자료의 기재에 의하여 증명하고자 하는 사실에 관한 주장을 진실한 것으로 인정할 수 있다."라고 하여 더욱 강력한 효과를 규정

본 규정의 대상이 되는 손해액을 산정하는 데에 필요한 주요 자료는 판매수량 및 판매원가에 관한 문서, 원가계산에 관한 문서, 이익액에 관한 문서 등이다.

서류의 소지자가 그 서류의 제출을 거절할 정당한 이유는 해당 문서가 영업비밀과 관련이 있는 경우에 주로 문제된다. 침해행위가 인정된 이상 손해액 산정을 위한 회계자료들이 필요하기 때문에 그것이 영업비밀이라는 이유만으로 본 규정의 문서제출의무를 부정할 수 없지만, 제출을 명하는 문서에 사업 활동에 유용한 기술상 또는 영업상의 정보가 담겨 있고 피고가 이를 구체적으로 특정하여 영업비밀에 관한 정보라고 인정될 경우에는 본래의 목적인 손해계산을 방해하지 아니하는 한도 내에서 해당 부분을 보호하기 위해 제출을 거부할 정당한 이유가 있다고 보거나 영업비밀이 그대로 노출되지 않도록 제출할 자료의 수준을 낮추어 줄 필요는 있을 것이다. 이때 제시명령 및 비공개심리절차에 관한 민사소송법 제347조 제4항을 적용하여 손해액 산정에 필요한 자료를 검토할 수도 있다. 다만 그렇더라도 회계원장, 재무제표, 통장 등의 손해액 산정 자료는 손해액 산정을 위해 필수적인 자료이므로 자료제출을 거부할 정당한 이유가 있는 영업비밀의 대상으로 보기 어렵다.118)

본 규정에 따른 자료제출명령신청이 있는 경우 법원으로서는 특별한 사정이 없는 한 상대방에게 문서제출신청서를 송달하는 등 문서제출신청이 있음을 알림으로써 그에 관한 의견을 진술할 기회를 부여하고, 그 결과에 따라 당해 문서의 존재와 소지 여부, 당해 문서가 서증으로 필요한지 여부, 문서제출신청의 상대방이 민사소송법 제344조에 따라 문서제출의무를 부담하는지 여부 등을 심리한 후, 그 허가 여부를 판단한다.119)

나. 기록의 송부 등(법 제14조의7)

2018. 4. 17. 법률 제155580호로 개정된 부정경쟁방지법은 제14조의7(기록의 송부 등)을 신설하여 "제5조(부정경쟁행위 등에 대한 손해배상책임)에 따른 손해배상청구의 소가 제기된 때에는 법원은 필요한 경우 특허청에 대하여 제7조(부정경

하고 있다.
118) 문서제출명령에 관한 대법원 2008. 4. 14.자 2007마725 결정 참조.
119) 대법원 2009. 4. 28. 자 2009무12 결정 참조.

쟁행위 등의 조사 등)에 따른 부정경쟁행위 등의 조사기록(사건관계인, 참고인 또는 감정인에 대한 심문조서 및 속기록 기타 재판상 증거가 되는 일체의 것을 포함한다)의 송부를 요구할 수 있다."라고 규정하였다.

이는 부정경쟁행위에 대한 손해배상청구의 소가 제기된 경우 법원이 특허청에 대해 조사기록의 송부를 요구할 수 있도록 하여 손해배상책임이나 손해액에 관한 심리를 더욱 충실히 할 수 있도록 하기 위함이다.

IV. 신용회복청구(법 제6조)

법원은 고의 또는 과실에 의한 부정경쟁행위나 제3조의2 제1항 또는 제2항을 위반한 행위(제2조 제1호 다목의 경우에는 고의에 의한 부정경쟁행위만을 말한다)로 타인의 영업상의 신용을 실추시킨 자에게는 부정경쟁행위나 제3조의2 제1항 또는 제2항을 위반한 행위로 인하여 자신의 영업상의 이익이 침해된 자의 청구에 의하여 제5조에 따른 손해배상을 갈음하거나 손해배상과 함께 영업상의 신용을 회복하는 데에 필요한 조치를 명할 수 있다(법 제6조).

신용회복청구는 1986. 12. 31. 법률 제3897호로 전부개정된 부정경쟁방지법 제4조 제3항에서 "제2조 각호의 1에 해당하는 행위로 인하여 자신의 영업상의 이익이 침해된 자는 제2항의 규정에 의한 손해배상을 청구할 경우 손해배상에 대신하여 또는 손해배상과 함께 영업상의 신용을 회복하는데 필요한 조치를 법원에 청구할 수 있다."라는 내용으로 처음으로 규정되었다.

1991. 12. 31. 법률 제4478호로 개정된 부정경쟁방지법에서 조문의 위치를 제6조로 옮겨 "법원은 고의 또는 과실에 의한 부정경쟁행위로 타인의 영업상의 신용을 실추하게 한 자에 대하여는 부정경쟁행위로 인하여 자신의 영업상의 이익이 침해된 자의 청구에 의하여 제5조의 규정에 의한 손해배상에 갈음하거나 손해배상과 함께 영업상의 신용을 회복하는데 필요한 조치를 명할 수 있다."라고 규정하였다가 2001. 2. 3. 법률 제6421호로 개정된 부정경쟁방지법 제6조에서 단서 조항으로 "다만, 제2조 제1호 다목의 경우에는 고의에 의한 부정경쟁행위에 한한다."라는 내용을 추가하고, 2007. 12. 21. 법률 제8767호로 개정된 부정경쟁방지법에서 위 단서 내용을 과실에 의한 부정경쟁행위라는 문구에 이어 괄

호안으로 옮기고 '실추하게 한 자에 대하여는'를 '실추시킨 자에게는'으로, '제5조의 규정에 의한'이 '제5조에 따른'으로, '손해배상에 갈음'을 '손해배상을 갈음'으로 수정하였다.

2011. 6. 30. 법률 제10810호로 개정된 부정경쟁방지법에서 지리적 표시의 침해에 대한 구제절차를 마련하기 위해 '고의 또는 과실에 의한 부정경쟁행위(제2조 제1호 다목의 경우에는 고의에 의한 부정경쟁행위만을 말한다)'를 '고의 또는 과실에 의한 부정경쟁행위나 제3조의2 제1항 또는 제2항을 위반한 행위(제2조 제1호 다목의 경우에는 고의에 의한 부정경쟁행위만을 말한다)'로 바꾸어 지금에 이르고 있다.

영업상의 이익이 침해된 자의 의미에 대하여는 「제4장 부정경쟁행위 등에 대한 구제 제2절 부정경쟁행위 등에 대한 민사 구제 II. 부정경쟁행위 등의 금지청구 등(법 제4조) ① 부정경쟁행위의 금지 또는 예방청구(법 제4조 제1항) 나. 금지청구권자」에서 설명하였다.

신용회복청구는 침해자의 고의, 과실에 의한 부정경쟁행위가 있었다는 것만으로는 부족하고 예컨대 품질 조악 등으로 인해 타인의 영업상 신용이 실추되었을 것을 요한다.[120)]

신용회복의 조치는 부정경쟁행위로 인하여 자신의 영업상의 이익이 침해된 자의 청구에 따라 법원이 명한다. 법원은 신용회복에 필요한 범위 내에서 적절하게 정할 수 있으나 청구범위를 넘는 내용을 명할 수는 없다.

신용회복은 손해배상을 갈음하거나 그와 함께 청구할 수 있다. 사과문의 게재는 헌법에 보장된 양심의 자유에 반하는 것으로 위헌의 소지가 있어 어렵지만, 침해가 있었다는 객관적 사실(판결의 주요 내용 등)을 게재하도록 할 수 있다. 신용회복을 위하여 필요한 조치로는 주장의 철회, 판결의 공시, 객관적인 침해사실(판결의 주요 내용 등) 게재 등이 있다.[121)]

---

120) 대법원 2008. 11. 13. 선고 2006다22722 판결은 본문 법리를 설시한 후 "비록 피고가 이 사건 계약기간 동안 'NAF S-Ⅲ' 상표의 상표권을 침해하는 행위를 하였고 그 후에도 유사 소화제에 'FINENAFS' 상표를 부착, 판매하였다 하여도, 피고가 판매한 유사 소화제의 품질이 조악하여 거래계에서 원고가 제조·판매한 이 사건 소화제의 신용이 손상되었다는 등의 특별한 사정이 있었음을 인정할 자료를 기록상 찾아보기 어려워, 원심이 들고 있는 위 사정들만으로 원고의 영업상 신용이 실추되었음을 추인하기는 어렵다." 라고 하였다.

121) 종전에는 명예회복을 위하여 필요한 조치로 사죄광고가 허용되었으나, 헌법재판소 1991.

부정경쟁방지법 제6조에 의한 신용회복청구를 인정할 것인지의 판단은 손해 배상청구를 인정할 것인지와 같이 침해행위 당시를 기준으로 한다.

그 외 관련하여 법인의 명예나 신용을 훼손하는 행위에는 법인의 목적사업 수행에 영향을 미칠 정도로 법인의 사회적 평가를 저하시키는 일체의 행위가 포함되므로,[122] 이에는 구체적인 사실을 적시하거나 의견을 표명하는 행위 등뿐만이 아니라, 고급 이미지의 의류로서 명성과 신용을 얻고 있는 타인의 의류와 유사한 디자인의 의류를 제조하여 이를 저가로 유통시키는 방법 등으로 타인인 법인의 신용을 훼손하는 행위도 포함된다.[123]

Ⅴ. 부당이득반환청구 · 사무관리 및 준사무관리에 의한 청구

부정경쟁행위자가 얻은 이익을 반환시키기 위하여 앞서 본 불법행위에 기한 손해배상청구 외에 부당이득반환청구(민법 제741조 이하)를 행사하는 방법이 있다.

부정경쟁행위로 영업상 이익을 침해받은 자는 앞서 본 손해배상청구권과 부당이득반환청구권을 행사할 수 있고 청구권자는 어느 권리도 선택하여 주장할 수 있다(통설).

다만 부당이득반환청구권과 불법행위에 기한 손해배상청구권의 성립요건을 비교하면 부당이득반환청구권은 고의 · 과실이 필요하지 않고 과실상계의 적용대상이 아니며 소멸시효기간이 불법행위에 기한 손해배상청구권에 비하여 더 장기라는 점에서 불법행위에 기한 손해배상청구권에 비해 이점이 있지만, 부당이득반환청구의 경우는 불법행위에 기한 손해배상청구에 비해 상대적으로 이익과 손실간의 인과관계를 증명하기 어렵다는 단점이 있고, 그 부당이득의 반환범위도 침

---

4. 1. 선고 89헌마160 전원재판부 결정은 민법 제764조의 "명예회복에 적당한 처분"에 사죄광고를 포함시키는 것은 헌법 제19조(양심의 자유)에 위반되는 동시에 헌법상 보장되는 인격권의 침해에 해당된다고 하였기에 이후 사죄광고는 허용되지 않고 있다. 위 결정이유에서 헌법재판소는 "민법 제764조의 적용에 있어서도 사죄광고를 구하는 판결이 아니고도 ① 가해자의 비용으로 그가 패소한 민사손해배상판결의 신문 · 잡지 등에 게재, ② 형사명예훼손죄의 유죄판결의 신문 · 잡지 등에 게재, ③ 명예훼손기사의 취소광고 등의 방법을 상정할 수 있다."라고 한다.

122) 대법원 1965. 11. 30. 선고 65다1707 판결, 대법원 1996. 6. 28. 선고 96다12696 판결.
123) 대법원 2008. 10. 9. 선고 2006다53146 판결.

해자가 악의일 경우에는 그 받은 이익에 이자를 붙여 반환하여야 하지만 선의일 경우에는 그 받은 이익이 현존한 한도 내라는 한계가 있다. 게다가 부당이득액, 손실액 산정에 부정경쟁방지법 제14조의2 제2항 등의 손해추정 규정을 유추할 수 없다고 보는 것이 다수의 견해이다.

이러한 사정으로 인해 부당이득반환청구권은 불법행위에 기한 손해배상청구권이 단기소멸시효완성으로 행사할 수 없게 된 사안이거나, 영업상 이익을 침해당한 자가 이용자에게 부여한 이용허락을 철회하였거나 이용자가 그 범위를 넘은 행위가 있거나 이익과 손실 간의 인과관계의 존재 및 그 증명이 상대적으로 쉽게 인정되는 사용료(라이선스료) 상당액을 받기 위한 사안에서 주장되는 경우가 많다.

즉, 영업상 이익을 침해당한 자가 문제로 된 사용행위와 유사한 형태의 사용과 관련하여 사용허락계약을 맺고 사용료를 받은 사례가 있다면 특별한 사정이 없는 한 사용허락계약에서 정해진 사용료를 기준으로 삼고, 만일 해당 사용허락계약의 대상이 되는 행위와 유사하지 아니한 형태이거나 유사한 형태의 사용허락계약이더라도 그에 따른 사용료가 이례적으로 높게 책정된 것이라는 등 사용허락계약에 따른 사용료를 그대로 부당이득액 산정의 기준으로 삼는 것이 타당하지 아니한 사정이 있는 경우에는, 사용계약의 내용, 영업상 이익을 침해당한 자와 사용자의 관계, 표지 등의 사용 목적과 이용 기간, 표지 등의 종류와 희소성, 침해상품의 제작 시기와 제작비용 등과 아울러 유사한 성격의 표지에 관한 사용허락계약이 있다면 그 계약에서 정한 사용료, 표지 등의 사용자가 사용행위로 얻은 이익 등 변론과정에서 나타난 여러 사정을 두루 참작하여 객관적이고 합리적인 금액으로 부당이득액을 산정한다.[124]

민법상 사무관리(제734조)가 적용되는 경우에는 침해자의 이익 전부를 청구할 수 있고 피침해자가 손해를 입었다는 사실은 증명할 필요가 없다.

다음으로 부정경쟁행위자가 얻은 이익을 반환시키기 위하여 준사무관리(부진정사무관리)를 인정할 것인가의 문제가 있다.

타인을 위하여 사무관리를 한 이는 타인으로부터 부탁을 받고 한 위임의 경우에 준하여 사무처리상에서 취득한 것을 본인에게 인도하여야 한다(민법 제734조

---

124) 저작물을 권원없이 이용한 데 따른 부당이득반환청구를 인용한 대법원 2016. 7. 14. 선고 2014다82385 판결 참조.

이하). 그러나 타인을 위하는 것이 아니라 자기를 위하여 타인의 주지표장 등을 함부로 사용한 경우에는 타인을 위하여 한다는 사무관리의 요건이 없게 된다.

그런데 이러한 경우에 사무관리라면 이익의 전부를 반환하는 데 비해 무단 사용하였음에도 전부를 반환하지 아니하게 된다면 서로 형평에 반하는 결과가 생기는 것이 아닌가라는 의문이 생긴다. 따라서 이러한 경우에도 사무관리의 경우와 마찬가지로 전부반환의 효과를 인정하자는 관점에서 준사무관리를 인정하여야 한다는 견해가 나오게 된다.

준사무관리를 인정할 것인가에 대하여 ① 우리 민법에는 독일 민법에서 인정하는 준사무관리 규정(제687조 제2항[125]))이 없고, ② 타인의 사무임을 알면서 이것을 자기의 사무로서 함부로 관리하고 당해 타인에게 손해를 가할 경우에는 불법행위가 성립되고, 또한 이것에 의하여 이익을 얻으면 부당이득이 성립되므로 타인을 보호하기 위하여 불법행위 내지 부당이득의 이론으로 충분하다는 등의 이유로 소극적으로 보는 견해가 다수이다.

VI. 비밀유지명령 제도(법 제14조의 4 내지 6)

① 비밀유지명령의 의의

재판의 심리와 판결은 공개되어야 한다는 공개재판주의에 입각한 소송구조 때문에 소송이 진행되는 영업비밀이 당사자는 물론 일반인에게까지 공개될 위험이 있다.

이때 영업비밀이 소송과정에서 추가로 침해되는 것을 방지하기 위하여 법원이 취할 수 있는 조치가 문제된다. 우리나라에서 국가의 안전보장, 안녕질서 또는 선량한 풍속을 해칠 우려가 있는 경우에는 결정으로 재판의 심리를 공개하지 않을 수 있으나(법원조직법 제57조), 영업비밀 관련 소송에 위 규정을 적용하기에는 다소 무리가 따른다.

소송절차를 통하여 영업비밀이 추가로 공개되는 것을 방지하기 위해서는 증

---

125) "타인의 사무에 관하여 권한이 있음을 알면서 그것을 자기의 사무로서 관리하는 자가 있는 때에는, 그 사무의 본인은 사무관리 규정에서 생기는 청구권을 주장할 수 있다."

거조사나 기일진행 절차에서 가급적 제3자에게 영업비밀이 공개되지 않도록 하여야 한다.

그동안 실무는 부정경쟁방지법상의 부정경쟁행위, 법 제3조의2 제1항이나 제2항을 위반한 행위 또는 영업비밀 침해행위로 인한 영업상 이익의 침해에 관한 소송절차에서 영업비밀이 공개되는 것을 방지하기 위해서 청구취지 및 판결 주문에 영업비밀을 그 특정 및 집행에 지장이 없을 정도로만 개괄적으로 기재하는 것을 허용하고, 증거조사 등에서 제3자에게 영업비밀이 공개되지 않도록 하는 등의 방법으로 운용하였다.

다만 민사소송에서 소송 당사자뿐 아니라 이해관계를 소명한 제3자도 재판기록을 열람할 수 있어(재판예규 제913호 재판기록열람복사예규 제4조 제1항 제4호) 당사자가 법원에만 제출하고 이해관계인에게는 공개하고 싶지 않은 문서의 열람복사 등은 어떻게 할 것인지 문제였으나, 2002. 1. 26. 법률 제6626호로 개정된 민사소송법 제163조에서 영업비밀 등의 보호를 위하여 소송기록의 열람 등의 제한 규정을 신설하였고 그중 민사소송법 제163조 제1항 제2호는 소송기록 중에 당사자가 가지는 영업비밀(법 제2조 제2호에 규정된 영업비밀을 말한다)이 적혀 있는 때에 해당한다는 소명이 있는 경우 법원은 당사자의 신청에 따라 결정으로 열람 등을 신청할 수 있는 자를 당사자로 한정할 수 있도록 규정하였다.126) 특히 미확정 상태의 소송기록에 관하여는 당사자나 이해관계를 소명한 제3자만이 열람할 수 있는데(민사소송법 제162조 제1항), 제3자가 민사소송법 제352조에 따라 미확정 상태의 소송기록을 대상으로 한 문서송부촉탁 신청을 하여 법원에 의해 채택된다면 민사소송법 제353조의2에 따라 제한 없이 미확정 상태의 소송기록을 열람할 수 있게 되므로 이를 막기 위해 당사자는 제3자에 대해 소송기록의 열람 등의 제한 신청을 할 필요가 있다.127)

그리고 위 규정에 따라 소송기록 중 비밀이 적혀 있는 부분에 대한 제3자의 열람·복사, 정본·등본·초본의 교부 제한 또는 제한결정의 취소에 관하여 필요

126) 열람 등 제한결정이 있은 소송기록에 대하여 이해관계를 소명한 제3자로부터 열람·복사 신청이 있는 경우의 처리방법에 대하여는 '비밀보호를 위한 열람 등의 제한 예규' 제6조 참조. 민사조정법 제38조 제1항에 따라 조정에 관하여 민사소송법 제163조를 준용하고 열람 등 제한의 신청방식에 대하여는 민사조정규칙 제17조의2 참조.
127) 대법원 2020. 1. 9.자 2019마6016 결정 참조.

한 사항을 규정하기 위하여 「비밀보호를 위한 열람 등의 제한 예규」(재일 2004-2)를 신설하였다.

그 외에 민사소송법에는 비밀보호제도와 관련하여 증언거부권(제315조 제1항), 문서제출의 거부(제344조 제1항 3호 다목), 문서제출신청 심리절차에서의 비밀심리(제347조 제4항) 등의 제도가 마련되어 있다.

그러나 이들 규정은 제3자가 아닌 상대방 당사자가 영업비밀을 소송과정 중에 지득하여 타인에게 공개하는 데에 대하여는 별다른 대책이 될 수 없었다. 상대방 당사자가 열람 등에 의하여 알게 된 영업비밀을 제3자에게 누설한 때에 민법 제750조의 불법행위를 주장하고 손해배상을 하도록 하여 간접적으로 소송기록 열람제한의 실효성을 담보할 수 있고, 영업비밀을 제3자에게 누설하는 행위는 부정경쟁방지법상의 영업비밀 침해행위에 해당하여 그 비밀을 보유한 당사자가 그에 따라 손해배상청구나 금지청구를 할 수 있지만 영업비밀을 충분히 보호할 수 있기 위하여는 그러한 누설행위 등을 사전에 막을 수 있는 제도적 장치가 필요하다는 견해가 대두되고, 이러한 견해와 아울러 입법론적으로 미국, 일본 등이 채택하고 있는 것과 같이 해당 영업비밀을 알게 된 자에게 소송 수행 외의 목적으로 영업비밀을 사용하는 행위 등을 하지 아니할 것을 명할 수 있는 비밀유지명령 제도를 도입하여야 한다는 의견이 제기되어 왔다.

그리하여 2011. 12. 2. 법률 제11112호로 개정된 부정경쟁지법에서 비밀유지명령 제도가 신설되었다.

비밀유지명령은 부정경쟁행위, 제3조의2 제1항이나 제2항을 위반한 행위 또는 영업비밀 침해행위로 인한 영업상 이익의 침해에 관한 소송절차에서 제출하는 준비서면이나 조사되는 증거에 영업비밀이 포함되어 있는 경우 이를 알게 된 소송 당사자 등에게 소송수행의 목적을 넘어서 해당 영업비밀을 이용하거나 제3자에게 공개하지 말 것을 명하는 법원의 명령이다.

② 비밀유지명령의 적용범위

가. 부정경쟁행위, 제3조의2 제1항이나 제2항을 위반한 행위 또는 영업비밀 침해행위로 인한 영업상 이익의 침해에 관한 소송

비밀유지명령을 신청하기 위하여는 부정경쟁행위, 제3조의2 제1항이나 제2 항을 위반한 행위 또는 영업비밀 침해행위로 인한 영업상 이익의 침해에 관한 소 송이 있어야 한다. 여기서 부정경쟁행위, 제3조의2 제1항이나 제2항을 위반한 행 위, 영업비밀 침해행위는 각각 해당 부분에서 이미 설명하였다.

비밀유지명령은 기본사건(부정경쟁행위, 제3조의2 제1항이나 제2항을 위반한 행위 또는 영업비밀 침해행위로 인한 영업상 이익의 침해에 관한 소송)의 계속(係屬)을 전제로 하여 행해지는 부수된 별개의 신청사건이므로 기본사건이 계속하기 전의 단계에 서는 신청할 수 없고, 기본사건이 계속된 후 그 수소법원이 심리·판단하여 결정 한다.

여기서 부정경쟁행위, 제3조의2 제1항이나 제2항을 위반한 행위 또는 영업비 밀 침해행위로 인한 영업상 이익의 침해에 관한 소송에는 그러한 행위로 자신의 영업상의 이익이 침해되거나 침해될 우려가 있는 자가 그 침해금지를 청구하는 소송이나 그에 따른 손해배상청구, 신용회복청구를 제기한 소송뿐 아니라 금지청 구권부존재확인소송 등도 포함된다. 다만 직무발명을 이유로 한 보상금지급소송 이나 심결 등에 관한 소는 영업비밀 침해행위로 인한 소송이라고 할 수 없으므로 본 조의 침해에 관한 소송에 해당하지 않고, 당해 침해소송에서 주장된 상대방 취 득의 영업비밀이 부정경쟁방지법 제14조의4 제1항 단서의 방법으로 이미 취득하 고 있는 경우에는 영업비밀 보유자가 제기하는 손해배상청구소송이라도 위 침해 에 관한 소송에 해당되지 않는다.

법문에는 침해에 관한 '소송'이라고 규정되어 있어 본안소송 외에 가처분 등 의 보전절차도 포함되는지에 대해 다툼이 있다.

이에 대하여는 본 조 위반에 따라 형사벌이 과해지도록 규정되어 있어 엄격 하게 해석하여야 하므로 보전절차까지 확장하여 해석하기 어렵다는 이유로 본안 소송에 한정되어야 한다는 견해도 있으나, 특허법 제128조 제7항의 '특허권 또는 전용실시권의 침해에 관한 소송'에 보전절차도 포함하여 해석되고 있고,[128] 입법 취지상 보전절차에서도 본안소송과 같이 비밀유지명령 제도를 이용할 필요가 있 어 본안소송 외에 보전절차까지 포함된다고 해석한다.

소송계속(係屬)은 소장부본이 피고에게 송달된 때에 발생하는데 법문상 소송

---

128) 대법원 2011. 5. 13.자 2010마1157 결정 참조.

계속 후가 요건으로 되어 있지 않으므로 이론상으로 소 제기 후라면 비밀유지명령을 신청할 수 있지만, 소장부본이 송달되기 이전에는 상대방 당사자의 청구원인에 대한 검토 등이 이루어지기 전이어서 비밀유지명령을 받을 자를 누구로 할 것인지 정할 수 없기 때문에 답변서 등으로 피고의 주장을 검토한 후에 비밀유지명령이 신청되는 것이 통상이다.

법문에 '소송에서'라고 규정되어 있어 소송이 종결되고 판결이 확정된 경우에는 더 이상 비밀유지명령을 신청할 수 없다고 볼 여지가 있다. 만일 해당 소송이 종결될 때까지 비밀유지명령 결정이 없었다고 본다면 새로이 비밀유지명령을 신청할 수는 없겠지만 소송이 종결될 때까지 비밀유지명령 결정이 있었다면 판결확정 후에도 상대방측으로부터 소송기록의 열람 등 청구가 있는 경우에 대상자를 추가하는 비밀유지명령을 신청할 수 있도록 하는 것이 입법취지에 부합할 것이므로 이러한 경우에는 판결이 확정되어도 적어도 소송기록의 보존기간까지 이를 신청할 수 있도록 하는 것이 바람직하다.

나. 비밀유지명령의 신청인과 상대방

비밀유지명령은 영업비밀을 보유하는 당사자만이 신청할 수 있다. 영업비밀의 보유자에는 영업비밀을 창작하여 보유하는 본래의 보유자 및 영업비밀을 창작하지 않았더라도 영업비밀을 정당하게 보유하고 있는 자가 포함된다.

부정경쟁행위, 제3조의2 제1항이나 제2항을 위반한 행위 또는 영업비밀 침해행위로 인한 영업상 이익의 침해에 관한 소송에서 일방 당사자가 보유한 영업비밀에 대하여, 법원은 영업비밀을 보유한 당사자가 법 소정의 사항(영업비밀 기재 대상 자료 및 필요성)에 대하여 소명하고 제14조의4 제1항 단서에 해당하지 아니하는 경우로서, 그 당사자의 서면신청에 따라 결정으로 법원이 다른 당사자(법인인 경우에는 그 대표자), 당사자를 위하여 소송을 대리하는 자, 그 밖에 해당 소송으로 인하여 영업비밀을 알게 된 자를 상대로, 그 영업비밀을 해당 소송의 계속적인 수행 외의 목적으로 사용하거나 그 영업비밀에 관계된 이 항에 따른 명령을 받은 자 외의 자에게 공개하지 아니할 것을 명하는 비밀유지명령을 내릴 수 있도록 하고 이를 위반할 경우 형사벌을 부과할 수 있도록 하였다(법 제14조의4, 법 제18조의4).

③ 비밀유지명령의 요건

가. 이미 제출하였거나 제출하여야 할 준비서면 또는 이미 조사하였거나 조사하여야 할 증거에 영업비밀이 포함되어 있을 것(제1항 제1호)

영업비밀이란 부정경쟁방지법 제2조 제2호에 따른 영업비밀을 말한다. 즉 영업비밀이란 공공연히 알려져 있지 아니하고 독립된 경제적 가치를 가지는 것으로서 비밀로 관리된[129] 생산방법, 판매방법, 그 밖에 영업활동에 유용한 기술상 또는 경영상의 정보를 말한다.

여기서 준비서면은 당사자가 변론 또는 변론준비기일에서 진술하고자 하는 사항을 기일 전에 미리 적어 법원에 제출하는 서면이다. 준비서면인지 여부는 그 내용에 의하여 정해지는 것이고 서면의 표제에 따르는 것은 아니다. 피고가 제출하는 답변서는 최초로 제출하는 준비서면이므로 여기서의 준비서면에 포함되지만 원고가 제출한 소장은 준비서면에 포함되지 않으므로 소장에 기재된 영업비밀을 대상으로 하여 비밀유지명령을 신청할 수 없다. 소장이 이론적으로 준비서면에 포함되지 않는다고 단정할 수 없다고 하더라도 본조 제1항 단서의 문언으로부터 알 수 있듯이 비밀유지명령 신청 이전에 그 비밀을 취득한 자는 비밀유지명령의 피신청인으로부터 제외되는데 소장이 법원에 제출된 후에는 열람이나 송달로 인해 상대방이 그 비밀을 이미 취득하였거나 취득하였다고 볼 여지가 있어 비밀유지명령의 대상 등이 될 수 있는지를 판단하기 어렵기 때문이다.

여기서 증거는 문맥상 증거방법을 의미하는데 증거방법이란 법원이 사실의 존부를 확정하기 위하여 조사하는 대상이 되는 유형물로서 물적증거, 인적증거를 포함한다.

제출하여야 할 준비서면이나 조사하여야 할 증거에 있는 영업비밀은 비밀유지명령의 대상이 된다. 한편 이미 제출한 준비서면이나 이미 조사한 증거는 그 문

---

129) 2015. 1. 28. 법률 제13081호로 개정된 부정경쟁방지 및 영업비밀보호에 관한 법률 제2조 제2호에서 영업비비밀의 정의 내용 중 종전의 "상당한 노력에 의하여 비밀로 유지된"이라는 문구가 "합리적인 노력에 의하여 비밀로 유지된"으로 변경되었고, 2019. 1. 8. 법률 제16204호로 개정된 부정경쟁방지 및 영업비밀보호에 관한 법률 제2조 제2호에서 영업비밀의 정의 내용 중 종전의 "합리적인 노력에 의하여 비밀로 유지된" 이라는 문구가 "비밀로 관리된"으로 변경되었다.

언상으로 보면 마치 준비서면을 제출한 다음에 비로소 비밀유지명령을 신청할 수도 있다고 이해될 여지가 있지만, 이들 문구는 일정한 영업비밀에 대해 비밀유지명령이 이미 결정되어 있는 경우에 상대방을 더 추가할 경우에만 적용되는 문구라고 해석된다.130) 그와 같이 보는 근거로, 미리 비밀유지명령을 신청함이 없이 비밀유지의무를 부담하고 있지 않은 상대방측에게 영업비밀이 기재된 준비서면과 증거를 제출한 경우에는 그로써 공지성 내지 비밀관리성이 상실되고 그렇다면 그 내용이 더 이상 영업비밀이 아니게 되어 비밀유지명령의 대상이 될 수 없는 점, 영업비밀이 포함된 준비서면이나 증거가 이미 제출되었거나 조사되었어도 그 영업비밀을 대상으로 하여 비밀유지명령이 발령되었고 해당 부분의 소송기록에 대한 열람 등의 제한결정이 있었다면 그 영업비밀은 비밀관리성 및 비공지성을 상실하지 않고 비밀유지명령의 대상이 될 수 있는 점 등을 들 수 있다.

나. 영업비밀이 그 소송 수행 외의 목적으로 사용되거나 공개되면 당사자의 영업에 지장을 줄 우려가 있어 이를 방지하기 위하여 영업비밀의 사용 또는 공개를 제한할 필요가 있을 것(제1항 제2호)

이 요건은 영업비밀의 소송 수행 목적 외의 사용 또는 공개를 제한할 필요성을 정한 것이다.

다. 영업비밀이 법 제14조의4 제1항 단서에 해당하지 않을 것

부정경쟁방지법 제14조의4 제1항 단서는 비밀유지명령 신청 시점까지 다른 당사자(법인인 경우에는 그 대표자), 당사자를 위하여 소송을 대리하는 자, 그 밖에 그 소송으로 인하여 영업비밀을 알게 된 자가 법 제14조의4 제1항 제1호에 규정된 준비서면의 열람이나 증거조사 외의 방법으로 그 영업비밀을 이미 취득하고 있는 경우에는 비밀유지명령을 낼 수 없다는 취지로 규정하고 있으므로, 비밀유지명령의 소극적 요건으로서 영업비밀이 법 제14조의4 제1항 단서에 해당하지 않아야 비밀유지명령의 대상이 된다.

부정경쟁방지법 제14조의4 제1항의 규정에 따른 비밀유지명령은 소송절차에서 공개될 수 있는 영업비밀의 보호를 목적으로 하는 것인데, 소송절차와 관계없

---

130) 디자인보호법 주해, 박영사(2015), 1235(설범식 집필부분).

이 다른 당사자 등이 이미 취득하고 있는 영업비밀은 위와 같은 목적과는 아무런 관련이 없으므로, 예컨대 영업비밀 침해소송에서 자기의 영업비밀을 다른 당사자 등이 부정하게 취득하여 사용하고 있다고 주장하면서 그 영업비밀에 대하여 한 비밀유지명령 신청이나[131] 영업비밀 침해소송이 이루어지기 전이라도 수사기관에 영업비밀 자료가 제출되어 기록의 일부로 되고 당사자가 열람 등으로 그 자료를 취득한 경우에는 비밀유지명령 신청을 받아들일 수 없다.

이에 대하여는 비밀유지명령 신청사건의 심리 단계에서 비밀유지명령을 받은 자가 그 영업비밀을 준비서면의 열람이나 증거조사 외의 방법으로 이미 취득하고 있는지를 알 수 없고 그 여부를 판단할 수 있는 심리방법도 없어서 본 사항이 비밀유지명령 신청의 요건이 아니라, 비밀유지명령을 받은 자가 그 취소를 신청할 때 소명해야 하는 요건으로 보아야 한다는 견해가 있다.[132]

④ 비밀유지명령의 신청 시기 · 방법

가. 비밀유지명령의 신청 시기와 종기

비밀유지명령을 신청할 수 있는 시기와 그 시적 한계에 대하여는 앞에서 이미 서술하였다.

나. 비밀유지명령 신청서의 기재사항

비밀유지명령의 신청은 i) 비밀유지명령을 받을 자, ii) 비밀유지명령의 대상이 될 영업비밀을 특정하기에 충분한 사실, iii) 제1항 각 호의 사유에 해당하는 사실에 관한 사항을 적은 서면으로 하여야 한다(법 제14조의4 제2항).

1) 비밀유지명령을 받을 자(제2항 제1호)

여기서 비밀유지명령을 받을 자는 기본사건의 '다른 당사자(법인인 경우에는 그 대표자), 당사자를 위하여 소송을 대리하는 자, 그 밖에 소송으로 인하여 영업비밀을 알게 된 자'이다.

---

131) 대법원 2015. 1. 16.자 2014마1688 결정 참조.
132) 디자인보호법 주해, 박영사(2015), 1236(설범식 집필부분).

　　당사자가 법인인 경우에는 대표자가 비밀유지명령을 받을 자로 될 수 있고 법인 자신은 비밀유지명령의 대상자가 될 수 없다. 그리고 소송참가가 있는 경우 참가인도 당사자에 포함되고 비밀유지명령의 대상자가 될 수 있다고 해석된다.

　　그 외에 보조참가인의 경우에도 비밀유지명령의 대상자가 될 수 있는지에 대하여는 견해가 나뉘어 있다. 즉 민사소송법 제163조 제1항이 규정하는 비밀보호를 위한 열람 등의 제한 결정이 있는 경우에도 열람 등을 신청할 수 있는 '당사자'에 보조참가인도 포함된다고 해석하여 소송기록에 포함된 영업비밀을 취득하지 못하도록 보조참가인을 대상자로 하는 비밀유지명령의 신청을 인정할 필요가 있다는 견해(적극설)와 민사소송법 제163조 제1항의 '당사자'에 보조참가인이 포함되지 않는다고 해석하면 보조참가인은 열람의 제한이 이루어지고 있는 소송기록의 열람 등의 청구를 할 신청할 수 없고 그 열람 등을 통해 비밀정보를 알 수 없으므로 보조참가인을 대상자로 하는 비밀유지명령의 신청을 인정할 필요가 없다는 견해(소극설)가 있다.[133]

　　여기서 당사자를 위하여 소송을 대리하는 자는 기본사건인 부정경쟁행위, 제3조의2 제1항이나 제2항을 위반한 행위 또는 영업비밀 침해행위로 인한 영업상 이익의 침해에 관한 소송 당사자의 소송대리인으로서 법정대리인 및 임의대리인을 말하고, 그 밖에 그 소송으로 인하여 영업비밀을 알게 된 자라 함은 당사자나 당사자의 소송대리인은 아니나 그 소송으로 인하여 영업비밀을 알게 되는 자(당사자의 사용인, 피고용인 등)를 말한다.

　　한편 만일 기본사건에서 전혀 다른 2개 이상의 영업비밀이 있는 경우에 이론상으로는 2개 이상의 영업비밀에 대하여 각각의 관여자를 상대로 비밀유지명령을 신청할 수 있겠으나, 그와 같이 서로 다른 각각의 관여자에 대하여 비밀유지명령을 받은 경우 나중에 각각의 관여자에 의한 부정경쟁방지법 제14조의6에 의한 기록열람 등의 청구가 있는 경우에 법원의 비밀유지명령 신청인에 대한 통지제도가 제대로 작동하지 않을 우려가 있으므로, 이와 같이 2개 이상의 다른 종류의 영업비밀에 대하여 비밀유지명령을 신청하는 경우에는 되도록 비밀유지명령을 받을 자를 같은 자들로 특정할 필요가 있다.

---

133) 디자인보호법 주해, 박영사(2015), 1237(설범식 집필부분) 참조.

2) 비밀유지명령의 대상이 될 영업비밀을 특정하기에 충분한 사실(제2항 제2호)

신청서에 영업비밀을 자세히 기재할 것을 요구하면 비밀유지명령이 발령되기도 전에 영업비밀의 내용이 알려질 위험이 있으므로 비밀유지명령 신청서에는 그 대상인 영업비밀을 특정하기에 충분한 사실을 기재하면 된다. 실무는 준비서면이나 서증의 쪽수와 행을 명시하는 방법으로 특정하고 있다.

신청서에 영업비밀의 구체적인 내용을 기재하지 않고 대략 어떤 내용이라는 점을 설명하거나 제출 예정인 준비서면이나 증거를 특정한 다음에 해당 준비서면이나 증거에서의 기재 위치를 특정하여 인용할 수도 있다.

당사자가 준비서면이나 증거에서 영업비밀임을 구체적으로 특정하였더라도 비밀유지명령의 대상은 그 문서에 기재된 내용 자체에 한정되는 것이 아니라 그와 같이 기재된 영업비밀의 내용이 되므로 같은 영업비밀이 다른 준비서면이나 증거에 기재되어 있는 경우에 그 내용에 대하여도 비밀유지의무가 있다.

3) 본조 제1항 각 호의 사유에 해당하는 사실(제2항 제3호)

본 조 제1항 각 호의 사유는, 이미 제출하였거나 제출하여야 할 준비서면 또는 이미 조사하였거나 조사하여야 할 증거에 영업비밀이 포함되어 있다는 것(제1항 제1호)과 영업비밀이 해당 소송 수행 외의 목적으로 사용되거나 공개되면 당사자의 영업에 지장을 줄 우려가 있어 이를 방지하기 위하여 영업비밀의 사용 또는 공개를 제한할 필요가 있다는 것(제1항 제2호)인데 이 사유에 해당하는 사실에 관한 사항을 서면(신청서)에 기재하여야 한다.

5 비밀유지명령의 심리 · 결정 · 효력

가. 비밀유지명령의 심리

신청서가 접수되면 법원은 비밀유지명령신청서 부본을 피신청인(비밀유지명령을 받을 자)에게 송달하는데 법문에 비밀유지명령 신청사건의 심리절차에 대하여 특별히 규정한 것이 없으므로 일반 신청사건과 마찬가지로 심리하면 된다. 서면심사, 변론 또는 심문을 통하여 비밀유지명령 발령의 요건을 심리하게 된다.

주장 · 소명책임은 제14조의4 제1항 제1호, 제2호 부분은 신청인에게, 제14

조의4 제1항 각 호 외의 본문 단서 부분은 상대방에게 있다. 당초 비밀유지명령의 발령 단계에서 비밀유지명령의 요건을 갖추지 못하였음을 이유로 한 취소신청 시에도 원칙적으로 같다.

다만 비밀유지명령 결정 후에 상대방이 영업비밀성의 상실 등 사정변경을 이유로 비밀유지명령의 취소를 신청한 때에는 영업비밀성이 상실되었다는 사정 등에 대한 소명책임은 취소신청인(상대방)에게 있다. 영업비밀 해당성에 대한 소명의 방법은 부정경쟁방지법 상의 영업비밀 사건에서의 청구원인의 증명방법과 같으나 신청사건에서는 증명이 아닌 소명으로 족하기 때문에 영업비밀 해당성을 다소 유연하게 판단한다.

나. 비밀유지명령의 결정 등

법원은 영업비밀에 대하여 법 제14조의4 제1항 제1, 2호(비밀유지명령의 요건)의 사유를 심리하여 비밀유지명령을 결정한 경우에는 결정서를 비밀유지명령을 받은 자에게 송달하여야 하고, 위 비밀유지명령은 그 결정서가 비밀유지명령을 받은 자에게 송달된 때부터 효력이 발생한다(법 제14조의4 제3, 4항).

이때 결정서에 영업비밀 기재문서를 첨부하여야 할 것인지에 대하여 여러 견해가 있으나, 신청서에 비밀유지명령의 대상이 될 영업비밀을 특정하기에 충분한 사실을 기재하면 되므로 그 이상의 내용이 구체적으로 담겨 있는 영업비밀 기재문서를 굳이 첨부할 필요는 없다고 본다. 기각 또는 각하결정서에도 마찬가지이다.

비밀유지명령의 신청을 기각 또는 각하한 재판에 대하여는 즉시항고를 할 수 있다(법 제14조의4 제5항).

다. 비밀유지명령 결정의 효력

비밀유지명령이 결정된 경우에는 비밀유지명령 신청이 기각 또는 각하된 경우와 달리 즉시항고를 할 수 있다는 규정을 두고 있지 않기 때문에 그 결정서가 상대방에게 송달된 때부터 효력이 발생한다(법 제14조의4 제4, 5항). 비밀유지명령의 효력은 그 비밀유지명령이 취소될 때까지 존속하는데, 비밀유지명령을 취소하는 재판은 확정되어야 효력이 발생한다(법 제14조의5 제4항).

비밀유지명령의 결정서가 송달되어 비밀유지명령의 효력이 발생하면 비밀유지명령을 받은 자는 그 영업비밀을 해당소송의 계속적인 수행 외의 목적으로 사용하거나 그 영업비밀에 관계된 비밀유지명령을 받은 자 외의 자에게 공개하여서는 안 되는 의무를 진다(법 제14조의4 제1항 각 호 외의 본문 및 제4항).

비밀유지명령의 상대방이 사망한 경우에 비밀유지명령의 일신전속적 성질로 인해 그 재산상속인에게 비밀유지명령이 승계된다고 보기 어렵다. 비밀유지명령의 상대방이 해당 영업비밀과 관련된 사업을 양도한 경우에도 비밀유지명령을 받은 자에 대한 명령의 효력이 사업의 양수인에게 당연히 승계되지 않는다.134) 비밀유지명령을 받은 종업원 등이 전직하거나 퇴직할 경우, 비밀유지명령을 받은 소송대리인이 기본사건에 관하여 사임하는 경우에도 그 효력은 유지된다.

비밀유지명령을 신청한 자가 사망하거나 그 신청회사가 파산한 경우에 그러한 사유만으로 비밀유지명령이 당연히 소멸한다고 보기 어려워 특별한 사정이 없는 한 이러한 경우에는 비밀유지명령 취소신청권이 재산상속인이나 영업양도 등으로 인해 영업비밀의 보유자인 지위를 승계한 자에게 있다고 해석된다.

비밀유지명령의 신청인은 기본사건에서 영업비밀 기재문서를 제출할 때 소송기록의 열람제한을 함께 신청할 필요가 있다는 점에 유의한다. 비밀유지명령은 그 대상자에게 비밀유지의무를 부과하는 것이어서 제3자의 소송기록 열람 등을 제한하는 효력은 없기 때문이다. 따라서 비밀유지명령을 신청하고자 하는 당사자는 소송기록에 대해 민사소송법 제163조 제1항 제2호에 따라 영업비밀보호를 위한 열람 등의 제한신청을 하여 당사자 이외의 자에 대한 소송기록 열람 등의 제한조치를 해 두어야 할 뿐 아니라 비밀유지명령 신청의 대상자로 당사자 본인도 포함시켜 두는 것이 바람직하다.

비밀유지명령을 위반한 자는 민법상의 불법행위책임을 질 수 있고(민법 제750조) 영업비밀 침해행위로서 침해금지의 대상이 되거나 손해배상책임을 질 수 있다(부정경쟁방지 및 영업비밀보호에 관한 법률 제10조, 제11조). 비밀유지명령을 위반한 자는 형사벌로 5년 이하의 징역 또는 5천만 원 이하의 벌금에 처해지는데 이 비밀유지명령위반죄는 친고죄이다(법 제18조의4 제2항).

---

134) 디자인보호법 주해, 박영사(2015), 1236(설범식 집필부분).

6 비밀유지명령의 취소

가. 의의

비밀유지명령의 신청을 기각 또는 각하한 재판에 대하여 즉시항고할 수 있는 반면에 비밀유지명령의 신청에 따라 비밀유지명령이 발령되면 이에 대하여는 즉시항고할 수 없어 비밀유지명령 결정서가 비밀유지명령을 받은 자에게 송달된 때부터 그 효력이 확정적으로 발생한다. 그리고 비밀유지명령의 효력에 따라 비밀유지명령을 받은 이는 해당 영업비밀을 그 소송의 계속적인 수행 외의 목적으로 사용하거나 비밀유지명령을 받은 자 외의 자에게 공개하지 아니할 의무가 있다.

따라서 이러한 경우에 비밀유지명령을 받은 이는 비밀유지명령이 확정될 당시에 이미 그 발령 요건을 갖추지 못하였거나 비밀유지명령이 확정된 후에 사후적으로 그 요건이 충족되지 않게 되거나 그 필요성이 없게 된 경우에 비밀유지명령의 취소를 신청할 수 있도록 할 필요가 있다.

나. 취소 신청권자 및 상대방

1) 신청권자

비밀유지명령의 취소를 신청할 수 있는 당사자는 비밀유지명령을 신청한 자 또는 비밀유지명령을 받은 자이다(법 제14조의5 제1항).

비밀유지명령을 받은 자는 앞에서 본 바와 같은 영업비밀에 대한 비밀유지의무를 가지게 되고 비밀유지명령의 결정에 대하여 다툴 수 없기 때문에 비밀유지명령을 받은 자로 하여금 그 결정의 취소를 신청할 수 있도록 할 필요가 있다.

비밀유지명령을 받은 자는 비밀유지명령의 발령 요건이 결정 당시 충족되지 않았음을 주장, 소명하는 등의 방법으로 비밀유지명령의 취소를 신청할 수 있다.

또한 비밀유지명령의 신청인도 비밀유지명령의 취소를 신청할 수 있도록 규정되어 있는데 이는 비밀유지명령이 확정된 후에도 당사자 사이에 합의가 진행되어 더 이상 비밀유지명령이 필요하지 않게 된 경우가 있을 수 있음을 예상한 것이다.

2) 상대방

비밀유지명령을 신청한 이가 취소신청을 하는 경우에 취소신청의 상대방은 비밀유지명령을 받은 사람 전부 또는 일부이다.

비밀유지명령을 받은 자가 취소신청을 하는 경우에 취소신청의 상대방은 비밀유지명령을 신청한 사람이다.

다. 취소 요건

앞에서 본 바와 같이 비밀유지명령을 받은 이는 비밀유지명령이 결정될 당시에 이미 그 요건을 갖추지 못하였거나 비밀유지명령이 확정된 후에도 사후적으로 비밀유지명령의 요건이 결여되었음이 밝혀지거나 그 필요성이 없어진 경우에 비밀유지명령의 취소를 신청할 수 있다.

비밀유지명령의 취소신청은 비밀유지명령이 결정될 당시에 법 제14조의4에 규정된 비밀유지명령의 요건을 충족하지 못한 경우 및 비밀유지명령이 확정된 이후에 그 필요성이 없게 되는 사정이 발생한 경우에 할 수 있다.

비밀유지명령 취소신청은 비밀유지명령이 확정되어 그 효력이 존속하는 동안에 할 수 있다. 비밀유지명령 취소 요건에 대한 주장·소명책임은 법 제14조의4 제1항 각 호 외의 본문 단서 부분의 존재에 대하여는 비밀유지명령의 취소를 신청한 자에게 있고, 위 제1항 각 호의 요건충족 여부에 대하여는 비밀유지명령을 받은 자로부터의 취소신청의 경우에 비밀유지명령의 신청인에게 소명책임이 있지만 비밀유지명령의 결정 후에 사정변경사유(예컨대 결정 후 영업비밀성 상실)가 발생한 경우에는 비밀유지명령의 취소를 신청한 자에게 그 사정변경사유의 발생사실에 대한 주장·소명책임이 있다.

라. 취소신청 절차·심리

비밀유지명령의 취소신청은 소송기록을 보관하고 있는 법원에 한다(법 제14조의5 제1항). 여기서 소송기록은 비밀유지명령 신청사건의 기록을 의미하는 것이 아니라 기본사건인 침해소송 기록을 말한다. 소송기록이 보존기간 만료로 폐기되어 이를 보관하고 있는 법원이 없는 경우에는 비밀유지명령을 한 법원에 신청한다(법 제14조의5 제1항 괄호).

비밀유지명령을 받은 사람이 그 명령을 받지 아니한 변호사를 비밀유지명령 취소신청 사건의 대리인으로 선임할 수 있는지에 대하여, 그 영업비밀을 공개하지 않고 비밀유지명령 취소신청 사건을 진행하는 것은 현실적으로 불가능한 점 등을 들어 비밀유지명령을 받지 아니한 변호사에게 그 취소신청 사건을 위임할 수 없다는 소극설과 변호사에게 직업상 비밀유지의무가 부과되어 있어 비밀유지명령을 받은 변호사인지를 불문하고 취소신청 사건에 관한 상담과 소송위임이 가능하다는 적극설이 있다.135)

마. 취소결정 등

비밀유지명령 취소결정의 결정서에는 비밀유지명령 신청사건에 관하여 한 법원의 비밀유지명령을 취소한다는 뜻과 함께 비밀유지명령을 받은 사람 중 일부에 대하여 취소하거나 대상 영업비밀 중 일부 영업비밀에 대하여만 취소하는 경우에 그 부분도 특정하여 기재한다.

법원은 비밀유지명령의 취소신청에 대한 재판이 있는 경우에는 그 결정서를 취소신청을 한 자 및 상대방에게 송달하여야 한다(법 제14조의5 제2항).

비밀유지명령의 취소신청에 대한 재판에 대하여는 즉시항고를 할 수 있다(법 제14조의5 제3항). 비밀유지명령을 취소하는 재판은 즉시항고기간을 경과하는 등으로 확정되어야 그 효력이 발생한다(법 제14조의5 제4항).

법원은 비밀유지명령을 받은 사람 중 일부만 취소신청을 하거나 비밀유지명령의 신청인이 일부의 명령상대방에 대하여만 취소신청을 하여 그 취소결정이 이루어진 경우에는 즉시 나머지 비밀유지명령을 받은 자에게도 취소재판을 한 사실을 알려야 한다(법 제14의5 제5항).

⑦ 소송기록 열람 등의 청구 통지 등

가. 의의

비밀유지명령의 신청인이 민사소송법 제163조에 따라 소송기록의 열람 등의 제한신청을 하더라도 당사자가 재판기록 열람 등의 신청권자로서 그의 대리인이

---

135) 디자인보호법 주해, 박영사(2015), 1252(설범식 집필부분).

나 사용인 등에 의한 재판기록의 열람 등의 신청절차를 진행할 수 있고 이러한 경우에 당사자 이외에 제3자도 그 영업비밀을 알게 될 수 있으므로 기본사건인 부정경쟁행위 등 침해소송의 상대방 당사자 측이 하는 열람 등의 청구에 대하여 제대로 영업비밀을 유지할 수 없게 되는 한계가 있다.

즉, 상대방 당사자가 소송기록의 열람 등의 청구를 하였으나, 해당 소송에서 비밀유지명령을 받지 아니한 자가 그 청구절차를 밟았을 때에는 민사소송법상 그 열람 등의 제한을 할 수 없고, 그 당사자의 사용인, 대리인 등은 영업비밀 기재 문서의 열람 등을 통하여 비밀유지명령에 기한 의무 없이 그 명령의 대상이 된 영업비밀을 취득할 수 있다.

이에 따라 부정경쟁방지법 제14조의6은, 비밀유지명령에 대한 결정이 있어도 제3자가 열람 등을 하게 되어 공지되면 영업비밀성을 상실하게 되어 비밀유지명령도 유지될 수 없게 되므로 비밀유지명령의 신청인에게 소송기록의 열람 등의 청구사실을 통지하여 비밀유지명령을 받을 자를 추가할 수 있도록 기회를 부여하고 그로써 비밀유지명령에 대한 실효성을 높이기 위하여 마련한 규정이다.

또한, 기본사건을 진행하면서 이미 비밀유지명령을 받은 상대방에 있어서도 비밀유지명령을 받은 자를 교체하고 싶은데 비밀유지명령의 신청자가 비밀유지명령을 받을 자의 교체를 위한 신청에 협조하지 않는 경우에 본조에 따라 소송기록의 열람 등을 청구하여 비밀유지명령 신청자로 하여금 비밀유지명령의 추가 신청을 하도록 유인하기 위하여 마련한 규정이기도 하다.

나. 소송기록 열람 등의 청구 통지

비밀유지명령이 내려진 소송(모든 비밀유지명령이 취소된 소송은 제외)에 관한 소송기록에 대하여 민사소송법 제163조 제1항의 결정이 있고, 당사자가 위 민사소송법 제163조 제1항에서 규정하는 비밀 기재 부분의 열람 등의 청구를 하였으나 그 청구절차를 해당 소송에서 비밀유지명령을 받지 아니한 자가 밟았을 때에는 법원사무관 등은 민사소송법 제163조 제1항의 신청을 한 당사자(그 열람 등의 청구를 한 자는 제외)에게 그 청구 직후에 그 열람 등의 청구가 있었다는 사실을 알려야 한다(법 제14조의6 제1항).

민사소송법 제163조 제1항의 비밀보호를 위한 소송기록의 열람 등의 제한 결정이 있는 경우에도 당사자에 의한 열람 등의 신청은 제한되지 않고, 법문에는 당사자가 그 열람 등의 신청 절차를 하게 되어 있으나 실제로는 당사자 본인뿐 아니라 그 대리인, 사용자가 신청절차를 하는 경우도 많은데 당사자 본인 이외의 대리인 등이 신청절차를 밟게 되면 이들은 소송기록 중 영업비밀 기재부분의 열람 등을 통하여 영업비밀을 취득할 수 있다.

이때 열람 등의 신청절차를 하는 당사자 본인이나 그 대리인, 사용자가 비밀유지명령을 이미 받고 있는 사람이라면 이미 영업비밀을 알고 있고 비밀유지명령에 따른 의무를 부담하고 있기 때문에 열람을 하도록 하여도 별다른 문제가 생기지 않을 것이다. 하지만 열람 등의 신청절차를 밟은 자가 비밀유지명령을 받은 사람이 아닌 경우에는 이들은 소송기록 중 영업비밀 기재 부분의 열람 등을 통하여 비밀유지명령에 기한 의무를 부담함이 없이 영업비밀을 취득하게 되어 비밀유지명령의 효력을 담보할 수 없게 된다.

이러한 이유로 본조 제1항에서 법원사무관 등이 비밀유지명령의 신청인으로 하여금 소송기록의 열람 등의 청구절차를 밟은 자를 비밀유지명령을 받을 자로 추가하는 비밀유지명령 신청을 할 것인지를 결정할 수 있도록 그 청구가 있었다는 사실을 통지하도록 하였다.

다. 소송기록 열람 등의 청구 통지의 효과
1) 소송기록 열람 등의 잠정적 정지

법원사무관 등은 본조 제1항에 따라 민사소송법 제163조 제1항의 신청을 한 당사자에게 위 법 조항의 비밀 기재 부분의 열람 등의 청구가 있었다는 사실을 통지하는 경우에 그 열람 등의 청구가 있었던 날부터 2주일이 지날 때까지(그 청구절차를 행한 자에 대한 비밀유지명령신청이 그 기간 내에 행하여진 경우에는 그 신청에 대한 재판이 확정되는 시점까지) 그 청구절차를 행한 자에게 제1항의 비밀 기재 부분의 열람 등을 하게 하여서는 아니 된다(법 제14조의6 제2항).

이러한 열람 등의 잠정적 정지 규정(본조 제2항)은 본조 제1항의 열람 등의 청구를 한 자에게 제1항의 비밀 기재 부분의 열람 등을 하게 하는 것에 대하여 민사소송법 제163조 제1항의 신청을 한 당사자 모두의 동의가 있는 경우에는 적용되지 아니한다(법 제14조의6 제3항).

2) 비밀유지명령의 추가 신청 기회 부여

민사소송법 제163조 제1항의 신청을 한 당사자가 법원사무관 등으로부터 본조 제1항이 정한 사유로 그 열람 등의 청구가 있었다는 사실을 통지받은 경우에, 비밀유지명령 신청인은 그 열람 등의 청구절차를 밟은 자를 '비밀유지명령을 받은 자'로 하는 비밀유지명령을 추가로 신청할 것인지 여부를 검토하고, 그 필요가 있다고 판단할 경우에는 열람 등의 청구가 있었던 날부터 2주일 이내에 비밀유지명령을 신청할 수 있다.

비밀유지명령의 추가 신청에 의하여 비밀유지명령을 받을 자로 되어야 할 사람은 민사소송법 제163조 제1항에 따라 소송기록의 열람 등의 청구절차를 밟은 사람 중 해당 소송에서 비밀유지명령을 받지 아니한 사람이다.

제3절 부정경쟁행위 등에 대한 형사 구제

I. 총설

부정경쟁방지법은 부정경쟁행위 등에 대한 형사 구제수단으로서 법 제2조 제1호(아목, 차목 및 카목은 제외한다) 및 제3조를 위반한 행위자에 대한 벌칙(제18조 제3항), 비밀유지명령 위반에 대한 벌칙(제18조의4), 양벌규정(제19조)을 두고 있다.

II. 벌칙(법 제18조, 법 제18조의2 내지 4)

① 일반 사항

벌칙과 관련된 부정경쟁방지법위반죄가 성립하기 위해서는 객관적으로 법 제2조 제1호(아목, 차목 및 카목은 제외한다) 및 제3조를 위반한 부정경쟁행위 등이 있어야 하고 주관적 요건으로 부정한 목적이 있을 것은 요건이 아니지만 반드시 고의가 있어야 하므로 비록 부정경쟁행위를 알지 못한데 과실이 있더라도 민사상의

책임은 별론으로 하더라도 벌칙의 범죄를 구성하지는 아니한다.136)

부정경쟁방지법위반죄에서 고의의 내용은 부정경쟁행위를 한다는 사실에 대한 인식이 있으면 충분하고, 그 인식에는 확정적인 것은 물론 미필적인 것도 해당된다.

부정경쟁방지법에서 정한 벌칙 규정은 일반 형법에 대한 특별 형벌법규에 해당하는 것으로 형법 제8조의 규정에 의하여 각 개별 법률에 특별한 규정이 없는 한 형법총칙상의 규정들이 적용된다. 이하 실무상 문제되는 부분을 정리하여 본다.

부정경쟁방지법위반죄를 비롯한 지식재산권 침해에서 법률의 착오는 엄격히 판단하는 경향이 있고 고의와 위법성 인식의 관계에서 단순한 법률의 부지는 범죄의 성립에 영향을 주지 않는다.137)

고소는 고소인이 일정한 범죄사실을 수사기관에 신고하여 범인의 처벌을 구하는 의사표시이므로 그 고소한 범죄사실이 특정되어야 할 것이나 그 특정의 정도는 고소인의 의사가 구체적으로 어떤 범죄사실을 지정하여 범인의 처벌을 구하고 있는 것인가를 확정할 수만 있으면 되고, 고소인 자신이 직접 범행의 일시, 장소와 방법 등까지 구체적으로 상세히 지적하여 그 범죄사실을 특정할 필요까지는 없다.138) 공소장이나 공소장변경신청서의 공소사실 일부인 범죄일람표를 종이문서 아닌 CD로 제출하는 것은 허용되지 않는다.139)

부정경쟁행위의 방조에도 형법상 방조의 법리가 그대로 적용된다. 형법상 방조행위는 정범의 실행행위를 용이하게 하는 직접, 간접의 모든 행위를 가리키는 것으로서 작위에 의한 경우뿐만 아니라 부작위에 의하여도 성립하고,140) 형법상 부작위범이 인정되기 위해서는 형법이 금지하고 있는 법익침해의 결과 발생을 방지할 법적인 작위의무를 지고 있는 자가 그 의무를 이행함으로써 결과 발생을 쉽게 방지할 수 있었음에도 불구하고 그 결과의 발생을 용인하고 이를 방관한 채 그 의무를 이행하지 아니한 경우에, 그 부작위가 작위에 의한 법익침해와 동등한

---

136) 대법원 1996. 1. 26. 선고 95도1464 판결, 대법원 2001. 9. 18. 선고 2001도3013 판결 참조.
137) 대법원 2000. 9. 29. 선고 2000도3051 판결.
138) 대법원 1999. 3. 26. 선고 97도1769 판결.
139) 대법원 2016. 12. 15. 선고 2015도3682 판결.
140) 대법원 1984. 11. 27. 선고 84도1906 판결, 대법원 1985. 11. 26. 선고 85도1906 판결, 대법원 1995. 9. 29. 선고 95도456 판결 등 참조.

형법적 가치가 있는 것이어서 그 범죄의 실행행위로 평가될 만한 것이라면, 작위에 의한 실행행위와 동일하게 부작위범으로 처벌할 수 있다.[141)]

또한 부정경쟁방지법이 금지하는 부정경쟁행위를 방조하는 행위란 정범의 부정경쟁행위를 용이하게 해주는 직접·간접의 모든 행위로서, 정범의 부정경쟁행위 중에 이를 방조하는 경우는 물론, 부정경쟁행위에 착수하기 전에 장래의 부정경쟁행위를 예상하고 이를 쉽게 해주는 경우도 포함하며, 정범에 의하여 실행되는 부정경쟁행위에 대한 미필적 고의가 있는 것으로 충분하고, 정범의 부정경쟁행위가 실행되는 일시, 장소, 객체 등을 구체적으로 인식할 필요가 없으며, 나아가 정범이 누구인지 확정적으로 인식할 필요도 없다.[142)]

② 벌칙의 내용

부정경쟁방지법은 제18조의2에서 미수범 처벌규정을, 제18조의3에서 예비·음모 처벌 규정을 두고 있으나 후술하는 법 제18조 제3항에 이를 적용한다는 문언은 두고 있지 않으므로 미수범과 예비·음모는 아래 위반죄에 적용되지 않는다.

---

141) 대법원 1992. 2. 11. 선고 91도2951 판결, 대법원 1996. 9. 6. 선고 95도2551 판결 등 참조. 대법원 1997. 3. 14. 선고 96도1639 판결은 "백화점에서 바이어를 보조하여 특정 매장에 관한 상품관리 및 고객들의 불만사항 확인 등의 업무를 담당하는 피고인 ○○○으로서는 자신이 관리하는 특정매장의 점포에 가짜 상표가 새겨진 상품이 진열·판매되고 있는 사실을 발견하였다면 고객들이 이를 구매하도록 방치하여서는 아니되고 점주인 공동피고인 □□□이나 그 종업원에게 즉시 그 시정을 요구하고 바이어 등 상급자에게 보고하여 이를 시정하도록 할 근로계약상·조리상의 의무가 있다고 할 것임에도 불구하고 위 피고인이 이러한 사실을 알고서도 공동피고인 □□□ 등에게 시정조치를 요구하거나 상급자에게 이를 보고하지 아니함으로써 공동피고인 □□□이 원심판시와 같이 가짜 상표가 새겨진 위 상품들을 고객들에게 계속 판매하도록 방치한 것은 작위에 의하여 공동피고인 □□□의 판시 각 상표법위반 및 부정경쟁방지법위반 행위의 실행을 용이하게 하는 경우와 동등한 형법적 가치가 있는 것으로 볼 수 있다고 할 것이므로, 피고인 ○○○은 부작위에 의하여 공동피고인 □□□의 판시 각 상표법위반 및 부정경쟁방지법위방 행위를 방조하였다고 인정할 수 있다."라고 하여 백화점 입점점포의 위조상표 부착 상품 판매사실을 알고도 방치한 백화점 직원에 대한 부작위에 의한 상표법위반 방조의 성립을 인정하였다.

142) 대법원 2007. 12. 14. 선고 2005도872 판결, 대법원 2013. 9. 26. 선고 2011도11478 판결 참조.

가. 부정경쟁방지법 제2조(아목, 차목 및 카목은 제외) 및 제3조 위반죄

부정경쟁방지법 제18조 제3항은 "다음 각 호의 어느 하나에 해당하는 자는 3년 이하의 징역 또는 3천만 원 이하의 벌금에 처한다. 1. 제2조 제1호(아목, 차목 및 카목은 제외한다)에 따른 부정경쟁행위를 한 자, 2. 제3조를 위반하여 다음 각 목의 어느 하나에 해당하는 휘장 또는 표지와 동일하거나 유사한 것을 상표로 사용한 자. 가. 공업소유권의 보호를 위한 파리협약 당사국, 세계무역기구 회원국 또는 상표법 조약 체약국의 국기 · 국장, 그 밖의 휘장 나. 국제기구의 표지 다. 공업소유권의 보호를 위한 파리협약 당사국, 세계무역기구 회원국 또는 「상표법 조약」 체약국 정부의 감독용 · 증명용 표지(이하 생략)"라고 규정하고 있다

규정에서 보듯이 법 제2조 제1호 아목, 차목 및 카목의 부정경쟁행위에 대한 형사벌은 인정하지 않는다.

부정경쟁방지법 제2조 제1호(아목, 차목 및 카목은 제외한다)에 따른 부정경쟁행위의 내용이나 법 제3조의 내용에 대하여는 「제3장 부정경쟁행위의 유형」의 해당 부분에서 이미 설명하였다.

나. 비밀유지명령위반죄

부정경쟁방지법 제18조의4는 제1항에서 "국내외에서 정당한 사유 없이 제14조의4 제1항에 따른 비밀유지명령을 위반한 자는 5년 이하의 징역 또는 5천만 원 이하의 벌금에 처한다.", 제2항에서 "제1항의 죄는 비밀유지명령을 신청한 자의 고소가 없으면 공소를 제기할 수 없다."라고 규정한다.

비밀유지명령의 내용에 대하여는 「제4장 부정경쟁행위 등에 대한 구제 VI. 비밀유지명령 제도」에서 설명하였다.

어느 특정 범죄에 대한 처벌을 당사자의 의사에만 따르도록 하여 친고죄로 할 것인지는 입법정책의 문제이다.

특허법 제225조(침해죄) 제2항에서 제1항의 죄는 고소가 있어야 논할 수 있다고 규정하고 있었다가 2020. 10. 20. 법률 제17536호로 개정된 특허법에서 제2항을 "제1항의 죄는 피해자의 명시적인 의사에 반하여 공소를 제기할 수 없다."라고 변경하여 반의사불벌죄로 변경하였다.

다만 특허법 제229조(비밀유지명령위반죄) 제2항에서 제1항의 죄는 고소가 있

어야 논할 수 있다고 규정하고, 실용신안법(침해죄) 제45조 제2항도 제1항의 죄는 고소가 있어야 공소를 제기할 수 있다고 규정하고 있으며, 디자인보호법 제220조(침해죄) 제2항도 친고죄로 규정되어 있고 저작권법 제140조(고소)[143]도 원칙적으로 친고죄로 규정하고 있다.

이에 반하여 상표법에서 침해죄(제230조)는 상표권자에게 재산적 손해를 끼칠 뿐 아니라 상품 출처의 혼동·품질의 오인 등을 발생하게 하여 거래사회의 경업질서를 혼란케 하는 경우가 많아서 공익 보호를 위하여 비친고죄로 되어 있다.

부정경쟁방지법이 부정경쟁행위에 대하여 비친고죄로 되어 있는 것도 같은 취지이다. 따라서 위 부정경쟁행위에 따른 형사벌은 피해자의 고소가 없더라도 공소를 제기할 수 있다.

다만 부정경쟁방지법에서 비밀유지명령위반죄는 친고죄인데(부정경쟁방지법 제18조의4 제2항), 다른 지식재산권법의 비밀유지명령위반죄도 모두 친고죄로 규정하고 있다(특허법 제229조의2 제2항, 실용신안법 제49조의2 제2항, 디자인보호법 제224조 제2항, 상표법 제231조 제2항, 저작권법 제140조).

III. 양벌규정(법 제19조)

법인의 대표자나 법인 또는 개인의 대리인, 사용인, 그 밖의 종업원이 그 법인 또는 개인의 업무에 관하여 제18조 제1항부터 제4항까지의 어느 하나에 해당하는 위반행위를 하면 그 행위자를 벌하는 외에 그 법인 또는 개인에게도 해당 조문의 벌금형을 과(科)한다. 다만, 법인 또는 개인이 그 위반행위를 방지하기 위하여 해당 업무에 관하여 상당한 주의와 감독을 게을리하지 아니한 경우에는 그러하지 아니하다(법 제19조)[144].

---

143) 다만 영리를 목적으로 또는 상습적으로 저작권법 제136조 제1항 제1호 등에 해당하는 행위를 한 경우는 그러하지 아니하다.

144) 2007. 12. 21. 법률 제8767호로 전부개정된 부정경쟁방지법 제19조(양벌규정)는 "법인의 대표자, 대리인, 사용인, 그 밖의 종업원이 법인의 업무에 관하여 제18조 제1항부터 제3항까지의 위반행위를 한 때에는 그 행위자를 벌할 뿐만 아니라 그 법인에도 해당 조문의 벌금형을 과한다."라고 규정하였다가 2008. 12. 26. 법률 제9225호로 개정된 부정경쟁방지법 제19조(양벌규정)에서 "법인의 대표자나 법인 또는 개인의 대리인, 사용인, 그 밖의 종업원이 그 법인 또는 개인의 업무에 관하여 제18조 제1항부터 제3항까지의

여기의 '법인 또는 개인'은 단지 형식상의 사업주가 아니라 자기의 계산으로 사업을 경영하는 실질적인 사업주를 말하고, 구체적인 사안에서 법인이 상당한 주의 또는 관리 감독 의무를 게을리하였는지는 해당 위반행위와 관련된 모든 사정 즉, 당해 법률의 입법 취지, 처벌조항 위반으로 예상되는 법익 침해의 정도, 그 위반행위에 관하여 양벌규정을 마련한 취지 등은 물론 위반행위의 구체적인 모습과 그로 인하여 실제 야기된 피해 또는 결과의 정도, 법인의 영업 규모 및 행위자에 대한 감독 가능성 또는 구체적인 지휘·감독 관계, 법인이 위반행위 방지를 위하여 실제 행한 조치 등을 전체적으로 종합하여 판단한다.[145]

제4절   부정경쟁행위 등에 대한 행정 구제

I. 총설

2020. 10. 20. 법률 제17529호로 개정된 부정경쟁방지법은 부정경쟁행위 및 영업비밀 침해 관련 국내 산업 및 시장의 정확한 실태를 파악하여 국가차원의 중·장기 기본계획을 수립하고, 체계적으로 세부과제를 추진할 수 있는 법적 기반을 마련하기 위한 아래의 규정들(법 제2조의2 내지 제2조의5)을 신설하거나 개정하였다.

특허청장은 부정경쟁방지 및 영업비밀보호를 위하여 5년마다 관계 중앙행정기관의 장과 협의를 거쳐 부정경쟁방지 및 영업비밀보호에 관한 기본계획(이하 "기본계획"이라 한다)을 세워야 하고(법 제2조의2 제1항), 이러한 기본계획에는 1. 부정경쟁방지 및 영업비밀보호(이하 본 항에서 "부정경쟁방지 등"이라 한다)를 위한 기본목표 및 추진방향, 2. 이전의 부정경쟁방지 등에 관한 기본계획의 분석평가, 3. 부정경쟁방지 등과 관련된 국내외 여건 변화 및 전망, 4. 부정경쟁방지 등과 관련

어느 하나에 해당하는 위반행위를 하면 그 행위자를 벌하는 외에 그 법인 또는 개인에게도 해당 조문의 벌금형을 과한다. 다만, 법인 또는 개인이 그 위반행위를 방지하기 위하여 해당 업무에 관하여 상당한 주의와 감독을 게을리하지 아니한 경우에는 그러하지 아니하다."라고 본문 외에 단서의 면책조항을 두었다

145) 대법원 2010. 7. 8. 선고 2009도6968 판결 참조.

된 분쟁현황 및 대응, 5. 부정경쟁방지 등과 관련된 제도 및 법령의 개선, 6. 부정
경쟁방지 등과 관련된 국가·지방자치단체 및 민간의 협력사항, 7. 부정경쟁방지
등과 관련된 국제협력, 8. 그 밖에 부정경쟁방지 등을 위하여 필요한 사항이 포함
되어야 한다(법 제2조의2 제2항).

특허청장은 기본계획을 세우기 위하여 필요하다고 인정하는 경우에는 관계
중앙행정기관의 장에게 필요한 자료의 제출을 요청할 수 있다. 이 경우 자료의 제
출을 요청받은 관계 중앙행정기관의 장은 특별한 사정이 없으면 요청에 따라야
한다(법 제2조의2 제3항).

특허청장은 기본계획을 관계 중앙행정기관의 장과 특별시장·광역시장·특별
자치시장·도지사·특별자치도지사(이하 "시·도지사"라 한다)에게 알려야 한다(법
제2조의2 제4항).

특허청장은 기본계획을 실천하기 위한 세부계획(이하 "시행계획"이라 한다)을
매년 수립·시행하여야 하고(법 제2조의3 제1항), 특허청장은 시행계획의 수립·시
행과 관련하여 필요한 경우 국가기관, 지방자치단체, 「공공기관의 운영에 관한 법
률」에 따른 공공기관, 그 밖에 법률에 따라 설립된 특수법인 등 관련 기관의 장에
게 협조를 요청할 수 있다(법 제2조의3 제2항).

특허청장은 기본계획 및 시행계획의 수립·시행을 위한 기초자료를 확보하기
위하여 실태조사를 매년 실시하여야 한다. 다만, 특허청장이 필요하다고 인정하는
경우에는 수시로 실태조사를 할 수 있다(법 제2조의4 제1항).

특허청장은 관계 중앙행정기관의 장과 「기술의 이전 및 사업화 촉진에 관한
법률」에 따른 공공연구기관의 장에게 제1항에 따른 실태조사에 필요한 자료의 제
출을 요청할 수 있다. 이 경우 자료 제출을 요청받은 기관의 장은 기업의 경영·
영업상 비밀의 유지 등 대통령령으로 정하는 특별한 사유가 있는 경우를 제외하
고는 이에 협조하여야 하며(법 제2조의4 제2항), 이에 따른 실태조사를 하는 경우
실태조사에서의 구체적인 자료 작성의 범위 등에 관하여는 대통령령으로 정한다
(법 제2조의4 제3항).

특허청장은 부정경쟁행위의 방지 및 영업비밀보호를 위하여 연구·교육, 홍
보 등 기반구축, 부정경쟁방지를 위한 정보관리시스템 구축 및 운영, 그 밖에 대
통령령으로 정하는 사업을 할 수 있다(법 제2조의5). 특허청장은 법 제2조의5에 따

른 연구·교육·홍보 등 기반구축 및 정보관리시스템의 구축·운영에 관한 업무를 대통령령으로 정하는 산업재산권 보호 또는 부정경쟁방지 업무와 관련된 법인이나 단체(이하 이 조에서 "전문단체"라 한다)에 위탁할 수 있다(법 제17조 제2항). 이에 따라 부정경쟁방지법 시행령 제4조 제2항에서 "대통령령으로 정하는 산업재산권 보호 또는 부정경쟁방지 업무와 관련된 법인이나 단체" 등 관련 내용에 대해 규정하고 있다.

또한 특허청장은 부정경쟁방지법 제2조 제1호 가목에 따른 부정경쟁행위(상표법 제2조 제1항 제10호에 따른 등록상표에 관한 것으로 한정한다)를 한 자를 신고한 자에게 예산의 범위에서 신고포상금을 지급할 수 있는데(법 제16조 제1항), 이러한 신고포상금 지급의 기준·방법 및 절차에 필요한 사항은 대통령령으로 정한다(법 제16조 제2항). 이에 따라 부정경쟁방지법 시행령 제3조의8에서 신고포상금의 지급기준 등에 대하여 규정하고 있다.

부정경쟁행위 등에 대한 구제에는 앞서 본 민사 구제 및 형사 구제 외에 아래와 같은 직접·간접의 행정 구제 등이 있는데, 부정경쟁방지법은 행정 구제수단으로 법 제2조 제1호(아목과 카목은 제외)의 부정경쟁행위나 제3조, 제3조의2 제1항 또는 제2항을 위반한 행위를 확인하기 위해 특허청장 등이 관계 공무원에게 관계서류나 장부·제품 등을 조사, 검사하게 할 수 있도록 하는 규정(제7조), 법 제2조 제1호(아목과 카목은 제외)의 부정경쟁행위나 제3조, 제3조의2 제1항 또는 제2항을 위반한 행위가 있다고 인정될 경우 특허청장 등이 위반 행위자에게 부정경쟁행위 중지, 표지 제거 또는 폐기 등의 시정에 필요한 권고를 할 수 있도록 하는 규정(제8조 제1항), 특허청장 등이 위 시정권고 및 공표를 하기 위하여 당사자의 의견을 듣도록 한 규정(제9조), 과태료(제20조) 규정 등을 두고 있다.

부정경쟁방지법 외에도 관세법은 원산지 확인의무 등의 규정(제229조 내지 제233조의3)을 두고 있고 특히 품질 등 허위·오인 표시물품의 통관을 제한하는 규정(제230조의2)을 두고 있다.

또한, 불공정한 무역행위와 수입의 증가 등으로 인한 국내산업의 피해를 조사·구제하는 절차를 정함으로써 공정한 무역질서를 확립하고 국내 산업을 보호하기 위하여 제정된 「불공정무역행위 조사 및 산업피해구제에 관한 법률」도 지리적 표시를 침해하는 물품이나 원산지 표시를 오인하게 하거나 품질 등의 허위표시 물품 등의 수출·수입행위와 같은 불공정무역행위의 금지(법 제4조), 불공정무역행위의 조사(법 제5, 6조), 잠정조치(법 제7조), 시정조치(법 제10조), 과징금(법 제11조), 무역위원회를 통한 구제방법(법 제14조의2) 등을 마련하고 있다.

그리고 부정경쟁행위 등에 관한 분쟁이 발생할 경우에 전문가로 구성된 산업재산권 분쟁조정위원회를 통해 신속하고 경제적으로 비공개로 절차를 진행하여 분쟁을 원만히 해결할 수 있다.

II. 부정경쟁방지법의 행정 구제 규정(법 제7조 내지 제9조, 제17조, 제20조 등)

위에서 언급한 부정경쟁행위에 대한 행정 구제 관련 규정 중 부정경쟁방지법 제7조 내지 제9조, 제17조, 제20조 등 관련 규정은 아래와 같다.

① 부정경쟁행위 등의 조사 등

특허청장, 특별시장·광역시장·특별자치시장·도지사·특별자치도지사(이하 시·도지사라고 한다) 또는 시장·군수·구청장(자치구의 구청장을 말한다. 이하 같다)은 제2조 제1호(아목과 카목은 제외한다)의 부정경쟁행위나 제3조, 제3조의2 제1항 또는 제2항을 위반한 행위를 확인하기 위하여 필요한 경우로서 다른 방법으로는 그 행위 여부를 확인하기 곤란한 경우에는 관계 공무원에게 영업시설 또는 제조시설에 출입하여 관계 서류나 장부·제품 등을 조사하게 하거나 조사에 필요한 최소분량의 제품을 수거하여 검사하게 할 수 있다(법 제7조 제1항).

법 제7조 제1항에 따라 조사 등을 하는 공무원은 그 권한을 표시하는 증표를 지니고 이를 관계인에게 내보여야 한다(법 제7조 제2항).

특허청장, 시·도지사 또는 시장·군수·구청장은 제1항에 따른 조사 진행 중에 조사대상자에 대하여 조사대상과 동일한 사안으로 「발명진흥법」 제43조에 따른 분쟁의 조정(이하 "분쟁조정"이라 한다)이 계속 중인 사실을 알게 된 경우, 양 당사자의 의사를 고려하여 그 조사를 중지할 수 있고(법 제7조 제3항), 특허청장, 시·도지사 또는 시장·군수·구청장은 분쟁조정이 성립된 경우에는 그 조사를 종결할 수 있다(법 제7조 제4항). 법 제7조 제1항에 따라 조사 등을 하는 공무원은 그 권한을 표시하는 증표를 지니고 이를 관계인에게 내보여야 한다(법 제17조 제5항). 그 밖에 부정경쟁행위 등의 조사절차 등에 관하여 필요한 사항은 대통령령으로 정한다(법 제7조 제6항).

특허청장은 제2조의5에 따른 연구·교육·홍보 등 기반구축 및 정보관리시스템의 구축·운영에 관한 업무를 대통령령으로 정하는 산업재산권 보호 또는 부정경쟁방지 업무와 관련된 법인이나 단체(이하 이 조에서 "전문단체"라 한다)에 위탁할수 있다(법 제17조 제2항). 특허청장, 시·도지사 또는 시장·군수·구청장은 제7조나 제8조에 따른 업무를 수행하기 위하여 필요한 경우에 전문단체의 지원을 받을 수 있고(법 제17조 제3항), 제3항에 따른 지원업무에 종사하는 자에 관하여는 제7조제5항을 준용한다(법 제17조 제4항). 특허청장은 예산의 범위에서 제2항에 따른 위탁업무 및 제3항에 따른 지원업무에 사용되는 비용의 전부 또는 일부를 지원할 수 있다(법 제17조 제5항).

법 제17조 제3항에 따른 지원업무에 종사하는 자는 형법 제127조(공무상 비밀의 누설) 및 제129조(수뢰, 사전수뢰), 제130조(제3자 뇌물제공), 제131조(수뢰후 부정처사, 사후수뢰), 제132조(알선수뢰)의 규정에 따른 벌칙의 적용에서는 공무원으로 본다(법 제17조의3).

② 위반행위의 시정권고 및 당사자의 의견청취

특허청장, 시·도지사 또는 시장·군수·구청장은 제2조 제1호(아목과 카목은 제외한다)의 부정경쟁행위나 제3조, 제3조의2 제1항 또는 제2항을 위반한 행위가 있다고 인정되면 그 위반행위를 한 자에게 30일 이내의 기간을 정하여 그 행위를 중지하거나 표지를 제거 또는 폐기할 것 등 그 시정에 필요한 권고를 할 수 있다(법 제8조 제1항). 특허청장 등의 시정권고가 있었음에도 그에 응하지 않은 경우에 시정권고 내용을 강제할 수 있는 수단은 법문에 규정되어 있지 않지만 부정경쟁행위 등이 계속되는 경우에는 고의 등이 인정되고 수사기관에 형사고발되어 민사 및 형사절차 등에서 증거자료가 될 수 있다.

특허청장, 시·도지사 또는 시장·군수·구청장은 제8조에 따른 업무를 수행하기 위하여 필요한 경우에 전문단체의 지원을 받을 수 있고(법 제17조 제3항), 특허청장은 예산의 범위에서 제2항에 따른 위탁업무 및 제3항에 따른 지원업무에 사용되는 비용의 전부 또는 일부를 지원할 수 있다(법 제17조 제4항). 법 제17조 제3항에 따른 지원업무에 종사하는 자는 형법 제127조 및 제129조부터 제132조까지의 규정에 따른 벌칙의 적용에서는 공무원으로 본다(법 제17조의3).

특허청장, 시·도지사 또는 시장·군수·구청장은 제8조에 따른 시정권고 및 공표를 하기 위하여 필요하다고 인정하면 대통령령으로 정하는 바에 따라 당사자·이해관계인 또는 참고인의 의견을 들어야 한다(법 제9조).

③ 과태료

과태료는 형사벌인 과료와는 달리 행정벌의 일종이다.

부정경쟁방지법 제7조 제1항에 따른 관계 공무원의 조사나 수거를 거부·방해 또는 기피한 자, 제9조의4 제5항을 위반하여 시정명령을 이행하지 아니한 자의 어느 하나에 해당하는 자에게는 2천만 원 이하의 과태료를 부과한다(법 제20조 제1항).

부정경쟁방지법 제20조 제1항에 따른 과태료는 대통령령으로 정하는 바에 따라 특허청장, 시·도지사 또는 시장·군수·구청장이 부과·징수한다(법 제20조 제2항).

특허청장은 과태료 부과기준에 대하여 2015년 1월 1일을 기준으로 3년마다 (매 3년이 되는 해의 기준일과 같은 날 전까지를 말한다) 그 타당성을 검토하여 개선 등의 조치를 하여야 한다(법 제17조의2 제2호).

제 5 장

영업비밀의 의의

제5장   영업비밀의 의의

제1절   총설

영업비밀(trade secret)은 옛날 로마법에서 노예가 주인의 신뢰를 배반하여서는 안 된다는 규율로부터 시작하였다는 견해도 있으나 대체로 유럽 중세 시대부터 계몽주의 시대에 이르면서 먼저 정보(information)를 창조하고 발견한 자와 나중에 고용된 자 간에 정보에 대한 처리문제를 해결하기 위한 사회적 도구로 나타나게 되었다고 보고 있다.

영업비밀을 보호하는 이론적 근거로는 도덕적(moral) 사고방식과 공리주의적(utilitarian) 사고방식이 있다.

도덕적 사고방식은, 영업비밀은 법률상 재산으로 인정하기 이전에 정보를 취급하고 있는 당사자 간의 신뢰관계(confidential relations)로부터 출발하는 것으로 보아야 하고 이를 위반하거나 부당한 수단에 의한 영업비밀 개시행위 등을 불법행위로 처리하여 영업비밀을 보호하고자 하는 견해이다.

공리주의적 사고방식은, 영업비밀은 영업활동을 지탱하는 중요한 혁신 요소로서 그 보유자에게 제품생산에 대한 경제적 동기를 제공하고 경쟁상의 이점과 경제적 이득을 가져오게 하는데 이는 사회 전체적으로도 이익이 되므로 유용한 영업비밀을 보호하여야 한다는 견해[1]이다.

오늘날과 같은 정보화 사회에서 영업활동에 연관되는 가치있는 정보는 영업자의 중요한 재산 중 하나이고 그러한 재산적 가치가 있는 정보의 획득 및 축적에는 많은 시간, 노력 및 비용이 든다. 통상 영업상 비밀로 관리하고 있어 경제적 가치가 있는 기술상 또는 경영상의 정보를 영업비밀(trade secret)이라고 하는데,

---

[1] 공리주의적 사고방식에 따른 것으로 Kewanee Oil Co. v. Bicron Corp., 416 U.S. 470 (1974) 판결이 대표적이다.

종래에는 이러한 영업비밀이 민법상의 불법행위나 계약위반의 채무불이행책임, 형사책임을 추궁하는 것에 의해 구제되어 왔으나 사후에 영업자가 계약위반사실을 증명하기 쉽지 않고 영업비밀이 특허권과 같이 등록 공시되거나 독점 배타적인 권리가 아니어서 사후적 구제의 실효성이 의문시되었다.

입법례를 보면, 미국은 우리의 영업비밀에 해당하는 용어인 Trade Secret을 코먼로(common law, 판례법)로 보호하여 오다가 미국법률협회(American Law Institute)가 각 주의 판례를 분석하여 Trade Secret의 보호에 관한 기본원칙을 기재한 Restatement of the Law of Torts를 1939년에 공표하고 이를 기초로 Restatement of the Law of Unfair Competition을 1995년에 제정하였으며 한편 미국법률가협회(American Bar Association)는 통일영업비밀보호법(The Uniform Trade Secrets Act)을 1979년 제정하고 1985년에 이를 개정하고[2] 미국의 많은 주가 이 법이 다소 수정하여 실시하고 있다.

그리고 인터넷의 발달과 컴퓨터기술의 발달로 외국정부와 기업의 산업스파이에 의한 영업비밀·산업기술 침해사건이 빈번해지자 기술유출을 방지하기 위해 연방 형사법인 산업스파이행위방지법(Economic Espionage Act)이 1996년부터 시행되고 2012년 8월에 제정된 외국 경제스파이 처벌 강화법(Foreign and Economic Espionage Penalty Enhancement Act)이 시행되어 영업비밀 침해에 대한 형사적인 제재 수단을 마련하고 있었는데, 그 후 영업비밀 보호에 대한 통일성을 확보하고 그 보호를 강화하기 위하여 연방 민·형사법으로 영업비밀보호법(Defend Trade Secrets Act)[3]을 2016. 5. 11. 제정하여 시행하고 있다. 위 법은 종전의 산업스파

---

2) Section 1. 「(4) "Trade Secret" means information, including a formula, pattern, compilation, program, device, method, technic, or process, that: (i) devices independent economic value, actual or potential from not being generally known to, and not being readily ascertainable by proper means by, other persons who can obtain economic value from it disclosure or, use and (ii) is the subjects of efforts that are reasonable under the circumstances to maintain its secrecy」.
통일영업비밀보호법은 어느 정보에 경제적 가치가 있는지 여부에 중점을 두고 있는 반면에 Restatement of the Law of Tort는 어느 정보가 경쟁자에게 이점(advantage)을 획득할 기회를 주는지 여부에 중점을 두고 있는 등 양자 간의 영업비밀의 개념에 다소 차이가 있다. 이에 따라 통일영업비밀보호법은 그 정보에 가치가 있다고 인정되는 한 영업(business)에 관련되지 않은 정보나 실패한 실험자료라도 영업비밀로 인정하는 점에서 Restatement of the Law of Tort에서의 영업비밀 개념보다 그 범위가 더 넓다.

이행위방지법(Economic Espionage Act)의 개정법도 겸하고 있다.

　독일은 1896년 제정된 부정경쟁방지법에서부터 영업비밀을 보호하는 규정을 두었고 현행 부정경쟁방지법도 업무상 또는 경영상의 비밀(ein Geschäfte oder Betriebsgeheimnis)을 침해하는 행위 등에 대한 형벌규정을 두고 있었다(법 제16조 내지 제19조). 특히 부정경쟁방지법 제17조에서는 영업비밀누설 및 그에 대한 벌칙규정을 두고 있는데 위 규정에는 업무상 또는 사업상 비밀을 기술적 수단, 비밀이 담겨진 복제물, 비밀이 담겨진 물건을 통해 권한 없이 영업비밀을 취득, 보유하거나 권한 없이 사용 또는 타인에게 공개하는 행위를 부정행위로 하고 미수를 포함하여 처벌규정을 두고 있었다. 그 후 독일은 영업비밀을 보호하기 위한 영업비밀보호법4)을 따로 제정하여 영업비밀의 정의·허용 또는 금지행위와 예외, 권리침해의 태양과 책임, 소송절차, 벌칙 등을 두고 있다.

　일본은 독립된 부정경쟁방지법을 제정하여 시행하여 오고 있고 부정경쟁방지법에서 영업비밀을 비밀로서 관리되는 생산방법, 판매방법 그 밖에 사업활동에 유용한 기술상 또는 영업상의 정보로서 공연하게 알려지지 아니한 것이라고 정의하고 영업비밀 침해행위와 관련하여 7개의 행위 유형을 나열하고 아울러 '한정제공 데이터'에 관한 부정경쟁행위5)와 관련하여 6개의 행위 유형을 나열하고 있으

---

3) Section 1839 「(3) the term 'trade secret' means all forms and types of financial, business, scientific, technical, economic, or engineering information, including patterns, plans, compilations, program devices, formulas, designs, prototypes, methods, techniques, processes, procedures, programs, or codes, whether tangible or intangible, and whether or how stored, compiled, ormemorialized physically, electronically, graphically, photographically, or in writing if— (A) the owner thereof has taken reasonable measures to keep such information secret; and (B) the information derives independent economic value, actual or potential, from not being generally known to, and not being readily ascertainable through proper means by, the public; and」 영업비밀보호법의 영업비밀 정의는 통일영업비밀보호법의 그것과 유사하다. 논자에 따라서는 두 법의 영업비밀 정의가 실질적으로 동일하다고 보는 견해도 있지만 본서 저자는 영업비밀 보유자가 비밀유지를 위하여 '합리적인 노력'이 아닌 '적절한 조치'를 취하고, 정당한 수단에 의하여 쉽게 알 수 있는 주체가 '타인'에서 '공중' 등으로 바뀌어 있어 영업비밀보호법의 영업비밀의 범위가 통일영업비밀보호법의 영업비밀 범위보다 넓다고 생각한다.
4) 법률 명칭은 "영업비밀의 불법적인 취득·사용·공개보호에 관한 지침 (EU) 2016/943의 수용에 관한 법률"로서 2019. 4. 25.부터 시행하고 있다.
5) 일본은 2018. 5. 30. 부정경쟁방지법을 개정하면서 「한정제공 데이터」의 부정취득·사용·

며, 그에 대한 구제수단으로 민사적인 구제(침해금지, 손해배상청구 및 신용회복청구)
와 그 적용제외 규정, 소멸시효 및 비밀유지명령 등의 규정과 함께 형사적 처벌
(다만 위 한정제공 데이터에 관한 부정경쟁행위는 제외)을 규정하고 있다.

우리나라는 1991. 12. 31. 법률 제4478호로 개정된 부정경쟁방지법에서 영
업비밀의 보호에 관한 규정을 신설하였고 이후 규정을 정비하여 현행 부정경쟁방
지법은 영업비밀의 개념을 정의하고 6개의 침해행위 유형을 나열한 다음, 그에
대한 구제수단으로 민사적인 구제(침해금지, 손해배상청구 및 신용회복청구)와 선의
자에 대한 특례규정, 시효 및 비밀유지명령 등의 규정과 함께 형사적 처벌을 규정
하고 있다.[6]

영업비밀을 저작권법 체계에 따라 보호할 것인지 특허법 체계에 따라 보호할
것인지에 대해 각국에서 많은 논의가 이루어지고 있다. 영업비밀을 어떠한 체계

개시를 부정경쟁행위로 보는 규정을 신설하였다(일본 부정경쟁방지법 제2조 제1항 제11
조 제16호). 위 법에서 한정제공 데이터라고 함은 업으로서 특정한 자에게 제공하는 정보
로 전자적 방법(전자적 방식, 자기적 방법 기타 사람의 지각에 의해서는 인식할 수 없는
방법을 말한다, 이하 같다)에 의해 상당량 축적되고 관리되고 있는 기술상 또는 영업상의
정보(비밀로 관리되고 있는 것을 제외한다)(일본 부정경쟁방지법 제7항)를 말한다. 즉 영
업비밀이라고 볼 수는 없지만 기업 간에 복수 자에게 제공되고 공유되어 새로운 사업의
창출에 연결되고 서비스제품의 부가가치를 높이는 등 그 활용이 예상되어 전자적 방법으
로 관리되고 있는 데이터를 접근권원 없이 취득, 사용, 개시하거나 접근권원이 있더라도
손해를 가할 목적으로 사용, 개시하는 등의 행위를 금지함으로써 데이터 유통 등을 보호
하고 있다.

6) 그 밖에 대법원 2010. 8. 25.자 2008마1541 결정은 "경쟁자가 상당한 노력과 투자에 의
하여 구축한 성과물을 상도덕이나 공정한 경쟁질서에 반하여 자신의 영업을 위하여 무단
으로 이용함으로써 경쟁자의 노력과 투자에 편승하여 부당하게 이익을 얻고 경쟁자의 법
률상 보호할 가치가 있는 이익을 침해하는 행위는 부정한 경쟁행위로서 민법상 불법행위
에 해당하는바, 위와 같은 무단이용 상태가 계속되어 금전배상을 명하는 것만으로는 피해
자 구제의 실효성을 기대하기 어렵고 무단이용의 금지로 인하여 보호되는 피해자의 이익
과 그로 인한 가해자의 불이익을 비교·교량할 때 피해자의 이익이 더 큰 경우에는 그 행
위의 금지 또는 예방을 청구할 수 있다"라고 하여 민법상 불법행위를 이유로 부정한 경쟁
행위에 대한 금지 또는 예방청구를 인정하였고, 대법원 2012. 3. 29. 선고 2010다20044
판결은 이러한 법리를 민법상 불법행위에 기한 손해배상청구 사건에서도 그대로 적용하
여 실효적인 구제를 위해 노력하고 있다.
이러한 판결들이 입법에도 영향을 미쳐 2013. 7. 30. 법률 제11963호로 개정된 부정경쟁
방지법에서 위와 같은 부정한 경쟁행위를 부정경쟁행위의 하나로 인정하는 규정(제2조
제1호 차목)을 신설하게 되었음은 앞에서 이미 본 바와 같다.

에 따라 보호할 것인지는 각국의 입법정책의 문제이지만 각국의 영업비밀에 관한 법률은 영업비밀의 특성에 관한 두 가지의 기본적인 입장—즉 누구에 의하든 간에 특정한 영업비밀이 일단 공개되면 그 정보는 곧바로 영업비밀성을 상실하고 이후로는 그 보유자가 특허법 등과 달리 타인에 의해 그와 같이 공개된 정보가 사용되는 것을 막을 수 없음이 원칙이라는 점 및 특허법 등과 달리 영업비밀 보유자와 관계없이 해당 영업비밀과 동일한 내용의 정보를 독립적으로 창작하면 그 정보가 공개되지 않는 한 그 사람 역시 해당 정보의 영업비밀 보유자가 될 수 있고 이들 영업비밀 보유자 각각이 자신의 영업비밀을 방해받지 않고 이용할 수 있다는 점—을 반영하여 공공의 이익과 그 영업비밀 보유자 간의 균형을 취하고 있음을 알 수 있다.

제2절 영업비밀의 의의 · 구별개념 · 요건

I. 영업비밀의 의의 및 구별 개념

1 영업비밀의 의의

부정경쟁방지법 제2조 제2호는 '영업비밀이라 함은 공공연히 알려져 있지 아니하고 독립된 경제적 가치를 가지는 것으로서, 비밀로 관리된 생산방법, 판매방법, 그 밖에 영업활동에 유용한 기술상 또는 경영상의 정보를 말한다.'라고 규정하고 있다.

1991. 12. 31. 법률 제4478호로 개정된 부정경쟁방지법 제2조 제2호에서 "영업비밀이라 함은 공연히 알려져 있지 아니하고 독립된 경제적 가치를 가지는 것으로서, 상당한 노력에 의하여 비밀로 유지된 생산방법 · 판매방법 기타 영업활동에 유용한 기술상 또는 경영상의 정보를 말한다."라고 하였고, 2007. 12. 21. 법률 제8767호로 개정된 부정경쟁방지법에서 '공연히'가 '공공연히'로, '기타'가 '그 밖에'로 변경되었다.

2015. 1. 28. 법률 제13081호로 개정된 부정경쟁방지법에서 '상당한 노력'을

'합리적인 노력'으로 변경하여 영업비밀 인정요건을 완화하였고, 2019. 1. 8. 법률 제16204호로 개정된 부정경쟁방지법은 종전의 "합리적인 노력에 의하여 비밀로 유지된"을 "비밀로 관리된"이라고 변경하여 일정한 요건을 갖춘 생산방법, 판매방법 및 영업활동에 유용한 기술상 또는 경영상의 정보가 합리적인 노력에 의하여 비밀로 유지되어야만 영업비밀로 인정받던 것을, 합리적인 노력이 없더라도 비밀로 유지되었다면 영업비밀로 인정받을 수 있도록 위 정의 규정의 개정을 통해 영업비밀의 인정요건을 더욱 완화하였다.

② 영업비밀과의 구별 개념

가. 영업비밀과 「산업기술의 유출방지 및 보호에 관한 법률」 소정의 산업기술 간 관계

부정경쟁방지법상 영업비밀은 「산업기술의 유출방지 및 보호에 관한 법률」상 비밀유지의무의 대상이 되는 산업기술과 구별된다. 산업기술의 유출방지 및 보호에 관한 법률에서 비밀유지의무의 대상인 '산업기술'이란 제품 또는 용역의 개발·생산·보급 및 사용에 필요한 제반 방법 내지 기술상의 정보 중에서 행정기관의 장(해당 업무가 위임 또는 위탁된 경우에는 그 위임 또는 위탁받은 기관이나 법인·단체의 장을 말한다)이 산업경쟁력 제고나 유출방지 등을 위하여 이 법 또는 다른 법률이나 이 법 또는 다른 법률에서 위임한 명령(대통령령·총리령·부령에 한정한다)에 따라 지정·고시·공고·인증하는 산업기술보호법 제2조 제1호 각 목에 해당하는 기술을 말한다(법 제2조 제1호). 따라서 산업기술의 유출방지 및 보호에 관한 법률에 따른 산업기술은 부정경쟁방지법에서의 영업비밀과 달리 비공지성(비밀성),[7] 비밀유지성(비밀관리성), 경제적 유용성의 요건을 요구하지 않는다.

산업기술의 유출방지 및 보호에 관한 법률 제14조는 산업기술의 유출 및 침

---

7) 다만 예를 들어 산업기술의 유출방지 및 보호에 관한 법률 제2조 제1호 다목은 산업기술혁신 촉진법 제15조의2에 따라 인증된 신기술을 열거하고 있는데 산업기술혁신 촉진법 제15조의2 제1항은 "산업통상자원부장관은 국내에서 최초로 개발된 기술 또는 기존 기술을 혁신적으로 개선·개량한 우수한 기술을 신기술로 인증할 수 있다."라고 규정한다. 따라서 위 규정에 따라 최초로 개발된 기술은 비공지성이 요건을 충족하여야 할 것이나 문언적으로 볼 때 비공지성은 필요충분조건은 아니다.

해행위를 8개의 유형으로 나누어 금지하고 있고, 같은 법 제14조의2는 산업기술 침해행위에 대한 금지청구권 등을 규정하고 있으며, 법 제22조의2는 산업기술침해행위가 고의적인 것으로 인정되는 경우에는 법에 정해진 사항을 고려하여 손해로 인정되는 금액의 3배를 넘지 아니하는 범위에서 배상액을 정할 수 있도록 하고 있고 제22조의3에서 침해의 증명 또는 침해로 인한 손해액 산정에 필요한 자료제출명령, 제22조의4에서 비밀유지명령, 제36조에서 법 제14조의 행위(일부 제외)를 한 자에 대하여 벌칙 등의 규정을 마련해 놓고 있다.

산업기술보호법 제2조 제1호 각 목의 어느 하나의 요건을 갖춘 산업기술은 특별한 사정이 없는 한 비밀유지의무의 대상이 되고, 산업기술보호법은 일정한 자에게 직무상 알게 된 비밀에 대해 비밀유지의무를 부과하고 있으며(제14조 제2호, 제6호의2), 그 산업기술과 관련하여 특허등록이 이루어져 산업기술의 내용 일부가 공개되었다고 하더라도 그 산업기술이 전부 공개된 것이 아닌 이상 비밀유지의무의 대상에서 제외되는 것은 아니다.[8]

나. 영업비밀과 「중소기업기술 보호 지원에 관한 법률」 소정의 중소기업기술 간 관계

중소기업기술 보호를 지원하기 위한 기반을 확충하고 관련 시책을 수립 · 추진함으로써 중소기업의 기술보호 역량과 기술경쟁력을 강화하고 국가경제의 발전에 이바지함을 목적으로 중소기업기술 보호 지원에 관한 법률이 제정(2014. 5. 28. 법률 제12696호)되어 2014. 11. 29.부터 시행되고 있다.

중소기업기술 보호 지원에 관한 법률 제2조 제1호는 위 법에서 '중소기업'이란 중소기업기본법 제2조에 따른 중소기업을 말한다고 하고, 같은 조 제2호는 '중소기업기술'이란 중소기업 및 「중소기업 기술혁신 촉진법」 제2조 제2호에 따른 중소기업자가 직접 생산하거나 생산할 예정인 제품 또는 용역의 개발 · 생산 · 보급 및 사용에 필요한 독립된 경제적 가치를 가지는 기술 또는 경영상의 정보를 말한다고 규정하고 있어, 중소기업기술 보호 지원에 관한 법률에서의 중소기업기술은 부정경쟁방지법에서의 영업비밀과 달리 비공지성(비밀성), 비밀유지성(비밀관리성)을 요건으로 하고 있지 않다.

---

8) 대법원 2013. 12. 12. 선고 2013도12266 판결 참조.

다. 영업비밀과 「대·중소기업 상생협력 촉진에 관한 법률」 소정의 기술자료 간 관계

대기업과 중소기업 간 상생협력(相生協力) 관계를 공고히 하여 대기업과 중소기업의 경쟁력을 높이고 대기업과 중소기업의 양극화를 해소하여 동반성장을 달성함으로써 국민경제의 지속성장 기반을 마련함을 목적으로 「대·중소기업 상생협력 촉진에 관한 법률」이 제정(2006. 3. 3. 법률 제7864호)되어 시행되고 있다.

대·중소기업 상생협력 촉진에 관한 법률 제2조 제1호는 '중소기업'이란 중소기업기본법 제2조에 따른 중소기업을 말하고, 제2호에서 '대기업'이란 중소기업이 아닌 기업을 말하며, 제9호에서 '기술자료'란 물품 등의 제조 방법, 생산 방법, 그 밖에 영업활동에 유용하고 독립된 경제적 가치가 있는 것으로서 대통령령으로 정하는 자료를 말한다고 규정하는데 대·중소기업 상생협력 촉진에 관한 법률 시행령 제1조의3은 법 제2조 제9호에서 말하는 "대통령령으로 정하는 자료란" 특허권, 실용신안권, 디자인권, 저작권 등의 지식재산권과 관련된 정보이거나 제조·생산방법과 판매방법 등 그 밖의 영업활동에 유용한 기술상 또는 경영상의 정보의 어느 하나에 해당하는 것을 말한다고 규정한다.

이에 따르면 대·중소기업 상생협력 촉진에 관한 법률에서의 기술자료는 부정경쟁방지법에서의 영업비밀과 달리 비공지성(비밀성), 비밀유지성(비밀관리성)을 요건으로 하고 있지 않다.

라. 영업비밀과 「하도급거래 공정화에 관한 법률」 소정의 기술자료 간 관계

공정한 하도급거래질서를 확립하여 원사업자(原事業者)와 수급사업자(受給事業者)가 대등한 지위에서 상호보완하며 균형 있게 발전할 수 있도록 함으로써 국민경제의 건전한 발전에 이바지함을 목적으로 「하도급거래 공정화에 관한 법률」이 제정(1984. 12. 31. 법률 제3779호)되어 시행되고 있다. 하도급거래 공정화에 관한 법률 제2조 제15항은 이 법에서 '기술자료'란 합리적인 노력9)에 의하여 비밀로 유지된 제조·수리·시공 또는 용역수행 방법에 관한 자료, 그 밖에 영업활동에

---

9) 2018. 1. 16. 법률 제15362호로 개정되기 전의 구 법은 상당한 노력으로 되어 있었는데 위 개정 시 합리적인 노력으로 변경되었다.

유용하고 독립된 경제적 가치를 가지는 것으로서 대통령령으로 정하는 자료를 말한다고 규정하고, 하도급거래 공정화에 관한 법률 시행령 제2조 제8항은 법 제2조 제15항에서 '대통령령으로 정하는 자료'란 특허권, 실용신안권, 디자인권, 저작권 등의 지식재산권과 관련된 정보이거나 시공 또는 제품개발 등을 위한 연구자료, 연구개발보고서 등 수급사업자의 생산 · 영업활동에 기술적으로 유용하고 독립된 경제적 가치가 있는 정보의 어느 하나에 해당하는 것을 말한다고 규정한다.

따라서 하도급거래 공정화에 관한 법률에서의 기술자료는 부정경쟁방지법에서의 영업비밀과 같이 일응 비공지성(비밀성), 비밀유지성(관리성), 경제적 유용성을 요건으로 하고 있지만 비밀관리성에서 합리적인 노력에 의한 비밀유지가 요건으로 되어 있다.

마. 영업비밀과 이른바 노하우와의 관계

이른바 노하우는 특정한 기술, 관리, 금전적인 측면 등에 관하여 축적된 지식, 기능이나 경험을 의미한다. 부정경쟁방지법의 영업비밀은 이른바 노하우(Know-how)와 구별된다. 다만 노하우란 법적인 용어는 아니고 그 의미가 다소 추상적이어서 영업비밀과 엄밀히 구분하기 어렵고 일부 범위에서 서로 중첩되기도 한다.

II. 영업비밀의 요건

영업비밀로서 인정되는 대상은 기술상 혹은 경영상의 정보로서 그 대상 범위가 매우 넓으므로 이를 구체적으로 열거하기보다는 오히려 이들 정보 중 영업비밀로 보호받을 수 없는 것을 제외한 나머지라고 생각하는 것이 이해하기 쉽다. 영업비밀로 보호받을 수 없는 것으로 공공연히 알려져 있거나 쉽게 얻을 수 있는 정보, 추상적인 아이디어, 개인적인 경험에 따라 얻은 경험이나 요령 등을 들 수 있다. 어떻게 이해하든 간에 부정경쟁방지법상 영업비밀 요건을 검토하는 것이 중요하다.

부정경쟁방지법상 영업비밀이라고 하기 위해서는 ① 공공연히 알려져 있지 아니하고(비공지성, 비밀성), ② 생산방법 또는 판매방법 기타 영업활동에 유용한 기술상 혹은 경영상의 정보로서 독립된 경제적 가치를 가지며(경제적 유용성), ③

비밀로 관리된 것(비밀관리성)의 요건을 충족해야 한다.10)11)

---

10) ① 대법원 2008. 7. 24. 선고 2007도11409 판결은 "인터넷상 프로그램을 구성하는 소스
파일이 어느 정도 공개되어 있다고 하더라도 공개된 소스파일들을 이용목적에 맞게끔 수
정·조합하여 회사의 시스템에 맞게 구현하는 것이 기술력의 중요한 부분인 점, 이 사건
소스파일들은 외국상품 구매대행 온라인 쇼핑몰 업체라는 피해 회사의 업무특성에 맞추
어 여러 직원들의 아이디어, 회사에서의 영업회의과정, 실제시행에 따른 수정과정을 거쳐
상당한 시간과 비용, 노력을 기울여 다시 피해 회사의 이용 목적에 맞게 개별적으로 다시
제작된 점, 피해 회사 웹사이트의 관리자모드를 구성하는 소스파일들 자체는 인터넷상 전
혀 공개되어 있지 아니하고, 이러한 소스파일들이 보관되어 있는 피해 회사의 서버는 IP
주소, 아이디, 비밀번호 등을 입력하여야 접근할 수 있는 점, 피고인 역시 외국 온라인 쇼
핑몰에서 판매하는 상품들의 재고·수량·가격 등을 실시간으로 조회하는 파일과 회원을
구매경력에 따라서 등급을 나눠서 자동으로 할인혜택을 차별적으로 주도록 되어있는 파
일 및 피해 회사에서 판매되는 상품과 경쟁사에서 판매되는 상품의 가격을 비교해 주는
파일 등은 피해 회사의 독자적인 영업비밀로 보호받아야 할 중요한 소스파일이라고 진술
하고 있는 점 등을 종합하여 피고인이 사용한 피해 회사가 운영하는 웹사이트상 관리자모
드를 구성하는 소스파일들은 공연히 알려져 있지 아니하고 독립된 경제적 가치를 가지며
상당한 노력에 의하여 비밀로 유지된 피해 회사의 영업비밀에 해당한다."라고 하였다.
② 대법원 2008. 9. 11. 선고 2008도5383 판결은 "피해자 주식회사 ○○○은 이 사건
"△△△ 볼밸브 전동식 자동차용 변속기 오일교환장치"의 핵심기술을 폐유량을 인식하고
신유량을 자동으로 유입시켜주는 역할을 하는 "메인컴퓨터(PCB)"라고 주장하고 있으나,
위 메인컴퓨터는 주식회사 □□□□에서 개발·생산하고 있고, 피해자 회사는 주식회사
□□□□으로부터 그 반제품을 구매하여 사용하고 있는 점, 이 사건 오일교환장치의 근
간이 되는 기술은 피해자 회사가 2003. 12. 16. 실용신안등록을 마쳤고, 이를 진보시킨
것이라고 주장하는 자동차용 오일교환기 및 이를 이용한 오일교환방법, 자동차용 오일교
환기 역시 2006년 무렵 특허출원 및 실용신안등록을 마쳤으나, 이는 그 기술분야의 통상
의 지식을 가지는 자가 주식회사 □□□□의 메인컴퓨터 및 시중에 유통되는 주요 부품
을 이용하여 그와 같은 제품을 쉽게 만들 수 있는 것으로 보이고, 실제로 이와 유사한 제
품들이 다수의 회사에 의하여 제작·판매되고 있음에도, 피해자 회사는 특허출원, 실용신
안등록에 의하여 공개된 자료 이외의 어떠한 정보가 영업비밀로 관리되고 있으며 어떤 면
에서 경제성을 가지고 있는지를 구체적으로 밝히지 못하고 있는 점, 이 사건 오일교환장
치의 설계도면은 피고인과 피해자 회사의 대표이사가 관리하고 있었으나, 다른 직원들도
그 도면이 저장된 컴퓨터를 통하여 이를 볼 수 있었고, 별도의 비밀유지 조치를 취한 바
없는 점 등을 종합하면, 이 사건 오일교환장치가 피해자 회사의 영업비밀에 해당한다고
볼 수 없고, 나아가 피고인이 이 사건 오일교환장치의 설계도와 플로어차트 등이 담긴 컴
퓨터 파일을 외부로 유출하여 그와 동일한 오일교환장치를 제작하여 그 영업비밀을 사용
하였다고 인정할 만한 증거가 없다."라고 하였다.
③ 대법원 2010. 10. 14. 선고 2008도10235 판결은 "① 문서건별 세부내역과 06년 1차
리스크관리위원회 등 7개 파일들의 출력물의 각 기재만으로는 이 사건 파일들의 내용이
공연히 알려져 있지 않고 독립된 경제적 가치를 가지고 있다고 단정하기 어려운 점, ②

영업비밀 요건의 충족 및 금지청구를 인정할 것인지의 판단은 사실심 변론종결 당시를 기준으로 하고 손해배상청구를 인정할 것인지 및 신용회복청구를 인정할 것인지의 판단은 침해행위 당시를 기준으로 한다.12) 이하 영업비밀의 요건을 검토한다.

① 공공연히 알려져 있지 아니한(非公知性, 秘密性)

공공연히 알려져 있지 아니하다라고 함은 해당 정보가 비밀유지의무가 없는 불특정 다수인에게 통상의 방법으로(일반적으로) 알려져 있지 않기 때문에 그 보유자 등을 통하지 아니하고는 쉽게 확인할 수 없는(입수할 수 없는) 상태를 말한다.13)

당해 정보가 공공연히 알려져 있는 대상은 해당 정보의 성격 등에 따라 달라질 수 있다. 불특정 다수인이 곧바로 일반 공중을 의미하는 것은 아니기 때문에 그 정보의 속성에 따라 일반 공중 또는 보유자가 속하는 사업분야에서 사업에 종사하는 자나 그 정보를 이용하여 경제적 가치를 얻을 수 있는 자를 기준으로 판단한다.14)

피해자 회사는 보안실천지침 등과는 달리 이 사건 파일들에 대한 접근권한을 통제하거나 물리적인 장치로 접근을 제한하지도 않았고, 일반 직원들도 이 사건 파일들을 볼 수 있었으며, 다른 부서 직원이 요청하면 부서장 결재나 승인 없이 파일을 전송해 주었고, 피고인도 이 사건 파일들 중 자신이 그 작성에 관여한 것 이외의 파일들을 다른 직원들로부터 부서장 결재나 승인 없이 전송받는 등 이 사건 파일들이 상당한 노력에 의하여 비밀로 유지 · 관리되었다고 보기 어려운 점 등을 종합하여 보면, 이 사건 파일들이 피해자 회사의 영업비밀에 해당하지 않는다."고 판단한 원심을 수긍하였다.

11) Metallurgical Industries, Inc. v. Fourtek, Inc., 790 F.2d 1195 (5th Cir. 1996)에서 연방항소법원은 어떤 정보가 영업비밀에 해당하는지 여부를 결정하는 6개의 요소로 ① 정보보유자의 사업 밖에서 알려진 정도, ② 사업 내의 직원 및 관련자에 의해 알려진 정도, ③ 정보의 비밀성을 유지하기 위해 청구인에 의해 취해진 수단의 내용, ④ 사업 및 경쟁자들에 대한 정보 가치, ⑤ 정보를 계발하는 과정에서 사업에 의해 투입된 노력 또는 비용 정도, ⑥ 타인이 적절한 방법으로 정보를 얼마나 쉽게 입수하거나 복제할 수 있는지를 열거하고 있다.

12) 대법원 2020. 1. 30. 선고 2015다49422 판결 참조.

13) 대법원 2004. 9. 23. 선고 2002다60610 판결, 대법원 2009. 7. 9. 선고 2006도7916 판결, 대법원 2013. 6. 14. 선고 2011도11656 판결.

14) 대법원 2008. 7. 10. 선고 2006도8278 판결은 납품받을 회사가 납품업체와의 협상 과정에서 다른 경쟁업체가 제시한 납품가격을 알려주면서 가격을 맞추어 줄 것을 요구하거나

보유자의 사업에 관계하는 자나 보유자 이외의 소수의 사업자에게 알려졌더
라도 당해 정보에 대한 비밀유지의무가 유지되고 경제적 가치가 있는 한 그러한
사정만으로 영업비밀성이 상실되지 않는다.[15]

경쟁업체보다 낮은 가격으로 납품할 수 있는지를 확인하는 경우도 있어 경쟁업체 사이에
서 타 회사의 납품가격은 많은 부분 알려져 있거나 예측이 가능하였던 사실을 영업비밀로
인정하지 않는 논거 중 하나로 들고 있다.

15) ① 대법원 1998. 11. 10. 선고 98다45751 판결은 기계의 기본적인 작동원리나 구성이
이미 공연히 알려져 있기 때문에 그 자체는 영업비밀에 해당한다고 할 수 없다 할지라도,
해당 기계를 구성하는 개개 부품의 규격이나 재질, 가공방법, 그와 관련된 설계도면 등이
공연히 알려져 있지 아니하고 독립된 경제적 가치를 가지는 것으로서, 상당한 노력에 의
하여 비밀로 유지된 생산방법이나 그에 관한 정보라면 이는 법 제2조 제2호가 규정하는
영업비밀에 해당한다고 하였다.

② 대법원 2005. 3. 11. 선고 2003도3044 판결은 "피고인들이 반출한 자료들 중 검사가
상고이유서에서 적시한 자료들, 즉 '에프비(FB, Fiber Block의 약자) 접착제 실험 진행보
고', '뉴 에폭시(New Epoxy)를 적용한 에프비의 고온다습특성시험 결과', '에프비 고온다
습 특성시험 II', '이엠아이(EMI) 접착 실험(Adhesive test)', '광섬유블록(Fiber Block)의 온
도에 따른 편광의존손실(Polarization Dependent Loss, PDL) 특성', '광섬유블록의 가혹
시험(PCT) 결과(3~5차)', '광섬유블록 온도 시험 후 단면분석 결과', '광섬유블록 및 커넥
터(connector) 가혹시험 결과' 등과 '광섬유블록 관리공정도', '광섬유블록 에칭(Etching)
공정작업표준', '광섬유블록 실장공정 향후 개선 방향' 등의 자료들은 다양한 실험조건 아
래서 여러 가지 특성을 갖춘 시료들로 실제 실험을 하여 얻은 결과치를 포함한 자료들이
거나 각 생산 단계의 공정을 시계열에 따라 배열하고 투입재료, 장비, 담당자, 중점관리사
항 등을 표시한 자료 또는 특정 단계 공정에 관하여 피해자 회사가 채택한 규격화된 표준
또는 현재의 연구개발공정에 대하여 향후 개선방향을 구체적으로 정리한 자료로서, 피해
자 회사는 그 어느 것도 이를 외부에 공개한 적이 없으며, 오히려 피고인들을 포함한 근
로자들에게서 보안서약서를 받고 상세한 정보보호규정을 제정하여 시행하는 등 그 유출
방지를 위한 면밀한 조치를 취한 바 있음을 알 수 있다. 그렇다면 위 자료들은 일반적으
로 알려져 있지 아니한 채 피해자 회사의 상당한 노력에 의하여 비밀로 유지·관리되고
있는 정보로 봄이 상당하고, 피고인들이 원심에서 내세운 주장들, 즉 위와 같은 실험들이
세계 어느 업체나 공통적으로 시행하고 있는 내용으로 다른 업체들이 그러한 실험 결과를
공개하고 있다느니, 여러 학술지나 그 학술적·이론적 근거가 공개되어 있다느니, 공개된
외국의 특허출원서류에 그 설계 개념이 포함되어 있다느니, 타 회사 제품이나 실험에 사
용된 시료 등의 카탈로그, 인터넷 홈페이지 등에 그 물성이나 용법·주의사항 등이 개괄
적으로 포함되어 있다느니, 그 제품의 규격이 표준화되어 있어 피해자 회사뿐 아니라 10
여 개의 국내업체와 30개 이상의 해외업체들이 이를 생산하고 있고 그 공정의 내용 또한
기초적인 것으로 인터넷에 공개되어 있는 수준을 넘지 않는다느니 하는 정도의 사정들만
으로 위 자료들이 일반적으로 잘 알려진 것이라고 단정하기는 어렵다."라고 하였다.

③ 대법원 2009. 7. 9. 선고 2006도7916 판결은 철도청 직원이 아닌 자의 신청에 의하여
도면의 출도·열람을 허가할 수 있도록 한 철도청 도면관리규정은 철도청 내에서 내부적

어느 정보가 상대적으로 제한된 범위의 사람에게 알려져 있더라도 비밀을 지킬 의무가 있어 그 비밀 상태가 유지되고 있는 한 그 인적범위가 확대되더라도 비밀성이 유지되고,[16] 이때 설령 다른 사람들이 그 정보의 대체적인 윤곽을 알고 있더라도 더 이상의 구체적인 상세 정보를 가지고 있지 못하다면 비밀성이 유지되어 있다고 볼 수 있다.[17] 다만 어느 정보가 국내에 알려지지 않았더라도 외국에서 이미 공개 내지 사용되어 그 정보가 경제적 가치를 얻을 수 있는 이에게 알려져 있었다면 비공지성은 상실된다.[18]

여기서 공공연히 알려져 있지 않다고 함은 불특정 다수인이 공공연하게 알

인 구속력만을 갖는 행정규칙인 훈령에 불과하므로 이러한 철도청 도면관리규정의 존재에 의하여 철도청 등이 계약 조항에 따라 부담하는 비밀유지의무가 부정된다고 볼 수 없다고 하면서 공소외 주식회사가 위와 같은 조달물자구매계약에 따라 캐드파일 및 기술자료를 철도청에 제출하고 그중 일부가 철도차량의 보수 · 유지를 위한 목적으로 몇 차례 출도 · 열람되었다는 사정이 있다고 하여 위 캐드파일 및 기술자료의 비공지성이 상실되었다고 볼 수 없다고 하였다.

④ 대법원 2009. 10. 29. 선고 2007도6772 판결은 원심 판시 회로도 또는 회로도 파일, 레이아웃 도면 파일, 공정관련 설계자료집 파일 및 양산관련 '조립규격' 파일 등을 영업비밀에 해당한다고 하면서 위 회로도에 표시된 소자의 선택과 배열 및 소자값 등에 관한 세부적인 내용이 공연히 알려져 있지 아니한 이상, 다른 업체들이 공소외 주식회사 제품과 기능이 유사한 제품들을 생산하고 있다거나 타 회사 제품의 데이터 시트(data sheet) 등에 그 제품의 극히 개략적인 회로도가 공개되어 있다는 등의 사정만으로 이와 달리 볼 수 없다고 하였다.

⑤ 대법원 2012. 10. 25. 선고 2012도7874 판결은 ○○○식품의 추어탕 제조방법은 그 재료의 실제적인 배합비율, 조리방식 및 순서 등이 공개된 바 없는 점, ○○○식품이 생산직 직원들로부터 영업비밀 누설금지 및 경업금지 등에 관한 비밀유지서약서를 제출받아 오고 있고, 추어탕 생산공장 중 천연소스배합실과 분말소스배합실을 출입통제구역으로 관리하면서 소스 제조를 담당하는 직원들 외에는 출입을 통제하는 한편, 그 주변에 폐쇄회로 텔레비전을 설치 · 관리하고 있는 점 등에 비추어 영업비밀에 해당한다고 본 원심 판단을 수긍하였다.

⑥ 한편 대법원 2009. 4. 9. 선고 2006도9022 판결은 문서 내용 중 일부가 피해자 회사의 웹사이트에 공개되어 있었고, 문서의 내용은 미들웨어에 관하여 기술적으로 중요한 정보가 기재되어 있거나 그 보유자가 경쟁상의 이익을 얻을 수 있는 정보를 담고 있다기보다는 미들웨어의 구성과 기능상의 특징에 관하여 간략히 개괄하고 있는 것에 불과하여 위 문서가 공연히 알려져 있는 것이거나 독립된 경제적 가치를 가진다고 할 수 없다는 이유로 영업비밀에 해당하지 아니한다고 하였다.

16) Rockwell Graphic Sys., Inc. v. Dev Indus., Inc., 925 F.2d 174 (Fed. Cir. 1991).
17) 대법원 2008. 2. 29. 선고 2007도9477 판결.
18) 서울고등법원 1988. 4. 28. 선고 97나15229 판결(미상고 확정).

수 있는 상태가 아니라는 의미까지 포함하고 있다. 다만, 알려져 있는 상태는 사안마다 달라 일률적으로 판단할 수 없으므로 대상인 정보 그 자체의 성질, 경쟁업체가 동종의 제품을 생산하고 있는지, 관리상황 등의 구체적 상황을 종합적으로 검토한다.

따라서 어느 정보가 시판된 상품에 내재되어 있거나 연구지에 게재되어 있더라도 그 연구지나 상품에 접근하여 그로부터 해당 정보를 입수하는 것이 제한되어 있다면 비공지성이 유지되는 것으로 볼 수 있고, 반면에 시판된 제품을 살펴보아 쉽게 그 제품에 담긴 정보를 알 수 있다면 그 상품을 유통시킨 것만으로 비공지성이 상실될 수 있다. 다만 시중에 판매되는 제품을 구매하여 역설계(reverse engineering, 역공정)를 실시하여 해당 정보를 알 수 있더라도 분석에 많은 시간과 노력이 들거나 제품 역공정으로도 그 구조를 완전히 파악할 수 없는 경우에는 시판되었다는 사정만으로 곧바로 비공지성이 상실되는 것은 아니다.[19]

특허출원절차 등을 통해 발명에 포함된 기술정보의 비공지성이 상실될 수 있다.[20]

다만 영업비밀의 비공지성은 특허발명의 신규성에서 말하는 비공지성과는 다른 개념이다. 예컨대 특허법에서는 특허출원자가 특허출원 전에 외국에서 발행된 간행물에 기재된 발명을 입수하여 출원하였는지 여부, 국내의 경쟁사업자가 외국에서 발행된 간행물에 기재된 발명을 입수하여 이용할 수 있는지 여부와 상관없이 외국에서 발행된 간행물에 기재된 발명에 의해 신규성은 부정되지만, 영업비밀성에서는 그러한 문헌이 국내에 반입된 적이 없고 실제로 이를 입수하는 것이 어렵다거나 해당 언어의 특성상 국내 경쟁업자가 이를 입수하여 해독하는 것이 어렵다면 그러한 정보에 비공지성이 인정될 수 있다.

공개되어 자유로이 사용할 수 있는 공공영역(public domain)에 있는 정보를 단순히 조합한 정보는 그 자체로 비밀성을 인정하기 어렵지만 공지된 정보에 새롭고 독특한 핵심적인 정보가 추가된 경우에는 영업비밀을 인정할 수 있다. 영업비밀성을 인정하기 위하여 공지된 각 정보가 조합되더라도 유기적으로 결합된 전체로써 공지되지 않은 독특한 내용이 되거나 그와 같이 결합된 조합 구성이 경쟁적

---

19) 대법원 1996. 12. 23. 선고 96다16605 판결 등 참조.
20) 대법원 2012. 4. 17.자 2010마372 결정 참조.

인 이점을 제공하거나 그것으로 가치있는 공헌을 할 수 있다면 영업비밀이 될 수 있다.21)

여기서 일반적으로 알려진이라는 의미는 해당 정보가 반드시 대중 전체에 알려져야 하는 것은 아니고 그 정보로부터 경제적인 이익을 얻을 수 있는 주요 인물이 그것을 알게 된 경우나 특정한 산업·기술·과학 분야에 알려진 것으로 충분하다.

또한 영업비밀 보유자가 교섭과정에서 거래 상대방에게 기술정보를 제공하였는데 계약체결에 이르지 못한 경우에 비밀유지의무가 부과되지 않았다면 비밀성이 상실될 수 있고,22) 반면에 영업비밀 보유자가 어느 정보를 특허로 출원하여 특허받은 경우에도 출원되어 공개된 정보 이외의 정보는 영업비밀이 될 수 있다.23)

영업비밀의 비밀성은 상대적이므로 복수의 영업자가 독자적으로 동시에 같은 정보를 영업비밀로 보유할 수 있다.

비밀상태는 공개로 인해 소멸하는데 이때 비밀을 누가 공개하였는지, 공개에서의 선의·악의 여부는 묻지 아니한다. 비밀의 공개는 모든 사람이 그 정보를 반드시 현실적으로 알고 있다는 것을 의미하는 것은 아니고 사람들이 그 정보를 부정한 수단·방법을 통하지 아니하고 통상의 방법으로 쉽게 얻을 수 있는 상태 (readily ascertainable)에 있는 것으로 충분하다.

여기서 통상의 방법은 그 사회적, 경제적 상황에 따라 달라질 수 있다. 예를 들면 경쟁자가 제3자를 고용하여 피해자 공장 위에 띄워 선회하는 공중기구를 통

---

21) AvidAir Helicopter Supply, Inc. v. Rolls-Royce Corp., 663 F.3d 966 (8th Cir. 2011).
22) 대법원 2010. 12. 23. 선고 2008다44542 판결은 원고 회사가 피고들에게 그 영업비밀이라고 주장하는 원심 판시 별지 7 기재와 같은 이 사건 고주파 수술기의 제조방법 등에 관한 문서들을 제공하면서 비밀유지의무를 부과하지 아니한 점, ‥(중간 생략)‥ 등의 방법으로 비밀유지를 위하여 어떤 조치를 취하였다고 할 수 없는 점 등에 비추어 보면, 원고 회사가 이 사건 고주파 수술기의 제조방법을 영업비밀로 유지하기 위한 상당한 노력을 하였다고 볼 수는 없고, 설령 원고 회사가 취업규칙에서 그 직원들에게 일반적인 비밀유지의무와 문서 배포금지의무를 부과한 바 있다 하더라도 그와 같은 사정만으로 달리 볼 수 없으므로, 이 사건 고주파 수술기의 제조방법이 영업비밀로 관리되고 있다고 할 수 없다고 하였다.
23) 대법원 2004. 9. 23. 선고 2002다60610 판결은 특허출원되어 등록된 발명에 대하여 영업비밀을 주장하는 자로서는 그 특허출원되어 공개된 내용 이외의 어떠한 정보가 영업비밀로 관리되고 있으며 어떤 면에서 경제성을 갖고 있는지를 구체적으로 특정하여 주장·증명하여야 한다고 하였다.

해 피해자 회사에 의해 건설 중인 공장 사진을 찍는 방법으로 기술정보를 획득하는 방법이 1970년대에는 통상의 방법이 아닌 사회통념상 부정행위로 평가되었다.[24] 그러나 오늘날에는 인터넷 등의 정보통신기술과 드론이나 상업용 인공위성 등을 통해 고해상도의 사진을 쉽게 얻을 수 있으므로 이러한 공개된 방법으로 기술을 얻는 것이 통상의 방법에 의한 것으로 평가될 수 있다.

해당 정보가 시판 제품에 포함되어 있거나 간행물에 게재되어 있거나 역설계 등에 의해 기술정보를 획득할 수 있더라도 그 정보를 분석, 취득하는 데 상당한 시간, 비용 및 노력이 드는 경우에는 그 정보는 영업비밀로서 보호의 대상이 될 수 있다.[25]

또한 대법원판결 중에는 "ETUND 1.00은 원래 Maxim Krasnyansky가 창작하여 GNU 일반공중사용허가서(General Public License, 이하 'GPL'이라 한다)의 조건을 붙여 공개한 프로그램인 VTUND를 개작한 것인데, GPL에 의하여 공개된 프로그램의 저작권자는 원 프로그램을 개작한 프로그램의 작성자가 개작프로그램의 원시코드(source code)를 일반 공중에게 공개하고 일반 공중의 사용을 허락할 것을 조건으로 개작프로그램의 작성자에게 원 프로그램에 대한 개작권을 부여한 것이라 하더라도, ETUND 1.00, ETUND 1.04가 원 프로그램인 VTUND에 대하여 새로운 프로그램이라고 할 정도의 창작성이 인정되는 이상 ETUND 1.04의 저작권자는 공소외 주식회사이므로, 비록 공소외 주식회사가 ETUND 1.04 원시코드의 공개를 거부함으로써 GPL을 위반하였다고 하더라도, 공소외 주식회사가

---

24) duPont de Nemours & Co. v. Christopher, 431 F.2d 1012 (Fed. Cir. 1970).
25) 대법원 1996. 12. 23. 선고 96다16605 판결은 "원고 회사가 외국의 잉크제품을 분석하여 이를 토대로 이 사건 기술정보를 보유하게 되었다거나, 역설계가 허용되고 역설계에 의하여 이 사건 기술정보의 획득이 가능하다고 하더라도 그러한 사정만으로는 이 사건 기술정보가 영업비밀이 되는 데 지장이 없다."라고 하였다. 이러한 입장에 따르면 역설계, 역공정(reverse engineering)에 의하여 어느 정보를 취득하는 행위 등은 원칙적으로 부정한 취득이 아니고, 경우에 따라서는 역설계를 한 영업자도 그 정보를 영업비밀로서 보유할 수 있음을 의미한다.
대법원 1999. 3. 12. 선고 98도4704 판결도 같은 취지로 판시하면서 "원심이, 피고인들이 삼성전자로부터 유출한 판시 자료들은 모두 삼성전자에서 많은 인력과 자력을 투여하여 만들어 낸 핵심공정자료들로서 삼성반도체의 특유한 생산기술에 관한 영업비밀이고, 일부 내용의 경우 제품을 분해하여 고율의 전자현미경으로부터 분석하면 그 내용을 대략적으로 알 수 있다거나, 그 제품의 생산장비를 생산하는 업체를 통하여 간접적으로 알 수 있다 하더라도 달리 볼 것이 아니다."라고 하였다.

VTUND의 저작권자에 대하여 그로 인한 손해배상책임 등을 부담하는 것은 별론으로 하고, ETUND 1.04의 원시코드가 공연히 알려져 있지 아니하고 독립된 경제적 가치를 가지며 상당한 노력에 의하여 비밀로 유지된 이상 공소외 주식회사의 영업비밀에 해당한다."라고 한 원심판단을 수긍한 것이 있다.[26]

비공지성 여부는 간행물 등의 증거에 따른 사실인정 문제이다.

소송에서 영업비밀 보유자는 우선적으로 해당 정보가 영업비밀임을 주장 · 증명하여야 한다.[27] 영업비밀 보유자에게 당해 정보에 대한 비공지성의 증명을 엄격하게 부과한다면 영업비밀 보유자 이외의 모든 제3자가 아직까지 그 정보를 알지 못하고 간행물에 기재되지 않았다는 등의 사실이 증명되어야 하는데 이는 어느 사실의 부존재를 증명하려는 것이어서 사실상 불가능하다. 따라서 영업비밀 보유자로서는 당해 정보가 비밀로 관리되어 통상의 방법으로 쉽게 입수할 수 없다는 것을 증명하면 '공공연히 알려져 있지 아니한 상태'라는 점이 사실상 추정되는 것으로 하고, 주장된 영업비밀이 공공연히 알려져 있다는 사실은 침해자에 의해 반증으로 주장 · 증명되도록 하는 것이 자연스럽다.

② 경제적 유용성(經濟的 有用性)

영업비밀이 되기 위하여는 그 정보가 생산방법, 판매방법 기타 영업활동에 유

---

26) 대법원 2009. 2. 12. 선고 2006도8369 판결.

27) 특허청은 영업비밀 보유자의 영업비밀 증명 부담을 완화시켜 주는 방법으로 특허청에서는 '타임스탬프를 이용한 영업비밀 원본증명제도'를 실시하고 있다. 이 제도는 영업비밀이 수록된 전자문서의 실체적 내용을 타임스탬프 발급기관 등 누구에게도 공개하지 않고 전자지문만을 추출하는 방식으로 당해 전자문서의 생성시점과 그 시점 이후에 수정·변경되지 않았다는 원본성을 증명해주는 제도이다. 이러한 영업비밀 원본증명제도는 2013. 7. 30. 법률 제11964호로 개정된 부정경쟁방지법 제9조의2 내지 4로 신설되었고, 2015. 1. 28. 법률 제13081호로 개정된 부정경쟁방지법 제9조의2 제3항에서 제2항에 따라 원본증명서를 발급받은 자는 제1항에 따른 전자지문의 등록 당시에 해당 전자문서의 기재 내용대로 정보를 보유한 것으로 추정한다는 규정이 신설되었다.
타임스탬프를 이용한 영업비밀 원본증명제도만으로 영업비밀 보호와 관련된 모든 문제를 해결할 수 없겠지만, 영업비밀을 수록하고 있는 전자문서에 대하여 타임스탬프를 부여받게 되면 영업비밀 침해소송 등에서 당해 영업비밀의 생성시점 및 당해 시점 이후로는 그 정보가 변경되지 않았음이 추정되기 때문에 영업비밀 보유자의 영업비밀 존재에 대한 증명책임 부담이 경감되는 효과가 있다.

용한 기술상[28) 또는 영업상[29)의 정보로서 독립된 경제적 가치를 지닌 것이어야한다. 예를 들어 기술상의 정보로 제품 설계도, 제조방법, 화장품 등의 원재료 성분표 내지 배합 비율, 연구개발 보고서 등을 들 수 있고, 영업상의 정보로는 고객명부, 고객정보, 주문서, 생산ㆍ판매계획서, 조직 개편 및 투자, 합병 계획, 자금조달 계획 등을 들 수 있다.

여기서 독립된 경제적 가치를 가진다는 것은 그 정보의 보유자가 그 정보의사용을 통해 경쟁자에 대하여 경쟁상의 이익을 얻을 수 있거나 그 정보의 취득이나 개발을 위해 상당한 비용이나 노력이 필요하다는 것을 말한다.[30)

따라서 어떠한 정보가 단순한 추상적인 아이디어에 불과하다거나 공개된 문헌에 기재된 내용을 보고 오랜 시간과 노력을 들이지 않고도 기술구성을 전부 파악할 수 있다면 경제성을 인정하기 어렵지만, 비록 아이디어라도 영업에 도움이될 수 있을 정도로 구체성을 가지거나 어떠한 정보가 법에 정한 요건을 모두 충족하는 이상 그 정보가 즉시 영업활동에 이용될 수 있을 정도로 완성된 단계에이르지 못하였거나 실제 제3자에게 아무런 도움을 준 적이 없거나 누구나 시제품만 있으면 실험을 통하여 알아낼 수 있는 정보가 일부 포함되어 있더라도 위 정보를 영업비밀로 인정하는 데 영향을 주지 않는다.

해당 정보를 취득하거나 개발하기 위하여 상당한 비용이나 노력이 필요하고그 정보의 보유로 경쟁업체와의 경쟁관계에서 유리한 지위를 얻거나 그 정보를이용하여 이익을 얻을 수 있는 등 영업활동에 도움이 되는 정보이면 경제적 유용성이 인정된다.[31) 이때 경제적 유용성은 보유자가 그 정보를 실제로 사용하고 있

---

28) 대법원 2008. 7. 24. 선고 2007도11409 판결(인터넷상 프로그램을 구성하는 소스파일을 영업비밀로 인정), 대법원 2008. 2. 15. 선고 2005도6223 판결(부품과 원료의 배합비율과 제조공정을 기술한 자료와 회사가 시제품의 품질을 확인하거나 제조기술 향상을 위한 각종 실험을 통하여 나타난 결과를 기재한 자료를 영업비밀로 인정).

29) 대법원 2006. 10. 27. 선고 2004도6876 판결(강사비 단가, 전체 자금현황, 고객리스트 등의 자료를 영업비밀로 인정), 대법원 2008. 9. 11. 선고 2008도5364 판결(단가리스트 CD에 담긴 자료를 영업비밀로 인정), 대법원 2010. 12. 9. 선고 2010도11980 판결(고객 데이터명부를 영업비밀로 인정), 대법원 2011. 7. 14. 선고 2009다12528 판결('모바일 게임 사업제안서'에 해외 영업망 구축에 관하여 우위를 점할 수 있는 정보 등을 영업비밀로 인정).

30) 대법원 2009. 7. 9. 선고 2009도250 판결(냉각탑의 완제품 설계도와 부품설계도에 수록된 기술상의 정보가 '영업비밀'에 해당하지 않는다고 본 원심판결을 파기함).

을 필요는 없고 장래에 경제적 가치를 발휘할 가능성이 있거나 그 내용을 알게 될 경우 경쟁상 유용하게 활용할 상업적 가치가 있는 것으로 충분하다.

제품 설계도면, 제조방법, 연구데이터 등의 기술정보 및 상품개발계획, 판매계획, 고객명부, 판매 매뉴얼 등과 같은 영업상 정보, 그밖에 판매 및 재정계획,[32] 화합물의 성공적인 배합비율을 얻기에 실패했던 실험데이터와 같이 소극적 정보, 음식의 조리법, 회사 간 합병계약 내용 등 경쟁관계에서 상대방에게 유용하게 활용될 수 있는 정보나 상대방이 알면 경쟁의 우위가 사라지는 정보는 경제적 유용성이 있다. 해외 본사로부터 제품을 수입하여 영업사원이나 대리점을 통하여 국내에 판매하는 국내 현지판매법인의 제품원가 분석자료, 대리점 마진율, 할인율, 가격, 신제품 개발계획도 경제적 유용성이 인정된다.

기계의 기본적인 작동원리나 기본적인 구성이 공공연히 알려져 있더라도 그 기계를 구성하는 개개 부품의 규격이나 재질, 가공방법, 그와 관련된 설계도면 등이 공공연히 알려져 있지 아니하다면 해당 정보는 경제적 유용성이 있다. 회로도에 담긴 추상적 기술사상이 공지된 경우에도 그것만으로 회로도의 독립된 경제적 가치가 부정된다고 할 수 없다.[33]

실무에서 독립된 경제적 가치가 인정되는 경우로서 ① "후발의 동종업체가 이를 활용할 경우 사업초기 투자비용 절감 및 사업안정화 기간 단축의 효과를 가져올 수 있는 사실, 실제 공소외 3 회사는 그 교육사업부 설립 후 단기간 내에 공소외 1 주식회사의 공인교육기관으로 지정받음으로써 일반적으로 1년 이상 걸리는 사업안정화 기간을 3개월 이내로 단축할 수 있었던 사실"[34]을, ② "제10, 11 항 문서는...게임을 판매함에 있어 제시할 수 있는 가격 등 주요정보에 관한 몇 가

---

31) 대법원 2008. 2. 15. 선고 2005도6223 판결, 대법원 2011. 7. 14. 선고 2009다12528 판결, 대법원 2012. 10. 11. 선고 2010도13917 판결 등 참고.

32) PepsiCo, Inc. v. Redmond, 54 F.3d 1262 (Fed. Cir. 1995).

33) 대법원 2008. 2. 29. 선고 2007도9477 판결은 회로도란 부품의 배열, 부품의 연결, 부품의 규격과 전기적 수치 등을 공인된 기호를 사용하여 단면에 표시한 도면으로서 회로도를 설계함에 있어 가장 중요한 부분은 소자의 선택과 소자의 배열 등이고, 향후 제품에서 실현할 구체적 기능 구현을 완성하기 위해서는 주어진 규격에 따른 성능 테스트 등을 통하여 세부 규격을 정하는 과정을 거쳐야만 하므로, 설령 회로도에 담긴 추상적인 기술사상이 공지되었다고 하더라도 위와 같은 과정을 거쳐서 완성되는 회로도의 독립된 경제적 가치를 부정할 수는 없다고 하였다.

34) 대법원 2006. 10. 27. 선고 2004도6876 판결.

지 비즈니스 모델 등을 포함하고 있고 그 내용은 향후 이 제품 또는 이와 유사한 제품을 다른 회사에 판매하는 경우에 유용하게 활용될 정보로서 경쟁업체가 이를 입수할 경우 가격정책 수립 등에서 시간과 비용을 상당히 절약할 수 있을 것으로 보이는 점"35)을, ③ "공소외 주식회사가 이 사건 정보의 획득에 상당한 시간과 노력을 들였고 그 정보 자체도 공소외 주식회사의 실정에 맞게 최적화된 기술정보와 영업정보라는 점, 후발경쟁업체가 이 사건 정보를 취득하는 경우 최소한의 시간과 비용을 투자하여 공소외 주식회사와 동일한 수준의 제품을 개발할 수 있고 공소외 주식회사와의 경쟁에서 우위를 점할 수 있는 영업전략을 수립하는 데에도 매우 유용한 자료로 활용될 수 있는 점"36)을 들고 있다.

이와 반대로 실무에서 독립된 경제적 가치가 없는 경우로서 ㉮ "다심관 생산설비 중 일부인 권취기와 파이프 보관틀은 기계업자들이 용이하게 그 제작·개선을 할 수 있는 단순한 구조의 설비로서 그 제작방법이 비공지성을 지닌 기술이 아니며, 가사 △△이 작업 편의를 위해 위 설비에 일부 개선을 하였더라도 그 정보의 취득이나 개발을 위하여 상당한 비용이 든 것으로는 보이지 않아 경제적 유용성을 인정하기 어려운 점"37)을, ㉯ "피고인이 ○금속처럼 국내 업체를 통해 □□사에 납품할 제품을 생산하였다면 ○금속의 □□사에 대한 납품가격, 아웃소싱 구매가격, 물류비 등을 알게 되는 경우 경쟁상의 이익을 얻을 수 있으므로 독립된 경제적 가치가 있다고 볼 수 있으나, 피고인이 ○금속과 달리 중국 업체를 이용하여 제품을 생산한 후 ○금속에 비해 현저히 낮은 가격으로 □□사에 납품을 한 이상 ○금속의 납품가격, 아웃소싱 구매가격, 물류비 등에 대한 정보가 피고인에게 있어 독립된 경제적 가치가 있다고 볼 수 없는 점"을38), ㉰ "S-35390A 칩은 RTC 회로소자로 많이 쓰이는 범용부품이어서 이를 PVR 제품에 채용하는 것이 상당한 시간이나 비용이 소요되어 독립된 경제적 가치를 가지는 정보라고 보기 어렵고, 토필드의 S-35390A 관련 회로도는 S-35390A 칩과 진동자 및 전원의 결선상태에 관한 것으로서 S-35390A 칩의 제조업체 또는 다른 RTC 칩의 제조업체에서 제공하는 참고 회로도 등을 참고하여 별다른 시간이나 비용을 들이지

---

35) 대법원 2011. 7. 14. 선고 2009다12528 판결.
36) 대법원 2011. 7. 28. 선고 2009도8265 판결.
37) 대법원 2001. 1. 24. 선고 2001도4331 판결.
38) 대법원 2008. 7. 10. 선고 2006도8278 판결.

않고 쉽게 작성할 수 있는 점"[39]을 들고 있다.

한편 민사법의 대원칙인 권리남용, 선량한 풍속 기타 사회질서(공서양속) 위반의 법리가 부정경쟁방지법의 영업비밀성 인정 여부에 그대로 적용되고 그중 경제적 유용성의 요건은 일정한 사회적 상당성이나 필요성이 있는 정보를 보호하기 위함이므로 경제적 유용성 여부는 사회통념상 보호할 가치가 있는지에 비추어 판단한다.

따라서 범죄 수법, 공해나 탈세에 관한 정보, 마약 등을 제조하는 방법 등과 같이 선량한 풍속 기타 사회질서에 반하는 내용은 보호의 대상에서 제외된다. 예를 들어 사전에 알게 되면 입찰자에게 경제적 이익이 되는 공공토목공사에 관한 토목공사설계단가에 관한 사전입찰정보라도 공서양속에 반하는 행위로 사전에 입수하는 것과 같이 공정한 입찰절차를 통하여 운영되는 공공의 이익을 손상한 것이라면 그와 같은 정보에 독립된 경제적 가치를 부여하기 어렵다.

③ 비밀관리성(秘密管理性)

영업비밀 해당성에서 비밀관리성이란 법이 보호하는 영업비밀이 되기 위해서 사업자가 어떤 정보를 주관적으로 비밀로 관리한다는 비밀관리의사가 있어야 하고,[40] 그 정보가 객관적으로 비밀로 유지·관리되고 있다고 인정되는 상태에 있어야 함을 의미한다.

비밀유지의무가 인정되는 근거로서 당사자 간의 약정에 따라 명시적으로 인정될 수 있고 그러한 명시적인 약정이 없어도 당사자 사이의 관계 예컨대 근무규정, 합작투자약정, 라이선스 약정, 상품판매 약정 등의 제반 사정들로부터 나오는 충실의무에 의해 묵시적으로 인정될 수도 있다.

2015. 1. 28. 법률 제13081호로 개정된 부정경쟁방지법 제2조 제2호는 영업비밀의 정의와 관련하여 영업비밀로 보호되기 위하여 필요한 비밀유지 관리 수준을 "상당한 노력"에서 "합리적인 노력"으로 완화하였다.

---

39) 대법원 2012. 10. 11. 선고 2010도13917 판결.
40) 비밀관리의 주관적인 의사는 외부에서 인식할 수 있는 것으로 충분하고 명시적으로 표시되어 있을 필요는 없다.

위 법 시행 당시의 실무를 정리하면 아래와 같다.

어느 정보를 비밀로 유지하기 위한 "합리적인 노력"을 기울였는지는 해당 정보에 대한 접근을 제한하는 등의 조치를 통해 객관적으로 정보가 비밀로 유지·관리되고 있다는 사실을 인식할 수 있는 상태가 유지되고 있는지를, 해당 정보에 대한 물리적·기술적 관리, 인적·법적 관리, 조직적 관리가 이루어졌는지에 따라 판단하되, 각 조치가 합리적이었는지 여부는 영업비밀 보유 기업의 규모, 해당 정보의 성질과 가치, 해당 정보에 일상적인 접근을 허용하여야 할 영업상의 필요성이 존재하는지 여부, 영업비밀 보유자와 침해자 사이의 신뢰관계의 정도, 과거에 영업비밀을 침해당한 전력이 있는지 여부 등을 구체적 정황을 고려하여 사안마다 개별적으로 판단하였다.

즉, 영업비밀의 귀속주체의 업종, 자산규모, 종업원의 수·정보의 성질과 중요성, 비밀침해의 수단과 방법 등을 고려해 볼 때 당해 정보가 비밀이라는 점이 합리적으로 추단될 수 있도록 관리될 필요가 있다. 비밀관리의 수준 내지 정도는 획일적이고 일률적이지 않고 해당 정보의 성격과 중요성, 비밀보유자가 속한 업계의 일반적 지식수준과 당해 사업자의 사업규모(대기업, 중소기업 등)에 따라 그 정보에 대한 비밀관리의 수준 내지 정도가 다소 달라질 수 있다.[41] 즉 영업비밀 유지·관리를 위한 노력이 합리적인지는 영업비밀 보유자의 예방조치의 구체적 내용, 해당 정보에 접근을 허용할 영업상의 필요성, 영업비밀 보유자와 침해자 사이의 신뢰관계와 그 정도, 영업비밀의 경제적 가치, 영업비밀 보유자의 사업 규모와 경제적 능력 등을 종합적으로 고려한다.[42]

비밀관리성을 인정하기 위해서는 우선 그 정보가 비밀임을 특정·표시하여야

---

41) 대법원 2012. 6. 28. 선고 2012도3317 판결은 "피해자 회사의 규모나 종업원 수, 이 사건 정보들의 성격과 중요성 등 피해자 회사가 처한 구체적인 상황 아래서 피해자 회사는 특허등록된 유산균 이중코팅기술과는 별개의 것으로서 특정·구별되는 이 사건 정보들에 대하여 비밀이라고 인식될 수 있는 표시를 하거나 고지를 하고, 그 정보에 접근할 수 있는 대상자나 접근 방법을 제한하고 그 정보에 접근한 자에게 비밀준수의무를 부과하는 등 피해자 회사 나름의 합리적인 노력을 기울임으로써 객관적으로 그 정보들이 비밀로 유지·관리되고 있다는 사실이 인식 가능한 상태에 있게 되었음을 알 수 있으므로, 이 사건 정보들은 피해자 회사의 상당한 노력에 의하여 비밀로 유지된 부정경쟁방지법 제2조 제2호 소정의 영업비밀에 해당한다."라고 하였다.

42) 대법원 2019. 10. 31. 선고 2017도13791 판결.

하고, 그 특정된 비밀에 대한 대상자나 접근방법을 제한하여야 하며 접근이 허용된 종업원이나 외부의 제3자에 대하여 부당한 사용이나 개시를 금하는 비밀유지 의무가 부과될 필요가 있다.43)44)

비밀관리의사를 가지고 영업비밀 보관장소에의 출입을 제한하거나 비밀자료의 보관, 파기방법을 지정하거나 비밀취급자를 특정하거나 비밀준수의무를 부과하는 등의 방법으로 비밀을 유지 · 통제하고 있다면 비밀관리성이 인정된다. 정보 접근방법을 물리적으로 완전히 차단할 것을 요구하지는 않고 정보취급 담당자 또는 거래 상대방에 대한 비밀유지의무 부과, 매체에 대한 물리적 접근 제한 등으로 인해 부정한 수단 · 방법에 의하지 않으면 정보에 접근할 수 없을 정도의 관리 노력이 인정될 경우에 해당 정보는 비밀관리성이 인정되어 영업비밀로 보호받을 수 있다.

대법원은 부정경쟁방지법상의 영업비밀 정의에 따른 사안에서 비밀관리성을 인정하면서 ① 조달물자구매계약상 철도청에 비밀유지의무가 부과된 기술상 정보인 캐드파일 및 기술자료는, 청외자의 신청에 의한 도면의 출도 · 열람을 허가하는 철도청 도면관리규정이 존재하고 자료의 일부가 몇 차례 출도 · 열람되었다는

---

43) 대법원 2012. 6. 28. 선고 2011도14042 판결은 피해 회사의 영업비밀이라고 주장하는 일부 파일들은 피고인이 관리하는 컴퓨터에 저장되어 있었는데 위 컴퓨터와 다른 직원들의 컴퓨터는 네트워크로 연결되어 서로의 정보가 공유되고 있었고, 그 과정에서 암호입력 등 최소한의 보안장치도 설정되어 있지 아니하여 누구나 접근할 수 있었던 점, 피해 회사는 중요 파일의 비밀유지에 필요한 별다른 보안장치나 보안관리규정이 없었고 대부분의 파일에는 "CONFIDENTIAL"이라는 문구가 기재되지 아니하였던 점, 직원들은 각자의 컴퓨터에 저장된 정보를 별다른 제한없이 열람 · 복사할 수 있었고, 복사 또는 출력된 파일들의 반출 등에 관한 통제장치가 마련되어 있지 아니하였던 점 등을 종합하여 보면, 이 사건 파일은 상당한 노력에 의하여 비밀로 유지되었다고 보기 어려워 영업비밀에 해당하지 않는다고 판단한 원심을 수긍하였다.

44) 대법원 2008. 7. 10. 선고 2008도3435 판결은 구 부정경쟁방지 및 영업비밀보호에 관한 법률 제2조 제2호의 영업비밀에서 '상당한 노력에 의하여 비밀로 유지된다'는 것은 그 정보가 비밀이라고 인식될 수 있는 표시를 하거나 고지를 하고, 그 정보에 접근할 수 있는 대상자나 접근 방법을 제한하거나 그 정보에 접근한 자에게 비밀준수의무를 부과하는 등 객관적으로 그 정보가 비밀로 유지 · 관리되고 있다는 사실이 인식 가능한 상태인 것을 말한다고 하였다. 이 부분 내용은 대법원 2009. 10. 29. 선고 2007도6772 판결, 대법원 2009. 12. 10. 선고 2009도10526 판결, 대법원 2010. 4. 29. 선고 2010도377 판결, 2010. 7. 15. 선고 2008도9066 판결, 대법원 2010. 12. 23. 선고 2008다44542 판결 등도 같은 취지이다.

사정이 있더라도, 영업비밀 보유자의 상당한 노력에 의하여 비밀로 유지된 정보로서 구 부정경쟁방지법(2007. 12. 21. 법률 제8767호로 개정되기 전의 것)에 정한 영업비밀에 해당한다고 하고,[45] ② 피해자 회사의 규모나 종업원 수, 정보들의 성격과 중요성 등 피해자 회사가 처한 구체적인 상황 아래서 피해자 회사는 특허등록된 유산균 이중코팅기술과는 별개의 것으로서 특정·구별되는 정보들에 대하여 비밀이라고 인식될 수 있는 표시를 하거나 고지를 하고, 그 정보에 접근할 수 있는 대상자나 접근 방법을 제한하고 그 정보에 접근한 자에게 비밀준수의무를 부과하는 등 피해자 회사 나름의 합리적인 노력을 기울임으로써 객관적으로 그 정보들이 비밀로 유지·관리되고 있다는 사실을 인식할 수 있는 상태에 있게 되었음[46]을 들고 있다.

반면에 대법원은 부정경쟁방지법상의 영업비밀 정의에 따른 사안에서 비밀관리성을 부정하면서 ① 피해자 회사가 피고인의 퇴직 전날 피고인으로부터 '피해자 회사에서의 업무수행과 관련하여 습득한 제반 정보 및 자료에 대한 기밀을 유지하겠다.'는 내용의 회사기밀유지각서를 제출받았더라도 한편으로, 해당 자료가 저장된 직원 컴퓨터는 비밀번호도 설정되어 있지 않고 별도의 잠금장치도 없어 누구든지 위 컴퓨터를 켜고 이 사건 자료를 열람하거나 복사할 수 있었고, 또한 위 컴퓨터와 네트워크를 통해 연결된 피해자 회사 내의 다른 컴퓨터를 통해서도 별도의 비밀번호나 아이디를 입력할 필요 없이 누구든지 쉽게 직원 컴퓨터에 접속하여 이 사건 자료를 열람·복사할 수 있었으며, 직원은 이 사건 자료를 정기적으로 CD에 백업하여 사무실 내 서랍에 보관해 두었는데, 그 서랍을 잠그지 않고 항상 열어두었기 때문에 누구든지 마음만 먹으면 그 백업 CD를 이용할 수 있었던 사정이 있었다면 피해자 회사가 피고인으로부터 위와 같이 일반적인 회사기밀유지각서를 제출받은 사실만으로는, 피해자 회사가 소규모 회사라는 점을 고려하더라도 이 사건 자료가 상당한 노력에 의하여 비밀로 유지되었다고 보기 어렵다."[47]라고 하고, ② "○○○○○ 직원이던 박△△가 2005. 3. 중순경 설계업무를 맡고 있던 ○○○○○ 직원인 장△△에게 ○○○○○ 명의로 기 설계 납품한 설

---

45) 대법원 2009. 7. 9. 선고 2006도7916 판결.
46) 대법원 2012. 6. 28. 선고 2012도3317 판결.
47) 대법원 2009. 9. 10. 선고 2008도3436 판결.

계도면을 복사해 달라고 요청하여 여러 장의 CD에 옮겨 담아 이를 소지하고 있던 중, 2005. 4. 15. ○○○○○를 퇴사하면서 이 사건 설계도면 등이 담긴 CD 4장을 가지고 나온 사실, 당시 ○○○○○ 사무실에서 장△△만이 자료 복사 장치가 있는 컴퓨터를 사용하고 있었는데, 그는 평소 다른 직원들이 출장을 갈 때나 업무처리상 필요하다고 요청하면 설계도면 등 자료를 복사하여 주었고, 박△△도 평소 주기적으로 자료가 유실되거나 손상되는 것을 막기 위하여 설계도면 등 자료를 복사해 두었던 사실, ○○○○○에서는 위와 같이 기 설계 납품한 설계도면 등을 대외비 또는 기밀자료로 분류하여 관리하고 있지 않았고, 그 관리책임자를 따로 지정하여 두지도 아니하였던 사실"을 인정하면서 해당 정보를 비밀로 특정 표시하거나 이에 대하여 접근할 수 있는 대상자나 접근방법을 제한하는 등의 조치를 취한 바 없다는 점,[48] ③ 도매점장들은 ○○○이 이 사건 도매점 전산시스템을 통해 이 사건 정보를 관리해온 것을 인식하였는데도 별다른 이의를 제기하지 않았으므로 이 사건 정보를 비밀로 유지·관리할 의사가 있었다고 보기 어려운 점, 도매점장들이 ○○○에게 이 사건 도매점 전산시스템의 관리를 사실상 위임한 것으로 볼 수 있어 제3자가 이 사건 도매점 전산시스템에 무단 접속하여 이 사건 정보를 수집하여 사용하였다면, ○○○의 비밀관리 노력을 영업비밀 보유자인 도매점들의 노력으로 보아 영업비밀침해가 성립될 수 있지만, ○○○과 그 직원들과의 관계에서는 비밀관리성을 인정하기 어려운 점을 들고 있다.[49]

위 법 시행 당시 실무는 대체적으로 비밀관리성이 부정됨을 이유로 영업비밀을 인정하지 않은 사례가 많았다.[50] 이러한 실무 경향으로 특히 중소기업에

---

48) 대법원 2008. 9. 25. 선고 2007도11376 판결.

49) 대법원 2019. 10. 31. 선고 2012도13792 판결.

50) ① 대법원 2009. 1. 30. 선고 2006도8498 판결은 "피해자 회사에서 별도로 보안교육을 하거나 영업비밀인지 여부가 문제로 되는 원심 판시 이 사건 실험결과 등을 보안자료로 분류하여 관리한 바 없는 점, 이 사건 실험결과 등이 저장된 컴퓨터가 보안장치 없이 피고인이 근무하던 책상에 놓여 있던 점, 피고인이 근무하던 연구실은 별도의 독립된 공간이 아니라 생산설비 한켠에 위치하여 있고 다른 사람들과 별도로 구분되어 있지도 않았던 점, 피고인이 2004. 1. 20. 피해자 회사를 그만두면서 이 사건 실험결과 등이 저장되어 있던 컴퓨터 및 피고인의 짐을 옮길 때에도 이를 저지하는 사람이 아무도 없었던 점 등의 사정에 비추어 볼 때, 피고인이 피해자 회사에 입사할 때 일반적인 보안각서를 작성하였다는 사정 등만으로는 이 사건 실험결과가 상당한 노력에 의하여 비밀로 유지되었다고 볼 수 없다."라고 하였다.

의해 관리되고 있는 영업비밀을 보호하기 위해 비밀관리성의 요건을 더욱 완화하여야 한다는 의견이 나오게 되었다.

이에 2019. 1. 8. 법률 제16204호로 개정된 부정경쟁방지법(시행일 2019. 7. 9.) 제2조 제2호는 영업비밀 정의에서 "합리적인 노력에 의하여 비밀로 유지된"을 "비밀로 관리된"으로 개정하여 합리적인 노력이 없더라도 비밀로 유지되었다면 영업비밀로 인정받을 수 있도록 비밀관리성 인정 레벨(수준)을 더욱 낮추어 영업비밀의 인정요건을 완화하였다.

이에 따라 종전에는 영업비밀 보유자가 단순히 자료에 비밀이라는 문구를 표시하거나 직원으로부터 회사기밀 유지각서를 제출받았더라도 그것만으로 곧바로 비밀관리성을 인정하기 어려웠는데 위 개정으로 인해 이러한 경우도 사실관계 여

---

② 대법원 2010. 1. 28. 선고 2009도13386 판결은 피해자 회사에서 별도로 보안교육을 하거나 영업비밀인지 여부가 문제로 되는 원심 판시 이 사건 실험결과 등을 보안자료로 분류하여 관리한 바 없는 점, 이 사건 실험결과 등이 저장된 컴퓨터가 보안장치 없이 피고인이 근무하던 책상에 놓여 있던 점, 피고인이 근무하던 연구실은 별도의 독립된 공간이 아니라 생산설비 한켠에 위치하여 있고 다른 사람들과 별도로 구분되어 있지도 않았던 점, 피고인이 2004. 1. 20. 피해자 회사를 그만두면서 이 사건 실험결과 등이 저장되어 있던 컴퓨터 및 피고인의 짐을 옮길 때에도 이를 저지하는 사람이 아무도 없었던 점 등의 사정에 비추어 볼 때, 피고인이 피해자 회사에 입사할 때 일반적인 보안각서를 작성하였다는 사정 등만으로는 이 사건 실험결과가 상당한 노력에 의하여 비밀로 유지되었다고 하면서 고객관리정보를 영업비밀로 판단하지 않은 원심[수원지방법원 2009. 10. 22. 선고 2009노3771(분리) 판결] 판단을 수긍하였다.
③ 대법원 2010. 12. 23. 선고 2008다44542 판결은 '고주파 수술기의 제조방법'이 그에 관한 문서에 비밀유지의무가 부과되지 아니하였고, 고주파 수술기의 부품 구성 및 부품 소자의 규격 값이 용이하게 파악될 수 있는 등 그 제조방법이 영업비밀로 유지되기 위하여 상당한 노력이 있었다고 볼 수 없어 구 부정경쟁방지 및 영업비밀보호에 관한 법률(2007. 12. 21. 법률 제8767호로 개정되기 전의 것) 제2조 제2호에 정한 '영업비밀'에 해당하지 않는다고 하였다.
④ 대법원 2012. 6. 28. 선고 2011도14042 판결은 피해 회사의 영업비밀이라고 주장하는 일부 파일들은 피고인이 관리하는 컴퓨터에 저장되어 있었는데 위 컴퓨터와 다른 직원들의 컴퓨터는 네트워크로 연결되어 서로의 정보가 공유되고 있었고, 그 과정에서 암호입력 등 최소한의 보안장치도 설정되어 있지 아니하여 누구나 접근할 수 있었던 점, 피해 회사는 중요 파일의 비밀유지에 필요한 별다른 보안장치나 보안관리규정이 없었고 대부분의 파일에는 "CONFIDENTIAL"이라는 문구가 기재되지 아니하였던 점, 직원들은 각자의 컴퓨터에 저장된 정보를 별다른 제한 없이 열람·복사할 수 있었고, 복사 또는 출력된 파일들의 반출 등에 관한 통제장치가 마련되어 있지 아니하였던 점을 비밀관리성을 부정하는 근거로 들었다.

하에 따라 비밀관리성이 인정될 수 있게 되었다.

다만 위 법 개정에 따르더라도 비밀관리성을 충족하기 위하여 앞에서 본 바와 같은 영업비밀이 되기 위한 요건, 즉 사업자가 어떤 정보를 주관적으로 비밀로 관리한다는 의사 및 그 정보가 객관적으로 비밀로 유지·관리되고 있다고 인정되는 상태에 있어야 한다는 요건은 여전히 충족되어야 한다. 예를 들어 직원이라면 누구라도 열람할 수 있는 상태에 놓여 있어 회사에 근무한 자라면 누구나 숙지할 수 있는 경우에는 비밀관리성을 인정하기 어렵다.

제3절 영업비밀의 귀속

근로자가 영업비밀을 개발한 경우 그 영업비밀이 누구에게 귀속하는지는 획일적으로 결정할 수 없고 구체적인 사안에서 해당 정보의 속성이나 취득 경위 등에 따라 개별적으로 논하여야 할 문제이다.

근로자가 근로계약에 따라 직장에서 근무하는 동안에 그 학력과 경력에 비추어 스스로 체득하게 된 일반적인 지식, 기술이나 업무를 처리하면서 개인적으로 취득한 경험(요령) 등은 그 자신에게 귀속되는 인격적 성질의 것이므로 회사의 영업비밀이라 할 수 없다. 다만 근로자가 일반적인 지식, 기술이나 개인적인 경험 등을 활용하여 쉽게 알 수 있는 것이 아닌 정보들, 예컨대 일반적인 지식이나 개인적인 경험을 고려하더라도 퇴사 시 근로자가 기억만으로는 알 수 없고 특정한 도면, 계산식, 일람표 등을 보아야만 알 수 있다면 해당 정보가 근로자에게 귀속되는 인격적 성질의 것이라고 보기 어렵다.

이때 어느 정보가 영업자의 영업비밀인지 아니면 근로자의 일반적인 지식과 기술 등의 어느 쪽에 해당하는지 여부는 결국 개별적인 사안에서 증거에 의한 사실인정의 문제이다.

근로자 등이 직무수행 중 기술상의 정보를 개발하여 지득하거나 발명진흥법 제2조에 해당되는 직무발명[51]을 한 경우에는 특별한 사정이 없는 한 해당 정보

---

51) 발명진흥법 제2조 제2호는 직무발명이란 종업원, 법인의 임원 또는 공무원(이하 "종업원 등이라 한다"이 그 직무에 관하여 발명한 것이 성질상 사용자·법인 또는 국가나 지방자

를 개발하거나 발명을 한 근로자에게 일차적으로 귀속된다.[52] 여기서 그 정보가 회사에 귀속되는 '특별한 사정'으로는 개발된 정보가 저작권법 제9조[53]의 단체명의 저작물에 해당되는 경우이거나 회사에 고용되어 급여를 받으면서 담당한 업무 그 자체와 관련되고 회사의 기자재와 연구 설비 및 다른 연구원의 연구 결과를 참조하여 연구한 경우 등을 들 수 있다.

치단체의 업무 범위에 속하고 그 발명을 하게 된 행위가 종업원 등의 현재 또는 과거의 직무에 속하는 발명을 말한다고 규정한다.

52) 서울지방법원 서부지원 1995. 12. 27. 선고 95가합3954 판결(1996. 1. 27. 확정)은 원고 업체에서 근무한 피고 등이 일본 기계를 모방하여 제작한 원고의 기계와 거의 동일한 기계를 별도의 업체 명의로 제작하여 판매한 사안에서, 피고 등에 의해 모방 제작되고 이를 원고에게 전속하기로 한 합의도 없는 원고의 기계는 일차적으로 개발자인 피고 등에 귀속한다는 취지에서 피고 등이 원고의 영업비밀을 침해하였다는 원고 주장을 배척하였다.

53) "법인·단체 그 밖의 사용자(이하 '법인 등'이라 한다)의 명의로 공표되는 업무상저작물의 저작자는 계약 또는 근무규칙 등에 다른 정함이 없는 때에는 그 법인 등이 된다. 다만, 컴퓨터프로그램저작물의 경우 공표될 것을 요하지 아니한다."

영업비밀 침해행위의 유형

제6장 영업비밀 침해행위의 유형

제1절 총설

영업비밀 침해행위란 기업이나 회사가 보유하고 있는 물품의 제조방법, 판매 방법, 기타 산업상·영업상 유용한 기술이나 경영정보 등 영업자의 업무에 관한 비밀 정보, 이른바 영업비밀을 부정하게 취득하거나 사용, 공개하는 일체의 행위 를 말한다.

부정경쟁방지법은 영업비밀 침해행위를 일반조항에 의한 규정방식이 아니라 개별적으로 열거하는 규정방식을 취하고 있다. 법 제2조 제3호의 규정방식에 따라 그 내용을 분류하면 아래와 같다.

법은 영업비밀 침해행위에서 침해행위의 기본유형으로, 영업비밀 보유자로부터 영업비밀을 부정한 수단으로 취득하거나 그와 같이 취득한 영업비밀을 사용, 공개하는 행위인 부정취득 및 그 사용·공개 행위(법 제2조 제3호 가목)와 영업비밀 보유자와의 계약관계 등에 의하여 영업비밀유지의무가 있음에도 그 영업비밀을 부정한 목적으로 사용하거나 공개하는 행위인 비밀유지의무 위반행위(법 제2조 제3호 라목)를 규정하고 있다.

그리고 이들 법 제2조 제3호 가목 및 라목의 기본유형에다가 각각 전득자의 관여행위에 대하여 영업비밀 취득 당시의 주관적 사정에 따라 취득 시부터 악의였던 경우와 취득 시에는 선의였다가 후에 악의로 된 경우로 나누어 추가로 규정한다.

이에 따라 영업비밀에 대하여 부정취득행위가 개입된 사실을 알거나 중대한 과실로 알지 못하고 그 영업비밀을 취득하는 행위 또는 그 취득한 영업비밀을 사용하거나 공개하는 행위(악의자의 영업비밀 취득 및 그 사용·공개 행위) (법 제2조 제3호 나목) 및 영업비밀이 라목에 따라 공개된 사실 또는 그러한 공개행위가 개입된 사실을 알거나 중대한 과실로 알지 못하고 그 영업비밀을 취득하는 행위 또는 그 취득한 영업비밀을 사용하거나 공개하는 행위(영업비밀 유지의무 위반의 사용·공개 행위) (법 제2조 제3호 마목)를 규정하고, 제3자가 영업비밀 취득 당시 부정취득 등 행위가 있었음을 알지 못하였으나 영업비밀을 취득한 후에 그 영업비밀에 대하여 부정취득행위가 개입된 사실을 알거나 중대한 과실로 알지 못하고 그 영업비밀을 사용하거나 공개하는 행위(영업비밀 취득 후 악의자의 그 사용·공개 행위) (법 제2조 제3호 다목)와 제3자가 영업비밀 취득 당시 비밀유지의무자의 의무위반행위가 있었음을 알지 못하였으나 영업비밀을 취득한 후에 그 영업비밀이 라목에 따라 공개된 사실 또는 그러한 공개행위가 개입된 사실을 알거나 중대한 과실로 알지 못하고 그 영업비밀을 사용하거나 공개하는 행위(영업비밀 취득 후 악의자의 그 사용·공개 행위) (법 제2조 제3호 바목)를 규정하고 있다.

즉, 제3자의 부정취득 등 행위나 비밀유지의무자의 의무위반행위가 있었다는 사실을 알거나 중대한 과실로 알지 못하고 당해 영업비밀을 취득·사용·공개하는 행위(악의취득행위 등)를 법 제2조 제3호 나목과 마목으로 규정하고, 제3자의 부정취득 등 행위나 비밀유지의무자의 의무위반행위를 취득 당시에는 알지 못하였으나 취득 후 알게 되거나 중대한 과실로 알지 못하고 당해 영업비밀을 사용·공개하는 행위(취득 후 악의사용행위 등)를 법 제2조 제3호 다목과 바목으로 규정하고 있다.

이때 거래의 안전을 도모하기 위해 부정경쟁방지법은 제13조에서 선의자에 대한 특례규정을 두어 거래에 의하여 영업비밀을 정당하게 취득한 자가 그 거래에 의하여 허용된 범위에서 그 영업비밀을 사용하거나 공개하는 행위에 대하여는 제10조(영업비밀 침해행위에 대한 금지청구권 등), 제11조(영업비밀 침해에 대한 손해배상책임), 제12조(영업비밀 보유자의 신용회복)까지의 규정을 적용하지 아니한다(법 제13조 제1항).

여기에서 "영업비밀을 정당하게 취득한 자"란 제2조 제3호 다목 또는 바목에서 영업비밀을 취득할 당시에 그 영업비밀이 부정하게 공개된 사실 또는 영업비밀의 부정취득행위나 부정공개행위가 개입된 사실을 중대한 과실 없이 알지 못하고 그 영업비밀을 취득한 자를 말한다(법 제13조 제2항) (이 부분에 대하여는 「제7장 영업비밀 침해행위에 대한 구제 제2절 영업비밀 침해행위에 대한 민사 구제 V. 선의자 특례」 부분에서도 설명한다).

영업비밀 침해행위에 관한 규정은 1991. 12. 31. 법률 제4478호로 개정된 부정경쟁방지법에서 제2조 제3호로 신설되었다가 2007. 12. 21. 법률 제8767호로 개정된 부정경쟁방지법에서 그 중 '각목의 1'이 '각 목의 어느 하나'로, '기타'가 '그 밖의'로, '라목에 의하여'가 '라목에 따라'로 바뀌고 절취, 기망의 문구 다음의 괄호 안에 竊取, 欺罔의 한자가 추가되는 문구 수정이 있었고 그 내용이 지금까지 그대로 유지되고 있다.

제2절 영업비밀 부정취득행위 등(법 제2조 제3호 가목 내지 다목)

I. 영업비밀 부정취득 및 그 사용·공개 행위(가목)

부정경쟁방지법 제2조 제3호 가목은 영업비밀 침해행위의 하나로 "절취(竊取), 기망(欺罔), 협박, 그 밖의 부정한 수단으로 영업비밀을 취득하는 행위(이하 '부정취득행위'라 한다) 또는 그 취득한 영업비밀을 사용하거나 공개(비밀을 유지하면서 특정인에게 알리는 것을 포함한다. 이하 같다)하는 행위를 말한다."라고 규정하고 있다.

위 가목에 열거된 '절취, 기망, 협박'은 '부정한 수단'을 예시한 것이다. 위 가목 소정의 '부정한 수단'이란 절취·기망·협박 등 형법상의 범죄를 구성하는 행위뿐만 아니라 비밀유지의무의 위반 또는 그 위반의 유인(誘引) 등 건전한 거래질서의 유지 내지 공정한 경쟁의 이념에 비추어 위에 열거된 행위에 준하는 선량한 풍속 기타 사회질서에 반하는 일체의 행위나 수단을 말한다.[1]

부정한 수단의 구체적인 예로서 폭행 등 부정한 방법으로 시제품이나 비밀

---

[1] 대법원 1996. 12. 23. 선고 96다16605 판결, 대법원 2011. 7. 14. 선고 2009다12528 판결. 한편 대법원 2009. 7. 9. 선고 2006도7916 판결은 형사사건에서 영업비밀부정사용죄의 대상이 되는 영업비밀은 법 제2조 제3호 가목에 정한 '절취·기망·협박 기타 부정한 수단으로 취득'된 영업비밀임을 전제로 한다는 상고이유의 주장은 받아들일 수 없다."라고 한다.

촉매 등 영업비밀이 담긴 유체물을 취득하거나 영업비밀이 저장된 매체를 취득하는 행위, 영업비밀 저장 매체가 보관된 장소에 무단으로 침입하거나 그 매체물이 보관되고 잠금장치가 된 물건을 개봉하여 정보를 복제하거나 암기하는 행위, 도청이나 해킹 등 보유자의 의사에 반하여 영업비밀 보유자로부터 비밀정보를 취득하는 행위 등을 들 수 있다.

영업비밀의 '취득'은 문서, 도면, 사진, 녹음테이프, 필름, 전산정보처리조직에 의하여 처리할 수 있는 형태로 작성된 파일 등 유체물의 점유를 취득하거나 유체물의 점유를 취득함이 없이 영업비밀 자체를 직접 인식하고 기억하거나 영업비밀을 알고 있는 사람을 고용하는 형태로 이루어질 수 있는데, 어느 경우에나 사회통념상 영업비밀을 자신의 것으로 만들어 이를 사용할 수 있는 상태가 되었다면 영업비밀을 취득하였다고 보아야 하므로, 회사가 다른 업체의 영업비밀에 해당하는 기술정보를 습득한 자를 스카우트하였다면 특별한 사정이 없는 한 그 회사는 그 영업비밀을 취득한 것으로 인정된다.[2]

다만 영업비밀의 취득이란 사회 통념상 영업비밀을 자신의 것으로 만들어 이를 사용할 수 있는 상태에 이른 경우를 말하므로, 회사 직원으로서 영업비밀을 인지하여 이를 사용할 수 있는 자는 이미 회사의 영업비밀을 취득하였다고 보아야 하므로 그러한 자가 당해 영업비밀을 단순히 기업의 외부로 무단 반출한 행위는 부정경쟁방지법 제18조 제1항 제1호 나목의 무단 유출 또는 형법상 업무상배임죄에 해당할 수 있음은 별론으로 하고, 위 조항 소정의 영업비밀의 취득에는 해당하지 않는다.[3]

종전 회사에서보다 높은 직위와 보수를 받기로 하는 등 스카우트 조건에 관

---

2) 대법원 1996. 12. 23. 선고 96다16605 판결, 대법원 1998. 6. 9. 선고 98다1928 판결 등 참조

3) 대법원 2008. 4. 10. 선고 2008도679 판결, 대법원 2009. 10. 15. 선고 2008도9433 판결, 대법원 2010. 1. 14. 선고 2009도9434 판결 참조. 대법원 2012. 6. 28. 선고 2012도3317 판결은 "기업의 직원으로서 영업비밀을 인지하여 이를 사용할 수 있는 사람은 이미 당해 영업비밀을 취득하였다고 보아야 하므로 그러한 사람이 당해 영업비밀을 단순히 기업의 외부로 무단 반출한 행위는 업무상배임죄에 해당할 수 있음은 별론으로 하고, 위 조항 소정의 '영업비밀의 취득'에는 해당하지 않는다."라고 하여 피해자 회사에서 근무하던 중 취득한 영업비밀을 퇴사 후 가지고 나온 행위가 영업비밀의 취득에 해당하지 않는다고 본다.

하여 협의한 후 경쟁사의 직원으로 채용되고, 종전 회사에서 퇴사하고 실제로는 그 무렵 경쟁사에 입사하고서도 종전 회사에 대하여는 그 사실을 숨겼다는 등의 사정이 밝혀지면, 영업비밀 침해자가 스카우트된 것은 그의 일반적 지식을 이용하기 위한 것이 아니라 종전 회사로부터 습득한 특별한 지식, 기술, 경험을 누설하도록 하기 위한 것으로서 경쟁자에 의해 영업비밀 부정취득 등의 침해행위가 현실적으로 이루어지고 있다고 판단된다.[4]

독자적 발명 혹은 역설계, 역공정(reverse engineering)에 의하여 같은 정보를 취득하는 행위, 시장에서 판매되거나 공중 박람회, 전시회에 공개된 완성품을 관찰·연구하여 같은 정보를 밝혀내는 행위, 나아가 영업비밀의 보유자에게서 라이선스를 받아 영업비밀을 취득한 행위 등은 원칙적으로 영업비밀의 부정한 취득에 해당하지 아니한다.[5][6]

그리고 영업비밀의 '사용'은 영업비밀 본래의 사용 목적에 따라 이를 상품의 생산·판매 등의 영업활동에 이용하거나 연구·개발사업 등에 활용하는 등으로 영업활동에 직접적 또는 간접적으로 사용하는 행위로서 구체적으로 특정할 수 있는 행위를 말한다.[7]

예를 들면 취득한 기술정보, 설계도, 매뉴얼 등을 단순 모방하여 제품을 제조, 배합하거나 취득한 고객 리스트를 이용하여 판촉 활동을 하는 등의 행위, 취득한 실험데이터 등의 영업비밀을 참조하여 시행착오를 줄이거나 필요한 실험을 생략

---

4) 이와 같이 경쟁자가 기존의 회사에 근무하여 비밀유지의무를 부담하고 있던 근로자를 스카우트하여 기존 회사에 의해 보유되고 있던 영업비밀을 취득하는 경우에, 경쟁자는 부정경쟁방지법 제2조 제3호 가목에, 해당 근로자는 부정경쟁방지법 제2조 제3호 라목의 부정경쟁행위에 해당한다, 대법원 1996. 12. 23. 선고 96다16605 판결, 대법원 1998. 11. 10. 선고 98다45751 판결 참조.

5) 한편, 나아가 역공정 및 그것에 의해 얻을 수 있는 정보의 취득을 금지하는 계약에 위반한 경우, 계약위반의 민사책임을 지는 것은 별론으로 하더라도 그로 인한 정보취득행위를 부정경쟁행위로 보기 어렵다는 견해(제1설), 그와 같은 정보취득행위를 금지하는 계약이 법률상 유효하고 당사자가 그 약정을 고의로 어긴 이상 위법성이 있어 그로 인한 정보취득행위를 부정경쟁행위로 볼 수 있다는 견해(제2설)를 생각해 볼 수 있다.

6) 미국에서 reverse engineering에 의한 정보취득이 부정한 방법이 아님을 인정한 대표적인 사안으로 Chicago Lock Co. v. Fanberg, 676 F.2d 400(Fed. Cir. 1982) 사건이 있다.

7) 대법원 1998. 6. 9. 선고 98다1928 판결, 대법원 2019. 9. 10. 선고 2017다34981 판결 등 참조. 이러한 개념 정의는 법률 제18조 제2항에 정한 영업비밀 부정취득·사용에 그대로 적용되고 있다, 대법원 2009. 10. 15. 선고 2008도9433 판결.

하는 경우와 같이 제품개발에 드는 시간과 비용을 절약하는 행위를 들 수 있다.

부정취득한 영업비밀의 사용에는 영업비밀을 전부 사용하는 경우뿐만 아니라 그 중 일부를 사용하는 경우도 포함한다.[8]

또한 부정취득한 영업비밀 중 일부를 변경하여 사용하는 경우도 위 영업비밀의 사용에 해당할 수 있다. 2심 법원에서 원래의 영업비밀을 일부 변경하여 사용하였더라도 변경된 영업비밀이 원래의 영업비밀에 근거하여 작성되고 실질적으로 원래의 영업비밀을 사용하는 것으로 판단되는 경우에는 원래의 영업비밀 사용행위로 평가될 수 있다고 한 사례가 있다.[9]

생각건대, 원래의 영업비밀을 일부 변경하였지만 변경된 내용이 그 분야에서 통상의 지식을 가진 사람이 보통으로 채용하는 정도의 구성의 부가·삭제·변경에 지나지 않고 그로 인해 원래의 영업비밀의 기능이나 효과와 대비하여 특별한 차이를 일으키지 아니하는 등 전체적으로 새로운 창작에 기여한 것으로 평가할 수 없는 경우, 즉 원래의 영업비밀을 개량하거나 변경하였지만 전체 영업비밀에서 차지하는 비중이 작아 원래의 영업비밀을 사용하는 것으로 판단되는 경우에는 원래의 영업비밀 사용행위에 해당할 수 있다.

한편, 영업비밀의 부정취득 자체만으로 손해가 발생하였다고 보아야 하는지에 관하여, 영업비밀을 부정취득한 자는 그 취득한 영업비밀을 실제 사용하였는지에 관계없이 부정취득행위 그 자체만으로 영업비밀의 경제적 가치를 손상시킴으로써

---

8) 대법원 2019. 12. 24. 선고 2016다222712 판결은 "○○○○ 최종도면과 Schedule A는 다수의 차이점이 존재하기는 하지만, Schedule A에 나타나 있는 설계의 기본 틀은 ○○○○ 최종도면에도 유지되어 있고, 이 사건 각 기술정보의 구체적인 세부 수치가 일치하는 경우가 발견되고 있으므로, 피고는 이 사건 각 기술정보의 일부를 이 사건 공장의 건설에 사용한 것으로 볼 수 있다. 원심판결의 이유 중 피고가 원고 □□□의 기술정보와 구분될 수 있는 독자적인 기술정보를 창작한 경우에 이르러야 이 사건 각 기술정보의 사용이 부정된다는 부분은 부적절하지만, 이 사건 각 기술정보의 사용을 인정한 원심 판단은 옳다."라고 하였다.

9) 서울고등법원 2015. 3. 26. 선고 2013나27475 판결(파기환송)은 "변경된 설계도 등 개량행위에 의하여 작성된 정보의 사용행위는 원래의 영업비밀의 사용행위에 해당하지 않으나 해당 영업비밀이 원래의 영업비밀에 의하여 작성되어 있고 실질적으로 원래의 영업비밀을 사용하는 것으로 판단되는 경우에는 원래의 영업비밀의 사용행위에 해당하는 것으로 보아야 한다."라고 한다. 다만 위 판결은 상고되었다가 대법원 2020. 1. 30. 선고 2015다49422 판결에서 처분권주의위반과 영업비밀성에 대한 심리미진 등의 이유로 파기환송되어 위 쟁점 부분에 대한 판단은 이루어지지 않았다.

영업비밀 보유자의 영업상 이익을 침해하여 손해를 입히는 것으로 본다.10)

영업비밀의 '공개'란 영업비밀을 불특정인에게 공공연히 알리거나 그 비밀성을 유지하면서 특정인에게 알려주는 것을 말한다. 사용과 공개는 구별되는 개념으로 예를 들어 영업비밀 취득자가 비밀을 유지한 채로 자신이 이용하고 있는 경우에는 사용행위는 있으나 공개행위는 없다. 어느 정보의 영업비밀성은 부정취득행위 그 자체만으로는 소멸하지 않지만 외부에 공공연히 공개됨으로써 비로소 소멸한다.

공개방법은 영업비밀이 들어있는 매체물을 교부하거나 정보 내용을 말로 전달하는 등 취득한 영업비밀의 종류에 따라 다양하다. 여기에 제3자가 알게 되는 것을 막지 않는 부작위에 의한 공개행위도 포함될 수 있고, 영업비밀 전부뿐만 아니라 그 일부만을 알 수 있도록 한 경우에도 부정공개행위에 해당되며, 이때 상대방이 이미 그 영업비밀을 알고 있는 경우에도 부정공개행위가 성립한다.

II. 악의자의 영업비밀 취득 및 그 사용·공개 행위(나목)

부정경쟁방지법 제2조 제3호 나목은 영업비밀 침해행위의 하나로 "영업비밀에 대하여 부정취득행위가 개입된 사실을 알거나 중대한 과실로 알지 못하고 그 영업비밀을 취득하는 행위 또는 그 취득한 영업비밀을 사용하거나 공개하는 행위"를 규정하고 있다.

영업비밀의 부정취득자로부터 다시 부정취득하는 경우에는 원래의 보유자에 대한 부정취득행위(법 제2조 제3호 가목)에 해당하므로 나목에서는 취득자가 영업비밀을 취득하는 수단 그 자체는 부정(위법)한 것이 아니어야 한다.

따라서 여기서 '부정한 행위가 개입되었다'라고 함은 영업비밀 보유자로부터 행위자에 이르는 단계 중 부정취득행위가 있었음을 말하므로 부정취득자로부터 직접 취득하는 경우뿐 아니라 그 과정에 제3자의 부정취득행위(부정한 행위 개입)가 있는 경우에도 취득 당시를 기준으로 부정한 행위가 개입된 사실을 알거나(악의) 중대한 과실로 알지 못하면 그 취득행위 및 취득 후 사용·공개행위는 부정경쟁행위가 된다. 그리고 여기서 '중대한 과실'이라 함은 거래상 요구되는 주의의무를 하면 쉽게 부정취득행위임을 알 수 있었음에도 불구하고 그러한 의무에 위반

---

10) 대법원 2011. 7. 14. 선고 2009다12528 판결.

한 경우를 말한다. 영업비밀을 보유하고 있는 회사에 근무하였거나 근무하고 있는 직원이 제3자에게 고객정보를 판매하려고 하거나 기술정보를 현저히 낮은 가격으로 판매하려고 시도하는 경우에 상대방은 그 정보의 취득에 부정행위가 있는 것은 아닌지 일응 의심할 필요가 있고 이러한 의심 없이 쉽게 그 정보를 매수할 경우에는 부정한 행위가 개입된 사실을 중대한 과실로 알지 못하고 취득하였다고 할 수 있다.

본 목에서 경과실을 제외한 이유는 영업비밀은 비밀로 관리되고 특허 등과 같이 별도로 공시되지 않아 제3자에 대해 이를 금지할 수 있도록 한다면 거래의 안전을 해칠 우려가 있기 때문이다.

그리고 부정경쟁의 목적, 타인 등에게 손해를 가할 목적과 같은 부정경쟁의도는 본 목의 성부와는 무관하다.

그 외 영업비밀의 취득·사용·공개의 의미는 앞의 가목에서 설명하였다.

본 목의 규정상 악의·중과실은 영업비밀의 취득 당시에 존재하여야 하는데[11] 이에 대한 증명책임은 금지나 손해배상을 청구하는 영업비밀 보유자에게 있다.

III. 영업비밀 취득 후 악의자의 사용·공개 행위(다목)

부정경쟁방지법 제2조 제3호 다목은 영업비밀 침해행위의 하나로 "영업비밀을 취득한 후에 그 영업비밀에 대하여 부정취득행위가 개입된 사실을 알거나 중대한 과실로 알지 못하고 그 영업비밀을 사용하거나 공개하는 행위"를 규정하고 있다.

본 목은 영업비밀 취득 당시에는 영업비밀에 대하여 부정취득행위가 개입된 사실을 알지 못하거나(선의) 그것을 알지 못하는 데 과실이 없었으나 그 취득 후에 비로소 영업비밀 보유자의 통보 등에 따라 영업비밀에 대하여 부정취득행위가 개입된 사실을 알게 되거나(악의) 중대한 과실로 알지 못했던 취득자의 사후 사용

---

11) 이에 대해 영업비밀 취득 당시에는 선의이고 중과실이 없었는데 그 취득 후 사용·공개할 당시에 부정취득행위가 개입된 사실을 알거나 중대한 과실로 알지 못한 경우는 법 제2조 제3호 다목이 적용된다.

또는 공개행위를 제한하기 위한 규정이다. 영업비밀은 점유가 이전되는 민법상 동산의 경우와 달리 선의취득 후에도 원래의 영업비밀 보유자가 그 정보를 그대로 보유하고 있어 민법상의 선의취득의 규정을 그대로 적용할 수 없으므로 영업비밀 보유자를 보호하기 위해 본 목과 같은 규정을 두었다.

선의, 중과실 없이 영업비밀을 취득한 후의 행위이므로 침해행위의 태양은 영업비밀의 사용 또는 공개행위이고 그 취득행위는 규정되어 있지 않다.

여기서 부정한 행위의 개입, 영업비밀의 취득·사용·공개의 의미는 앞의 가목 및 나목에서 설명한 것과 같다.

제3절　영업비밀 유지의무 위반행위(법 제2조 제3호 라목 내지 바목)

I. 영업비밀 유지의무 위반의 사용·공개 행위(라목)

부정경쟁방지법 제2조 제3호 라목은 영업비밀 침해행위의 하나로 "계약관계 등에 따라 영업비밀을 비밀로서 유지하여야 할 의무가 있는 자가 부정한 이익을 얻거나 그 영업비밀의 보유자에게 손해를 입힐 목적으로 그 영업비밀을 사용하거나 공개하는 행위"를 규정하고 있다.

본 목은 영업비밀 보유자와의 근로계약이나 실시(라이선스)계약 등의 계약관계에 따라 그로부터 영업비밀을 취득하여 이를 사용하고 비밀로 유지하여야 할 의무가 있는 회사 임직원, 종업원, 연구원 등이 재직 중이거나 퇴직 후에 혹은 실시권자가 실시(라이선스)계약 중이거나 실시계약 종료 후에, 각각 부정한 이익을 얻거나 그 영업비밀의 보유자에게 손해를 입힐 목적으로 그 영업비밀을 스스로 사용하거나 공개하는 행위를 규제하기 위한 것이다.[12]

---

12) 그 외에 부정경쟁방지법 제18조 제2항 본문은 "부정한 이익을 얻거나 영업비밀 보유자에게 손해를 입힐 목적으로 그 영업비밀을 취득·사용하거나 제3자에게 누설한 자는 10년 이하의 징역 또는 5억원 이하의 벌금에 처한다. 다만 벌금형에 처하는 경우 위반행위로 인한 재산상 이득액의 10배에 해당하는 금액이 5억원을 초과하면 그 재산상 이득액의 2

영업비밀을 적법하게 취득한 종업원 등이 퇴직 후나 계약 종료 후에 취득한 정보를 사용하여 영업할 수 있도록 직업선택의 자유를 보장하여야 한다는 관점과 퇴직 후의 종업원 등의 부정경업행위로부터 영업비밀 보유자를 보호하여야 한다는 관점의 두 이해관계를 조정하기 위하여 법문에 '부정한 이익을 얻을 목적'이나 '영업비밀의 보유자에게 손해를 입힐 목적'이 요건으로 추가되었다.

본 목은 영업비밀성이 인정된다는 전제하에 '계약관계 등에 의하여 영업비밀을 비밀로서 유지하여야 할 의무가 있는 자'를 행위주체로 하여 영업비밀을 침해하는 행위를 금지하고 있는데, 여기서 '계약관계 등에 따라 영업비밀을 비밀로서 유지하여야 할 의무'라 함은 계약관계의 존속 중은 물론 종료 후라도 또한 반드시 명시적으로 계약에 의하여 비밀유지의무를 부담하기로 약정한 경우뿐 아니라, 인적 신뢰관계의 특성 등에 비추어 신의칙상 또는 묵시적으로 그러한 의무를 부담하기로 약정하였다고 보아야 할 경우를 포함한다.13) 근로자의 경우 최초 근로계약 체결 시 비밀유지서약을 하였는지, 취업규칙 등에 퇴직 후 비밀누설을 금지하는 규정이 있는지, 당해 정보의 영업비밀로서의 성질과 그 경제적 가치, 영업비밀 보유자와 상대방의 이익형량 등 제반 사정이 신의칙상 비밀유지의무를 부담하는지 여부를 결정하는 자료가 된다.14)

법문에 규정된 '계약관계'는 비밀유지의무가 발생되는 근거 중 하나를 예시한 것으로 단체협약, 취업규칙 또는 개별적인 근로계약에 규정하거나 서약서 또는 각서 등 개별적인 약정관계 또는 용역, 위임, 자문의뢰, 판매의뢰, 대리점, 라이선스 등과 같은 여러 종류의 계약관계를 생각할 수 있다.

이와 같은 당사자 사이의 계약관계가 아니더라도 비밀유지의무는 상법상 선관주의의무(제86조의5), 충실의무(제382조의3), 비밀유지의무(제382조의4), 경업금지

배 이상 10배 이하의 벌금에 처한다."라고 하여 행위자에게 별칙까지 부과하고 있다.
13) 대법원 1996. 12. 23. 선고 96다16605 판결.
14) 대법원 2003. 1. 24. 선고 2001도4331 판결은 "피고인 1은 △△의 직원으로 재직 당시 영업비밀과 관련하여 계약 등 어떠한 명시적 비밀유지의무를 부과받은 사실이 없을 뿐만 아니라, 조관공정에서 일하는 조관기술자일 뿐, 다심관 생산의 전반적인 공정에 관여하고 있지도 않았으며, 영업비밀에 관한 보안교육을 받거나 전직을 제한하는 요구를 받은 사실도 없고, 위 피고인이 누설하였다는 정보 역시 다심관 생산공정의 핵심 내지 중요기술로 보기 어려우므로, 위 피고인은 같은 법 제18조 제2항 제2호 소정의 계약관계 등에 의하여 비밀유지의무가 부과된 자에 해당하지 않는다."라고 하였다.

의무(제397조)와 같이 법률상 의무규정에서 또는 이에 준하는 신뢰관계에서 인정되는 신의칙에 따라 발생하기도 한다.

퇴직 후의 비밀유지에 관한 합의가 없는 경우에도 종전 고용관계의 존속기간 등을 고려할 때 영업비밀을 보유하고 있는 회사에 부당한 손해를 입히지 않도록 배려할 신의칙상 의무가 있다고 판단되는 경우에는 여기서 말하는 '영업비밀을 비밀로서 유지하여야 할 의무'가 있다고 본다.15)

본 목의 부정경쟁행위의 보호대상의 주체는 해당 영업비밀 보유자이다.

영업비밀 보유자라 함은 영업비밀의 사용 및 공개에 관한 종국적인 권한을 가지는 자를 말하는데 법의 취지상 원칙적으로 사업자 또는 실시권자이겠지만 현재 사업을 하고 있지 않더라도 장차 사업을 개시할 의사가 있다고 객관적으로 인정되거나 개업 준비에 착수한 이도 포함된다.

근로자 등이 영업비밀의 전부 또는 일부를 직접 개발한 경우에 근로자에게 일차적으로 귀속함이 원칙이지만 근로자 등이 영업비밀의 전부 또는 일부를 직접 연구·개발하였다고 하여 영업비밀이 근로자 등에게 곧바로 귀속되는 것은 아니다. 그 정보가 저작권법 제9조에 해당되는 업무상 저작물인 정보나 회사에 고용되어 급여를 받으면서 담당한 업무 그 자체이고 회사의 기자재와 연구 설비 및 다른 연구원의 연구 결과를 참조하여 연구한 것으로 근로자가 일반적인 지식, 기술, 경험 등을 활용하여 쉽게 알 수 있는 것이 아닌 정보라면 회사에 귀속된다.

종업원 등이 직무수행 중 기술상의 정보를 개발하여 알게 되거나 발명진흥법 제2조에 해당되는 직무발명16)을 한 경우에는 특별한 사정이 없는 한 해당 정보를 개발하거나 발명을 한 종업원에게 일차적으로 귀속된다. 발명자주의에 따라 직무발명을 한 종업원에게 원시적으로 그 발명에 대한 권리가 귀속되는 이상 위 권리가 아직 사용자 등에게 승계되기 전 상태에서는 유기적으로 결합된 전체로서

---

15) 다만 이러한 경우 종업원의 사회적, 경제적 활동의 자유를 부당하게 제약하거나 직업선택 또는 경영의 자유 등 기본권을 침해할 우려가 있어 신의칙에 기하여 또는 묵시적인 약정에 의하여 비밀유지의무를 인정하는 데는 관련 자료를 검토함에 있어 세세한 심리가 필요하다.

16) 발명진흥법 제2조 제2호는 직무발명이란 종업원, 법인의 임원 또는 공무원(이하 "종업원 등"이라 한다)이 그 직무에 관하여 발명한 것이 성질상 사용자·법인 또는 국가나 지방자치단체(이하 "사용자 등"이라 한다)의 업무 범위에 속하고 그 발명을 하게 된 행위가 종업원 등의 현재 또는 과거의 직무에 속하는 발명을 말한다고 규정한다.

의 발명의 내용 그 자체가 사용자 등의 영업비밀로 된다고 볼 수 없으므로, 직무발명에 대한 권리를 사용자 등에게 승계한다는 취지를 정한 약정 또는 근무규정의 적용을 받는 종업원 등이 앞서 본 비밀유지 및 이전절차협력의 의무를 이행하지 아니한 채 그 직무발명의 내용이 공개되도록 하는 행위를 발명진흥법 제58조 제1항, 제19조(비밀유지의무)에 위배되는 행위로 처리하거나 직무발명의 내용 공개에 의하여 그에 내재되어 있었던 사용자 등의 개개의 기술상 정보 등이 공개되었음을 문제삼아 누설된 사용자 등의 기술상 정보 등을 개별적으로 특정하여 부정경쟁방지법 소정의 영업비밀 누설행위로 처리할 수 있음은 별론으로 하고, 특별한 사정이 없는 한 그와 같은 직무발명의 내용 공개가 곧바로 부정경쟁방지법 제18조 제2항에서 정한 영업비밀 누설에 해당하지 않는다.[17]

본 목이 적용되기 위하여는 영업비밀의 사용·공개행위[18] 외에 '부정한 이익을 얻거나 그 영업비밀의 보유자에게 손해를 입힐 목적'이라는 주관적 요건이 필요하다.

영업비밀의 보유자가 여러 명이더라도 그중 한 사람에 대한 부정한 이익을 얻거나 그 영업비밀의 보유자에게 손해를 입힐 목적이 있으면 본 목에 해당할 수 있다.

여기서 '부정한 이익을 얻는다'라고 함은 영업비밀 보유자와 사이에 행위자가 취득한 영업비밀을 그의 동의 없이 사용·공개할 수 없는 계약관계 등의 의무가 있음에도 이러한 의무에 위반하여 행위자 또는 제3자에게 이익을 얻도록 함을 의미하고, '영업비밀의 보유자에게 손해를 입힌다'라고 함은 적극적으로 영업비밀 보유자에게 손해를 가하는 것을 말한다. 법문에서 손해를 입힐 목적으로 영업비밀을 사용하거나 공개하는 행위라고 되어 있으므로 영업비밀 보유자에게 실제로 손해가 발생하였는지는 본 목의 성부와 무관하다.

이때 계약관계나 신뢰관계상의 비밀유지의무에 반하여 영업비밀을 사용·공개한 경우라고 무조건 부정한 이익이나 손해를 입힐 목적이 있다고 단정할 수 없

---

17) 대법원 2012. 11. 15. 선고 2012도6676 판결. 위 판결은 직무발명을 한 종업원 등이 직무발명을 완성하고도 그 사실을 사용자 등에게 알리지 않은 채 그 발명에 대한 특허를 받을 수 있는 권리를 제3자에게 이중으로 양도하여 제3자가 특허권 등록까지 마치도록 하는 등으로 그 발명의 내용이 공개되도록 하였다면 배임죄가 성립한다고 하였다.
18) 영업비밀의 사용·공개의 의미는 앞의 가목 및 나목에서 설명하였다.

다. 예컨대 술김에 무심코 영업비밀을 누설하거나 영업비밀 보유자로부터 승낙이나 의뢰가 있는 것처럼 행세하는 자의 기망행위에 빠져 비밀정보를 복제해 주는 등의 행위에는 부정한 이익이나 손해를 입힐 목적을 인정하기 어렵다.[19]

부정경쟁방지법 제2조 제3호 가목과 같이, 여기에 제3자가 알게 되는 것을 막지 않는 부작위에 의한 공개행위도 포함될 수 있다.

영업비밀 전부뿐만 아니라 그 일부만을 알 수 있도록 한 경우에도 부정공개행위에 해당되고, 이때 상대방이 이미 그 영업비밀을 알고 있는 경우에도 부정공개행위가 성립한다.

II. 악의자의 영업비밀 취득 및 그 사용·공개 행위(마목)

부정경쟁방지법 제2조 제3호 마목은 영업비밀 침해행위의 하나로 "영업비밀이 라목에 따라 공개된 사실 또는 그러한 공개행위가 개입된 사실을 알거나 중대한 과실로 알지 못하고 그 영업비밀을 취득하는 행위 또는 그 취득한 영업비밀을 사용하거나 공개하는 행위"를 규정하고 있다.

부정경쟁방지법 제2조 제3호 마목은 라목인 부정공개행위가 있음을 전제로 부정공개자로부터의 악의취득행위 등을 규정한 것이다.

본 목의 요건 구성은 앞의 나목의 요건 구성과 그 형식이 같으므로 그 내용에 대하여는 중복하여 설명하지 아니한다.

III. 영업비밀 취득 후 악의자의 그 사용·공개 행위(바목)

부정경쟁방지법 제2조 제3호 바목은 영업비밀 침해행위의 하나로 "영업비밀을 취득한 후에 그 영업비밀이 라목에 따라 공개된 사실 또는 그러한 공개행위가 개입된 사실을 알거나 중대한 과실로 알지 못하고 그 영업비밀을 사용하거나 공개하는 행위"를 규정하여 제3취득자의 사후적 악의·중과실에 의한 영업비밀 침

---

19) 다만 종업원으로부터 영업비밀을 얻기 위하여 취하게 하거나 종업원을 기망하여 영업비밀을 얻어 사용하는 경쟁자의 행위는 부정경쟁방지법 제2조 제3호 가목의 부정취득행위에 해당한다.

해행위를 규정하고 있다.

　본 목의 요건 구성은 앞의 다목의 요건 구성과 그 형식이 같으므로 그 내용에 대하여는 중복하여 설명하지 아니한다.

영업비밀 침해행위에 대한 구제

제7장 영업비밀 침해행위에 대한 구제

제1절 총설

부정경쟁방지법은 ① 민사 구제수단으로서 제2조 제3호 가목 내지 바목에 열거된 영업비밀 침해행위에 대하여 금지 또는 예방청구, 침해행위를 조성한 물건의 폐기, 침해행위에 제공된 설비의 제거청구, 그 밖에 침해행위의 금지 또는 예방을 위하여 필요한 조치청구(제10조), 손해배상청구(제11조), 신용회복청구(제12조)를 인정하고, 보칙으로 손해배상을 청구하는 경우의 손해액 추정 등의 규정(제14조의2), 상대방 당사자에 대한 손해액 산정에 필요한 자료 제출 명령(제14조의3), 상대방 당사자 등에 대한 영업비밀에 대한 비밀유지명령(제14조의4 내지 6), 손해배상청구의 소가 제기된 때에 법원이 특허청에 대하여 제7조에 따른 부정경쟁행위 등의 조사기록의 송부를 요구할 수 있는 규정(제14조의7)을, ② 형사 구제수단으로서 부정한 이익을 얻거나 영업비밀 보유자에 손해를 입힐 목적으로, 그 영업비밀을 외국에서 사용하거나 외국에서 사용될 것임을 알면서 취득·사용 또는 제3자에게 누설하거나 영업비밀을 지정된 장소 밖으로 무단으로 유출하거나 영업비밀 보유자로부터 영업비밀을 삭제하거나 반환할 것을 요구받고도 이를 계속 보유하는 자 및 국내에서 위와 같은 영업비밀을 취득·사용하거나 제3자에게 누설한 자 등(미수, 예비·음모 포함)에 대한 벌칙(제18조 제1·2항, 제18조의2·3), 영업비밀 원본 증명 규정(제9조의7)에 위반한 자에 대한 벌칙(제18조 제4항), 비밀유지명령 위반에 대한 벌칙(제18조의4), 양벌규정(제19조)을, ③ 행정 구제수단으로서 영업비밀이 포함된 전자문서의 원본 여부를 증명함에 따라 그 전자문서가 전자지문으로 등록된 원본임을 증명하는 증명서를 발급받을 수 있는 영업비밀 원본증명제도(제9조의2 내지 7), 과태료(제20조) 등을 두고 있다.

제2절 영업비밀 침해행위에 대한 민사 구제

부정경쟁방지법은 민사 구제수단으로서 제2조 제3호 가목 내지 바목에 열거된 영업비밀 침해행위에 대하여 금지 또는 예방청구, 침해행위를 조성한 물건의 폐기, 침해행위에 제공된 설비의 제거청구, 그 밖에 침해행위의 금지 또는 예방을 위하여 필요한 조치청구(제10조), 손해배상청구(제11조), 신용회복청구(제12조)를 인정하고, 보칙으로 손해배상을 청구하는 경우의 손해액 추정 등의 규정(제14조의2), 상대방 당사자에 대한 손해액 산정에 필요한 자료 제출 명령(제14조의3), 상대방 당사자 등에 대한 영업비밀에 대한 비밀유지명령(제14조의4 내지 6), 손해배상청구의 소가 제기된 때에 법원이 특허청에 대하여 제7조에 따른 부정경쟁행위 등의 조사기록의 송부를 요구할 수 있는 규정(제14조의7)을 두고 있다.

영업비밀 침해소송은 특허권, 실용신안권, 디자인권, 상표권, 품종보호권을 제외한 지식재산권과 국제거래에 관한 소에 해당하여 민사소송법 제2조 내지 제23조의 재판적 규정에 따라 피고의 보통재판적(제2조), 의무이행지의 특별재판적(제8조), 불법행위지의 특별재판적(제18조)[1] 등이 있는 곳의 관할법원에 소를 제기할 수 있고, 이에 더하여 2015. 12. 1. 법률 제13521호로 개정된 민사소송법 제24조 제1항에 따라 위 각 관할법원 소재지를 관할하는 고등법원이 있는 곳의 지방법원(다만 서울고등법원이 있는 곳의 지방법원은 서울중앙지방법원으로 한정)에도 소를 제기할 수 있다.[2]

I. 영업비밀 침해금지 가처분(경업금지·전직금지 등 가처분 포함)

---

1) 지식재산권 침해를 원인으로 한 손해배상청구소송 외에 지식재산권 침해금지청구소송에 관하여 침해행위가 행하여지는 불법행위지의 특별재판적을 인정할 수 있는지에 대하여 견해가 나뉜다는 내용은 앞에서 이미 설명하였다.
2) 그 외 국제재판관할권 및 준거법 등의 문제에 대하여는 윤태식, 특허법 - 특허 소송 실무와 이론- (제2판), 진원사(2017), 1033~1088, 윤태식, 저작권법, 박영사(2020), 640~650의 해당 내용을 참조하여 주시기 바란다.

1 영업비밀의 특정

영업비밀 침해금지를 명하기 위해서는 우선 침해되었다고 주장하는 영업비밀이 특정되어야 하는데, 영업비밀을 지나치게 상세하게 특정하도록 하면 오히려 영업비밀성을 상실할 우려가 있다.

따라서 원칙적으로 기판력의 범위나 집행상 의문을 남기지 아니하는 범위 내에서 영업비밀을 개괄적으로 특정할 수 있도록 허용하고 상대방의 대응에 따라 적절하게 그 특정의 정도를 높일 필요가 있다. 영업비밀의 비공지성 및 경제성을 다투는 상대방의 주장과 소명(본안의 경우 증명)의 내용이 구체화되면 될수록 그에 상응하여 영업비밀 보유자도 공지 정보와 구별되는 영업비밀의 내용과 범위를 더욱 구체적으로 특정할 필요가 있다.[3] 이때 영업비밀 침해행위를 금지하려다가 영업비밀성을 상실할 위험이 있어 신청서 등에 영업비밀 내용 전부를 구체적으로 상세히 기재할 필요는 없지만, 무엇보다 소송에서 영업비밀의 내용 및 범위가 구체적으로 특정되어야, 상대방이 영업비밀 보유자의 공격에 제대로 대응할 수 있고(상대방의 방어권 행사), 대상의 범위나 일사부재리의 효력 범위를 정할 수 있기 때문에, 개별적인 사안에서 영업비밀의 속성과 진행 상황 등에 따라 그 정도에 다소 차이가 있더라도 이러한 영업비밀의 특정 정도와 방법은 원칙적으로 금지청구(가처분 포함) 사건이나 손해배상청구 사건의 민사사건뿐 아니라 영업비밀침해에 관한 형사사건에 구분 없이 적용된다.

영업비밀의 특정에 관한 주요 실무 판시를 살펴보면 아래와 같다.

영업비밀 침해행위에 대하여 침해금지 가처분을 받기 위해서는 법원의 심리와 상대방의 방어권 행사에 지장이 없도록 비밀성을 잃지 않는 한도에서 가능한 한 영업비밀을 구체적으로 특정하여야 하고, 어느 정도로 영업비밀을 특정하여야 하는지는 영업비밀로 주장된 개별 정보의 내용과 성질, 관련 분야에서 공지된 정보의 내용, 영업비밀 침해행위의 구체적 태양과 금지청구의 내용, 영업비밀 보유

---

3) 예컨대 근로자가 채권자 회사의 특정 업무에 종사하면서 얻은 정보로 제한하여 '…를 만드는 기술, …의 배합비율, …를 조절하는 기술' 정도면 특정되었다고 보고 ○○성분 30%, □□성분 15% 등의 구체적인 배합비율, 조절방법 등의 특정까지는 요구하지 않지만, 그 배합원료가 이미 공지되어 배합비율에 중요한 의미가 있는 경우라면 배합비율의 구체적인 수치에 대하여도 특정할 필요가 있다.

자와 상대방 사이의 관계 등 여러 사정을 고려하여 판단한다.[4)]

그리고 상당한 정도의 기술력과 노하우를 가지고 경쟁사로 전직하여 종전의 업무와 동일, 유사한 업무에 종사하는 근로자를 상대로 영업비밀 침해금지를 구하는 경우 사용자가 주장하는 영업비밀 자체의 내용 및 비밀성 상실 위험성의 정도뿐만 아니라 근로자의 근무기간, 담당업무, 직책, 영업비밀에의 접근 가능성, 전직한 회사에서 담당하는 업무의 내용과 성격, 사용자와 근로자가 전직한 회사와의 관계 등 여러 사정을 종합적으로 고려하여 사용자에 의해 주장되는 영업비밀이 영업비밀로서의 요건을 갖추었는지와 영업비밀로서 특정이 되었는지 등을 판단한다.[5)]

한편, 영업비밀 침해금지 가처분의 신청취지 내지 주문 예는 아래와 같다.[6)]

① 통상의 영업비밀 침해금지 가처분

> 1. 채무자는 20 . . . 까지 별지 1 목록 기재 제조공정에 관한 별지 3 목록 기재 영업비밀(정보)을 사용하거나 이를 채권자 이외의 자에게 공개하여서는 아니 된다.
> 2. 채무자는 20 . . . 까지 별지 2 목록 기재 제품을 생산, 판매, 양도, 대여, 수출하여서는 아니 된다.
> 3. 채무자는 그 본점, 지점, 사무소, 공장 또는 채무자 소유의 컴퓨터에 보관 중인 별지 3 목록 기재 영업비밀(정보)에 관한 문서, 파일 등 기록물에 대한 점유를 풀고, 이를 채권자가 위임하는 집행관으로 하여금 보관하게 하여야 한다.

---

4) 대법원 2013. 8. 22.자 2011마1624 결정. 영업비밀이라고 주장되는 기술 및 영업 정보에 대해 피신청인들이 소명자료까지 일부 제출하면서 모두 이미 공지된 정보라고 주장하였음에도 신청인은 영업비밀이라고 주장하는 기술 및 영업 정보가 피신청인들에 의해 주장된 공지 정보와 어떻게 다른지를 구체적으로 특정하여 주장·소명하지도 아니한 사안에서 대법원은, 신청인이 공지된 정보와 차별화되도록 해당 정보를 더욱 구체적으로 특정하여 주장·소명하지 아니함으로써, 법원은 해당 정보가 영업비밀에 해당하는지를 판단할 수 없고 피신청인들도 영업비밀의 구체적인 내용을 알 수 없어 적절한 방어행위를 할 수 없으므로, 영업비밀이 제대로 특정되었다고 할 수 없다고 하였다.
5) 대법원 2003. 7. 16.자 2002마4380 결정, 대법원 2009. 7. 9. 선고 2009도250 판결 등 참조.
6) 법원실무제요 민사집행 [V], 사법연수원(2020), 458~461 참조.

한편, 영업비밀 침해금지 가처분에서 신청취지나 주문에 특정되어야 하는 것은 다른 지식재산권 침해금지가처분의 경우와 마찬가지로 채권자의 영업비밀을 이용하여 채무자가 생산하는 제품이나 확보한 기술 또는 영업망 등이지 채권자의 영업비밀이 아니며, 채권자의 영업비밀은 신청원인의 전제사실로서 특정되어야 한다는 견해가 있는데, 이 견해에 따르면 채무자가 채권자의 영업비밀을 이용하여 제품을 제조, 판매하는 경우 신청취지나 주문에 "채무자는 ○○ 제품을 제조, 판매하여서는 아니 된다."라고 기재하는 것으로 충분하다고 본다.[7]

② 근로자에 대한 영업비밀 침해금지 내지 전직금지 가처분

> 1. 채무자는 20 . . . 까지 신청외 회사에서 별지 1 목록 기재 제조공정을 통한 별지 2 목록 기재 제품의 제조, 판매 및 그 보조업무에 종사하여서는 아니 된다.
> 2. 채무자는 별지 1 목록 기재 제조공정에 관한 별지 3 목록 기재 영업비밀(정보)을 사용하거나 이를 신청외 회사 그 밖의 제3자에게 공개하여서는 아니 된다.

② 피보전권리와 보전의 필요성

금지가처분의 피보전권리 및 보전의 필요성 일반에 대하여는 「제4장 부정경쟁행위 등에 대한 구제 제2절 부정경쟁행위 등에 대한 민사 구제 I. 부정경쟁행위 금지가처분에서 피보전권리와 보전의 필요성」부분으로 돌아가 읽어주시기 바란다.

아래에서는 영업비밀 침해금지가처분의 특유한 내용에 대하여 설명한다.

영업비밀 침해금지가처분은 영업비밀을 침해하거나 침해할 우려가 있는 자에게 금지청구권에 기한 본안판결에서 명하게 될 침해금지의 부작위의무를 미리 부과하는 점에서 임시의 지위를 정하기 위한 가처분에 속하고, 가처분에서 명하는 부작위의무가 본안소송에서 명할 부작위의무와 내용상 일치하는 이른바 만족적 가처분에 속한다.

영업비밀 침해금지가처분에서의 피보전권리의 존부는 원칙적으로 피신청인의

---

7) 법원실무제요 민사집행 [V], 사법연수원(2020), 460.

행위가 부정경쟁방지법상의 영업비밀 침해행위에 해당하는지 여부에 따라 결정되지만(침해 여부 판단에 관하여는 「제6장 영업비밀 침해행위의 유형」 부분 참조), 법에 정한 영업비밀 침해행위에 해당하지 않는 경우에도 (예외적이기는 하지만) 민법상 불법행위에 해당한다는 이유로 침해행위 금지가처분이 인정될 수 있다.[8]

영업비밀 침해금지가처분 등의 경우 실무상 그 금지기간이 비교적 단기간으로 결정되는 경향에 있어 시일을 오래 끌게 되는 본안소송을 통해서는 같은 목적의 침해금지를 받아내기가 쉽지 않다. 따라서 보전의 필요성 여부가 피보전권리의 존부와 밀접한 관련을 가지게 된다.[9]

한편 영업비밀 침해금지가처분에서 금지기간에 대해, 대법원은 가처분에 의한 신청인의 권리는 본안과는 달리 종국적인 것이 아니라 잠정적·임시적인 것에 불과하고, 가처분은 그 성질상 신속히 이루어져야 할 뿐 아니라 피보전권리가 소멸하는 등의 사정변경이 있는 때에는 언제든지 그 취소를 구할 수 있다는 점 등을 고려할 때 특별한 사정이 없는 한 영업비밀의 침해행위를 금지하는 가처분을 함에 있어 그 금지기간을 정하지 아니하였다 하여 이를 위법하다고 할 수 없다고 한다.[10]

---

8) 대법원 2010. 8. 25.자 2008마1541 결정은 "민법상 불법행위가 인정되는 경우에도, 침해자의 무단이용 상태가 계속되어 금전배상을 명하는 것만으로는 피해자 구제의 실효성을 기대하기 어렵고 무단이용의 금지로 인하여 보호되는 피해자의 이익과 그로 인한 가해자의 불이익을 비교·교량할 때 피해자의 이익이 더 큰 경우에는 그 행위의 금지 또는 예방을 청구할 수 있다."라고 한다.

9) 법 제14조의 영업비밀 침해금지 또는 예방청구의 시효가 '침해사실 등을 안 날로부터 1년, 침해행위가 시작된 날로부터 3년'으로 되어 있던 것이 1998. 12. 31. 법률 제5621호로 개정된 부정경쟁방지법에서 '안 날로부터 3년, 침해행위가 시작된 날로부터 10년'으로 개정된 경위에 비추어 비록 채권자가 침해행위 등을 안 날로부터 상당한 기간이 경과한 시점에서 가처분을 제기하였더라도 이미 영업비밀 침해금지 기간이 경과하였다고 보이는 경우를 제외하고는 보전의 필요성이 없다고 단정할 수 없다.

10) 대법원 2009. 3. 16.자 2008마1087 결정. 한편 대법원 1996. 12. 23. 선고 96다16605 판결은 "영업비밀 침해행위의 금지는 이러한 목적을 달성함에 필요한 시간적 범위 내에서 기술의 급속한 발달상황 및 변론에 나타난 침해행위자의 인적·물적 시설 등을 고려하여 침해행위자나 다른 공정한 경쟁자가 독자적인 개발이나 역설계와 같은 합법적인 방법에 의하여 그 영업비밀을 취득하는 데 필요한 시간에 상당한 기간 동안으로 제한하여야 하고, 영구적인 금지는 제재적인 성격을 가지게 될 뿐만 아니라 자유로운 경쟁을 조장하고 종업원들이 그들의 지식과 능력을 발휘할 수 있게 하려는 공공의 이익과 상치되어 허용될 수 없다."라고 하고 있는데, 위 96다16605 판결은 본안사건이고 대법원 2009. 3. 16.자

실무는 침해금지 본안사건에서 금지기간에 대해, 기록상 침해된 자료들이 영업비밀성을 상실하였거나 장래 일정한 기한 내에 그 상실이 확실시된다는 사정을 인정할 증거가 없다면 판결문에 영업비밀 침해금지 기간을 명시하지 않아도 문제가 되지 않는다고 보고 있다.[11] 다만 침해금지가처분 사건이나 침해금지 본안사건에서 명시적으로 영구적인 금지를 설정하게 되면 영구적인 금지가 제재적인 성격을 가지게 될 뿐만 아니라 자유로운 경쟁을 조장하고 종업원들이 그들의 지식과 능력을 발휘할 수 있게 하려는 공공의 이익과 상치되어 허용되지 않는다.[12]

영업비밀 보호기간의 종기를 확정할 수 없는 경우에는 침해행위 금지의 기간을 정하지 않을 수 있지만, 금지기간을 정하지 않는다고 해서 영구히 금지하는 것은 아니고, 금지명령을 받은 당사자는 나중에 영업비밀 보호기간이 지났다는 사정을 주장·증명하여 가처분 이의나 취소, 청구이의의 소 등을 통해 다툴 수 있다.[13]

영업비밀 침해행위를 금지시키는 것은 침해행위자가 침해행위에 의하여 공정한 경쟁자보다 유리한 출발 내지 시간절약이라는 우월한 위치에서 부당하게 이익을 취하지 못하도록 하고, 영업비밀 보유자로 하여금 그러한 침해가 없었더라면 원래 있었을 위치로 되돌아갈 수 있게 하는 데에 그 목적이 있으므로 영업비밀 침해행위의 금지는 공정하고 자유로운 경쟁의 보장 및 인적 신뢰관계의 보호 등의 목적을 달성함에 필요한 시간적 범위 내로 제한되어야 하고, 그 범위를 정함에 있어서는 영업비밀인 기술정보의 내용과 난이도, 영업비밀 보유자의 기술정보 취득에 소요된 기간과 비용, 영업비밀의 유지에 기울인 노력과 방법, 침해자들이나

2008마1087 결정은 가처분사건에서의 특수성을 부연설명하고 있기 때문에 이들 판결이 서로 모순·저촉되는 판결이라고 보기 어렵다.

11) 대법원 2014. 3. 13. 선고 2011다17557 판결 참조. 서울고등법원 2018. 1. 11. 선고 2014나2011824 판결(심리불속행 상고기각 확정)은 "원고의 이 사건 영업비밀은 현재도 여전히 그 요건을 구비하고 있으므로, 피고 퇴사자들이 퇴사한 날로부터 상당한 기간이 경과하였다는 점만으로는 원고가 영업비밀의 침해금지 및 제품 판매금지를 구할 수 없게 되었다고 볼 수 없다. 다만, 이 사건은 장래 일정한 기간 내에 영업비밀 요건의 상실이 확실시된다는 시점을 확정하기 곤란하므로, 별도로 금지기간을 정하지 않는다.", "금지기간을 설정하지 않는다고 하여 영구히 금지하는 것은 아니고, 판결이 확정된 이후에 더 이상 영업비밀에 해당하지 않게 되었다면 당사자는 그 집행력의 배제를 구하기 위하여 청구이의의 소 등을 제기할 수 있다."라고 한다.

12) 대법원 2009. 3. 16.자 2008마1087 결정, 대법원 1996. 12. 23. 선고 96다16605 판결, 대법원 1998. 2. 13. 선고 97다24528 판결.

13) 대법원 2019. 3. 14.자 2018마7100 결정.

다른 공정한 경쟁자가 독자적인 개발이나 역설계와 같은 합법적인 방법에 의하여 그 기술정보를 취득하는 데 필요한 시간, 침해자가 종업원(퇴직한 경우 포함)인 경우에는 사용자와의 관계에서 그에 종속하여 근무하였던 기간, 담당 업무나 직책, 영업비밀에의 접근 정도, 영업비밀보호에 관한 내규나 약정, 종업원이었던 자의 생계 활동 및 직업선택의 자유와 영업활동의 자유, 지식재산권의 일종으로서 존속기간이 정해져 있는 특허권 등의 보호기간과의 비교, 기타 변론에 나타난 당사자의 인적·물적 시설 등을 고려하여 합리적으로 결정한다.[14]

③ 영업비밀 침해금지가처분(경업금지·전직금지 가처분 포함)

이 부분에 대하여는 아래 「II 영업비밀 침해금지청구(경업금지·전직금지 청구 포함)」 부분에서 함께 설명한다.

II. 영업비밀 침해금지청구(경업금지·전직금지 청구 포함) (법 제10조)

부정경쟁방지법 제10조(영업비밀 침해행위에 대한 금지청구권 등)는 "① 영업비밀의 보유자는 영업비밀 침해행위를 하거나 하려는 자에 대하여 그 행위에 의하여 영업상의 이익이 침해되거나 침해될 우려가 있는 경우에는 법원에 그 행위의 금지 또는 예방을 청구할 수 있다. ② 영업비밀 보유자가 제1항에 따른 청구를 할 때에는 침해행위를 조성한 물건의 폐기, 침해행위에 제공된 설비의 제거, 그 밖에 침해행위의 금지 또는 예방을 위하여 필요한 조치를 함께 청구할 수 있다."라고 규정한다.

---

14) 대법원 1996. 12. 23. 선고 96다16605 판결, 대법원 1998. 2. 13. 선고 97다24528 판결, 대법원 2003. 7. 16.자 2002마4380 결정, 대법원 2019. 3. 14.자 2018마7100 결정 등 참조. 다만, 판결문상에 금지 기간을 명시하지 않은 사안에서 대법원 2014. 3. 13. 선고 2011다17557 판결은 "설령 원심이 실제로 판단을 누락하였다 하더라도, 기록에 비추어 볼 때 이 사건 자료들이 영업비밀성을 상실하였거나 장래 일정한 기한 내에 그 상실이 확실시된다는 사정을 인정할 증거가 없어 위와 같은 판단누락은 판결 결과에 영향이 없다."라고 한 것이 있다고 한다.

1991. 12. 31. 법률 제4478호로 개정된 부정경쟁방지법에서 제3장으로 영업비밀의 보호에 관한 규정을 신설하고 제10조(영업비밀 침해행위에 대한 금지청구권 등)에서 "① 영업비밀의 보유자는 영업비밀 침해행위를 하거나 하고자 하는 자에 대하여 그 행위에 의하여 영업상의 이익이 침해되거나 침해될 우려가 있는 때에는 법원에 그 행위의 금지 또는 예방을 청구할 수 있다. ② 영업비밀 보유자가 제1항의 규정에 의한 청구를 할 때에는 침해행위를 조성한 물건의 폐기, 침해행위에 제공된 설비의 제거 기타 침해행위의 금지 또는 예방을 위하여 필요한 조치를 함께 청구할 수 있다."라는 규정을 신설하였다.

2007. 12. 21. 법률 제8767호로 개정된 부정경쟁방지법 제10조 제1항에서 "하거나 하고자 하는 자"를 "하거나 하려는 자"로, "있는 때에는"을 "있는 경우에는"으로 바꾸고, 제2항에서 "제1항의 규정에 의한"을 "제1항의 규정에 따른"으로, "제거 기타 침해행위"를 "제거, 그 밖에 침해행위"로 바꾸는 문구 수정이 이루어져 지금에 이르고 있다.

영업비밀의 특정에 관한 설명에 대하여는 앞의 「I. 영업비밀 침해금지 가처분 (경업금지 · 전직금지 등 가처분 포함)」 부분에서 설명하였다.

법 제10조 제1항과 제2항에 관련된 침해금지청구권의 일반적인 내용은 앞의 「제4장 부정경쟁행위 등에 대한 구제 제2절 부정경쟁행위 등에 대한 민사 구제, II. 부정경쟁행위 등의 금지청구 등」 부분을 참고하기 바라고, 아래에서는 영업비밀 침해금지의 특유한 문제에 대해 설명한다.

① 영업비밀 침해금지(예방 포함)청구의 내용

영업비밀 침해금지청구는 ① 원고가 영업비밀 보유자일 것, ② 피고가 부정경쟁방지법 소정의 영업비밀 침해행위를 하고 있거나 하려는 자일 것,[15] ③ 피고의

---

15) 이와 관련하여 형사사건에서의 침해행위자 여부가 문제된 사건으로, 대법원 2011. 9. 8. 선고 2009도13992 판결이 있다. 위 판결은 "피고인들이 누설하였다는 이 사건 영업비밀은 이 사건 기술이전계약을 통하여 갑이 을 등으로부터 이전받은 것이므로, 갑이 병에게 이를 제공하였다고 하여 을의 영업비밀을 누설한 것으로 볼 수 없다."라고 하였는데 결국 대가를 지급하기로 하고 영업비밀을 이전받았다면 영업비밀 보유자가 되는 것이므로 영업비밀 누설에 대한 책임을 지지 않는다고 본 것이다.

침해행위로 인하여 원고의 영업상의 이익이 침해되거나 침해될 우려가 있을 것이라는 요건을 충족하여야 하되, 손해배상청구와는 달리 고의나 과실을 필요로 하지 않는다.

영업비밀에 대한 침해행위의 금지청구권자는 영업비밀 보유자이어야 한다. 여기서 영업비밀 보유자란 그 영업비밀에 관하여 정당한 보유 권원과 고유한 경제적 이익을 가지는 자라고 할 수 있으므로 영업비밀의 최초 개발자, 정당한 양수인, 사용허락을 받아 자신의 영업을 영위하는 사용자 등이 이에 해당한다.

영업비밀 침해행위를 할 우려가 있는 경우란 단지 영업비밀 침해의 개연성이 있는 정도만으로는 부족하고 그 개연성이 꽤 높은 경우를 말하지만 실무에서는 영업비밀 침해행위가 있거나 그 침해행위를 할 우려가 있다고 인정되면 영업상 이익이 침해되거나 침해될 우려가 있다고 본다. 다만 영업비밀 침해행위 등의 사유로 인해 그 영업비밀이 공공연히 알려지게 된 경우에는 영업비밀로서의 성격을 상실하므로 침해행위발생 시부터 공지되기 전까지 침해행위에 따른 손해배상청구는 인정되지만 영업비밀이 공공연히 알려지게 된 이상 금지청구는 허용되지 않는다.

금지청구의 대상이 되는 침해자의 행위는 부정경쟁방지법 제2조 제3호에 열거되어 있는 영업비밀 침해행위, 즉 영업비밀 부정취득행위, 그와 같이 취득한 영업비밀의 사용 및 공개행위이다. 위 사용행위는 일반적으로 영업비밀의 사용이 계속되고 있는 경우가 많아 유효한 구제수단이 되나, 위 취득행위 및 공개행위는 대체로 1회로 종료되고 계속되는 경우가 많지 않아 금지청구를 하더라도 실효성이 낮다.

부정경쟁방지법에 정한 영업비밀 침해행위에 해당하지 않는 경우에도 영업비밀 보유자는 침해행위가 민법상 불법행위에 해당되는 경우에 예외적으로 일정한 요건 하에 침해행위가처분을 구할 수 있다.16)

---

16) 민법상 불법행위가 인정되는 경우에도, 침해자의 무단이용 상태가 계속되어 금전배상을 명하는 것만으로는 피해자 구제의 실효성을 기대하기 어렵고 무단이용의 금지로 인하여 보호되는 피해자의 이익과 그로 인한 가해자의 불이익을 비교·교량할 때 피해자의 이익이 더 큰 경우에는 그 행위의 금지 또는 예방을 청구할 수 있다, 대법원 2010. 8. 25.자 2008마1541 결정 등 참조.

② 경업 및 전직 금지청구

가. 허용 여부

근로자의 경업 및 전직 금지(이하 가항 및 나항에서 경업금지라고 줄여쓴다) 여부는 기술과 정보를 보호하려 하는 사용자의 경영상의 이익과 헌법상 보장된 직업선택의 자유 및 기업 간 경쟁의 자유를 행사하려는 근로자, 경쟁회사의 이익 등을 함께 고려하여 결정하여야 한다.

나. 경업금지의무의 발생

1) 발생근거

근로자가 근로관계 존속기간 중에는 근로계약관계에서 발생하는 충실의무로서 사용자에 대해 경업피지의무(競業避止義務)[17]를 부담하게 되므로 (유효성 여부는 별론으로) 발생 근거 자체로서는 별다른 문제가 없다.

근로관계 종료 후의 경업금지의무는 원칙적으로 당사자 간에 별도의 약정이 있거나 단체협약이나 취업규칙에 의하는 등 명확한 근거가 있는 경우에 인정되고 그러한 경우에도 그 약정은 합리적인 범위 내로 제한된다.[18]

다만 당사자 간에 별도의 약정이 없더라도 근로자가 전직한 회사에서 영업비밀과 관련된 업무에 종사하는 것을 금지하지 않고서는 회사의 영업비밀을 보호할수 없다고 인정되거나 전직을 금지하지 않고서는 영업비밀의 침해를 방지할 수없다고 볼 만한 사정이 있는 경우에는 구체적인 전직금지약정이 없더라도 법 제10조 제1항에 의한 침해행위의 금지 또는 예방 및 이를 위하여 필요한 조치 중의

---

17) 영업자의 영업에 대하여 특수한 관계에 있는 사람이 그 영업과 경쟁적인 성질을 가지는 행위를 해서는 안 된다는 의무.

18) 서울중앙지방법원 2008. 3. 19.자 2007카합3903 결정(미항고 확정)은 "사용자와 근로자 사이에 경업금지약정이 존재한다고 하더라도, 그와 같은 약정이 헌법상 보장된 근로자의 직업선택의 자유와 근로권 등을 과도하게 제한하거나 자유로운 경쟁을 지나치게 제한하는 경우에는 민법 제103조에 정한 선량한 풍속 기타 사회질서에 반하는 법률행위로서 무효라고 보아야 하며, 이와 같은 경업금지약정의 유효성 판단은 보호할 가치 있는 사용자의 이익, 근로자의 퇴직 전 지위, 경업 제한의 기간·지역 및 대상 직종, 근로자에 대한 대상(代償)의 제공 유무, 근로자의 퇴직 경위, 공공의 이익 및 기타 사정 등을 종합적으로 고려하여야 한다."라고 하였다.

한 가지로서 그 근로자로 하여금 전직한 회사에서 영업비밀과 관련된 업무에 종사하는 것을 금지하도록 하는 조치를 취할 수 있다.[19]

2) 경업금지약정의 효력 유무

구두로 체결하였다는 경업금지약정이나 근로자의 날인이 없는 부동문자로 된 문서에 의한 경업금지약정은 그대로의 효력을 쉽게 인정하기 어렵다.

사용자와 근로자 사이에 경업금지약정이 존재한다고 하더라도 그와 같은 약정이 헌법상 보장된 근로자의 직업선택의 자유와 근로권 등을 과도하게 제한하거나 자유로운 경쟁을 지나치게 제한하는 경우에는 민법 제103조에 정한 선량한 풍속 기타 사회질서에 반하는 법률행위로서 무효가 될 수 있다.

이와 같은 경업금지약정의 유효성에 관한 판단은 보호할 가치 있는 사용자의 이익, 영업비밀보호를 위한 목적, 근로자의 종전 회사에서의 지위 및 직무의 내용, 사용자가 근로자를 위하여 지출한 직업훈련이나 해외기술연수 비용, 근로자가 고용되기 이전에 취득한 기술·경험의 정도, 경업 제한의 기간·지역 및 대상 직종, 근로자에 대한 대가의 제공 유무와 관련하여 경업금지의무에 대한 대상(代償) 조치가 있는지, 근로자의 퇴직 경위, 공공의 이익 및 기타 사정 등을 종합적으로 고려하여야 하고, 여기에서 말하는 '보호할 가치 있는 사용자의 이익'이라 함은 부정경쟁방지 및 영업비밀보호에 관한 법률 제2조 제2호에 정한 '영업비밀'뿐만 아니라 그 정도에 이르지 아니하였더라도 당해 사용자만이 가지고 있는 지식 또는 정보로서 근로자와 이를 제3자에게 누설하지 않기로 약정한 것이거나 고객관계나 영업상의 신용의 유지도 이에 해당한다.[20]

구체적으로 경업금지약정이 유효하다고 하기 위해서는 아래와 같은 부분을 고려한다.[21]

① 경업금지약정으로 보호할 가치 있는 사용자의 이익이 인정되어야 한다. 다만, 앞서 본 바와 같이 여기에서 '보호할 가치 있는 사용자의 이익'이라 함은 부정경쟁방지 및 영업비밀보호에 관한 법률 제2조 제2호에 정한 '영업비밀'뿐만 아니라 그

---

19) 대법원 2003. 7. 16.자 2002마4380 결정.
20) 대법원 2010. 3. 11. 선고 2009다82244 판결 참조.
21) 박선준, "근로자에 대한 경업금지약정의 유효성 판단 기준", 대법원판례해설 제83호(2010 상), 법원도서관, 45 이하 참조.

정도에 이르지 아니하였더라도 당해 사용자만이 가지고 있는 지식 또는 정보로서 근로자와 이를 제3자에게 누설하지 않기로 약정한 것이거나 고객관계나 영업상의 신용의 유지도 이에 해당한다.22) 다만 보호받고자 하는 이익이 고객관계 등일 때에는 기술정보인 영업비밀인 경우에 비해서는 보호받는 범위가 좁을 수 있다.

② 피용자의 종전 회사에서의 지위 및 직무의 내용이 하급직이거나 단순 노무직 등이어서는 곤란하다.

③ 지역 및 대상 직종의 제한 없이 무제한이라면 곤란하나, 정보통신기술 등 고급기술에 속하는 경우 등과 같이 지역 제한이 무의미한 경우는 제한이 없더라도 상관없다.

④ 평소 임금에 대상(代償)조치가 포함되어 있다고 볼 수 있다면 따로 대상조치가 있는지 여부는 큰 문제가 되지 아니한다.

⑤ 원고가 별다른 이유 없이 근로자를 해고하였거나, 근로자가 정리해고된 경우, 부득이하게 퇴직할 수밖에 없었던 경우 등에는 경업금지약정의 효력을 인정하기 곤란하다.

위 고려요소들은 경업금지약정의 유효성 여부에서 판단기준으로 작용할 수 있다. 이에 더하여 위 ④의 고려요소 중 임금은 재직기간에 근로를 제공한 것에 대한 대가라고 봄이 통상이어서 원칙적으로 경업금지를 위하여 임금 외에 별도의 독립적인 대상(代償) 제공행위가 있어야 함을 강조하는 견해가 있다.23)

경업금지약정은 직업선택의 자유와 근로자의 권리 등을 제한하는 의미가 있으므로 근로자가 사용자와의 약정에 의하여 경업금지기간을 정한 경우에도 보호할 가치 있는 사용자의 이익, 근로자의 퇴직 전 지위, 퇴직 경위, 근로자에 대한

---

22) 대법원 2010. 3. 11. 선고 2009다82244 판결.

23) 서울고등법원 2010. 9. 30. 선고 2010나30722 판결(미상고 확정)은 "피고가 원고의 영업비밀을 침해하였다고 보기 어렵고, 피고의 직위는 원고 회사의 직원이 아니라 고용관계가 없는 위탁판매원에 불과한 점, 경업금지기간도 비교적 장기인 3년이고 그 지역적 범위도 제한이 없으며 그 대상도 모든 동종업계(화장품, 개인가게)를 포함하여 지나치게 포괄적인 점, 위 경업금지의무에 대한 별다른 대상조치도 없는 점, 위 경업금지약정에 따른 공공의 이익이 피고의 직업의 자유를 침해하여 얻는 이익보다 월등히 크다고 보기도 어려운 점 등의 제반 사정을 종합적, 전체적으로 볼 때, 위 경업금지약정은 피고의 직업선택의 자유 및 영업의 자유 등을 과도하게 제한하는 것으로서 선량한 풍속 기타 사회질서에 위배된다고 할 것이므로, 이를 무효로 봄이 상당하다."라고 하였다.

대상 제공 여부 등 제반 사정을 고려하여 약정 자체의 효력을 인정할 수 없는 경우가 있고,[24] 그렇지 않더라도 약정한 경업금지기간이 과도하게 장기라고 인정될 때에는 적당한 범위로 경업금지기간을 제한할 수 있으며,[25] 개별적인 사안에 따라 종업원에게 퇴직 후 비밀유지의무 내지 경업금지의무를 인정하였다고 하여 직업선택의 자유에 관한 헌법규정에 위배한다고 볼 수 없는 경우가 있다.[26]

한편 경업금지약정은 당사자 사이의 채권적인 약정에 불과하여 그 효력이 회사와 근로자 사이에만 미치고, 근로자를 채용한 경쟁회사에는 미치지 아니하므로, 경쟁업체에 대하여는 경업금지약정만에 기하여 채용금지를 구할 수 없다.

다. 금지명령 기간

1) 영업비밀이 보호되는 시간적 범위(경업금지 포함)

이 부분과 관련하여서는 실무의 주류적인 견해를 정리하여 설명한다.

영업비밀 침해행위를 금지시키는 것은 침해행위자가 그러한 침해행위에 의하여 공정한 경쟁자보다 유리한 출발(head start) 내지 시간절약(lead time)이라는 우월한 위치에서 부당하게 이익을 취하지 못하도록 하고, 영업비밀 보유자로 하여

---

24) 대법원 2016. 10. 27. 선고 2015다221903(본소), 2015다221910(반소) 판결은 학원 강사였던 "원고○○○와 피고 사이에 체결된 근로계약에 이 사건 경업금지약정이 포함되어 있기는 하지만 그 유효성이 인정되기 위한 제반 사정, 특히 그 약정에 따라 경업금지를 강제함으로써 보호할 가치가 있는 피고의 이익이 존재하고, 위 원고가 경업금지의무를 부담하는 데 대하여 적정한 대가가 지급되었으며, 위 원고에 대하여 일정 기간 특정지역에서 경업을 금지하지 아니하면 공공의 이익이 침해될 수 있다는 점 등이 인정되지 아니하는 이상, 이 사건 경업금지약정은 효력이 없다고 할 것이다. 그리고 그와 같이 약정 자체의 효력을 인정하기 어려운 이상, 경업금지의 기간 등에 대한 합리적인 제한의 범위가 어느 정도인지는 더 나아가 판단할 필요가 없다."라고 하였다.

25) 대법원 2007. 3. 29. 자 2006마1303 결정은 약정에 따른 채무자들에 대한 경업금지기간에 대해 채무자들의 직업선택의 자유와 생존권을 과도하게 침해할 우려가 있다고 하여 이를 각각 퇴직 후 1년간으로 제한하는 것이 합리적이라고 본 원심판단을 수긍하였다.

26) 대법원 1997. 6. 13. 선고 97다8229 판결은 "원고와 피고들 사이에 1994. 8. 25. 작성된 위 합의서(갑 제11호증)는 그 문면상 피고들이 자신의 잘못을 시인하고 더 이상 원고 회사의 영업비밀을 침해하지 아니할 것을 약정하였을 뿐 원고 회사가 피고들로 하여금 이미 침해하여 온 원고 회사의 영업비밀을 계속 사용하도록 양해하였다고 볼 만한 아무런 문구도 찾을 수 없어... 그 분쟁발단의 원인 및 합의에 이른 경위 등에 비추어 보더라도 원고 회사로서는 피고들에게 기존의 영업비밀 침해행위를 향후에도 계속 용인하기로 하는 합의를 하였다고 보기 어렵다."라고 하였다.

금 그러한 침해가 없었더라면 원래 있었을 위치로 되돌아갈 수 있게 하는 데에 그 목적이 있다. 따라서 영업비밀 침해행위의 금지는 이러한 목적을 달성함에 필요한 시간적 범위 내에서 기술의 급속한 발달상황 및 변론에 나타난 침해행위자의 인적·물적 시설 등을 고려하여 침해행위자나 다른 공정한 경쟁자가 독자적인 개발이나 역설계와 같은 합법적인 방법에 의하여 그 영업비밀을 취득하는 데 필요한 시간에 상당한 기간으로 제한하여야 하고, 영구적인 금지는 제재적인 성격을 가지게 될 뿐만 아니라 자유로운 경쟁을 조장하고 종업원들이 그들의 지식과 능력을 발휘할 수 있게 하려는 공공의 이익과 상치되어 허용될 수 없다.27)

영업비밀 침해행위의 금지는 공정하고 자유로운 경쟁의 보장 및 인적 신뢰관계의 보호 등의 목적을 달성함에 필요한 시간적 범위 내로 제한되어야 하고, 그 범위를 정함에 있어서는 영업비밀인 기술정보의 내용과 난이도, 영업비밀 보유자의 기술정보 취득에 소요된 기간과 비용, 영업비밀의 유지에 기울인 노력과 방법, 침해자들이나 다른 공정한 경쟁자가 독자적인 개발이나 역설계와 같은 합법적인 방법에 의하여 그 기술정보를 취득하는 데 필요한 시간, 침해자가 종업원(퇴직한 경우 포함)인 경우에는 사용자와의 관계에서 그에 종속하여 근무하였던 기간, 담당 업무나 직책, 영업비밀에의 접근 정도, 영업비밀보호에 관한 내규나 약정, 종업원이었던 자의 생계 활동 및 직업선택의 자유와 영업활동의 자유, 지식재산권의 일종으로서 존속기간이 정해져 있는 특허권 등의 보호기간과의 비교, 기타 변론에 나타난 당사자의 인적·물적 시설 등을 고려하여 합리적으로 결정한다.28)

한편, 실무는 사실심의 심리 결과 영업비밀 보호기간이 남아 있으면 남은 기간 침해금지청구권이 인정되고, 이미 영업비밀 보호기간이 지나면 침해금지청구

---

27) 대법원 1996. 12. 23. 선고 96다16605 판결.
28) 대법원 1998. 2. 13. 선고 97다24528 판결. 위 판결에서 "영업비밀이 보호되는 시간적 범위는 당사자 사이에 영업비밀이 비밀로서 존속하는 기간이므로 그 기간의 경과로 영업비밀은 당연히 소멸하여 더 이상 비밀이 아닌 것으로 된다고 보아야 하는바, 그 기간은 퇴직 후 부정한 목적의 영업비밀 침해행위가 없는 평온·공연한 기간만을 가리킨다거나, 그 기산점은 퇴직 후의 새로운 약정이 있는 때 또는 영업비밀 침해행위가 마지막으로 이루어진 때라거나, 나아가 영업비밀 침해금지기간 중에 영업비밀을 침해하는 행위를 한 경우에는 침해기간만큼 금지기간이 연장되어야 한다고 볼 수 없다."라고 하였다. 위 판결의 본문 법리를 이어 받아 대법원 2019. 3. 14.자 2018마7100 결정, 대법원 2019. 9. 10. 선고 2017다34981 판결도 같은 취지로 판시하였다.

권은 소멸한다는 입장이다(자세한 내용은 후술함). 다만 침해행위자나 다른 공정한 경쟁자가 독자적인 개발이나 역설계와 같은 합법적인 방법으로 영업비밀을 취득하거나 영업비밀과 동일한 기술을 개발할 가능성이 인정되지 않는 등으로 영업비밀 보호기간의 종기를 확정할 수 없는 경우에는 침해행위 금지의 기간을 정하지 않을 수 있다. 이처럼 금지기간을 정하지 않는다고 해서 영구히 금지하는 것은 아니고, 금지명령을 받은 당사자는 나중에 영업비밀 보호기간이 지났다는 사정을 주장·증명하여 가처분 이의나 취소, 청구이의의 소 등을 통해 다툴 수 있다.29)

종전에도 가처분 사건에서 영업비밀 침해금지를 명하면서 그 금지기간을 정하지 아니하였다고 하여 위법하지 않고,30) 본안사건에서도 영업비밀 침해금지를 명하면서 그 금지기간을 제한하지 아니하였더라도 판단누락이 없다는 태도이다.31)

금지기간은 영업비밀 보유자가 아니라 영업비밀의 침해행위자가 독자적으로나 역설계에 의하여 적법하게 개발하는 데 소요되는 기간을 기준으로 해야 하고, 그 기간의 장단은 구체적인 약정이 있다면 그 약정상 나타난 기간, 근로자의 업무, 노트, 컴퓨터디스켓 등 유체물을 가져간 사실이 있는지, 회사에 근무하면서 구체적으로 영업비밀 침해행위를 하였다는 근거가 있는지, 기술의 발전 속도 등을 고려한다.32)

퇴직한 근로자에 대하여 전직금지의무를 부과하는 것은 종전에 근무하던 직장의 영업비밀을 보호하기 위한 것이므로 특별한 사정이 없는 한 전직금지기간이

---

29) 대법원 2019. 3. 14.자 2018마7100 결정.
30) 대법원 2009. 3. 16. 자 2008마1087 결정. 그 이유로 채권자의 권리는 본안과는 달리 종국적인 것이 아니라 잠정적·임시적인 것이고, 가처분은 그 성질상 신속히 이루어져야 할 뿐 아니라 피보전권리가 소멸하는 등의 사정변경이 있는 때에는 언제든지 그 취소를 구할 수 있다는 점 등을 들고 있다.
31) 대법원 2014. 3. 13. 선고 2011다17557 판결. 그 이유로 원심판결 이유의 전반적인 취지에 비추어 원심은 원고의 영업비밀인 이 사건 자료들이 영업비밀성을 상실하였거나 장래 일정한 기한 내에 그 상실이 확실시되는 것이 아니라고 판단한 취지로 보이므로, 원심이 판단을 누락하였다고 볼 수 없다고 하고 나아가 설령 원심이 실제로 판단을 누락하였더라도, 기록에 비추어 볼 때 이 사건 자료들이 영업비밀성을 상실하였거나 장래 일정한 기한 내에 그 상실이 확실시된다는 사정을 인정할 증거가 없어 위와 같은 판단누락은 판결 결과에 영향이 없다고 하였다.
32) 종전에는 2~3년 가량이 일반적이었으나, 최근에는 사실적인 사항의 경영정보나 정보통신 등 최신 기술에 관한 영업비밀의 경우의 경우에 1년, 짧게는 6개월 등 단기간으로 정하는 경우도 늘어나고 있다.

영업비밀의 존속기간을 넘을 수 없다.[33]

실무에서 영업비밀에 대한 침해금지기간과 종업원의 전직금지기간을 별개로 취급하여 서로 상이한 기간을 설정하는 경우가 있다(특히 종업원의 퇴직 후인 경우에 그러하다).[34] 그 이유로는 여러 가지가 있겠지만 두 금지기간의 성격이 일단 동일하더라도 전직금지기간의 성격에는 종업원의 직업선택의 자유 등의 더 예민한 문제가 포함되어 있어 법원이 금지기간을 정할 때에 그러한 사정까지 참작하여 결정하기 때문으로 보인다.

실무상 전직금지기간에 대하여 해당 산업분야, 보호할 가치 있는 사용자의 이익 정도, 그와 같은 이익이 해당 근로자의 전직에 따라 실제 침해될 개연성, 전직금지에 대한 대가 지급 여부 등을 실질적으로 판단하여 정하고 있다.[35]

영업비밀 침해금지기간은 영업비밀 침해소송에서 제출된 구체적이고 개별적인 증거자료에 따라 결정하게 되는데 그 영업비밀 침해금지기간(보호기간)의 범위는 그것이 형평의 원칙에 비추어 현저히 불합리하다고 인정되지 않는 한 사실심 법원의 전권사항에 속한다.[36] 이는 전직금지의 경우에도 마찬가지이다.

2) 구체적인 금지기간

판례 중에는 ① 전업금지약정의 내용, 영업비밀 침해금지기간을 3년으로 인정함으로써 전업금지기간까지 장기간으로 할 필요가 없다고 보이는 점, 피고의 개인적 사정, 퇴직 후 3년의 전업금지기간은 과도한 면이 있고 본안판결 확정 전에 가처분의 형식으로 그와 같이 장기간 전업금지를 명해 두어야 할 긴급한 필요성도 인정하기 어려운 점 등을 들어 영업비밀 침해금지 가처분기간은 퇴사일로부터 3년, 전업금지기간은 퇴사일로부터 1년으로 그 기간을 달리 인정한 사례가 있고,[37] ② 석재의 연마, 절단, 가공을 위한 다이아몬드 톱(Diamond Saw)의 팁(Tip)

---

33) 대법원 2003. 7. 16.자 2002마4380 결정,

34) 대법원 2003. 7. 16.자 2002마4380 결정, 대법원은 영업비밀 침해금지기간을 근로자가 영업비밀 취급업무에서 실질적으로 이탈한 때부터 1년간으로 하고, 전직금지기간에 대해서 근로자가 회사에서 퇴직한 이후에 전직금지를 신청하는 경우에는 근로자가 퇴직한 때로부터 1년간이라고 하였다.

35) 서울중앙지방법원 2010. 11. 9.자 2010카합2873 결정(약 4개월)(미항고 확정), 서울중앙지방법원 2015. 9. 21.자 2015카합80699 결정(8개월)(미항고 확정) 등 참조.

36) 대법원 2019. 9. 10. 선고 2017다34981 판결.

제조 공정 중 분말처리공정에서 결합제(Bond)의 성분과 배합비율, 금속분말의 비중 등에 관한, 성형 및 소결공정에서 가열온도와 가열시간, 가하는 압력 등에 관한 핵심적인 기술정보를 사용할 수 없는 기간을 퇴직 후 3년간이라고 인정한 원심판단을 수긍한 사례가 있으며,38) ③ 근로자가 회사에서 퇴직하기 전에 전직금지를 신청하는 경우에는 영업비밀 취급업무에서 실질적으로 이탈한 때부터 영업비밀 침해금지기간(1년) 및 전직금지기간을 정할 수 있으나 근로자가 퇴직한 이후에 전직금지를 신청하는 위 사안에서는 근로자가 퇴직한 때로부터 1년간이라고 한 사례가 있고,39) ④ 찰떡쿠키 제조를 위한 원재료 배합비율이나 레이저 드릴링 기술 등에 관한 영업비밀에 대하여 회사를 퇴직한 날부터 3년 정도로 본 원심판단을 수긍한 사례40)가 있다.

그 외 서울고등법원에서는 영업비밀로서 보호될 수 있는 기간을 퇴직 후 2년 정도로 정한 제1심 판단을 수긍하거나,41) 경업금지를 퇴직 후 1년으로 정한 사례가 있다.42) 1심 법원에서도 전직 및 영업비밀의 사용 또는 공개를 금지하는 기간으로 근로자들의 각 퇴직일로부터 4개월 내지 9개월로 각각 산정한 사례가 있다.43) 한편, 법원은 피고인이 퇴직하면서 기술파일을 유출한 때부터 9년이 지난 시점에 영업비밀 보호기간이 지나 영업비밀 침해금지청구권이 소멸하였다고 본 것이 있다.44)

이와 같은 기간 산정의 차이는 영업비밀로서 보호될 수 있는 기간을 정할 때 참작하여야 하는 여러 가지 개별적인 문제, 즉 영업비밀 기술이 동종 업계에 얼마나 널리 알려져 있는지, 관련 분야의 기술 발전 속도, 상대방 회사의 기술 수준 등을 구체적인 사안마다 개별적으로 고려한 때문으로 보인다.45)

---

37) 대법원 2003. 3. 14. 선고 2002다73869 판결.
38) 대법원 1998. 2. 13. 선고 97다24528 판결.
39) 대법원 2003. 7. 16.자 2002마4380 결정.
40) 대법원 2014. 12. 24. 선고 2012다77761 판결, 대법원 2017. 11. 29. 선고 2017다24113 판결.
41) 서울고등법원 2003. 4. 23. 선고 2002나42935 판결(미상고 확정).
42) 서울고등법원 1998. 10. 29. 선고 98나35947 판결(미상고 확정).
43) 서울지방법원 남부지원 2002. 10. 11.자 2002카합1269 결정(미항고 확정).
44) 대법원 2019. 3. 14.자 2018마7100 결정.
45) 그 외 금지기간 등과 관련하여 참고가 되는 자료로는 장홍선, "판례상 나타난 영업비밀 침해금지기간과 전직금지기간 및 그 기간 산정의 기산점에 관하여", 판례연구 제16집

3) 금지기간의 기산점

실무는 당사자 간의 약정을 근거로 하지 않는 경우의 금지기간 기산점에 대하여 침해금지의 가처분결정일 등을 기준으로 하거나[46] 본안판결확정 시를 기산점으로 하는 사례[47]도 있는데, 실무의 주류는 원칙적으로 영업비밀 침해금지기간의 기산점은 영업비밀을 침해하거나 침해할 우려가 있는 시점을 기준으로 삼고 있다.

대법원은, 근로자가 소속회사에서 퇴직하지 않았지만 전직을 준비하고 있는 등으로 영업비밀을 침해할 우려가 있어 이를 방지하기 위한 예방적 조치로 미리 영업비밀 침해금지 및 전직금지를 구하는 경우에 근로자가 회사에서 퇴직하지 않았더라도 실제로 그 영업비밀을 취급하던 '업무에서 이탈한 시점'을 기준으로 영업비밀 침해금지기간 및 전직금지기간을 산정할 수 있지만, 근로자가 회사에서 퇴직한 이후 전직금지를 신청하는 경우에는, 전직금지는 기본적으로 근로자가 사용자와 경쟁관계에 있는 업체에 취업하는 것을 제한하는 것이므로, 근로자가 영업비밀을 취급하지 않는 부서로 옮긴 이후 퇴직할 당시까지의 제반 상황에서 사용자가 근로자 퇴직 전에 미리 전직금지를 신청할 수 있었다고 볼 특별한 사정이 인정되지 아니하는 이상 근로자가 '퇴직한 시점'을 기준으로 산정하고 있다.[48]

(2005), 부산판례연구회, 783. 이하.

46) 수원지방법원 성남지원 2003. 5. 30. 선고 2003카합195 판결(항고 후 소취하 종국).

47) 대법원 1996. 12. 23. 선고 96다16605 판결(판결확정일로부터 2년 및 3년), 대법원 2001. 3. 15. 선고 2001다71293 판결(판결확정일로부터 2년). 서울고등법원 2003. 10. 8. 선고 2002나68777 판결(판결확정일로부터 5년, 미상고 확정), 서울고등법원 2006. 1. 18. 선고 2005나24952 판결(판결확정일로부터 5년, 상고이유서 부제출 기각). 서울중앙지방법원 2011. 2. 23. 선고 2010가합31018 판결(판결확정일로부터 2년, 미항소 확정). 서울중앙지방법원 2010. 9. 1. 선고 2009가합48898 판결(판결확정일로부터 1년 ; 다만 항소심인 서울고등법원 2011 6. 22. 선고 2010나95385 판결은 경영정보임을 이유로 2011. 12. 31.까지로 한정함, 미상고 확정). 대구지방법원 2009. 2. 17. 선고 2008가합3071 판결(판결확정일로부터 1년, 미항소 확정). 이러한 판결들의 태도는 변론종결 후에도 여전히 금지의 필요성이 있다고 판단하였기 때문이 아닌가 한다.

48) 대법원 2003. 7. 16.자 2002마4380 결정, 대법원 2009. 11. 26. 선고 2009도5230 판결(영업비밀의 보호기간을 '퇴직' 후 3년으로 본 원심을 수긍한 사안) 참조. 서울고등법원 2003. 10. 8. 선고 2002나68777 판결(미상고 확정)에서는 판결확정일로부터 5년간의 영업비밀 침해금지기간을 주장한 원고 주장에 대하여 퇴직시로부터 2년으로 보고 당심 변론종결시를 기준으로 기간을 도과하였다고 하여 배척하였다. 위 판결에는 '판결확정일로부터 금지기간을 기산하게 되면, 당해 영업비밀 자체의 성질, 거래사정 등과 무관한 판결

영업비밀이 존속하고 있는 기간에는 사용자가 근로자에 대하여 미리 전직금지를 신청할 수 있으므로 근로자 퇴직 전에 미리 전직금지를 신청할 수 있었다고 볼 사정이 있다면 근로자 퇴직 이후에 영업비밀 침해금지를 구하는 경우에도 근로자가 영업비밀 취급업무에서 이탈한 시점을 기준으로 산정한다.[49]

이와 같은 금지기간 및 전직기간의 기산점 산정에 대하여 '퇴직 시'가 침해행위 개시 시점과 일치하는 경우나 계약에 정한 경우 외에 계약법적 보호를 주장하는 것이 아니라 배타적 지배권인 물권법적 보호수단의 하나로 침해금지를 주장하는 경우까지 '퇴직 시'를 기준으로 하여야 한다고 볼 수 없기 때문에 차라리 침해금지의 판결 등이 집행되는 시기를 기준으로 해야 한다는 견해가 있다.[50]

그러나 실무가 구체적인 전직금지약정이 없는 경우에도 전직금지를 인정하면서 특별한 사정이 없는 한 근로자가 퇴직한 시점을 기준으로 산정하고 있어 실무가 계약법적 근거 때문에 퇴직 시를 기준으로 하는 것이 아니다.

법원이 판결에 금지기간이 퇴직 시로부터 몇 년간이라고 하는 것은 과거에 그 기간만큼 금지청구권이 발생하였다는 점을 선언하려는 것이라기보다 변론종결 당시를 기준으로 금지청구권이 존재하는지 여부, 존재한다면 그 기간이 언제까지라는 점을 선언하기 위한 것으로 이해할 수 있다. 그와 같은 법률적 효과를 논하기 위하여 기산점 산정에 대해 고민할 필요가 있다.[51]

확정이라는 우연적이고 외부적인 요소에 의하여 영업비밀 보호기간이 달라지고, 사실심 법원으로서는 향후 판결확정 시점을 추정하여 금지기간을 설정하여야 하며, 극단적으로 판결확정이 지체되는 경우에는 판결확정시에 이미 영업비밀성을 상실하여 보호되지 말아야 할 정보에 대하여도 금지를 하게 되는 불합리가 발생할 여지가 있다.'는 판단 내용도 있다. 이 문제를 언급한 것으로는 장홍선, 앞의 논문 829 이하 참조. 한편 프로그램저작권 침해금지명령에서 금지기간을 구 컴퓨터프로그램보호법상 저작권 존속기간의 만료일까지로 특정한 하급심 사례도 있다(서울고등법원 2011. 4. 13. 선고 2009나60413 판결, 미상고 확정).

49) 대법원 2003. 7. 16.자 2002마4380 결정.
50) 정상조, 앞의 논문 398, 박준석, 앞의 논문 198.
51) 대법원 2007. 11. 15.자 2005마423 결정은 "원심이 기록에 나타난 제반 사정을 종합적으로 고려하여 채무자가 채권자 회사를 그만 둔 2003. 4. 18.부터 2년이 경과한 시점인 2005. 4. 17.까지를 채무자들의 영업비밀 침해금지기간으로 정한 것은 정당하다. 원심이 들고 있는 채무자가 채권자 회사를 그만 둔 시점은 채권자 회사의 영업상의 이익이 침해되거나 침해될 우려가 있는 때를 의미하는 것이 아니라 침해금지기간의 종기를 정하기 위한 역수상의 기준점에 불과하므로, 영업비밀 침해금지기간의 종기를 2005. 4. 17.까지로

이와 같이 보호기간의 기산점 설정에 대해 퇴직 시, 침해행위 시, 판결확정 시 등 여러 의견이 있는데 이는 획일적으로 어느 시점으로 결정하여야 하는 것이 아니라 영업비밀 침해소송의 구체적 사실관계에 따라 개별적으로 법원에 의해 결정될 문제로서, 결국 영업비밀 보호기간에 관한 사실인정을 통하여 정하여지는 영업비밀 보호기간의 기산점 설정은 그것이 형평의 원칙에 비추어 현저히 불합리하다고 인정되지 않는 한 사실심 법원의 전권사항에 속한다.52)

사실심의 심리결과 영업비밀 보호기간이 남아 있으면 남은 기간 영업비밀 침해금지청구권이 인정되고 심리결과 이미 영업비밀 보호기간이 지났다면 영업비밀 침해금지청구권은 소멸하였다고 판단된다.

영업비밀 보호기간 등과 관련하여 종전 실무의 태도는, 가처분사건에서는 "가처분에 의한 채권자의 권리는 본안과는 달리 종국적인 것이 아니라 잠정적 · 임시적인 것에 불과하고, 가처분은 그 성질상 신속히 이루어져야 할 뿐 아니라 피보전권리가 소멸하는 등의 사정변경이 있는 때에는 언제든지 그 취소를 구할 수 있다는 점 등을 고려할 때 특별한 사정이 없는 한 영업비밀의 침해행위를 금지하는 가처분을 함에 있어 그 금지의 기간을 정하지 아니하였다 하여 이를 위법하다고 할 수 없다."53)라고 하여 가처분사건에서 금지기간을 설정하지 않아도 위법하지 않다고 판시한 반면에, 본안사건에서는 "영업비밀 침해행위의 금지는 이러한 목적을 달성함에 필요한 시간적 범위 내에서만 인정되어야 하며, 만약 영구적으로 금지시킨다면 이는 제재적인 성격을 가지게 될 뿐만 아니라 자유로운 경쟁을 조장하고 종업원들이 그들의 지식과 능력을 발휘할 수 있게 하려는 공공의 이익과 상치되어 허용될 수 없다"라고 한 것도 있어,54) 이를 두고 마치 본안사건에서는 (가처분사건과는 달리) 기술정보 사용 등의 침해행위와 관련한 영구적인 금지를 허용하지 않는다고 이해할 여지가 있었다.

그러나 실무의 태도를 그와 같이 가처분사건과 본안사건으로 나누어 구분하는 것은 옳지 않다.

본 원심의 판단이 정당한 이상, 이 사건에서 반드시 채권자 회사가 주장하는 바와 같은 가처분결정일 등을 기준점으로 삼아야 할 필요는 없다."라고 하였다.
52) 대법원 2019. 9. 10. 선고 2017다34981 판결.
53) 대법원 2009. 3. 16.자 2008마1087 결정.
54) 대법원 1996. 12. 23. 선고 96다16605 판결 등.

사안에 따라 영업비밀보호에 관한 금지기간을 구체적으로 설정하기 어려운 사건이 있을 수 있고, 이러한 경우 무리하게 금지기간을 설정하는 것보다는 금지기간 설정을 유보하여 두고 판결이 선고된 이후의 사정변경에 따라 영업비밀이 소멸되었다는 이유로 당사자로 하여금 그 집행력의 배제를 구하기 위하여 청구이의의 소 등을 제기하도록 하는 방법이 필요할 수 있다.

또한 침해행위자나 다른 공정한 경쟁자가 독자적인 개발이나 역설계와 같은 합법적인 방법으로 영업비밀을 취득하거나 영업비밀과 동일한 기술을 개발할 가능성이 모두 인정되지 않는 경우 등에는 영업비밀 보호기간의 종기를 확정할 수 없으므로 판결이나 결정에 영업비밀 침해행위 금지의 기간을 정하지 않을 수 있다. 하지만 설령 판결이나 결정에 이와 같이 영업비밀 침해행위 금지기간을 정하여 두지 않았다고 하더라도 이를 영구히 금지하는 것은 아니고, 금지명령을 받은 당사자는 나중에 영업비밀의 보호기간이 지났다는 사정을 주장·증명하여 가처분이의나 취소, 청구이의의 소 등을 통해 얼마든지 다툴 수 있다.[55]

---

55) 서울고등법원 2012. 7. 25. 선고 2011나70802 판결(상고기각 확정)은 "원고 승소 판결에 있어서 주문에는 법원이 인정하는 당사자 사이의 법률관계를, 특히 기판력과 집행력의 범위에 의문이 없도록 명확하게 나타내야 하므로, 변론종결 시에 이미 그 법률관계의 종기(終期)가 확정되어 있다면 법률관계와 집행력의 시적 한계를 의미하는 그 종기도 함께 표시하여야 한다(장래이행의 소에서 주문에 법률관계의 시기(始期)를 표시하여야 함에는 이론이 없다)...판결 주문에 나타내거나 청구이의 사유로 하거나 어느 쪽도 가능하다고 한다면 이는 법원이 개별 사건마다 심리의 대상이 되는 법률관계의 범위를 임의적·편의적으로 정하는 셈이 되어 위법함은 물론이고, 당초의 수소법원과 청구이의 사건의 관할법원이 견해를 달리하는 경우에는 아무런 해결책이 없게 된다...판결 주문에 종기의 표시가 없는 경우에는 그 의무와 집행력의 시적 범위는 영원하다는 의미가 된다...주문이 '피고는 ...행위를 하여서는 아니 된다'는 판결의 경우에도 그 명령과 집행력의 시간적 범위가 영원하다는 의미임은 마찬가지이다. 주문에 종기를 표시하지 아니하고 청구이의의 소로 그 문제를 해결하면 된다고 하는 견해가 있으나, 청구이의의 소는 그 소송 당시 그 대상 판결의 집행력이 있다는 것을 전제로 하므로, 결국 이 견해는 종기의 표시가 없는 판결 주문은 그 법률관계와 집행력이 영원함을 의미한다는 입장과 다르지 않다...특허권이나 저작권 등과 같이 법률로 그 존속기간 또는 보호기간이 정해져 있는 권리를 근거로 부작위명령을 구하는 사건에 있어서 그러한 권리의 존속기간 또는 보호기간은 원고가 주장하는 권리에 대하여 해당 법률을 적용함으로써 얻어지는 결론일 뿐이고, 본래 영원한 권리에 관하여 새로운 사실이 발생함으로써 그 종기가 새롭게 형성되는 것이 아니므로 피고가 항변할 사항도 아니다."라고 하였다.

한편, 서울고등법원 2018. 1. 11. 선고 2014나2011824 판결(심리불속행 상고기각 확정)은 "영업비밀 침해금지청구소송에서는 사실심 변론종결 당시에 영업비밀 침해금지청구권

결국 영업비밀 침해금지기간의 보호기간 및 기산점은 구체적인 사안에서 증거자료에 따른 개별적인 사실인정을 통해 결정되는데 그것이 형평의 원칙에 비추어 현저히 불합리하다고 인정되지 않는 한 사실심 법원의 전권사항에 속한다.[56)]

마찬가지로 전직금지의 기간 및 기산점 설정에도 업무이탈 시, 퇴직 시 등 여러 의견이 있는데 침해금지기간의 그것과 같이 전직금지의 기간 및 기산점 설정도 증거자료에 따른 개별적인 사실인정 문제에 속하고 그것이 형평의 원칙에 비추어 현저히 불합리하다고 인정되지 않는 한 사실심 법원의 전권사항에 속한다.

4) 금지기간경과 시 법률관계

영업비밀의 침해와 전직을 금지하는 가처분에서 금지기간을 정한 경우에 그 금지기간이 경과하면 가처분결정은 당연히 효력을 상실하게 된다.

법원에 의하여 정해진 침해금지기간이 경과된 후의 영업비밀성에 대하여 대법원은 "영업비밀이 보호되는 시간적 범위는 당사자 사이에 영업비밀이 비밀로서 존속하는 기간이므로 그 기간의 경과로 영업비밀은 당연히 소멸하여 더 이상 비

의 존부를 심리·판단하는 것이므로, 주문에 금지기간을 정하지 않았다고 하여 위법하다고 볼 수 없고, 장래 일정한 기한 내에 영업비밀 요건의 상실이 확실시되는 시점을 확정하기 곤란한 경우에는 금지기간을 정하지 아니할 수도 있다(2009. 3. 16.자 2008마1087 결정, 2014. 3. 13. 선고 2011다17557 판결 등 참조). 금지기간을 설정하지 않는다고 하여 영구히 금지하는 것은 아니고, 판결이 확정된 이후에 더 이상 영업비밀에 해당하지 않게 되었다면 당사자는 그 집행력의 배제를 구하기 위하여 청구이의의 소 등을 제기할 수 있다. 위 법리에 아래에서 들고 있는 여러 사정들을 참작하여 보면, 원고의 이 사건 영업비밀은 현재도 여전히 그 요건을 구비하고 있으므로, 피고 퇴사자들이 퇴사한 날로부터 상당한 기간이 경과하였다는 점만으로는 원고가 영업비밀의 침해금지 및 제품 판매금지를 구할 수 없게 되었다고 볼 수 없다. 다만, 이 사건은 장래 일정한 기간 내에 영업비밀 요건의 상실이 확실시 된다는 시점을 확정하기 곤란하므로, 별도로 금지기간을 정하지 않는다."라고 하였다.

대법원 2019. 3. 14.자 2018마7100 결정도 영업비밀 금지청구 사건에서의 금지기간에 대해 "사실심의 심리결과 영업비밀 보호기간이 남아 있으면 남은 기간 동안 침해금지청구권이 인정되고, 이미 영업비밀 보호기간이 지나면 침해금지청구권은 소멸한다. 영업비밀 보호기간의 종기를 확정할 수 없는 경우에는 침해행위 금지의 기간을 정하지 않을 수 있다. 금지기간을 정하지 않는다고 해서 영구히 금지하는 것은 아니고, 금지명령을 받은 당사자는 나중에 영업비밀 보호기간이 지났다는 사정을 주장·증명하여 가처분 이의나 취소, 청구이의의 소 등을 통해 다툴 수 있다."라고 한다.

56) 대법원 2019. 9. 10. 선고 2017다34981 판결.

밀이 아닌 것으로 된다."라고 하고,57) 영업비밀 보호기간이 지나면 침해금지청구권은 소멸한다고 한다.58) 따라서 가처분상의 금지기간이 도과하여 가처분의 효력이 상실되었다면, 채무자들로서는 더 이상 이의신청으로 가처분의 취소나 변경을 구할 이익도 없다.59)

이에 대하여 반대하는 견해는, 법원이 설정한 침해금지기간은 재판시점을 기준으로 그 당시의 사정만을 기초로 하여 영업비밀이 언제쯤 공개되어 소멸할 것인지를 법원이 일단 예측한 결과에 불과하므로 그 기간이 도과하였다고 하여 발령 이후의 후발적 사정을 고려하지 않은 채 자동적으로 영업비밀에 관한 권리가 소멸하는 것으로 취급하여서는 곤란하고, 나아가 장래 일정 시점에서 다시 영업비밀성을 심리하여 추가적인 침해금지명령도 내릴 수 있다고까지 주장한다.60)

그러나 위 견해는 막연히 발령 이후의 후발적 사정을 고려하여야 한다고 주장하고 있을 뿐 그것을 언제까지 어느 범위까지 고려할 것인지 어떤 방법으로 어떻게 심리할 것인지, 장래에 다시 추가적인 침해금지명령을 내릴 때의 거래사회에 미치는 영향 등에 대하여 별다른 대안이나 언급이 없다.

법원은 침해금지청구 소송에서 당사자에 의해 제출된 증거자료 등에 따라 해당 기술을 개발하는 데 필요한 예상 기간 등을 최대한 합리적으로 고려하여 금지기간을 설정하고 있다. 아울러 관련된 여러 법률적 분쟁을 한꺼번에 해결하여 확정된 결정이나 판결에 따라 앞으로의 영업활동을 예상할 수 있도록 하는 것이 결국에는 당사자의 영업활동이나 거래 안전에 도움이 된다. 이러한 사정 등을 고려하여 법원은 금지기간이 가지는 의미를 심층적으로 검토하여 금지기간이 지나면 영업비밀로서 효력이 상실되고 더는 비밀이 아닌 것으로 된다는 판단을 하고 있다고 생각된다.

라. 근로자가 일정 기간 동안 근무하기로 하되 이를 위반할 경우 일정 금원을 사용자에게 지급하기로 한 약정의 효력 유무

---

57) 대법원 1998. 2. 13. 선고 97다24528 판결.
58) 대법원 2019. 3. 14.자 2018마7100 결정.
59) 대법원 2004. 10. 28. 선고 2004다31593 판결.
60) 박준석, "영업비밀 침해금지청구에 대한 우리 법원의 태도 - 기술정보 유출을 중심으로 -", 저스티스 114호(2009. 12.), 한국법학원, 185~187.

근로기준법 제20조(위약 예정의 금지)는 "사용자는 근로계약 불이행에 대한 위약금 또는 손해배상액을 예정하는 계약을 체결하지 못한다."고 규정하고 제114조에서 이를 위반하는 행위를 한 자를 500만 원 이하의 벌금에 처한다고 규정한다.

이들 규정의 취지는, 근로자의 근로계약 불이행을 이유로 사용자에게 어떤 손해가 어느 정도 발생하였는지를 묻지 않고 바로 일정 금액을 배상하도록 하는 약정을 미리 함으로써, 근로자의 의사에 반하는 계속 근로를 강제하는 것을 방지하기 위한 것이다.[61]

따라서 근로자가 일정 기간 근무하기로 하면서 이를 위반할 경우 소정 금원을 사용자에게 지급하기로 약정하는 경우, 그 약정의 취지가 약정한 근무기간 이전에 퇴직하면 그로 인하여 사용자에게 어떤 손해가 어느 정도 발생하였는지 묻지 않고 바로 소정 금액을 사용자에게 지급하기로 하는 것이라면 이는 명백히 위 조항에 반하는 것이어서 효력을 인정할 수 없다. 또, 그 약정이 미리 정한 근무기간 이전에 퇴직하였다는 이유로 마땅히 근로자에게 지급되어야 할 임금을 반환하기로 하는 취지일 때에도, 결과적으로 위 조항의 입법 목적에 반하는 것이어서 역시 그 효력을 인정할 수 없다.

다만, 그 약정이 사용자가 근로자의 교육훈련 또는 연수를 위한 비용을 우선 지출하고 근로자는 실제 지출된 비용의 전부 또는 일부를 상환하는 의무를 부담하기로 하되 장차 일정 기간 근무하는 경우에는 그 상환의무를 면제해 주기로 하는 취지라면 그러한 약정의 필요성은 인정된다. 이러한 경우 주로 사용자의 업무상 필요와 이익을 위하여 원래 사용자가 부담하여야 할 성질의 비용을 지출한 것에 불과한 정도가 아니라 근로자의 자발적 희망과 이익까지 고려하여 근로자가 전적으로 또는 공동으로 부담하여야 할 비용을 사용자가 대신 지출한 것으로 평가되며, 약정 근무기간 및 상환해야 할 비용이 합리적이고 타당한 범위 내에서 정해져 있는 등 위와 같은 약정으로 인하여 근로자의 의사에 반하는 계속 근로를 부당하게 강제하는 것으로 평가되지 않는다면, 그러한 약정까지 근로기준법 제20조에 위반되는 것은 아니다.[62]

---

61) 대법원 2004. 4. 28. 선고 2001다53875 판결, 대법원 2008. 10. 23. 선고 2006다37274 판결.
62) 대법원 2008. 10. 23. 선고 2006다37274 판결.

③ 시효

영업비밀의 보유자는 영업비밀 침해행위를 하거나 하려는 자에 대하여 그 행위에 의하여 영업상의 이익이 침해되거나 침해될 우려가 있는 경우에는 법원에 그 행위의 금지 또는 예방을 청구할 수 있다(법 제10조 제1항).

그러나 영업비밀 침해행위의 금지 또는 예방을 청구할 수 있는 권리는 영업비밀 침해행위가 계속되는 경우에 영업비밀 보유자가 그 침해행위에 의하여 영업상의 이익이 침해되거나 침해될 우려가 있다는 사실 및 침해행위자를 안 날부터 3년간 행사하지 아니하면 시효(時效)로 소멸한다(법 제14조 전문). 그 침해행위가 시작된 날부터 10년이 지난 때에도 또한 같다(법 제14조 후문).

타인이 다른 사람의 영업비밀을 사용하여 생산, 판매, 연구개발을 진행하거나 사업 활동을 활발히 하는 상태에서 영업비밀 보유자에 의해 금지청구권이 행사되면 그는 사업 활동을 중단할 수밖에 없어 고용·금융·거래 관계 등에 큰 영향을 받는다. 비록 영업비밀 침해행위이더라도 오랜 기간 계속된 침해행위로 인하여 새로 형성된 법률관계를 안정적으로 유지할 필요가 있고 오랜 기간 침해행위를 방치하고 있는 보유자를 기간 제한 없이 보호해 줄 필요성도 적어 부정경쟁방지법은 시효제도를 두고 있다.

시효제도는 1991. 12. 31. 법률 제4478호로 개정된 부정경쟁방지법이 영업비밀 침해행위에 관한 규정을 도입하면서 제14조에서 "제10조 제1항의 규정에 의하여 영업비밀 침해행위의 금지 또는 예방을 청구할 수 있는 권리는 영업비밀 침해행위가 계속되는 경우에 영업비밀 보유자가 그 침해행위에 의하여 영업상의 이익이 침해되거나 침해될 우려가 있는 사실 및 침해행위자를 안 날부터 1년간 이를 행사하지 아니하면 시효로 인하여 소멸한다. 그 침해행위가 시작된 날부터 3년을 경과한 때에도 또한 같다."라고 규정하였다가 1998. 12. 31. 법률 제5621호로 개정된 부정경쟁방지법 제14조에서 전문의 1년을 3년으로 후문의 3년을 10년으로 변경하였고 2007. 12. 21. 법률 제8767호로 개정된 부정경쟁방지법 제14조에서 일부 문구 수정이 있었을 뿐 내용에 큰 변경이 없었고 이후 같은 내용으로 지금에 이르고 있다.

부정경쟁방지법 제2조 제3호 가목 내지 바목의 영업비밀 침해행위는 크게 영업비밀의 부정취득행위, 부정사용행위, 부정공개행위의 태양으로 분류되는데 그 중 부정취득행위나 부정공개행위에는 특별한 사정이 없는 한 행위 자체에 계속성이 없기 때문에 본 조의 시효 대상은 주로 부정사용행위가 대상이 된다.

영업비밀 침해행위의 금지 또는 예방을 청구할 수 있는 권리의 소멸시효가 진행하기 위하여는 일단 침해행위가 있어야 하고 영업비밀 보유자가 그 침해행위에 의하여 자기의 영업상의 이익이 침해되거나 침해될 우려가 있는 사실 및 침해행위자를 알아야 한다.63)

여기서 침해되는 것을 안다는 것은 침해의 발생 사실을 안다는 것뿐만 아니라 그 침해행위가 불법행위로서 손해배상을 청구할 수 있다는 사실까지 아는 것을 말하지만,64) 그 불법행위로 법률상 어떠한 손해배상청구권이 발생하였는가라는 것까지 알아야 할 필요는 없다.65)

그리고 침해행위자를 안다는 것은 사실에 관한 인식의 문제이지 사실에 대한 법률적 평가의 문제가 아니다.66)

침해 및 침해행위자를 안 시기는 시효이익을 주장하는 자가 이를 증명하여야 한다.

사용자의 손해배상책임은 사용자와 피용관계에 있는 자가 사용자의 사무집행에 관하여 제3자에게 손해를 가한 것에 의하여 발생하므로, 이 경우 피해자가 가해자를 안다는 것은 피해자가 사용자 및 그 사용자와 불법행위자 사이에 사용관계

---

63) 대법원 1996. 2. 13. 자 95마594 결정은 피신청인 회사가 신청인 회사의 영업비밀을 이용하여 신청인 회사가 생산한 스핀 팩 필터와 유사한 필터를 생산 · 판매하려고 회사를 설립하였다고 하더라도, 그와 같은 사정만으로는 피신청인 회사를 설립한 시점에 바로 침해행위가 개시되었다고 단정할 수 없으므로 피신청인 회사가 설립된 때부터 바로 소멸시효가 진행된 것으로 볼 수 없다고 하였다.

64) 대법원 1989. 9. 26. 선고 89다카6584 판결은 피해자가 도리어 가해자로서 형사소추를 받고 있었다면 피해자에 대한 무죄판결이 확정된 때가 가해자를 안 날에 해당한다고 하였고, 대법원 2010. 12. 9. 선고 2010다71592 판결은 경찰관들로부터 폭행을 당한 사람이 그 경찰관들을 폭행죄로 고소하였으나 오히려 무고죄로 기소되어 제1심에서 징역형을 선고받았다가 상고심에서 무죄로 확정된 사안에서 무고죄에 대한 무죄판결이 확정된 때부터 손해배상청구의 소멸시효가 진행된다고 하였다.

65) 대법원 1993. 8. 27. 선고 93다23879 판결.

66) 대법원 1993. 8. 27. 선고 93다23879 판결, 대법원 2012. 3. 29. 선고 2011다83189 판결 참조.

가 있다는 사실을 인식하는 것 외에 일반인이 당해 불법행위가 사용자의 사무집행과 관련하여 행하여진 것으로 판단하기에 족한 사실까지 인식하는 것을 말한다.[67]

위 3년간의 기간이 소멸시효 기간임에 다툼이 없으나, 위 10년이 소멸시효 기간인지 제척기간인지에 대하여는 다툼이 있다.

위 10년은 불법행위가 발생한 날인 영업비밀 침해행위가 시작된 시점에 역점을 두고 권리관계를 확정시키는 점에서 제척기간으로 이해하는 견해도 있지만,[68] 실무는 부정경쟁방지법 제14조와 같은 형식으로 규정된 민법 제766조[69] 제1항을 주관적 기준점을 기준으로 하는 단기소멸시효로 보는 한편, 같은 조 제2항에 대해서는 객관적 기준점을 기준으로 하는 장기소멸시효에 관한 규정이라 한다.[70] 실무 해석에 따르면 민법 제766조 제2항과 같은 형식으로 규정하고 있는 부정경쟁방지법 제14조 후문의 10년의 기간은 제척기간이 아니라 소멸시효 기간으로 해석된다.[71]

법 제14조 후문의 "침해행위가 개시된 날"은 같은 형식으로 규정된 민법 제766조 제2항의 "불법행위를 한 날"에 상응하는데 여기서 '불법행위를 한 날'이란 가해행위가 있었던 날이 아니라 현실적으로 손해의 결과가 발생한 날을 의미하나, 그 손해의 결과 발생이 현실적인 것으로 되었다면 그 소멸시효는 피해자가 손해의 결과 발생을 알았거나 예상할 수 있는지에 관계없이 가해행위로 인한 손해가 현실적인 것으로 되었다고 볼 수 있는 때부터 진행한다.[72] 이러한 법리는 부정경쟁방지법 제14조 후문의 "침해행위가 개시된 날"의 문언에 대하여도 그대로

---

67) 대법원 1989. 11. 14. 선고 88다카32500 판결, 대법원 2012. 3. 29. 선고 2011다83189 판결.
68) 곽윤직, 채권각론, 박영사(2003), 472.
69) "제766조(손해배상청구권의 소멸시효) ① 불법행위로 인한 손해배상의 청구권은 피해자나 그 법정대리인이 그 손해 및 가해자를 안 날로부터 3년간 이를 행사하지 아니하면 시효로 인하여 소멸한다. ② 불법행위를 한 날로부터 10년을 경과한 때에도 전항과 같다."
70) 대법원 2019. 11. 14. 선고 2018다233686 판결.
71) 한국특허법학회, 영업비밀보호법, 박영사(2017), 288(윤태식 집필부분)에서 본서 저자는 "법 제14조 후문의 10년은 불법행위가 발생한 날인 영업비밀 침해행위가 시작된 시점을 기준으로 두고 권리관계를 확정시키는 점에서 제척기간이다"라는 취지의 내용 등을 기술하면서 그와 다른 견해를 취하고 있는 본문 내용과 같은 실무 태도에 관한 설명을 따로 기술하지 않았다. 이에 위 집필부분 중 10년의 기간에 관한 실무 태도를 본문 내용과 같이 보충하고자 한다.
72) 대법원 1993. 7. 27. 선고 93다357 판결, 대법원 2019. 8. 29. 선고 2017다276679 판결.

적용된다.

위 10년의 기간에 대하여도 계속적인 불법행위에 관하여서는 역시 각각의 손해가 발생한 날로부터 기산한다.

본 조는 영업비밀 침해행위의 금지 등을 청구할 수 있는 권리의 소멸시효에 대하여 규정하고 있으나 소멸시효의 소급효, 중단사유 등에 대하여는 별도로 규정하고 있지 않다. 이 법에서 규정하고 있지 아니한 사항은 일반법인 민법 제167조 이하의 규정들을 적용한다.[73]

III. 손해배상청구(법 제11조, 법 제14조의2, 3, 7)

부정경쟁방지법은 제11조(영업비밀 침해에 대한 손해배상책임)에서 "고의 또는 과실에 의한 영업비밀 침해행위로 영업비밀 보유자의 영업상 이익을 침해하여 손해를 입힌 자는 그 손해를 배상할 책임을 진다."라고 규정하고,[74] 부정경쟁방지법 제14조의2(손해액의 추정 등), 제14조의3(자료의 제출), 제14조의7(기록의 송부 등)을 규정하고 있다.

위 법 제5조의 영업상 이익의 침해 의미와 손해배상청구의 당사자에 관한 내용은 「제4장 부정경쟁행위 등에 대한 구제 제2절 부정경쟁행위 등에 대한 민사 구제 II. 부정경쟁행위 등의 금지청구 등(법 제4조)」의 설명 부분을 참고하여 주기 바란다. 그리고 위 법 제14조의2, 제14조의3, 제14조의7에 관련한 내용은 「제4장 부정경쟁행위 등에 대한 구제 제2절 부정경쟁행위 등에 대한 민사 구제 III. 손해배상청구」 부분에서 같은 내용에 대해 이미 설명하였으므로 중복을 피한다.

아래에서는 영업비밀침해와 관련된 내용만을 추가 설명한다.

---

73) 법 제14조 후문의 10년을 제척기간으로 보게 되면 소멸시효와 달리 시효중단 등이 없고 재판에서 당사자가 제척기간이 지났다고 주장하지 않아도 변론을 통해 나타난 자료에 의해 제척기간이 지났다는 사정이 인정된다면 법원은 권리가 소멸한 것으로 보게 된다.

74) 1991. 12. 31. 법률 제4478호로 개정된 부정경쟁방지법에서 제3장으로 영업비밀의 보호에 관한 규정을 신설하고 제11조(영업비밀 침해행위에 대한 손해배상책임)에서 "고의 또는 과실에 의한 영업비밀 침해행위로 영업비밀 보유자의 영업상 이익을 침해하여 손해를 가한 자는 그 손해를 배상할 책임을 진다."라는 규정을 신설하였다. 2007. 12. 21. 법률 제8767호로 개정된 부정경쟁방지법은 제11조에서 "손해를 가한 자"를 "손해를 입힌 자"로 수정하여 지금에 이르고 있다.

① 증액손해배상 제도의 도입(법 제14조의2 제6항·제7항)

2019. 1. 8. 법률 제16204호로 개정된 부정경쟁방지법에서 제14조의2 제6항, 제7항을 신설하여 증액손해배상제도를 도입하면서 영업비밀의 침해행위가 고의적인 것으로 인정되는 경우에는 손해로 인정된 금액의 3배를 넘지 아니하는 범위에서 배상액을 인정할 수 있도록 하되, 영업비밀의 침해행위가 고의적인지를 판단할 때에는 침해자의 우월적 지위 여부, 고의의 정도, 침해행위의 기간 및 횟수, 침해행위로 인하여 침해자가 얻은 경제적 이득의 정도 등을 고려하도록 하여 영업비밀침해에 따른 피해구제를 강화하도록 하였다.

즉, 부정경쟁방지법 제14조의2 제6항은 "법원은 영업비밀 침해행위가 고의적인 것으로 인정되는 경우에는 제11조에도 불구하고 제1항부터 제5항까지의 규정에 따라 손해로 인정된 금액의 3배를 넘지 아니하는 범위에서 배상액을 정할 수 있다."라고 하고, 제7항은 "제6항에 따른 배상액을 판단할 때에는 다음 각 호의 사항을 고려하여야 한다. 1. 침해행위를 한 자의 우월적 지위 여부, 2. 고의 또는 손해 발생의 우려를 인식한 정도, 3. 침해행위로 인하여 영업비밀 보유자가 입은 피해규모, 4. 침해행위로 인하여 침해한 자가 얻은 경제적 이익, 5. 침해행위의 기간·횟수 등, 6. 침해행위에 따른 벌금, 7. 침해행위를 한 자의 재산상태, 8. 침해행위를 한 자의 피해구제 노력의 정도"라고 규정한다.

본 조항은 법 제14조의2 제1항 내지 제5항에 기한 손해배상청구를 전제로, 제6항에 열거된 각 호의 고려요소와 그 밖의 제반사정을 종합적으로 고려하여, 각 조항에 따라 산정된 손해액의 3배 이하에서 배상액을 정할 수 있도록 한 규정이다.

여기서 고의란 일정한 결과가 발생하리라는 것을 알면서 감히 이를 행하는 심리상태로서, 객관적으로 위법이라고 평가되는 일정한 결과의 발생이라는 사실의 인식만 있으면 되고 그 외에 그것이 위법한 것으로 평가된다는 것까지 인식하는 것(위법성 인식)을 필요로 하는 것은 아니다.[75]

다만 법 제14조의2 제6항 및 제7항의 개정규정은 개정법 시행(2019. 7. 9.)

---

75) 대법원 2002. 7. 12. 선고 2001다46440 판결.

후 영업비밀 침해행위가 시작되는 경우부터 적용한다(부칙 제2조).

다만 2018. 4. 17. 법률 제155580호로 개정된 부정경쟁방지법에서 신설된 제2조 제1호 차목(아이디어 포함 정보의 부정사용행위)의 적용범위와 관련된 사안이나, 차목의 아이디어 포함 정보의 제공이 차목 규정의 시행일 전에 이루어졌어도 차목의 부정경쟁행위에 해당하는 행위가 그 시행일 이후에도 계속되고 있다면 해당 행위에 대해서는 차목이 적용될 수 있다고 한 사례가 있다.[76)

② 영업비밀이나 영업상 주요 자산인 자료의 부정취득행위만으로 영업비밀 보유자에게 손해를 입힌다고 볼 수 있는지 여부 등

영업비밀이나 영업상 주요 자산인 자료 등(이하 '영업비밀 등'이라 한다)을 부정취득한 자는 그 취득한 영업비밀 등을 실제 사용하였는지와 관계없이 부정취득행위 자체만으로 영업비밀 등의 경제적 가치를 손상함으로써 영업비밀 등 보유자의 영업상 이익을 침해하여 손해를 입히는 것으로 판단된다.[77)

이때 영업비밀 등을 취득함으로써 얻는 이익은 영업비밀 등이 가지는 재산가치이고, 재산가치는 영업비밀 등을 가지고 경쟁사 등 다른 업체에서 제품을 만들경우, 영업비밀 등으로 인하여 기술개발에 드는 비용이 줄어드는 경우의 그 감소분과 나아가 영업비밀 등을 이용하여 제품생산에까지 발전시킬 경우 제품판매이익 중 영업비밀 등이 제공되지 않았을 경우의 차액으로서 그러한 가치를 감안하여 시장경제원리에 따라 형성될 시장교환가격이다.[78)

---

76) 대법원 2020. 7. 23. 선고 2020다220607 판결. 특허법원 2020. 1. 17. 선고 2019나 1302 판결(미상고 확정)은 2018. 4. 17. 법률 제15580호로 개정된 부정경쟁방지법 제2조 제1항 차목은 2018. 7. 18.부터 시행되는 조항으로, 해당 사건 소제기일(2017. 5. 12) 이후부터 위 법률 시행일(2018. 7. 18.) 전날까지의 피고 제품의 제조·판매행위에 대하여는 부정경쟁방지법 제2조 제1항 차목이 적용되지 않고, 위 개정된 부정경쟁방지법 시행일 다음날부터 이 법원 변론종결일까지 피고가 피고 제품을 제조·판매한 행위에 대하여는 부정경쟁방지법 제2조 제1항 차목이 적용될 수 있다는 취지로 판단하였다.
77) 대법원 2011. 7. 14. 선고 2009다12528 판결, 대법원 2017. 9. 26. 선고 2014다27425 판결.
78) 대법원 1999. 3. 12. 선고 98도4704 판결, 대법원 2017. 9. 26. 선고 2014다27425 판결.

③ 영업비밀 침해행위에 의하여 재산권이 침해된 경우의 위자료 인정 요건

타인의 불법행위로 인하여 재산권이 침해된 경우에는 특별한 사정이 없는 한 그 재산적 손해의 배상에 의하여 정신적 고통도 회복된다고 보아야 할 것이고 재산적 손해의 배상만으로는 회복할 수 없는 정신적 손해가 있어야 그 위자료를 인정할 수 있다.

그리고 재산적 손해의 배상에 의하여 회복할 수 없는 정신적 손해가 발생하였다면, 이는 특별한 사정으로 인한 손해로서 가해자가 그러한 사정을 알았거나 알 수 있었을 경우에 한하여 그 손해에 대한 위자료를 청구할 수 있다.79)

이러한 법리에 비추어 보면, 영업비밀침해로 인하여 영업비밀 보유자의 영업매출액이 감소한 결과 입게 된 정신적 고통을 위자할 의무가 있다고 하기 위하여는 영업비밀 보유자에게 위에서 설명한 바와 같은 특별한 사정이 있고 영업비밀 침해자가 이를 알았거나 알 수 있었다는 점이 영업비밀 보유자에 의해 주장·증명되어야 한다.80)

IV. 신용회복청구(법 제12조)

법원은 고의 또는 과실에 의한 영업비밀 침해행위로 영업비밀 보유자의 영업상의 신용을 실추시킨 자에게는 영업비밀 보유자의 청구에 의하여 제11조에 따른 손해배상을 갈음하거나 손해배상과 함께 영업상의 신용을 회복하는 데에 필요한 조치를 명할 수 있다(법 제12조).

---

79) 대법원 1992. 5. 26. 선고 91다38334 판결, 대법원 1994. 12. 13. 선고 93다59779 판결.
80) 대법원 1996. 11. 26. 선고 96다31574 판결은 "원고 스스로는 영업매출액의 감소로 인하여 정신적 고통을 받았다고 하고 있을 뿐이고, 위에서 원심이 설시한 사실에 의하더라도, 피고는 위의 영업비밀을 사용하여 경화제를 생산한 후 자신의 상품으로 이를 판매하였고 달리 원고의 영업이나 상품의 신용을 실추하게 한 것은 아니라고 할 것인데도, 원심이 위와 같은 특별한 사정에 관하여 아무런 심리판단이나 설시를 하지 아니한 채 만연히 피고가 원고의 영업매출액 감소로 인하여 입은 정신적 고통에 대하여도 위자할 의무가 있다고 판단하였으니, 이는 특별한 사정으로 인한 손해에 관한 법리오해와 심리미진 내지 이유불비의 위법을 저지른 것"이라고 하였다.

　　1991. 12. 31. 법률 제4478호로 개정된 부정경쟁방지법에서 제3장으로 영업비밀의 보호에 관한 규정을 신설하고 제12조(영업비밀 보유자의 신용회복)에서 "법원은 고의 또는 과실에 의한 영업비밀 침해행위로 영업비밀 보유자의 영업상의 신용을 실추하게 한 자에 대하여는 영업비밀 보유자의 청구에 의하여 제11조의 규정에 의한 손해배상에 갈음하거나 손해배상과 함께 영업상의 신용회복을 위하여 필요한 조치를 명할 수 있다."라는 규정을 신설하였다. 2007. 12. 21. 법률 제8767호로 개정된 부정경쟁방지법은 제12조에서 "실추하게 한 자에 대하여는"을 "실추시킨 자에게는"로, "제11조의 규정에 의한"을 "제11조에 따른"으로, "손해배상에 갈음"을 "손해배상을 갈음"으로, "신용회복을 위하여"를 '신용을 회복하는 데에"로 바꾸는 문구 수정이 이루어져 지금에 이르고 있다.

　　신용회복청구는 침해자의 고의, 과실에 의한 영업비밀 침해행위가 있고 그로 인하여 영업비밀 보유자의 영업상의 신용이 실추되었을 것을 요건으로 한다.[81]

　　부정경쟁방지법 제12조에 의한 신용회복청구를 인정할 것인지의 판단은 손해배상청구를 인정할 것인지 여부와 같이 침해행위 당시를 기준으로 한다.

　　그 외 이 부분 내용은 「제4장 부정경쟁행위 등에 대한 구제 제2절 부정경쟁행위 등에 대한 민사 구제 IV. 신용회복청구」 부분에서 설명한 내용과 같으므로 중복을 피한다.

V. 선의자에 관한 특례(법 제13조)

　　거래의 안전을 도모하기 위하여 부정경쟁방지법은 제13조에서 선의자에 관한 특례를 규정하였다.

　　1991. 12. 31. 법률 제4478호로 개정된 부정경쟁방지법에서 제3장으로 영업비밀의 보호에 관한 규정을 신설하고 제13조(선의자에 관한 특례)에서 "① 거래에 의하여 영업비밀을 정당하게 취득한 자가 그 거래에 의하여 허용된 범위안에서 그 영업비밀을 사용하거나 공개하는 행위에 대하여는 제10조 내지 제12조의 규정을 적용하지 아니한다. ② 제1항의 규정에서 "영업비밀을 정당하게 취득한 자"라 함은 제2조 제3호 다목 또는 바목의 규정에서 영업비밀을 취득할 당시에

---

81) 대법원 2008. 11. 13. 선고 2006다22722 판결 참조.

그 영업비밀이 부정하게 공개된 사실 또는 영업비밀의 부정취득행위나 부정공개 행위가 개입된 사실을 중대한 과실없이 알지 못하고 그 영업비밀을 취득한 자를 말한다."라는 규정을 신설하였다. 2007. 12. 21. 법률 제8767호로 개정된 부정경 쟁방지법은 제13조 제1항에서 "허용된 범위 안에서"를 "허용된 범위에서"로, "제 10조 내지 제12조의 규정"을 "제10조부터 제12조까지의 규정"으로 바꾸고 제2항 에서 "제1항의 규정에서"를 "제1항에서"로, "바목의 규정에서"를 "바목에서"로 바 꾸는 문구 수정이 이루어져 지금에 이르고 있다.

거래에 의하여 영업비밀을 정당하게 취득한 자가 그 거래에 의하여 허용된 범위에서 그 영업비밀을 사용하거나 공개하는 행위에 대하여는 제10조(영업비밀 침해행위에 대한 금지청구권), 제11조(영업비밀 침해에 대한 손해배상책임), 제12조(영 업비밀 보유자의 신용회복)의 규정을 적용하지 아니한다(법 제13조 제1항).

여기서 "영업비밀을 정당하게 취득한 자"란 제2조 제3호 다목[82] 또는 바목[83] 에서 영업비밀을 취득할 당시에 그 영업비밀이 부정하게 공개된 사실 또는 영업 비밀의 부정취득행위나 부정공개행위가 개입된 사실을 중대한 과실 없이 알지 못 하고 그 영업비밀을 취득한 자를 말한다(법 제13조 제2항).

부정경쟁방지법 제13조 제1항의 '사용', '공개'는 거래에 의하여 허용된 범위 에서 인정되므로 영업비밀을 취득할 당시의 거래 조건, 즉 매매, 사용허락, 위임 등에 의하여 정하여진 사용, 공개 기간, 목적, 대상, 방법 등에 관한 조건 범위 내 에서만 사용, 공개할 수 있다.

한편 법문에는 '거래'에 의하여 영업비밀을 취득한 경우에 위 조항이 적용되 는 것으로 규정되어 있어 거래가 아니라 영업비밀을 보유하는 회사가 근로자를 고용하는 경우도 위 조항에 해당될 수 있는지가 문제되는데, 이러한 경우에도 위 거래라는 의미를 넓게 해석하여 영업비밀 취득에 있어 사용자와 근로자 사이에 개별적으로 거래가 있었다고 보거나 위 조항을 준용할 수 있다는 견해가 있다.[84]

---

82) "영업비밀을 취득한 후에 그 영업비밀에 대하여 부정취득행위가 개입된 사실을 알거나 중 대한 과실로 알지 못하고 그 영업비밀을 사용하거나 공개하는 행위"
83) "영업비밀을 취득한 후에 그 영업비밀이 라목에 따라 공개된 사실 또는 그러한 공개행위 가 개입된 사실을 알거나 중대한 과실로 알지 못하고 그 영업비밀을 사용하거나 공개하는 행위"
84) 小野昌延 편저, 新·注解 不正競爭防止法(第3版) 上卷, 靑林書院(2012), 540(小野昌延·苗村 博子 집필부분).

VI. 부당이득반환청구 · 사무관리 및 준사무관리에 의한 청구

이 부분 내용은 「제4장 부정경쟁행위 등에 대한 구제 제2절 부정경쟁행위 등에 대한 민사 구제 V. 부당이득반환청구 · 사무관리 및 준사무관리에 의한 청구」부분에서 설명하였으므로 해당 부분을 참고하여 주시기 바란다.

VII. 비밀유지명령 제도(부정경쟁방지법 제14조의4, 5, 6)

이 부분 내용은 「제4장 부정경쟁행위 등에 대한 구제 제2절 부정경쟁행위 등에 대한 민사 구제 VI. 비밀유지명령 제도」부분에서 설명하였으므로 해당 부분을 참고하여 주시기 바란다.

제3절 영업비밀 침해행위에 대한 형사 구제

I. 일반론

이하 영업비밀 침해행위에 관한 실무상 쟁점을 중심으로 설명한다.

(1) 영업비밀 침해와 관련된 형사사건에서 공소장에 공소사실이 특정되어 있지 않다는 주장을 하는 경우가 있다. 부정한 이익을 얻거나 기업에 손해를 가할 목적으로 영업비밀을 제3자에게 누설하였거나 이를 사용하였는지가 문제되는 부정경쟁방지법 위반 사건의 공소사실에 영업비밀이라고 주장된 정보가 상세하게 기재되어 있지 않다고 하더라도, 다른 정보와 구별될 수 있고 그와 함께 적시된 다른 사항들에 의하여 어떤 내용에 관한 정보인지 알 수 있으며, 또한 피고인의 방어권 행사에도 지장이 없다면, 그 공소제기는 적법하다.[85]

---

85) 대법원 2009. 7. 9. 선고 2006도7916 판결, 대법원 2009. 12. 10. 선고 2009도11216 판결, 대법원 2012. 10. 25. 선고 2011도9158 판결 등 참조.
　① 대법원 2008. 7. 10. 선고 2006도8278 판결은 "이 사건 공소사실에는 피고인이 ○○

(2) 공소장이나 공소장변경신청서의 공소사실 일부인 범죄일람표를 종이문서 아닌 CD로 제출하는 것은 허용되지 않는다.[86]

(3) 피고인이 같은 기회에 하나의 행위로 여러 개의 영업비밀을 취득하였다면

○공업 주식회사(이하 ○○○이라 한다)에 근무하면서 취득하게 된 영업비밀에 관하여 '미국 □□사의 바이어 명단, 납품가격, 아웃소싱 구매가격, 물류비, 가격산정에 관한 제반자료, ○○○의 중국 하청업자인 공소외인들에 대한 자료'(이하 이 사건 정보라 한다)라고 되어 있다. 이 사건 정보 중 '가격산정에 관한 제반자료'에서의 가격은 다른 공소사실 기재에 비추어 볼 때 □□사에의 납품가격이나 그 제조원가(하청가격, 물류비 등)를 뜻하는 것으로 보일 뿐, 다른 가격을 의미하는 것으로 보이지는 않는다. 따라서 위 '가격산정에 관한 제반자료'는 그 자체가 독립된 정보를 나타내는 것이 아니라 납품가격, 아웃소싱 구매가격, 물류비에 관한 제반자료를 의미하는 것으로 보이므로 구체적으로 특정되어 있지 않다고 볼 수 없다. 그리고 이 사건 공소사실은 피고인이 ○○○ 무역부장으로 근무하면서 취득한 이 사건 정보를 이용하여 중국인 하청업자인 공소외인 등으로부터 손톱깎이 세트 등을 생산하게 한 후 이를 □□사 등에 납품하였다는 것이므로, 이 사건 정보 중 '○○○의 중국 하청업자인 공소외인들에 대한 자료'는 공소외인들에 관한 인적사항 또는 연락처에 관한 자료 등을 의미하는 것으로 보인다. 따라서 이 사건 공소사실에 기재된 영업비밀 중 '가격산정에 관한 제반자료'나 '○○○의 중국 하청업자인 공소외인들에 대한 자료'는 다른 정보와 구별될 수 있고, 어떤 내용에 관한 정보인지 알 수 있으며, 특별히 피고인의 방어권 행사에도 지장이 있는 것으로 보이지는 않는다."라고 하였다.

② 대법원 2008. 9. 25. 선고 2007도11376 판결은 "이 사건 공소사실 중 제1심 판시 제1. 부분은 범죄의 방법에 대하여…그중 '양산물금지구 특수구조물공사' 설계도면의 취득, 사용 부분에 관하여는 공사명으로써 공소사실을 구체적으로 특정하고 있으나 이를 제외한 나머지 '2002. 7. 3.경부터 2005. 4. 8.까지 작성한 교량공사 등에 관한 약 80건의 설계도면 및 영업비밀 자료'의 취득, 사용의 점에 대해서는 막연히 '교량공사 등에 관한' 것이라고만 하였을 뿐 그 내용, 제목 또는 공사명 등을 통하여 그것들이 구체적으로 어느 교량공사에 관한 설계도면 또는 영업상 자료인지 적시하고 있지 아니하여 위 80건의 설계도면 및 영업비밀 자료가 △△△△△의 영업비밀에 해당하는지 여부를 판단할 길이 없다. 따라서 '양산물금지구 특수구조물공사' 설계도면에 관한 부분을 제외한 이 부분 공소사실은 심판의 대상과 피고인의 방어범위를 확정할 수 있을 정도로 공소사실이 특정되어 있다고 볼 수 없다."라고 하였다.

③ 대법원 2011. 9. 29. 선고 2009도7354 판결은 "이 사건 공소사실에는 피고인이 취득·사용한 영업비밀에 관하여 'PDP 자외선 경화용 접착제 생산방법, 연구자료, 연구관련문서, 생산시설 사진 등 영업비밀이 담긴 별지 일람표 기재 392개의 문서'라고 기재되어 있고, 공소장에 첨부된 별지 일람표에는 각 문서별로 그 내용이 기재되어 있음을 알 수 있는바, 위 일람표 기재 392개의 문서에 담긴 이 사건 정보는 다른 정보와 구별될 수 있고 어떤 내용에 관한 정보인지 충분히 알 수 있으며 피고인의 방어권 행사에 지장이 있다고 볼 수도 없으므로, 이 사건 공소사실에 기재된 영업비밀은 특정되어 있다고 보아야 한다."라고 하였다.

86) 대법원 2016. 12. 15. 선고 2015도3682 판결.

이는 일죄로 평가한다.[87]

　(4) 법원조직법 제8조는 "상급법원의 재판에 있어서의 판단은 당해 사건에 관하여 하급심을 기속한다"고 정하고, 민사소송법 제436조 제2항 후문도 상고법원이 파기의 이유로 삼은 사실상 및 법률상의 판단은 하급심을 기속한다는 취지를 규정하고 있다. 형사소송법에는 이에 상응하는 명문의 규정은 없으나 법률심을 원칙으로 하는 상고심도 형사소송법 제383조 또는 제384조에 의하여 사실인정에 관한 원심판결의 당부에 관하여 제한적으로 개입할 수 있는 것이므로, 조리상 상고심판결의 파기이유가 된 사실상의 판단도 기속력을 가진다. 이 경우 파기판결의 기속력은 파기의 직접 이유가 된 원심판결에 대한 소극적인 부정판단에 한하여 생기므로, 환송 후의 심리과정에서 새로운 증거가 제시되어 판단의 기초가 된 사실관계에 변동이 있다면 환송판결의 기속력은 미치지 아니한다.[88]

II. 벌칙(법 제18조, 제18조의2, 3, 4, 제19조)

① 부정경쟁방지법 제18조(벌칙) 제1항 · 제2항, 제18조의2(미수), 제18조의3(예비 · 음모)

가. 부정경쟁방지법 제18조 제1항 · 제2항의 규정

　2019. 1. 8. 법률 제16204호로 개정(시행일 2019. 7. 9.)된 부정경쟁방지법에서 부정한 이익을 얻거나 영업비밀 보유자에 손해를 입힐 목적으로 영업비밀을 취득 · 사용하거나 제3자에게 누설하는 행위 등에 대한 벌칙(법 제18조 제1항 및 제2항)을 추가하고 강화하였다.

　즉, 종전의 제3자 누설행위 외에도 부정한 이익을 얻거나 영업비밀 보유자에게 손해를 입힐 목적으로 영업비밀을 지정된 장소 밖으로 무단유출하거나 영업비밀 보유자로부터 영업비밀의 삭제 또는 반환을 요구받고도 이를 계속 보유하는 행위 등을 처벌하도록 벌칙에 추가하고, 부정경쟁방지법 제18조 제1항 및 제2항 각 호의 행위에 대한 벌칙의 내용에 대하여도 종전에는 원칙적으로 영업비밀을

---

87) 대법원 2009. 4. 9. 선고 2006도9022 판결.
88) 대법원 2004. 4. 9. 선고 2004도340 판결, 대법원 2009. 12. 10. 선고 2009도11216 판결.

외국에서 사용하거나 외국에서 사용될 것임을 알면서도 한 경우에는 10년 이하의 징역 또는 1억 원 이하의 벌금, 그 밖의 경우에는 5년 이하의 징역 또는 5천만 원 이하의 벌금으로 규정하였던 것을, 각각 15년 이하의 징역 또는 15억 원 이하의 벌금, 10년 이하의 징역 또는 5억 원 이하의 벌금으로 상향하였다.

부정경쟁방지법 제18조 제1항 및 제2항 규정은 아래와 같다.

① 영업비밀을 외국에서 사용하거나 외국에서 사용될 것임을 알면서도 다음 각 호의 어느 하나에 해당하는 행위를 한 자는 15년 이하의 징역 또는 15억원 이하의 벌금에 처한다. 다만, 벌금형에 처하는 경우 위반행위로 인한 재산상 이득액의 10배에 해당하는 금액이 15억원을 초과하면 그 재산상 이득액의 2배 이상 10배 이하의 벌금에 처한다(법 제18조 제1항).

1. 부정한 이익을 얻거나 영업비밀 보유자에 손해를 입힐 목적으로 한 다음 각 목의 어느 하나에 해당하는 행위

가. 영업비밀을 취득·사용하거나 제3자에게 누설하는 행위[89]

나. 영업비밀을 지정된 장소 밖으로 무단으로 유출하는 행위

다. 영업비밀 보유자로부터 영업비밀을 삭제하거나 반환할 것을 요구받고도 이를 계속 보유하는 행위

2. 절취·기망·협박, 그 밖의 부정한 수단으로 영업비밀을 취득하는 행위

3. 제1호 또는 제2호에 해당하는 행위가 개입된 사실을 알면서도 그 영업비밀을 취득하거나 사용(제13조 제1항[90])에 따라 허용된 범위에서의 사용은 제외한다)하는 행위

② 제1항 각 호의 어느 하나에 해당하는 행위를 한 자는 10년 이하의 징역 또는 5억원 이하의 벌금에 처한다. 다만, 벌금형에 처하는 경우 위반행위로 인한 재산상 이득액의 10배에 해당하는 금액이 5억원을 초과하면 그 재산상 이득액의 2배

---

89) 누설행위와 관련하여 대법원 2005. 9. 15. 선고 2004도6576 판결에서 피고인 3, 4가 피해자 회사의 허락을 받지 아니하고 임의로 이를 경쟁사 내지 경쟁사의 국내 대리점과 같은 지위에 있는 공소외 주식회사 소속의 피고인 1에게 송부한 이상 정당한 이유 없는 영업비밀 누설행위가 성립한다고 한 것이 있다.

90) 법 제13조(선의자에 관한 특례) 제1항은 "거래에 의하여 영업비밀을 정당하게 취득한 자가 그 거래에 의하여 허용된 범위에서 그 영업비밀을 사용하거나 공개하는 행위에 대하여는 제10조부터 제12조까지의 규정을 적용하지 아니한다."라고 규정한다.

이상 10배 이하의 벌금에 처한다.

나. 내용

부정경쟁방지법 제18조 제1항은 외국에서의 영업비밀 사용 등과 관련한 처벌 규정이고, 부정경쟁방지법 제18조 제2항은 외국에서의 영업비밀 사용 등과 무관하게 국내에서의 영업비밀 사용 등과 관련한 처벌 규정이다.

부정경쟁방지법 제18조 제1항과 제2항에서 징역과 벌금은 병과(倂科)할 수 있고(법 제18조 제5항), 미수범은 처벌한다(법 제18조의2).

부정경쟁방지법 제18조 제1항의 죄를 범할 목적으로 예비 또는 음모한 자는 3년 이하의 징역 또는 3천만 원 이하의 벌금에 처하고(법 제18조의3 제1항), 법 제18조 제2항의 죄를 범할 목적으로 예비 또는 음모한 자는 2년 이하의 징역 또는 2천만 원 이하의 벌금에 처한다(법 제18조의3 제2항).[91]

부정경쟁방지법 제18조 제1항은 영업비밀의 부정취득 및 그 사용행위 외에 누설행위, 무단 유출행위, 반환 요구 불응행위도 처벌하는데, 그 중 무단 유출행위 및 반환 요구 불응행위는 2019. 1. 8. 법률 제16204호로 개정(시행일 2019. 7. 9.)된 부정경쟁방지법에서 신설된 것임에 유의한다.

위와 같이 개정하기 이전에는, 회사 직원이 영업비밀을 경쟁업체에 유출하거나 스스로의 이익을 위하여 이용할 목적으로 무단으로 반출하였다면 그 반출 시에 업무상배임죄의 기수가 되고, 영업비밀이 아니더라도 그 자료가 불특정 다수의 사람에게 공개되지 않았고 사용자가 상당한 시간, 노력 및 비용을 들여 제작한 영업상 주요한 자산인 경우에도 그 자료의 반출행위는 업무상배임죄를 구성하며, 회사 직원이 영업비밀이나 영업상 주요한 자산인 자료를 적법하게 반출하여 그 반출행위가 업무상배임죄에 해당하지 않는 경우라도 퇴사 시에 그 영업비밀 등을 회사에 반환하거나 폐기할 의무가 있음에도 경쟁업체에 유출하거나 스스로의 이익을 위하여 이용할 목적으로 이를 반환하거나 폐기하지 아니한 경우에는 업무상배임죄에 해당한다고 하여 무단 유출행위나 반환 요구 불응행위를 업무상배임죄로 처벌하였다.[92]

---

91) 2019. 1. 8. 법률 제16204호로 개정(시행일 2019. 7. 9.)된 부정경쟁방지법에서 제18조의3 제1항 및 제2항의 벌금액 상한을 각각 1,000만 원씩 올렸다.

한편, 법 제18조 제1항 제1호 및 제2항에서 영업비밀의 '취득' 및 '사용'에 대해 별다른 설명을 하고 있지 않으나 부정경쟁방지법 제18조 제1항 제1호·제2항의 영업비밀의 '취득', '사용' 그 자체의 의미는 법 제2조 제3호 소정의 영업비밀의 '취득' 및 '사용'의 의미 내지 범위와 동일하다.

이에 따라 영업비밀의 취득 및 사용의 의미를 다시 정리하면 아래와 같다.

영업비밀의 취득은 문서, 도면, 사진, 녹음테이프, 필름, 전산정보처리조직에 의하여 처리할 수 있는 형태로 작성된 파일 등 유체물의 점유를 취득하는 형태로 이루어질 수도 있고, 유체물의 점유를 취득함이 없이 영업비밀 자체를 직접 인식하고 기억하는 형태로 이루어질 수도 있고, 또한 영업비밀을 알고 있는 사람을 고용하는 형태로 이루어질 수도 있는바, 어느 경우에나 사회통념상 영업비밀을 자신의 것으로 만들어 이를 사용할 수 있는 상태가 되었다면 특별한 사정이 없는 한 영업비밀 취득에 해당한다. 이하 실무의 사례를 들어 설명한다.

회사 사내망인 도면전자출도시스템에 타인의 아이디(ID)와 패스워드로 접속하여 영업비밀인 도면들을 자신의 업무용 컴퓨터로 각 다운로드 받은 행위는 그 영업비밀을 자신의 지배영역 내로 옮겨와 자신의 것으로 사용할 수 있어 영업비밀 취득에 해당한다.[93]

또한 회사가 다른 업체의 영업비밀에 해당하는 기술정보를 습득한 자를 스카우트하였다면 같은 이유로 영업비밀 취득에 해당한다.[94]

한편, 기업의 직원으로서 영업비밀을 인지하여 이를 사용할 수 있다면 그는 이미 당해 영업비밀을 취득하였다고 보아야 하므로 당해 영업비밀을 단순히 기업의 외부로 무단 반출한 행위는 영업비밀 취득에 해당하지 않는다.[95]

---

92) 대법원 2008. 4. 24. 선고 2006도9089 판결.
93) 대법원 2008. 12. 24. 선고 2008도9169 판결.
94) 대법원 1996. 12. 23. 선고 96다16605 판결, 대법원 1998. 6. 9. 선고 98다1928 판결.
95) 대법원 2008. 4. 10. 선고 2008도679 판결은 영업비밀을 피해자 회사에서 사용하던 피고인의 이메일 계정에서 피고인이 개인적으로 사용하던 이메일 계정으로 송부한 피고인의 행위가 영업비밀의 취득에 해당하지 않는다는 이유로 이 부분 공소사실에 대하여 무죄를 선고한 원심판단을 수긍하였다. 이와 같은 취지에서 대법원 2010. 1. 14. 선고 2009도9434 판결도 피고인이 피해자 회사에서 근무하던 중 취득한 영업비밀을 퇴사 후 가지고 나온 행위가 영업비밀의 취득에 해당하지 않는다는 이유로 이 부분 공소사실에 대하여 무죄로 판단한 제1심판결을 그대로 유지한 원심판단을 수긍하였다,

다음으로 영업비밀의 사용은 영업비밀 본래의 사용 목적에 따라 이를 상품의 생산·판매 등의 영업활동에 이용하거나 연구·개발사업 등에 활용하는 등으로 기업활동에 직접 또는 간접적으로 사용하는 행위로서 구체적으로 특정이 가능한 행위를 가리킨다.96) 영업비밀 사용행위에는 영업비밀인 기술을 단순 모방하여 제품을 생산하는 경우뿐 아니라, 타인의 영업비밀을 참조하여 시행착오를 줄이거나 필요한 실험을 생략하는 경우 등과 같이 제품 개발에 소요되는 시간과 비용을 절약하는 경우를 포함한다.97)

한편 실무 중 구 부정경쟁방지법(2007. 12. 21. 법률 제8767호로 개정되기 전의 것) 제18조 제2항98)에 대해 "부정한 이익을 얻거나 기업에 손해를 가할 목적으로 그 기업에 유용한 영업비밀을 취득·사용하는 행위를 처벌하도록 규정하고 있을 뿐이고 영업비밀을 취득하는 행위의 수단과 방법에 대해서는 특별한 제한이 없으므로 영업비밀부정사용죄의 대상이 되는 영업비밀은 법 제2조 제3호 가목에 정한 절취·기망·협박 기타 부정한 수단으로 취득된 영업비밀임을 전제로 한다는 상고이유의 주장은 받아들일 수 없다."라고 한 것이 있다.99)

여기서 특히 법 제18조 제2항에서 취득의 수단, 방법에 대하여 제한이 없는 반면에 법 제2조 제3호에서는 '절취, 기망, 협박, 그 밖의 부정한 수단으로' 영업비밀을 취득하는 행위'로 취득의 수단, 방법에 제한을 두고 있어 처벌대상이 되는 행위만 놓고 보면 영업비밀 부정취득죄의 형사소송 쪽이 영업비밀 침해사건의 민사소송 쪽보다 더 넓어진다고 볼 여지가 있으나, 법 제18조 제2항은 취득의 수단, 방법에 제한을 두지 않는 대신에 '부정한 이익을 얻거나 기업에 손해를 가할 목적'의 영업비밀 취득행위를 처벌하도록 규정하고 있고, 부정한 이익을 얻거나 영업비밀 보유자에게 손해를 입힐 목적이라는 주관적인 요소를 증명하기는 쉽지 않아 당사자가 영업비밀 부정취득사실을 다툰다면 결국에는 법 제2조 제3호 가목

---

96) 대법원 1998. 6. 9. 선고 98다1928 판결, 대법원 2009. 10. 15. 선고 2008도9433 판결, 대법원 2019. 9. 10. 선고 2016도1241 판결.
97) 대법원 2019. 9. 10. 선고 2016도1241 판결, 대법원 2019. 9. 10. 선고 2017다34981 판결.
98) "누구든지 부정한 이익을 얻거나 기업에 손해를 가할 목적으로 그 기업에 유용한 영업비밀을 취득·사용하거나 제3자에게 누설한 자는 5년 이하의 징역 또는 그 재산상 이득액의 2배 이상 10배 이하에 상당하는 벌금에 처한다."
99) 대법원 2009. 7. 9. 선고 2006도7916 판결.

의 '절취, 기망, 협박, 그 밖의 부정한 수단'으로 취득되었다는 사실의 증명을 통해 그러한 목적이 있다고 판단하는 경우가 대부분일 것으로 생각한다.

종업원 등이 법 제18조 제1항 제1호 가목의 누설행위나 나목의 무단 유출행위의 주체가 되려면 그에게 영업비밀에 대한 비밀유지의무가 있어야 한다.[100]

법 제18조 제1, 2항 위반죄는 고의 이외에 '부정한 이익을 얻거나 손해를 입힐 목적'을 범죄성립요건으로 하는 목적범이고 그와 같은 목적에 대하여는 적극적 의욕이나 확정적 인식이 아니더라도 미필적 인식으로 족하며 그 목적이 있었는지는 피고인의 직업, 경력, 행위의 동기 및 경위와 수단, 방법, 그리고 영업비밀 보유자와 영업비밀을 취득한 제3자와의 관계 등 여러 사정을 종합하여 사회통념에 비추어 합리적으로 판단한다.[101]

본 규정을 포함한 벌칙과 관련된 부정경쟁방지법위반죄가 성립하기 위해서는 상법상의 상호권 침해에서와 같은 부정한 목적은 그 요건이 아니지만, 반드시 고의가 있어야 하므로 비록 부정경쟁행위를 알지 못한데 과실이 있다면 민사상의 책임을 지는 것은 별론으로 하더라도 형사상 범죄를 구성하지는 아니한다.[102]

부정경쟁방지법 제18조 제1항, 제2항에서 정하고 있는 영업비밀부정사용죄의 미수와 관련하여 행위자가 당해 영업비밀과 관계된 영업활동에 이용 혹은 활용할 의사 아래 그 영업활동에 근접한 시기에 영업비밀을 열람하는 행위(영업비밀이 전자파일의 형태인 경우에는 저장의 단계를 넘어서 해당 전자파일을 실행하는 행위)를

---

100) 대법원 2003. 1. 24. 선고 2001도4331 판결은 피고인 1은 ○○의 직원으로 재직 당시 영업비밀과 관련하여 계약 등 어떠한 명시적 비밀유지의무를 부과받은 사실이 없을 뿐만 아니라, 조관공정에서 일하는 조관기술자일 뿐, 다심관 생산의 전반적인 공정에 관여하고 있지도 않았으며, 영업비밀에 관한 보안교육을 받거나 전직을 제한하는 요구를 받은 사실도 없고, 위 피고인이 누설하였다는 정보 역시 다심관 생산공정의 핵심 내지 중요기술로 보기 어려우므로, 위 피고인은 같은 법 제18조 제2항 제2호 소정의 계약관계 등에 의하여 비밀유지의무가 부과된 자에 해당하지 않아 같은 법 소정의 영업비밀 누설의 행위 주체가 되지 못하고, 위 피고인이 이 사건 범죄의 주체가 될 수 있음을 전제로 하는 피고인 2의 행위 주체성 역시 인정할 수 없다고 판단하여 무죄를 선고한 원심판결을 수긍하였다.

101) 대법원 2003. 11. 14. 선고 2002도1739 판결, 대법원 2007. 4. 26. 선고 2006도5080 판결, 대법원 2007. 11. 15. 선고 2006도5116 판결, 대법원 2018. 7. 12. 선고 2015도464 판결 등 참조

102) 대법원 1996. 1. 26. 선고 95도1464 판결, 대법원 2001. 9. 18. 선고 2001도3013 판결 참조.

하였다면 그 실행의 착수가 있고,[103] 회사의 영업비밀을 자신의 지배영역 내로 옮겨와 자신의 것으로 사용할 수 있게 되었다면 당해 영업비밀을 취득하였다고 보아야 하고 그로써 영업비밀 취득 범행이 기수에 이른 것이 된다.[104] 당해 영업비밀이 관계된 영업활동에 어떻게 이용 또는 활용되었는지가 영업비밀 본래의 용법 및 속성, 관계된 영업활동의 내용, 진행 정도 등 구체적인 상황 아래에서 어느정도 특정이 가능한 상태라면 영업비밀을 사용한 것으로 보아야 하므로 영업비밀에 해당하는 프로젝트 입찰제안서의 일부를 참고하여 작성한 이상 영업비밀부정사용죄의 기수로 된다.

따라서 이와 같이 영업비밀부정취득 및 부정사용죄의 기수에 해당한 이상 사후에 취득 또는 사용 자료를 삭제하였다고 하여 미수로 되는 것이 아니다.[105]

② 부정경쟁방지법 제18조 제4항

부정경쟁방지법 제9조의7(비밀유지 등) 제1항[106]을 위반하여 영업비밀 원본증명기관에 등록된 전자지문이나 그 밖의 관련 정보를 없애거나 훼손·변경·위조 또는 유출한 자(제1호), 같은법 제9조의7(비밀유지 등) 제2항[107]을 위반하여 직무

---

103) 대법원 2009. 10. 15. 선고 2008도9433 판결. 대법원 2012. 4. 12. 선고 2010도391 판결은 피고인이 회사에서 퇴사하면서 무단으로 유출한 프로그램 파일을 새로 입사한 회사 사무실에 있는 자신의 컴퓨터에 저장한 후 그 파일을 실행하여 새로 입사한 회사의 게임개발에 참고하기 위하여 여러 번에 걸쳐 파일에 접근하였다는 사실인정을 전제로, 보안프로그램의 작동으로 파일이 실행되지 아니하였다고 하더라도 피고인의 위와 같은 행위는 파일 저장의 단계를 넘어 파일을 실행하는 행위에 해당한다는 이유로 영업비밀부정사용미수의 공소사실을 유죄로 인정한 원심판단이 정당하다고 하였다.

104) 대법원 2008. 12. 24. 선고 2008도9169 판결.

105) 반면에 대법원 2009. 12. 24. 선고 2009도10995 판결은 피고인이 피해자 회사의 진공건조장치 및 도액공급장치 관련 기술상 영업비밀이 담긴 컴퓨터 파일을 실행시킨 것만으로는 그 영업비밀을 부정사용하였다고 단정할 수 없고, 한편 피해자 회사의 나머지 기술상 영업비밀이 담긴 컴퓨터 파일 등은 피고인이 단순히 보관하고 있었을 뿐 이를 열람하였다고 볼 자료가 없다는 이유로 그 부정사용미수의 죄책을 물을 수 없다고 판단하여, 피고인 및 그를 직원으로 사용한 피고인 회사에 대하여 모두 무죄를 선고한 제1심판결을 유지한 원심을 수긍하였다.

106) "누구든지 원본증명기관에 등록된 전자지문이나 그 밖의 관련 정보를 없애거나 훼손·변경·위조 또는 유출하여서는 아니 된다."

107) "원본증명기관의 임직원이거나 임직원이었던 사람은 직무상 알게 된 비밀을 누설하여서

상 알게 된 비밀을 누설한 사람(제2호)의 어느 하나에 해당하는 자는 1년 이하의 징역 또는 1천만 원 이하의 벌금에 처한다(법 제18조 제4항).

③ 부정경쟁방지법 제18조의4

국내외에서 정당한 사유 없이 제14조의4(비밀유지명령) 제1항에 따른 비밀유지명령을 위반한 자는 5년 이하의 징역 또는 5천만 원 이하의 벌금에 처한다(법 제18조의4 제1항). 위 법 제18조의4 제1항의 죄는 비밀유지명령을 신청한 자의 고소가 없으면 공소를 제기할 수 없다(법 제18조의4 제2항).

④ 부정경쟁방지법 제19조

법인의 대표자나 법인 또는 개인의 대리인, 사용인, 그 밖의 종업원이 그 법인 또는 개인의 업무에 관하여 제18조 제1항부터 제4항까지의 어느 하나에 해당하는 위반행위를 하면 그 행위자를 벌하는 외에 그 법인 또는 개인에게도 해당 조문의 벌금형을 과(科)한다. 다만, 법인 또는 개인이 그 위반행위를 방지하기 위하여 해당 업무에 관하여 상당한 주의와 감독을 게을리하지 아니한 경우에는 그러하지 아니하다.

양벌 규정에 관한 내용은 「제4장 부정경쟁행위 등에 대한 구제 제3절 부정경쟁행위 등에 대한 형사 구제 III. 양벌 규정」에서 설명하였다.

⑤ 그 밖의 사항

가. 벌칙의 경과 규정과 관련한 내용

구 부정경쟁방지 및 영업비밀보호에 관한 법률 시행 당시 취득한 영업비밀을 그 후 부정사용에 대해 추가 처벌하는 개정법 시행 후에 부정사용하는 경우 신설된 영업비밀부정사용죄로 처벌할 수 있는지 등과 관련하여 법 적용면에서 검토할 사항이 있다.

는 아니 된다."

대법원 2009. 7. 9. 선고 2006도7916 판결은 구 부정경쟁방지 및 영업비밀 보호에 관한 법률(2004. 1. 20. 법률 제7095호로 개정되기 전의 것)에는 기업의 전·현직 임원 또는 직원의 영업비밀 누설행위만을 처벌하고 기타 영업비밀 부정취득 행위 및 부정사용행위를 처벌하는 벌칙규정이 없었으나, 2004. 1. 20. 개정된 법 제18조 제2항은 '누구든지 부정한 이익을 얻거나 기업에 손해를 가할 목적으로 그 기업에 유용한 영업비밀을 취득·사용하거나 제3자에게 누설한 자는 5년 이하 의 징역 또는 그 재산상 이득액의 2배 이상 10배 이하에 상당하는 벌금에 처한 다'라고 규정하고 있는바, 그 입법 취지는 기업의 영업비밀 침해행위의 처벌대상 을 확대함으로써 기업의 영업비밀 보호를 강화하는 데 있고, 그 부칙 제2항은 '이 법 시행 전에 종전의 제18조 제1항 및 제2항의 규정을 위반한 자에 대해서는 종 전의 규정에 의한다'고만 규정하고 있을 뿐이므로, 위 개정법 시행 전에 취득한 영업비밀이라 하더라도 개정법 시행 후에 이를 부정사용하는 행위는 개정법 제18 조 제2항의 적용대상이 된다고 하였다.108)

관련하여 위 판시내용과 구별할 판례로 대법원 1996. 11. 26. 선고 96다 31574 판결이 있다. 위 판결은 "부정경쟁방지법(1991. 12. 31. 법률 제4478호로 개 정된 것. 1992. 12. 15. 시행) 부칙 제2항에 의하면 개정 부정경쟁방지법 시행 전에 영업비밀을 취득한 자가 같은 법 시행 후에 이를 사용하는 경우에는 같은 법에 저촉되지 않는 것이 명백하고, 이와 같이 부정경쟁방지법에 저촉되지 아니하는 행위가 신의칙상 영업비밀유지의무 위반이라는 등의 이유로 위법행위가 되기 위 해서는 그것이 위법한 행위라고 볼 만한 특별한 사정이 있어야 한다."라고 한다.

위 판결이 앞의 판결과 다른 결론이 나오게 된 이유는 우선 규정 내용이 차이 가 있다는 점과 함께 1991. 12. 31. 개정 당시 부칙 제2항109)에는 경과조치 규 정이 있었는데 그와 달리 2004. 1. 20. 개정법은 그와 같은 경과조치 규정을 두 지 않은 사정 등에 기인한다.

---

108) 대법원 2009. 10. 19. 선고 2008도9433 판결도 같은 취지이다.
109) "(이 법 시행 전의 영업비밀 침해행위 등에 관한 경과조치) 이 법 시행 전에 행하여진 영 업비밀 침해행위에 대하여는 제10조 내지 제12조 및 제18조 제1항 제3호의 개정규정은 이를 적용하지 아니한다. 이 법 시행 전에 영업비밀을 취득한 자 또는 사용한 자가 영업 비밀을 이 법 시행 후에 사용하는 행위에 대하여도 또한 같다."

나. 영업비밀 사용에 대한 묵시적인 사용승낙

영업비밀 보유자가 거래 상대방에게 영업비밀을 사용하도록 승낙하는 의사표시는 일정한 방식이 요구되지 않고 묵시적 의사표시로도 할 수 있다.

이러한 묵시적 의사표시의 존재는 거래 상대방과 체결한 영업비밀 관련 계약의 내용, 영업비밀 보유자가 사용하도록 승낙한 것으로 볼 수 있는 범위, 관련 분야의 거래 실정, 당사자의 태도 등 여러 사정을 종합적으로 고려하여 판단하여야 한다.[110)]

III. 영업비밀 침해와 형법상 절도, 업무상배임죄

영업비밀침해의 경우에 부정경쟁방지법 제18조(벌칙) 외에 「산업기술의 유출방지 및 보호에 관한 법률」에서도 법에 의해 정의된 산업기술을 유출하거나 침해하는 행위에 대한 벌칙을 규정하고 있다(법 제2조, 제14조, 제36조 참조).

그 외 영업비밀과 관련하여서는 형법에서 증거인멸죄(제155조), 비밀침해죄(제316조), 주거침입죄(제319조), 절도죄(제329조), 장물취득죄(제362조), 업무상 횡령·배임죄(제356조) 등이 문제되나 그중 실무에서는 절도죄와 업무상배임죄의 성부가 쟁점으로 되는 경우가 매우 많다.

특히 2019. 1. 8. 법률 제16204호로 개정되기 전의 부정경쟁방지법 제18조의 제1항·제2항에서는 개정 후의 제1항 제1호 나목과 다목의 영업비밀 무단 유출행위, 영업비밀 반환 요구 불응 행위를 처벌하는 벌칙규정이 없었기 때문에 이러한 행위를 업무상배임죄로 의율하여 규제하여 왔다.

이하 그 동안 실무에서 문제되었던 내용을 중심으로 설명한다.

먼저 절도죄와 관련하여, 사원이 회사를 퇴사하면서 원료의 배합비율, 제조공

---

110) 대법원 2019. 1. 31. 선고 2017다284885 판결은 원고 회사가 피고 회사와 설계기술용역계약을 체결하여 피고 회사가 건설하는 화력발전소에 관한 설계자료를 작성해 주었는데, 피고 회사가 신규 화력발전소를 건설하면서 피고 회사와 설계기술용역계약을 체결한 소외 회사에 위 설계자료를 제공하여 사용하도록 하자, 원고 회사가 피고 회사를 상대로 비밀유지의무를 위반하였다며 부정경쟁방지 및 영업비밀보호에 관한 법률 등에 따른 손해배상을 구한 사안에서, 여러 간접사실을 종합하여 피고 회사가 소외 회사에 신규 화력발전소의 설계 목적 범위에서 위 설계자료를 제공하여 사용하도록 하는 것에 대하여 원고 회사의 묵시적인 승낙이 있었다고 본 원심판단을 수긍하였다.

정, 시제품의 품질 확인이나 제조기술 향상을 위한 각종 실험결과 등을 기재한 자료를 가져갔다면 절도에 해당한다.111)

부정한 이익을 얻거나 영업비밀 보유자에게 손해를 입힐 목적으로 영업비밀 보유자에게 유용한 영업비밀이 담겨 있는 타인의 재물을 절취한 후 그 영업비밀을 사용하는 경우, 영업비밀의 부정사용행위는 새로운 법익의 침해로 보아야 하므로 위와 같은 부정사용행위가 절도범행의 불가벌적 사후행위가 되는 것은 아니다.112)

다음으로 업무상배임죄와 관련하여, 업무상배임죄가 성립하려면 주관적 요건으로서 임무위배의 인식과 그로 인하여 자기 또는 제3자가 이익을 취득하고 본인에게 손해를 가한다는 인식, 즉 배임의 고의가 있어야 하는데, 이러한 인식은 미필적 인식으로도 족하다.113)

이때 피고인이 배임죄의 범의를 부인하는 경우에는 사물의 성질상 배임죄의 주관적 요소로 되는 사실은 고의와 상당한 관련성이 있는 간접사실을 증명하는 방법에 의할 수밖에 없고, 이때 무엇이 상당한 관련성이 있는 간접사실에 해당하는가는 정상적인 경험칙에 바탕을 두고 치밀한 관찰력이나 분석력에 의하여 사실의 연결상태를 합리적으로 판단한다.114)

피고인이 본인의 이익을 위한다는 의사도 가지고 있었다 하더라도 위와 같은 간접사실에 의하여 본인의 이익을 위한다는 의사는 부수적일 뿐이고 이득 또는 가해의 의사가 주된 것임이 판명되면 업무상배임죄의 고의가 있다고 인정된다.115) 반면에 퇴사한 전직 동료의 편의를 위하여 회사 컴퓨터에 저장된 개인 파일 등을 복사해 준 경우에는 배임의 고의가 있었다고 단정하기 어렵다.116)

---

111) 대법원 2008. 2. 15. 선고 2005도6223 판결, 위 사안에서 해당 자료는 영업비밀로도 인정되었다.
112) 대법원 2008. 9. 11. 선고 2008도5364 판결.
113) 대법원 2011. 7. 28. 선고 2010도9652 판결 참조.
114) 대법원 2008. 4. 24. 선고 2006도9089 판결.
115) 대법원 2009. 5. 28. 선고 2008도5706 판결.
116) ① 대법원 2009. 5. 28. 선고 2008도5706 판결은 "피고인 2가 파일을 복사해주게 된 경위, 당시 피고인들의 처지, 공소외 1 주식회사의 업무자료에 대한 관리실태, 이 사건 자료파일 복사 후 피고인의 이용 상황 등 기록에 나타나는 제반 사정을 위 배임의 고의에 관한 법리에 비추어 볼 때, 피고인 2가 컴퓨터에 저장된 자료의 구체적 내용이나 의미를 제대로 인식하지 못한 채 만연히 퇴사한 전직 동료의 편의를 봐준다는 차원에서 자료를 복사해준 것이고, 피고인 1 역시 자신의 개인파일을 찾아가려는 것이 주된 의도

　　업무상배임죄는 업무상 타인의 사무를 처리하는 자가 그 임무에 위배하는 행위로써 재산상의 이익을 취득하거나 제3자로 하여금 이를 취득하게 하여 본인에게 손해를 가한 때에 성립하고,[117] 여기에서 '재산상의 손해를 가한 때'라 함은 총체적으로 보아 본인의 재산상태에 손해를 가하는 경우를 말하고, 현실적인 손해를 가한 경우뿐 아니라 재산상 실해 발생의 위험을 초래한 경우를 포함하며 일단 손해의 위험성을 발생시킨 이상 사후에 담보를 취득하였거나 피해가 회복되었다 하여도 배임죄의 성립에 영향이 없다.[118] 이러한 재산상 손해의 유무에 관한 판단은 법률적 판단에 의하지 아니하고 경제적 관점에서 실질적으로 판단하여야

여였다고 볼 여지가 있고, 원심이 인정한 위와 같은 일부 간접사실들만으로는 피고인들에게 그들이 공모하여 회사의 중요자료를 유출하고 공소외 1 주식회사에게 손해를 입게 한다는 배임의 고의가 있었다고 단정하기 어렵다."고 하였다.

② 대법원 2010. 7. 15. 선고 2008도9066 판결도 피고인들이 □□□□을 퇴사하기 직전에야 이 사건 각 프로그램파일을 복사하여 취득하였음을 인정할 증거가 없고, 오히려 그 대부분은 □□□□에 근무하면서 프로그램 개발업무를 수행하는 과정에서 복사 및 취득한 것으로 보이는 점, □□□□에서는 이 사건 각 프로그램파일이 비밀로 관리되지 않은 채 피고인들과 같은 연구원들의 경우 별다른 제한 없이 이를 열람·복사할 수 있었고 복사된 저장매체도 언제든지 반출할 수 있었던 점, 피고인들이 이 사건 각 프로그램파일을 복사하여 취득한 것은 업무인수인계를 위한 것이거나 자료 정리 차원에서 관행적으로 행해진 것으로 볼 여지도 없지 않은 점, 피고인들이 □□□□을 퇴직한 후 개발한 FCS 증권분석 프로그램은 □□□□의 Win-station 프로그램과 유사하거나 이를 변형 또는 참조하였다고 보기 어렵다는 컴퓨터프로그램보호위원회에 대한 감정촉탁회신결과에 의하면 피고인들은 실제로도 이 사건 각 프로그램파일을 FCS 프로그램을 개발하는 데 이용하지는 아니한 것으로 보이는 점 등 여러 사정들을 고려할 때, 이 사건 각 프로그램파일을 복사하여 취득할 당시 피고인들에게 업무상배임의 고의가 있었다고 단정하기 어렵다고 판단한 원심을 수긍하였다.

117) 대법원 2010. 2. 11. 선고 2009도13539 판결은 피고인에게는 피해자 회사의 직원으로서 이 사건 소스코드 등을 무단으로 피해자 회사 외부로 유출하지 않을 업무상 임무가 있었고, 그럼에도 피고인이 그 임무에 위배하여 이 사건 소스코드 등을 DVD나 CD에 복사해 피해자 회사 외부로 유출하여 취득함으로써 재산상 이익을 취득하고 피해자 회사에게 재산상 손해를 가하였음이 인정되며, 이에 대한 고의도 인정된다는 이유로 피고인에 대한 업무상배임의 점을 유죄로 판단한 원심을 수긍하였다. 대법원 1988. 4. 25. 선고 87도2339 판결, 대법원 1999. 3. 12. 선고 98도4704 판결, 대법원 2006. 10.2 7. 선고 2004도6876 판결 등도 기업의 영업비밀을 사외로 유출하지 않을 것을 서약한 회사의 직원이 경제적인 대가를 얻기 위하여 경쟁업체에 영업비밀을 유출하는 행위는 피해자와의 신임관계를 저버리는 행위로서 업무상배임죄를 구성한다고 하였다.

118) 대법원 2003. 2. 11. 선고 2002도5679 판결.

하고, 여기에는 재산의 처분이나 채무의 부담 등으로 인한 재산의 감소와 같은 적극적 손해를 야기한 경우는 물론, 객관적으로 보아 취득할 것이 충분히 기대되는데도 임무위배행위로 말미암아 이익을 얻지 못한 경우, 즉 소극적 손해를 일으킨 경우도 포함된다.[119]

업무상배임죄의 실행으로 인하여 이익을 얻게 되는 수익자 또는 그와 밀접한 관련이 있는 제3자를 배임의 실행행위자와 공동정범으로 인정하기 위하여는 실행행위자의 행위가 피해자 본인에 대한 배임행위에 해당한다는 것을 알면서도 소극적으로 그 배임행위에 편승하여 이익을 취득한 것만으로는 부족하고, 실행행위자의 배임행위를 교사하거나 또는 배임행위의 전 과정에 관여하는 등으로 배임행위에 적극 가담할 것을 필요로 한다.[120]

영업비밀에 대한 업무상배임죄의 기수 시기는 회사직원이 영업비밀을 경쟁업체에 유출하거나 스스로의 이익을 위하여 이용할 목적으로 무단으로 반출한 때이다.[121]

영업비밀이 아니더라도 영업상 주요한 자산[122]인 경우에도 그 자료의 반출행위는 업무상배임죄를 구성하며, 회사직원이 영업비밀이나 영업상 주요한 자산인 자료를 적법하게 반출하여 그 반출행위가 업무상배임죄에 해당하지 않는 경우라

---

119) 대법원 2009. 5. 29. 선고 2008도9436 판결은 피고인들이 원심 판시와 같이 이메일을 계속적으로 삭제한 행위는 피해자 회사의 제품을 구매하기 위해 견적 및 사양을 문의해 오는 발신인과의 교섭을 불가능하게 하여 결국 피해자 회사의 계약체결 가능성을 차단시킴으로써, 피해자 회사가 장래계약을 체결하여 얻을 수 있는 이익을 잃게 하는 것으로서 피해자 회사에 소극적 손해를 야기한 경우에 해당한다는 이유로 업무상배임행위로 볼 수 있다는 원심판단을 수긍하였다.
120) 대법원 1999. 7. 23. 선고 99도1911 판결, 대법원 2003. 10. 30. 선고 2003도4382 판결.
121) 대법원 2003. 10. 30. 선고 2003도4382 판결.
122) 업무상배임죄 성부에서 문제가 되는 '영업상 주요한 자산'이 되기 위한 설명으로, 대법원 2005. 7. 14. 선고 2004도7962 판결, 대법원 2008. 4. 24. 선고 2006도9089 판결, 대법원 2010. 4. 29. 선고 2010도1222 판결은 그 자료가 불특정 다수의 사람에게 공개되지 않았고 상당한 시간과 노력 및 비용을 들여 제작하였음을 들고 있으나, 그 후에 나온 대법원 2011. 6. 30. 선고 2009도3915 판결, 대법원 2011. 7. 14. 선고 2010도3043 판결, 대법원 2012. 6. 28. 선고 2011도3657 판결은 그 자료가 반드시 영업비밀에 해당할 필요까지는 없다고 하더라도, 적어도 그 자료가 불특정 다수인에게 공개되어 있지 않아 보유자를 통하지 아니하고는 이를 통상 입수할 수 없고, 그 자료의 보유자가 자료의 취득이나 개발을 위해 상당한 시간, 노력 및 비용을 들인 것으로 그 자료의 사용을 통해 경쟁자에 대하여 경쟁상의 이익을 얻을 수 있는 정도가 되어야 함을 들고 있다.

도 퇴사 시에 그 영업비밀 등을 회사에 반환하거나 폐기할 의무가 있음에도 경쟁업체에 유출하거나 스스로의 이익을 위하여 이용할 목적으로 이를 반환하거나 폐기하지 아니하였다면, 이러한 행위는 업무상배임죄에 해당한다.[123]

관련하여 퇴직 후의 영업비밀 반출·사용 등과 업무상배임죄의 성부에 대하여는 아래와 같은 사례들이 있다.

당초 실무는 "□□의 설계실장으로 근무하던 피고인에게는 피고인이 □□의 설계실장이라는 직책에 기하여 영업에 활용하거나 업무에 참고하기 위하여 입수하여 보관하고 있던 기존의 설계도면 등을 담은 컴퓨터 파일이나 자신이 직접 제작한 설계도면 등을 담은 컴퓨터 파일을 경쟁업체에 유출하거나 스스로의 이익을 위하여 이용할 목적으로 무단으로 방출하여서는 안 될 신의칙상 임무가 있다고 할 것인데 피고인은 그 임무에 위배하여 자신의 영업활동을 위하여 유용한 자료로 활용 의도 하에 위 설계도면 등을 유출하였고, □□을 퇴사한 후 곧 □□과 동종의 영업을 영위하는 △△△△사를 신설하여 위 설계도면 등을 수주활동에 사용하였으므로 □□에게 어떠한 재산상 손해가 발생할 위험이 없었다고 단정하기도 어렵다."라고 한 것,[124]과 "피고인이 ○○○○에서 퇴직한 후 소외인으로부터 일본 회사에 납품하기로 한 태평기계의 전기도면의 변경 등 태평기계 전기제어장치의 설계·제작 및 사후관리 업무를 도와달라는 부탁을 받고 ○○○○ 사무실에 비치되어 있던 소외인의 컴퓨터를 사용할 수 있게 된 점,…파일을 반출할 당시 소외인과의 관계에서 신의성실의 원칙에 비추어 여전히 신임관계가 존재한다고 할 것이므로 업무상배임죄에서의 타인의 사무를 처리하는 자에 해당한다."고 하여[125]적극설을 채택한 것이 있다.

한편, 그 후 실무는 "회사직원이 퇴사한 후에는 특별한 사정이 없는 한 퇴사한 회사직원은 더 이상 업무상배임죄에서 타인의 사무를 처리하는 자의 지위에 있다고 볼 수 없고, 위와 같이 반환하거나 폐기하지 아니한 영업비밀 등을 경쟁업체에 유출하거나 스스로의 이익을 위하여 이용하더라도 이는 이미 성립한 업무상배임행위의 실행행위에 지나지 아니하므로, 그 유출 내지 이용행위가 부정경쟁방

---

123) 대법원 2008. 4. 24. 선고 2006도9089 판결, 대법원 2010. 1. 14. 선고 2009도9434 판결, 대법원 2010. 4. 29. 선고 2010도1222 판결.
124) 대법원 2005. 7. 14. 선고 2004도7962 판결.
125) 대법원 2011. 7. 14. 선고 2010도3043 판결.

지 및 영업비밀보호에 관한 법률 위반(영업비밀누설 등)죄에 해당하는지는 별론으로 하더라도, 따로 업무상배임죄를 구성할 여지는 없다. 그리고 위와 같이 퇴사한 회사직원에 대하여 타인의 사무를 처리하는 자의 지위를 인정할 수 없는 이상 제 3자가 위와 같은 유출 내지 이용행위에 공모·가담하였더라도 타인의 사무를 처리하는 자의 지위에 있다는 등의 사정이 없는 한 업무상배임죄의 공범 역시 성립할 수 없다.", "피고인이 이 사건 14번 파일을 사용할 당시에는 이미 피해자 회사를 퇴사하고 1년 정도 지난 후여서 다른 특별한 사정이 없는 한 피해자 회사의 사무를 처리하는 자의 지위에 있었다고 볼 수 없다"라고 하여[126] 퇴직 후의 영업비밀 반출과 업무상배임죄의 성부와 관련하여서 법리상으로는 원칙적으로 소극설의 위치에 있음을 명확히 하였다.

일응 형식적인 문언만 보면 이들 판시내용이 서로 모순되는 것처럼 보이지만 세부적으로 검토하여 보면 모순되는 것이 아니다.

피해자와 동일한 경쟁업체를 운영하기 위해 퇴직하는 경우 신의칙상 당연히 자료들을 폐기하거나 반환할 의무가 있으므로 앞서 본 적극설을 취한 판결들의 그와 같은 사안이 소극설을 취한 대법원 2017. 6. 29. 선고 2017도3808 판결 법리의 '특별한 사정'에 해당하는 것으로 이해할 수 있다.

결국 반출한 회사직원이 고용된 회사를 '사직한 이후'에는 신의성실의 원칙에 비추어 여전히 그 회사와 사이에 신임관계가 존재한다고 볼 특별한 사정이 없는 한 반출한 회사직원과 접촉하여 영업비밀을 취득하려고 한 자는 업무상배임죄의 공동정범이 될 수 없다.

영업비밀을 취득함으로써 얻는 이익은 그 영업비밀이 가지는 재산가치 상당이고, 그 재산가치는 그 영업비밀을 가지고 경쟁사 등 다른 업체에서 제품을 만들 경우, 그 영업비밀로 인하여 기술개발에 드는 비용이 감소되는 경우의 그 감소분 상당과 나아가 그 영업비밀을 이용하여 제품생산에까지 발전시킬 경우 제품판매이익 중 그 영업비밀이 제공되지 않았을 경우의 차액 상당으로서 그러한 가치를 감안하여 시장경제원리에 의하여 형성될 시장교환가격이다.[127] 다만 업무상배임죄에서 본인에게 손해를 가한 때라 함은 총체적으로 보아 본인의 재산상태에 손

---

126) 대법원 2017. 6. 29. 선고 2017도3808 판결.
127) 대법원 1999. 3. 12. 선고 98도4704 판결.

해를 가한 경우를 말하고, 실해 발생의 위험을 초래케 한 경우도 포함하는 것이므로 손해액이 구체적으로 명백하게 산정되지 않았더라도 업무상배임죄의 성립에는 영향이 없다.128)

제4절 영업비밀 침해행위에 대한 행정 구제

영업비밀 침해행위에 대한 구제에는 앞서 본 민사 구제 및 형사 구제 외에 아래와 같은 행정 구제 등이 있다.

부정경쟁방지법에서 법 제2조 제1호 등의 부정경쟁행위 등에 대한 행정 구제에서는 부정경쟁행위 등의 조사(제7조), 시정권고(제8조), 신고포상금 제도(제16조) 등을 규정하고 있으나, 영업비밀 침해행위에 대한 행정 구제에서는 부정경쟁행위 등의 조사(제7조), 시정권고(제8조), 신고포상금 제도(제16조) 등은 규정하고 있지 않다.

영업비밀 침해행위에 대한 행정 구제에는 아래에서 설명하는 부정경쟁방지법 관련 규정 및 동법시행령 외에, 영업비밀을 침해하는 물품 등의 수입행위 등과 같은 불공정한 무역행위와 수입의 증가 등으로 인한 국내산업의 피해를 조사·구제하는 절차를 정함으로써 공정한 무역질서를 확립하고 국내산업을 보호하기 위하여 제정된 「불공정무역행위 조사 및 산업피해구제에 관한 법률」에서 무역위원회를 통한 구제방법(법 제4조, 법 제27조 내지 제35조)을, 「대·중소기업 상생협력 촉진에 관한 법률」에서는 기술자료를 대·중소기업·농어업협력재단 등에 임치하고 그 개요 등을 등록할 경우 임치기업의 기술에 대해 당사자 또는 이해관계자 사이에 다툼이 있으면 임치기업이 임치물의 내용대로 개발한 것으로 추정할 수 있도

---

128) 대법원 2001. 1. 19. 선고 2000도2914 판결, 대법원 2006. 10. 27. 선고 2004도6876 판결, 대법원 2009. 10. 29. 선고 2007도6772 판결도 "원심이 피고인들은 □□□□의 영업비밀인 위 기술정보들의 유출행위로 인하여 □□□□에 기술개발비 합계 2억 5천만 원 상당이 투입된 위 기술정보들이 가지는 액수 미상의 시장교환가격 상당의 손해를 가하였다고 보아 피고인들의 판시 업무상배임의 점을 유죄로 인정한 제1심판결을 유지한 것은 정당하고, 거기에 피고인 ○○○이 상고이유로 주장하는 바와 같은 업무상배임죄에서의 손해에 관한 법리오해나 사실오인, 심리미진 등의 위법이 없다."라고 하였다.

록 하는 등의 기술자료 임치제도(법 제24조의2, 법 시행령 제15조의2)를 마련하고 있다.

그리고 부정경쟁행위 등에 관한 분쟁이 발생할 경우에 전문가로 구성된 산업재산권 분쟁조정위원회를 통해 신속하고 경제적으로 비공개로 절차를 진행하여 분쟁을 원만히 해결할 수 있다.

이하에서는 부정경쟁방지법에서 규정하는 영업비밀 원본증명제도와 과태료에 대하여 설명한다.

I. 영업비밀 원본증명제도(법 제9조의2 내지 7)

① 의의 및 규정 연혁

영업비밀 침해소송 등에서 영업비밀 보유자는, 자신의 영업비밀을 특정하고 침해자가 통상의 방법에 의하지 않고 원고의 영업비밀을 사용하는 사실 등을 주장하고 증명하여야 하나 소송 등에서 자신의 영업비밀의 내용이나 보유시점을 특정하기가 쉽지 않다.

영업비밀 보유자의 영업비밀 증명 부담을 완화시켜 주는 방법으로 영업비밀 원본증명제도가 있다. 이 제도는 영업비밀이 수록된 전자문서는 개인이나 기업이 보관하면서 해당 전자문서의 원본 여부를 증명하기 위하여 영업비밀 원본증명기관에 그 전자문서로부터 추출된 고유의 식별값(해쉬 값, 전자지문)을 등록하고, 나중에 등록된 전자지문과 영업비밀 보유자가 보관하고 있는 전자문서로부터 추출된 전자지문이 같은 경우에는 그 전자문서가 전자지문으로 등록된 원본임을 증명하는 증명서(이하 "원본증명서"라 한다)를 발급받음으로써 당해 전자문서의 생성시점과 그 시점 이후에 수정·변경되지 않았다는 원본성을 증명해주는 제도이다.

영업비밀 원본증명제도만으로 영업비밀 보호와 관련된 모든 문제를 해결할 수 없겠지만, 영업비밀을 수록하고 있는 전자문서에 대하여 원본증명서를 부여받게 되면 영업비밀 침해소송 등에서 당해 영업비밀의 생성시점 및 당해 시점 이후로 그 정보가 변경되지 않았음이 추정되기 때문에 영업비밀 보유자의 영업비밀 존재에 대한 증명책임 부담이 상당 부분 경감되고 영업비밀성을 증명하는 과정에서 해당 정보가 외부로 누출될 우려를 줄일 수 있는 효과가 있다.

이러한 영업비밀 원본증명제도는 2013. 7. 30. 법률 제11964호로 개정된 부정경쟁방지법 제9조의2 내지 4로 신설되었고, 2015. 1. 28. 법률 제13081호로 개정된 부정경쟁방지법 제9조의2 제3항에서 제2항에 따라 원본증명서를 발급받은 자는 제1항에 따른 전자지문의 등록 당시에 해당 전자문서의 기재 내용대로 정보를 보유한 것으로 추정한다는 규정이 신설되었다. 2017. 7. 26. 법률 제14839호로 개정된 부정경쟁방지법 제19조의3 제1항에서 종전의 중소기업청장이 중소벤처기업부장관으로 명칭이 변경되었다.

영업비밀 원본증명제도와 유사한 것으로 대·중소기업 상생협력촉진에 관한 법률 제24조의2 및 제24조의3에 따라 대·중소기업협력재단에 의해 운영되는 기술자료 임치제도가 있다. 기술자료 임치제도는 수탁·위탁기업(수탁·위탁기업 외에 단독 또는 공동으로 기술자료를 임치하고자 하는 기업을 포함한다)이 전문인력과 설비 등을 갖춘 기관으로서 대통령령으로 정하는 기관과 서로 합의하여 기술자료를 임치하고자 하는 기업의 기술자료를 임치할 수 있고 실명으로 등록된 임치기업의 기술에 대하여 당사자 또는 이해 관계자 사이에 다툼이 있으면 임치기업이 임치물의 내용대로 개발한 것으로 추정하는 제도이다.

② 내용

영업비밀 보유자는 영업비밀이 포함된 전자문서의 원본 여부를 증명받기 위하여 법 제9조의3에 따른 영업비밀 원본증명기관에 그 전자문서로부터 추출된 고유의 식별값[이하 "전자지문"(電子指紋)이라 한다]을 등록할 수 있다(법 제9조의2 제1항).

법 제9조의3에 따른 영업비밀 원본증명기관은 법 제9조의2 제1항에 따라 등록된 전자지문과 영업비밀 보유자가 보관하고 있는 전자문서로부터 추출된 전자지문이 같은 경우에는 그 전자문서가 전자지문으로 등록된 원본임을 증명하는 증명서(이하 "원본증명서"라 한다)를 발급할 수 있다(법 제9조의2 제2항).

위 제2항에 따라 원본증명서를 발급받은 자는 제1항에 따른 전자지문의 등록 당시에 해당 전자문서의 기재 내용대로 정보를 보유한 것으로 추정한다(법 제9조의2 제3항).

결국 원본증명기관에 어떠한 정보 내용 자체가 아니라 영업비밀이라고 여기는 정보 내용이 포함된 전자문서의 전자지문을 등록하는 것이고, 이때 정보 보유자의 컴퓨터에서 직접 전자문서의 전자지문을 추출하여 등록하므로 원본증명제도 이용과정에서 원본 유출 위험도 막을 수 있고, 그 전자지문을 등록하면 등록 당시 해당 전자문서의 기재 내용대로 정보를 보유한 것으로 추정된다.

다만 영업비밀이 포함된 전자문서의 전자지문을 등록하여 원본증명서를 발급받았더라도 누가 언제부터 그 영업비밀 정보를 보유하고 있었다는 사실을 추정할 수 있을 뿐 그 보유자가 당해 정보를 정당하게 개발·취득하였다거나 그 정보가 영업비밀의 요건까지 모두 충족하였다고 추정되는 것은 아니다. 결국 원본증명서를 발급받았더라도 나중에 영업비밀에 대한 보유 권원과 영업비밀 요건이 다투어지면 보유자가 해당 정보의 보유 권원 및 그 정보에 대한 비공지성, 경제적 유용성, 비밀관리성의 영업비밀 요건을 충족한다는 사실을 별도로 증명하여야 한다.

특허청장은 전자지문을 이용하여 영업비밀이 포함된 전자문서의 원본 여부를 증명하는 업무(이하 "원본증명업무"라 한다)에 관하여 전문성이 있는 자를 중소벤처기업부장관과 협의하여 영업비밀 원본증명기관(이하 "원본증명기관"이라 한다)으로 지정할 수 있다(법 제9조의3 제1항). 현재 원본증명기관으로는 한국지식재산보호원이 지정되어 있고 한국지식재산보호원 내 영업비밀 보호센터에서 영업비밀의 원본 존재와 보유시점을 확인해 주는 영업비밀 원본증명서비스가 제공되고 있다.

원본증명기관으로 지정을 받으려는 자는 대통령령[129]으로 정하는 전문인력과 설비 등의 요건을 갖추어 특허청장에게 지정을 신청하여야 한다(법 제9조의3 제2항). 특허청장은 원본증명기관에 대하여 원본증명업무를 수행하는 데 필요한 비용의 전부 또는 일부를 보조할 수 있다(법 제9조의3 제3항).

원본증명기관은 원본증명업무의 안전성과 신뢰성을 확보하기 위하여 전자지문의 추출·등록 및 보관(제1호), 영업비밀 원본 증명 및 원본증명서의 발급(제2호), 원본증명업무에 필요한 전문인력의 관리 및 설비의 보호(제3호), 그 밖에 원본증명업무의 운영·관리 등(제4호)에 관하여 대통령령으로 정하는 사항을 지켜야

---

[129] 부정경쟁방지법 시행령 제3조의2는 법 제9조의3 제2항에 따른 원본증명기관으로 지정 받으려는 자가 갖추어야 할 전문인력과 설비의 요건, 그리고 지정을 받으려는 자가 제출하여야 할 원본증명기관 지정신청서의 양식 및 첨부 서류에 대하여 규정하고 있다.

한다(법 제9조의3 제4항). 이에 따라 부정경쟁방지법 시행령 제3조의4는 별표 1을 통해 원본증명기관이 지켜야 할 사항을 규정하고 있다.

원본증명기관 지정의 기준 및 절차에 필요한 사항은 대통령령으로 정한다(법 제9조의3 제5항). 이에 따라 부정경쟁방지법 시행령 제3조의2에서 전문인력과 설비에 관한 원본증명기관의 지정 기준을, 제3조의3에서 원본증명기관의 지정 절차를 규정하고 있다.

특허청장은 원본증명기관이 원본증명기관으로 지정을 받은 후 제9조의3 제2항에 따른 요건에 맞지 아니하게 된 경우(제1호), 제9조의3 제4항에 따라 대통령령으로 정하는 사항을 지키지 아니한 경우(제2호)의 어느 하나에 해당하는 경우에는 6개월 이내의 기간을 정하여 그 시정을 명할 수 있다(법 제9조의4 제1항).

특허청장은 원본증명기관이 제9조의3 제3항에 따른 보조금을 다른 목적으로 사용한 경우에는 기간을 정하여 그 반환을 명할 수 있다(법 제9조의4 제2항).

특허청장은 원본증명기관이 거짓이나 그 밖의 부정한 방법으로 지정을 받은 경우(제1호), 원본증명업무의 전부 또는 일부의 정지명령을 받은 자가 그 명령을 위반하여 원본증명업무를 한 경우(제2호), 정당한 이유 없이 원본증명기관으로 지정받은 날부터 6개월 이내에 원본증명업무를 시작하지 아니하거나 6개월 이상 계속하여 원본증명업무를 중단한 경우(제3호), 법 제9조의4 제1항에 따른 시정명령을 정당한 이유 없이 이행하지 아니한 경우(제4호), 법 제9조의4 제2항에 따른 보조금 반환명령을 이행하지 아니한 경우(제5호)의 어느 하나에 해당하는 경우에는 그 지정을 취소하거나 6개월 이내의 기간을 정하여 원본증명업무의 전부 또는 일부의 정지를 명할 수 있다. 다만, 위 제1호 또는 제2호에 해당하는 경우에는 그 지정을 취소하여야 한다(법 제9조의4 제3항). 특허청장은 법 제9조의4에 따른 원본증명기관에 대한 행정처분 기준에 대하여 2015년 1월 1일을 기준으로 3년마다 (매 3년이 되는 해의 기준일과 같은 날 전까지를 말한다) 그 타당성을 검토하여 개선 등의 조치를 하여야 한다(법 제17조의2 제1호).

특허청장은 제9조의4 제3항에 따라 지정을 취소하거나 업무정지를 명하려면 청문을 하여야 한다(법 제9조의6).

법 제9조의4 제3항에 따라 지정이 취소된 원본증명기관은 지정이 취소된 날부터 3개월 이내에 등록된 전자지문이나 그 밖에 전자지문의 등록에 관한 기록 등 원본증명업무에 관한 기록을 특허청장이 지정하는 다른 원본증명기관에 인계하여야 한다. 다만, 다른 원본증명기관이 인수를 거부하는 등 부득이한 사유로 원본증명업무에 관한 기록을 인계할 수 없는 경우에는 그 사실을 특허청장에게 지체 없이 알려야 한다(법 제9조의4 제4항).

특허청장은 제3항에 따라 지정이 취소된 원본증명기관이 제4항을 위반하여 원본증명업무에 관한 기록을 인계하지 아니하거나 그 기록을 인계할 수 없는 사실을 알리지 아니한 경우에는 6개월 이내의 기간을 정하여 그 시정을 명할 수 있다(법 제9조의4 제5항). 위 제3항에 따른 처분의 세부 기준 및 절차, 제4항에 따른 인계·인수에 필요한 사항은 대통령령으로 정한다(법 제9조의4 제6항). 이에 따라 부정경쟁방지법 시행령 제3조의5는 법 제9조의4 제3항에 따른 원본증명기관에 대한 행정처분의 기준과 원본증명기관의 지정 취소 또는 원본증명업무의 정지를 명한 경우의 고시하여야 할 내용에 대하여 규정하고 법 시행령 제3조의6은 지정이 취소될 경우 특허청장에게 제출하여야 할 서류 및 지정취소된 원본증명기관의 인계·인수에 대하여 규정하고 있다.

특허청장은 제9조의4 제3항에 따라 업무정지를 명하여야 하는 경우로서 그 업무정지가 원본증명기관을 이용하는 자에게 심한 불편을 주거나 공익을 해칠 우려가 있는 경우에는 업무정지명령을 갈음하여 1억원 이하의 과징금을 부과할 수 있다(법 제9조의5 제1항).

특허청장은 제1항에 따라 과징금 부과처분을 받은 자가 기한 내에 과징금을 납부하지 아니하는 경우에는 국세 체납처분의 예에 따라 징수한다(법 제9조의5 제2항).

제1항에 따라 과징금을 부과하는 위반행위의 종류·정도 등에 따른 과징금의 금액 및 산정방법, 그 밖에 필요한 사항은 대통령령으로 정한다(법 제9조의5 제3항). 이에 따라 부정경쟁방지법 시행령 제3조의7은 법 제9조의5 제1항에 따른 원본증명기관의 위반행위의 종류·정도 등에 따른 과징금의 부과기준 등에 대하여 규정하고 있다.

누구든지 원본증명기관에 등록된 전자지문이나 그 밖의 관련 정보를 없애거나 훼손·변경·위조 또는 유출하여서는 아니 된다(법 제9조의7 제1항).

원본증명기관의 임직원이거나 임직원이었던 사람은 직무상 알게 된 비밀을 누설하여서는 아니 된다(법 제9조의7 제2항).

II. 과태료(제20조)

부정경쟁방지법 제9조의4(원본증명기관에 대한 시정명령 등) 제5항을 위반하여 시정명령을 이행하지 아니한 자에게 2천만 원 이하의 과태료를 부과한다(법 제20조 제1항 제2호). 이에 따른 과태료는 대통령령으로 정하는 바에 따라 특허청장, 시·도지사 또는 시장·군수·구청장이 부과·징수한다(법 제20조 제2항). 부정경쟁방지법 시행령 제6조가 법 제20조 제1항에 따른 과태료의 부과기준에 대하여 규정한다.

찾아보기

윤 태식(尹 泰植)

■ 주요 약력 ■
특허법원 판사
대법원 재판연구관(지식재산권조)
대전지방법원 부장판사(지식재산권 전담 합의부 재판장)
서울중앙지방법원 부장판사(지식재산권 전담 합의부 재판장)
서울중앙지방법원 지적재산권실무연구회 회장
서울동부지방법원 수석부장판사
〈현재〉 서울동부지방법원 법원장
  법관연수 지식재산권소송 실무연수, 기술심리관·조사관 직무수행연수, 대한변호사협회 지식재산권
  법 특별연수 및 지식재산연수원 연수, 서울지방변호사회 특허연수원 연수, 대한변리사회 민사소송
  실무연수, 변리사시험 합격자 실무수습 집합교육과정, 군법무관 전문화 교육 등의 강사 역임

■ 주요 저서 ■
- 단독저서 :
「판례중심 특허법, 진원사(2013)」, 「디자인보호법 -디자인 소송 실무와 이론-, 진원사(2016)」,
「특허법 -특허 소송 실무와 이론-(제2판), 진원사(2017)」, 「저작권법, 박영사(2020)」, 「저작권법 제
2판, 박영사(2021)」
- 분담집필저서 :
「전면개정판 지적재산소송실무, 특허법원 지적재산소송실무연구회, 박영사(2009)」, 「특허판례연구,
한국특허법학회 편, 박영사(2009)」, 「특허법 주해 Ⅰ·Ⅱ, 박영사(2010)」, 「지적재산권재판실무편람,
지적재산권재판실무편람 집필위원회, 법원행정처(2011)」, 「개정판 특허판례연구, 한국특허법학회
편, 박영사(2012)」, 「특허판례백선 제4판, 사단법인 한국특허법학회 역, 박영사(2014)」, 「직무발명
제도해설, 한국특허법학회 편, 박영사(2015)」, 「디자인보호법 주해, 박영사(2015)」, 「온주 부정경쟁
방지 및 영업비밀 보호에 관한 법률, THOMSON REUTERS LAWnB(2016)」, 「영업비밀보호법, 한
국특허법학회 편, 박영사(2017)」, 「상표법 주해 Ⅰ·Ⅱ, 박영사(2018)」, 「지식재산권 재판실무편람,
지식재산권 재판실무편람 집필위원회(2020)」

■ 주요 논문 ■
- 「외국인의 인신 손해배상액 산정에 있어서의 과실이익과 위자료, 법조 제52권 9호(2003)」, 「일본
  민사소송법의 집중심리제도 연구, 재판자료 제113집 : 외국사법연수논집(27), 법원도서관(2007)」
- 「프로덕트 바이 프로세스 청구항(Product by Process Claim)에 관한 소고, 사법논집 제45집, 법
  원도서관(2007)」, 「인터넷 링크 중 이른바 심층링크 내지 직접링크를 하는 행위가 구 저작권법에
  정한 복제 및 전송에 해당하는지 여부(소극), 대법원판례해설 82호(2009 하반기), 법원도서관
  (2010)」, 「제조방법 기재 물건 청구항의 청구범위 해석과 관련된 쟁점, 특별법 연구 제11권, 사법
  발전재단(2014)」, 「상표법상 상표의 유사 여부 판단에 관한 연구, 사법논집, 제59집, 법원도서관
  (2015)」 외 다수

부정경쟁방지법

초판발행	2021년 1월 30일
초판2쇄발행	2021년 12월 30일
지은이	윤태식
펴낸이	안종만 · 안상준
편 집	한두희
기획/마케팅	조성호
표지디자인	이미연
제 작	고철민 · 조영환
펴낸곳	(주) **박영사**
	서울특별시 금천구 가산디지털2로 53, 210호(가산동, 한라시그마밸리)
	등록 1959. 3. 11. 제300-1959-1호(倫)
전 화	02)733-6771
f a x	02)736-4818
e-mail	pys@pybook.co.kr
homepage	www.pybook.co.kr
ISBN	979-11-303-3728-9 93360

정 가   32,000원